Antonio de Solís

# Historia de la conquista de la Nueva España

Barcelona **2024**
Linkgua-ediciones.com

## Créditos

Título original: Historia de la conquista de la Nueva España.

© 2024, Red ediciones S.L.

e-mail: info@linkgua.comm

Diseño de cubierta: Michel Mallard.

ISBN tapa dura: 978-84-1126-594-2.
ISBN rústica: 978-84-9816-004-8.
ISBN ebook: 978-84-9816-024-6.

Cualquier forma de reproducción, distribución, comunicación pública o transformación de esta obra solo puede ser realizada con la autorización de sus titulares, salvo excepción prevista por la ley. Diríjase a CEDRO (Centro Español de Derechos Reprográficos, www.cedro.org) si necesita fotocopiar, escanear o hacer copias digitales de algún fragmento de esta obra.

# Sumario

**Créditos** _____ 4

**Brevísima presentación** _____ 17
    La vida _____ 17

**Libro I** _____ 19
    Capítulo I. Motivos que obligan a tener por necesario que se divida en diferentes partes la historia de las Indias para que pueda comprenderse _____ 19
    Capítulo II. Tócanse las razones que han obligado a escribir con separación la historia de la América septentrional o Nueva España _____ 21
    Capítulo III. Refiérense las calamidades que se padecían en España cuando se puso la mano en la conquista de Nueva España _____ 23
    Capítulo IV. Estado en que se hallaban los reinos distantes y las islas de la América que ya se llamaban Indias occidentales _____ 26
    Capítulo V. Cesan las calamidades de la monarquía con la venida del rey don Carlos: dase principio en este tiempo a la conquista de Nueva España _____ 29
    Capítulo VI. Entrada que hizo Juan de Grijalva en el río de Tabasco. Sucesos de ella _ 32
    Capítulo VII. Prosigue Juan de Grijalva su navegación, y entra en el río de Banderas, donde se halló la primera noticia del rey de México, Motezuma _____ 35
    Capítulo VIII. Prosigue Juan de Grijalva su descubrimiento hasta costear la provincia de Panuco. Sucesos del río de Canoas, y resolución de volverse a la Isla de Cuba _____ 38
    Capítulo IX. Dificultades que se ofrecieron en la elección de cabo para la nueva armada, y quién era Hernán Cortés, que últimamente la llevó a su cargo _____ 41
    Capítulo X. Tratan los émulos de Cortés vivamente de descomponerle con Diego Velázquez: no lo consiguen, y sale con la armada del puerto de Santiago _____ 44
    Capítulo XI. Pasa Cortés con la armada a la villa de la Trinidad, donde la refuerza con número considerable de gente; consiguen sus émulos la desconfianza de Velázquez, que hace vivas diligencias para detenerle _____ 46
    Capítulo XII. Pasa Hernán Cortés desde la Trinidad a La Habana, donde consigue el último refuerzo de la armada, y padece segunda persecución de Diego Velázquez _ 48

Capítulo XIII. Resuélvese Hernán Cortés a no dejarse atropellar de Diego
Velázquez; motivos justos de esta resolución y lo demás que pasó hasta que llegó
el tiempo de partir de La Habana _____ 50

Capítulo XIV. Distribuye Cortés los cargos de su armada; parte de La Habana y
llega a la isla de Cozumel donde pasa muestra y anima a sus soldados a la empresa _53

Capítulo XV. Pacifica Hernán Cortés los isleños de Cozumel, hace amistad con el
cacique, derriba los ídolos, da principio a la introducción del Evangelio y procura
cobrar unos españoles que estaban prisioneros en Yucatán _____ 57

Capítulo XVI. Prosigue Hernán Cortés su viaje, y se halla obligado por un accidente
a volver a la misma isla; recoge con esta detención a Jerónimo de Aguilar, que
estaba cautivo en Yucatán, y se da cuenta de su cautiverio _____ 61

Capítulo XVII. Prosigue Hernán Cortés su navegación, y llega al río de Grijalva,
donde halla resistencia en los indios, y pelea con ellos en el mismo río y en la
desembarcación _____ 65

Capítulo XVIII. Ganan los españoles a Tabasco; salen después doscientos hombres
a reconocer la tierra, los cuales vuelven rechazados de los indios, mostrando su
valor en la resistencia y en la retirada_____ 69

Capítulo XIX. Pelean los españoles con un ejército poderoso de los indios de
Tabasco y su comarca; descríbese su modo de guerrear y cómo quedó por Hernán
Cortés la victoria _____ 72

Capítulo XX. Efectúase la paz con el cacique de Tabasco, y celebrándose en esta
provincia la festividad del Domingo de Ramos, se vuelven a embarcar los españoles
para continuar su viaje _____ 77

Capítulo XXI. Prosigue Hernán Cortés su viaje; llegan los bajeles a San Juan
de Ulúa; salta la gente en tierra y reciben embajada de los gobernadores de
Motezuma; dase noticia de quién era doña Marina _____ 81

## Libro II _____ **85**

Capítulo I. Vienen el general Teutile y el gobernador Pilpatoe a visitar a Cortés en
nombre de Motezuma. Dase cuenta de lo que pasó con ellos y con los pintores que
andaban dibujando el ejército de los españoles_____ 85

Capítulo II. Vuelve la respuesta de Motezuma con un presente de mucha riqueza;
pero negada la licencia que se pedía para ir a México _____ 88

Capítulo III. Dase cuenta de lo mal que se recibió en México la porfía de Cortés, de quién era Motezuma, la grandeza de su imperio, y el estado en que se hallaba su monarquía cuando llegaron los españoles _____ 92

Capítulo IV. Refiérense diferentes prodigios y señales que se vieron en México antes de que llegase Cortés, de que aprendieron los indios que se acercaba la ruina de aquel imperio _____ 95

Capítulo V. Vuelve Francisco de Montejo con noticia del lugar de Quiabislan: llegan los embajadores de Motezuma y se despiden con desabrimiento: muévense algunos rumores entre los soldados, y Hernán Cortés usa de artificio para sosegarlos 99

Capítulo VI. Publícase la jornada para la isla de Cuba: claman los soldados que tenía prevenidos Cortés: solicita su amistad el cacique de Zempoala; y últimamente hace la población _____ 103

Capítulo VII. Renuncia Hernán Cortés, en el primer ayuntamiento que se hizo en la Veracruz, el título de capitán general que tenía por Diego Velázquez: vuélvenle a elegir la villa y el pueblo _____ 107

Capítulo VIII. Marchan los españoles, y parte la armada de vuelta de Quiabislan: entran de paso en Zempoala, donde les hace buena acogida el cacique, y se toma nueva noticia de las tiranías de Motezuma _____ 110

Capítulo IX. Prosiguen los españoles su marcha desde Zempoala a Quiabislan: refiérese lo que pasó en la entrada de esta villa, donde se halla nueva noticia de la inquietud de aquellas provincias, y se prenden seis ministros de Motezuma _____ 114

Capítulo X. Vienen a dar la obediencia y ofrecerse a Cortés los caciques de la serranía: edifícase y pónese en defensa la villa de la Veracruz, donde llegan nuevos embajadores de Motezuma _____ 119

Capítulo XI. Mueven los zempoales con engaño las armas de Hernán Cortés contra los de Zimpacingo sus enemigos: hácelos amigos, y deja reducida aquella tierra ___ 123

Capítulo XII. Vuelven los españoles a Zempoala, donde se consigue el derribar los ídolos con alguna resistencia de los indios, y queda hecho templo de Nuestra Señora el principal de sus adoratorios _____ 126

Capítulo XIII. Vuelve el ejército a la Veracruz; despáchanse comisarios al rey con noticia de lo que se había obrado; sosiégase otra sedición con el castigo de algunos delincuentes, y Hernán Cortés ejecuta la resolución de dar al través con la armada _____ 130

Capítulo XIV. Dispuesta la jornada llega noticia de que andaban navíos en la costa; parte Cortés a la Veracruz, y prende siete soldados de la armada de Francisco de Garay; dase principio a la marcha, y penetrada con mucho trabajo la sierra, entra el ejército en la provincia de Zocothlan _____ 134

Capítulo XV. Visita segunda vez el cacique de Zocothlan a Cortés: pondera mucho las grandezas de Motezuma; resuélvese el viaje por Tlascala, de cuya provincia y forma de gobierno se halla noticia en Xacacingo_____ 138

Capítulo XVI. Parten los cuatro enviados de Cortés a Tlascala: dase noticia del traje y estilo con que se daban las embajadas en aquella tierra, y de lo que discurrió la república sobre el punto de admitir de paz a los españoles _____ 142

Capítulo XVII. Determinan los españoles acercarse a Tlascala, teniendo a mala señal la detención de sus mensajeros: pelean con un grueso de cinco mil indios que los esperaban emboscados, y después con todo el poder de la república _____ 147

Capítulo XVIII. Rehácese el ejército de Tlascala: vuelven a segunda batalla con mayores fuerzas, y quedan rotos y desbaratados por el valor de los españoles y por otro nuevo accidente que los puso en desconcierto _____ 152

Capítulo XIX. Sosiega Hernán Cortés la nueva turbación de su gente; los de Tlascala tienen por encantadores a los españoles; consultan sus adivinos, y por su consejo los asaltan de noche en su cuartel _____ 158

Capítulo XX. Manda el senado a su general que suspenda la guerra, y él no quiere obedecer; antes trata de dar nuevo asalto al cuartel de los españoles: conócense, y castíganse sus espías, y dase principio a las pláticas de la paz_____ 162

Capítulo XXI. Vienen al cuartel nuevos embajadores de Motezuma para embarazar la paz de Tlascala: persevera el senado en pedirla, y toma el mismo Xicotencal a su cuenta esta negociación _____ 167

**Libro III** _____ **173**

Capítulo I. Dase noticia del viaje que hicieron a España los enviados de Cortés, y de las contradicciones y embarazos que retardaron su despacho_____ 173

Capítulo II. Procura Motezuma desviar la paz de Tlascala: vienen los de aquella república a continuar su instancia, y Hernán Cortés ejecuta su marcha y hace su entrada en la ciudad _____ 177

Capítulo III. Descríbese la ciudad de Tlascala: quéjanse los senadores de que anduviesen armados los españoles sintiendo su desconfianza; y Cortés los satisface y procura reducir a que dejen la idolatría _____ 182

Capítulo IV. Despacha Hernán Cortés los embajadores de Motezuma: reconoce Diego de Ordaz el volcán de Popocatepec, y se resuelve la jornada por Cholula \_\_\_\_ 187

Capítulo V. Hállanse nuevos indicios del trato doble de Cholula: marcha el ejército la vuelta de aquella ciudad, reforzado con algunas capitanías de Tlascala _____ 192

Capítulo VI. Entran los españoles en Cholula, donde procuran engañarlos con hacerles en lo exterior buena acogida: descúbrese la traición que tenían prevenida, y se dispone su castigo _____ 196

Capítulo VII. Castígase la traición de Cholula: vuélvese a reducir y pacificar la ciudad, y se hacen amigos los de esta nación con los tlascaltecas _____ 201

Capítulo VIII. Parten los españoles de Cholula: ofréceseles nueva dificultad en la montaña de Chalco, y Motezuma procura detenerlos por medio de sus nigrománticos _____ 206

Capítulo IX. Viene al cuartel a visitar a Cortés de parte de Motezuma el señor de Tezcuco, su sobrino: continúase la marcha y se hace alto en Quitlavaca, dentro ya de la laguna de México _____ 211

Capítulo X. Pasa el ejército a Iztacpalapa, donde se dispone la entrada de México: refiérese la grandeza con que salió Motezuma a recibir a los españoles _____ 215

Capítulo XI. Viene Motezuma el mismo día por la tarde a visitar a Cortés en su alojamiento: refiérese la oración que hizo antes de oír la embajada, y la respuesta de Cortés _____ 220

Capítulo XII. Visita Cortés a Motezuma en su palacio, cuya grandeza y aparato se describe; y se da noticia de lo que pasó en esta conferencia, y en otras que se tuvieron después sobre la religión _____ 224

Capítulo XIII. Descríbese la ciudad de México, su temperamento y situación, el mercado de Tlatelulco y el mayor de sus templos, dedicado al dios de la guerra \_\_\_\_ 229

Capítulo XIV. Descríbense diferentes casas que tenía Motezuma para su divertimiento, sus armerías, sus jardines y sus quintas, con otros edificios notables que había dentro y fuera de la ciudad _____ 234

Capítulo XV. Dase noticia de la ostentación y puntualidad con que se hacía servir Motezuma en su palacio; del gasto de su mesa, de sus audiencias, y otras particularidades de su economía y divertimientos _____ 239

Capítulo XVI. Dase noticia de las grandes riquezas de Motezuma, del estilo con que se administraba la hacienda y se cuidaba de la justicia, con otras particularidades del gobierno político y militar de los mexicanos _____244

Capítulo XVII. Dase noticia del estilo con que se medían y computaban en aquella tierra los meses y los años; de sus festividades, matrimonios, y otros ritos y costumbres dignas de consideración _____249

Capítulo XVIII. Continúa Motezuma sus agasajos y dádivas a los españoles: llegan cartas de la Veracruz con noticia de la batalla en que murió Juan de Escalante, y con este motivo se resuelve la prisión de Motezuma_____255

Capítulo XIX. Ejecútase la prisión de Motezuma: dase noticia del modo como se dispuso y como se recibió entre sus vasallos_____261

Capítulo XX. Cómo se portaba en la prisión Motezuma con los suyos y con los españoles: traen preso a Qualpopoca, y Cortés le hace castigar con pena de muerte, mandando echar unos grillos a Motezuma mientras se ejecutaba la sentencia _____266

**Libro IV** _____**273**

Capítulo I. Permítese a Motezuma que se deje ver en público saliendo a sus templos y recreaciones: trata Cortés de algunas prevenciones que tuvo por necesarias, y se duda que intentasen los españoles por esta sazón derribar los ídolos de México _____273

Capítulo II. Descúbrese una conspiración que se iba disponiendo contra los españoles, ordenada por el rey de Tezcuco; y Motezuma, parte con su industria, y parte por las advertencias de Cortés, la sosiega castigando al que la fomentaba ___278

Capítulo III. Resuelve Motezuma despachar a Cortés respondiendo a su embajada: junta sus nobles, y dispone que sea reconocido el rey de España por sucesor de aquel imperio, determinando que se le dé la obediencia y pague tributo como a descendiente de su conquistador_____284

Capítulo IV. Entra en poder de Hernán Cortés el oro y joyas que se juntaron de aquellos presentes: dícele Motezuma con resolución que trate de su jornada, y él procura dilatarla sin replicarle; al mismo tiempo que se tiene aviso de que han llegado navíos españoles a la costa _____290

Capítulo V. Refiérense las nuevas prevenciones que hizo Diego Velázquez para destruir a Hernán Cortés: el ejército y armada que envió contra él a cargo de

Pánfilo de Narváez; su arribo a las costas de Nueva España; y su primer intento de reducir a los españoles de la Veracruz _____ 295

Capítulo VI. Discurso y prevenciones de Hernán Cortés en orden a excusar el rompimiento: introduce tratados de paz; no los admite Narváez; antes publica la guerra, y prende al licenciado Lucas Vázquez de Ayllón _____ 300

Capítulo VII. Persevera Motezuma en su buen ánimo para con los españoles de Cortés, y se tiene por improbable la mudanza que atribuyen algunos a diligencias de Narváez; resuelve Cortés su jornada, y la ejecuta dejando en México parte de su gente _____ 306

Capítulo VIII. Marcha Hernán Cortés la vuelta de Zempoala y, sin conseguir la gente que tenía prevenida en Tlascala, continúa su viaje hasta Matalequita, donde vuelve a las pláticas de paz, y con nueva irritación rompe la guerra _____ 312

Capítulo IX. Prosigue su marcha Hernán Cortés hasta una legua de Zempoala; sale con su ejército en campaña Pánfilo de Narváez; sobreviene una tempestad y se retira; con cuya noticia resuelve Cortés acometerle en su alojamiento _____ 318

Capítulo X. Llega Hernán Cortés a Zempoala, donde halla resistencia; consigue con las armas la victoria; prende a Narváez, cuyo ejército se reduce a servir debajo de su mano _____ 323

Capítulo XI. Pone Cortés en obediencia la caballería de Narváez que andaba en la campaña; recibe noticia de que habían tomado las armas los mexicanos contra los españoles que dejó en aquella corte; marcha luego con su ejército, y entra en ella sin oposición _____ 328

Capítulo XII. Dase noticia de los motivos que tuvieron los mexicanos para tomar las armas; sale Diego de Ordaz con algunas compañías a reconocer la ciudad; da en una celada, y Hernán Cortés resuelve la guerra _____ 334

Capítulo XIII. Intentan los mexicanos asaltar el cuartel y son rechazados; hace dos salidas contra ellos Hernán Cortés; y, aunque ambas veces fueron vencidos y desbaratados, queda con alguna desconfianza de reducirlos _____ 340

Capítulo XIV. Propone a Cortés Motezuma que se retire, y él le ofrece que se retirará luego que dejen las armas sus vasallos; vuelven éstos a intentar nuevo asalto; habla con ellos Motezuma desde la muralla, y queda herido, perdiendo las esperanzas de reducirlos _____ 345

Capítulo XV. Muere Motezuma sin querer reducirse a recibir el bautismo; envía Cortés el cuerpo a la ciudad; celebran sus exequias los mexicanos; y se descubren las cualidades que concurrieron en su persona _____ 350

Capítulo XVI. Vuelven los mexicanos a sitiar el alojamiento de los españoles; hace Cortés nueva salida; gana un adoratorio que habían ocupado y los rompe, haciendo mayor daño en la ciudad, y deseando escarmentarlos para retirarse _____356

Capítulo XVII. Proponen los mexicanos la paz con ánimo de sitiar por hambre a los españoles; conócese la intención del tratado; junta Hernán Cortés sus capitanes, y se resuelve salir de México aquella misma noche _____361

Capítulo XVIII. Marcha el ejército recatadamente, y al entrar en la calzada le descubren y acometen los indios con todo el grueso por agua y tierra; peléase largo rato, y últimamente se consigue con dificultad y considerable pérdida, hasta salir al paraje de Tácuba _____366

Capítulo XIX. Marcha Hernán Cortés la vuelta de Tlascala; síguenle algunas tropas de los lugares vecinos, hasta que uniéndose con los mexicanos acometen al ejército, y le obligan a tomar el abrigo de un adoratorio _____371

Capítulo XX. Continúan su retirada los españoles, padeciendo de ella grandes trabajos y dificultades, hasta que llegando al valle de Otumba, queda vencido y deshecho en batalla campal todo el poder mexicano _____377

## Libro V _____ **385**

Capítulo I. Entra el ejército en los términos de Tlascala, y alojado en Gualipar, visitan a Cortés los caciques y senadores; celébrase con fiestas públicas la entrada en la ciudad, y se halla el afecto de aquella gente asegurado con nuevas experiencias_____385

Capítulo II. Llegan noticias de que se había levantado la provincia de Tepeaca; vienen embajadores de México y Tlascala; y se descubre una conspiración que intentaba Xicotencal el mozo contra los españoles _____389

Capítulo III. Ejecútase la entrada en la provincia de Tepeaca; y vencidos los rebeldes que aguardaron en campaña con la asistencia de los mexicanos, se ocupa la ciudad, donde se levanta una fortaleza con el nombre de Segura de la Frontera___394

Capítulo IV. Envía Hernán Cortés diferentes capitanes a reducir o castigar los pueblos inobedientes, y va personalmente a la ciudad de Guacachula contra un ejército mexicano que vino a defender su frontera _____400

Capítulo V. Procura Hernán Cortés adelantar algunas prevenciones de que necesitaba para la empresa de México; hállase casualmente con un socorro de españoles; vuelve a Tlascalteca y halla muerto a Magiscatzin _____406

Capítulo VI. Llegan al ejército nuevos socorros de soldados españoles; retíranse a Cuba los de Narváez que instaron por su licencia; forma Hernán Cortés segunda relación de su jornada, y despacha nuevos comisarios al emperador _____ 412

Capítulo VII. Llegan a España los precursores de Hernán Cortés y pasan a Medellín, donde estuvieron retirados, hasta que mejorando las cosas de Castilla volvieron a la corte, y consiguieron la recusación del obispo de Burgos _____ 417

Capítulo VIII. Prosíguese hasta su conclusión la materia del capítulo precedente ___ 423

Capítulo IX. Recibe Cortés nuevo socorro de gente y municiones; pasa muestra el ejército de los españoles, y a su imitación el de los confederados; publícanse algunas ordenanzas militares, y se da principio a la marcha con ánimo de ocupar a Tezcuco _____ 428

Capítulo X. Marcha el ejército no sin vencer algunas dificultades; previénese de una embajada cautelosa el rey de Tezcuco, de cuya respuesta, por los mismos términos, resulta el conseguirse la entrada en aquella ciudad sin resistencia _____ 433

Capítulo XI. Alojado el ejército en Tezcuco, vienen los nobles a tomar servicio en él; restituye Cortés aquel reino al legítimo sucesor, dejando al tirano sin esperanza de restablecerse _____ 438

Capítulo XII. Bautízase con pública solemnidad el nuevo rey de Tezcuco; y sale con parte de su ejército Hernán Cortés a ocupar la ciudad de Iztapalapa, donde necesitó de toda su advertencia para no caer en una celada que le tenían prevenida los mexicanos _____ 441

Capítulo XIII. Piden socorro a Cortés las provincias de Chalco y Otumba contra los mexicanos: encarga esta facción a Gonzalo de Sandoval y a Francisco de Lugo, los cuales rompen al enemigo, trayendo algunos prisioneros de cuenta, por cuyo medio requiere con la paz al emperador mexicano _____ 445

Capítulo XIV. Conduce los bergantines a Tezcuco Gonzalo de Sandoval; y entre tanto que se dispone su apresto y última formación, sale Cortés a reconocer con parte del ejército las riberas de la laguna _____ 449

Capítulo XV. Marcha Hernán Cortés a Yaltocan, donde halla resistencia; y vencida esta dificultad, pasa con su ejército a Tácuba; y después de romper a los mexicanos en diferentes combates, resuelve y ejecuta su retirada _____ 455

Capítulo XVI. Viene a Tezcuco nuevo socorro de españoles; sale Gonzalo de Sandoval al socorro de Chalco; rompe dos veces a los mexicanos en campaña, y gana por fuerza de armas a Guastepeque y a Capistlan _____ 460

Capítulo XVII. Hace nueva salida Hernán Cortés para reconocer la laguna por la parte de Suchimilco; y en el camino tiene dos combates peligrosos con los enemigos que halló fortificados en las sierras de Guastepeque _____ 465

Capítulo XVIII. Pasa el ejército a Quatlabaca, donde se rompió de nuevo a los mexicanos; y después a Suchimilco, donde se venció mayor dificultad, y se vio Hernán Cortés en contingencia de perderse _____ 471

Capítulo XIX. Remédiase con el castigo de un soldado español la conjuración de algunos españoles que intentaron matar a Hernán Cortés; y con la muerte de Xicotencal un movimiento sedicioso de algunos tlascaltecas _____ 477

Capítulo XX. Échanse al agua los bergantines; y dividido el ejército de tierra en tres partes, para que al mismo tiempo se acometiese por Tácuba, Iztapalapa y Cuyoacan, avanza Hernán Cortés por la laguna, y rompe una gran flota de canoas mexicanas _____ 482

Capítulo XXI. Pasa Hernán Cortés a reconocer los trozos de su ejército en las tres calzadas de Cuyoacan, Iztapalapa y Tácuba, y en todas fue necesario el socorro de los bergantines; deja cuatro a Gonzalo de Sandoval, cuatro a Pedro de Alvarado, y él se recoge a Cuyoacan con los cinco restantes _____ 487

Capítulo XXII. Sírvense de varios ardides los mexicanos para su defensa: emboscan sus canoas contra los bergantines; y Hernán Cortés padece una rota de consideración, volviendo cargado a Cuyoacan _____ 492

Capítulo XXIII. Celebran los mexicanos su victoria con el sacrificio de los españoles: atemoriza Guatimozin a los confederados, y consigue que desamparen muchos a Cortés; pero vuelven al ejército en mayor número, y se resuelve a tomar puestos dentro de la ciudad _____ 498

Capítulo XXIV. Hácense las tres entradas a un tiempo, y en pocos días se incorpora todo el ejército en el Tlateluco; retírase Guatimozin al barrio más distante de la ciudad, y los mexicanos se valen de algunos esfuerzos y cautelas para divertir a los españoles _____ 503

Capítulo XXV. Intentan los mexicanos retirarse por la laguna: pelean sus canoas con los bergantines para facilitar el escape de Guatimozin; y finalmente se consigue su prisión y se rinde la ciudad _____ 510

**Libros a la carta** _____ 517

## Brevísima presentación

### La vida
Antonio de Solís y Rivadeneyra (Alcalá de Henares, 1610-Madrid, 19 de abril de 1686). España.

Estudió en Alcalá y Salamanca Retórica, Filosofía, Cánones, Ciencias morales y políticas. Escribió su primera comedia a los diecisiete años influido por Calderón de la Barca.

Solís fue secretario del conde de Oropesa, virrey de Navarra y de Portugal; oficial de la Secretaría de Estado y cronista mayor de Indias. Escribió por encargo real la Historia de la conquista de la Nueva España en 1684, inspirado en los relatos de Cortés, López de Gómara y Bernal Díaz.

El estilo literario de la *Historia de la conquista* se anticipa al neoclasicismo, por lo que los autores del siglo XVIII tuvieron esta obra en gran estima. Se sabe que el autor escribió varias veces el texto. Sin embargo, al igual que López de Gómara, Solís nunca estuvo en América.

# Libro I

## Capítulo I. Motivos que obligan a tener por necesario que se divida en diferentes partes la historia de las Indias para que pueda comprenderse

Duró algunos días en nuestra inclinación el intento de continuar la historia general de las Indias occidentales que dejó el cronista Antonio de Herrera en el año de 1554 de la reparación humana. Y perseverando en este animoso dictamen, lo que tardó en descubrirse la dificultad, hemos leído con diligente observación lo que antes y después de sus Décadas escribieron de aquellos descubrimientos y conquistas diferentes plumas naturales y extranjeras; pero como las regiones del aquel nuevo mundo son tan distantes de nuestro hemisferio, hallamos en los autores extranjeros grande osadía y no menor malignidad para inventar lo que quisieron contra nuestra nación, gastando libros enteros en culpar lo que erraron algunos para deslucir lo que acertaron todos; y en los naturales poca uniformidad y concordia en la narración de los sucesos: conociéndose en esta diversidad de noticias aquel peligro ordinario de la verdad, que suele desfigurarse cuando viene de lejos, degenerando de su ingenuidad todo aquello que se aparta de su origen.

La obligación de redargüir a los primeros, y el deseo de conciliar a los segundos, nos ha detenido en buscar papeles y esperar relaciones que den fundamento y razón a nuestros escritos: trabajo deslucido, pues sin dejarse ver del mundo consume oscuramente el tiempo y el cuidado; pero trabajo necesario, pues ha de salir de esta confusión y mezcla de noticias pura y sencilla la verdad, que es el alma de la historia: siendo este cuidado en los escritores semejante al de los arquitectos que amontonan primero que fabriquen, y forman después la ejecución de sus ideas del embrión de los materiales, sacando poco a poco de entre el polvo y la confusión de la oficina la hermosura y la proporción del edificio.

Pero llegando a lo estrecho de la pluma con mejores noticias, hallamos en la historia general tanta multitud de cabos pendientes, que nos pareció poco menos que imposible (culpa será de nuestra comprensión) el atarlos sin confundirlos. Consta la historia de las Indias de tres acciones grandes que pueden competir con las mayores que han visto los siglos: porque los hechos de Cristóbal Colón en su admirable navegación y en las primeras empresas de aquel nuevo mundo; lo que obró Hernán Cortés con el consejo y con las armas en la conquista de Nueva España, cuyas vastas regiones duran todavía en la incertidumbre de sus términos; y lo que se debió a Francisco Pizarro, y trabajaron los que le sucedieron en sojuzgar aquel dilatadísimo imperio de la América meridional, teatro de varias tragedias y extraordinarias novedades, son tres argumentos de historias grandes, compuestas de aquellas ilustres hazañas y admirables accidentes de ambas fortunas que dan materia digna a los anales, agradable alimento a la memoria, y útiles ejemplos al entendimiento y al valor de los hombres. Pero en la historia general de las Indias, como se hallan mezclados entre sí los tres argumentos, y cualquiera de ellos con infinidad de empresas menores, no es fácil reducirlos al contexto de una sola narración, ni guardar la serie de los tiempos sin interrumpir y despedazar muchas veces lo principal con lo accesorio.

Quieren los maestros del arte que en las transiciones de la historia (así llaman al paso que se hace de unos sucesos a otros) se guarde tal conformidad de las partes con el todo, que ni se haga monstruoso el cuerpo de la historia con la demasía de los miembros, ni deje de tener los que son necesarios para conseguir la hermosura de la variedad; pero deben estar, según su doctrina, tan unidos entre sí, que ni se vean las ataduras, ni sea tanta la diferencia de las cosas, que se deje conocer la desemejanza o sentir la confusión. Y este primor de entretejer los sucesos sin que parezcan los unos digresiones de los otros, es la mayor dificultad de los historiadores; porque si se dan muchas señas del suceso que se dejó atrasado, cuando le vuelve a recoger la narración se incurre en el inconveniente de la repetición y de la prolijidad; y si se dan pocas se tropieza en la oscuridad y en la desunión: vicios que se deben huir con igual cuidado porque destruyen los demás aciertos del escritor.

Ese peligro común de todas las historias generales es mayor y casi imposible de vencer en la nuestra; porque las Indias occidentales se componen de dos monarquías muy dilatadas, y éstas de infinidad de provincias y de innumerables islas, dentro de cuyos límites mandaban diferentes régulos o caciques: unos dependientes y tributarios de los dos emperadores de México y el Perú; y otros que amparados en la distancia se defendían de la sujeción. Todas estas provincias o reinos pequeños eran diferentes conquistas con diferentes conquistadores. Traíanse entre las manos muchas empresas a un tiempo; salían a ellas diversos capitanes de mucho valor, pero de pocas señas: llevaban a su cargo unas tropas de soldados que se llamaban ejércitos y no sin ninguna propiedad por lo que intentaban y por lo que conseguían: peleábase en estas expediciones con unos príncipes y en unas provincias y lugares de nombres exquisitos, no solo dificultosos a la memoria sino a la pronunciación; de que nacía el ser frecuentes y oscuras las transiciones, y el peligrar en su abundancia la narración: hallándose el historiador obligado a dejar y recoger muchas veces los sucesos menores, y el lector a volver sobre los que dejó pendientes, o a tener en pesado ejercicio la memoria.

No negamos que Antonio de Herrera, escritor diligente (a quien no solo procuraremos seguir, pero querríamos imitar), trabajó con acierto una vez elegido el empeño de la historia general; pero no hallamos en sus Décadas todo aquel desahogo y claridad de que necesitan para comprenderse; ni podía dársele mayor habiendo de acudir con la pluma a tanta muchedumbre de acaecimientos, dejándolos y volviendo a ellos según el arbitrio del tiempo y sin pisar alguna vez la línea de los años.

## Capítulo II. Tócanse las razones que han obligado a escribir con separación la historia de la América septentrional o Nueva España

Nuestro intento es sacar de este laberinto y poner fuera de esta oscuridad a la historia de Nueva España para poder escribirla separadamente, franqueándola (si cupiere tanto en nuestra cortedad) de modo que en lo admirable de ella se deje hallar sin violencia la suspensión, y en lo útil se logre sin desabrimiento la enseñanza. Y nos hallamos obligados a elegir este de los tres argumentos que propusimos; porque los hechos de Cristóbal Colón, y las primeras conquistas de las islas y el Darien, como no tuvieron otros sucesos en que mezclarse, están escritas con felicidad y bastante distinción en la primera y segunda década de Antonio de Herrera; y la historia del Perú anda separada en los dos tomos que escribió Garcilaso Inga, tan puntual en las noticias y tan suave y ameno en el estilo (según la elegancia de su tiempo) que culparíamos de ambicioso al que intentase mejorarle, alabando mucho al que supiese imitarle para proseguirle. Pero la Nueva España, o está sin historia que merezca este nombre, o necesita de ponerse en defensa contra las plumas que se encargaron de su posteridad.

Escribióla primero Francisco López de Gómara con poco examen y puntualidad, porque dice lo que oyó, y lo afirma con sobrada credulidad, fiándose tanto de sus oídos como pudiera de sus ojos, sin hallar dificultad en lo inverosímil, ni resistencia en lo imposible.

Siguióle en el tiempo y en alguna parte de sus noticias Antonio de Herrera, y a éste Bartolomé Leonardo de Argensola, incurriendo en la misma desunión y con menor disculpa; porque nos dejó los primeros sucesos de esta conquista entretejidos y mezclados en sus Anales de Aragón, tratándolos como accesorios, y traídos de lejos al propósito de su argumento. Escribió lo mismo que halló en Antonio de Herrera con mejor carácter, pero tan interrumpido y ofuscado con la mezcla de otros acaecimientos, que se disminuye en las digresiones lo heroico del asunto, o no se conoce su grandeza como se mira de muchas veces.

Salió después una historia particular de Nueva España, obra póstuma de Bernal Díaz del Castillo, que sacó a luz un religioso de la Orden de Nuestra Señora de la Merced, habiéndola hallado manuscrita en la librería de un ministro grande y erudito, donde estuvo muchos años retirada, quizá por los inconvenientes que al tiempo que se imprimió se perdonaron o no se conocieron. Pasa hoy por historia verdadera ayudándose del mismo desaliño y poco adorno de su estilo para parecerse a la verdad y acreditar con algunos la sinceridad del escritor, pero aunque le asiste la circunstancia de haber visto lo que escribió, se conoce de su misma obra que no tuvo la vista libre de pasiones, para que fuese bien gobernada la pluma: muéstrase tan satisfecho de su ingenuidad, como quejoso de su fortuna: andan entre sus renglones muy descubiertas la envidia y la ambición; y paran muchas veces estos afectos destemplados en quejas contra Hernán Cortés, principal héroe de esta historia, procurando penetrar sus designios para deslucir y enmendar sus consejos, y diciendo muchas veces como infalible no lo que ordenaba y disponía su capitán, sino lo que murmuraban los soldados; en cuya república hay tanto vulgo como en las demás; siendo en todas de igual peligro, que se permita el discurrir a los que nacieron para obedecer.

Por cuyos motivos nos hallamos obligados a entrar en este argumento, procurando desagraviarle de los embarazos que se encuentran en su contexto, y de las ofensas que ha padecido su verdad. Valdrémonos de los mismos autores que dejamos referidos en todo aquello que no hubiere fundamento para desviarnos de lo que escribieron; y nos serviremos de otras relaciones y papeles particulares que hemos juntado para ir formando, con elección desapasionada, de lo más fidedigno nuestra narración, sin referir de propósito lo que se debe suponer o se halla repetido, ni gastar el tiempo en las circunstancias menudas que, o manchan el papel con lo indecente, o le llenan de lo menos digno, atendiendo más al volumen que a la grandeza de la historia. Pero antes de llegar a lo inmediato de nuestro empeño, será bien que digamos en qué postura se hallaban las cosas de España cuando se dio principio a la conquista de aquel nuevo mundo, para que se vea su principio primero que su aumento; y sirva esta noticia de fundamento al edificio que emprendemos.

## Capítulo III. Refiérense las calamidades que se padecían en España cuando se puso la mano en la conquista de Nueva España

Corría el año de 1507, digno de particular memoria en esta monarquía, no menos por sus turbaciones, que por sus felicidades. Hallábase a la sazón España combatida por todas partes de tumultos, discordias y parcialidades, congojada su quietud con los males internos que amenazaban su ruina; y durando en su fidelidad más como reprimida de su propia obligación, que como enfrenada y obediente a las riendas del gobierno; y al mismo tiempo se andaba disponiendo en las Indias occidentales su mayor prosperidad con el descubrimiento de otra Nueva España, en que no solo se dilatasen sus términos, sino se renovase y duplicase su nombre: así juegan con el mundo la fortuna y el tiempo; y así se suceden o se mezclan con perpetua alteración los bienes y los males.

Murió en los principios del año antecedente el rey don Fernando el Católico; y desvaneciendo con la falta de su artífice las líneas que tenía tiradas para la conservación y acrecentamiento de sus estados, se fue conociendo poco a poco en la turbación y desconcierto de las cosas públicas la gran pérdida que hicieron estos reinos; al modo que suele rastrearse por el tamaño de los efectos la grandeza de las causas.

Quedó la suma del gobierno a cargo del cardenal arzobispo de Toledo, don fray Francisco Jiménez de Cisneros, varón de espíritu resuelto, de superior capacidad, de corazón magnánimo, y en el mismo grado religioso, prudente y sufrido: juntándose en él sin embarazarse con su diversidad, estas virtudes morales y aquellos atributos heroicos; pero tan amigo de los aciertos, y tan activo en la justificación de sus dictámenes, que perdía muchas veces lo conveniente por esforzar lo mejor; y no bastaba su celo a corregir los ánimos inquietos tanto como a irritarlos su integridad.

La reina doña Juana, hija de los reyes don Fernando y doña Isabel, a quien tocaba legítimamente la sucesión del reino, se hallaba en Tordesillas, retirada de la comunicación humana, por aquel accidente lastimoso que destempló la armonía de su entendimiento; y del sobrado aprender, la trujo a no discurrir, o a discurrir desconcertadamente en lo que aprendía.

El príncipe don Carlos, primero de este nombre en España, y quinto en el imperio de Alemania, a quien anticipó la corona el impedimento de su madre, residía en Flandes; y su poca edad, que no llegaba a los diecisiete años, el no haberse criado en estos reinos, y las noticias que en ellos había de cuán apoderados estaban los ministros flamencos de la primera inclinación de su adolescencia, eran unas circunstancias melancólicas que le hacían poco deseado aún de los que le esperaban como necesario.

El infante don Fernando, su hermano, se hallaba, aunque de menos años, no sin alguna madurez, desabrido de que el rey don Fernando, su abuelo, no le dejase en su último testamento nombrado por principal gobernador de estos reinos, como lo estuvo en el antecedente que se otorgó en Burgos; y aunque se esforzaba a contenerse dentro de su propia obligación, ponderaba muchas veces y oía ponderar lo mismo a los que le asistían, que el no nombrarle pudiera pasar por disfavor hecho a su poca edad, pero que el excluirle después de nombrado, era otro género de inconfidencia que tocaba en ofensa de su persona y dignidad: con que se vino a declarar por mal satisfecho del nuevo gobierno; siendo sumamente peligroso para descontento, porque andaban los ánimos inquietos, y por su afabilidad, y ser nacido y criado en Castilla, tenía de su parte la inclinación del pueblo, que, dado el caso de la turbación, como se recelaba, le había de seguir, sirviéndose para sus violencias del movimiento natural.

Sobrevino a este embarazo otro de no menor cuerpo en la estimación del cardenal; porque el deán de Lobaina Adriano Florencio, que fue después sumo Pontífice, sexto de este nombre, había venido desde Flandes con título y apariencias de embajador al rey don Fernando; y luego que sucedió su muerte, manifestó los poderes que tenía ocultos del príncipe don Carlos, para que en llegando este caso tomase posesión del reino en su nombre, y se encargase de su gobierno; de que resultó una controversia muy reñida, sobre si este poder había de prevalecer y ser de mejor calidad que el que tenía el cardenal. En cuyo punto discurrían los políticos de aquel tiempo con poco recato, y no sin alguna irreverencia, vistiéndose en todos el discurso de el color de la intención. Decían los apasionados de la novedad que el cardenal era gobernador nombrado por otro gobernador; pues el rey don Fernando solo tenía este título en Castilla después que murió la reina doña Isabel. Replicaban otros de no menor atrevimiento, porque caminaban a la exclusión de entrambos, que el nombramiento de Adriano padecía el mismo defecto; porque el príncipe don Carlos, aunque estaba asistido de la prerrogativa de heredero del reino, solo podía viviendo la reina doña Juana, su madre, usar de la facultad de gobernador, de la misma suerte que la tuvo su abuelo: con que dejaban a los dos príncipes incapaces de poder comunicar a sus magistrados aquella suprema potestad que falta en el gobernador, por ser inseparable de la persona del rey.

Pero reconociendo los dos gobernadores que estas disputas se iban encendiendo, con ofensa de la majestad y de su misma jurisdicción, trataron de unirse en el gobierno: sana determinación si se conformaran los genios; pero discordaban o se compadecían mal la entereza del cardenal con la mansedumbre de Adriano: inclinado el uno a no sufrir compañero en sus resoluciones, y acompañándolas el otro con poca actividad y sin noticia de las leyes y costumbres de la nación. Produjo este imperio dividido la misma división en los súbditos; con que andaba parcial la obediencia y desunido el poder, obrando esta diferencia de impulsos en la república lo que obrarían en la nave dos timones, que aun en tiempo de bonanza formarían de su propio movimiento la tempestad.

Conociéronse muy presto los efectos de esta mala constitución, destemplándose enteramente los humores mal corregidos de que abundaba la república. Mandó el cardenal (y necesitó de poca persuasión para que viniese en ello su compañero) que se armasen las ciudades y villas del reino, y que cada una tuviese alistada su milicia, ejercitando la gente en el manejo de las armas y en la obediencia de sus cabos; para cuyo fin señaló sueldos a los capitanes, y concedió exenciones a los soldados. Dicen unos que miró a su propia seguridad, y otros que a tener un nervio de gente con que reprimir el orgullo de los grandes: pero la experiencia mostró brevemente que en aquella sazón no era conveniente este movimiento, porque los grandes y señores heredados (brazo dificultoso de moderar en tiempos tan revueltos) se dieron por ofendidos de que se armasen los pueblos, creyendo que no carecía de algún fundamento la voz que había corrido de que los gobernadores querían examinar con esta fuerza reservada el origen de sus señoríos y el fundamento de sus alcabalas. Y en los mismos pueblos se experimentaron diferentes efectos, porque algunas ciudades alistaron su gente, hicieron sus alardes, y formaron su escuela militar: pero en otras se miraron estos remedios de la guerra como pensión de la libertad y como peligros de la paz, siendo en unas y otras igual el inconveniente de la novedad; porque las ciudades que se dispusieron a obedecer, supieron la fuerza que tenían para resistir; y las que resistieron se hallaron con la que habían menester, para llevarse tras sí a las obedientes y ponerlo todo en confusión.

## Capítulo IV. Estado en que se hallaban los reinos distantes y las islas de la América que ya se llamaban Indias occidentales

No padecían en este tiempo menos que Castilla los demás dominios de la corona de España, donde apenas hubo piedra que no se moviese, ni parte donde no se temiese con alguna razón el desconcierto de todo el edificio.

Andalucía, se hallaba oprimida y asustada con la guerra civil que ocasionó don Pedro Girón, hijo del conde de Ureña, para ocupar los estados del duque de Medina Sidonia, cuya sucesión pretendía por doña Mencía de Guzmán su mujer; poniendo en el juicio de las armas la interpretación de su derecho, y autorizando la violencia con el nombre de la justicia.

En Navarra se volvieron a encender impetuosamente aquellas dos parcialidades beamontesa y agramontesa, que hicieron insigne su nombre a costa de su patria. Los beamonteses, que seguían la voz del rey de Castilla, trataban como defensa de la razón la ofensa de sus enemigos. Y los agramonteses, que, muerto Juan de Labrit y la reina doña Catalina, aclamaban al príncipe de Bearne su hijo, fundaban su atrevimiento en las amenazas de Francia; siendo unos y otros dificultosos de reducir, porque andaba en ambos partidos el odio envuelto en apariencias de fidelidad; y mal colocado el nombre del rey, servía de pretexto a la venganza y a la sedición.

En Aragón se movieron cuestiones poco seguras sobre el gobierno de la corona, que por el testamento del rey don Fernando quedó encargado al arzobispo de Zaragoza don Alfonso de Aragón su hijo, a quien se opuso, no sin alguna tenacidad, el justicia don Juan de Lanuza, con dictamen, o verdadero o afectado, de que no convenía para la quietud de aquel reino que residiese la potestad absoluta en persona de tan altos pensamientos: de cuyo principio resultaron otras disputas, que corrían entre los nobles como sutilezas de la fidelidad, y pasando a la rudeza del pueblo, se convirtieron en peligros de la obediencia y de la sujeción.

Cataluña y Valencia se abrasaban en la natural inclemencia de sus bandos; que no contentos con la jurisdicción de la campaña, se apoderaban de los pueblos menores, y se hacían temer de las ciudades, con tal insolencia y seguridad, que turbado el orden de la república se escondían los magistrados y se celebraba la atrocidad tratándose como hazañas los delitos, y como fama la miserable posteridad de los delincuentes.

En Nápoles se oyeron con aplauso las primeras aclamaciones de la reina doña Juana y el príncipe don Carlos; pero entre ellas mismas se esparció una voz sediciosa de incierto origen, aunque de conocida malignidad.

Decíase que el rey don Fernando dejaba nombrado por heredero de aquel reino al duque de Calabria, detenido entonces en el castillo de Játiva. Y esta voz que se desestimó dignamente a los principios, bajó como despreciada a los oídos del vulgo, donde corrió algunos días con recato de murmuración, hasta que tomando cuerpo en el misterio con que se fomentaba, vino a romper en alarido popular y en tumulto declarado, que puso en congoja más que vulgar a la nobleza, y a todos los que tenían la parte de la razón y de la verdad.

En Sicilia también tomó el pueblo las armas contra el virrey don Hugo de Moncada con tanto arrojamiento, que le obligó a dejar el reino en manos de la plebe, cuyas inquietudes llegaron a echar más hondas raíces que las de Nápoles, porque las fomentaban algunos nobles, tomando por pretexto el bien público, que es el primer sobrescrito de las sediciones, y por instrumento al pueblo, para ejecutar sus venganzas, y pasar con el pensamiento a los mayores precipicios de la ambición.

No por distantes se libraron las Indias de la mala constitución del tiempo, que a fuer de influencia universal alcanzó también a las partes más remotas de la monarquía. Reducíase entonces todo lo conquistado de aquel nuevo mundo a las cuatro islas de Santo Domingo, Cuba, San Juan de Puerto Rico y Jamaica, y a una pequeña parte de tierra firme que se había poblado en el Darien, a la entrada del golfo de Uraba, de cuyos términos constaba lo que se comprendía en este nombre de las Indias occidentales. Llamáronlas así los primeros conquistadores, solo porque se parecían aquellas regiones en la riqueza y en la distancia a las orientales que tomaron este nombre del río Indo que las baña. Lo demás de aquel imperio consistía no tanto en la verdad, como en las esperanzas que se habían concebido de diferentes descubrimientos y entradas que hicieron nuestros capitanes con varios sucesos, y con mayor peligro que utilidad: pero en aquello poco que se poseía, estaba tan olvidado el valor de los primeros conquistadores, y tan arraigada en los ánimos la codicia, que solo se trataba de enriquecer, rompiendo con la conciencia y con la reputación: dos frenos sin cuyas riendas queda el hombre a solas con su naturaleza, y tan indómito y feroz en ella como los brutos más enemigos del hombre. Ya solo venían de aquellas partes lamentos y querellas de lo que allí se padecía: el celo de la religión y la causa pública cedían enteramente su lugar al interés y al antojo de los particulares, y al mismo paso se iban acabando aquellos pobres indios que gemían debajo del peso, anhelando por el oro para la avaricia ajena, obligados a buscar con el sudor de su rostro lo mismo que despreciaban, y a pagar con su esclavitud la ingrata fertilidad de su patria.

Pusieron en gran cuidado estos desórdenes al rey don Fernando, y particularmente la defensa y conversión de los indios, que fue siempre la principal atención de nuestros reyes, para cuyo fin formó instrucciones, promulgó leyes y aplicó diferentes medios que perdían la fuerza en la distancia; al modo que la flecha se deja caer a vista del blanco, cuando se aparta sobradamente del brazo que la encamina. Pero sobreviniendo la muerte del rey antes que se lograse el fruto de sus diligencias, entró el cardenal con grandes veras en la sucesión de este cuidado, deseando poner de una vez en razón aquel gobierno; para cuyo efecto se valió de cuatro religiosos de la Orden de San Jerónimo, enviándolos con título de visitadores, y de un ministro de su elección que los acompañase, con despachos de juez de residencia, para que unidas estas dos jurisdicciones lo comprendiesen todo; pero apenas llegaron a las islas, cuando hallaron desarmada toda la severidad de sus instrucciones, con la diferencia que hay entre la práctica y la especulación; y obraron poco más que conocer y experimentar el daño de aquella república, poniéndose de peor condición la enfermedad con la poca eficacia del remedio.

## Capítulo V. Cesan las calamidades de la monarquía con la venida del rey don Carlos: dase principio en este tiempo a la conquista de Nueva España

Este estado tenían las cosas de la monarquía cuando entró en la posesión de ella el rey don Carlos, que llegó a España por septiembre de este año, con cuya venida empezó a serenar la tempestad y se fue a poco introduciendo el sosiego, como influido de la presencia del rey, sea por virtud oculta de la corona, o porque asiste Dios con igual providencia tanto a la majestad del que gobierna, como a la obligación o al temor natural del que obedece. Sintiéronse los primeros efectos de esta felicidad en Castilla, cuya quietud se fue comunicando a los demás reinos de España, y pasó a los dominios de afuera, como suele en el cuerpo humano distribuirse el calor natural, saliendo del corazón en beneficio de los miembros más distantes. Llegaron brevemente a las islas de la América las influencias del nuevo rey, obrando en ellas su nombre tanto como en España su presencia. Dispusiéronse los ánimos a mayores empresas, creció el esfuerzo en los soldados, y se puso la mano en las primeras operaciones que precedieron a la conquista de Nueva España, cuyo imperio tenía el cielo destinado para engrandecer los principios de este augusto monarca.

Gobernaba entonces la isla de Cuba el capitán Diego Velázquez, que pasó a ella como teniente del segundo almirante de las Indias don Diego Colón, con tan buena fortuna que se le debió toda su conquista y la mayor parte de su población. Había en aquella isla (por ser la más occidental de las descubiertas, y más vecina al continente de la América septentrional) grandes noticias de otras tierras no muy distantes, que se dudaba si eran islas, pero se hablaba en sus riquezas con la misma certidumbre que si se hubieran visto, fuese por lo que prometían las experiencias de lo descubierto hasta entonces, o por lo poco que tienen que andar las prosperidades en nuestra aprensión para pasar de imaginadas a creídas.

Creció por este tiempo la noticia y la opinión de aquella tierra con lo que referían de ella los soldados que acompañaron a Francisco Fernández de Córdoba en el descubrimiento de Yucatán, península situada en los confines de Nueva España, y aunque fue poco dichosa esta jornada, y no se pudo lograr entonces la conquista porque murieron valerosamente en ella el capitán y la mayor parte de su gente, se logró por lo menos la evidencia de aquellas regiones, y los soldados que iban llegando a esta sazón, aunque heridos y derrotados, traían tan poco escarmentado el valor, que entre los mismos encarecimientos de lo que habían padecido se les conocía el ánimo de volver a la empresa, y le infundían en los demás españoles de la isla, no tanto con la voz y con el ejemplo, como con mostrar algunas joyuelas de oro que traían de la tierra descubierta, bajo de ley y en corta cantidad, pero de tan crecidos quilates en la ponderación y en el aplauso, que se empezaron todos a prometer grandes riquezas de aquella conquista, volviendo a levantar sus fábricas la imaginación, fundadas ya sobre esta verdad de los ojos.

Algunos escritores no quieren pasar este primer oro o metal con mezcla del que vino entonces de Yucatán: fúndanse en que no le hay en aquella provincia, o en lo poco que es menester para contradecir a quien no se defiende. Nosotros seguimos a los que escriben lo que vieron, sin hallar gran dificultad en que pudiese venir el oro de otra parte a Yucatán, pues no es lo mismo producirle que tenerle. Y el no haberse hallado, según lo refieren, sino en los adoratorios de aquellos indios, es circunstancia que da a entender que le estimaban como exquisito, pues le aplicaban solamente al culto de sus dioses y a los instrumentos de su adoración.

Viendo, pues, Diego Velázquez tan bien acreditado con todos el nombre de Yucatán, empezó a entrar en pensamientos de mayor jerarquía, como quien se hallaba embarazado con reconocer por superioridad en aquel gobierno al almirante Diego Colón: dependencia que consistía ya más en el nombre que en la sustancia, pero que a vista de su condición y de sus buenos sucesos le hacía interior disonancia, y tenía como desairada su felicidad. Trató con este fin de que se volviese a intentar aquel descubrimiento, y concibiendo nuevas esperanzas del fervor con que se le ofrecían los soldados, se publicó la jornada, se alistó la gente, y se previnieron tres bajeles y un bergantín con todo lo necesario para la facción y para el sustento de la gente. Nombró por cabo principal de la empresa a Juan de Grijalva, pariente suyo, y por capitanes a Pedro de Alvarado, Francisco Montejo y Alonso Dávila, sujetos de calidad conocida, y más conocidos en aquellas islas por su valor y proceder: segunda y mayor nobleza de los hombres. Pero aunque se juntaron con facilidad hasta doscientos cincuenta soldados, incluyéndose en este número los pilotos y marineros, y andaban todos solícitos contra la dilación, procurando tener parte en adelantar el viaje, tardaron finalmente en hacerse a la mar hasta el 8 de abril del año siguiente de 1518.

Iban con ánimo de seguir la misma derrota de la jornada antecedente, pero decayendo algunos grados por el impulso de las corrientes, dieron en la isla de Cozumel, primer descubrimiento de este viaje, donde se repararon sin contradicción de los naturales. Y volviendo a su navegación cobraron el rumbo, y se hallaron en pocos días a la vista de Yucatán, en cuya demanda doblaron la punta de Cotoche por lo más oriental de aquella provincia, y dando las proas al Poniente, y el costado izquierdo a la tierra, la fueron costeando hasta que arribaron al paraje de Potonchan, o Champoton, donde fue desbaratado Francisco Fernández de Córdoba, cuya venganza aún más que su necesidad los obligó a saltar en tierra, y dejando vencidos y amedrentados aquellos indios, determinaron seguir su descubrimiento.

Navegaron de común acuerdo la vuelta del Poniente sin apartarse de la tierra más de lo que hubieron menester para no peligrar en ella, y fueron descubriendo en una costa muy dilatada y al parecer deliciosa, diferentes poblaciones con edificios de piedra, que hicieron novedad, y que a vista del alborozo con que se iban observando parecían grandes ciudades. Señalábanse con la mano las torres y capiteles que se fingían con el deseo, creciendo esta vez los objetos en la distancia; y porque alguno de los soldados dijo entonces que aquella tierra era semejante a la de España, agradó tanto a los oyentes esta comparación, y quedó tan impresa en la memoria de todos, que no se halla otro principio de haber quedado aquellas regiones con el nombre de Nueva España: palabras dichas casualmente con fortuna de repetidas, sin que se halle la propiedad o la gracia de que se valieron para cautivar la memoria de los hombres.

## Capítulo VI. Entrada que hizo Juan de Grijalva en el río de Tabasco. Sucesos de ella

Siguieron la costa nuestros bajeles hasta llegar al paraje donde se derrama por dos bocas en el mar el río Tabasco, uno de los navegables que dan el tributo de sus aguas el golfo mexicano. Llamóse desde aquel descubrimiento río de Grijalva; pero dejó su nombre a la provincia que baña su corriente, situada en el principio de Nueva España, entre Yucatán y Guazacoalco. Descubríanse por aquella parte grandes arboledas y tantas poblaciones en las dos riberas, que no sin esperanza de algún progreso considerable resolvió Juan de Grijalva, con aplauso de los suyos, entrar por el río a reconocer la tierra, y hallando con la sonda en la mano, que solo podía servirse para este intento de los dos navíos menores, embarcó en ellos la gente de guerra, y dejó sobre las áncoras con parte de la marinería los otros dos bajeles.

Empezaban a vencer no sin dificultad el impulso de la corriente, cuando reconocieron a poca distancia considerable número de canoas guarnecidas de indios armados, y en la tierra algunas cuadrillas inquietas que al parecer intimaban la guerra, y con las voces y los movimientos que ya se distinguían, daban a entender la dificultad de la entrada: ademanes que suele producir el temor en los que desean apartar el peligro con la amenaza. Pero los nuestros, enseñados a mayores intentos, se fueron acercando en buena orden hasta ponerse en paraje de ofender y ser ofendidos. Mandó el general que ninguno disparase ni hiciese demostración que no fuese pacífica; y a ellos les debió ordenar lo mismo su admiración, porque extrañando la fábrica de las naves, y la diferencia de los hombres y de los trajes, quedaron sin movimiento, impedidas violentamente las manos en la suspensión natural de los ojos. Sirvióse Juan de Grijalva de esta oportuna y casual diversión del enemigo para saltar en tierra: siguióle parte de su gente con más diligencia que peligro: púsola en escuadrón, arbolóse la bandera real, y hechas aquellas ordinarias solemnidades, que siendo poco más que ceremonias se llamaban actos de posesión, trató de que entendiesen aquellos indios que venía de paz y sin ánimo de ofenderlos. Llevaron este mensaje dos indios muchachos que se hicieron prisioneros en la primera entrada de Yucatán, y tomaron en el bautismo los nombres de Julián y Melchor. Entendían aquella lengua de Tabasco por ser semejante a la de su patria, y habían aprendido la nuestra, de manera que se daban a entender con alguna dificultad, pero donde se hablaba por señas se tenía por elocuencia su corta explicación.

 Resultó de esta embajada el acercarse con recatada osadía hasta treinta indios en cuatro canoas. Eran las canoas unas embarcaciones que formaban de los troncos de sus árboles, labrando en ellos el vaso y la quilla con tal disposición, que cada tronco era un bajel, y los había capaces de quince y de veinte hombres: tal es la corpulencia de aquellos árboles, y tal la fecundidad de la tierra que los produce. Saludáronse unos y otros cortésmente, y Juan de Grijalva, después de asegurarlos con algunas dádivas, les hizo un breve razonamiento, dándoles a entender por medio de sus intérpretes cómo él y todos aquellos soldados eran vasallos de un poderoso monarca, que tenía su imperio donde sale el Sol, en cuyo nombre venían a ofrecerles la paz y grandes felicidades si trataban de reducirse a su obediencia. Oyeron esta proposición con señales de atención desabrida; y no es de omitir la natural discreción de uno de aquellos bárbaros que poniendo silencio a los demás, respondió a Grijalva con entereza y resolución: «que no le parecía buen género de paz la que se quería introducir, envuelta en la sujeción y en el vasallaje; ni podía dejar de extrañar como cosa intempestiva el hablarles en nuevo señor hasta saber si estaban descontentos con el que tenían; pero que en el punto de la paz o la guerra, pues allí no había otro en qué discurrir, hablarían con sus mayores y volverían con la respuesta».

Despidiéronse con esta resolución, y quedaron los nuestros igualmente admirados que cuidadosos; mezclándose el gusto de haber hallado indios de más razón y mejor discurso con la imaginación de que serían más dificultosos de vencer, pues sabrían pelear los que discurrir; o por lo menos se debía temer otro género de valor en otro género de entendimiento: siendo cierto que en la guerra pelea más la cabeza que las manos. Pero estas consideraciones del peligro en que discurrían variadamente los capitanes y los soldados, pasaban como avisos de la prudencia que no tocaban o tocaban poco en la región del ánimo. Desengañáronse brevemente, porque volvieron los mismos indios con señales de paz, diciendo: «que sus caciques la admitían, no porque temiesen la guerra, ni porque fuesen tan fáciles de vencer como los de Yucatán (cuyo suceso había llegado ya a su noticia), sino porque dejando los nuestros en su arbitrio la paz o la guerra, se hallaban obligados a elegir lo mejor». Y en señas de la nueva amistad que venían a establecer, trajeron un regalo abundante de bastimentos y frutos de la tierra. Llegó poco después el cacique principal con moderado acompañamiento de gente desarmada, dando a entender la confianza que hacía de sus huéspedes, y que venía seguro en su propia sinceridad. Recibióle Grijalva con demostraciones de agrado y cortesía; y él correspondió con otro género de sumisiones a su modo en que no dejaba de reconocerse alguna gravedad afectada o verdadera; y después de los primeros cumplimientos, mandó que llegasen sus criados con otro presente que traían de diversas alhajas de más artificio que valor, plumajes de varios colores, ropas sutiles de algodón, y algunas figuras de animales para su adorno, hechas de oro sencillo y ligero, o formadas de madera primorosamente con engastes y láminas de oro sobrepuesto. Y sin esperar el agradecimiento de Grijalva, le dio a entender el cacique por medio de los intérpretes: «que su fin era la paz, y el intento de aquel regalo despedir a los huéspedes para poder mantenerla». Respondióle: «que hacía toda estimación de su liberalidad, y que su ánimo era pasar adelante sin detenerse ni hacerles disgusto»; resolución a que se hallaba inclinado, parte por corresponder generosamente a la confianza y buen término de aquella gente, y parte por la conveniencia de tener retirada, y dejar amigos a las espaldas para cualquier accidente que se le ofreciesen; y así se despidió y volvió a embarcar, regalando primero al cacique y a sus criados con algunas bujerías de Castilla, que siendo de cortísimo valor llevaban el precio en la novedad: menos lo extrañarán hoy los españoles hechos a comprar como diamantes los vidrios extranjeros.

Antonio de Herrera y los que le siguen, o los que escribieron después, afirman que este cacique presentó a Grijalva unas armas de oro fino con todas las piezas de que se compone un cumplido arnés, que le armó con ellas diestramente, y que le vinieron tan bien como si se hubieran hecho a su medida; circunstancias notables para omitidas por los autores más antiguos. Pudo tomarlo de Francisco López de Gómara, a quien suele refutar en otras noticias; pero Bernal Díaz del Castillo que se halló presente, y Gonzalo Fernández de Oviedo, que escribió por aquel tiempo en las islas de Santo Domingo, no hacen mención de estas armas, refiriéndose menudamente todas las alhajas que se trajeron de Tabasco. Quede a discreción del lector la fe que se debe a estos autores, y séanos permitido el referirlo sin hacer desvío a la razón de dudarlo.

## Capítulo VII. Prosigue Juan de Grijalva su navegación, y entra en el río de Banderas, donde se halló la primera noticia del rey de México, Motezuma

Prosiguieron su viaje Grijalva y sus compañeros por la misma derrota, descubriendo nuevas tierras y poblaciones sin suceso memorable, hasta que llegaron a un río que llamaron de Banderas, porque en su margen y por la costa vecina a él andaban muchos indios con banderas blancas pendientes de sus astas; y en el modo de tremolarlas, acompañado con las señas, voces y movimientos que se distinguían, daban a entender que estaban de paz, y que llamaban al parecer más que despedían a los pasajeros. Ordenó Grijalva que el capitán Francisco de Montejo se adelantase con alguna gente repartida en dos bajeles, para reconocer la entrada y examinar el intento de aquellos indios; el cual hallando buen surgidero, y poco que recelar en el modo de la gente, avisó a los demás que podían acercarse. Desembarcaron todos, y fueron recibidos con grande admiración y agasajo de los indios; entre cuyo numeroso concurso se adelantaron tres, que en el adorno parecían los principales de la tierra; y deteniéndose lo que hubieron menester para observar en el respeto de los otros cuál era el superior, se fueron derechos a Grijalva haciéndole grandes reverencias, y él los recibió con igual demostración. No entendían aquella lengua nuestros intérpretes, y así se redujeron los cumplimientos a señas de urbanidad, ayudadas con algunas palabras de más sonido que significación.

Ofrecióse luego a la vista un banquete que tenían prevenido de mucha diferencia de manjares, puestos o arrojados sobre algunas esteras de palma que ocupaban las sombras de los árboles: rústica y desaliñada opulencia; pero nada ingrata al apetito de los soldados: después de cuyo refresco mandaron los tres indios a su gente que manifestase algunas piezas de oro que tenían reservadas; y en el modo de mostrarlas y de tenerlas se conoció que no trataban de presentarlas, sino de comprar con ellas la mercadería de nuestras naves, cuya fama había llegado ya a su noticia. Pusiéronse luego en feria aquellas sartas de vidrio, peines, cuchillos y otros instrumentos de hierro y de alquimia, que en aquella tierra podían llamarse joyas de mucho precio; pues el engaño con que se codiciaban era ya verdad en lo que valían. Fuéronse trocando estas bujerías a diferentes alhajas y preseas de oro no de muchos quilates, pero en tanta abundancia, que en seis días que se detuvieron aquí los españoles, importaron los rescates más de quince mil pesos.

No sabemos con qué propiedad se dio el nombre de rescates a este género de permutaciones, ni por qué se llamó rescatado el oro que en la verdad pasaba a mayor cautiverio, y estaba con más libertad donde le estimaban menos; pero usaremos de este mismo término por hallarle introducido en nuestras historias, y primero en las de la India oriental; puesto que en los modos de hablar con que se explican las cosas, no se debe buscar tanto la razón como el uso: que según el sentir de Horacio, es árbitro legítimo de los aciertos de la lengua, y pone o quita como quiere aquella congruencia que halla el oído entre las voces y lo que significan.

Viendo, pues, Juan de Grijalva que habían cesado ya los rescates, y que las naves estaban con algún peligro descubiertas a la travesía de los nortes, se despidió de aquella gente, dejándola gustosa y agradecida; y trató de volver a su descubrimiento, llevando entendido a fuerza de preguntas y señas, que aquellos tres indios principales eran súbditos de un monarca que llamaban Motezuma; que las tierras en que dominaba eran muchas y muy abundantes de oro y de otras riquezas, y que habían venido de orden suya a examinar pacíficamente el intento de nuestra gente, cuya vecindad le tenía al parecer cuidadoso. A otras noticias se alargaron los escritores; pero no parece posible que se adquiriesen entonces, ni fue poco percibir esto, donde se hablaba con las manos y se entendía con los ojos, que reemplazaban el oficio de la lengua y de los oídos.

Prosiguieron su navegación sin perder la tierra de vista; y dejando atrás dos o tres islas de poco nombre, hicieron pie en una que llamaron de Sacrificios; porque entrando a reconocer unos edificios de cal y canto que sobresalían a los demás, hallaron en ellos diferentes ídolos de horrible figura, y más horrible culto; pues cerca de las gradas donde estaban colocados había seis o siete cadáveres de hombres recién sacrificados hechos pedazos y abiertas las entrañas; miserable espectáculo que dejó a nuestra gente suspensa y atemorizada, vacilando entre contrarios afectos, pues se compadecía el corazón de lo que se irritaba el entendimiento.

Detuviéronse poco en esta isla, porque los habitadores de ella andaban amedrentados; con que no rendían considerable fruto los rescates; y así pasaron a otra que estaba poco apartada de la tierra firme, y en tal disposición, que entre ella y la costa se halló paraje capaz y abrigado para la seguridad de las naves. Llamáronla isla de San Juan por haber llegado a ella el día del Bautista, y por tener su nombre el general, en que andaría la devoción mezclada con la lisonja; y un indio que señalando con la mano hacia la tierra firme, y dando a entender que la nombraba, repetía mal pronunciada la voz culúa, culúa, dio la ocasión del sobrenombre con que la diferenciaron de San Juan de Puerto Rico, llamándola San Juan de Ulúa, isla pequeña de más arena que terreno; cuya campaña tenía sobre las aguas tan moderada superioridad, que algunas veces se dejaba dominar de las inundaciones del mar; pero de estos humildes principios pasó después a ser el puerto más frecuentado y más insigne de la Nueva España en todo lo que mira al mar del Norte.

Aquí se detuvieron algunos días, porque los indios de la tierra cercana acudían con algunas piezas de oro, creyendo que engañaban con trocarle a cuentas de vidrio. Y viendo Juan de Grijalva que su instrucción era limitada, para que solo descubriese y rescatase sin hacer población, cuyo intento se le prohibía expresamente, trató de dar cuenta a Diego Velázquez de las grandes tierras que había descubierto, para que en caso de resolver que se poblase en ellas, le enviase la orden, y le socorriese con alguna gente y otros pertrechos de que necesitaba. Despachó con esta noticia al capitán Pedro de Alvarado en uno de los cuatro navíos, entregándole todo el oro y las demás alhajas que hasta entonces se habían adquirido, para que con la muestra de aquellas riquezas fuese mejor recibida su embajada, y se facilitase la proposición de poblar a que estuvo siempre inclinado por más que lo niegue Francisco López de Gómara que le culpa en esto de pusilánime.

**Capítulo VIII. Prosigue Juan de Grijalva su descubrimiento hasta costear la provincia de Panuco. Sucesos del río de Canoas, y resolución de volverse a la Isla de Cuba**

Apenas tomó Pedro de Alvarado la vuelta de Cuba, cuando partieron los demás navíos de San Juan de Ulúa en seguimiento de su derrota; y dejándose guiar de la tierra, fueron volviendo con ella hacia la parte del Septentrión, llevando en la vista las dos sierras de Tuspa y de Tusta, que corren largo trecho entre el mar y la provincia de Tlascala; después de cuya travesía entraron en la ribera de Panuco, última región de Nueva España, por la parte que mira al golfo mexicano, y surgieron en el río de Canoas, que tomó entonces este nombre, porque a poco rato que se detuvieron en reconocerle, fueron asaltados de dieciséis canoas armadas y guarnecidas de indios guerreros, que ayudados de la corriente embistieron al navío que gobernaba Alfonso Dávila; y disparando sobre él la lluvia impetuosa de sus flechas, intentaron llevársele, y tuvieron cortada una de las amarras: bárbara resolución, que si la hubiera favorecido el suceso, pudiera merecer el nombre de hazaña; pero acudieron luego al socorro los otros dos navíos, y la gente que se arrojó apresuradamente en los bateles, cargando sobre las canoas con tanto ardor, que sin que se conociese el tiempo que hubo entre el embestir y el vencer, quedaron algunas de ellas echadas a pique, muertos muchos indios y puestos en fuga los que fueron más avisados en conocer el peligro o más diligentes en apartarse de él.

No pareció conveniente seguir esta victoria por el poco fruto que se podía esperar de gente fugitiva y escarmentada; y así levantaron las áncoras y prosiguieron su viaje hasta que llegaron a un promontorio o punta de tierra introducida en la jurisdicción del mar, que al parecer se enfurecía con ella sobre cobrar lo usurpado, y estaba en continua inquietud porfiando con la resistencia de los peñascos. Grandes diligencias se hicieron para doblar este cabo; pero siempre retrocedían las naves al arbitrio del agua no sin peligro de zozobrar o embestir con la tierra; cuyo accidente dio ocasión a los pilotos para que hiciesen sus protestas, y a la gente para que las prosiguiese con repetidos clamores: melancólica ya de tan prolija navegación, y más discursiva en la aprensión de los riesgos. Pero Juan de Grijalva, hombre en quien se daban las manos la prudencia y el valor, convocó a los pilotos y a los capitanes para que se discurriese en lo que se debía obrar según el estado en que se hallaban. Consideróse en esta junta la dificultad de pasar adelante y la incertidumbre de la vuelta: que una de las naves venía maltratada y necesitaba de repararse; que los bastimentos empezaban a padecer corrupción; que la gente venía desabrida y fatigada; y que el intento de poblar tenía contra sí la instrucción de Diego Velázquez, y la poca seguridad de poderlo conseguir sin el socorro que habían pedido; y últimamente se resolvió, sin controversia, que se tomase la vuelta de Cuba, para rehacerse de los medios con que se debía emprender tercera vez aquella grande facción que dejaban imperfecta. Ejecutóse luego esta resolución, y volviendo las naves a desandar los rumbos que habían traído, y a reconocer otros parajes de la misma costa con poca detención y alguna utilidad en los rescates, arribaron últimamente al puerto de Santiago de Cuba en 15 de noviembre de 1518.

Había llegado pocos días antes al mismo puerto Pedro de Alvarado, y fue muy bien recibido del gobernador Diego Velázquez, que celebró con increíble alborozo la noticia de aquellas grandes tierras que se habían descubierto; y sobre todo los quince mil pesos de oro que apoyaban su relación sin necesitar de su encarecimiento.

Miraba el gobernador aquellas riquezas, y no acertando a creer a sus ojos, volvía a socorrerse de los oídos, preguntando segunda y tercera vez a Pedro de Alvarado lo que le había referido, y hallando novedad en lo mismo que acababa de oír, como el músico que se deleita en las cláusulas repetidas. No tardó mucho este alborozo en descubrir sus quilates, mezclándose con el desabrimiento; porque luego empezó a sentir con impaciencia que Juan de Grijalva no hubiese fundado alguna población en aquellas tierras donde le hicieron buena acogida: y aunque Pedro de Alvarado intentaba disculparle, fue de los que sintieron que se debía poblar en el río de Banderas; y siempre se dice flojamente lo que se procura esforzar contra el propio dictamen. Acusábale Diego Velázquez de poco resuelto; y enojándose con su elección, confesaba la culpa de haberle enviado, proponiendo encargar aquella facción a persona de mayor actividad, sin reparar en el desaire de su pariente, a quien debía aquella misma felicidad que ponderaba; pero lo primero que hace la fortuna en los ambiciosos, es cautivar la razón para que no se ponga de parte del agradecimiento. Ya nada le hacía fuerza, sino el conseguir apriesa y a cualquiera costa toda la prosperidad que se prometía de aquel descubrimiento, elevando a grandes cosas la imaginación, y llegando con las esperanzas adonde no llegaba con los deseos.

Trató luego de prevenir los medios para la nueva conquista, acreditándola con el nombre de Nueva España, que daba grande recomendación y sonido a la empresa. Comunicó su resolución a los religiosos de San Jerónimo, que residían en la isla de Santo Domingo, con palabras que se inclinaban más a pedir aprobación que licencia; y envió persona a la corte con larga relación y encarecidas señas de lo descubierto, y un memorial en que no iban oscurecidos de mal ponderados sus servicios; por cuya recompensa pedía algunas mercedes, y el título de adelantado de las tierras que conquistase.

Ya tenía comprados algunos bajeles y empezado el apresto de nueva armada, cuando llegó Juan de Grijalva, y le halló tan irritado como pudiera esperarle agradecido. Reprendióle con aspereza y publicidad, y él desayudaba con su modestia sus disculpas, aunque le puso delante de los ojos su misma instrucción, en que le ordenaba que no se detuviese a poblar; pero estaba ya tan fuera de los términos razonables con la novedad de sus pensamientos, que confesaba la orden, y trataba como delito la obediencia.

## Capítulo IX. Dificultades que se ofrecieron en la elección de cabo para la nueva armada, y quién era Hernán Cortés, que últimamente la llevó a su cargo

Pero conociendo entonces Diego Velázquez cuánto importa la celeridad en las resoluciones, y que si se deja perder el tiempo suele desazonarse la ocasión, ordenó luego que se diese carena a los cuatro bajeles que sirvieron en la jornada de Grijalva; con los cuales, y con los que se habían comprado, se juntaron diez de ochenta hasta cien toneladas: y caminando al mismo paso en el cuidado de armarlos, pertrecharlos y bastecerlos, se halló brevemente indeciso y receloso en la dificultad de nombrar cabo que los gobernase. Era su intento buscar persona tan resuelta que supiese desembarazarse de las dificultades, y tomar partido con los accidentes; pero tan apagada, que no supiese dar unos celos, ni tener otra ambición que de la gloria ajena. La cual, en su modo de discurrir, era lo mismo que buscar un hombre de mucho corazón y de poco espíritu; pero no siendo fáciles de juntar estos extremos, tardó la resolución algunos días. La gente se inclinaba a Juan de Grijalva, y la voz común suele hacer justicia en sus elecciones, porque le asistían sus buenas partes, lo que había trabajado en aquel descubrimiento, y la noticia con que se hallaba de la navegación y de la tierra.

Salieron a la pretensión Antonio y Bernardino Velázquez, parientes más cercanos del gobernador, Baltasar Bermúdez, Vasco Porcallo, y otros caballeros que había en aquella isla capaces de aspirar a mayores empleos; y cada uno discurrió en éste como si estuviera sola su razón: que ordinariamente quien dilata la provisión de los cargos, convida pretendientes, y parece que trata de atesorar quejosos.

Pero Diego Velázquez duraba en su irresolución, hallando en unos que temer, y en otros que desear; hasta que aconsejándose con Amador de Lariz, contador del rey, y con Andrés de Duero, su secretario, que eran toda su confianza, y conocían su condición, le propusieron a Hernán Cortés, grande amigo de los dos, alabándole con moderación por no hacer sospechoso el consejo: y dando a entender que hablaban por el acierto de la elección más que por la conveniencia de su amigo. Fue bien oída la proposición, y ellos se contentaron con verle inclinado, dándole tiempo para que lo meditase y volviese persuadido a la plática, o mejor dispuesto para dejarse persuadir.

Pero antes que pasemos adelante, será bien que digamos quién era Hernán Cortés, y por cuántos rodeos vino a ser de su valor y de su entendimiento aquella grande obra de la conquista de Nueva España, que puso en sus manos la felicidad de su destino: llamamos destino, hablando cristianamente, aquella soberana y altísima disposición de la primera causa que deja obrar a las segundas, como dependientes suyas y medianeras de la naturaleza, en orden a que suceda con la elección del hombre, lo que permite o lo que ordena Dios. Nació en Medellín, villa de Extremadura, hijo de Martín Cortés de Monroy y doña Catalina Pizarro Altamirano, cuyos apellidos no solo dicen, sino encarecen lo ilustre de su sangre. Diose a las letras en su primera edad, y cursó en Salamanca dos años, que le bastaron para conocer que iba contra su natural, y que no convenía con la viveza de su espíritu aquella diligencia perezosa de los estudios. Volvió a su casa resuelto a seguir la guerra; y sus padres le encaminaron a la de Italia, que entonces era la de más pundonor, por estar calificada con el nombre del Gran Capitán; pero al tiempo de embarcarse le sobrevino una enfermedad que le duró muchos días, de cuyo accidente resultó el hallarse obligado a mudar de intento aunque no de profesión. Inclinóse a pasar a las Indias, que como entonces duraba su conquista, se apetecían con el valor más que con la codicia. Ejecutó su pasaje con gusto de sus padres el año de 1504, y llevó cartas de recomendación para don Nicolás de Obando, comendador mayor de la Orden de Alcántara, que era su deudo y gobernaba en esta sazón la isla de Santo Domingo. Luego que llegó a ella y se dio a conocer, halló grande agasajo y estimación en todos, y tan agradable acogida en el gobernador, que le admitió desde luego entre los suyos, y ofreció cuidar de sus aumentos con particular aplicación. Pero no bastaron estos favores para divertir su inclinación, porque se hallaba tan violento en la ociosidad de aquella isla, ya pacificada y poseída sin contradicción de sus naturales, que pidió licencia para empezar a servir en la de Cuba, donde se traían por entonces las armas en las manos: y haciendo este viaje con beneplácito de su pariente, trató de acreditar en las ocasiones de aquella guerra su valor y su obediencia, que son los primeros rudimentos de esta facultad. Consiguió brevemente la opinión de valeroso, y tardó poco más en darse a conocer su entendimiento; porque sabiendo adelantarse entre los soldados, sabía también dificultar y resolver entre los capitanes.

Era mozo de gentil presencia y agradable rostro; y sobre estas recomendaciones comunes de la naturaleza, tenía otras de su propio natural que le hacían amable porque hablaba bien de los ausentes; era festivo y discreto en las conversaciones, y partía con sus compañeros cuanto adquiría con tal generosidad, que sabía ganar amigos sin buscar agradecidos. Casó en aquella isla con doña Catalina Suárez Pacheco, doncella noble y recatada; sobre cuyo galanteo tuvo muchos embarazos, en que se mezcló Diego Velázquez, y le tuvo preso hasta que ajustado el casamiento fue su padrino, y quedaron tan amigos que se trataban con familiaridad; y le dio brevemente repartimiento de indios y la vara de alcalde en la misma villa de Santiago: ocupación que servían entonces las personas de más cuenta, y que solía andar entre los conquistadores más calificados.

En este paraje se hallaba Hernán Cortés, cuando Amador de Lariz y Andrés de Duero le propusieron para la conquista de Nueva España; y fue con tanta destreza, que cuando volvieron a verse con Diego Velázquez, prevenidos de nuevas razones para esforzar su intento, le hallaron declarado por Hernán Cortés, y tan discursivo en las conveniencias de fiarle aquella empresa, que se les convirtió en lisonja la persuasión que llevaban meditada, y trataron solo de obligarle con asentir a lo mismo que deseaban. Discurrióse en la conveniencia de que se hiciese luego el nombramiento para desarmar de una vez a los pretendientes; y no se descuidó Andrés de Duero en pasar por diligencia de su profesión la brevedad del despacho, cuya sustancia fue: «que Diego Velázquez, como gobernador de la isla de Cuba, y promovedor de los descubrimientos de Yucatán y Nueva España, nombraba a Hernán Cortés por capitán general de la armada, y tierras descubiertas y que se descubriesen», con todas aquellas extensiones de jurisdicción y cláusulas honoríficas que la amistad del secretario puede ingerir, como primores de la formalidad.

## Capítulo X. Tratan los émulos de Cortés vivamente de descomponerle con Diego Velázquez: no lo consiguen, y sale con la armada del puerto de Santiago

Aceptó Cortés el nuevo cargo con todo rendimiento y estimación, agradeciendo entonces la confianza que se hacía de su persona, con las mismas veras que sintió después la desconfianza. Publicóse, y fue bien recibida entre los que deseaban el acierto, pero murmurada de los que deseaban el cargo: entre los cuales sacaron la cara con mayor osadía los parientes de Diego Velázquez, que hicieron grandes esfuerzos para desconfiarle de Hernán Cortés. Decíanle: «que fiaba mucho de un hombre poco arraigado en su obligación; que si volvía los ojos a su modo de obrar y discurrir, le hallaría de ánimo poco seguro, porque no solían andar juntas su intención y sus palabras; que su agrado y liberalidad tenían mucho de astucia, y le hacían sospechoso a los que no se gobiernan por las apariencias de la virtud; porque cuidaba demasiadamente de ganar voluntades; y los amigos cuando son muchos suelen abultar como parciales; que se acordase de que le tuvo preso y disgustado, y que pocas veces salen buenos los confidentes que se hacen de los quejosos; porque en las heridas del ánimo quedan cicatrices como en las demás, y suelen éstas acordar la ofensa cuando se mira como posible la venganza». A que añadían otras razones de más ruido que sustancia, sin acertar con el camino de la sinceridad, porque querían parecer celosos para disimular que lo estaban.

Cuentan que saliendo un día a pasearse Diego Velázquez con Hernán Cortés y con sus parientes y amigos, le dijo un loco gracioso, de cuyos delirios gustaba: «buena la has hecho, amigo Diego; presto será menester otra armada para salir a caza de Cortés». Y hay quien lo refiera como vaticinio, ponderando lo que suelen acertar los locos, y la impresión que hizo esta profecía (así se resuelven a llamarla) en el ánimo de Diego Velázquez. Dejemos a los filósofos el discurrir sobre si cabe el acierto de las cosas futuras entre los errores de la imaginación, o si es posible a la destemplanza del juicio el encontrar con la adivinación: que ellos gastarán el ingenio en fingir habilidades a la melancolía, y nosotros creeremos que lo dijo el loco porque le impusieron en ello los émulos de Cortés, y que andaba pobre de medios la malicia, cuando se llegaba a socorrer de la locura.

Pero Diego Velázquez mantuvo a rostro firme su resolución, y Hernán Cortés trató de ganar el tiempo en sus prevenciones. Fue la primera arbolar su estandarte, poniendo en él por empresa la señal de la cruz con una letra latina, cuya versión era: sigamos la cruz, que en esta señal venceremos. Dejóse ver con galas de soldado que parecían bien en su talle, y venían mejor a su inclinación; empezó a gastar liberalmente el caudal con que se hallaba, y el dinero que pudo juntar entre sus amigos en comprar vituallas y prevenirse de armas y municiones para ayudar al apresto de la armada, cuidando al mismo tiempo de atraer y ganar la gente que le había de seguir; en que fue menester poca diligencia, porque el ruido de las cajas tenían sus ecos en el nombre de la empresa y en la fama del capitán. Alistáronse en pocos días trescientos soldados, y entre ellos sentaron plaza Diego de Ordaz, criado principal del gobernador, Francisco de Morla, Bernal Díaz del Castillo, escritor de nuestra historia, y otros hidalgos que se irán nombrando en su lugar.

Llegó el tiempo de la partida, y se ordenó a la gente con bando público que se embarcase, lo cual se ejecutó de día concurriendo todo el pueblo; y aquella misma noche fue Hernán Cortés acompañado de sus amigos a la casa del gobernador, donde se despidieron los dos dándose los brazos y las manos con amigable sinceridad; y la mañana siguiente le acompañó Diego Velázquez hasta la marina, y asistió a la embarcación: circunstancias menores que hacen poco en la narración, y se pudieran omitir si no fueran necesarias para borrar la temprana ingratitud con que manchan a Cortés los que dicen que salió del pueblo alzado con la armada. Así lo refieren Antonio de Herrera y todos los que le trasladan, afirmando con poca razón que en el medio silencio de la noche convocó a los soldados por sus casas, y se embarcó furtivamente con ellos; y que saliendo al amanecer Diego Velázquez en seguimiento de esta novedad, se acercó a él en un barco guarnecido de gente armada, y le dio a entender con despego y libertad su inobediencia. Nosotros seguimos a Bernal Díaz del Castillo, que dice lo que vio, y lo más semejante a la verdad; pues no cabe en humano discurso que un hombre tan avisado como Hernán Cortés, cuando tuviera entonces esta resolución, se adelantase a desconfiar descubiertamente a Diego Velázquez hasta salir de su jurisdicción, pues había de tocar con la armada en otros lugares de la misma isla, para recoger bastimentos y la gente que le aguardaba en ellos: ni cuando diéramos en su entendimiento y sagacidad esta inadvertencia, parece creíble que en un lugar de tan corta población como era entonces la villa de Santiago, se pudiesen embarcar trescientos hombres llamados de noche por sus casas, y entre ellos Diego de Ordaz y otros familiares del gobernador, sin que hubiese uno entre tantos que le avisase de aquella novedad, o despertasen los que observaban sus acciones al ruido de tanta conmoción: admirable silencio en los unos, y extraordinario descuido en los otros. No negaremos que Hernán Cortés se apartó de la obediencia de Diego Velázquez, pero fue después, y con la causa que veremos.

**Capítulo XI. Pasa Cortés con la armada a la villa de la Trinidad, donde la refuerza con número considerable de gente; consiguen sus émulos la desconfianza de Velázquez, que hace vivas diligencias para detenerle**

Partió la armada del puerto de Santiago de Cuba el 18 de noviembre del año 1518, y costeando la isla por la banda del Norte hacia el Oriente, llegó en pocos días a la villa de la Trinidad, donde tenía Cortés algunos amigos que le hicieron grata acogida. Publicó luego su jornada, y se ofrecieron a seguirle en ella Juan de Escalante, Pedro Sánchez Farfán, Gonzalo Mejía, y otras personas principales de aquella población. Llegaron poco después en su seguimiento Pedro de Alvarado y Alonso Dávila, que fueron capitanes en la entrada de Juan de Grijalva, y cuatro hermanos de Pedro de Alvarado, que se llamaban Gonzalo, Jorge, Gómez y Juan de Alvarado. Pasó la noticia a la villa de Sancti Spíritus, que estaba poco distante de la Trinidad, y de ella vinieron con el mismo intento de seguir a Cortés, Alonso Hernández Portocarrero, Gonzalo de Sandoval, Rodrigo Rangel, Juan Velázquez de León, pariente del gobernador, y otras personas de calidad, cuyos nombres tendrán mejor lugar cuando se refieran sus hazañas. Con este refuerzo de gente noble, y con otros cien soldados que se juntaron de ambas poblaciones, iba tomando considerable cuerpo la armada, y al mismo tiempo se compraban bastimentos, municiones, armas y algunos caballos, ayudando todos a Cortés con su caudal y con sus diligencias, porque sabía granjear los ánimos con el agrado y con las esperanzas, y ser superior sin dejar de ser compañero.

Pero apenas volvió las espaldas al puerto de Santiago, cuando sus émulos empezaron a levantar la voz contra él, hablando ya en su inobediencia con aquel atrevimiento cobarde que suele facilitar los cargos del ausente. Oyólos Diego Velázquez, y aunque fue con desagrado, reconocieron en su ánimo una seguridad inclinada al recelo, y fácil de llevar hacia la desconfianza; para cuyo fin se ayudaron de un viejo que llamaban Juan Millán, hombre que sin dejar de ser ignorante profesaba la astrología; loco de otro género, y locura de otra especie. Éste, inducido de los demás, le dijo con grandes prevenciones del secreto algunas palabras misteriosas de la incierta seguridad de aquella armada, dándole a entender que hablaban en su lengua las estrellas; y aunque Diego Velázquez tenía entendimiento para conocer la vanidad de estos pronósticos, pudo tanto el hablarle a propósito de lo que temía, que el despreciar al astrólogo fue principio de creer a los demás.

De tan débiles principios como éstos nació la primera resolución que tomó Diego Velázquez de romper con Hernán Cortés, quitándole el gobierno de la armada. Despachó luego dos correos a la villa de la Trinidad, con cartas para todos sus confidentes, y una orden expresa para que Francisco Verdugo, su cuñado, que entonces era su alcalde mayor en aquella villa, le desposeyese judicialmente de la capitanía general; suponiendo que ya estaba revocado el título con que la servía, y nombraba persona en su lugar. Llegó brevemente a noticia de Cortés este contratiempo, y sin rendir el ánimo a la dificultad del remedio, se dejó ver de sus amigos y soldados para saber cómo tomaban el agravio de su capitán, y conocer si podía fiarse de su razón en el juicio que hacían de ella los demás. Hallólos a todos no solo de su parte, sino resueltos a defenderle de semejante injuria, sin negarse al último empeño de las armas. Y aunque Diego de Ordaz y Juan Velázquez de León estuvieron algo remisos, como más dependientes del gobernador, se redujeron fácilmente a lo que no pudieran resistir; con cuya seguridad pasó después a verse con el alcalde mayor, sabiendo ya lo que llevaba en su queja. Ponderóle cuánto aventuraba en ponerse de parte de aquella sin razón, disgustando a tanta gente principal como le seguía, y cuánto se podía temer la irritación de los soldados, cuya voluntad había granjeado para servir mejor con ellos a Diego Velázquez, y le embarazaba ya para poder obedecerle; hablando en uno y otro con un género de resolución que sin dejar de ser modestia, estaba lejos de parecer humildad o falta de espíritu. Conoció Francisco Verdugo la razón que le asistía, y poco inclinado por su misma generosidad a ser instrumento de semejante violencia, le ofreció no solamente suspender la orden, sino replicar a ella y escribir a Diego Velázquez para que desistiese de aquella resolución, ya que no era practicable por el disgusto de los soldados, ni se podría ejecutar sin graves inconvenientes. Ofrecieron lo mismo Diego de Ordaz, y los demás que tenían con él alguna autoridad, cuyo medio se ejecutó luego, y Hernán Cortés le escribió también, doliéndose amigablemente de su desconfianza, sin ponderar su desaire ni olvidar el rendimiento, como quien se hallaba obligado a quejarse, y deseaba no tener razón de parecer quejoso, ni ponerse en términos de agraviado.

**Capítulo XII. Pasa Hernán Cortés desde la Trinidad a La Habana, donde consigue el último refuerzo de la armada, y padece segunda persecución de Diego Velázquez**

Hecha esta diligencia, que pareció entonces bastante para sosegar el ánimo de Diego Velázquez, trató Hernán Cortés de proseguir su navegación, y enviando por tierra a Pedro de Alvarado con parte de los soldados, para que cuidase de conducir los caballos y hacer alguna gente en las estancias del camino, partió con la armada al puerto de La Habana, último paraje de aquella isla, por donde empieza lo más occidental de ella a dejarse ver del Septentrión. Salieron los navíos de la Trinidad con viento favorable, pero sobreviniendo la noche se desviaron de la capitana donde iba Cortés, sin observar cómo debían su derrota, ni echarle menos, hasta que la luz del día les puso a la vista el error de sus pilotos; y empeñados ya en proseguirle continuaron su viaje, y llegaron al puerto donde saltó la gente a tierra. Hospedóla con agasajo y liberalidad Pedro de Barba, que a la sazón era gobernador de La Habana por Diego Velázquez; y andaban todos pesarosos de no haber esperado a su capitán o vuelto en su demanda, sin pasar entonces con el discurso a más que provenir sus disculpas para cuando llegase.

Pero viendo que tardaba más de lo que parecía posible, sin haberle sucedido algún fracaso, empezaron a inquietarse divididos en varias opiniones: porque unos clamaban que volviesen dos o tres bajeles a buscarle por las islas de aquella vecindad; otros proponían que se nombrase gobernador en su ausencia, y algunos tenían por intempestiva o sospechosa esta proposición; y como no había quien mandase, resolvían todos, y ninguno ejecutaba. El que más insistía en la opinión de que se nombrase gobernador era Diego de Ordaz, que como primero en la confianza de Diego Velázquez, quería preferir a todos, y hallarse con el ínterin para estar más cerca de la propiedad, pero después de siete días que duraron estas diferencias, llegó a salvamento Hernán Cortés con su capitana.

Fue la causa de su detención, que aquella noche navegando la armada sobre unos bajos, que están entre el puerto de la Trinidad y el cabo de San Antón, poco distantes de la isla de Pinos, tocó en ellos la capitana, como navío de mayor porte, y quedó encallada en la arena, de suerte que estuvo a pique de zozobrar: accidente de gran cuidado, en que se empezó a descubrir y acreditar el espíritu y la actividad de Cortés; porque animando a todos a vista del peligro, supo templar la diligencia con el sosiego, y obrar lo que convenía sin detenerse ni apresurarse. Su primer cuidado fue que se echase el esquife a la mar, y luego ordenó que en él se fuese transportando la carga del navío a una isleta o arrecife de arena que estaba a la vista, por cuyo medio le aligeró hasta que pudo nadar sobre los bajíos, y sacándole después al agua, volvió a cobrar la carga, y prosiguió su derrota; habiendo gastado en esta obra los días de su detención, y salido de aquel aprieto con tanto crédito como felicidad.

Alojóle Pedro de Barba en su misma casa, y fue notable la aclamación con que le recibió la gente, cuyo número empezó luego a crecer, alistándose por sus soldados algunos vecinos de La Habana, y entre ellos Francisco de Montejo, que fue después adelantado de Yucatán, Diego de Soto el de Toro, Garci Caro, Juan Sedeño, y otras personas de calidad y acomodadas que autorizaron la empresa, y ayudaron con sus haciendas al último apresto de la armada. Gastáronse en estas prevenciones algunos días; pero no sabía Cortés perder el tiempo que se detenía: y así ordenó que se sacase a tierra la artillería, que se limpiasen y probasen las piezas, observando los artilleros el alcance de las balas, y por haber en aquella tierra copia de algodón, mandó hacer cantidad de armas defensivas de unos colchados en forma de casacas, que llamaban escaupiles; invención de la necesidad, que aprobó después la experiencia, dando a conocer que un poco de algodón flojamente punteado y sujeto entre dos lienzos, era mejor defensa que el acero para resistir a las flechas y dardos arrojadizos de que usaban los indios, porque perdían la fuerza entre la misma flojedad del reparo y quedaban sin actividad para ofender a otro con la resulta del golpe.

Al mismo tiempo hacía que los soldados se habilitasen en el uso de los arcabuces y las ballestas, y se enseñasen a manejar la pica, a formar y desfilar un escuadrón, a dar una carga y a ocupar un puesto, adiestrándolos él mismo con la voz y con el ejemplo en estos ensayos o rudimentos del arte militar, como lo observaban los antiguos capitanes, que fingían las batallas y los asaltos para enseñar a los bisoños la verdad de la guerra; cuya disciplina, practicada cuidadosamente en el tiempo de la paz, tuvo tanta estimación entre los romanos, que de este ejercicio tomaron el nombre los ejércitos.

Al mismo paso y con el mismo fervor, se iba caminando en las demás prevenciones, pero cuando estaban todos más gustosos con la vecindad del día señalado para la partida, llegó a La Habana Gaspar de Garnica, criado de Diego Velázquez, con nuevos despachos para Pedro de Barba, en que le ordenaba, sin dejarle arbitrio, que quitase luego la armada a Cortés, y se le enviase preso con toda seguridad: ponderándole cuán irritado quedaba con Francisco Verdugo porque le dejó pasar de la Trinidad, y dándole a entender con este enojo lo que aventuraba en no obedecerle con mayor resolución. Escribió también a Diego de Ordaz y Juan Velázquez de León, que asistiesen a Pedro de Barba en la ejecución de esta orden. Pero no faltó quien avisase a Cortés con el mismo Garnica de todo lo que pasaba, exhortándole a que mirase por sí, pues el que le hizo el beneficio de fiarle aquella empresa, trataba de quitársela con tanto desdoro suyo, y le libraba del riesgo de ingrato, arrojándole violentamente de la obligación en que le había puesto.

**Capítulo XIII. Resuélvese Hernán Cortés a no dejarse atropellar de Diego Velázquez; motivos justos de esta**

## resolución y lo demás que pasó hasta que llegó el tiempo de partir de La Habana

Aunque Hernán Cortés era hombre de gran corazón, no pudo dejar de sobresaltarse con esta noticia, que traía de más sensible todo aquello que tuvo de menos esperada; porque estaba creyendo que Diego Velázquez se habría dado por satisfecho con lo que le escribieron y aseguraron todos en respuesta de la primera orden que llegó a la villa de la Trinidad. Pero viendo que esta nueva orden venía ya con señales de obstinación irremediable, empezó a discurrir con menos templanza en el modo de volver por sí. Considerábase por una parte aplaudido y aclamado de todos los que le seguían, y por otra abatido y condenado a una prisión como delincuente. Reconocía que Diego Velázquez tenía empleado algún dinero en la primera formación de aquella armada, pero que también era suya y de sus amigos la mayor parte del gasto, y todo el nervio de la gente. Revolvía en su imaginación todas las circunstancias de su agravio, y poniendo los ojos en los desaires que había sufrido hasta entonces, se volvía contra sí, llegando a enojarse con su paciencia, y no sin alguna causa, porque esta virtud se deja irritar y afligir dentro de los límites de la razón, pero en pasando de ellos, declina en bajeza de ánimo y en falta de sentido. Congojábale también el mal logro de aquella empresa, que se perdería enteramente si él volviese las espaldas, y sobre todo le apretaba en lo más vivo del corazón el ver aventurada su honra, cuyos riesgos, en quien sabe lo que vale, tienen el primer lugar en la defensa natural.

Sobre estos discursos, a este tiempo, y con esta irritación, tomó Hernán Cortés la primera resolución de romper con Diego Velázquez; de que se convence lo poco que le favoreció Antonio de Herrera, poniendo este rompimiento en la ciudad de Santiago, y en un hombre acabado de obligar. Estamos a lo que refiere Bernal Díaz del Castillo en esta noticia, y no es el autor más favorable, porque Gonzalo Fernández de Oviedo asienta que se mantuvo en la dependencia del gobernador Diego Velázquez, hasta que ya dentro de Nueva España llegó el caso de obrar por sí, dando cuenta al emperador de los primeros sucesos de su conquista.

No parezca digresión ajena del asunto el habernos detenido en preservar de estos primeros deslucimientos a nuestro Hernán Cortés. Tan lejos tenemos las causas de la lisonja en lo que defendemos, como las del odio en lo que impugnamos: pero cuando la verdad abre camino para desagraviar los principios de un hombre que supo hacerse tan grande con sus obras, debemos seguir sus pasos, y complacernos de que sea lo más cierto lo que está mejor a su fama.

Bien conocemos que no debe callar en la historia lo que se tuviese por culpable, ni emitir lo que fuere digno de represión, pues sirven tanto en ella los ejemplos que hacen aborrecible el vicio, como los que persuaden a la imitación de la virtud: pero esto de inquirir lo peor de las acciones, y referir como verdad lo que se imaginó, es mala inclinación del ingenio, y culpa conocida en algunos escritores que leyeron a Cornelio Tácito, con ambición de imitar lo inimitable, y se persuaden a que le deben el espíritu en lo que malician o interpretan con menos artificio que veneno.

Volviendo, pues, a nuestra narración, resuelto ya Hernán Cortés a que no le convenía disimular su queja, ni era tiempo de consejos, medios que ordinariamente son enemigos de las resoluciones grandes, trató de mirar por sí, usando de la fuerza con que se hallaba según la hubiese menester, y antes que Pedro de Barba se determinase a publicar la orden que tenía contra él, puso toda su diligencia en apartar de La Habana a Diego de Ordaz, de quien se recelaba más, después que supo los intentos que tuvo de hacerse nombrar por gobernador en su ausencia: y así le ordenó que se embarcase luego en uno de los bajeles y fuese a Guanicanico, población situada de la otra parte del cabo de San Antón, para recoger unos bastimentos que se habían encaminado por aquel paraje mientras él llegaba con el resto de la armada, y asistiendo a la ejecución de esta orden con sosegada actividad, se halló brevemente desembarazado del sujeto que podía hacerle alguna oposición, y pasó a verse con Juan Velázquez de León, a quien redujo fácilmente a su partido, porque estaba algo desabrido con su pariente, y era hombre de más docilidad y menos artificio que Diego de Ordaz.

Con estas prevenciones se dejó ver de sus soldados, publicando la nueva persecución de que estaba amenazado; corrió la voz y vinieron todos a ofrecérsele, conformes en la resolución de asistirle aunque diferentes en el modo de darse a entender: porque los nobles manifestaban su ánimo como efecto natural de su obligación, pero los demás tomaron su causa con sobrado fervor, rompiendo en voces descompuestas, que llegaron a poner en cuidado al mismo que favorecían, verificándose en su inquietud y en sus amenazas lo que suele perder la razón cuando se deja tratar de la muchedumbre.

Pero antes que tomase cuerpo este primer movimiento de la gente, conociendo Pedro de Barba lo que aventuraba en la dilación, buscó a Hernán Cortés, y entró desarmando todo aquel aparato con decir a voces que no trataba de poner en ejecución la orden de Diego Velázquez, ni quería que por su mano se obrase una sinrazón tan conocida; con que se convirtieron las amenazas en aplausos, y aseguró luego la sinceridad de su ánimo, despachando públicamente a Gaspar de Garnica con una carta para Diego Velázquez, en que le decía que ya no era tiempo de detener a Cortés, porque se hallaba con mucha gente para dejarse maltratar, o reducirse a obedecer; y le ponderaba, no sin encarecimiento, la inquietud que ocasionó su orden en aquellos soldados, y el peligro en que se vio aquel pueblo de alguna turbación, concluyendo la carta con aconsejarle que llevase a Cortés por el camino de la confianza, cobrando el beneficio pasado con nuevos beneficios; y se aventurase a fiar de su agradecimiento, lo que ya no se podía esperar de la persuasión ni de la fuerza.

Hecha esta diligencia, se puso todo el cuidado en abreviar la partida, y fue necesario para sosegar la gente, que mal hallada, al parecer, sin la cólera que había concebido, volvía nuevamente a inquietarse con una voz que corrió, de que Diego Velázquez trataba de venir a ejecutar personalmente aquella violencia, como dicen que lo tuvo resuelto, pero aventurara mucho, y no lo hubiera conseguido, porque suele ser flaco argumento el de la autoridad para disputar con los que tienen la razón y la fuerza de su parte.

**Capítulo XIV. Distribuye Cortés los cargos de su armada; parte de La Habana y llega a la isla de Cozumel donde pasa muestra y anima a sus soldados a la empresa**

Habíase agregado un bergantín de mediano porte a los diez bajeles que estaban prevenidos, y así formó Cortés de su gente once compañías, dando una a cada bajel, para cuyo gobierno nombró por capitanes a Juan Velázquez de León, Alonso Hernández Portocarrero, Francisco de Montejo, Cristóbal de Olid, Juan de Escalante, Francisco de Morla, Pedro de Alvarado, Francisco Saucedo y Diego de Ordaz, que no le apartó para olvidarle, ni se resolvió a tenerle ocioso dejándole desobligado: y reservando para sí el gobierno de la capitana, encargó el bergantín a Ginés de Nortes. Dio también el cuidado de la artillería a Francisco de Orozco, soldado de reputación en las guerras de Italia, y el cargo de piloto mayor a Antón de Alaminos, diestro en aquellos mares, por haber tenido esta misma ocupación en los dos viajes de Francisco Fernández de Córdoba y Juan de Grijalva. Formó sus instrucciones, previniendo con cuidadosa prolijidad las contingencias, y llegado el día de la embarcación, se dijo con solemnidad una misa del Espíritu Santo, que oyeron todos con devoción, poniendo a Dios en el principio para asegurar los progresos de la obra que emprendían; y Hernán Cortés, en el primer acto de su jurisdicción, dio para el regimiento de la armada el nombre de San Pedro, que fue lo mismo que invocarle y reconocerle por patrón de aquella empresa, como lo había sido de todas sus acciones desde sus primeros años. Ordenó luego a Pedro de Alvarado que adelantándose por la banda del Norte, buscase en Guanicanico a Diego de Ordaz, para que juntos le esperasen en el cabo de San Antón, y a los demás que siguiesen la capitana, y en caso que el viento o algún accidente los apartase, tomasen el rumbo de la isla de Cozumel, que descubrió Juan de Grijalva, poco distante de la tierra que buscaban, donde se había de tratar y resolver lo que conviniese para entrar en ella y proseguir el intento de su jornada.

Partieron últimamente del puerto de La Habana en 10 de febrero del año de 1519, favorecidos al principio del viento, pero tardó poco en declararles su inconstancia, porque al caer del Sol se levantó un recio temporal que los puso en grande turbación, y al cerrar de la noche fue necesario que los bajeles se apartasen para no ofenderse, y corriesen impetuosamente dejándose llevar del viento, y eligiendo como voluntaria la velocidad que no podían resistir. El navío que gobernaba Francisco de Morla padeció más que todos, porque un embate de mar le llevó de través el timón y le dejó a pique de perderse. Hizo diferentes llamadas con que puso en nuevo cuidado a los compañeros, que atentos al peligro ajeno, sin olvidar el propio, hicieron cuanto les fue posible para mantenerse cerca, forcejeando a veces, y a veces contemporizando con el viento. Cesó la tormenta con la noche, y cuando se pudieron distinguir con la primera luz los bajeles, acudió Cortés y se acercaron todos al que zozobraba, y a costa de alguna detención se remedió el daño que había padecido.

    En este tiempo Pedro de Alvarado, que como vimos se adelantó en busca de Diego de Ordaz, se halló con el día arrojado de la tempestad más adentro del golfo que pensaba, porque el mismo cuidado de apartarse de la tierra que iba costeando le obligó a correr sin reserva, tomando como seguridad el peligro menor. Reconoció el piloto por la brújula y carta de marear que habían decaído tanto del rumbo que traían, y se hallaban ya tan distantes del cabo de San Antón, que sería temeridad el volver atrás; y propuso como conveniente el pasar de una vez a la isla de Cozumel. Dejólo a su arbitrio Pedro de Alvarado, acordándole con flojedad la orden que traía de Hernán Cortés, que fue lo mismo que dispensarla; y así continuaron su viaje y surgieron en la isla dos días antes que la armada. Saltaron en tierra con ánimo de alojarse en un pueblo vecino a la costa, que el capitán y algunos de los soldados conocían ya desde el viaje de Juan de Grijalva; pero le hallaron despoblado, porque los indios que le habitaban al reconocer el desembarco de los extranjeros dejaron sus casas, retirándose la tierra adentro con sus pobres alhajas, pequeño estorbo de la fuga.

    Era Pedro de Alvarado mozo de espíritu y valor, hecho a obedecer con resolución, pero nuevo en el mandar para tomarla por sí. Engañóse creyendo que mientras llegase la armada sería virtud en un soldado todo lo que no fuese ociosidad, y así ordenó que marchase la gente a reconocer lo interior de la isla, y a poco más de una legua hallaron otro lugar despoblado también, pero no tan desproveído como el primero, porque había en él alguna ropa, gallinas y otros bastimentos que se aplicaron los soldados como bienes sin dueño, o como despojos de la guerra que no había; y entrando en un adoratorio de aquellos sus ídolos abominables, hallaron algunas joyuelas o pendientes que servían a su adorno, y algunos instrumentos del sacrificio hechos de oro con mezcla de cobre, que aun siendo baladí se les hacía ligero: jornada sin utilidad ni consejo, que solo sirvió de escarmentar a los naturales de la isla y embarazar el intento que se llevaba de pacificarlos. Conoció aunque tarde Pedro de Alvarado que era licencia lo que tuvo por actividad, y así se retiró con su gente al primer alojamiento, haciendo en el camino tres prisioneros, dos indios y una india, desgraciados en huir, que se dieron sin resistencia.

Llegó la armada el día siguiente, habiendo recogido el bajel de Diego de Ordaz, porque Hernán Cortés le avisó desde el cabo de San Antón que viniese a incorporarse con ella, temiendo la contingencia de que se hubiese descaminado con la tempestad Pedro de Alvarado, que le traía cuidadoso; y aunque se alegró interiormente de hallarle ya en salvamento, mandó prender al piloto y reprendió ásperamente al capitán porque no había guardado ni hecho guardar su orden, y por el atrevimiento de hacer entrada en la isla y permitir a sus soldados que saqueasen el lugar donde llegaron: sobre lo cual le dijo algunos pesares en público, y con toda la voz, como quien deseaba que su reprensión fuese doctrina para los demás. Llamó luego a los tres prisioneros, y por medio de Melchor el intérprete (que venía solo en esta jornada porque había muerto su compañero) les dio a entender lo que sentía el mal pasaje que hicieron a su pueblo aquellos soldados, y mandando que se les restituyese el oro y la ropa que ellos mismos eligieron, los puso en libertad y les dio algunas bujerías que llevasen de presente a sus caciques, para que a vista de estas señales de paz perdiesen el miedo que habían concebido.

Alojóse la gente en el puerto más vecino a la costa, y descansó tres días sin pasar adelante por no aumentar la turbación de los isleños. Pasó muestra en escuadrón el ejército, y se hallaron quinientos y ocho soldados, dieciséis caballos, y ciento nueve entre maestres, pilotos y marineros, sin los dos capellanes el licenciado Juan Díaz y el padre fray Bartolomé de Olmedo, religioso de la orden de Nuestra Señora de la Merced, que asistieron a Cortés hasta el fin de la conquista.

Pasada la muestra volvió a su alojamiento acompañado de los capitanes y soldados más principales, y tomando entre ellos lugar poco diferente los habló en esta sustancia: «Cuando considero, amigos y compañeros míos, cómo nos ha juntado en esta isla nuestra felicidad, cuántos estorbos y persecuciones dejamos atrás, y cómo nos han deshecho las dificultades, conozco la mano de Dios en esta obra que emprendemos, y entiendo que en su altísima providencia es lo mismo favorecer los principios que prometer los sucesos. Su causa nos lleva y la de nuestro rey, que también es suya, a conquistar regiones no conocidas, y ella misma volverá por sí mirando por nosotros. No es mi ánimo facilitaros la empresa que acometemos: combates nos esperan sangrientos, facciones increíbles, batallas desiguales en que habréis menester socorreros de todo vuestro valor; miserias de la necesidad, inclemencias del tiempo y asperezas de la tierra, en que os será necesario el sufrimiento, que es el segundo valor de los hombres, y tan hijo del corazón como el primero: que en la guerra más veces sirve la paciencia que las manos, y quizá por esta razón tuvo Hércules el nombre de invencible, y se llamaron trabajos sus hazañas. Hechos estáis a padecer y hechos a pelear en estas islas que dejáis conquistadas: mayor es nuestra empresa, y debemos ir prevenidos de mayor osadía, que siempre son las dificultades del tamaño de los intentos. La antigüedad pintó en lo más alto de los montes el templo de la fama, y su simulacro en lo más alto del templo; dando a entender que para hallarla, aun después de vencida la cumbre, era menester el trabajo de los ojos. Pocos somos, pero la unión multiplica los ejércitos, y en nuestra conformidad está nuestra mayor fortaleza: uno, amigos, ha de ser el consejo en cuanto se resolviere: una la mano en la ejecución; común la utilidad, y común la gloria en lo que se conquistare. Del valor de cualquiera de nosotros se ha de fabricar y componer la seguridad de todos. Vuestro caudillo soy, y seré el primero en aventurar la vida por el menor de los soldados: más tendréis que obedecer en mi ejemplo que en mis órdenes; y puedo aseguraros de mí que me basta el ánimo a conquistar un mundo entero, y aun me lo promete el corazón con no sé qué movimiento extraordinario, que suele ser el mejor de los presagios. Alto, pues, a convertir en obras las palabras; y no os parezca temeridad esta confianza mía, pues se funda en que os tengo a mí lado, y dejo de fiar de mí todo lo que espero de vosotros.»

## Capítulo XV. Pacifica Hernán Cortés los isleños de Cozumel, hace amistad con el cacique, derriba los ídolos, da principio

### a la introducción del Evangelio y procura cobrar unos españoles que estaban prisioneros en Yucatán

Estaban los indios en pequeñas tropas discurriendo al parecer entre sí, como quien observaba el movimiento, y se animaba en la quietud de nuestra gente. Íbanse acercando los más atrevidos; y como éstos no recibían daño se atrevían los cobardes: con que en breve rato llegaron algunos al cuartel, y hallaron en Cortés y en los demás tan favorable acogida, que convocaron a sus compañeros. Vinieron muchos aquel día, y andaban entre los soldados con alegre familiaridad, tan hallados con sus huéspedes, que apenas se les conocía la admiración: antes se portaban como gente enseñada a tratar con forasteros. Había en esta isla un ídolo muy venerado entre aquellos bárbaros, cuyo nombre tenía inficionada la devoción de diferentes provincias de la tierra firme, que frecuentaban su templo en continuas peregrinaciones: y así estaban los isleños de Cozumel hechos a comerciar con naciones extranjeras de diversos trajes y lenguas; por cuya causa, o no extrañarían la novedad de nuestra gente, o la extrañaban sin encogimiento.

Aquella noche se retiraron todos a sus casas; y el día siguiente vino el cacique principal de la isla a visitar a Cortés con grande aunque deslucido acompañamiento; trayendo él mismo su embajada y su regalo. Recibióle con agasajo y cortesía, y por medio del intérprete le aseguró de su benevolencia, y le ofreció su amistad y la de su gente; a que respondió que la admitía, y que era hombre que la sabría mantener. Oyóse entre los indios que le acompañaban uno, que al parecer repetía mal pronunciado el nombre de Castilla; y Hernán Cortés, en quien nunca el divertimiento llegaba a ser descuido, reparó en ello y mandó al intérprete que averiguase la significación de aquella palabra; cuya advertencia, aunque pareció entonces casual, fue de tanta consideración para facilitar la conquista de Nueva España como veremos después.

Decía el indio que nuestra gente se parecía mucho a unos prisioneros que estaban en Yucatán, naturales de una tierra que se llamaba Castilla; y apenas lo oyó Cortés, cuando resolvió ponerlos en libertad y traerlos a su compañía. Informóse mejor, y hallando que estaban en poder de unos indios principales que residían dos jornadas la tierra adentro de Yucatán, comunicó su intento al cacique para que le dijese si eran indios guerreros los que tenían en su dominio aquellos cristianos, y con qué fuerza se podría conseguir el sacarlos de la esclavitud. Respondióle con pronta y notable advertencia que sería lo más seguro tratar de rescatarlos a trueque de algunas dádivas; porque entrando en guerra se expondría a que matasen los esclavos, y a no quedar airoso con el castigo de sus dueños. Abrazó Hernán Cortés su consejo, admirándose de hallar tan buena política en el cacique, a quien debió de enseñar algo de la razón que llaman de estado aquello poco que tenía de príncipe.

Dispuso luego que Diego de Ordaz pasase con su bajel y con la gente de su cargo a la costa de Yucatán por la parte más vecina a Cozumel, que serían cuatro leguas de travesía, y que echase en tierra los indios que señaló el mismo cacique, para esta diligencia: los cuales llevaron tarta de Cortés para los prisioneros, con algunas bujerías que sirviesen de precio a su rescate; y Diego de Ordaz orden para esperarlos ocho días, en cuyo término ofrecieron los indios volver con la respuesta.

Entretanto Cortés marchó con su gente unida a reconocer la isla, no porque le pareciese necesario ir en defensa, sino porque no se desmandasen los soldados, y recibiesen algún daño los naturales. Decíales: «que aquélla era una pobre gente sin resistencia, cuya sinceridad pedía como deuda el buen tratamiento, y cuya pobreza ataba las manos a la codicia: que de aquel pequeño pedazo de tierra no se había de sacar otra riqueza que la buena fama. Y no penséis, proseguía, que la opinión que aquí se ganare se estrecha a los cortos límites de una isla miserable; pues el concurso de los peregrinos que suelen acudir a ella, como habéis entendido, llevará vuestro nombre a otras regiones, donde habremos menester después el crédito de piadosos y amigos de la razón para facilitar nuestros intentos, y tener menos que pelear donde haya más que adquirir». Con estas y otras amigables pláticas los llevaba contentos y reprimidos. Iban siempre acompañados del cacique y de muchos indios que acudían con bastimentos, y pasaban cuentas de vidrio por buena moneda, creyendo que hacían a los compradores el mismo engaño que padecían.

A poco trecho de la costa se hallaron en el templo de aquel ídolo tan venerado, fábrica de piedra en forma cuadrada, y de no despreciable arquitectura. Era el ídolo de figura humana; pero de horrible aspecto y espantosa fiereza, en que se dejaba conocer la semejanza de su original. Observóse esta misma circunstancia en todos los ídolos que adoraba aquella gentilidad, diferentes en la hechura y en la significación; pero conformes en lo feo y abominable: o acertasen aquellos bárbaros en lo que fingían; o fuese que el demonio se les aparecía como es, y dejaba en su imaginación aquellas especies; con que sería primorosa imitación del artífice la fealdad del simulacro.

Dicen que se llamaba este ídolo Cozumel, y que dio a la isla el nombre que se conserva hoy en ella: mal conservado, si es el mismo que el demonio tomó para sí; falta de advertencia que se ha vinculado en los mapas contra toda razón. Había gran concurso de indios cuando llegaron los españoles; y en medio de ellos estaba un sacerdote que se diferenciaba de los demás en no sé qué ornamento o media vestidura, de que tenía mal cubiertas las carnes: y al parecer los predicaba o inducía con voces y ademanes dignos de risa; porque desvariaba en tono de sermón, y con toda aquella gravedad y ponderación que cabe en un hombre desnudo. Interrumpióle Cortés, y vuelto al cacique le dijo: «que para mantener la amistad que entre los dos tenían asentada, era necesario que dejase la falsa adoración de sus ídolos, y que a su ejemplo hiciesen lo mismo sus vasallos». Y apartándose con él y con el intérprete, le dio a entender su engaño, y la verdad de nuestra religión, con argumentos manuables acomodados a la rudeza de sus oídos; pero tan eficaces, que el indio quedó asombrado sin acertar a responder, como quien tenía entendimiento para conocer su ignorancia. Cobróse y pidió licencia para comunicar aquel negocio a los sacerdotes: porque en puntos de religión les dejaba o les cedía la suprema autoridad. De cuya conferencia resultó el venir aquel venerable predicador acompañado de otros de su profesión, y el dar todos grandes voces que, descifradas por el intérprete, contenían diferentes protestas de parte del cielo contra cualquiera que se atreviese a turbar el culto de sus dioses, intimando que se vería el castigo al mismo instante que se intentase el atrevimiento. Irritóse Cortés de oír semejante amenaza, y los soldados, hechos a observar su semblante, conocieron su determinación y embistieron con el ídolo, arrojándole del altar hecho pedazos, y ejecutando lo mismo con otros ídolos menores que ocupaban diferentes nichos. Quedaron atónitos los indios de ver posible aquel destrozo; y como el cielo se estuvo quedo, y tardó la venganza que esperaban, se fue convirtiendo en desprecio la adoración, y empezaron a correrse de tener dioses tan sufridos: siendo esta vergüenza el primer esfuerzo que hizo la verdad en sus corazones. Corrieron la misma fortuna otros adoratorios; y en el principal de ellos, limpio ya de aquellos fragmentos inmundos, se fabricó un altar y se colocó una imagen de nuestra Señora, fijando a la entrada una cruz grande que labraron con piadosa diligencia los carpinteros de la armada. Díjose misa en aquel altar el día siguiente, y asistieron a ella, mezclados con los españoles, el cacique y mucho número de indios con un silencio que parecía devoción; y pudo ser efecto natural del respeto que infunden aquellas santas ceremonias, o sobrenatural del mismo inefable misterio.

Así ocuparon el tiempo Cortés y sus soldados, hasta que pasados los ocho días que llevó de término Diego de Ordaz para esperar a los españoles que estaban cautivos en Yucatán, volvió a la isla sin traer noticia de ellos ni de los indios que se encargaron de buscarlos. Sintiólo mucho Hernán Cortés; pero en la duda de que le hubiesen engañado aquellos bárbaros por quedarse con los rescates que tanto codiciaban, no quiso detener su viaje ni dar a entender su recelo al cacique; antes se despidió de él con urbanidad y agasajo, encargándole mucho la cruz y aquella santa imagen que dejaba en su poder, cuya veneración fiaba de su amistad, entretanto que mejor instruido pudiese abrazar la verdad con el entendimiento.

**Capítulo XVI. Prosigue Hernán Cortés su viaje, y se halla obligado por un accidente a volver a la misma isla; recoge con esta detención a Jerónimo de Aguilar, que estaba cautivo en Yucatán, y se da cuenta de su cautiverio**

Volvió Cortés a su navegación con ánimo de seguir el mismo rumbo que abrió Juan de Grijalva, y buscar aquellas tierras de donde le retiró su demasiada obediencia. Iba la armada viento en popa, y todos alegres de verse ya en viaje: pero a pocas horas de prosperidad se hallaron en un accidente que los puso en cuidado. Disparó una pieza el navío de Juan de Escalante; y volviendo todos a mirarle, repararon al principio en que seguía con dificultad, y después en que tomaba la vuelta de la isla. Conoció Hernán Cortés lo que aquellas señas daban a entender; y sin detener en el discurso la resolución, mandó que toda la armada volviese en su seguimiento. Fue bien necesaria la diligencia de Juan de Escalante para escapar el bajel; porque se iba llenando de agua tan irremediablemente, que llegó a la isla en términos de anegarse, aunque tardaron poco los que venían en su socorro. Desembarcó la gente; y acudieron luego a la costa el cacique y algunos de sus indios, que al parecer no dejaban de extrañar con algún recelo la brevedad de la vuelta; pero luego que entendieron la causa ayudaron con alegre solicitud a la descarga del bajel, y asistieron después a los reparos y a la carena de que necesitaba siendo en uno y en otro de mucho servicio sus canoas, y la destreza con que las manejaban.

Entretanto que esto se disponía, fue Hernán Cortés acompañado del cacique y de algunos de sus soldados, a visitar y reconocer el templo y halló la cruz y la imagen de nuestra Señora en el mismo lugar donde quedaron colocadas: notando con gran consuelo suyo algunas señales de veneración que se reconocían en la limpieza y perfumes del templo, y en diferentes flores y ramos con que tenían adornado el altar. Dio las gracias al cacique de que se hubiese tenido en su ausencia aquel cuidado: y él las admitía, y se congratulaba con todos, encareciendo como hazaña de su buen proceder aquellas dos o tres horas de constancia.

Digno es de particular reparo este accidente que detuvo el viaje de Cortés, obligándole a desandar aquellas leguas que había navegado. Algunos sucesos, aunque caben en la posibilidad y en la contingencia, se hacen advertir como algo más que casuales. Quien vio interrumpida la navegación de la armada, y aquel navío que se anegaba, pudo tener este embarazo por una desgracia fácil de suceder; pero quien viere que aquel mismo tiempo que fue necesario para reparar el navío, lo fue también para que llegase a la isla uno de los cautivos cristianos que estaban en Yucatán, y que se hallaba éste con bastante noticia de aquellas lenguas para suplir la falta del intérprete, y que fue después uno de los principales instrumentos de aquella conquista, no se contentará con poner todo este suceso en la jurisdicción de los acasos, ni dejará de buscar, a mayores fines, superior providencia.

Cuatro días tardaron en el aderezo del bajel; y el último de ellos, cuando ya se trataba de la embarcación, se dejó ver a larga distancia una canoa que venía atravesando el golfo de Yucatán en derechura de la isla. Conocióse a breve rato que traía indios armados, y pareció novedad la diligencia con que se aprovechaban de los remos, y se iban acercando a la isla sin recelarse de nuestra armada. Llegó esta novedad a noticia de Hernán Cortés, y ordenó que Andrés de Tapia se alargase con algunos soldados hacia el paraje donde se encaminaba la canoa, y procurase examinar el intento de aquellos indios. Tomó Andrés de Tapia puesto acomodado para no ser descubierto; pero al reconocer que saltaban en tierra con prevención de arcos y flechas, los dejó que se apartasen de la costa, y los embistió con la mar a las espaldas, porque no se le pudiesen escapar. Quisieron huir luego que le descubrieron; pero uno de ellos, sosegando a los demás, se detuvo a tres o cuatro pasos, y dijo en voz alta algunas palabras castellanas, dándose a conocer por el nombre de cristiano. Recibióle Andrés de Tapia con los brazos; y gustoso de su buena suerte le llevó a la presencia de Hernán Cortés acompañado de aquellos indios, que según lo que se conoció después, eran los mensajeros que dejó Diego de Ordaz en la costa de Yucatán. Venía desnudo el cristiano, aunque no sin algún género de ropa que hacía decente la desnudez: ocupado el un hombro con el arco y el carcax, y terciada sobre el otro una manta a manera de capa, en cuyo extremo traía atacadas unas horas de nuestra Señora, que manifestó luego, enseñándolas a todos los españoles, y atribuyendo a su devoción la dicha de verse con los cristianos: tan bozal en las cortesías, que no acertaba a desasirse de la costumbre, ni a formar cláusulas enteras, sin que tropezase la lengua en palabras que no se dejaban entender. Agasajóle mucho Hernán Cortés; y cubriéndole entonces con su mismo capote, se informó por mayor de quién era, y ordenó que le vistiesen y regalasen; celebrando entre todos sus soldados como felicidad suya y de su jornada el haber redimido de aquella esclavitud a un cristiano; que por entonces solo se habían descubierto los motivos de la piedad.

Llamábase Jerónimo de Aguilar, natural de Écija: estaba ordenado de Evangelio; y según lo que después refirió de su fortuna y sucesos, había estado cerca de ocho años en aquel miserable cautiverio. Padeció naufragio en los bajos que llaman de los Alacranes una carabela en que pasaba del Darien a la isla de Santo Domingo; y escapando en el esquife con otros compañeros, se hallaron todos arrojados del mar en la costa de Yucatán, donde los prendieron y llevaron a una tierra de indios caribes: cuyo cacique mandó apartar luego a los que venían mejor tratados para sacrificarlos a sus ídolos, y celebrar después un banquete con los miserables despojos del sacrificio. Uno de los que se reservaron para otra ocasión (defendidos entonces de su misma flaqueza) fue Jerónimo de Aguilar; pero le prendieron rigurosamente, y le regalaban con igual inhumanidad, pues le iban disponiendo para el segundo banquete. ¡Rara bestialidad, horrible a la naturaleza y a la pluma! Escapó como pudo de una jaula de madera en que le tenían, no tanto porque le pareciese posible salvar la vida, como para buscar otro género de muerte: y caminando algunos días apartado de las poblaciones, sin otro alimento que el que le daban las yerbas del campo, cayó después en manos de unos indios que le presentaron a otro cacique enemigo del primero, a quien hizo menos inhumano la oposición a su contrario, y el deseo de afectar mejores costumbres. Sirvióle algunos años, experimentando en esta nueva esclavitud diferentes fortunas; porque al principio le obligó a trabajar más de lo que alcanzaban sus fuerzas; pero después le hizo mejor tratamiento, pagado al parecer de su obediencia, y particularmente de su honestidad; para cuya experiencia le puso en algunas ocasiones menos decentes en la narración, que admirables en su continencia: que no hay tan bárbaro entendimiento donde no se deje conocer alguna inclinación a las virtudes. Diole ocupación cerca de su persona, y en breves días tuvo su estimación y su confianza.

Muerto este cacique, le dejó recomendado a un hijo suyo, con quien se hizo el mismo lugar, y le favorecieron más las ocasiones de acreditarse; porque le movieron guerra los caciques comarcanos, y en ella se debieron a su valor y consejo diferentes victorias: con que ya tenía el valimiento de su amo y la veneración de todos, hallándose con tanta autoridad, que cuando llegó la carta de Cortés pudo fácilmente disponer su libertad, tratándola como recompensa de sus servicios, y ofrecer como dádiva suya las preseas que se le enviaron para su rescate.

Así lo refería él: y que de los otros españoles que estaban cautivos en aquella tierra, solo vivía un marinero natural de Palos de Moguer, que se llamaba Gonzalo Guerrero; pero que habiéndole manifestado la carta de Hernán Cortés, y procurado traerle consigo, no lo pudo conseguir porque se hallaba casado con una india bien acomodada, y tenía en ella tres o cuatro hijos, a cuyo amor atribuía su ceguedad: fingiendo estos afectos naturales para no dejar aquella lastimosa comodidad que en sus cortas obligaciones pesaba más que la honra y que la religión. No hallamos que se refiera de otro español en estas conquistas semejante maldad: indigno por cierto de esta memoria que hacemos de su nombre; pero no podemos borrar lo que escribieron otros, ni dejan de tener su enseñanza estas miserias a que está sujeta nuestra naturaleza, pues se conoce por ellas a lo que puede llegar el hombre, si le deja Dios.

**Capítulo XVII. Prosigue Hernán Cortés su navegación, y llega al río de Grijalva, donde halla resistencia en los indios, y pelea con ellos en el mismo río y en la desembarcación**

Partieron segunda vez de aquella isla en 4 de marzo del mismo año de 1519; y sin que se les ofreciese acaecimiento digno de memoria, doblaron la punta de Cotoche que, como vimos, está en lo más oriental de Yucatán; y siguiendo la costa llegaron al paraje de Champoton, donde se disputó si convenía salir a tierra: opinión a que se inclinaba Hernán Cortés por castigar en aquellos indios la resistencia que hicieron a Juan de Grijalva, y antes a Francisco Fernández de Córdoba; y algunos soldados de los que se hallaron en ambas ocasiones, fomentaban con espíritu de venganza esta resolución; pero el piloto mayor y los demás de su profesión se opusieron a ella con evidente demostración, porque el viento que favorecía para pasar delante era contrario para acercarse por aquella parte a la tierra; y así continuaron su viaje y llegaron al río de Grijalva, donde hubo menos que discurrir, porque el buen pasaje que hicieron a su armada los indios de Tabasco, y el oro que entonces se llevó de aquella provincia eran dos incentivos poderosos que llamaban los ánimos a la tierra. Y Hernán Cortés condescendió con el voto común de sus soldados, mirando a la conveniencia de conservar aquellos amigos, aunque no pensaba detenerse muchos días en Tabasco, y siempre llevaba la mira en los dominios del príncipe Motezuma, cuyas noticias tuvo Juan de Grijalva en aquella provincia: siendo su dictamen que en este género de conquistas se debía ir primero a la cabeza que a los miembros, para llegar con las fuerzas enteras a lo más dificultoso.

Sirvióse de la experiencia que ya se tenía de aquel paraje para disponer la entrada: y dejando aferrados los navíos de mayor porte, hizo pasar a los que podían navegar por el río, y a los esquifes toda la gente prevenida de sus armas, y empezó a caminar contra la corriente, observando el orden con que gobernó su facción Juan de Grijalva. Reconocieron a breve rato considerable número de canoas de indios armados, que ocupaban las dos riberas al abrigo de diferentes tropas que se descubrían en la tierra. Fuese acercando Hernán Cortés con su fuerza unida, y ordenó que ninguno disparase ni diese a entender que se trataba de ofenderlos: imitando también en esto a Grijalva, como quien deseaba sin vanidad el acierto, y sabía cuanto se aventuraban los que se precian de abrir sendas, y tiran solo a diferenciarse de sus antecesores. Eran grandes las voces con que los indios procuraban detener a los forasteros; y luego que se pudieron distinguir, se conoció que Jerónimo de Aguilar entendía la lengua de aquella nación, por ser la misma o muy semejante a la que se hablaba en Yucatán; y Hernán Cortés tuvo por obra del cielo el hallarse con intérprete de tanta satisfacción. Dijo Aguilar que las voces que se percibían eran amenazas, y que aquellos indios estaban de guerra; por cuya causa se fue deteniendo Cortés, y le ordenó que se adelantase en uno de los esquifes y los requiriese con la paz, procurando ponerlos en razón. Ejecutólo así, y volvió brevemente con noticia de que era grande el número de indios que estaban prevenidos para defender la entrada del río; tan obstinados en su resolución, que negaron con insolencia los oídos a su embajada. No quisiera Hernán Cortés dar principio en aquella tierra a su conquista, ni embarazar el curso de su navegación; pero considerando que se hallaba ya en el empeño, no le pareció conveniente volver atrás, ni de buena consecuencia el dejar consentido aquel atrevimiento.

Íbase acercando la noche, que en tierra no conocida trae sobre los soldados segunda oscuridad; y así determinó hacer alto para esperar el día: y dando al mayor acierto de la facción aquel tiempo que la dilataba, dispuso que se trajese la artillería de los bajeles mayores, y que se armase toda la gente con aquellos escaupiles o capotes de algodón que resistían a las flechas; y dio las demás órdenes que tuvo por necesarias sin encarecer el riesgo ni desestimarle. Puso gran cuidado en esta primera empresa de su armada, conociendo lo que importa siempre el empezar bien; y particularmente en la guerra, donde los buenos principios sirven al crédito de las armas y al mismo valor de los soldados: siendo como propiedad de la primera ocasión el influir en las que vienen después, o el tener no sé qué fuerza oculta sobre los demás sucesos.

Luego que llegó la mañana se dispusieron los bajeles en forma de media Luna que se iba disminuyendo en su mismo tamaño, y remataba en los esquifes: para cuya ordenanza daba sobrado término la grandeza del río, y se prosiguió la entrada con un género de sosiego que iba convidando con la paz; pero a breve rato se descubrieron las canoas de los indios que esperaban en la misma disposición, y con las mismas amenazas que la tarde antes. Ordenó Cortés que ninguno de los suyos se moviese hasta que diesen la carga: diciendo a todos que allí se debía usar primero de la rodela que de la espada, por ser aquélla una gran guerra cuya justicia consistía en la provocación; y deseoso de hacer algo más por la razón para tenerla de su parte, dispuso que se adelantase Aguilar segunda vez, y los volviese a requerir con la paz, dándoles a entender que aquella armada era de amigos que solo entraban a tratar de su bien en fe de la confederación que tenían hecha con Juan de Grijalva; y que el no admitirlos sería faltar a ella, y ocasionarlos a que se abriesen el paso con las armas, quedando por su cuenta el daño que recibiesen.

Respondieron a este segundo requerimiento con hacer la seña de embestir, y se fueron mejorando ayudados de la corriente, hasta que puestos en distancia proporcionada con el alcance de sus flechas, dispararon a un tiempo tanta multitud de ellas desde las canoas, y desde la margen más vecina del río, que anduvo algo apresurada en los españoles la necesidad de cubrirse y cuidar de su defensa; pero recibida la primera carga, conforme a la orden que llevaban, usaron luego de sus armas, y de sus esfuerzos con tanta diligencia, que los indios de las canoas desembarazaron el paso puestos en confusión, arrojándose muchos al agua con el espanto que concibieron del mismo daño que conocían en los suyos. Prosiguieron nuestros bajeles su entrada sin otra oposición: y acostándose a la ribera sobre el lado izquierdo, trataron de salir a tierra; pero en paraje tan pantanoso y cubierto de maleza, que se vieron en segundo conflicto; porque los indios que estaban emboscados, y los que escaparon del río, se unieron a repetir sus cargas con nueva obstinación; cuyas flechas, dardos y piedras hacían mayor la dificultad del pantano. Pero Hernán Cortés fue doblando su gente sin dejar de pelear, en tal disposición, que las hileras que formaba detenían el ímpetu de los indios, y cubrían a los menos diligentes en la desembarcación.

Formado su escuadrón a vista de los enemigos, cuyo número crecía por instantes, ordenó al capitán Alonso Dávila que con cien soldados se adelantase por el bosque a ocupar la villa principal de aquella provincia, que también se llamaba Tabasco, y distaba poco de aquel paraje, según las noticias que se tenían de la primera entrada. Cerró luego con la multitud enemiga, y la fue retirando con igual ardimiento que dificultad; porque se peleaba muchas veces con el lodo a la rodilla: y se refiere de Hernán Cortés, que forcejeando para vencer aquel impedimento, perdió en el lodo uno de los zapatos, y peleó mucho rato con el pie descalzo sin conocer la falta ni el desabrigo: generoso divertimiento, dejar de estar en sí para estar mejor en lo que hacía.

Vencido el pantano se conoció flaqueza en los indios, que en un instante desaparecieron entre la maleza, parte atemorizados de verse ya sin las ventajas del terreno, y parte cuidadosos de acudir a Tabasco: de cuyo riesgo tuvieron noticia por haberse descubierto la marcha de Alonso Dávila; como se verificó después en la multitud de gente que acudió a la defensa de aquella población.

Teníanla fortificada con un género de muralla que usaban casi en todas las Indias, hecha de troncos robustos de árboles fijos en la tierra, al modo de nuestras estacadas; pero apretados entre sí con tal disposición, que las junturas les servían de troneras para despedir sus flechas. Era el recinto de figura redonda, sin traveses ni otras defensas; y al cerrarse el círculo dejaba hecha la entrada, cruzando por algún espacio las dos líneas que componían una calle angosta en forma de caracol, donde acomodaban dos o tres garitas o castillejos de madera que estrechaban el paso, y servían de ordinario a sus centinelas: bastante fortaleza para las armas de aquel nuevo mundo, donde no se entendían, con feliz ignorancia, las artes de la guerra, ni aquellas ofensas y reparos que enseñó la malicia y aprendió la necesidad de los hombres.

## Capítulo XVIII. Ganan los españoles a Tabasco; salen después doscientos hombres a reconocer la tierra, los cuales vuelven rechazados de los indios, mostrando su valor en la resistencia y en la retirada

A esta villa, corte de aquella provincia, y de esta suerte fortificada, llegó Hernán Cortés algo antes que Alonso Dávila, a quien detuvieron otros pantanos y lagunas, donde le llevó engañosamente el camino; y sin dar tiempo a los indios para que se reparasen, ni a los suyos para que discurriesen en la dificultad, incorporó con su gente los cien hombres que venían de refresco: y repartiendo algunos instrumentos que parecieron necesarios para deshacer la estacada, dio la señal de acometer, deteniéndose a decir solamente: «aquel pueblo, amigos, ha de ser esta noche nuestro alojamiento: en él se han retraído los mismos que acabáis de vencer en la campaña. Esa frágil muralla que los defiende, sirve más a su temor que a su seguridad. Vamos, pues, a seguir la victoria comenzada, antes que pierdan estos bárbaros la costumbre de huir, o sirva nuestra detención a su atrevimiento». Esto acabó de pronunciar con la espada en la mano; y diciendo lo demás con el ejemplo, se adelantó a todos, infundiendo en todos el deseo de adelantarse.

Embistieron a un tiempo con igual resolución; y desviando con las rodelas y con las espadas la lluvia de flechas que cegaba el camino, se hallaron brevemente al pie de aquella rústica fortificación que cercaba al lugar. Sirvieron entonces sus mismas troneras a los arcabuces y ballestas de nuestra gente, con que se apartó el enemigo, y tuvieron lugar los que no peleaban de echar en tierra parte de la estacada. No hubo dificultad en la entrada, porque los indios se retiraron a lo interior de la villa; pero a pocos pasos se reconoció que tenían atajadas las calles con otras estacadas del mismo género, donde iban haciendo rostro y dando sus cargas, aunque con poco efecto, porque se embarazaban en su muchedumbre; y los que se retiraban huyendo de un reparo en otro, desordenaban a los que acometían.

Había en el centro de la villa una gran plaza donde los indios hicieron el último esfuerzo; pero a breve resistencia volvieron las espaldas, desamparando el lugar, y corriendo atropelladamente a los bosques. No quiso

Hernán Cortés seguir el alcance, por dar tiempo a sus soldados para que descansasen, y a los fugitivos para que se inclinasen a la paz, dejándose aconsejar de su escarmiento.

Quedó entonces Tabasco por los españoles: población grande y con todas las prevenciones de puesta en defensa, porque habían retirado sus familias y haciendas, y tenían hecha su provisión de bastimentos, con que faltó el pillaje a la codicia; pero se halló lo que pedía la necesidad. Quedaron heridos catorce o quince de nuestros soldados, y con ellos nuestro historiador Bernal Díaz del Castillo: sigámosle también en lo que dice de sí, pues no se puede negar que fue valiente soldado, y en el estilo de su historia se conoce que se explicaba mejor con la espada. Murieron de los indios considerable número, y no se averiguó el de sus heridos porque cuidaban mucho de retirarlos; teniendo a gran primor en su milicia que el enemigo no se alegrase de ver el daño que recibían.

Aquella noche se alojó nuestro ejército en tres adoratorios que estaban dentro de la misma plaza donde sucedió el último combate; y Hernán Cortés echó su ronda y distribuyó sus centinelas, tan cuidadoso y tan desvelado como si estuviera en la frente de un ejército enemigo y veterano: que nunca sobran en la guerra estas prevenciones, donde suelen nacer de la seguridad los mayores peligros, y sirve tanto el recelo como el valor de los capitanes.

Hallóse con el día la campaña desierta, y al parecer segura, porque en todo lo que alcanzaba la vista y oído, ni había señal, ni se percibía rumor del enemigo: reconociéronse, y se hallaron con la misma soledad de los bosques vecinos al cuartel; pero no se resolvió Hernán Cortés a desampararle, ni dejó de tener por sospechosa tanta quietud; entrando en mayor cuidado cuando supo que el intérprete Melchor, que vino de la isla de Cuba, se había escapado aquella misma noche, dejando pendientes de un árbol los vestidos de cristiano: cuyos informes podían hacer daño entre aquellos bárbaros, como se verificó después, siendo él quien los indujo a que prosiguiesen la guerra, dándoles a entender el corto número de nuestros soldados, y que no eran inmortales como creían, ni rayos las armas de fuego que manejaban; cuya aprensión los tenía en términos de rogar con la paz. Pero no tardó mucho en pagar su delito, pues aquellos mismos que tomaron las armas a su persuasión, hallándose vencidos segunda vez, se vengaron de su consejo, sacrificándole miserablemente a sus ídolos.

Resolvió Hernán Cortés en esta incertidumbre de indicios, que Pedro de Alvarado y Francisco de Lugo, cada uno con cien hombres, marchasen por dos sendas que se descubrían algo distantes a reconocer la tierra y que si hallasen gente de guerra, procurasen retirarse al cuartel, sin entrar en empeño superior a sus fuerzas. Ejecutóse luego esta resolución; y Francisco de Lugo, a poco más de una hora de marcha, dio en una emboscada de innumerables indios que le acometieron por todas partes, cargándole con tanta ferocidad, que se halló necesitado a formar de sus cien hombres un escuadroncillo pequeño con cuatro frentes, donde peleaban todos a un tiempo, y no había parte que no fuese vanguardia. Crecía el número de los enemigos y la fatiga de los españoles, cuando permitió Dios que Pedro de Alvarado, a quien iba apartando de su compañero la misma senda que seguía, encontrase con unos pantanos que le obligaron a torcer el camino, poniéndole este accidente en paraje donde pudo oír las respuestas de los arcabuces: con cuyo aviso aceleró la marcha, dejándose llevar del rumor de la batalla, y llegó a descubrir los escuadrones del enemigo a tiempo que los nuestros andaban forcejeando con la última necesidad. Acercóse cuanto pudo, amparado entre la maleza de un bosque, y avisando a Cortés de aquella novedad, con un indio de Cuba que venía en su compañía, puso en orden su gente, y cerró con el escuadrón de su banda tan determinadamente, que los indios, atemorizados del repentino asalto, le abrieron la entrada, huyendo a diversas partes, sin darle lugar para que los rompiese.

Respiraron con este socorro los soldados de Francisco de Lugo y luego que los capitanes tuvieron unida su gente y dobladas sus hileras, embistieron con otro escuadrón que cerraba el camino del cuartel, para ponerse en disposición de ejecutar la orden que tenían de retirarse.

Hallaron resistencia; pero últimamente se abrieron el paso con la espada, y empezaron su marcha, siempre combatidos y alguna vez atropellados. Peleaban los unos mientras los otros se mejoraban: y siempre que alargaban el paso para ganar algún pedazo de tierra, cargaba sobre todos el grueso de los enemigos, sin hallar a quien ofender cuando volvían el rostro; porque se retiraban con la misma velocidad que acometían, moviéndose a una parte y otra estas avenidas de gente, con aquel ímpetu al parecer que obedecen las olas del mar a la oposición de los vientos.

Tres cuartos de legua habrían caminado los españoles, teniendo siempre en ejercicio las armas y el cuidado, cuando se dejó ver a poca distancia Hernán Cortés, que con el aviso que tuvo de Pedro de Alvarado, venía marchando al socorro de estas dos compañías con todo el resto de la gente: y luego que le descubrieron los indios se detuvieron, dejando alejar a los que le perseguían, y estuvieron un rato a la vista, dando a entender que amenazaban o que no temían; aunque después se fueron deshaciendo en varias tropas, y dejaron a sus enemigos la campaña. Pero Hernán Cortés se volvió a su cuartel sin entrar en mayor empeño; porque instaba la necesidad de que curasen los que venían heridos, que fueron once de ambas compañías, de los cuales murieron dos; que en esta guerra era número de mayor sonido, y se ponderó entre todos como pérdida que hizo costosa la jornada.

**Capítulo XIX. Pelean los españoles con un ejército poderoso de los indios de Tabasco y su comarca; descríbese su modo de guerrear y cómo quedó por Hernán Cortés la victoria**

Hiciéronse en esta ocasión algunos prisioneros: y Hernán Cortés ordenó que Jerónimo de Aguilar los fuese examinando separadamente, para saber en qué fundaban su obstinación aquellos indios, y con qué fuerza se hallaban para mantenerla. Respondieron con alguna variedad de las circunstancias; pero concordaron en decir que estaban convocados todos los caciques de la comarca para asistir a los de Tabasco; y que el día siguiente había de juntar un ejército poderoso para acabar con los españoles, de cuya prevención era un pequeño trozo el que peleó con Francisco de Lugo y Pedro de Alvarado. Pusieron en algún cuidado a Hernán Cortés estas noticias; y sin dudar en lo que convenía, resolvió preguntarlo a sus capitanes, y obrar con su consejo lo que se había de ejecutar con sus manos. Propúsoles «la dificultad en que se hallaban, el corto número de su gente, y la prevención grande que tenían hecha los indios para deshacerlos», sin encubrirles circunstancia alguna de lo que decían los prisioneros. Y pasó después a considerar por otra parte «el empeño de sus armas, poniéndoles delante de su mismo valor la desnudez y flaqueza de sus contrarios, y la facilidad con que los habían vencido en Tabasco y en la desembarcación». Y sobre todo cargó la consideración «en la mala consecuencia de volver las espaldas a la amenaza de aquellos bárbaros, cuya jactancia podría llevar la voz a la misma tierra donde caminaban: siendo de tanto peso este descrédito, que en su modo de entender, o se debía dejar enteramente la empresa de Nueva España, o no pasar de allí sin que se consiguiese la paz o la sujeción de aquella provincia; pero que este dictamen suyo se quedaba en términos de proposición, porque su ánimo era ejecutar lo que tuviesen por mejor».

Bien sabían todos que no era afectada en él esta docilidad, porque se preciaba mucho de amigo del consejo, y de conocer el acierto aunque le hallase en opinión ajena: siendo ésta una de sus mejores propiedades, y bastante argumento de su prudencia; pues no sobresale tanto el entendimiento en la razón que forma como en la que reconoce. Votaron con esta seguridad, y concordaron todos en que ya no era practicable el salir de aquella tierra sin que sus habitadores quedasen reducidos o castigados; con que pasó Cortés a las prevenciones de su empresa. Hizo luego que se llevasen los heridos a los bajeles, que se sacasen a la tierra los caballos, y que se previniese la artillería, y estuviese todo a punto para la mañana siguiente, que fue día de la Anunciación de Nuestra Señora: memorable hasta hoy en aquella tierra por el suceso de esta batalla.

Luego que amaneció dispuso que oyese misa toda la gente: y encargando el gobierno de la infantería a Diego de Ordaz, montaron a caballo él y los demás capitanes, y empezaron su marcha al paso de la artillería, que caminaba con dificultad por ser la tierra pantanosa y quebrada. Fuéronse acercando al paraje donde, según las noticias de los prisioneros, se había de juntar la gente del enemigo; y no hallaron persona de quien poder informarse, hasta que llegando cerca de un lugar que llamaban Cinthla, poco menos de una legua del cuartel, descubrieron a larga distancia un ejército de indios tan numeroso y tan dilatado que no se le hallaba el término con lo que alcanzaba la vista.

Describiremos cómo venían, y su modo de guerrear, cuya noticia servirá para las demás ocasiones de esta conquista, por ser uno en casi todas las naciones de Nueva España el arte de la guerra. Eran arcos y flechas la mayor parte de sus armas: sujetaban el arco con nervios de animales, o correas torcidas de piel de venado; y en las flechas suplían la falta del hierro con puntas de hueso y espinas de pescados. Usaban también un género de dardos, que jugaban o despedían según la necesidad, y unas espadas largas, que esgrimían a dos manos, al modo que se manejan nuestros montantes, hechas de madera, en que ingerían, para formar el corte, agudos pedernales. Servíanse de algunas mazas de pesado golpe, con puntas de pedernal en los extremos, que encargaban a los más robustos: y había indios pedreros, que revolvían y disparaban sus hondas con igual pujanza que destreza. Las armas defensivas, de que usaban solamente los capitanes y personas de cuenta, eran colchados de algodón mal aplicados al pecho; petos y rodelas de tabla o conchas de tortuga, guarnecidas con láminas del metal que alcanzaban; y en algunos era el oro lo que en nosotros el hierro. Los demás venían desnudos, y todos afeados con varias tintas y colores, de que se pintaban el cuerpo y el rostro: gala militar de que usaban, creyendo que se hacían horribles a sus enemigos, y sirviéndose de la fealdad para la fiereza, como se cuenta de los arios de la Germania: por cuya costumbre, semejante a la de estos indios, dice Tácito, que son los ojos los primeros que se han de vencer en las batallas. Ceñían las cabezas con unas como coronas, hechas de diversas plumas levantadas en alto; persuadidos también a que el penacho los hacía mayores y daba cuerpo a sus ejércitos. Tenían sus instrumentos y toques de guerra, con que se entendían y animaban en las ocasiones: flautas de gruesas cañas, caracoles marítimos, y un género de cajas que labraban de troncos huecos y adelgazados por el cóncavo, hasta que respondiesen a la baqueta con el sonido: desapacible música, que debía de ajustarse con la desproporción de sus ánimos.

Formaban sus escuadrones amontonando más que distribuyendo la gente, y dejaban algunas tropas de retén que socorriesen a los que peligraban. Embestían con ferocidad, espantosos en el estruendo con que peleaban, porque daban grandes alaridos y voces para amedrentar al enemigo: costumbre que refieren algunos entre las barbaridades y rudezas de aquellos indios, sin reparar en que la tuvieron diferentes naciones de la antigüedad, y no la despreciaron los romanos, pues Julio César alaba los clamores de sus soldados, culpando el silencio en los de Pompeyo; y Catón el mayor solía decir que debía más victorias a las voces que a las espadas: creyendo unos y otros que se formaba el grito del soldado en el aliento del corazón. No disputamos sobre el acierto de esta costumbre; solo decimos que no era tan bárbara en los indios que no tuviese algunos ejemplares. Componíanse aquellos ejércitos de la gente natural, y diferentes tropas auxiliares de las provincias comarcanas, que acudían a sus confederados, conducidas por sus caciques, o por algún indio principal de su parentela, y se dividían en compañías, cuyos capitanes guiaban; pero apenas gobernaban su gente, porque en llegando la ocasión mandaba la ira, y a veces el miedo: batallas de muchedumbre, donde se llegaba con igual ímpetu al acometimiento que a la fuga.

De este género era la milicia de los indios, y con este género de aparato se iba acercando poco a poco a nuestros españoles aquel ejército, o aquella inundación de gente, que venía al parecer, anegando la campaña. Reconoció Hernán Cortés la dificultad en que se hallaba, pero no desconfió del suceso, antes animó con alegre semblante a sus soldados, y poniéndolos al abrigo de una eminencia que les guardaba las espaldas, y la artillería en sitio que pudiese hacer operación, se emboscó con sus quince caballos, alargándose entre la maleza, para salir de través cuando lo dictase la ocasión. Llegó el ejército de los indios a distancia proporcionada, y dando primero la carga de sus flechas, embistieron con el escuadrón de los españoles tan impetuosamente y tan de tropel, que no bastando los arcabuces y las ballestas a detenerlos, se llegó brevemente a las espadas. Era grande el estrago que se hacía en ellos: y la artillería, como venían tan cerrados, derribaba tropas enteras; pero estaban tan obstinados y tan en sí, que en pasando la bala se volvían a cerrar, y encubrían a su modo el daño que padecían, levantando el grito, y arrojando al aire puñados de tierra, para que no se viesen los que caían, ni se pudiesen percibir sus lamentos.

Acudía Diego de Ordaz a todas partes, haciendo el oficio de capitán sin olvidar el de soldado, pero como eran, tantos los enemigos, no se hacía poco en resistir, y ya se empezaba a conocer la desigualdad de las fuerzas, cuando Hernán Cortés, que no pudo acudir antes al socorro de los suyos por haber dado en unas acequias, salió a la campaña, y embistió con todo aquel ejército, rompiendo por lo más denso de los escuadrones, y haciéndose tanto lugar con sus caballos, que los indios heridos y atropellados cuidaban solo de apartarse de ellos, y arrojaban las armas para huir, tratándolas ya como impedimento de su ligereza.

Conoció Diego de Ordaz que había llegado el socorro que esperaba, por la flaqueza de la vanguardia enemiga, que empezó a remolinar con la turbación que tenían a las espaldas, y sin perder tiempo avanzó con su infantería, cargando a los que le oprimían con tanta resolución que los obligó a ceder, y fue ganando la tierra que perdían, hasta que llegó al paraje que tenían despejado Hernán Cortés y sus capitanes. Uniéronse todos para hacer el último esfuerzo, y fue necesario alargar el paso, porque los indios se iban retirando con diligencia, aunque caminaban haciendo cara, y no dejaban de pelear a lo largo con las armas arrojadizas: en cuya forma de apartarse, y excusar concertadamente el combate, perseveraron hasta que estrechándose el alcance, y viéndose otra vez acometidos, volvieron las espaldas, y se declaró en fuga la retirada.

Mandó Hernán Cortés que hiciese alto su gente, sin permitir que se ensangrentase más la victoria: solo dispuso que se trajesen algunos prisioneros, porque pensaba servirse de ellos para volver a las pláticas de la paz, único fin de aquella guerra, que se miraba solo como circunstancia del intento principal. Quedaron muertos en la campaña más de ochocientos indios, y fue grande el número de los heridos. De los muertos murieron dos soldados, y salieron heridos setenta.

Constaba el ejército enemigo de cuarenta mil hombres, según lo que hallamos escrito; que aunque bárbaros y desnudos, como ponderan algunos extranjeros, tenían manos para ofender, y cuando les faltase el valor, que es propio de los hombres, no les faltaría la ferocidad de que son capaces los brutos.

Fue la facción de Tabasco, diga lo que quisiere la envidia, verdaderamente digna de la demostración que se hizo después, edificando en memoria de ella y del día en que sucedió, un templo con la advocación de nuestra Señora de la Victoria, y dando el mismo nombre a la primera villa que se pobló de españoles en esta provincia. Débese atribuir al valor de los soldados la mayor parte del suceso, pues suplieron la desigualdad del número con la constancia y con la resolución; aunque tuvieron de su parte la ventaja de pelear bien ordenados contra un ejército sin disciplina. Hizo Hernán Cortés posible la victoria rompiendo con sus caballos la batalla del ejército enemigo: acción en que lucieron igualmente las manos y el consejo del capitán, siendo tanto el discurrirlo antes, como el ejecutarlo después; y no se puede negar que tuvieron su parte los mismos caballos, cuya novedad atemorizó totalmente a los indios, porque no los habían visto hasta entonces, y aprendieron con el primer asombro que eran monstruos feroces, compuestos de hombre y bruto, al modo que, con menor disculpa, creyó la otra gentilidad sus centauros.

Algunos escriben que anduvo en esta batalla el apóstol Santiago peleando en un caballo blanco por sus españoles, y añaden que Hernán Cortés, fiado en su devoción, aplicaba este socorro al apóstol San Pedro, pero Bernal Díaz del Castillo niega con aseveración este milagro, diciendo que ni le vio, ni oyó hablar en él a sus compañeros. Exceso es de la piedad el atribuir al cielo estas cosas que suceden contra la esperanza o fuera de la opinión: a que confesamos poca inclinación, y que en cualquier acontecimiento extraordinario dejamos voluntariamente su primera instancia a las causas naturales; pero es cierto que los que leyeren la historia de las Indias, hallarán muchas verdades que parecen encarecimientos, y muchos sucesos que para hacerse creíbles fue necesario tenerlos por milagrosos.

**Capítulo XX. Efectúase la paz con el cacique de Tabasco, y celebrándose en esta provincia la festividad del Domingo de Ramos, se vuelven a embarcar los españoles para continuar su viaje**

El día siguiente mandó Hernán Cortés que se trajesen a su presencia los prisioneros, entre los cuales había dos o tres capitanes. Venían temerosos, creyendo hallar en el vencedor la misma crueldad que usaban ellos con sus rendidos; pero Hernán Cortés los recibió con grande benignidad, y animándoles con el semblante y con los brazos, los puso en libertad, dándoles algunas bujerías, y diciéndoles solamente: «que él sabía vencer, y sabría perdonar».

Pudo tanto esta piadosa demostración, que dentro de pocas horas vinieron al cuartel algunos indios cargados de maíz, gallinas y otros bastimentos, para facilitar con este regalo la paz, que venían a proponer de parte del cacique principal de Tabasco. Era gente vulgar y deslucida la que traía esta embajada; reparo que hizo Jerónimo de Aguilar, por ser estilo de aquella tierra el enviar a semejantes funciones indios principales con el mejor adorno de sus galas. Y aunque Hernán Cortés deseaba la paz, no quiso admitirla sin que viniese la proposición como debía; antes mandó que los despidiesen, y sin dejarse ver respondió al cacique por medio del intérprete: «que si deseaba su amistad, enviase personas de más razón y más decentes a solicitarla». Siendo de opinión, que no se debía dispensar en estas exterioridades de que se compone la autoridad, ni sufrir inadvertencias en el respeto del que viene a rogar, porque en este género de negocios suele andar el modo muy cerca de la sustancia.

Enmendó el cacique su falta de reparo, enviando el día después treinta indios de mayor porte, con aquellos adornos de plumas y pendientes, a que se reducía toda su ostentación. Traían éstos su acompañamiento de indios cargados con otro regalo del mismo género, pero más abundante. Admitiólos Hernán Cortés a su presencia asistido de todos sus capitanes, afectando alguna gravedad y entereza, porque le pareció conveniente suspender en aquel acto su agrado natural. Llegaron con grandes sumisiones; y hecha la ceremonia de incensarle con unos braserillos en que se administraba el humo del anime copal y otros perfumes, obsequio de que usaban en las ocasiones de su mayor veneración, propusieron su embajada, que empezó en disculpas frívolas de la guerra pasada, y paró en pedir rendidamente la paz. Respondió Hernán Cortés ponderando su irritación, para que se hiciese más estimable lo que concedía a vista de las ofensas que olvidaba; y últimamente se asentó la paz con grande aplauso de los embajadores, que se retiraron muy contentos, y fácilmente enriquecidos con aquellas preseas baladíes de que hacían tanta estimación.

Vino después el cacique a visitar a Cortés con todo el séquito de sus capitanes y aliados, y con un presente de ropas de algodón, plumas de varios colores, y algunas piezas de oro bajo de más artificio que valor. Manifestó luego su regalo como quien obligaba para ser admitido, y ponía la liberalidad al principio del rendimiento. Agasajóle mucho Hernán Cortés; y la visita fue toda cumplimientos y seguridades de la nueva amistad, dadas y recibidas por medio del intérprete con igual correspondencia. Hacían el mismo agasajo los capitanes españoles a los indios principales del acompañamiento; y andaba entre unos y otros la paz alegrando los semblantes, y supliendo con los brazos los defectos de la lengua.

Despidióse el cacique, dejando aplazada sesión para otro día; y dio a entender su confianza y sinceridad con mandar a sus vasallos que volviesen luego a poblar el lugar de Tabasco y llevasen consigo sus familias para que asistiesen al servicio de los españoles.

El día siguiente volvió al cuartel con el mismo acompañamiento y con veinte indias bien adornadas a la usanza de su tierra, las cuales dijo traía de presente a Cortés para que en viaje cuidasen de su regalo y el de sus compañeros, por ser diestras en acomodar al apetito la variedad de sus manjares, y en hacer el pan de maíz, cuya fábrica era desde su principio ministerio de mujeres.

Molían éstas el grano entre dos piedras, al modo de las que nos dio a conocer el uso del chocolate, y hecho harina lo reducían a masa, sin necesitar de levadura, y lo tendían o amoldaban sobre unos instrumentos como torteras de barro, de que se valían para darle en el fuego la última sazón: siendo éste el pan, de cuya abundancia proveyó Dios aquel nuevo mundo para suplir la falta del trigo, y un género de mantenimiento agradable al paladar sin ofensa del estómago. Venía con estas mujeres una india principal de buen talle y más que ordinaria hermosura, que recibió después con el bautismo el nombre de Marina, y fue tan necesaria en la conquista como veremos en su lugar.

Apartóse Hernán Cortés con el cacique y con los principales de su séquito, y les hizo un razonamiento con la voz de su intérprete, dándoles a entender: «como era vasallo y ministro de un poderoso monarca, y que su intento era hacerlos felices poniéndolos en la obediencia de su príncipe; reducirlos a la verdadera religión, y destruir los errores de su idolatría». Esforzó estas dos proposiciones con su natural elocuencia y con su autoridad, de modo que los indios quedaron persuadidos, o por lo menos inclinados a la razón. Su respuesta fue: «que tendrían a gran conveniencia suya el obedecer a un monarca, cuyo poder y grandeza se dejaba conocer en el valor de tales vasallos». Pero en el punto de la religión anduvieron más detenidos.

Hacíales fuerza el ver deshecho su ejército por tan pocos españoles, para dudar si estaban asistidos de algún Dios superior a los suyos; pero no se resolvían a confesarlo, ni en admitir entonces la duda hicieron poco por la verdad.

Instaban los pilotos en que se abreviase la partida, porque según sus observaciones, se aventuraba la armada en la detención. Y aunque Hernán Cortés sentía el apartarse de aquella gente hasta dejarla mejor instruida, se halló obligado a tratar del viaje. Y por venir cerca el Domingo de Ramos, señaló este día para la embarcación, disponiendo que se celebrase primero su festividad, según el rito de la Iglesia, observantísimo siempre en estas piedades religiosas; para cuyo efecto se fabricó un altar en el campo, y se cubrió de una enramada en forma de capilla, rústico, pero decente edificio, que tuvo la felicidad de segundo templo en Nueva España, y al mismo tiempo se iban embarcando bastimentos y caminando en las demás prevenciones del viaje. Ayudaban a todo los indios con oficiosa actividad, y el cacique asistía a Cortés con sus capitanes, durante todos en su veneración y convidando siempre con su obediencia, de cuya ocasión se valieron algunas veces el padre fray Bartolomé de Olmedo y el licenciado Juan Díaz para intentar reducirlos al camino de la verdad, prosiguiendo los buenos principios que dio Cortés a esta plática, y aprovechándose de los deseos de acertar que manifestaron en su respuesta: pero solo encontraban en ellos una docilidad de rendidos, más inclinada a recibir otro Dios, que a dejar alguno de los suyos. Oían con agrado, y deseaban al parecer hacerse capaces de lo que oían, pero apenas se hallaba la razón admitida de la voluntad, cuando volvía arrojada del entendimiento. Lo más que pudieron conseguir entonces los dos sacerdotes fue dejarlos bien dispuestos, y conocer que pedía más tiempo la obra de habilitar su rudeza, para entenderse mejor con su ceguedad.

El domingo por la mañana acudieron innumerables indios de toda aquella comarca a ver la fiesta de los cristianos, y hecha la bendición de los ramos con la solemnidad que se acostumbra, se distribuyeron entre los soldados, y se ordenó la procesión, a que asistieron todos con igual modestia y devoción: digno espectáculo de mejor concurso, y que tendría algo de mayor realce a vista de aquella infidelidad, como sobresale o resalta la luz en la oposición de las sombras, pero no dejó de influir algún género de edificación en los mismos infieles, pues decían a voces, según lo refirió después Aguilar: «gran Dios debe ser éste a quien se rinden tanto unos hombres tan valerosos». Erraban el motivo, y sentían la verdad.

Acabada la misa, se despidió Cortés del cacique y de todos los indios principales, y volviendo a renovar la paz con mayores ofertas y demostraciones de amistad, ejecutó su embarcación, dejando aquella gente, en cuanto al rey, más obediente que sujeta, y en cuanto a la religión, con aquella parte de salud, que consiste en desear o no resistir el remedio.

**Capítulo XXI. Prosigue Hernán Cortés su viaje; llegan los bajeles a San Juan de Ulúa; salta la gente en tierra y reciben embajada de los gobernadores de Motezuma; dase noticia de quién era doña Marina**

El lunes siguiente al Domingo de Ramos se hicieron a la vela nuestros españoles, y siguiendo la costa con las proas al Poniente, dieron vista a la provincia de Guazacoalco, y reconocieron, sin detenerse en el río de Banderas, la isla de Sacrificios y los demás parajes que descubrió y desamparó Juan de Grijalva, cuyos sucesos iban refiriendo con presunción de noticiosos los soldados que le acompañaron; y Cortés aprendiendo en la infelicidad de aquella jornada lo que debía enmendar en la suya, con aquel género de prudencia que se aprovecha del error ajeno. Llegaron finalmente a San Juan de Ulúa el Jueves Santo a mediodía, y apenas aferraron las naves entre la isla y la tierra buscando el resguardo de los nortes, cuando vieron salir de la costa más vecina dos canoas grandes que en aquella se llamaban piraguas, y en ellas algunos indios que se fueron acercando con poco recelo a la armada, y daban a entender con esta seguridad y con algunos ademanes, que venían de paz y con necesidad de ser oídos.

Puestos a poca distancia de la capitana empezaron a hablar en otro idioma diferente, que no entendió Jerónimo de Aguilar; y fue grande la confusión en que se halló Hernán Cortés, sintiendo como estorbo capital de sus intentos el hallarse sin intérprete cuando más le había menester; pero no tardó el cielo en socorrer esta necesidad (grande artífice de traer como casuales las obras de su providencia). Hallábase cerca de los dos aquella india que llamaremos ya doña Marina, y conociendo en los semblantes de entrambos lo que discurrían o lo que ignoraban, dijo en lengua de Yucatán a Jerónimo de Aguilar, que aquellos indios hablaban la mexicana, y pedían audiencia al capitán de parte del gobernador de aquella provincia. Mandó con esta noticia Hernán Cortés que subiesen a su navío, y cobrándose del cuidado que venía de su mano la felicidad de hallarse ya con instrumento, tan fuera de su esperanza, para darse a entender en aquella tierra tan deseada.

Era doña Marina, según Bernal Díaz del Castillo, hija de un cacique de Guazacoalco, una de las provincias sujetas al rey de México, que partía sus términos con la de Tabasco, y por ciertos accidentes de su fortuna, que refieren con variedad los autores, fue transportada en sus primeros años a Xicalango, plaza fuerte que se conservaba entonces en los confines de Yucatán, con presidio mexicano. Aquí se crió pobremente, desmentida en paños vulgares su nobleza, hasta que declinando más su fortuna vino a ser, por venta o por despojo de guerra, esclava del cacique de Tabasco, cuya liberalidad la puso en el dominio de Cortés. Hablábase en Guazacoalco y en Xicalango el idioma general de México, y en Tabasco el de Yucatán, que sabía Jerónimo de Aguilar, con que se hallaba doña Marina capaz de ambas lenguas, y decía a los indios en la mexicana lo que Aguilar a ella en la de Yucatán, durando Hernán Cortés en este rodeo de hablar con dos intérpretes hasta que doña Marina aprendió la castellana, en que tardó pocos días, porque tenía rara viveza de espíritu y algunos dotes naturales que acordaban la calidad de su nacimiento. Antonio de Herrera dice que fue natural de Xalisco, trayéndola desde muy lejos a Tabasco, pues está Xalisco sobre el otro mar, en lo último de la Nueva Galicia. Pudo hallarlo así en Francisco López de Gómara, pero no sabemos por qué se aparta en esto y en otras noticias más sustanciales de Bernal Díaz del Castillo, cuya obra manuscrita tuvo a la mano, pues le sigue y le cita en muchas partes de su historia. Fue siempre doña Marina fidelísima intérprete de Hernán Cortés, y él la estrechó en esta confidencia por términos menos decentes que debiera, pues tuvo en ella un hijo que se llamó don Martín Cortés, y se puso el hábito de Santiago, calificando la nobleza de su madre: represible medio de asegurarla en su fidelidad, que dicen algunos tuvo parte de política; pero nosotros creeríamos antes que fue desacierto de una pasión mal corregida, y que no es nuevo en el mundo el llamarse razón de estado la flaqueza de la razón.

Lo que dijeron aquellos indios cuando llegaron a la presencia de Cortés fue: «que Pilpatoe y Teutile, gobernador el uno, y el otro capitán general de aquella provincia por el grande emperador Motezuma, los enviaban a saber del capitán de aquella con qué intento había surgido en sus costas, y a ofrecerle el socorro y la asistencia de que necesitase para continuar su viaje». Hernán Cortés los agasajó mucho, dioles algunas bujerías, hizo que los regalasen con manjares y vino de Castilla; y teniéndolos antes obligados que atentos les respondió: «que su venida era tratar, sin género de hostilidad, materias muy importantes a su príncipe y a toda su monarquía, para cuyo efecto se vería con sus gobernadores, y esperaba hallar en ellos la buena acogida que el año antes experimentaron los de su nación». Y tomando algunas noticias por mayor de la grandeza de Motezuma, de sus riquezas y forma de gobierno, los despidió contentos y asegurados.

El día siguiente, Viernes Santo, por la mañana, desembarcaron todos en la playa más vecina, y mandó Cortés que se sacasen a tierra los caballos y la artillería, y que los soldados repartidos en tropas hiciesen fajina sin descuidarse con las avenidas, y fabricasen número suficiente de barracas en que defenderse del Sol, que ardía con bastante fuerza. Plantóse la artillería en parte que mandase la campaña, y tardaron poco en hallarse todos debajo de cubierto, porque acudieron al trabajo muchos indios que envió Teutile con bastimentos y orden para que ayudasen en aquella obra; los cuales fueron de grande alivio, porque traían sus instrumentos de pedernal con que cortaban las estacas y fijándolas en tierra, entretejían con ellas ramos y hojas de palma, formando las paredes y el techo con presteza y facilidad: maestros en este género de arquitectura que usaban en muchas partes para sus habitaciones, y menos bárbaros en medir sus edificios con la necesidad de la naturaleza que los que fabrican grandes palacios para que viva estrechamente su vanidad. Traían también algunas mantas de algodón que acomodaron sobre las barracas principales para que estuviesen más defendidas del Sol; y en la mejor de ellas ordenó Hernán Cortés que se levantase un altar, sobre cuyos adornos se colocó una imagen de nuestra Señora, y se puso una cruz grande a la entrada: prevención para celebrar la Pascua, y primera atención de Cortés en que andaba siempre su cuidado compitiendo con el de los sacerdotes. Bernal Díaz del Castillo asienta que se dijo misa en este mismo altar el mismo día de la desembarcación, no creemos que el padre fray Bartolomé de Olmedo y el licenciado Juan Díaz ignorasen que no se podía decir en Viernes Santo. Fíase muchas veces de su memoria con sobrada celeridad; pero más se debe extrañar que le siga, o casi le traslade en esto Antonio de Herrera: sería en ambos inadvertencia, cuyo reparo nos obliga menos a la corrección ajena que a temer, para nuestra enseñanza, las facilidades de la pluma.

Súpose de aquellos indios que el general Teutile se hallaba con número considerable de gente militar, y andaba introduciendo con las armas el dominio de Motezuma en unos lugares recién conquistados de aquel paraje, cuyo gobierno político estaba a cargo de Pilpatoe; y la demostración de enviar bastimentos, y aquellos paisanos que ayudasen en la obra de las barracas tuvo, según lo que se pudo colegir, algo de artificio, porque se hallaban asombrados y recelosos de haber entendido el suceso de Tabasco, cuya noticia se había divulgado ya por todo el contorno, y considerándose con menores fuerzas, se valieron de aquellos presentes y socorros para obligar a los que no podían resistir: diligencias del temor que suele hacer liberales a los que no se atreven a ser enemigos.

# Libro II

## Capítulo I. Vienen el general Teutile y el gobernador Pilpatoe a visitar a Cortés en nombre de Motezuma. Dase cuenta de lo que pasó con ellos y con los pintores que andaban dibujando el ejército de los españoles

Pasáronse aquella noche y el día siguiente con más sosiego que descuido, acudiendo siempre algunos indios al trabajo del alojamiento, y a traer víveres a trueco de bujerías, sin que hubiese novedad, hasta que el primer día de la Pascua por la mañana vinieron Teutile y Pilpatoe con grande acompañamiento a visitar a Cortés, que los recibió con igual aparato, adornándose del respeto de sus capitanes y soldados, porque le pareció conveniente crecer en la autoridad para tratar con ministros de mayor príncipe. Pasadas las primeras cortesías y cumplimientos, en que cedieron los indios, y Cortés procuró templar la severidad con el agrado, los llevó consigo a la barraca mayor, que tenía veces de templo, por ser ya hora de los divinos oficios, haciendo que Aguilar y doña Marina les dijesen, que antes de proponerles el fin de su jornada quería cumplir con su religión, y encomendar al Dios de sus dioses el acierto de su proposición.

Celebróse luego la misa con toda la solemnidad que fue posible; cantóla fray Bartolomé de Olmedo, y la oficiaron el licenciado Juan Díaz, Jerónimo de Aguilar y algunos soldados que entendían el canto de la iglesia; asistiendo a todos aquellos indios con un género de asombro que, siendo efecto de la novedad, imitaba la devoción. Volvieron luego a la barraca de Cortés y comieron con él los dos gobernadores, poniéndose igual cuidado en el regalo y en la ostentación.

Acabado el banquete llamó Hernán Cortés a sus intérpretes, y no sin alguna entereza dijo: «Que su venida era tratar con el emperador Motezuma de parte de don Carlos de Austria, monarca del Oriente, materias de gran consideración, convenientes no solo a su persona y estados, sino al bien de todos sus vasallos, para cuya introducción necesitaba de llegar a su real presencia, y esperaba ser admitido a ella con toda la benignidad y atención que se debía a la misma grandeza del rey que le enviaba.» Torcieron el semblante

85

ambos gobernadores a esta proposición, oyéndola al parecer con desagrado, y antes de responder a ella mandó Teutile que trajesen a la barraca un regalo que tenía prevenido, y fueron entrando en ella hasta veinte o treinta indios cargados de bastimentos, ropas sutiles de algodón, plumas de varios colores, y una caja grande en que venían diferentes piezas de oro primorosamente labradas. Hizo su presente con despejo y urbanidad, y después de verle admitido y celebrado, se volvió a Cortés, y por medio de los mismos intérpretes le dijo: «que recibiese aquella pequeña demostración con que le agasajaban dos esclavos de Motezuma, que tenía orden para regalar a los extranjeros que llegasen a sus costas, pero que tratasen luego de proseguir su viaje, llevando entendido que el hablar a su príncipe era negocio muy arduo, y que no andaban menos liberales en darle de presente aquel desengaño, antes que experimentase la dificultad de su pretensión».

Replicóle Cortés con algún enfado: «que los reyes nunca negaban los oídos a las embajadas de otros reyes, ni sus ministros podían, sin consulta suya, tomar sobre sí tan atrevida resolución: que lo que en este caso les tocaba era avisar a Motezuma de su venida, para cuya diligencia les daría tiempo; pero que le avisasen también de que venía resuelto a verle, y con ánimo determinado de no salir de su tierra llevando desairada la representación de su rey». Puso en tanto cuidado a los indios esta animosa determinación de Cortés, que no se atrevieron a replicarle, antes le pidieron encarecidamente que no se moviese de aquel alojamiento hasta que llegase la respuesta de Motezuma, ofreciendo asistirle con todo lo que hubiese menester para el sustento de sus soldados.

Andaban a este tiempo algunos pintores mexicanos, que vinieron entre el acompañamiento de los dos gobernadores, copiando con gran diligencia sobre lienzos de algodón, que traían prevenidos y emprimados para este ministerio, las naves, los soldados, las armas, la artillería y los caballos, con todo lo demás que se hacía reparable a sus ojos, de cuya variedad de objeto formaban diferentes países de no despreciable dibujo y colorido.

Nuestro Bernal Díaz se alarga demasiado en la habilidad de estos pintores, pues dice que retrataron a todos los capitanes, y que iban muy parecidos los retratos. Pase por encarecimiento menos parecido a la verdad;

porque dado que poseyesen con fundamento el arte de la pintura, tuvieron poco tiempo para detenerse a las prolijidades o primores de la imitación.

Hacíanse estas pinturas de orden de Teutile para avisar con ellas a Motezuma de aquella novedad, y a fin de facilitar su inteligencia iban poniendo a trechos algunos caracteres, con que al parecer explicaban y daban significación a lo pintado. Era éste su modo de escribir, porque no alcanzaron el uso de las letras, ni supieron fingir aquellas señales o elementos que inventaron otras naciones para retratar las sílabas y hacer visibles las palabras, pero se daban a entender con los pinceles, significando las cosas materiales con sus propias imágenes, y lo demás con números y señales significativas; en tal disposición, que el número, la letra y la figura formaban concepto, y daban entera la razón: primoroso artificio, de que se infiere su capacidad semejante a los jeroglíficos que practicaron los egipcios, siendo en ellos ostentación del ingenio lo que en estos indios estilo familiar, de que usaron con tanta destreza y felicidad los mexicanos, que tenían libros enteros de este género de caracteres y figuras legibles, en que conservaban la memoria de sus antigüedades, y daban a la posteridad los anales de sus reyes.

Llegó a noticia de Cortés la obra en que se ocupaban estos pintores, y salió a verlos no sin alguna admiración de su habilidad, pero advertido de que se iba dibujando en aquellos lienzos la consulta que Teutile formaba para que supiese Motezuma su proposición y las fuerzas con que se hallaba para mantenerla, reparó con la viveza de su ingenio, en que estaban con poca acción y movimiento aquellas imágenes mudas para que se entendiese por ellas el valor de sus soldados, y así resolvió ponerlos en ejercicio para dar mayor actividad o representación a la pintura.

Mandó con este fin que se tomasen las armas; puso en escuadrón toda su gente, hizo que se previniese la artillería, y diciendo a Teutile y a Pilpatoe que los quería festejar a la usanza de su tierra, montó a caballo con sus capitanes. Corriéronse primero algunas parejas, y después se formó una escaramuza con sus ademanes de guerra; en cuya novedad estuvieron los indios como embelesados y fuera de sí, porque reparando en la ferocidad obediente de aquellos brutos, pasaban a considerar algo más que natural en los hombres que los manejaban. Respondieron luego a una seña de Cortés los arcabuces, y poco después la artillería; creciendo al paso que se repetía y se aumentaba el estruendo, la turbación y el asombro de aquella gente, con tan varios efectos que unos se dejaron caer en tierra, otros empezaron a huir, y los más advertidos afectaban la admiración para disimular el miedo.

Asegurólos Hernán Cortés, dándoles a entender que entre los españoles eran así las fiestas militares, como quien deseaba hacer formidables las veras con el horror de los entretenimientos, y se reconoció luego que los pintores andaban inventando nuevas efigies y caracteres con que suplir lo que faltaba en sus lienzos. Dibujaban unos la gente armada y puesta en escuadrón; otros los caballos en su ejercicio y movimiento; figuraban con la llama y el humo el oficio de la artillería, y pintaban hasta el estruendo con la semejanza del rayo, sin omitir alguna de aquellas circunstancias espantosas que hablaban más derechamente con el cuidado de su rey.

Entretanto Cortés se volvió a su barraca con los gobernadores, y después de agasajarlos con algunas joyuelas de Castilla, dispuso un presente de varias preseas que remitiesen de su parte a Motezuma; para cuyo regalo se escogieron diferentes curiosidades del vidrio menos baladí o más resplandeciente, a que se añadió una camisa de Holanda, una gorra de terciopelo carmesí, adornada con una medalla de oro en que estaba la imagen de San Jorge, y una silla labrada de taracea, en que debieron de hacer tanto reparo los indios que se tuvo por alhaja de emperador. Con esta corta demostración de su liberalidad, que entre aquella gente pareció magnificencia, suavizó Hernán Cortés la dureza de su pretensión y despidió a los dos gobernadores igualmente agradecidos y cuidadosos.

## Capítulo II. Vuelve la respuesta de Motezuma con un presente de mucha riqueza; pero negada la licencia que se pedía para ir a México

Hicieron alto los indios a poca distancia del cuartel, y entraron al parecer en consulta sobre lo que debían obrar; porque resultó de esta detención el quedarse Pilpatoe a la mira de lo que obraban los españoles, para cuyo efecto, determinado el sitio, se formaron diferentes barracas, y en breves horas amaneció fundado un lugar en la campaña de considerable población. Prevínose luego Pilpatoe contra el reparo que podía causar esta novedad, avisando a Hernán Cortés que se quedaba en aquel paraje para cuidar de su regalo, y asistir mejor a las provisiones de su ejército; y aunque se conoció el artificio de este mensaje, porque su fin principal era estar a la vista del ejército y velar sobre sus movimientos, se les dejó el uso de su disimulación, sacando fruto del mismo pretexto, porque acudían con todo lo necesario, y los traía más puntuales y cuidadosos el recelo de que se llegase a entender su desconfianza.

Teutile pasó al lugar de su alojamiento, y despachó a Motezuma el aviso de lo que pasaba en aquella costa, remitiéndole con toda diligencia los lienzos que se pintaron de su orden y el regalo de Cortés. Tenían para este efecto los reyes de México grande prevención de correos distribuidos por todos los caminos principales del reino, a cuyo ministerio aplicaban los indios más veloces, y los criaban cuidadosamente desde niños, señalando premios del erario público a favor de los que llegasen primero al sitio destinado; y el padre José de Acosta, fiel observador de las costumbres de aquella gente, dice que la escuela principal donde se agilitaban estos indios corredores, era el primer adoratorio de México, donde estaba el ídolo sobre ciento veinte gradas de piedra, y ganaban el premio los que llegaban primero a sus pies. Notable ejercicio para enseñado en el templo; y sería ésta la menor indecencia de aquella miserable palestra. Mudábanse estos correos de lugar en lugar, como los caballos de nuestras postas, y hacían mayor diligencia, porque se iban sucediendo unos a otros antes de fatigarse: con que duraba sin cesar el primer ímpetu de la carrera.

En la historia general hallamos referido que llevó sus despachos y pinturas el mismo Teutile, y que volvió en siete días con la respuesta: sobrada ligereza para un general. No parece verosímil, habiendo sesenta leguas por el camino más breve desde México a San Juan de Ulúa; ni se puede creer fácilmente que viniese a esta función el embajador mexicano, que nuestro Bernal Díaz llama Quintalbor, o los cien indios nobles con que le acompaña el rector de Villahermosa, pero esto hace poco en la sustancia. La respuesta llegó en siete días, número en que concuerdan todos, y Teutile vino con ella al cuartel de los españoles. Traía delante de sí un presente de Motezuma, que ocupaba los hombros de cien indios de carga; y antes de dar su embajada, hizo que se tendiesen sobre la tierra unas esteras de palma, que llamaban petates, y que sobre ellas se fuesen acomodando y poniendo, como en aparador, las alhajas de que se componía el presente.

Venían diferentes ropas de algodón tan delgadas y bien tejidas, que necesitaban del tacto para diferenciarse de la seda; cantidad de penachos, y otras curiosidades de pluma, cuya hermosa y natural variedad de colores, buscados en las aves exquisitas que produce aquella tierra, sobreponían y mezclaban con admirable prolijidad, distribuyendo los matices, y sirviéndose del claro y oscuro tan acertadamente, que sin necesitar de los colores artificiales ni valerse del pincel, llegaban a formar pintura, y se atrevían a la imitación del natural. Sacaron después muchas armas, arcos, flechas y rodelas de maderas extraordinarias. Dos láminas muy grandes de hechura circular, la una de oro, que mostraba entre sus relieves la imagen del Sol, y la otra de plata, en que venía figurada la Luna, y últimamente cantidad considerable de joyas y piezas de oro con alguna pedrería, collares, sortijas, y pendientes a su modo, y otros adornos de mayor peso en figuras de aves y animales, tan primorosamente labrados, que a vista del precio se dejaba reparar el artificio.

Luego que Teutile tuvo a la vista de los españoles toda esta riqueza, se volvió a Cortés, y haciendo seña a los intérpretes, le dijo: «que el grande emperador Motezuma le enviaba aquellas alhajas en agradecimiento de su regalo, y en fe de lo que estimaba la amistad de su rey, pero que no tenía por conveniente, ni entonces era posible según el estado presente de sus cosas, el conceder su beneplácito a la permisión que pedía para pasar a su corte». Cuya repulsa procuró Teutile honestar, fingiendo asperezas en el camino, indios indómitos, que tomarían las armas para embarazar el paso, y otras dificultades que traían muy descubierta la intención, y daban a entender con algún misterio, que había razón particular, y era ésta la que veremos después, para que Motezuma no se dejase ver de los españoles.

Agradeció Cortés el presente con palabras de toda veneración, y respondió a Teutile: «que no era su intento faltar a la obediencia de Motezuma, pero que tampoco le sería posible retroceder contra el decoro de su rey, ni dejar de persistir en su demanda con todo el empeño a que obligaba la reputación de una corona venerada y atendida entre los mayores príncipes de la Tierra». Discurriendo en este punto con tanta viveza y resolución, que los indios no se atrevieron a replicarle, antes le ofrecieron hacer segunda instancia a

Motezuma: y él los despidió con otro regalo como el primero, dándoles a entender que esperaría sin moverse de aquel lugar la respuesta de su rey, pero que sentiría mucho que tardase, y hallarse obligado a solicitarla desde más cerca.

    Admiró a todos los españoles el presente de Motezuma, pero no todos hicieron igual concepto de aquellas opulencias; antes discurrían con variedad, y porfiaban entre sí, no sin presunción de lo que discurrían. Unos entraban en esperanzas de mejor fortuna, prometiéndose grandes progresos de tan favorables principios; otros ponderaban la grandeza del presente, para colegir de ella el poder de Motezuma, y pasar con el discurso a la dificultad de la empresa; muchos acusaban absolutamente como temeridad el intentar con tan poca gente obra tan grande, y los más defendían el valor y la constancia de su capitán, dando por hecha la conquista, y entendiendo cada uno aquella prosperidad, según el afecto que predominaba en su ánimo: porfías y corrillos de soldados, donde se conoce mejor que en otras partes lo que puede el corazón con el entendimiento. Pero Hernán Cortés los dejaba discurrir sin manifestar su dictamen, hasta aconsejarse con el tiempo, y para no tener ociosa la gente, que es el mejor camino de tenerla menos discursiva, ordenó que saliesen dos bajeles a reconocer la costa y a buscar algún puerto o ensenada de mejor abrigo para la armada, que en aquel paraje estaba con poco resguardo contra los vientos septentrionales, y algún pedazo de tierra menos estéril donde acomodar el alojamiento, entretanto que llegase la respuesta de Motezuma, tomando pretexto de lo que padecía la gente en aquellos arenales, donde hería y reverberaba el Sol con doblada fuerza, y había otra persecución de mosquitos que hacían menos tolerables las horas del descanso. Nombró por cabo de esta jornada al capitán Francisco de Montejo, y eligió los soldados que le habían de acompañar, entresacando los que se inclinaban menos a su opinión. Ordenóle que se alargase cuanto pudiese por el mismo rumbo que llevó el año antes en compañía de Grijalva, y que trajese observadas las poblaciones que se descubriesen desde la costa, sin salir a reconocerlas, señalándole diez días de término para la vuelta, por cuyo medio dispuso lo que parecía conveniente: dio que hacer a los inquietos, y entretuvo a los demás con la esperanza del alivio, quedando cuidadoso y desvelado entre la grandeza del intento y la cortedad de los medios, pero resuelto a mantenerse hasta ver todo el fondo a la dificultad, y tan dueño de sí, que desmentía la batalla interior con el sosiego y alegría del semblante.

**Capítulo III. Dase cuenta de lo mal que se recibió en México la porfía de Cortés, de quién era Motezuma, la grandeza de su imperio, y el estado en que se hallaba su monarquía cuando llegaron los españoles**

Causó grande turbación en México la segunda instancia de Cortés. Enojóse Motezuma, y propuso con el primer ímpetu acabar de una vez con aquellos extranjeros que se atrevían a porfiar contra su resolución; pero entrando después en mayor consideración, se cayó de ánimo, y ocupó el lugar de la ira la tristeza y la confusión. Llamó luego a sus ministros y parientes; hiciéronse misteriosas juntas; acudióse a los templos con públicos sacrificios; y el pueblo empezó a desconsolarse de ver tan cuidadoso a su rey, y tan asustados a los que tenían por su cuenta el gobierno: de que resultó el hablarse con poca reserva en la ruina de aquel imperio, y en las señales y presagios de que estaba según sus tradiciones amenazado. Pero ya parece necesario que averigüemos quién era Motezuma; qué estado tenía en esta sazón su monarquía; y por qué razón se asustaron tanto él y sus vasallos con la venida de los españoles.

Hallábase entonces en su mayor aumento el imperio de México, cuyo dominio reconocían casi todas las provincias y regiones que se habían descubierto en la América septentrional, gobernadas entonces por él y por otros régulos o caciques tributarios suyos. Corría su longitud de Oriente a Poniente más de quinientas leguas; y su latitud de Norte a Sur llegaba por algunas partes a doscientas: tierra poblada, rica y abundante. Por el Oriente partía sus límites con el mar Atlántico, que hoy se llama del Norte, y discurría sobre sus aguas aquel largo espacio que hay desde Panuco a Yucatán. Por el Occidente tocaba con el otro mar, registrando el Océano Asiático, o sea el golfo de Anián, desde el cabo de Mendocino hasta los extremos de la Nueva Galicia. Por la parte del Mediodía se dilataba más, corriendo sobre el mar del Sur desde Acapulco a Guatemala, y llegaba a introducirse por

Nicaragua en aquel istmo o estrecho de tierra que divide y engarza las dos Américas. Por la banda del Norte se alargaba hacia la parte de Panuco hasta comprender aquella provincia; pero se dejaba estrechar considerablemente de los montes o serranías que ocupaban los chichimecas y otomíes, gente bárbara sin república ni policía, que habitaba en las cavernas de la tierra, o en las quiebras de los peñascos, sustentándose de la caza y frutas de árboles silvestres; pero tan diestros en el uso de sus flechas, y en servirse de las asperezas y ventajas de la montaña, que resistieron varias veces a todo el poder mexicano, enemigos de la sujeción, que se contentaban con no dejarse vencer, y aspiraban solo a conservar entre las fieras su libertad.

Creció este imperio de humildes principios a tan desmesurada grandeza en poco más de ciento y treinta años: porque los mexicanos, nación belicosa por naturaleza, se fueron haciendo lugar con las armas entre las demás naciones que poblaban aquella parte del mundo. Obedecieron primero a un capitán valeroso que los hizo soldados, y les dio a conocer la gloria militar: después eligieron rey, dando el supremo dominio al que tenía mayor crédito de valiente, porque no conocían otra virtud que la fortaleza, y si conocían otras, eran inferiores en su estimación. Observaron siempre esta costumbre de elegir por su rey al mayor soldado, sin atender a la sucesión, aunque en igualdad de hazañas prefería la sangre real; y la guerra que hacían los reyes, iba poco a poco ensanchando la monarquía. Tuvieron al principio de su parte la justicia de las armas, porque la opresión de sus confinantes los puso en términos de inculpable defensa, y el cielo favoreció su causa con los primeros sucesos; pero creciendo después el poder perdió la razón y se hizo tiranía.

Veremos los progresos de esta nación y sus grandes conquistas cuando hablemos de la serie de sus reyes, y esté menos pendiente la narración principal. Fue el undécimo de ellos, según lo pintaban sus anales, Motezuma, segundo de este nombre, varón señalado y venerable entre los mexicanos aun antes de reinar.

Era de la sangre real, y en su juventud siguió la guerra, donde se acreditó de valeroso y esforzado capitán con diferentes hazañas que le dieron grande opinión. Volvió a la corte algo elevado con estas lisonjas de la fama; y viéndose aplaudido y estimado como el primero de su nación, entró en esperanzas de empuñar el cetro en la primera elección: tratándose en lo interior de su ánimo como quien empezaba a coronarse con los pensamientos de la corona.

Puso luego toda su felicidad en ir ganando voluntades, a cuyo fin se sirvió de algunas artes de política: ciencia que no todas veces se desdeña de andar entre los bárbaros, y que antes suele hacerlos, cuando la razón que llaman de estado se apodera de la razón natural. Afectaba grande obediencia y veneración a su rey, y extraordinaria modestia y compostura en sus acciones y palabras: cuidando tanto de la gravedad y entereza del semblante, que solían decir los indios que le venía bien el nombre de Motezuma, que en su lengua significa príncipe sañudo, aunque procuraba templar esta severidad forzando el agrado con la liberalidad.

Acreditábase también de muy observante en el culto de su religión: poderoso medio para cautivar a los que se gobiernan por lo exterior; y con este fin labró en el templo más frecuentado un apartamiento a manera de tribuna, donde se recogía muy a la vista de todos, y se estaba muchas horas entregado a la devoción del aura popular, o colocando entre sus dioses el ídolo de su ambición.

Hízose tan venerable con este género de exterioridades, que cuando llegó el caso de morir el rey su antecesor, le dieron su voto sin controversia todos los electores, y le admitió el pueblo con grande aclamación. Tuvo sus ademanes de resistencia, dejándose buscar para lo que deseaba, y dio su aceptación con especies de repugnancia: pero apenas ocupó la silla imperial cuando cesó aquel artificio en que traía violentado su natural, y se fueron conociendo los vicios que andaban encubiertos con nombre de virtudes.

La primera acción en que manifestó su altivez fue despedir toda la familia real, que hasta él se componía de gente mediana y plebeya; y con pretexto de mayor decencia, se hizo servir de los nobles hasta en los ministerios menos decentes de su casa. Dejábase ver pocas veces de sus vasallos, y solamente lo muy necesario de sus ministros y criados, tomando el retiro y la melancolía como parte de la majestad. Para los que conseguían el llegar a su presencia inventó nuevas reverencias y ceremonias, extendiendo el respeto hasta los confines de la adoración. Persuadióse a que podía mandar en la libertad y en la vida de sus vasallos, y ejecutó grandes crueldades para persuadirlo a los demás.

Impuso nuevos tributos sin pública necesidad, que se repartían por cabezas entre aquella inmensidad de súbditos; y con tanto rigor, que hasta los pobres mendigos reconocían miserablemente el vasallaje, trayendo a sus erarios algunas cosas viles, que se recibían, y se arrojaban en su presencia.

Consiguió con estas violencias que le temiesen sus pueblos; pero como suelen andar juntos el temor y el aborrecimiento, se le rebelaron algunas provincias, a cuya sujeción salió personalmente, por ser tan celoso de su autoridad, que se ajustaba mal a que mandase otro en sus ejércitos; aunque no se le puede negar que tenía inclinación y espíritu militar. Solo resistieron a su poder y se mantuvieron en su rebeldía las provincias de Mechoacán, Tlascala y Tepeaca; y solía decir él, que no las sojuzgaba porque había menester aquellos enemigos para proveerse de cautivos que aplicar a los sacrificios de sus dioses: tirano hasta en lo que sufría, o en lo que dejaba de castigar.

Había reinado catorce años cuando llegó a sus costas Hernán Cortés, y el último de ellos fue todo presagios y portentos de grande horror y admiración, ordenados o permitidos por el cielo para quebrantar aquellos ánimos feroces, y hacer menos imposible a los españoles aquella grande obra que con medios tan desiguales iba disponiendo y encaminando su providencia.

**Capítulo IV. Refiérense diferentes prodigios y señales que se vieron en México antes de que llegase Cortés, de que aprendieron los indios que se acercaba la ruina de aquel imperio**

Sabido quién era Motezuma y el estado y grandeza de su imperio, resta inquirir los motivos en que se fundaron este príncipe y sus ministros para resistir porfiadamente a la instancia de Hernán Cortés: primera diligencia del demonio, y primera dificultad de la empresa. Luego que se tuvo en México noticia de los españoles, cuando el año antes arribó a sus costas Juan de Grijalva, empezaron a verse en aquella tierra diferentes prodigios y señales de grande asombro, que pusieron a Motezuma en una como certidumbre de que se acercaba la ruina de su imperio, y a todos sus vasallos en igual confusión y desaliento.

Duró muchos días un cometa espantoso, de forma piramidal, que descubriéndose a la media noche, caminaba lentamente hasta lo más alto del cielo donde se deshacía con la presencia del Sol.

Viose después en medio del día salir por el Poniente otro cometa o exalación a manera de una serpiente de fuego con tres cabezas, que corría velocísimamente hasta desaparecer por el horizonte contrapuesto, arrojando infinidad de centellas que se desvanecían en el aire.

La gran laguna de México rompió sus márgenes, y salió impetuosamente a inundar la tierra, llevándose tras sí algunos edificios con un género de ondas que parecían herbores, sin que hubiese avenida o temporal a que atribuir este movimiento de las aguas. Encendióse de sí mismo uno de sus templos; y sin que se hallase el origen o la causa del incendio, ni medio con que apagarle, se vieron arder hasta las piedras..., y quedó todo reducido a poco más que ceniza. Oyéronse en el aire por diferentes partes voces lastimosas que pronosticaban el fin de aquella monarquía; y sonaba repetidamente el mismo vaticinio en las respuestas de los ídolos, pronunciando en ellos el demonio lo que pudo conjeturar de las causas naturales que andaban movidas; o lo que entendería quizá el autor de la naturaleza, que algunas veces le atormenta con hacerle instrumento de la verdad. Trajéronse a la presencia del rey diferentes monstruos de horrible y nunca vista deformidad, y denotaban grandes infortunios; que a su parecer contenían significación, y si se llamaron monstruos de lo que demuestran, como lo creyó la antigüedad que los puso este nombre, no era mucho que se tuviesen por presagios entre aquella gente bárbara, donde andaban juntas la ignorancia y la superstición.

Dos casos muy notables refieren las historias que acabaron de turbar el ánimo de Motezuma, y no son para omitidos, puesto que no los desestiman el padre José de Acosta, Juan Botero y otros escritores de juicio y autoridad. Cogieron unos pescadores cerca de la laguna de México un pájaro monstruoso de extraordinaria hechura y tamaño, y dando estimación a la novedad, se le presentaron al rey. Era horrible su deformidad, y tenía sobre la cabeza una lámina resplandeciente a manera de espejo, donde reverberaba el Sol con un género de luz maligna y melancólica. Reparó en ella Motezuma, y acercándose a reconocerla mejor, vio dentro una representación de la noche, entre cuya oscuridad se descubrían algunos espacios de cielo estrellado, tan distintamente figurados, que volvió los ojos al Sol como quien no acababa de creer el día; y al ponerlos segunda vez en el espejo, halló en lugar de la noche otro mayor asombro, porque se le ofreció a la vista un ejército de gente armada que venía de la parte del Oriente haciendo grande estrago en los de su nación. Llamó a sus agoreros y sacerdotes para consultarles este prodigio, y el ave estuvo inmóvil hasta que muchos de ellos hicieron la misma experiencia; pero luego se les fue, o se les deshizo entre las manos, dejándoles otro agüero en el asombro de la fuga.

Pocos días después vino al palacio un labrador, tenido en opinión de hombre sencillo, que solicitó con porfiadas y misteriosas instancias la audiencia del rey. Fue introducido a su presencia después de varias consultas; y hechas sus humillaciones sin género de turbación ni encogimiento, le dijo en su idioma rústico pero con un género de libertad y elocuencia que daba a entender algún furor más que natural, o que no eran suyas sus palabras: «Ayer tarde, señor, estando en mi heredad ocupado en el beneficio de la tierra, vi un águila de extraordinaria grandeza que se abatió impetuosamente sobre mí, y arrebatándome entre sus garras, me llevó largo trecho por el aire hasta ponerme cerca de una gruta espaciosa, donde estaba un hombre con vestiduras reales durmiendo entre diversas flores y perfumes, con un pebete encendido en la mano. Acerquéme algo más y vi una imagen tuya, o fuese tu misma persona, que no sabré afirmarlo, aunque a mi parecer tenía libres los sentidos. Quise retirarme atemorizado y respetivo; pero una voz impetuosa me detuvo y me sobresaltó de nuevo, mandándome que te quitase el pebete de la mano, y le aplicase a una parte del muslo que tenías descubierta: rehusé cuanto pude el cometer semejante maldad; pero la misma voz, con horrible superioridad, me violentó a que obedeciese. Yo mismo, señor, sin poder resistir, hecho entonces del temor el atrevimiento, te apliqué el pebete encendido sobre el muslo, y tú sufriste el cauterio sin despertar ni hacer movimiento. Creyera que estabas muerto, si no se diera a conocer la vida en la misma quietud de tu respiración, declarándose el sosiego en falta de sentido; y luego me dijo aquella voz que al parecer se formaba en el viento: así duerme tu rey, entregado a sus delicias y vanidades, cuando tiene sobre sí el enojo de los dioses, y tantos enemigos que vienen de la otra parte del mundo a destruir su monarquía y su religión. Dirásle que despierte a remediar si puede las miserias y calamidades que le amenazan: y apenas pronunció esta razón que traigo impresa en la memoria, cuando me prendió el águila entre sus garras y me puso en mi heredad sin ofenderme. Yo cumplo así lo que me ordenan los dioses: despierta, señor, que los tiene irritados tu soberbia y tu crueldad. Despierta, digo otra vez, o mira cómo duermes, pues no te recuerdan los cauterios de tu conciencia; ni ya puedes ignorar que los clamores de tus pueblos llegaron al cielo primero que a tus oídos.»

Éstas o semejantes palabras dijo el villano, o el espíritu que hablaba en él, y volvió las espaldas con tanto denuedo, que nadie se atrevió a detenerle. Iba Motezuma con el primer movimiento de su ferocidad a mandar que le matasen, y le detuvo un nuevo dolor que sintió en el muslo, donde halló y reconocieron todos estampada la señal del fuego, cuya pavorosa demostración le dejó atemorizado y discursivo; pero con resolución de castigar al villano, sacrificándole a la aplacación de sus dioses: avisos o amonestaciones motivadas por el demonio que traían consigo el vicio de su origen, sirviendo más a la ira y a la obstinación, que al conocimiento de la culpa.

En ambos acontecimientos pudo tener alguna parte la credulidad de aquellos bárbaros, de cuya relación lo entendieron así los españoles. Dejamos su recurso a la verdad; pero no tenemos por inverosímil que el demonio se valiese de semejantes artificios para irritar a Motezuma contra los españoles y poner estorbos a la introducción del Evangelio: pues es cierto que pudo (suponiendo la permisión divina en el uso de su ciencia) fingir o fabricar estos fantasmas y apariciones monstruosas, o bien formarse aquellos cuerpos visibles, condensado el aire con la mezcla de otros elementos, o lo que más veces sucede, viciando los sentidos y engañando la imaginación, de que tenemos algunos ejemplos en las sobradas letras, que hacen creíbles los que se hallan del mismo género en las historias profanas.

Estas y otras señales portentosas que se vieron en México y en diferentes partes del imperio, tenían tan abatido el ánimo de Motezuma, y tan asustados a los prudentes de su consejo, que cuando llegó la segunda embajada de Cortés, creyeron que tenían sobre sí toda la calamidad y ruina de que estaban amenazados.

Fueron largas las conferencias, y varios los pareceres. Unos se inclinaban a que viniendo aquella gente armada y forastera en tiempo de tantos prodigios, debía ser tratada como enemiga; porque el admitirla o el fiarse de ella, sería oponerse a la voluntad de sus dioses, que enviaban delante del golpe aquellos avisos para que procurasen evitarle. Otros andaban más detenidos o temerosos, y procuraban excusar el rompimiento, encareciendo el valor de los extranjeros, el rigor de sus armas y la ferocidad de los caballos; y trayendo a la memoria el estrago y mortandad que hicieron en Tabasco, de cuya guerra tuvieron luego noticia: y aunque no se persuadían a que fuesen inmortales, como lo publicaba el temor de aquellos vencidos, no acertaban a considerarlos como animales de su especie, ni dejaban de hallar en ellos alguna semejanza de sus dioses, por el manejo de los rayos con que a su parecer peleaban, y por el predominio con que se hacían obedecer de aquellos brutos que entendían sus órdenes y militaban de su parte.

Oyólos Motezuma; y mediando entre ambas opiniones, determinó que se negase a Cortés con toda resolución la licencia que pedía para venir a su corte, mandándole que desembarazase luego aquellas costas, y enviándole otro regalo como el antecedente para obligarle a obedecer. Pero que si esto no bastase a detenerle, se discurriría en los medios violentos, juntando un ejército poderoso, de tal calidad, que no se pudiese temer otro suceso como el de Tabasco; pues no se debía desestimar el corto número de aquellos extranjeros, en cuyas armas prodigiosas y valor extraordinario se conocían tantas ventajas, particularmente cuando llegaban a sus costas en tiempo tan calamitoso, y de tantas señales espantosas, que al parecer encarecían sus fuerzas, pues llegaban a merecer el cuidado y la prevención de sus dioses.

**Capítulo V. Vuelve Francisco de Montejo con noticia del lugar de Quiabislan: llegan los embajadores de Motezuma y se despiden con desabrimiento: muévense algunos rumores entre los soldados, y Hernán Cortés usa de artificio para sosegarlos**

Mientras duraban en la corte de Motezuma estos discursos melancólicos, trataba Hernán Cortés de adquirir noticias de la tierra, de ganar las voluntades de los indios que acudían al cuartel y de animar a sus soldados, procurando infundir en ellos aquellas grandes esperanzas que le anunciaba su corazón. Volvió de su viaje Francisco de Montejo, habiendo seguido la costa por espacio de algunas leguas la vuelta del Norte, y descubierto una población que se llamaba Quiabislan, situada en tierra fértil y cultivada, cerca de un paraje o ensenada bastantemente capaz, donde al parecer de los pilotos podían surgir los navíos, y mantenerse al abrigo de unos grandes peñascos en que desarmaba la fuerza de los vientos. Distaba este lugar de San Juan de Ulúa como doce leguas, y Hernán Cortés empezó a mirarle como sitio acomodado para mudar a él su alojamiento; pero antes que lo resolviese llegó la respuesta de Motezuma.

Vinieron Teutile y los cabos principales de sus tropas con aquellos braserillos de copal, y después de andar un rato envueltas en humo las cortesías, hizo demostración del presente, que fue algo menor; pero del mismo género de alhajas y piezas de oro que vinieron con la primera embajada: solo traía de particular cuatro piedras verdes, al modo de esmeraldas, que llamaban chalcuítes; y dijo Teutile a Cortés con gran ponderación, que las enviaba Motezuma señaladamente para el rey de los españoles, por ser joyas de inestimable valor: encarecimiento de que se pudo hacer poco aprecio donde tenía el vidrio tanta estimación.

La embajada fue resuelta y desabrida, y el fin de ella despedir a los huéspedes, sin dejarles arbitrio para replicar. Era cerca de la noche, y al empezar su respuesta Hernán Cortés, hicieron en la barraca que servía de iglesia la señal del Ave María. Púsose de rodillas a rezarla, y a su imitación todos los que le asistían, de cuyo silencio y devoción quedaron admirados los indios; y Teutile preguntó a doña Marina la significación de aquella ceremonia. Entendiólo Cortés, y tuvo por conveniente que con ocasión de satisfacer a su curiosidad se les hablase algo en la religión. Tomó la mano el padre fray Bartolomé de Olmedo, y procuró ajustarse a su ceguedad, dándoles alguna escasa luz de los misterios de nuestra fe. Hizo lo que pudo su elocuencia para que entendiesen que solo había un Dios, principio y fin de todas las cosas, y que en sus ídolos adoraban al demonio, enemigo mortal del género humano, vistiendo esta proposición con algunas razones fáciles de comprender, que escuchaban los indios con un género de atención, como que sentían la fuerza de la verdad. Y Hernán Cortés se valió de este principio para volver a su respuesta, diciendo a Teutile: «que uno de los puntos de su embajada, y el principal motivo que tenía su rey para proponer su amistad a Motezuma, era la obligación con que deben los príncipes cristianos oponerse a los errores de la idolatría, y lo que deseaba instruirle para que conociese la verdad, y ayudarle a salir de aquella esclavitud del demonio, tirano invisible de todos sus reinos, que en lo esencial le tenía sujeto y avasallado, aunque en lo exterior fuese tan poderoso monarca. Y que viniendo él de tierras tan distantes a negocios de semejante calidad, y en nombre de otro rey más poderoso, no podría dejar de hacer nuevos esfuerzos, y perseverar en sus instancias hasta conseguir que se le oyese, pues venía de paz como lo daba a entender el corto número de su gente, de cuya limitada prevención no se podían recelar mayores intentos».

Apenas oyó Teutile esta resolución de Cortés, cuando se levantó apresuradamente, y con un género de impaciencia entre cólera y turbación, le dijo: «que el gran Motezuma había usado hasta entonces de su benignidad, tratándole como a huésped; pero que determinándose a replicarle, sería suya la culpa si se hallase tratado como enemigo». Y sin esperar otra razón ni despedirse, volvió las espaldas, y partió de su presencia con paso acelerado, siguiéndole Pilpatoe y los demás que le acompañaban. Quedó Hernán Cortés algo embarazado al ver semejante resolución; pero tan en sí que volviendo a los suyos más inclinado a la risa que a la suspensión, les dijo: «veremos en qué para este desafío; que ya sabemos cómo pelean sus ejércitos, y las más veces son diligencias del temor las amenazas». Y entretanto que se recogía el presente, prosiguió dando a entender: «que no conseguirían aquellos bárbaros el comprar a tan corto precio la retirada de un ejército español, porque aquellas riquezas se debían mirar como dádivas fuera de tiempo, que traían más de flaquezas que de liberalidad». Así procuraba lograr las ocasiones de alentar a los suyos, y aquella noche, aunque no parecía verosímil que los mexicanos tuviesen prevenido ejército con que asaltar el cuartel, se doblaron las guardias, y se miró como contingente lo posible: que nunca sobra el cuidado en los capitanes, y muchas veces suele parecer ocioso, y salir necesario.

Luego que llegó el día se ofreció novedad considerable que ocasionó alguna turbación; porque se habían retirado la tierra adentro los indios que poblaban las barracas de Pilpatoe, y no parecía un hombre por toda la campaña. Faltaron también los que solían acudir, con bastimentos de las poblaciones comarcanas; y estos principios de necesidad, temida más que tolerada, bastaron para que se empezasen a desazonar algunos soldados, mirando como desacierto el detenerse a poblar en aquella tierra; de cuya murmuración se valieron para levantar la voz algunos parciales de Diego Velázquez, diciendo con menos recato en las conversaciones: «que Hernán Cortés quería perderlos, y pasar con su ambición adonde no alcanzaban sus fuerzas; que nadie podría excusar de temeridad el intento de mantenerse con tan poca gente en los dominios de un príncipe tan poderoso; y que ya era necesario que clamasen todos sobre volver a la isla de Cuba, para que se recibiesen la armada y el ejército, y se tomase aquella empresa con mayor fundamento».

Entendiólo Hernán Cortés, y valiéndose de sus amigos y confidentes, procuró examinar de qué opinión estaba el resto principal de su gente, y halló que tenía de su parte a los más y a los mejores, sobre cuya seguridad se dejó hallar de los malcontentos. Hablóle en nombre de todos Diego de Ordaz, y no sin alguna destemplanza, en que se dejaba conocer su pasión, le dijo: «que la gente del ejército estaba sumamente desconsolada, y en términos de romper el freno de la obediencia porque había llegado a entender que se trataba de proseguir aquella empresa; y que no se le podía negar la razón, porque ni el número de los soldados ni el estado de los bajeles, ni los bastimentos de reserva, ni las demás prevenciones tenían proporción con el intento de conquistar un imperio tan dilatado y tan poderoso; que nadie estaba tan mal consigo que se quisiese perder por capricho ajeno; y que ya era menester que tratase de dar la vuelta a la isla de Cuba, para que Diego Velázquez reforzase su armada, y tomase aquel empeño con mejor acuerdo y con mayores fuerzas».

Oyóle Hernán Cortés sin darse por ofendido, como pudiera, de la proposición y del estilo de ella; antes le respondió, sosegada la voz y el semblante: «que estimaba su advertencia, porque no sabía la desazón de los soldados; antes creía que estaban contentos y animosos, porque en aquella jornada no se podían quejar de la fortuna si no los tenía cansados la felicidad; pues un viaje tan sin zozobras, lisonjeado del mar y de los vientos; unos sucesos como los pudo fingir el deseo; tan conocidos favores del cielo en Cozumel;

una victoria en Tabasco, y en aquella tierra tanto regalo y prosperidad, no eran antecedentes de que se debía inferir semejante desaliento, ni era de mucho garbo el desistir antes de ver la cara del peligro; particularmente cuando las dificultades solían parecer mayores desde lejos, y deshacerse luego en las manos los encarecimientos de la imaginación; pero que si la gente estaba ya tan desconfiada y temerosa como decía, sería locura fiarse de ella para una empresa tan dificultosa, y que así trataría luego de tomar la vuelta de la isla de Cuba, como se lo proponían; confesando que no le hacía tanta fuerza el ver esta opinión en el vulgo de los soldados, como el hallarla asegurada en el consejo de sus amigos». Con estas y otras palabras de este género, desarmó por entonces la intención de aquellos parciales inquietos, sin dejarles que desear hasta que llegase el tiempo de su desengaño; y con esta disimulación artificiosa, primor algunas veces permitido a la prudencia, dio a entender que cedía para dar mayores fuerzas a su resolución.

**Capítulo VI. Publícase la jornada para la isla de Cuba: claman los soldados que tenía prevenidos Cortés: solicita su amistad el cacique de Zempoala; y últimamente hace la población**

Poco rato después que se apartaron de Hernán Cortés Diego de Ordaz y los demás de su séquito, hizo que se publicase la jornada para la isla de Cuba, distribuyendo las órdenes para que se embarcasen los capitanes con sus compañías en los mismos bajeles de su cargo, y estuviesen a punto de partir el día siguiente al amanecer; pero no se divulgó bien entre los soldados esta resolución, cuando se conmovieron los que estaban prevenidos, diciendo a voces: «que Hernán Cortés los había llevado engañados, dándoles a entender que iban a poblar en aquella tierra, y que no querían salir de ella, ni volver a la isla de Cuba; a que añadían, que si él estaba en dictamen de retirarse, podría ejecutarlo con los que se ajustasen a seguirle; que a ellos no les faltaría alguno de aquellos caballeros que se encargase de su gobierno». Creció tanto y tan bien adornado este clamor, que se llevó tras sí a muchos de los que entraron violentos o persuadidos en la contraria facción; y fue menester que los mismos amigos de Cortés que movieron a los unos, apaciguasen a los otros. Alabaron su determinación, ofrecieron que hablarían a

Cortés para que suspendiese la ejecución del viaje; y antes que se entibiase aquel reciente fervor de los ánimos, partieron a buscarle asistidos de mucha gente, «en cuya presencia le dijeron, levantando la voz: que el ejército estaba en términos de amotinarse sobre aquella novedad: quejáronse, o hicieron que se quejaban, de que hubiese tomado semejante resolución sin el consejo de sus capitanes: ponderábanle, como desaire indigno de españoles, el dejar aquella empresa en los primeros rumores de la dificultad, y el volver las espaldas antes de sacar la espada. Traíanle a la memoria lo que sucedió a Juan de Grijalva; pues todo el enojo de Diego Velázquez fue porque no hizo alguna población en la tierra que descubrió y se mantuvo en ella, por cuya resolución le trató de pusilánime y le quitó el gobierno de la armada». Y últimamente le dijeron lo que él mismo había dictado; y él lo escuchó como noticia en que hallaba novedad, y dejándose rogar y persuadir, hizo lo que deseaba, y dio a entender que se reducía. Respondióles: «que estaba mal informado, porque algunos de los más interesados en el acierto de aquella facción (y no los nombró por dar mayor misterio a su razón) le habían asegurado que toda la gente clamaba desconsoladamente sobre dejar aquella tierra y volverse a la isla de Cuba; y que de la misma suerte que tomó aquella resolución contra su dictamen, por complacer a sus soldados, se quedaría con mayor satisfacción suya, cuando los hallaba en opinión más conveniente al servicio de su rey, y a la obligación de buenos españoles; pero que tuviesen entendido que no quería soldados sin voluntad, ni era la guerra ejercicio de forzados; que cualquiera que tuviese por bien el retirarse a la isla de Cuba, podría ejecutarlo sin embarazo; y que desde luego mandaría prevenir embarcación y bastimentos para el viaje de todos los que no se ajustasen a seguir voluntariamente su fortuna». Tuvo grande aplauso esta resolución: oyóse aclamado el nombre de Cortés; llenóse el aire de voces y de sombreros, al modo que suelen explicar su contento los soldados; unos se alegraban porque lo sentían así; y otros por no diferenciarse de los que sentían lo mejor. Ninguno se atrevió por entonces a contradecir la población, ni los mismos que tomaron la voz de los malcontentos acertaban a volver por sí; pero Hernán Cortés oyó sus disculpas sin apurarlas, y guardó su queja para mejor ocasión.

Sucedió a este tiempo, que estando de centinela en una de las avenidas Bernal Díaz del Castillo y otro soldado, vieron asomar por el paraje más vecino a la playa cinco indios que venían caminando hacia el cuartel; y pareciéndoles poco número para poner en arma al ejército, los dejaron acercar. Detuviéronse a poca distancia, y dieron a entender con las señas, que venían de paz, y que traían embajada para el general de aquel ejército. Llevólos consigo Bernal Díaz, dejando a su compañero en el mismo sitio, para que cuidase de observar si los seguían algunas tropas. Recibiólos Hernán Cortés con toda gratitud, y mandando que los regalasen antes de oírlos, reparó en que parecían de otra nación, porque se diferenciaban de los mexicanos en el traje, aunque traían como ellos penetradas las orejas y el labio inferior de gruesos zarcillos y pendientes, que aun siendo de oro los afeaban. La lengua también sonaba con otro género de pronunciación, hasta que viniendo Aguilar y doña Marina, se conoció que hablaban en idioma diferente, y se tuvo a dicha que uno de ellos entendiese y pronunciase dificultosamente la lengua mexicana, por cuyo medio, no sin algún embarazo, se averiguó que los enviaba el señor de Zempoala, provincia poco distante para que visitasen de su parte al caudillo de aquella gente valerosa; porque habían llegado a sus oídos las maravillas que obraron sus armas en la provincia de Tabasco; y por ser príncipe guerrero y amigo de hombres valerosos deseaba su amistad, ponderando mucho la estimación que hacía su dueño de los grandes soldados, como quien procuraba que no se atribuyese al miedo lo que tenía mejor sonido en la inclinación.

Admitió Hernán Cortés con toda estimación la buena correspondencia y amistad que le proponían de parte de su cacique, teniendo a favor del cielo el recibir esta embajada en tiempo que estaba despedido y receloso de los mexicanos: celebrándola más cuando entendió que la provincia de Zempoala estaba en el paso de aquel lugar que descubrió desde la costa Francisco de Montejo, donde pensaba entonces mudar su alojamiento. Hizo algunas preguntas a los indios para informarse de la intención y fuerzas de aquel cacique; y una de ellas fue ¿cómo estando tan vecinos habían tardado tanto en venir con aquella proposición? A que respondieron, que no podían concurrir los de Zempoala donde asistían los mexicanos, cuyas crueldades se sufrían mal entre los de su nación.

No le sonó mal esta noticia a Hernán Cortés, y apurándola con alguna curiosidad, vino a entender que Motezuma era príncipe violento y aborrecible por su soberbia y tiranías, que tenía muchos de sus pueblos más atemorizados que sujetos, y que había por aquel paraje algunas provincias que deseaban sacudir el yugo de su dominio; con que se le hizo menos formidable su poder, y ocurrieron a su imaginación varias especies de ardides y caminos de aumentar su ejército, que le animaban confusamente. Lo primero que se le ofreció fue ponerse de parte de aquellos afligidos, y que no sería dificultoso ni fuera de razón el formar partido contra un tirano entre sus mismos rebeldes. Así lo discurrió entonces, y así le sucedió después, verificándose con otro ejemplo en la ruina de aquel imperio tan poderoso, que la mayor fuerza de los reyes consiste en el amor de sus vasallos. Despachó luego a los indios con algunas dádivas en señal de benevolencia, y les ofreció que iría brevemente a visitar a su dueño para establecer su amistad, y estar a su lado en cuanto necesitase de su asistencia.

Era su intento pasar por aquella provincia, y reconocer a Quiabislan, donde pensaba fundar su primera población, por los buenos informes que tenía de su fertilidad; pero le importaba para otros fines que iba madurando, adelantar la formación de su república en aquellas mismas barracas, suponiendo que se había de mudar la situación del pueblo a parte menos desacomodada. Comunicó su resolución a los capitanes de su confidencia; y suavizada por este medio la proposición, se convocó la gente para nombrar los ministros de gobierno, en cuya breve conferencia prevalecieron los que sabían el ánimo de Cortés, y salieron por alcaldes Alonso Hernández Portocarrero y Francisco de Montejo; por regidores Alonso Dávila, Pedro y Alonso de Alvarado, y Gonzalo de Sandoval; y por alguacil mayor y procurador general Juan de Escalante y Francisco Álvarez Chico. Nombróse también el escribano de ayuntamiento, con otros ministros inferiores; y hecho el juramento ordinario de guardar razón y justicia según su obligación, al mayor servicio de Dios y del rey, tomaron su posesión con la solemnidad que se acostumbra, y comenzaron a ejercer sus oficios, dando a la nueva población el nombre de la Villa Rica de la Veracruz, cuyo título conservó después en la parte donde quedó situada, llamándola Villa Rica, en memoria del oro que se vio en aquella tierra, y de la Veracruz, en reconocimiento de haber saltado en ella el viernes de la Cruz.

Asistió Hernán Cortés a estas funciones como uno de aquella república, haciendo por entonces persona de particular entre los demás vecinos; y aunque no podía fácilmente apartar de sí aquel género de superioridad, que suele consistir en la veneración ajena, procuraba autorizar con su respeto aquellos nuevos ministros, para introducir la obediencia en los demás, cuya modestia tenía en el fondo alguna razón de estado, porque le importaba la autoridad de aquel ayuntamiento, y la dependencia de aquellos súbditos, para que el brazo de la justicia y la voz del pueblo llenasen los vacíos de la jurisdicción militar, que residía en él por delegación de Diego Velázquez, y a la verdad estaba revocada, y se mantenía sobre flacos cimientos para entrar con ella en una empresa tan dificultosa: defecto que le traía cuidadoso, porque andaba disimulando entre los que le obedecían, y le embarazaba en su misma resolución para hacerse obedecer.

**Capítulo VII. Renuncia Hernán Cortés, en el primer ayuntamiento que se hizo en la Veracruz, el título de capitán general que tenía por Diego Velázquez: vuélvenle a elegir la villa y el pueblo**

El día siguiente por la mañana se juntó el ayuntamiento, con pretexto de tratar algunos puntos concernientes a la conservación y aumento de aquella población, y poco después pidió licencia Hernán Cortés para entrar en él a proponer un negocio del mismo intento. Pusiéronse en pie los capitulares para recibirle, y él haciendo reverencia a la villa, pasó a tomar el asiento inmediato al primer regidor, y habló en esta sustancia, o poco diferente.

«Ya, señores, por la misericordia de Dios, tenemos en este consistorio representada la persona de nuestro rey, a quien debemos descubrir nuestros corazones, y decir sin artificio la verdad, que es el vasallaje en que más le reconocemos los hombres de bien. Yo vengo a vuestra presencia, como si llegara a la suya, sin otro fin que el de su servicio, en cuyo celo me permitiréis la ambición de no confesarme vuestro inferior. Discurriendo estáis en los medios de establecer esta nueva república; dichosa ya de estar pendiente de vuestra dirección. No será fuera de propósito que oigáis de mí lo que tengo premeditado y resuelto, para que no caminéis sobre algún presupuesto menos seguro, cuya falta os obligue a nuevo discurso y nueva resolución. Esta villa, que empieza hoy a crecer al abrigo de vuestro gobierno, se ha fundado en tierra no conocida y de grande población, donde se han visto ya señales de resistencia bastantes para creer que nos hallamos en una empresa dificultosa, donde necesitaremos igualmente del consejo y de las manos; y donde muchas veces habrá de proseguir la fuerza lo que empezare y no consiguiere la prudencia. No es tiempo de máximas políticas, ni de consejos desarmados. Vuestro primer cuidado debe atender a la conservación de este ejército que os sirve de muralla, y mi primera obligación es advertiros que no está hoy como debe, para fiarle nuestra seguridad y nuestras esperanzas. Bien sabemos que yo no gobierno el ejército, sin otro título que un nombramiento de Diego Velázquez, que fue con poca intermisión escrito y revocado. Dejo aparte la sinrazón de su desconfianza, por ser de otro propósito, pero no puedo negar que la jurisdicción militar, de que tanto necesitamos, se conserva hoy en mí contra la voluntad de su dueño, y se funda en un título violento, que trae consigo mal disimulada la flaqueza de su origen. No ignoran este defecto los soldados, ni yo tengo tan humilde el espíritu, que quiera mandarlos con autoridad escrupulosa; ni es el empeño en que nos hallamos para entrar en él con un ejército que se mantiene más en la costumbre de obedecer, que en la razón de la obediencia. A vosotros, señores, toca el remedio de este inconveniente; y el ayuntamiento, en quien reside hoy la representación de nuestro rey, puede en su real nombre proveer el gobierno de sus armas, eligiendo persona en quien no concurran estas nulidades. Muchos sujetos hay en el ejército capaces de esta ocupación, y en cualquiera que tenga otro género de autoridad, o que la reciba de vuestra mano, estará mejor empleado. Yo desisto desde luego del derecho que pudo comunicarme la posesión, y renuncio en vuestras manos el título que me puso en ella, para que discurráis con todo el arbitrio en vuestra elección, y puedo aseguraros, que toda mi ambición se reduce al acierto de nuestra empresa; y que sabré, sin violentarme, acomodar la pica en la mano que deja el bastón; que si en la guerra se aprende el mandar obedeciendo, también hay casos en que el haber mandado enseña a obedecer.»

Dicho esto arrojó sobre la mesa el título de Diego Velázquez, besó el bastón, y dejándole entregado a los alcaldes, se retiró a su barraca. No debía de llevar inquieto el ánimo con la incertidumbre del suceso, porque tenía dispuestas las cosas de manera, que aventuró poco en esta resolución; pero no carece de alabanza la hidalguía del reparo, y el arte con que apartó de sí la debilidad o menos decencia de su autoridad. Los capitulares se detuvieron poco en su elección, porque algunos tendrían meditado lo que habían de proponer, y otros no hallarían qué replicar. Votaron todos que se admitiese la dejación de Cortés; pero que se le debía obligar a que tomase de nuevo a su cargo el gobierno del ejército, dándole su título la villa en nombre del rey, por el tiempo y en el ínterin que su majestad otra cosa ordenase; y resolvieron que se comunicase al pueblo la nueva elección, para ver cómo se recibía, o porque no se dudaba de su beneplácito. Convocóse la gente a voz de pregonero, y publicada la renunciación de Cortés y el acuerdo del ayuntamiento, se oyó el aplauso que se esperaba o el que se había prevenido. Fueron grandes las aclamaciones y el regocijo de la gente: unos vitoreaban al ayuntamiento por su buena elección; otros pedían a Cortés, como si se le negaran; y si algunos eran de contrario sentir, o fingían contento a voces, o cuidaban de que no se hiciese reparar el silencio. Hecha esta diligencia partieron los alcaldes y regidores llevando tras sí la mayor parte de aquellos soldados, que ya representaban el pueblo, a la barraca de Hernán Cortés, y le dijeron o notificaron que la Villa Rica de la Veracruz, en nombre del rey don Carlos, y con sabiduría y aprobación de sus vecinos en consejo abierto, le había elegido y nombrado por gobernador del ejército de Nueva España; y en caso necesario le requería y ordenaba que se encargase de esta ocupación, por ser así conveniente al bien público de la villa y al mayor servicio de su majestad.

Aceptó Hernán Cortés con grande urbanidad y estimación el nuevo cargo, que así le llamaba, para diferenciarle hasta en el nombre del que había renunciado; y empezó a gobernar la milicia con otro género de seguridad interior, que hacía sus efectos en la obediencia de los soldados.

Sintieron esta novedad con grande imprudencia los dependientes de Diego Velázquez, porque no se ajustaron a disimular su pasión, ni supieron ceder a la corriente cuando no la podían contrastar. Procuraban desautorizar al ayuntamiento, y desacreditar a Cortés, culpando su ambición, y hablando con desprecio de los engañados que no la conocían. Y como la murmuración tiene oculto el veneno, y no sé qué dominio sobre la inclinación de los oídos, se hacía lugar en las conversaciones; y no faltaba quien la escuchase y procurase adelantar. Hizo lo que pudo Hernán Cortés para remediar en los principios este inconveniente, no sin recelo de que se llevase tras sí a los inquietos, o perturbase a los fáciles de inquietar. Tenía ya experimentado el poco fruto de su paciencia, y que los medios suaves le producían contrarios efectos, poniendo el daño de por calidad; y así determinó valerse del rigor, que suele ser más poderoso con los atrevidos. Mandó que se hiciesen algunas prisiones, y que públicamente fuesen llevados a la armada y puestos en cadena Diego de Ordaz, Pedro Escudero y Juan Velázquez de León. Puso grande terror en el ejército esta demostración, y él trataba de aumentarle, diciendo con entereza y resolución, que los prendía por sediciosos y turbadores de la quietud pública; y que había de proceder contra ellos hasta que pagasen con la cabeza su obstinación: en cuya severidad, o verdadera o afectada, se mantuvo algunos días, sin llegar a lo estrecho de la justicia; porque deseaba más su enmienda que su castigo. Estuvieron al principio sin comunicación, pero después se la concedió dando a entender que la toleraba; y se valió mañosamente de esta permisión para introducir algunos de sus confidentes, que procurasen reducirlos y ponerlos en razón, como lo consiguió con el tiempo, dejándose desenojar tan autorizadamente, que los hizo sus amigos, y estuvieron a su lado en todos los accidentes que se le ofrecieron después.

**Capítulo VIII. Marchan los españoles, y parte la armada de vuelta de Quiabislan: entran de paso en Zempoala, donde les hace buena acogida el cacique, y se toma nueva noticia de las tiranías de Motezuma**

Luego que se ejecutaron estas prisiones, salió Pedro de Alvarado con cien hombres a reconocer la tierra y traer algunas vituallas, porque ya se hacía sentir la falta de los indios que proveían el ejército. Ordenósele que no hiciese hostilidad, ni llegase a las armas sin necesidad, en que le pusiesen la defensa o la provocación; y tuvo suerte de ejecutarlo así con poca diligencia, porque a breve distancia se halló en unos pueblos o caseríos, cuyos moradores le dejaron libre la entrada huyendo a los bosques. Reconociéronse las casas, que estaban desiertas de gente, pero bien proveídas de maíz, gallinas y otros bastimentos; y sin hacer daño en los edificios ni en las alhajas, tomaron los soldados lo que habían menester, como adquirido con el derecho de la necesidad, y volvieron al cuartel cargados y contentos.

Dispuso luego su marcha Hernán Cortés como lo tenía resuelto, y partieron los bajeles a la ensenada de Quiabislan, y él siguió por tierra el camino Zempoala, dando el costado derecho a la costa; y echó sus batidores delante que reconociesen la campaña, previniendo advertidamente los accidentes que se podían ofrecer, en tierra donde fuera descuido la seguridad.

Halláronse a pocas horas sobre el río de Zempoala, en cuya vecindad se situó después la villa de la Veracruz, y porque iba profundo, fue necesario recoger algunas canoas y embarcaciones de pescadores que hallaron en la orilla, donde pasó la gente, dejando nadar a los caballos. Vencida esta dificultad, llegaron a unos pueblos del distrito de Zempoala, según se averiguó después, y no se tuvo a buena señal el hallarlos desamparados, no solo de los indios, sino de sus alhajas y mantenimientos, con indicios de fuga prevenida y cuidadosa: solo dejaron en sus adoratorios diferentes ídolos, varios instrumentos o cuchillos de pedernal, y arrojados por el suelo algunos despojos miserables de víctimas humanas, que hicieron a un tiempo lástima y horror.

Aquí fue donde se vieron la primera vez, no sin admiración, los libros mexicanos, de que dejamos hecha mención.

Había tres o cuatro en los adoratorios, que debían de contener los ritos de su religión, y eran de una membrana larga o lienzo barnizado, que plegaban en iguales dobleces, de modo que cada doblez formaba una hoja, y todos juntos componían el volumen; parecidos a los nuestros por la vista exterior, y por el texto escritos o dibujados con aquel género de imágenes y cifras que dieron a conocer los pintores de Teutile.

Alojóse luego el ejército en las mejores casas, y se pasó la noche no sin alguna incomodidad, prevenidas las armas, y con centinelas a lo largo, en cuyo desvelo sosegaban los demás.

El día siguiente se volvió a la marcha en la misma ordenanza por el camino más hollado que declinaba la vuelta del Poniente, con algún desvío de la costa; y en toda la mañana no se halló persona de quien tomar lengua, ni más que una soledad sospechosa, cuyo silencio les hacía ruido en la imaginación y en el cuidado. Hasta que entrando en unos pocos prados de grande amenidad, se descubrieron doce indios, que venían en busca de Hernán Cortés con un regalo de gallinas y pan de maíz que le enviaba el cacique de Zempoala, pidiéndole con encarecimiento que no dejase de llegar a su pueblo, donde tenía prevenido alojamiento para su gente, y sería regalado con mayor liberalidad. Súpose de estos indios, que el lugar donde residía su cacique distaba un Sol de aquel paraje, que en su lengua era lo mismo que un día de marcha; porque no conocían la división de las leguas, y medían la distancia con los soles, contando el tiempo, y no los pasos del camino. Despachó Cortés a seis indios con grande estimación del regalo y de la oferta, quedándose con los otros seis para que le guiasen, y para hacerles algunas preguntas; porque no acababa de reducirse a la sinceridad de este agasajo, que no esperado parecía poco seguro.

Aquella noche se hizo alto en un pueblo de corta vecindad, cuyos moradores anduvieron solícitos en el hospedaje de los españoles, y al parecer poco recelosos; de cuya quietud se conjeturaba que estarían de paz los de su nación, y no se engañó la esperanza, aunque suele consolarse con facilidad. A la mañana se movió el ejército con la frente a Zempoala, dejándose llevar de los guías con la cautela y prevención conveniente. Y al declinar el día, estando ya cerca del pueblo, vinieron veinte indios al recibimiento de Cortés, galanes a su modo; y hechas sus ceremonias, dijeron: «que no salía con ellos su cacique por estar impedido; y así los enviaba para que cumpliesen por él con aquella demostración, quedando con mucho deseo de conocer a tan valerosos huéspedes, y recibir con su amistad a los que ya tenía en su inclinación».

Era lugar de grande población y de hermosa vista, situado entre dos ríos que fertilizaban la campaña, bajando de lo alto de unas sierras poco distantes, de frondosa y apacible aspereza: los edificios eran de piedra, cubiertos o adornados con un género de cal muy blanca y resplandeciente, de agradables y suntuosos lejos; tanto que uno de los batidores que iban delante volvió aceleradamente, diciendo a voces que las paredes eran de plata, de cuyo engaño se hizo grande fiesta en el ejército, y pudo ser que lo creyesen entonces los que después se burlaban de su credulidad.

Estaban las plazas y las calles ocupadas de innumerable pueblo, que concurrió a ver la entrada, sin armas que pudiesen dar cuidado ni otro rumor que el de la muchedumbre. Salió el cacique a la puerta de su palacio, y era su impedimento una gordura monstruosa que le oprimía y le desfiguraba. Fuese acercando con dificultad, apoyado en los brazos de algunos indios nobles, que al parecer le daban todo el movimiento. Su traje, sobre cuerpo desnudo, una manta de fino algodón, enriquecida con varias joyas y pendientes, de que traía también empedradas las orejas y los labios: príncipe de rara hechura, en quien hacían notable consonancia el peso y la gravedad. Fue necesario que Cortés detuviese la risa de los soldados; y porque tenía que reprimir en sí, dio la orden con forzada severidad; pero luego que empezó el cacique su razonamiento, recibiendo con los brazos a Cortés, y agasajando a los demás capitanes, dio a conocer su buena razón, y ganó por el oído la estimación de los ojos. Habló concertadamente, y cortó la plática de los cumplimientos con despejo y discreción, diciendo a Cortés que se retirase a descansar del camino y alojar su gente, que después le visitaría en su cuartel, para que hablasen más despacio en los intereses comunes.

Tenían prevenido el alojamiento en unos patios de grandes aposentos, donde pudieron acomodarse todos con bastante desahogo, y fueron asistidos con abundancia de cuanto hubieron menester. Envió después el cacique a prevenir su visita con un regalo de alhajas de oro y otras curiosidades, que valdrían hasta dos mil pesos, y vino a poco rato con lucido acompañamiento en unas andas que traían sobre sus hombros los más principales de su familia, y tendrían entonces esta dignidad los más robustos. Salió Cortés a recibirle asistido de sus capitanes, y dándole la puerta y el lugar, se retiró con él y con sus intérpretes, porque le pareció conveniente hablarle sin testigos. Y después de hacerle aquella oración acostumbrada sobre el intento de su venida, la grandeza de su rey y los errores de la idolatría, pasé a decirle: «que uno de los fines de aquel ejército valeroso era deshacer agravios, castigar violencias y ponerse de parte de la justicia y de la razón», tocando este punto advertidamente, porque deseaba introducirle poco a poco en la queja de Motezuma, y ver, según las premisas que traía, lo que podía fiar de su indignación. Conocióse luego en la variación del semblante que se le había tocado en la herida, y antes de resolverse a la respuesta empezó a suspirar como quien sentía la dificultad de quejarse; pero después venció la pasión, y prorrumpiendo en lamentos de su infelicidad le dijo: «que todos los caciques de aquella comarca se hallaban en miserable y vergonzosa esclavitud, gimiendo entre las violencias y tiranías de Motezuma, sin fuerzas para volver por sí, ni espíritu para discurrir en el remedio: que se hacía servir y adorar de sus vasallos como uno de sus dioses, y quería que se venerasen sus violencias y sin razones como decretos celestiales; pero que no era su ánimo proponerle que se aventurase a favorecerlos, porque Motezuma tenía mucho poder y muchas fuerzas para que se resolviese, con tan poca obligación, a declararse por su enemigo; ni sería en él buena urbanidad pretender su benevolencia, vendiendo a tan costoso precio tan corto servicio».

Procuró Hernán Cortés consolarle, dándole a entender: «que temería poco las fuerzas de Motezuma, porque las suyas tenían al cielo de su parte y natural predominio contra los tiranos; pero que necesitaba de pasar luego a Quiabislan, donde le hallarían los oprimidos y menesterosos, que teniendo la razón de su parte necesitasen de sus armas; cuya noticia podría comunicar a sus amigos y confederados, asegurando a todos que Motezuma dejaría de ofenderlos, o no lo podría conseguir mientras él asistiese a su defensa». Con esto se despidieron los dos, y Hernán Cortés trató luego de su marcha, dejando ganada la voluntad de este cacique, y celebrando para consigo la mejoría de sus intentos, que por aquellos lejos o espacios de la imaginación iban pareciendo posibles.

**Capítulo IX. Prosiguen los españoles su marcha desde Zempoala a Quiabislan: reflérese lo que pasó en la entrada de esta villa, donde se halla nueva noticia de la inquietud de aquellas provincias, y se prenden seis ministros de Motezuma**

Al tiempo de partir el ejército se hallaron prevenidos cuatrocientos indios de carga para que llevasen las valijas y los bastimentos, y ayudasen a conducir la artillería, que fue grande alivio para los soldados; y se ponderaba como atención extraordinaria del cacique, hasta que se supo de doña Marina que entre aquellos señores de vasallos era estilo corriente asistir a los ejércitos de sus aliados con este género de bagajes humanos, que en su lengua se llamaban Tamenes, y tenían por oficio el caminar de cinco a seis leguas con dos o tres arrobas de peso. Era la tierra que se iba descubriendo amena y deliciosa, parte ocupada con la población natural de grandes arboledas, y parte fertilizada con el beneficio de las semillas, a cuya vista caminaban nuestros españoles alegres y divertidos, celebrando la dicha de pisar una campaña tan abundante. Halláronse al caer del Sol cerca de un lugarcillo despoblado, donde se hizo mansión por excusar el inconveniente de entrar de noche en Quiabislan, adonde llegaron el día siguiente a las diez de la mañana.

Descubríanse a largo trecho sus edificios sobre una eminencia de peñascos, que al parecer servían de muralla: sitio fuerte por naturaleza, de surtidas estrechas y pendientes, que se hallaron sin resistencia y se penetraron con dificultad. Habíanse retirado el cacique y los vecinos para averiguar desde lejos la intención de nuestra gente, y el ejército fue ocupando la villa sin hallar persona de quien informarse, hasta que llegando a una plaza donde tenían sus adoratorios, le salieron al encuentro catorce o quince indios de traje más que plebeyo, con grande prevención de reverencias y perfumes, y anduvieron un rato afectando cortesía y seguridad, o procurando esconder el temor en el respeto: afectos parecidos y fáciles de equivocar. Animólos Hernán Cortés, tratándolos con mucho agrado, y les dio algunas cuentas de vidrio azules y verdes; moneda que por sus efectos se estimaba ya entre los mismos que la conocían, con cuyo agasajo se cobraron del susto que disimulaban, y dieron a entender: «que su cacique se había retirado advertidamente por no llamar la guerra con ponerse en defensa, ni aventurar su persona, fiándose de gente armada que no conocía; y que con este ejemplo no fue posible impedir la fuga de los vecinos menos obligados a esperar el riesgo: acción a que se habían ofrecido ellos como personas de más porte y mayor osadía; pero que en sabiendo todos la benignidad de tan honrados huéspedes volverían a poblar sus casas, y tendrían amucha felicidad el servirlos y obedecerlos». Asegurólos de nuevo Hernán Cortés, y luego que partieron con esta noticia, encargó mucho a sus soldados el buen pasaje de los indios, cuya confianza se conoció tan presto, que aquella misma noche vinieron algunas familias, y en breve tiempo estuvo el lugar con todos sus moradores.

Entró después el cacique, trayendo al de Zempoala por su padrino, ambos en sus andas o literas sobre hombros humanos. Disculpó el de Zempoala, no sin alguna discreción, a su vecino, y a pocos lances se introdujeron ellos mismos en las quejas de Motezuma, refiriendo con impaciencia, y algunas veces con lágrimas, sus tiranías y crueldades, la congoja de sus pueblos y la desesperación de sus nobles, a que añadió el de Zempoala por última ponderación: «es tan soberbio y tan feroz este monstruo, que sobre apurarnos y empobrecernos con sus tributos, formando sus riquezas de nuestras calamidades, quiere también mandar en la honra de sus vasallos, quitándonos violentamente las hijas y las mujeres para manchar con nuestra sangre las aras de sus dioses, después de sacrificarlas a otros usos más crueles de menos honestos».

Procuró Hernán Cortés alentarlos y disponerlos para entrar en su confederación; pero al mismo tiempo que trataba de inquirir sus fuerzas y el número de gente que tomaría las armas en defensa de la libertad, llegaron dos o tres indios muy sobresaltados, y hablando con ellos al oído los pusieron en tanta confusión que se levantaron perdido el ánimo y el color, y se fueron a paso largo sin despedirse ni acabar la razón. Súpose luego la causa de su turbación, porque se vieron pasar por el mismo cuartel de los españoles seis ministros o comisarios reales de aquellos que andaban por el reino cobrando y recogiendo los tributos de Motezuma. Venían adornados con mucha pompa de plumas y pendientes de oro, sobre delgado y limpio algodón, y con bastante número de criados o ministros inferiores, que moviendo, según la necesidad, unos abanicos grandes hechos de la misma pluma, les comunicaban el aire o la sombra con oficiosa inquietud. Salió Cortés a la puerta con sus capitanes, y ellos pasaron sin hacerle cortesía, vario el semblante entre la indignación y el desprecio; de cuya soberbia quedaron con algún remordimiento los soldados, y partieran a castigarla si él no los reprimiera, contentándose por entonces con enviar a doña Marina con guardia suficiente para que se informase de lo que obraban.

Entendióse por este medio que asentada su audiencia en la casa de la villa, hicieron llamar a los caciques, y los reprendieron públicamente con grande aspereza el atrevimiento de haber admitido en sus pueblos una gente forastera enemiga de su rey; y que además del servicio ordinario a que estaban obligados, les pedían veinte indios para sacrificar a sus dioses en satisfacción y enmienda de semejante delito.

Llamó Hernán Cortés a los dos caciques, enviando algunos soldados que sin hacer ruido los trajesen a su presencia, y dándoles a entender que penetraba lo más oculto de sus intentos, para autorizar con este misterio su proposición, les dijo: «que ya sabía la violencia de aquellos comisarios, y que sin otra culpa que haber admitido su ejército trataban de imponerles nuevos tributos de sangre humana: que ya no era tiempo de semejantes abominaciones, ni él permitiría que a sus ojos se ejecutase tan horrible precepto; antes les ordenaba precisamente que, juntando su gente, fuesen luego a prenderlos, y dejasen a cuenta de sus armas la defensa de lo que obrasen por su consejo».

Deteníanse los caciques, rehusando entrar en ejecución tan violenta, como envilecidos con la costumbre de sufrir el dolor y respetar el azote; pero Hernán Cortés repitió su orden con tanta resolución, que pasaron luego a ejecutarla, y con grande aplauso de los indios fueron puestos aquellos bárbaros en un género de cepos que usaban en sus cárceles muy desacomodados, porque prendían el delincuente por la garganta, obligando los hombros a forcejear con el peso para el desahogo de la respiración. Eran dignas de risa las demostraciones de entereza y rectitud con que volvieron los caciques a dar cuenta de su hazaña, porque trataban de ajusticiarlos aquel mismo día, según la pena que señalaban sus leyes contra los traidores; y viendo que no se les permitía tanto, pedían licencia para sacrificarlos a sus dioses como por vía de menor atrocidad.

Asegurada la prisión con guardia bastante de soldados españoles, se retiró Hernán Cortés a su alojamiento, y entró en consulta consigo sobre lo que debía obrar para salir del empeño en que se hallaba de amparar y defender aquellos caciques del daño que les amenazaba por haberle obedecido; pero no quisiera desconfiar enteramente a Motezuma, ni dejar de tenerle pendiente y cuidadoso. Hacíale disonancia el tomar las armas para defender la razón escrupulosa de unos vasallos quejosos de su rey, dejando sin nueva provocación o mejor pretexto el camino de la paz. Y por otra parte consideraba como punto necesario el mantener aquel partido que se iba formando por si llegase el caso de haberle menester. Tuvo finalmente por lo más acertado cumplir con Motezuma, sacando mérito de suspender los efectos de aquel desacato, y dándose a entender que por lo menos cumpliría consigo en no fomentar la sedición, ni servirse de ella hasta la última necesidad. Lo que resultó de esta conferencia interior, que le tuvo algunas horas desvelado, fue mandar a la media noche que le trajesen dos de los prisioneros con todo recato, y recibiéndolos benignamente les dijo, como quien no quería que le atribuyesen lo que habían padecido, que los llamaba para ponerlos en libertad, y que en fe de que la recibían únicamente de su mano, podrían asegurar a su príncipe: «que con toda brevedad procuraría enviarle los otros compañeros suyos que quedaban en poder de los caciques; para cuya enmienda y reducción obraría lo que fuese de su mayor servicio, porque deseaba la paz, y merecerle con su respeto y atenciones toda la gratitud que se le debía por embajador y ministro de mayor príncipe». No se atrevían los indios a ponerse en camino, temiendo que los matasen o volviesen a prender en el paso, y fue menester asegurarlos con alguna escolta de soldados españoles que los guiasen a la vecina ensenada donde se hallaban los bajeles, con orden para que en uno de los esquifes los sacasen de los términos de Zempoala.

Vinieron a la mañana los caciques muy sobresaltados y pesarosos de que se hubiesen escapado los dos prisioneros, y Hernán Cortés recibió la noticia con señas de novedad y sentimiento, culpándolos de poco vigilantes, y con este motivo mandó en su presencia que los otros fuesen llevados a la armada, como quien tomaba por suya la importancia de aquella prisión, y secretamente ordenó a los cabos marítimos que los tratasen bien, teniéndolos contentos y seguros; con lo cual dejó confiados a los caciques sin olvidar la satisfacción de Motezuma, cuyo poder tan ponderado y temido entre aquellos indios, le tenía cuidadoso; y así procuraba ocurrir a todo, conservando aquel partido sin empeñarse demasiado en él, ni perder de vista los accidentes que le podrían poner en obligación de abrazarle: grande artífice de medir lo que disponía con lo que recelaba, y prudente capitán el que sabe caminar en alcance de las contingencias, y madrugar con el discurso para quitar la fuerza o la novedad a los sucesos.

**Capítulo X. Vienen a dar la obediencia y ofrecerse a Cortés los caciques de la serranía: edifícase y pónese en defensa la villa de la Veracruz, donde llegan nuevos embajadores de Motezuma**

Divulgóse por aquellos contornos la benignidad y agradable trato de los españoles, y los dos caciques de Zempoala y Quiabislan avisaron a sus amigos y confederados de la felicidad en que se hallaban libres de tributos, y afianzada su libertad con el amparo de una gente invencible que entendía los pensamientos de los hombres, y que parecía de superior naturaleza; con que pasó la palabra, y fue, como suele, adquiriendo fuerzas la fama, en cuyo lenguaje tiene sus adicciones la verdad o se confunde con el encarecimiento. Ya se decía públicamente por aquellos pueblos que habitaban sus dioses en Quiabislan, vibrando rayos contra Motezuma, y duró algunos días esta credulidad entre los indios, cuya engañada veneración facilitó mucho los principios de aquella conquista; pero no se apartaban totalmente de la verdad en mirar como enviados del cielo a los que por decreto y ordenación suya venían a ser instrumentos de su salud: aprensión de su rudeza, en que pudo mezclarse alguna luz superior dispensada en favor de su misma sinceridad.

Creció tanto esta opinión de los españoles, y suena tan bien el nombre de la libertad a los oprimidos, que en pocos días vinieron a Quiabislan más de treinta caciques, dueños de la montaña que estaba a la vista, donde había numerosas poblaciones de unos indios que llamaban totonaques, gente rústica, de diferente lengua y costumbres, pero robusta y no sin presunción de valiente. Dieron todos la obediencia, ofrecieron sus huestes, y en la forma que se les propuso juraron fidelidad y vasallaje al señor de los españoles, de que se recibió auto solemne ante el escribano del ayuntamiento. Dice Antonio de Herrera que pasaría de cien mil hombres la gente de armas que ofrecieron estos caciques: no la contó Bernal Díaz del Castillo, ni llegó el caso de alistarla: sería grande el número por ser muchos los pueblos, y fáciles de mover contra Motezuma, particularmente cuando la serranía constaba de indios belicosos, recién sujetos o mal conquistados.

Hecho este género de confederación, se retiraron los caciques a sus casas, prontos a obedecer lo que se les ordenase; y Hernán Cortés trató de dar asiento a la Villa Rica de la Veracruz, que hasta entonces se movía con el ejército, aunque observaba sus distinciones de república. Eligióse el sitio en lo llano, entre la mar y Quiabislan, media legua de esta población, tierra que convidaba con su fertilidad; abundante de agua y copiosa de árboles, cuya vecindad facilitaba el corte de madera para los edificios. Abriéronse las zanjas, empezando por el templo: repartiéronse los oficiales carpinteros y albañiles que venían con plaza de soldados, y ayudando los indios de Zempoala y Quiabislan con igual maña y actividad, se fueron levantando las casas de humilde arquitectura que miraban más al cubierto que a la comodidad. Formóse luego el recinto de la muralla con sus traveses de tapia corpulenta; bastante reparo contra las armas de los indios; y en que aquella tierra tuvo alguna propiedad el nombre que se le dio de fortaleza. Asistían a la obra con la mano y con el hombro los soldados principales del ejército; y trabajaba como todos Hernán Cortés, pendiente al parecer de su tarea, o no contento con aquella escasa diligencia que basta en el superior para el ejemplo.

Entretanto llegaron a México los primeros avisos de que estaban los españoles en Zempoala, admitidos por aquel cacique, hombre a su parecer de fidelidad sospechosa, y de vecinos poco seguros; cuya noticia irritó de suerte a Motezuma, que propuso juntar sus fuerzas y salir personalmente a castigar este delito de los zempoales, y poner debajo del yugo a las demás naciones de la serranía; prendiendo vivos a los españoles destinados ya en su imaginación para un solemne sacrificio de sus dioses.

Pero al mismo tiempo que se empezaban a disponer las grandes prevenciones de esta jornada, llegaron a México los dos indios que despachó Cortés desde Quiabislan, y refirieron el suceso de su prisión, y que debían su libertad al caudillo de los extranjeros, y el haberlos puesto en camino para que le representasen cuánto deseaba la paz, y cuán lejos estaba su ánimo de hacerle algún deservicio; encareciendo su benignidad y mansedumbre con tanta ponderación, que pudiera conocerse de las alabanzas que daban a Cortés el miedo que tuvieron a los caciques.

Mudaron semblante las cosas con esta novedad: mitigóse la ira de Motezuma, cesaron las prevenciones de la guerra, y se volvió a tentar el camino del ruego, procurando desviar el intento de Cortés con nueva embajada y regalo, a cuyo temperamento se inclinó con facilidad; porque en medio de su irritación y soberbia no podía olvidar las señales del cielo, y las respuestas de sus ídolos que miraba como agüeros de su jornada, o por lo menos le obligaban a la dilación del rompimiento, procurando entenderse con su temor; de manera que los hombres le tuviesen por prudencia, y los dioses por obsequio.

Llegó esta embajada cuando se hallaba perfeccionando la nueva población y fortaleza de la Veracruz. Vinieron con ella dos mancebos de poca edad sobrinos de Motezuma, asistidos de cuatro caciques ancianos que los encaminaban como consejeros, y los autorizaban con su respeto. Era lucido el acompañamiento, y traían un regalo de oro, pluma y algodón que valdría dos mil pesos. El razonamiento de los embajadores fue: «Que el grande emperador Motezuma, habiendo entendido la inobediencia de aquellos caciques, y el atrevimiento de prender y maltratar a sus ministros, tenía prevenido un ejército poderoso para venir personalmente a castigarlos, y lo había suspendido por no hallarse obligado a romper con los españoles, cuya amistad deseaba, y a cuyo capitán debía estimar y agradecer la atención de enviarle aquellos dos criados suyos, sacándolos de prisión tan rigurosa. Pero que después de quedar con toda confianza de que obraría lo mismo en la libertad de sus compañeros, no podía dejar de quejarse amigablemente de que un hombre tan valeroso y tan puesto en razón se acomodase a vivir entre sus rebeldes, haciéndolos más insolentes con la sombra de sus armas, y siendo poco menos que aprobar la traición el dar atrevimiento a los traidores; por cuya consideración le pedía que se apartase luego de aquella tierra para que pudiera entrar en ella su castigo sin ofensa de su amistad; y con el mismo buen corazón le amonestaba que no tratase de pasar a su corte, por ser grandes los estorbos y peligros de esta jornada.» En cuya ponderación se alargaron con misteriosa prolijidad, por ser ésta la particular advertencia de su instrucción.

Hernán Cortés recibió la embajada y el regalo con respeto y estimación; y antes de dar su respuesta, mandó que entrasen los cuatro ministros presos que hizo traer de la armada prevenidamente: y captando la benevolencia de los embajadores, con la acción de entregárselos bien tratados y agradecidos, les dijo en sustancia: «que el error de los caciques de Zempoala y Quiabislan quedaba enmendado con la restitución de aquellos ministros, y él muy gustoso de acreditar con ella su atención, y dar a Motezuma esta señal de su obediencia: que no dejaba de conocer y confesar el atrevimiento de la prisión, aunque pudiera disculparle con el exceso de los mismos ministros: pues no contentos con los tributos debidos a su corona, pedían con propia autoridad veinte indios de muerte para sus sacrificios: dura proposición, y abuso que no podían tolerar los españoles por ser hijos de otra religión más amiga de la piedad y de la naturaleza: que él se hallaba obligado de aquellos caciques, porque le admitieron y albergaron en sus tierras, cuando sus gobernadores Teutile y Pilpatoe le abandonaron desabridamente, faltando a la hospitalidad y al derecho de las gentes: acción que se obraría sin su orden, y le sería desagradable; o por lo menos él lo debía entender así, porque mirando a la paz, deseaba enflaquecer la razón de su queja; que aquella tierra ni la serranía de los totonaques, no se moverían en deservicio suyo, ni él se lo permitiría, porque los cacique estaban a su devoción, y no saldrían de sus órdenes, por cuyo motivo se hallaba en obligación de interceder por ellos para que se les perdonase la resistencia que hicieron a sus ministros por la acción de haber admitido y alejado su ejército; y que en lo demás solo podía responder, que cuando consiguiese la dicha de acercarse a sus pies, se conocería la importancia de su embajada: sin que le hiciese fuerza los estorbos y peligros que le representaban, porque los españoles no conocían al temor; antes se azoraban y encendían con los impedimentos, como enseñados a grandes peligros y hechos a buscar la gloria entre las dificultades».

   Con esta breve y resuelta oración en que se debe notar la constancia de Hernán Cortés, y el arte con que procuraba dar estimación a sus intentos, respondió a los embajadores que partieron muy agasajados y ricos de bujerías castellanas; llevando para su rey en forma de presente otra magnificencia del mismo género.

   Reconocióse que iban cuidadosos de no haber conseguido que se retirase aquel ejército, a cuyo punto caminaban todas las líneas de su negociación. Ganóse mucho crédito con esta embajada entre aquellas naciones, porque se confirmaron en la opinión de que venía en la persona de Hernán Cortés alguna deidad, y no de las menos poderosas; pues Motezuma, cuya soberbia se desdeñaba de doblar la rodilla en la presencia de sus dioses, le buscaba con aquel rendimiento, y solicitaba su amistad con dádivas que a su parecer serían poco menos que sacrificios: de cuya notable aprensión resultó que perdiesen mucha parte del miedo que tenían a su rey, entregándose con mayor sujeción a la obediencia de los españoles. Y hasta la desproporción de semejante delirio fue menester para que una obra tan admirable como la que se intentaba con fuerzas tan limitadas, se fuese haciendo posible con estas permisiones del Altísimo sin dejarla toda en términos de milagro, o en descrédito de temeridad.

**Capítulo XI. Mueven los zempoales con engaño las armas de Hernán Cortés contra los de Zimpacingo sus enemigos: hácelos amigos, y deja reducida aquella tierra**

Poco después vino a la Veracruz el cacique de Zempoala en compañía de algunos indios principales que traía como testigos de su proposición; y dijo a Hernán Cortés, que ya llegaba el caso de amparar y defender su tierra; porque unas tropas de gente mexicana habían hecho pie en Zimpacingo, lugar fuerte que distaría de allí poco menos de dos soles, y salían a correr la campaña, destruyendo los sembrados, y haciendo en su distrito algunas hostilidades con que al parecer daban principio a su venganza. Hallábase Hernán Cortés empeñado en favorecer a los zempoales para mantener el crédito de sus ofertas: parecióle que no sería bien dejar consentido a sus ojos aquel atrevimiento de los mexicanos; y que en caso de ser algunas tropas avanzadas del ejército de Motezuma, convendría enviarlas escarmentadas; para que desanimasen a los de su nación; a cuyo efecto determinó salir personalmente a esta facción; entrando en el empeño con alguna ligereza, porque no conocía los engaños y mentiras de aquella gente (vicio capital entre los indios), y se dejó llevar de lo verosímil con poco examen de la verdad. Ofrecióles que saldría luego con su ejército a castigar aquellos enemigos que turbaban la quietud de sus aliados, y mandando que le previniesen indios de carga para el bagaje y la artillería, dispuso brevemente su archa, y partió la vuelta de Zimpacingo con cuatrocientos soldados, dejando a los demás en el presidio de la Veracruz.

Al pasar por Zempoala halló dos mil indios de guerra que le tenía prevenidos el cacique para que sirviesen debajo de su mano en esta jornada, divididos en cuatro escuadrones o capitanías, con sus cabos, insignias y armas a la usanza de su milicia. Agradecióle mucho Hernán Cortés la providencia de este socorro; y aunque le dio a entender que no necesitaba de aquellos soldados suyos para una empresa de tan poco cuidado, los dejó ir por lo que sucediese, como quien se lo permitía para darles parte en la gloria del suceso.

Aquella noche se alojaron en unas estancias tres leguas de Zimpacingo, y otro día a poco más de las tres de la tarde se descubrió esta población en lo alto de una colina, ramo de la sierra entre grandes peñas que escondían parte de los edificios, y amenazaban desde lejos con la dificultad del camino. Empezaron los españoles a vencer la aspereza del monte, no sin trabajo considerable, porque recelosos de dar en alguna emboscada, se iban doblando y desfilando a voluntad del terreno; pero los zempoales, o más diestros, o menos embarazados en lo estrecho de las sendas, se adelantaron con un género de ímpetu que parecía valor, siendo venganza y latrocinio. Hallóse obligado Hernán Cortés a mandar que hiciesen alto, a tiempo que estaban ya dentro del pueblo tropas de su vanguardia.

Fue prosiguiendo la marcha sin resistencia; y cuando ya se trataba de asaltar la villa por diferentes partes, salieron de ella ocho sacerdotes ancianos que buscaban al capitán de aquel ejército, a cuya presencia llegaron haciendo grandes sumisiones y pronunciando algunas palabras humildes y asustadas que sin necesitar de los intérpretes, sonaban a rendimiento. Era su traje o su ornamento unas mantas negras, cuyos extremos llegaban al suelo, y por la parte superior se recogían y plegaban al cuello, dejando suelto un pedazo en forma de capilla con que abrigaban la cabeza, largo hasta los hombros el cabello, salpicado y endurecido con la sangre humana de los sacrificios, cuyas manchas conservaban supersticiosamente en el rostro y en las manos, porque no les era lícito lavarse: propios ministros de dioses inmundos, cuya torpeza se dejaba conocer en estas y otras deformidades.

Dieron principio a su oración, preguntando a Cortés: «¿por qué resistencia, o por qué delito merecían los pobres habitadores de aquel pueblo inocente la indignación o el castigo de una gente conocida ya por su clemencia en aquellos contornos?» Respondióles: «que no trataba de ofender a los vecinos del pueblo, sino de castigar a los mexicanos que se albergaban en él y salían a infestar las tierras de sus amigos».

A que replicaron: «que la gente de guerra mexicana que asistía de guarnición en Zimpacingo, se había retirado, huyendo la tierra adentro luego que se divulgó la prisión de los ministros de Motezuma, ejecutada en Quiabislan; y que si venía contra ellos por influencia o sugestión de aquellos indios que le acompañaban, tuviese entendido que los zempoales eran sus enemigos, y que le traían engañado, fingiendo aquellas correrías de los mexicanos para destruirlos y hacerle instrumento de su venganza».

Averiguóse fácilmente con la turbación y frívolas disculpas de los mismos cabos zempoales que decían verdad estos sacerdotes; y Hernán Cortés sintió el engaño como desaire de sus armas, enojado a un tiempo con la malicia de los indios, y con su propia sinceridad; pero acudiendo con el discurso a lo que más importaba en aquel caso, mandó prontamente que los capitanes Cristóbal de Olid y Pedro de Alvarado fuesen con sus compañías a recoger los indios que se adelantaron a entrar en el pueblo, los cuales andaban ya cebados en el pillaje, y tenían hecha considerable presa de ropa y alhajas y maniatados algunos prisioneros. Fueron traídos al ejército, cargados afrentosamente de su mismo robo, y venían en su alcance los miserables despojados clamando por su hacienda; para cuya satisfacción y consuelo mandó Hernán Cortés que se desatasen los prisioneros, y que la ropa se entregase a los sacerdotes para que la restituyesen a sus dueños. Y llamando a los capitanes y cabos de los zempoales, reprendió públicamente su atrevimiento con palabras de grande indignación, dándoles a entender que habían incurrido en pena de muerte por el delito de obligarle a mover el ejército para conseguir su venganza: y haciéndose rogar de los capitanes españoles que tenía prevenidos para que le templasen y detuviesen, les concedió el perdón por aquella vez, encareciendo la hazaña de su mansedumbre; aunque a la verdad no se atrevió por entonces a castigarlos con el rigor que merecían, pareciéndole que entre aquellos nuevos amigos tenía sus inconvenientes la satisfacción de la justicia, o peligraban menos los excesos de la clemencia.

Hecha esta demostración que le dio crédito con ambas naciones, ordenó que los zempoales se acuartelasen fuera del poblado, y él entró con sus españoles en el lugar, donde tuvo aplausos de libertador, y le visitaron luego en su alojamiento el cacique de Zimpacingo y otros del contorno, los cuales convidaron con su amistad y su obediencia, reconociendo por su rey al príncipe de los españoles, amado ya con fervorosa emulación en aquella tierra, donde le iba ganando súbditos cierto género de razón que les suministraba entonces el aborrecimiento de Motezuma.

Trató después de ajustar las disensiones que traían entre sí aquellos indios con los de Zempoala, cuyo principio fue sobre división de términos y celos de jurisdicción que anduvo primero entre los caciques, y ya se había hecho rencor de los vecinos, viviendo unos y otros en continua hostilidad, para cuyo efecto dio forma en la composición de sus diferencias; y tomando a su cuenta el beneplácito del señor de Zempoala, consiguió el hacerlos amigos, y tomó la vuelta de la Veracruz, dejando adelantado su partido con la obediencia de nuevos caciques, y apagada la enemistad de sus parciales, cuya desunión pudiera embarazarle para servirse de ellos: con que sacó utilidad, y halló conveniencia en el mismo desacierto de su jornada; siendo este fruto que suelen producir los errores, uno de los desengaños de la prudencia humana, cuyas disposiciones se quedan las más veces en la primera región de las cosas.

**Capítulo XII. Vuelven los españoles a Zempoala, donde se consigue el derribar los ídolos con alguna resistencia de los indios, y queda hecho templo de Nuestra Señora el principal de sus adoratorios**

Estaba el cacique de Zempoala esperando a Cortés en una casería poco distante de su pueblo con grande prevención de vituallas y manjares, para dar un refresco a su gente; pero muy avergonzado y pesaroso de que se hubiese descubierto su engaño. Quiso disculparse, y Hernán Cortés no se lo permitió diciéndole que ya venía desenojado, y que solo deseaba la enmienda, única satisfacción de los delitos perdonados. Pasaron luego al lugar donde le tenía prevenido segundo presente de ocho doncellas, vistosamente adornadas: era la una sobrina suya, y la traía destinada para que Hernán Cortés le honrase recibiéndola por su mujer; y las otras para que las repartiese a sus capitanes como le pareciese, haciendo este ofrecimiento como quien deseaba estrechar su amistad con los vínculos de la sangre. Respondióle que estimaba mucho aquella demostración de su voluntad y de su ánimo; pero que no era lícito a los españoles el admitir mujeres de otra religión, por cuya causa suspendía el recibirlas hasta que fuesen cristianas. Y con esta ocasión le apretó de nuevo en que dejase la idolatría, porque no podía ser buen amigo suyo quien se quedaba su contrario en lo más esencial; y como le tenía por hombre de razón, entró con alguna confianza en el intento de convencerle y reducirle; pero él estuvo tan lejos de abrir los ojos, o sentir la fuerza de la verdad, que fiado en la presunción de su entendimiento, quiso argumentar en defensa de sus dioses, y Hernán Cortés se enfadó con él, dejándose llevar del celo de la religión, y le volvió las espaldas con algún desabrimiento.

Ocurrió en esta sazón una de las festividades más solemnes de sus ídolos; y los zempoales se juntaron, no sin algún recato de los españoles, en el principal de sus adoratorios, donde se celebró un sacrificio de sangre humana, cuya horrible función se ejecutaba por mano de los sacerdotes con las ceremonias que veremos en su lugar. Vendíanse después a pedazos aquellas víctimas infelices, y se compraban y apetecían como sagrados manjares: bestialidad abominable en la gula, y peor en la devoción. Vieron parte de este destrozo algunos españoles que vinieron a Cortés con la noticia de su escándalo; y fue tan grande su irritación, que se le conoció luego en el semblante la piadosa turbación de su ánimo. Cesaron a vista de mayor causa los motivos que obligaron a conservar aquellos confederados; y como tiene también sus primeros ímpetus la ira cuando se acompaña con la razón, prorrumpió en amenazas, mandando que tomasen las armas sus soldados, y que le llamasen al cacique y a los demás indios principales que solían asistirle; y luego que llegaron a su presencia, marchó con ellos al adoratorio, llevando en orden su gente.

Salieron a la puerta de él los sacerdotes que estaban ya recelosos del suceso, y a grandes voces empezaron a convocar el pueblo en defensa de sus dioses; a cuyo tiempo se dejaron ver algunas tropas de indios armados, que según se entendió después, habían prevenido los mismos sacerdotes, porque temieron alguna violencia, dando por descubierto el sacrificio que tanto aborrecían los españoles. Era de alguna consideración el número de la gente que iba ocupando las bocas de las calles; pero Hernán Cortés, poco embarazado en estos accidentes, mandó que doña Marina dijese en voz alta, que a la primera flecha que disparasen, haría degollar al cacique y a los demás zempoales que tenía en su poder, y después daría permisión a sus soldados para que castigasen a sangre y fuego aquel atrevimiento. Temblaron los indios al terror de semejante amenaza; y temblando como todos el cacique, mandó a grandes voces que dejasen las armas y se retirasen, cuyo precepto se ejecutó apresuradamente, conociéndose en la prontitud con que desaparecieron lo que deseaba su temor parecer obediencia.

Quedóse Hernán Cortés con el cacique y con los de su séquito, y llamando a los sacerdotes, oró contra la idolatría con más que militar elocuencia: «animólos para que no le oyesen atemorizados: procuró servirse de los términos suaves, y que callase la violencia donde hablaba la razón; lastimóse con ellos del engaño en que vivían; quejóse de que siendo sus amigos, no le diesen crédito en lo que más les importaba; ponderóles lo que deseaba su bien, y de las caricias que hablan con el corazón, pasó a los motivos que hablaban con el entendimiento; hízoles manifiesta demostración de sus errores; púsoles delante, casi en forma visible, la verdad; y últimamente les dijo que venía resuelto a destruir aquellos simulacros del demonio y que esta obra le sería más acepta, si ellos mismos la ejecutasen por sus manos»: a cuyo intento los persuadía y animaba para que subiesen por las gradas del templo a derribar los ídolos, pero ellos se contristaron de manera con esta proposición, que solo respondían con el llanto y el gemido, hasta que arrojándose en tierra, dijeron a grandes voces que primero se dejarían hacer pedazos, que poner las manos en sus dioses. No quiso Hernán Cortés empeñarse demasiado en esta circunstancia que tanto resistían; y así mandó que sus soldados lo ejecutasen; por cuya diligencia fueron arrojados desde lo alto de las gradas, y llegaron al pavimento hechos pedazos el ídolo principal y sus colaterales, seguidos y atropellados de sus mismas aras, y de los instrumentos detestables de su adoración. Fue grande la conmoción y el asombro de los indios: mirábanse unos a otros como echando menos el castigo del cielo, y a breve rato sucedió lo mismo que en Cozumel; porque viendo a sus dioses en aquel abatimiento, sin poder ni actividad para vengarse, les perdieron el miedo, y conocieron su flaqueza: al modo que suele conocer el mundo los engaños de su adoración en la ruina de sus poderosos.

Quedaron con esta experiencia los zempoales más fáciles a la persuasión, y más atentos a la obediencia de los españoles; porque si antes los miraban como sujetos de superior naturaleza, ya se hallaban obligados a confesar que podían más que sus dioses. Hernán Cortés, conociendo lo que había crecido con ellos su autoridad, les mandó que limpiasen el templo, cuya orden se ejecutó con tanto fervor y alegría, que afectando su desengaño, arrojaban al fuego los fragmentos de sus ídolos. Ordenó luego el cacique a sus arquitectos que rozasen las paredes, borrando las manchas de sangre humana que se conservaban como adorno. Blanqueáronse después con una capa de aquel yeso resplandeciente que usaban en sus edificios, y se fabricó un altar, donde se colocó una imagen de nuestra Señora, con algunos adornos de flores y luces; y el día siguiente se celebró el santo sacrificio de la misa con la mayor solemnidad que fue posible a vista de muchos indios que asistían a la novedad, más admirados que atentos, aunque algunos doblaban la rodilla, y procuraban remedar la devoción de los españoles.

No hubo lugar entonces de instruirlos con fundamento en los principios de la religión, porque pedía más espacio su rudeza; y Hernán Cortés llevaba intento de empezar también su conquista espiritual desde la corte de Motezuma; pero quedaron inclinados al desprecio de sus ídolos, y dispuestos a la veneración de aquella santa imagen, ofreciendo que la tendrían por su abogada, para que los favoreciese el Dios de los cristianos; cuyo poder reconocían ya por los efectos, y por algunas vislumbres de la luz natural, bastantes siempre a conocer lo mejor, y a sentir la fuerza de los auxilios con que asiste Dios a todos los racionales.

Y no es de omitir la piadosa resolución de un soldado anciano que se quedó solo entre aquella gente mal reducida, para cuidar del culto de la imagen, coronando su vejez con este santo ministerio; llamábase Juan de

Torres, natural de la ciudad de Córdoba. Acción verdaderamente digna de andar con el nombre de su dueño, y virtud de soldado en que hubo mucha parte de valor.

**Capítulo XIII. Vuelve el ejército a la Veracruz; despáchanse comisarios al rey con noticia de lo que se había obrado; sosiégase otra sedición con el castigo de algunos delincuentes, y Hernán Cortés ejecuta la resolución de dar al través con la armada**

Partieron luego los españoles de Zempoala, cuya población se llamó unos días la Nueva Sevilla, y cuando llegaron a la Veracruz, acababa de arribar al paraje donde estaba surta la armada, un bajel de poco porte que venía de la isla de Cuba, a cargo del capitán Francisco de Saucedo, natural de Medina de Rioseco, a quien acompañaba el capitán Luis Marín, que lo fue después en la conquista de México, y traían diez soldados, un caballo y una yegua, que en aquella ocurrencia se tuvo a socorro considerable. Omitieron nuestros escritores el intento de su viaje; y en esta duda parece lo más verosímil que saliesen de Cuba con ánimo de buscar a Cortés para seguir su fortuna: a que persuade la misma facilidad con que se incorporaron en su ejército. Súpose por este medio que el gobernador Diego Velázquez quedaba nuevamente encendido en sus amenazas contra Hernán Cortés, porque se hallaba con título de adelantado de aquella isla, y con despachos reales para descubrir y poblar, obtenidos por la negociación de un capellán suyo que había despachado a la corte para esta y otras pretensiones, cuya merced le tenía inexorable o persuadido a que su mayor autoridad era nueva razón de su queja.

Pero Hernán Cortés, empeñado ya en mayores pensamientos, trató esta noticia como negocio indiferente, aunque le apresuró algo en la resolución de dar cuenta al rey de su persona: para cuyo efecto dispuso que la Veracruz, en nombre de villa, formase una carta, poniendo a los pies de su majestad aquella nueva república, y refiriendo por menor los sucesos de la jornada; las provincias que estaban ya reducidas a su obediencia; la riqueza, fertilidad y abundancia de aquel nuevo mundo; lo que se había conseguido en favor de la religión, y lo que se iba disponiendo en orden a reconocer lo interior del imperio de Motezuma. Pidió encarecidamente a los capitulares del ayuntamiento, que sin omitir las violencias intentadas por Diego Velázquez y su poca razón, ponderasen mucho el valor y constancia de aquellos españoles, y les dejó el campo abierto para que hablasen de su persona como cada uno sintiese. No sería modestia, sino fiar de su mérito más que de sus palabras, y desear que se alargasen ellos con mejor tinta en sus alabanzas, que a nadie suenan mal sus mismas acciones bien ponderadas, y más en esta profesión militar, donde se usan unas virtudes poco desengañadas, que se pagan de su mismo nombre.

La carta se escribió en forma conveniente, cuya conclusión fue pedir a su majestad que le enviase el nombramiento de capitán general de aquella empresa, revalidando el que tenía de la villa y ejército sin dependencia de Diego Velázquez; y él escribió en la misma sustancia, hablando con más fundamento en las esperanzas que tenía de traer aquel imperio a la obediencia de su majestad, y en lo que iba disponiendo para contrastar el poder de Motezuma con su misma tiranía.

Formados los despachos, se cometió a los capitanes Alonso Hernández Portocarrero y Francisco de Montejo esta legacía; y se dispuso que llevasen al rey todo el oro y alhajas de precio y curiosidad que se habían adquirido, así de los presentes de Motezuma, como de los rescates y dádivas de los otros caciques, cediendo su parte los oficiales y soldados, para que fuese más cuantioso el regalo: llevaron también algunos indios que se ofrecieron voluntarios a este viaje; primicias de aquellos nuevos vasallos que se iban conquistando; y Hernán Cortés envió regalo aparte para su padre Martín Cortés: digno cuidado entre las demás atenciones suyas. Fletóse luego el mejor navío de la armada; encargóse el regimiento de la navegación al piloto mayor Antón de Alaminos; y cuando llegó el día señalado para la embarcación, se encomendó al favor divino el acierto del viaje con una misa solemne del Espíritu Santo; y con este feliz auspicio se hicieron a la vela en 16 de julio de 1519, con orden precisa de seguir su derrota la vuelta de España, procurando tomar el canal de Bahama, sin tocar en la isla de Cuba, donde se debían recelar como peligro evidente las asechanzas de Diego Velázquez.

En el tiempo que se andaban tratando las prevenciones de esta jornada, se inquietaron nuevamente algunos soldados y marineros, gente de pocas obligaciones, tratando de escaparse para dar aviso a Diego Velázquez de los despachos y riquezas que se remitían al rey en nombre de Cortés: y era su ánimo adelantarse con esta noticia, para que pudiese ocupar los pasos y apresar el navío, a cuyo fin tenían ya ganados los marineros de otro, y prevenido en él todo lo necesario para su viaje; pero la misma noche de la fuga se arrepintió uno de los conjurados que se llamaba Bernardino de Coria. Iba con los demás a embarcarse, y conociendo desde más cerca la fealdad de su delito, se apartó cautelosamente de sus compañeros, y vino con el aviso a Cortés. Tratóse luego del remedio, y se dispuso con tanto secreto y diligencia, que fueron aprehendidos todos los cómplices en el mismo bajel sin que pudiesen negar la culpa que cometían. Y Hernán Cortés la tuvo por digna de castigo ejemplar, desconfiando ya de su misma benignidad. Sustancióse en breve la causa, y se dio pena de muerte a dos de los soldados que fueron promovedores del trato, y de azotes a otros dos que tuvieron contra sí la reincidencia; los demás se perdonaron como persuadidos o engañados: pretexto de que se valió Cortés para no deshacerse de todos los culpados; aunque ordenó también que al marinero principal del navío destinado para la fuga, se le cortase uno de los pies. Sentencia extraordinaria, y en aquella ocasión conveniente, para que no se olvidase con el tiempo la culpa que mereció tan severo castigo: materia en que necesita de los ojos la memoria, porque retiene con dificultad las especies que duelen a la imaginación.

Bernal Díaz del Castillo, y a su imitación Antonio de Herrera, dicen que tuvo la culpa en este delito el licenciado Juan Díaz, y que por el respeto del sacerdocio no se hizo con él la demostración que merecía. Pudiera valerle contra sus plumas esta inmunidad, particularmente cuando es cierto que en una carta que escribió Hernán Cortés al emperador en 30 de octubre de 1520, cuyo contexto debemos a Juan Bautista Ramusio en sus navegaciones, no hace mención de este sacerdote, aunque nombra todos los cómplices de la misma sedición; o no sería verdad el delito que se le imputa, o tendremos para no creerlo la razón que él tuvo para callarlo.

El día que se ejecutó la sentencia se fue Cortés con algunos de sus amigos a Zempoala, donde le asaltaron varios pensamientos. Púsole en gran cuidado el atrevimiento de estos soldados: mirábale como resulta de las inquietudes pasadas, y como centella de incendio mal apagado: llegaba ya el caso de pasar adelante con su ejército, y era muy probable la necesidad de medir sus fuerzas con las de Motezuma; obra desigual para intentada con gente desunida y sospechosa. Discurría en mantenerse algunos días entre aquellos caciques amigos, en divertir su ejército a menores empresas, en hacer nuevas poblaciones que se diesen la mano con la Veracruz; pero en todo hallaba inconvenientes: y de esta misma turbación de espíritu nació una de las acciones en que más se reconoce la grandeza de su ánimo. Resolvióse a deshacer la armada y romper todos los bajeles, para acabar de asegurarse de sus soldados, y quedarse con ellos a morir o vencer; en cuyo dictamen hallaba también la conveniencia de aumentar el ejército con más de cien hombres que se ocupaban en el ejercicio de pilotos y marineros. Comunicó esta resolución a sus confidentes; y por su medio se dispuso, con algunas dádivas y con el secreto conveniente, que los mismos marineros publicasen a una voz que las naves se iban a pique sin remedio con el descalabro que habían padecido en la demora y mala calidad de aquel puerto: sobre cuya deposición cayó como providencia necesaria la orden que les dio Cortés, para que sacando a tierra el velamen, jarcias y tablazón que podía ser de servicio, diesen al través con los buques mayores, reservando solamente los esquifes para el uso de la pesca; resolución dignamente ponderada por una de las mayores de esta conquista; y no sabemos si de su género se hallará mayor alguna en todo el campo de las historias.

De Agatocles refiere Justino, que desembarcando con su ejército en las costas de África incendió los bajeles en que le condujo, para quitar a sus soldados el auxilio de la fuga.

Con igual osadía ilustra Polieno la memoria de Timarco, capitán de los etolos. Y Quinto Fabio Máximo nos dejó entre sus advertencias militares otro incendio semejante, si creemos a la narración de Frontino más que al silencio de Plutarco. Pero no se disminuye alguna de estas hazañas en el ejemplo de las otras, y si consideramos a Hernán Cortés con menos gente que todos, en tierra más distante y menos conocida, sin esperanza de humano socorro, entre unos bárbaros de costumbres tan feroces, y en la oposición de un tirano tan soberbio y tan poderoso, hallaremos que fue mayor su empeño y más heroica su resolución; o concediendo a estos grandes capitanes la gloria de ser imitados porque fueron primero, dejaremos a Cortés la de haber hallado sobre sus mismas huellas el camino de excederlos.

No es sufrible que Bernal Díaz del Castillo con su acostumbrada, no sabemos si malicia o sinceridad, se quiera introducir a consejero de obra tan grande, usurpando a Cortés la gloria de haberla discurrido. «Le aconsejamos, dice, sus amigos, que no dejase navío en el puerto, sino que diese al través con ellos.» Pero no supo entenderse con su ambición, pues añadió poco después: «y esta plática de dar al través con los navíos lo tenía ya concertado, sino que quiso que saliese de nosotros»: con que solo se le debe el consejo, que llegó después de la resolución. Menos tolerable nota es la que puso Antonio de Herrera en la misma acción; pues asienta que se rompió la armada a instancia de los soldados, «y que fueron persuadidos y solicitados por la astucia de Cortés», término es suyo, «por no quedar él solo obligado a la paga de los navíos, sino que el ejército los pagase». No parece que Hernán Cortés se hallaba entonces en estado ni en paraje de temer pleitos civiles con Diego Velázquez; ni este modo de discurrir tiene conexión con los altos designios que se andaban forjando en su entendimiento: si tomó esta noticia del mismo Bernal Díaz, que lo presumió así temeroso quizá de que le tocase alguna parte en la paga de los bajeles, pudiera desestimarla como una de sus murmuraciones, que ordinariamente pecan de interesadas; y si fue conjetura suya, como lo da a entender, y tuvo a destreza de historiador el penetrar lo interior de las acciones que refiere, desautorizó la misma acción con la poca nobleza del motivo, y faltó a la proporción atribuyendo efectos grandes a causas ordinarias.

**Capítulo XIV. Dispuesta la jornada llega noticia de que andaban navíos en la costa; parte Cortés a la Veracruz, y prende siete soldados de la armada de Francisco de Garay; dase principio a la marcha, y penetrada con mucho trabajo la sierra, entra el ejército en la provincia de Zocothlan**

Sintieron mucho algunos soldados este destrozo de la armada; pero se pusieron fácilmente en razón con la memoria del castigo pasado, y con el ejemplo de los que discurrían mejor. Tratóse luego de la jornada; y Hernán Cortés juntó su ejército en Zempoala, que constaba de quinientos infantes, quince caballos y seis piezas de artillería, dejando ciento cincuenta hombres y dos caballos de guarnición en la Veracruz, y por su gobernador al capitán Juan de Escalante, soldado de valor, muy diligente y de toda su confianza. Encargó mucho a los caciques del contorno que en su ausencia le obedeciesen y respetasen como a persona en quien dejaba toda su autoridad; y que cuidasen de asistirle con bastimentos y gente que ayudase en la fábrica de la iglesia y en las fortificaciones de la villa: a que se atendía, no tanto porque se temiese inquietud entre aquellos indios de la vecindad, como por el recelo de alguna invasión o contratiempo de Diego Velázquez.

El cacique de Zempoala tenía prevenidos doscientos tamemes o indios de carga para el bagaje, y algunas tropas armadas para agregar al ejército, de los cuales entresacó Hernán Cortés hasta cuatrocientos hombres, incluyendo en este número cuarenta o cincuenta indios nobles, de los que más suponían en aquella tierra; y aunque los trató desde luego como a soldados suyos, en lo interior de su ánimo los llevó como rehenes, librando en ellos la seguridad del templo que dejaba en Zempoala, de los españoles que quedaban en la Veracruz, y de un paje suyo de poca edad que dejó encargado al cacique para que aprendiese la lengua mexicana, por si le faltasen los intérpretes; adminículo en que se conoce su cuidado, y cuánto se alargaba con el discurso a todo lo posible de los sucesos.

Estando ya en orden las disposiciones de la marcha, llegó un correo de Juan Escalante con aviso de que andaban navíos en la costa de la Veracruz, sin querer dar plática, aunque se habían hecho señas de paz y diferentes diligencias. No era este accidente para dejado a las espaldas; y así partió luego Hernán Cortés con algunos de los suyos a la Veracruz; encargando el gobierno del ejército a Pedro de Alvarado y a Gonzalo de Sandoval. Estaba, cuando llegó, uno de los bajeles sobre el ferro, al parecer en distancia considerable de la tierra, y a breve rato descubrió en la costa cuatro españoles, que se acercaron sin recelo, dando a entender que le buscaban.

Era el uno de ellos escribano, y los otros venían para testigos de una notificación que intentaron hacer a Cortés en nombre de su capitán. Traíanla por escrito, y contenía que Francisco Garay, gobernador de la isla de Jamaica, con la orden que tenía del rey, para descubrir y poblar, había fletado tres navíos con doscientos y setenta españoles a cargo del capitán Alonso de Pineda, y tomado posesión de aquella tierra por la parte del río de Panuco; y porque se trataba de hacer una población cerca de Naothlan, doce o catorce leguas al Poniente, le intimaban y requerían que no se alargase con sus poblaciones por aquel paraje.

Respondió Hernán Cortés al escribano que no entendía de requerimientos, ni aquella era materia de autos judiciales: que el capitán viniese a verse con él, y se ajustaría lo más conveniente, pues todos eran vasallos de un rey, y se debían asistir con igual obligación a su servicio. Decíales que volviesen con este recado; y porque no salieron a ello, antes porfiaba el escribano con poca reverencia en que respondiese derechamente a su notificación, los mandó prender, y se ocultó con su gente entre unas montañuelas de arena, frecuentes en aquella playa, donde estuvo toda la noche y parte del día siguiente, sin que se moviese la nave, ni se conociese en ella otro designio que esperar a sus mensajeros, cuya suspensión le obligó a probar con alguna estratagema si podía sacar la gente a tierra. Y lo primero que le ocurrió fue mandar que se desnudasen los presos, y que con sus vestidos se dejasen ver en la playa cuatro de sus soldados, haciendo llamada con las capas y otras señas. Lo que resultó de esta diligencia, fue venir en el esquife doce o catorce hombres armados con arcabuces y ballestas; pero como se retiraban los cuatro disfrazados por no ser conocidos, y respondían a sus voces recatando el rostro, no se atrevieron a desembarcar, y solo se prendieron tres que saltaron en tierra más animosos o menos advertidos; los demás se recogieron al navío, que con este desengaño levó sus áncoras y siguió su derrota. Dudó Hernán Cortés al principio si serían estos bajeles de Diego Velázquez, y temió que le obligasen a detenerse; pero le embarazaron poco los intentos de Francisco de Garay, más fáciles de ajustar con el tiempo; y así volvió a Zempoala menos cuidadoso, y no sin alguna ganancia, pues llevó siete soldados más a su ejército; que donde montaba tanto un español pareció felicidad, y se celebró como recluta.

Tratóse poco después de la jornada; y al tiempo de partir se puso en orden el ejército formando un cuerpo de los españoles a la vanguardia, y otro de los indios en la retaguardia gobernados por Mamegí, Teuche y Tamellí, caciques de la serranía. Encargóse a los tamemes más robustos la conducción de la artillería, quedando los demás para el bagaje: y con esta ordenanza y sus batidores delante se dio principio a la marcha el día 16 de agosto de este año. Fue bien recibido el ejército en los primeros tránsitos, Jalapa, Socochima y Texucla, pueblos de la misma confederación. Íbase derramando entre aquellos indios pacíficos la semilla de la religión, no tanto para informarlos de la verdad, como para dejarlos sospechosos de su engaño. Y Hernán Cortés, viéndolos tan dóciles y bien dispuestos, era de parecer que se dejase una cruz en cada pueblo por donde pasase el ejército, y quedase por lo menos introducida su adoración; pero el padre fray Bartolomé de Olmedo y el licenciado Juan Díaz, se opusieron a este dictamen, persuadiéndole a que sería temeridad fiar la santa cruz de unos bárbaros mal instruidos, que podrían hacer alguna indecencia con ella, o por lo menos la tratarían como a sus ídolos, si la venerasen supersticiosamente, sin saber el misterio de su representación. Fue de su piedad el primer movimiento de la proposición; pero de su entendimiento el conocer sin repugnancia la fuerza de la razón.

Entróse luego en lo áspero de la sierra; primera dificultad del camino de México, donde padeció mucho la gente, porque fue necesario marchar tres días por una montaña inhabitable, cuyas sendas se formaban de precipicios. Pasaron a fuerza de brazos y de ingenio las piezas de artillería, y fatigaban más las inclemencias del tiempo. Era destemplado el frío; recios y frecuentes los aguaceros; y los pobres soldados sin forma de abarracarse para pasar las noches, ni otro abrigo, que el de sus armas, caminaban para entrar en calor, obligados a buscar el alivio en el cansancio. Faltaron los bastimentos, última calamidad en estos conflictos, y ya empezaba el aliento a porfiar con las fuerzas cuando llegaron a la cumbre. Hallaron en ella un adoratorio y gran cantidad de leña; pero no se detuvieron porque se descubrían de la otra parte algunas poblaciones cercanas, donde acudieron apresuradamente a guarecerse, y hallaron bastante comodidad para olvidar lo padecido.

Empezaba en este paraje la tierra de Zocothlan, provincia entonces dilatada y populosa, cuyo cacique residía en una ciudad del mismo nombre, situada en el valle donde terminaba la sierra. Diole cuenta Hernán Cortés de su venida y designios, haciendo que se adelantasen con esta noticia dos indios zempoales, que volvieron brevemente con grata respuesta, y tardó poco en descubrirse la ciudad, población grande que ocupaba el llano suntuosamente. Blanqueaban desde lejos sus torres y sus edificios; y porque un soldado portugués la comparó a Castilblanco de Portugal, quedó unos días con este nombre. Salió el cacique a recibir a Cortés con mucho acompañamiento; pero con un género de agasajo violento, que tenía más de artificio que de voluntad. La acogida que se hizo al ejército fue poco agradable, desacomodado el alojamiento, limitada la asistencia de los víveres, y en todo se conocía el poco gusto del hospedaje; pero Hernán Cortés disimuló su queja, y reprimió el sentimiento de sus soldados, por no desconfiar aquellos indios de la paz que les había propuesto cuando trataba solo de pasar adelante, conservando la opinión de sus armas, sin detenerse a quedar mejor en los empeños menores.

**Capítulo XV. Visita segunda vez el cacique de Zocothlan a Cortés: pondera mucho las grandezas de Motezuma; resuélvese el viaje por Tlascala, de cuya provincia y forma de gobierno se halla noticia en Xacacingo**

El día siguiente repitió el cacique su visita, y vino a ella con mayor séquito de parientes y criados: llamábase Olinteth, y era hombre de capacidad, señor de muchos pueblos, y venerado por el mayor entre sus comarcanos. Adornóse Cortés para recibirle con todas las exterioridades que acostumbraba, y fue notable esta sesión, porque después de agasajarle mucho, y satisfacer a la cortesía sin faltar a la gravedad, le preguntó, creyendo hallar en él la misma queja que en los demás, «si era súbdito del rey de México». A que respondió prontamente: «¿pues hay alguno en la Tierra, que no sea vasallo y esclavo de Motezuma?» Pudiera embarazarse Cortés de que le respondiesen contra pregunta de arrojamiento, pero estuvo tan en sí, que no sin alguna irrisión le dijo: «que sabía poco del mundo; pues él y aquellos compañeros suyos eran vasallos de otro rey tan poderoso, que tenía muchos súbditos mayores príncipes que Motezuma». No se alteró el cacique de esta proposición, antes sin entrar en la disputa ni en la comparación, pasó a referir las grandezas de su rey, como quien no quería esperar a que se las preguntasen, diciendo con mucha ponderación: «que Motezuma era el mayor príncipe que en aquel mundo se conocía: que no cabían en la memoria ni en el número las provincias de su dominio; que tenía su corte en una ciudad incontrastable, fundada en el agua sobre grandes lagunas; que la entrada era por algunos diques o calzadas, interrumpidas con puentes levadizos sobre diferentes aberturas, por donde se comunicaban las aguas. Encareció mucho la inmensidad de sus riquezas, la fuerza de sus ejércitos, y sobre todo la infelicidad de los que no le obedecían, pues se llenaba con ellos el número de sus sacrificios, y morían todos los años más de veinte mil hombres, enemigos o rebeldes suyos, en las aras de sus dioses». Era verdad lo que afirmaba, pero la decía como encarecimiento, y se conocía en su voz la influencia de Motezuma, y que refería sus grandezas más para causar espanto que admiración.

Penetró Hernán Cortés lo interior de su razonamiento, y teniendo por necesario el brío para desarmar el aparato de aquellas ponderaciones, le respondió: «que ya traía bastante noticia del imperio y grandezas de Motezuma, y que a ser menor príncipe, no viniera de tierras tan distantes a introducirle en la amistad de otro príncipe mayor; que su embajada era pacífica, y aquellas armas que le acompañaban servían más a la autoridad que a la fuerza; pero que tuviesen entendido él y todos los caciques de su imperio que deseaba la paz sin temer la guerra, porque el menor de sus soldados bastaría contra un ejército de su rey; que nunca sacaría la espada sin justa provocación; pero que una vez desnuda, llevaré, dijo, a sangre y fuego cuanto se me pusiere delante, y me asistirá la naturaleza con sus prodigios, y el cielo con sus rayos, pues vengo a defender su causa, desterrando vuestros vicios, los errores de vuestra religión, y esos mismos sacrificios de sangre humana, que referís como grandeza de vuestro rey». Y luego a sus soldados, disolviendo la vista: «Esto, amigos, es lo que buscamos, grandes dificultades y grandes riquezas: de las unas se hace la fama, y de las otras la fortuna.» Con cuya breve oración dejó a los indios menos orgullosos, y con nuevo aliento a los españoles; diciendo a unos y otros con poco artificio lo mismo que sentía, porque desde el principio de esta empresa puso Dios en su corazón una seguridad tan extraordinaria, que sin despreciar ni dejar de conocer los peligros, entraba en ellos como si tuviera en la mano los sucesos.

Cinco días se detuvieron los españoles en Zocothlan, y se conoció luego en el cacique otro género de atención, porque mejoraron las asistencias del ejército, y andaba más puntual en el agasajo de sus huéspedes. Diole gran cuidado la respuesta de Cortés, y se conocía en él una especie de inquietud discursiva, que se formaba de sus mismas observaciones, como lo comunicó después al padre fray Bartolomé de Olmedo. Juzgaba por una parte que no eran hombres los que se atrevían a Motezuma, y por otra que eran algo más los que hablaban con tanto desprecio de sus dioses. Notaba con esta aprensión la diferencia de los semblantes, la novedad de las armas, la extrañeza de los trajes, y la obediencia de los caballos: pareciéndole también que tenían los españoles superior razón en lo que discurrían contra la inhumanidad de sus sacrificios, contra la injusticia de sus leyes, y contra las permisiones de la sensualidad, tan desenfrenada entre aquellos bárbaros, que les eran lícitas las mayores injurias de la naturaleza; y de todos estos principios sacaba consecuencias su estimación, para creer que residía en ellos alguna deidad: que no hay entendimiento tan incapaz, que no conozca la fealdad de los vicios, por más que los abrace la voluntad y los desfigure la costumbre. Pero le tenía tan poseído el temor de Motezuma, que aun para confesar la fuerza que le hacían estas consideraciones, echaba menos su licencia. Contentóse con dar lo necesario para el sustento de la gente; y no atreviéndose a manifestar sus riquezas, anduvo escaso en los presentes; y fueron su mayor liberalidad cuatro esclavas, que dio a Cortés para la fábrica del pan, y veinte indios nobles que ofreció para que guiasen el ejército.

Movióse cuestión sobre el camino que se debía elegir para la marcha, y el cacique proponía el de la provincia de Cholula, por ser tierra pingüe y muy poblada; cuya gente, más inclinada a la mercancía que a las armas, daría seguro y acomodado paso al ejército; y aconsejaba con grande aseveración que no se intentase la marcha por el camino de Tlascala, por ser una provincia que estaba siempre en guerra, y sus habitadores de tan sangrienta inclinación, que ponían su felicidad en hacer y conservar enemigos. Pero los indios principales que gobernaban la gente de Zempoala, dijeron reservadamente a Cortés que no se fiase de este consejo, porque Cholula era una ciudad muy populosa, de gente poco segura, y que en ella y en las poblaciones de su distrito se alojaban ordinariamente los ejércitos de Motezuma; siendo muy posible que aquel cacique los encaminase al riesgo con siniestra intención, porque la provincia de Tlascala, por más que fuese grande y belicosa, tenía confederación y amistad con los totonaques y zempoales que venían en su ejército, y estaba en continua guerra contra Motezuma: por cuyas dos consideraciones sería más seguro el paso por su tierra, y en compañía de sus aliados perderían los españoles el horror de extranjeros. Pareció bien este discurso a Cortés, y hallando mayor razón para fiarse de los indios amigos, que de un cacique tan atento a Motezuma, mandó que marchase el ejército a la provincia de Tlascala, cuyos términos tardaron poco en descubrirse, porque confinaban con los de Zocothlan, y en los primeros tránsitos no se ofreció accidente de consideración, pero después se fueron hallando algunos rumores de guerra, y se supo que estaba la tierra puesta en armas, y secreto el designio de este movimiento; por cuya causa resolvió Hernán Cortés que se hiciese alto en un lugar de mediana población, que se llamaba Xacacingo, para informarse mejor de esta novedad.

Era entonces Tlascala una provincia de numerosa población, cuyo circuito pasaba de cincuenta leguas, tierra montuosa y desigual, compuesta de frecuentes collados, hijos al parecer de la montaña que se llama hoy la gran cordillera. Los pueblos, de fábrica menos hermosa que durable, ocupaban las eminencias donde tenían su habitación, parte por aprovechar en su defensa las ventajas del terreno, y parte por dejar los llanos a la fertilidad de la tierra. Tuvieron reyes al principio, y duró su dominio algunos años, hasta que sobreviniendo unas guerras civiles, perdieron la inclinación de obedecer, y sacudieron el yugo. Pero como el pueblo no se puede mantener por sí, enemigo de la sujeción hasta que conoce los daños de la libertad, se redujeron a república, nombrando muchos príncipes para deshacerse de uno. Dividiéronse sus poblaciones en diferentes partidos o cabeceras, y cada facción nombraba uno de sus magnates que residiese en la corte de Tlascala, donde se formaba un senado, cuyas resoluciones obedecían: notable género de aristocracia, que hallada entre la rudeza de aquella gente, deja menos autorizados los documentos de nuestra política. Con esta forma de gobierno se mantuvieron largo tiempo contra los reyes de México, y entonces se hallaban en su mayor pujanza, porque las tiranías de Motezuma aumentaban sus confederados, y ya estaban en su partido los otomíes, nación bárbara entre los mismos bárbaros; pero muy solicitada para una guerra, donde no sabían diferenciar la valentía de la ferocidad.

Informado Cortés de estas noticias, y no hallando razón para despreciarlas, trató de enviar sus mensajeros a la república, para facilitar el tránsito de su ejército, cuya legacía encargó a cuatro zempoales de los que más suponían, instruyéndolos por medio de doña Marina y Aguilar en la oración que habían de hacer al senado, hasta que la tomaran casi de memoria; y los eligió de los mismos que le propusieron en Zocothlan el camino de Tlascala, para que llevasen a la vista su consejo, y fuesen interesados en el buen suceso de la misma negociación.

**Capítulo XVI. Parten los cuatro enviados de Cortés a Tlascala: dase noticia del traje y estilo con que se daban las embajadas en aquella tierra, y de lo que discurrió la república sobre el punto de admitir de paz a los españoles**

Adornáronse luego los cuatro zempoales con sus insignias de embajadores, para cuya función se ponían sobre los hombros una manta o beca de algodón torcida y anudada por los extremos; en la mano derecha una saeta larga con las plumas en alto, y en el brazo izquierdo una rodela de concha. Conocíase por las plumas de la saeta el intento de la embajada, porque las rojas anunciaban la guerra, y las blancas denotaban la paz, al modo que los romanos distinguían con diferentes símbolos a sus feciales y caduceadores. Por estas señas eran conocidos y respetados en los tránsitos; pero no podían salir de los caminos reales de la provincia donde iban, porque si los hallaban fuera de ellos perdían el fuero y la inmunidad, cuyas exenciones tenían por sacrosantas, observando religiosamente este género de fe pública, que inventó la necesidad, y puso entre sus leyes el derecho de las gentes.

Con estas insignias de su ministerio entraron en Tlascala los cuatro enviados de Cortés, y conocidos por ellas, se les dio su alojamiento en la calpisca; llamábase así la casa que tenían deputada para el recibimiento de los embajadores: y el día siguiente se convocó el senado para oírlos en una sala grande del consistorio, donde se juntaban a sus conferencias. Estaban los senadores sentados por su antigüedad sobre unos taburetes bajos de maderas extraordinarias, hechos de una pieza, que llamaban yopales; y luego que se dejaron ver los embajadores, se levantaron un poco de sus asientos, y los agasajaron con moderada cortesía. Entraron ellos con las saetas levantadas en alto, y las becas sobre las cabezas, que entre sus ceremonias era la de mayor sumisión; y hecho el acatamiento al senado, caminaron poco a poco hasta la mitad de la sala, donde se pusieron de rodillas, y sin levantar los ojos esperaron a que se les diese licencia para hablar. Ordenóles el más antiguo que dijesen a lo que venían; y tomando asiento sobre sus mismas piernas, dijo uno de ellos a quien tocó la oración por más despejado:

«Noble república, valientes y poderosos tlascaltecas: el señor de Zempoala, y los caciques de la serranía, vuestros amigos y confederados, os envían salud; y deseando la fertilidad de vuestras cosechas y la muerte de vuestros enemigos, os hacen saber que de las partes del Oriente han llegado a su tierra unos hombres invencibles, que parecen deidades, porque navegan sobre grandes palacios, y manejan los truenos y los rayos, armas reservadas al cielo; ministros de otro Dios superior a los nuestros, a quien ofenden las tiranías y los sacrificios de sangre humana: que su capitán es embajador de un príncipe muy poderoso, que con impulso de su religión desea remediar los abusos de nuestra tierra, y las violencias de Motezuma; y habiendo redimido ya nuestras provincias de la opresión en que vivían, se halla obligado a seguir por vuestra república el camino de México, y quiere saber en qué os tiene ofendidos aquel tirano, para tomar por suya vuestra causa, y ponerla entre las demás que justifican su demanda. Con esta noticia, pues, de sus designios, y con esta experiencia de su benignidad, nos hemos adelantado a pediros y amonestaros de parte de nuestros caciques y toda su confederación, que admitáis a estos extranjeros, como a bienhechores y aliados de vuestros aliados. Y de parte de su capitán os hacemos saber que viene de paz, y que solo pretende que le concedáis el paso de vuestras tierras, teniendo entendido que desea vuestro bien, y que sus armas son instrumentos de la justicia y de la razón que defienden la causa del cielo: benignas por su propia naturaleza, y solo rigurosas con el delito y la provocación.» Dicho esto, se levantaron los cuatro sobre las rodillas, y haciendo una profunda humillación al senado, se volvieron a sentar como estaban para esperar la respuesta.

Confiriéronla entre sí brevemente los senadores, y uno de ellos les dijo en nombre de todos, que se admitía con toda gratitud la proposición de los zempoales y totonaques sus confederados; pero que pedía mayor deliberación lo que se debía responder al capitán de aquellos extranjeros: con cuya resolución se retiraron los embajadores a su alojamiento, y el senado se encerró para discurrir en las dificultades o conveniencias de aquella demanda. Ponderóse mucho al principio la importancia del negocio, digno a su parecer de grande consideración, y luego fueron discordando los votos, hasta que se redujo a porfía la variedad de los dictámenes. Unos esforzaban que se diese a los extranjeros el paso que pedían; otros que se les hiciese guerra, procurando acabar con ellos de una vez; y otros que se les negase el paso; pero que se les permitiese la marcha por fuera de sus términos: cuya diferencia de pareceres duró con más voces que resolución, hasta que Magiscatzin, uno de los senadores, el más anciano y de mayor autoridad en la república, tomó la mano, y haciéndose escuchar de todos, es tradición que habló en esta sustancia:

«Bien sabéis, nobles y valerosos tlascaltecas, que fue revelado a nuestros sacerdotes en los primeros siglos de nuestra antigüedad, y se tiene hoy entre nosotros como punto de religión, que ha de venir a este mundo que habitamos una gente invencible de las regiones orientales, con tanto dominio sobre los elementos, que fundará ciudades movibles sobre las aguas, sirviéndose del fuego y del aire para sujetar la tierra; y aunque entre la gente de juicio no se crea que han de ser dioses vivos, como lo entiende la rudeza del vulgo, nos dice la misma tradición que serán unos hombres celestiales, tan valerosos que valdrán uno por mil, y tan benignos que tratarán solo de que vivamos según razón y justicia. No puedo negaros que me ha puesto en gran cuidado lo que conforman estas señas con las de esos extranjeros que tenéis en vuestra vecindad. Ellos vienen por el rumbo del Oriente: sus armas son de fuego; casas marítimas sus embarcaciones; de su valentía ya os ha dicho la fama lo que obraron en Tabasco; su benignidad ya la veis en el agradecimiento de vuestros mismos confederados; y si volvemos los ojos a esos cometas y señales del cielo, que repetidamente nos asombran, parece que nos hablan al cuidado, y vienen como avisos o mensajeros de esta gran novedad. ¿Pues quién habrá tan atrevido y temerario, que si es ésta la gente de nuestras profecías, quiera probar sus fuerzas con el cielo, y tratar como enemigos a los que traen por armas sus mismos decretos? Yo por lo menos temería la indignación de los dioses, que castigan rigurosamente a sus rebeldes, y con sus mismos rayos parece que nos están enseñando a obedecer, pues habla con todos la amenaza del trueno, y solo se ve el estrago donde se conoció la resistencia. Pero yo quiero que se desestimen como casuales estas evidencias, y que los extranjeros sean hombres como nosotros; ¿qué daño nos han hecho para que tratemos de la venganza? ¿Sobre qué injuria se ha de fundar esta violencia? Tlascala, que mantiene su libertad con sus victorias, y sus victorias con la razón de sus armas, ¿moverá una guerra voluntaria que desacredite su gobierno y su valor? Esta gente viene de paz, su pretensión es pasar por nuestra república, no lo intenta sin nuestra permisión; ¿pues dónde está su delito?, ¿dónde nuestra provocación? Llegan a nuestros umbrales fiados en la sombra de nuestros amigos; ¿y perderemos los amigos por atropellar a los que desean nuestra amistad? ¿Qué dirán de esta acción los demás confederados? ¿Y qué dirá la fama de nosotros si quinientos hombres nos obligan a tomar las armas? ¿Ganaráse tanto en vencerlos, como se perderá en haberlos temido? Mi sentir es que los admitamos con benignidad, y se les conceda el paso que pretenden: si son hombres porque está de su parte la razón; y si son algo más, porque les basta para razón la voluntad de los dioses.»

Tuvo grande aplauso el parecer de Magiscatzin, y todos los votos se inclinaron a seguirle por aclamación, cuando pidió licencia para hablar uno de los senadores, que se llamaba Xicotencal, mozo de grande espíritu, que por su talento y hazañas ocupaba el puesto de general de las armas; y conseguida la licencia, y poco después el silencio: «No en todos los negocios, dijo, se debe a las canas la primera seguridad de los aciertos, más inclinadas al recelo que a la osadía, y mejores consejeras de la paciencia que del valor. Venero como vosotros la autoridad y el discurso de Magiscatzin; pero no extrañéis en mi edad y en mi profesión otros dictámenes menos desengañados, y no sé si mejores; que cuando se habla de la guerra, suele ser engañosa virtud la prudencia, porque tiene de pasión todo aquello que se parece al miedo. Verdad es que se esperaban entre nosotros esos reformadores orientales, cuya venida dura en el vaticinio, y tarda en el desengaño. No es mi ánimo desvanecer esta voz, que se ha hecho venerable con el sufrimiento de los siglos; pero dejadme que os pregunte: ¿qué seguridad tenemos de que sean nuestros prometidos estos extranjeros? ¿Es lo mismo caminar por el rumbo del Oriente, que venir de las regiones celestiales, que consideramos donde nace el Sol? Las armas de fuego y las grandes embarcaciones que llamáis palacios marítimos, ¿no pueden ser obra de la industria humana, que se admiran porque no se han visto? Y quizá serán ilusiones de algún encantamiento semejante a los engaños de la vista, que llamamos ciencia en nuestros agoreros. Lo que obraron en Tabasco ¿fue más que romper un ejército superior? ¿Esto se pondera en Tlascala como sobrenatural, donde se obran cada día con la fuerza ordinaria mayores hazañas? Y esa benignidad que han usado con los zempoales, ¿no puede ser artificio para ganar a menos costa los pueblos? Yo por lo menos la tendría por dulzura sospechosa de las que regalan el paladar para introducir el veneno; porque no conforma con lo demás que sabemos de su codicia, soberbia y ambición. Estos hombres (si ya no son algunos monstruos que arrojó la mar en nuestras costas) roban nuestros pueblos, viven al arbitrio de su antojo, sedientos del oro y de la plata, y dados a las delicias de la tierra: desprecian nuestras leyes, intentan novedades peligrosas en la justicia y en la religión, destruyen los templos, despedazan las aras, blasfeman de los dioses, ¿y se les da estimación de celestiales?, ¿y se duda la razón de nuestra resistencia?, ¿y se escucha sin escándalo el nombre de la paz? Si los zempoales y totonaques los admitieron en su amistad, fue sin consulta de nuestra república; y vienen amparados en una falta de atención que merece castigo en sus valedores. Y esas impresiones del aire, y señales espantosas tan encarecidas por Magiscatzin, antes nos persuaden a que los tratemos como enemigos, porque siempre denotan calamidades y miserias. No nos avisa el cielo con sus prodigios de lo que esperamos, sino de lo que debemos temer: que nunca se acompañan de errores sus felicidades, ni enciende sus cometas para que se adormezca nuestro cuidado y se deje estar nuestra negligencia. Mi sentir es que se junten nuestras fuerzas y se acabe de una vez con ellos, pues vienen a nuestro poder señalados con el índice de las estrellas, para que los miremos como tiranos de la patria y de los dioses; y librando en su castigo la reputación de nuestras armas, conozca el mundo que no es lo mismo ser inmortales en Tabasco, que invencibles en Tlascala.»

Hicieron mayor fuerza en el senado estas razones que las de Magiscatzin, porque conformaban más a la inclinación de aquella gente, criada entre las armas, y llena de espíritus militares; pero vuelto a conferir el negocio, se resolvió, como temperamento de ambas opiniones, que Xicotencal juntase luego sus tropas, y saliese a probar la mano con los españoles, suponiendo que si los vencía, se lograba el crédito de la nación y que si fuese vencido, quedaría lugar para que la república tratase de la paz, echando la culpa de este acometimiento a los otomíes, y dando a entender que fue desorden y contratiempo de su ferocidad; para cuyo efecto dispusieron que fuesen detenidos en prisión disimulada los embajadores zempoales, mirando también a la conservación de sus confederados; porque no dejaron de conocer el peligro de aquella guerra, aunque la intentaron con poco recelo: tan valientes que fiaron de su valor el suceso; pero tan avisados, que perdieron de vista los accidentes de la otra fortuna.

**Capítulo XVII. Determinan los españoles acercarse a Tlascala, teniendo a mala señal la detención de sus mensajeros: pelean con un grueso de cinco mil indios que los esperaban emboscados, y después con todo el poder de la república**

Ocho días se detuvieron los españoles en Xacacingo esperando a sus mensajeros, cuya tardanza se tenía ya por novedad considerable. Y Hernán Cortés, con acuerdo de sus capitanes y parecer de los cabos zempoales, que también solía favorecerlos y confiarlos con oír su dictamen, resolvió continuar su marcha, y ponerse más cerca de Tlascala para descubrir los intentos de aquellos indios, considerando que si estaban de guerra, como lo daban a entender los indicios antecedentes, confirmados ya con la detención de los embajadores, sería mejor estrechar el tiempo a sus prevenciones y buscarlos en su misma ciudad, antes que lograsen la ventaja de juntar sus tropas, y acometer ordenados en la campaña. Moviose luego el ejército puesto en orden, sin que se perdonase alguna de las cautelas que suelen observarse cuando se pisa tierra de enemigos; y caminando entre dos montes, de cuyas faldas se formaba un valle de mucha amenidad, a poco más de dos leguas se encontró una gran muralla que corría desde el un monte al otro, cerrando enteramente el camino: fábrica suntuosa y fuerte, que denotaba el poder y la grandeza de su dueño. Era de piedra labrada por lo exterior, y unida con argamasa de rara tenacidad. Tenía veinte pies de grueso, de alto estado y medios y remataba en un parapeto al modo que se practica en nuestras fortificaciones. La entrada era torcida y angosta, dividiéndose por aquella parte la muralla en dos paredes que se cruzaban circularmente por espacio de diez pasos. Súpose de los indios de Zocothlan que aquella fortaleza señalaba y dividía los términos de la provincia de Tlascala, cuyos antiguos la edificaron para defenderse de las invasiones enemigas; y fue dicha que no la ocupasen contra los españoles, porque no se les dio lugar para que saliesen a recibirlos en este reparo, o porque se resolvieron a esperar en campo abierto para embestir con todas sus fuerzas, y quitar al ejército inferior la ventaja de pelear en lo estrecho.

    Pasó la gente de la otra parte sin desorden ni dificultad, y vueltos a formar los escuadrones, se prosiguió la marcha poco a poco, hasta que saliendo a tierra más espaciosa descubrieron los batidores a larga distancia veinte o treinta indios, cuyos penachos (ornamento de que solo usaban los soldados) daban a entender que había gente de guerra en la campaña. Vinieron con el aviso a Cortés, y les ordenó que volviesen alargando el paso y procurasen llamarlos con señas de paz, sin empeñarse demasiado en seguirlos, porque el paraje donde estaban era desigual y se ofrecían a la vista diferentes quiebras y ribazos, capaces de ocultar alguna emboscada. Partió luego en su seguimiento con ocho caballos, dejando a los capitanes orden para que avanzasen con la infantería sin apresurarla mucho, que nunca es acierto gastar en la diligencia el aliento del soldado y entrar en la ocasión con gente fatigada.

    Esperaron los indios en el mismo puesto a que se acercasen los caballos de los batidores, y sin atender a las voces y ademanes con que procuraban persuadirlos a la paz, volvieron las espaldas corriendo hasta incorporarse con una tropa que se descubría más adelante, donde hicieron cara y se pusieron en defensa. Uniéronse al mismo tiempo los catorce caballos y cerraron con aquella tropa, más para descubrir la campaña que porque se hiciese caso de su corto número; pero los indios resistieron el choque perdiendo poca tierra, y sirviéndose de sus armas tan valerosamente, que sin atender al daño que recibían hirieron dos soldados y cinco caballos. Salió entonces al socorro de los suyos la emboscada que tenían prevenida, y se dejó ver en lo descubierto un grueso de hasta cinco mil hombres, a tiempo que llegó la infantería y se puso en batalla el ejército para recibir el ímpetu con que venían cerrando los enemigos. Pero a la primera carga de las bocas de fuego conocieron el estrago de los suyos, y dieron principio a la fuga con retirarse apresuradamente, de cuya primera turbación se valieron los españoles para embestir con ellos; y lo ejecutaron con tan buena orden y tanta resolución, que a breve rato cedieron la campaña, dejando en ella muertos más de sesenta hombres y algunos prisioneros. No quiso Hernán Cortés seguir el alcance porque iba declinando el día, y porque deseaba más escarmentarlos que destruirlos. Ocupáronse luego unas caserías que estaban a la vista, donde se hallaron algunos bastimentos, y se pasó la noche con alegría, pero sin descuido, reposando los unos en la vigilancia de los otros.

El día siguiente se volvió a la marcha con el mismo acierto, y se descubrió segunda vez el enemigo, que con un grueso poco mayor que el pasado venía caminando más presuroso que ordenado. Acercáronse a nuestro ejército sus tropas con grande orgullo y algazara, y sin proporcionarse con el alcance de sus flechas, dieron la carga inútilmente, y al mismo tiempo empezaron a retirarse, sin dejar de pelear a lo largo, particularmente los pedreros, que a mayor distancia se mostraban más animosos. Conoció luego Hernán Cortés que aquella retirada tenía más de estratagema que temor, y receloso interiormente de mayor combate, fue siguiendo con su fuerza unida la huella del enemigo, hasta que vencida una eminencia que se interponía en el camino, se descubrió en lo llano de la otra parte un ejército que dicen pasaría de cuarenta mil hombres. Componíase de varias naciones, que se distinguían por los colores de las divisas y plumajes. Venían en él los nobles de Tlascala y toda su confederación. Gobernábale Xicotencal, que como dijimos, tenía por su cuenta las armas de la república, y dependientes de su orden mandaban las tropas auxiliares sus mismos caciques o sus mayores soldados.

Pudieran desanimarse los españoles de ver a su oposición tan desiguales fuerzas; pero sirvió en esta ocasión la experiencia de Tabasco, y Hernán

Cortés se detuvo poco en persuadirlos a la batalla, porque se conocía en los semblantes y en las demostraciones el deseo de pelear. Empezaron luego a bajar la cuesta con alegre superioridad; y por ser la tierra quebrada y desigual, donde no se podían manejar los caballos, ni hacían efecto disparadas de alto a bajo las bocas de fuego, se trabajó mucho en apartar al enemigo, que alargó algunas mangas para que disputasen el paso; pero luego que mejoraron de terreno los caballos y salió a lo llano parte de nuestra infantería, se despejó la campaña, y se hizo lugar para que bajase la artillería y acabase de afirmar el pie la retaguardia. Estaba el grueso del enemigo a poco más que tiro de arcabuz, peleando solamente con los gritos y las amenazas; y apenas se movió nuestro ejército, hecha la señal de embestir, cuando se empezaron a retirar los indios con apariencias de fuga, siendo en la verdad segunda estratagema de que usó Xicotencal para lograr con el avance de los españoles la intención que traía de cogerlos en medio y combatirlos por todas partes, como se experimentó brevemente; porque apenas los reconoció distantes de la eminencia en que pudieran asegurar las espaldas, cuando la mayor parte de su ejército se abrió en dos alas, que corriendo impetuosamente ocuparon por ambos lados la campaña, y cerrando el círculo consiguieron el intento de sitiarlos a lo largo: fuéronse luego doblando con increíble diligencia, y trataron de estrechar el sitio, tan cerrados y resueltos, que fue necesario dar cuatro frentes al escuadrón y cuidar antes de resistir que de ofender, supliendo con la unión y la buena ordenanza la desigualdad del número.

 Llenóse el aire de flechas, herido también de las voces y del estruendo; llovían dardos y piedras sobre los españoles, y conociendo los indios el poco efecto que hacían sus armas arrojadizas, llegaron brevemente a los chuzos y las espadas. Era grande el estrago que recibían, y mayor su obstinación: Hernán Cortés acudía con sus caballos a la mayor necesidad, rompiendo y atropellando a los que más se acercaban. Las bocas de fuego peleaban con el daño que hacían y con el espanto que ocasionaban: la artillería lograba todos sus tiros, derribando el asombro a los que perdonaban las balas. Y como era uno de los primores de su milicia el esconder los heridos y retirar los muertos, se ocupaba en esto mucha gente y se iban disminuyendo sus tropas; con que se redujeron a mayor distancia y empezaron a pelear menos atrevidos; pero Hernán Cortés, antes que se reparasen o rehiciesen para volver a lo estrecho, determinó embestir con la parte más flaca de su ejército, y abrir el paso para ocupar algún puesto donde pudiese dar toda la frente al enemigo. Comunicó su intento a todos los capitanes, y puestos en ala sus caballos, seguidos a paso largo de la infantería, cerró con los indios, apellidando a voces el nombre de San Pedro. Resistieron al principio, jugando valerosamente sus armas; pero la ferocidad de los caballos, sobrenatural o monstruosa en su imaginación, los puso en tanto pavor y desorden, que huyendo a todas partes se atropellaban y herían unos a otros, haciéndose el mismo daño que recelaban.

Empeñóse demasiado en la escaramuza Pedro de Morón, que iba en una yegua muy revuelta y de grande velocidad, a tiempo que unos tlaxcaltecas principales, que se convocaron para esta facción, viéndole solo cerraron con él, y haciendo presa en la misma lanza y en el brazo de la rienda, dieron tantas heridas a la yegua que cayó muerta, y en un instante le cortaron la cabeza, dicen que de una cuchillada: poco añaden a la sustancia los encarecimientos. Pedro de Morón recibió algunas heridas ligeras y le hicieron prisionero; pero fue socorrido brevemente de otros caballos, que con muerte de algunos indios consiguieron su libertad, y le retiraron al ejército, siendo este accidente poco favorable al intento que se llevaba, porque se dio tiempo al enemigo para que se volviese a cerrar y componer por aquella parte; de modo que los españoles fatigados ya de la batalla, que duró por espacio de una hora, empezaron a dudar del suceso; pero esforzados nuevamente de la última necesidad en que se hallaban, se iban disponiendo para volver a embestir cuando cesaron de una vez los gritos del enemigo, y cayendo sobre aquella muchedumbre un repentino silencio, se oyeron solamente sus atabalillos y bocinas, que según su costumbre tocaban a recoger como se conoció brevemente, porque al mismo tiempo se empezaron a mover las tropas, y marchando poco a poco por el camino de Tlascala traspusieron por lo alto de una colina y dejaron a sus enemigos la campaña.

Respiraron los españoles con esta novedad, que parecía milagrosa, porque no se hallaba causa natural a que atribuirla; pero supieron después por medio de algunos prisioneros que Xicotencal ordenó la retirada, porque habiendo muerto en la batalla la mayor parte de sus capitanes, no se atrevió a manejar tanta gente sin cabos que la gobernasen. Murieron también muchos nobles, que hicieron costosa la facción y fue grande el número de heridos; pero sobre tanta pérdida, y sobre quedar entero nuestro ejército, y ser ellos los que se retiraban, entraron triunfantes en su alojamiento, teniendo por victoria el no volver vencidos, y siendo la cabeza de la yegua toda la razón y todo el aparato del triunfo. Llevábala delante de sí Xicotencal sobre la punta de una lanza, y remitió luego a Tlascala, haciendo presente al senado de aquel formidable despojo de la guerra, que causó a todos grande admiración, y fue después sacrificada en uno de sus templos con extraordinaria solemnidad: víctima propia de aquellas aras, y menos inmunda que los mismos dioses que se honraban con ella.

De los nuestros quedaron heridos nueve o diez soldados y algunos zempoales, cuya asistencia fue de mucho servicio en esta ocasión, porque los hizo valientes el ejemplo de los españoles y la irritación de ver despreciada y rota su alianza. Descubríase a poca distancia un lugar pequeño en sitio eminente que mandaba la campaña, y Hernán Cortés, atendiendo a la fatiga de su gente, y a lo que necesitaba repararse, trató de ocuparle para su alojamiento, lo cual se consiguió sin dificultad, porque los vecinos le desampararon luego que se retiró su ejército, dejando en él abundancia de bastimentos, que ayudaron a conservar la provisión y a reparar el cansancio. No se halló bastante comodidad para que estuviese toda la gente debajo de cubierto, pero los zempoales cuidaron del suyo fabricando brevemente algunas barracas, y el sitio que por naturaleza era fuerte, se aseguró lo mejor que fue posible con algunos reparos de tierra y fagina, en que trabajaron todos lo que restaba del día, con tanto aliento y tan alegres, que al parecer descansaban en su misma diligencia, no porque dejasen de conocer el conflicto en que se hallaron ni diesen por acabada la guerra, sino porque reconocían al cielo todo lo que no esperaron de sus fuerzas, y viéndole ya declarado en su favor, se les hacía posible lo que poco antes tuvieron por milagroso.

**Capítulo XVIII. Rehácese el ejército de Tlascala: vuelven a segunda batalla con mayores fuerzas, y quedan rotos y**

**desbaratados por el valor de los españoles y por otro nuevo accidente que los puso en desconcierto**

En Tlascala fueron varios los discursos que se ocasionaron de este suceso: lloróse con pública demostración la muerte de sus capitanes y caciques, y de este mismo sentimiento procedían contrarias opiniones: unos clamaban por la paz, calificando a los españoles con el nombre de inmortales, y otros prorrumpían en oprobios y amenazas contra ellos, consolándose con la muerte de la yegua, única ganancia de la guerra: Magiscatzin se jactaba de haber prevenido el suceso, repitiendo a sus amigos lo que representó en el senado, y hablando en la materia como quien halla vanidad en el desaire de su consejo. Xicotencal desde su alojamiento pedía que se reforzase con nuevos reclutas su ejército, disminuyendo la pérdida, y sirviéndose de ella para mover a la venganza. Llegó a Tlascala en esta ocasión uno de los caciques confederados con diez mil guerreros de su nación, cuyo socorro se tuvo a providencia de los dioses; y creciendo con las fuerzas el ánimo, resolvió el senado que se alistasen nuevas y se prosiguiese con todo empeño la guerra.

Hernán Cortés, el día siguiente a la batalla, trató solamente de mejorar sus fortificaciones y cerrar su cuartel añadiendo nuevos reparos que se diesen la mano con las defensas naturales del sitio. Quisiera volver a las pláticas de la paz, y no hallaba camino de introducir negociación, porque los cuatro mensajeros zempoales que fueron llegando al ejército por diferentes sendas y rodeos, venían escarmentados y atemorizaban a los demás. Rompieron dichosamente una estrecha prisión, donde los pusieron el día que salió a la campaña Xicotencal, destinados ya para mitigar con su sangre los dioses de la guerra; y a vista de esta inhumanidad no parecía conveniente ni sería fácil exponer otros al mismo peligro.

Dábale cuidado también la misma quietud del enemigo, porque no se oía rumor de guerra en todo el contorno; y la retirada de Xicotencal tuvo todas las señales de quedar pendiente la disputa. Debía, según buena razón, mantener aquel puesto para su retirada en caso de haberla menester, y hallaba inconvenientes en esta misma resolución, porque los indios interpretarían a falta de valor el encierro del cuartel: reparo digno de consideración en una guerra donde se peleaba más con la opinión que con la fuerza.

Pero atendiendo a todo como diligente capitán, resolvió salir otro día por la mañana con alguna gente a tomar lengua, reconocer la campaña y poner en cuidado al enemigo; cuya facción ejecutó personalmente con sus caballos y doscientos infantes, mitad españoles y mitad zempoales.

No dejamos de conocer que tuvo peligro esta facción, conocidas las fuerzas del enemigo, y en tierra tan dispuesta para emboscadas. Pudiera Hernán Cortés aventurar menos su persona, consistiendo en ella la suma de las cosas: y en nuestro sentir no es digno de imitación este ardimiento en los que gobiernan ejércitos, cuya salud se debe tratar como pública, y cuyo valor nació para inspirado en otros corazones. Pudiéramos disculparle con diferentes ejemplos de varones grandes, que fueron los primeros en el peligro de las batallas, mandando con la voz lo mismo que obraban con la espada; pero más obligados al acierto que a sus descargos, le dejaremos con esta honrada objeción, que en la verdad es la mejor culpa de los capitanes.

Alargáronse a reconocer algunos lugares por el camino de Tlascala, donde hallaron abundante provisión de víveres, y se hicieron diferentes prisioneros, por cuyo medio se supo que Xicotencal tenía su alojamiento dos leguas de allí, no lejos de la ciudad, y que andaba previniendo nuevas fuerzas contra los españoles, con cuya noticia se volvieron al cuartel, dejando hecho algún daño en las poblaciones vecinas; porque los zempoales, que obraban ya con propia irritación, dieron al hierro y a la llama cuanto encontraron: exceso que reprendía Cortés no sin alguna flojedad, porque no le pesaba de que entendiesen los tlascaltecas cuán lejos estaba de temer la guerra quien los provocaba con la hostilidad.

Diose luego libertad a los prisioneros de esta salida, haciéndoles todo aquel agasajo que pareció necesario, para que perdiesen el miedo a los españoles, y llevasen noticia de su benignidad. Mandó luego buscar entre los otros prisioneros que se hicieron el día de la ocasión, los que pareciesen más despiertos, y eligió dos o tres para que llevasen un recado suyo a Xicotencal, cuya sustancia fue: «que se hallaba con mucho sentimiento del daño que había padecido su gente en la batalla; de cuyo rigor tuvo la culpa quien dio la ocasión, recibiendo con las armas a los que venían proponiendo enteramente la razón de su enojo; pero que si no desarmaban luego y trataban de admitirla, le obligarían a que los aniquilase y destruyese de una vez, dando el escarmiento de sus vecinos el nombre de su nación». Partieron los indios con este mensaje bien industriados y contentos, ofreciendo volver con la respuesta, y tardaron pocas horas en cumplir su palabra; pero vinieron sangrientos y maltratados, porque Xicotencal mandó castigar en ellos el atrevimiento de llevarle semejante proposición, y no los hizo matar porque volviesen heridos a los ojos de Cortés; y llevando esta circunstancia más de su resolución, le dijesen de su parte: «que al primer nacimiento del Sol se verían en campaña: que su ánimo era llevarle vivo con todos los suyos a las aras de sus dioses, para lisonjearlos con la sangre de sus corazones; y que se lo avisaba desde luego para que tuviese tiempo de prevenirse»; dando a entender que no acostumbraba disminuir sus victorias con el descuido de sus enemigos.

Causó mayor irritación que cuidado en el ánimo de Cortés la insolencia del bárbaro, pero no desestimó su aviso ni despreció su consejo: antes, con la primera luz del día, sacó su gente a la campaña, dejando en el cuartel la que pareció necesaria para su defensa; y alargándose poco más de media legua, eligió puesto conveniente para recibir al enemigo con alguna ventaja, donde formó sus hileras según el terreno y conforme a la experiencia que ya se tenía de aquella guerra. Guarneció luego los costados con la artillería, midiendo y regulando sus ofensas: alargó sus batidores, y quedándose con los caballos para cuidar de los socorros, esperó el suceso, manifiesta en el semblante la seguridad del ánimo, sin necesitar mucho de su elocuencia para instruir y animar a sus soldados, porque venían todos alegres y alentados, hecha ya deseo de pelear la misma costumbre de vencer.

No tardaron mucho los batidores en volver con el aviso de que venía marchando el enemigo con un poderoso ejército, y poco más en descubrirse su vanguardia. Fuese llenando la campaña de indios armados: no se alcanzaba con la vista el fin de sus tropas, escondiéndose o formándose de nuevo en ellas todo el horizonte. Pasaba el ejército de cincuenta mil hombres (así lo confesaron ellos mismos), último esfuerzo de la república y de todos sus aliados, para coger vivos a los españoles y llevarlos maniatados, primero al sacrificio, y luego al banquete. Traían de novedad una grande águila de oro levantada en alto: insignia de Tlascala, que solo acompañaba sus huestes en las mayores empresas. Íbanse acercando con increíble ligereza; y cuando estuvieron a tiro de cañón empezó a reprimir su celeridad la artillería, poniéndolos en tanto asombro, que se detuvieron un rato neutrales entre la ira y el miedo; pero venciendo la ira, se adelantaron de tropel hasta llegar a distancia que pudieron jugar sus hondas y disparar sus flechas, donde los detuvo segunda vez el terror de los arcabuces y el rigor de las ballestas.

Duró largo tiempo el combate, sangriento de parte de los indios, y con poco daño de los españoles, porque militaba en su favor la diferencia de las armas, y el orden y concierto con que daban y recibían las cargas. Pero reconociendo los indios la sangre que perdían, y que los iba destruyendo su misma tardanza, se movieron de una vez, impelidos al parecer los primeros de los que venían detrás, y cayó toda la multitud sobre los españoles y zempoales, con tanto ímpetu y desesperación, que los rompieron y desbarataron, deshaciendo enteramente la unión y buena ordenanza en que se mantenían; y fue necesario todo el valor de los soldados, todo el aliento y diligencia de los capitanes, todo el esfuerzo de los caballos y toda la ignorancia militar de los indios, para que pudiesen volverse a formar, como lo consiguieron a viva fuerza, con muerte de los que tardaron más en retirarse.

Sucedió a este tiempo un accidente como el pasado, en que se conoció segunda vez la especial providencia con que miraba el cielo por su causa. Reconocióse gran turbación en la batalla del campo enemigo: movíanse las tropas a diferentes partes, dividiéndose unos de otros, y volviendo contra sí las frentes y las armas; de que resultó el retirarse todos tumultuosamente, y el volver las espaldas en fuga deshecha los que peleaban en su vanguardia, cuyo alcance se siguió con moderada ejecución, porque Hernán Cortés no quiso exponerse a que le volviesen a cargar lejos de su cuartel.

Súpose después que la causa de esta revolución, y el motivo de esta segunda retirada, fue que Xicotencal, hombre destemplado y soberbio que fundaba su autoridad en la paciencia de los que le obedecían, reprendió con sobrada libertad a uno de los caciques principales, que servía debajo de su mano con más de diez mil guerreros auxiliares: tratóle de cobarde y pusilánime, porque se detuvo cuando cerraron los demás; y él volvió por sí con tanta osadía, que llegó el caso a términos de rompimiento y desafío de persona a persona; y brevemente se hizo causa de toda la nación, que sintió el agravio de su capitán, y se previno a su defensa; con cuyo ejemplo se tumultuaron otros caciques parciales del ofendido: y tomando resolución de retirar sus tropas de un ejército donde se desestimaba su valor, lo ejecutaron con tanto enojo y celeridad, que pusieron en desorden y turbación a los demás; y Xicotencal, conociendo su flaqueza, trató solamente de ponerse en salvo, dejando a sus enemigos el campo y la victoria.

No es nuestro ánimo referir como milagro este suceso tan favorable y tan oportuno a los españoles; antes confesamos que fue casual la desunión de aquellos caciques, y fácil de suceder donde mandaba un general impaciente, con poca superioridad entre los confederados de su república; pero quien viere quebrantado y deshecho primera y segunda vez aquel ejército poderoso de innumerables bárbaros, obra negada o superior a las fuerzas humanas, conocerá en esta misma casualidad la mano de Dios, cuya inefable sabiduría suele fabricar sus altos fines sobre contingencias ordinarias, sirviéndose muchas veces de lo que permite para encaminar lo mismo que dispone.

Fue grande el número de los indios que murieron en esta ocasión, y mayor el de los heridos (así lo referían ellos después); y de los nuestros murió solo un soldado, y salieron veinte con algunas heridas de tan poca consideración, que pudieron asistir a las guardias aquella misma noche. Pero siendo esta victoria tan grande, y más llenamente admirable que la pasada, porque se peleó con mayor ejército y se retiró, deshecho el enemigo, pudo tanto en algunos de los soldados españoles la novedad de haberse visto rotos y desordenados en la batalla, que volvieron al cuartel melancólicos y desalentados con ánimo y semblante de vencidos. Eran muchos los que decían con poco recato, que no querían perderse de conocido por el antojo de Cortés, y que tratase de volverse a la Veracruz, pues era imposible pasar adelante, o lo ejecutarían ellos dejándole solo con su ambición y su temeridad. Entendiólo Hernán Cortés, y se retiró a su barraca sin tratar de reducirlos, hasta que se cobrasen de aquel reciente pavor, y tuviesen tiempo de conocer el desacierto de su proposición; que en este género de males irritan más que corrigen los remedios apresurados, siendo el temor en los hombres una pasión violenta que suele tener sus primeros ímpetus contra la razón.

## Capítulo XIX. Sosiega Hernán Cortés la nueva turbación de su gente; los de Tlascala tienen por encantadores a los españoles; consultan sus adivinos, y por su consejo los asaltan de noche en su cuartel

Iba tomando cuerpo la inquietud de los malcontentos; y no bastando a reducirlos la diligencia de los capitanes, ni el contrario sentir de la gente de obligaciones, fue necesario que Hernán Cortés sacase la cara y tratase de ponerlos en razón: para cuyo efecto mandó que se juntasen en la plaza de armas todos los españoles, con pretexto de tomar acuerdo sobre el estado presente de las cosas; y acomodando cerca de sí a los más inquietos (especie de favor en que iba envuelta la importancia de que le oyesen mejor) «poco tenemos, dijo, que discurrir en lo que debe obrar nuestro ejército, vencidas en poco tiempo dos batallas, en que se ha conocido igualmente vuestro valor y la flaqueza de vuestros enemigos: y aunque no suele ser el último afán de la guerra el vencer, pues tiene sus dificultades el seguir la victoria, y debemos todavía recatarnos de aquel género de peligros, que andan muchas veces con los buenos sucesos, como pensiones de la humana felicidad: no es éste, amigos, mi cuidado; para mayor duda necesito de vuestro consejo. Dícenme que algunos de nuestros soldados vuelven a desear, y se animan a proponer que nos retiremos. Bien creo que fundarán este dictamen sobre alguna razón aparente; pero no es bien que punto de tanta importancia se trate a manera de murmuración. Decid todos libremente vuestro sentir; no desautoricéis vuestro celo tratándole como delito; y para que discurramos todos sobre lo que conviene a todos, considérese primero el estado en que nos hallamos, y resuélvase de una vez algo que no se pueda contradecir. Esta jornada se intentó con vuestro parecer, y pudiera decir con vuestro aplauso, nuestra resolución fue pasar a la corte de Motezuma; todos nos sacrificamos a esta empresa por nuestra religión, por nuestro rey, y después por nuestra honra y nuestras esperanzas. Estos indios de Tlascala, que intentaron oponerse a nuestro designio con todo el poder de su república y confederaciones, están ya vencidos y desbaratados. No es posible, según las reglas naturales, que tarden mucho en rogarnos con la paz o cedernos el paso. Si esto se consigue, ¿cómo crecerá nuestro crédito?, ¿dónde nos pondrá la aprensión de estos bárbaros, que hoy nos coloca entre sus dioses? Motezuma, que nos esperaba cuidadoso, como se ha conocido en la repetición y artificio de sus embajadas, nos ha de mirar con mayor asombro, domados los tlascaltecas, que son los valientes de su tierra, y los que se mantienen con las armas fuera de su dominio. Muy posible será que nos ofrezca partidos ventajosos, temiendo que nos coliguemos con sus rebeldes; y muy posible que esta misma dificultad que hoy experimentamos, sea el instrumento de que se vale Dios para facilitar nuestra empresa probando nuestra constancia: que no ha de hacer milagros con nosotros sin servirse de nuestro corazón y nuestras manos. Pero si volvemos las espaldas (y seremos los primeros a quien desanimen las victorias) perdióse de una vez la obra y el trabajo. ¿Qué podemos esperar, o qué no debemos temer? Esos mismos vencidos, que hoy están amedrentados y fugitivos, se han de animar con nuestro desaliento, y dueños de los atajos y asperezas de la tierra, nos han de perseguir y deshacer en la marcha. Los indios amigos que sirven a nuestro lado, contentos y animosos, se han de apartar de nuestro ejército y procurar escaparse a sus tierras, publicando en ellas nuestro vituperio. Los zempoales y totonaques, nuestros confederados, que son el único refugio de nuestra retirada, han de conspirar contra nosotros, perdido el gran concepto que tenían de nuestras fuerzas. Vuelvo a decir que se considere todo con maduro consejo, y midiendo las esperanzas que abandonamos con los peligros a que nos exponemos, propongáis y deliberéis lo que fuere más conveniente; que yo dejo toda su libertad a vuestro discurso; y he tocado estos inconvenientes, más para disculpar mi opinión que para defenderla.» Apenas acabó Hernán Cortés su razonamiento, cuando uno de los soldados inquietos, conociendo la razón, levantó la voz diciendo a sus parciales: «amigos, nuestro capitán pregunta lo que se ha de hacer, pero enseña preguntando: ya no es posible retirarnos sin perdernos».

Diéronse los demás por convencidos confesando su error; aplaudió su desengaño el resto de la gente, y se resolvió por aclamación que se prosiguiese la empresa, quedando enteramente remediada por entonces la inquietud de aquellos soldados que apetecían el descanso de la isla de Cuba:

cuya sinrazón fue una de las dificultades que más trabajaron el ánimo y ejercitaron la constancia de Cortés en esta jornada.

Causó raro desconsuelo en Tlascala esta segunda rota de su ejército. Todos andaban admirados y confusos. El pueblo clamaba por la paz; los magnates no hallaban camino de proseguir la guerra: unos trataban de retirarse a los montes con sus familias, otros decían que los españoles eran deidades, inclinándose a que se les diese la obediencia con circunstancias de adoración. Juntáronse los senadores para tratar del remedio, y empezando a discurrir por su mismo asombro, confesaron todos que las fuerzas de aquellos extranjeros no parecían naturales, pero no se acababan de persuadir a que fuesen dioses, teniendo por ligereza el acomodarse a la credulidad del vulgo, antes vinieron a recaer en el dictamen de que se obraban aquellas hazañas de tanta maravilla por arte de encantamiento, resolviendo que se debía recurrir a la misma ciencia para vencerlos, y desarmar un encanto con otro. Llamaron para este fin a sus magos y agoreros, cuya ilusoria facultad tenía el demonio muy introducida, y no menos venerada en aquella tierra. Comunicóseles el pensamiento del senado, y ellos asistieron a él con misteriosa ponderación; y dando a entender que sabían la duda que se les había de proponer, y que traían estudiado el caso de prevención, dijeron: «que mediante la observación de sus círculos y adivinaciones, tenían ya descubierto y averiguado el secreto de aquella novedad, y que todo consistía en que los españoles eran hijos del Sol, producidos de su misma actividad en la madre tierra de las regiones orientales, siendo su mayor encantamiento la presencia de su padre, cuya fervorosa influencia les comunicaba un género de fuerza superior a la naturaleza humana, que los ponía en términos de inmortales. Pero es que al transponer por el Occidente cesaba la influencia, y quedaban desalentados y marchitos como las yerbas del campo, reduciéndose a los límites de la mortalidad como los otros hombres; por cuya consideración convendría embestirlos de noche y acabar con ellos antes que el nuevo Sol los hiciese invencibles.»

Celebraron mucho aquellos padres conscriptos la gran sabiduría de sus magos, dándose por satisfechos de que habían hallado el punto de la dificultad, y descubierto el camino de conseguir la victoria. Era contra el estilo de aquella tierra el pelear de noche; pero como los casos nuevos tienen poco respeto a la costumbre, se comunicó a Xicotencal esta importante noticia, ordenándole que asaltase después de puesto el Sol el cuartel de los españoles, procurando destruirlos y acabarlos antes de que volviese al Oriente; y él empezó a disponer su facción, creyendo con alguna disculpa la impostura de los magos, porque llegó a sus oídos autorizada con el dictamen de los senadores.

En este medio tiempo tuvieron los españoles diferentes reencuentros de poca consecuencia: dejáronse ver en las eminencias vecinas al cuartel algunas tropas del enemigo que huyeron antes de pelear, o fueron rechazadas con pérdida suya. Hiciéronse algunas salidas a poner en contribución los pueblos cercanos; donde se hacía buen pasaje a los vecinos, y se ganaban voluntades y bastimentos. Cuidaba mucho Hernán Cortés de que no se relajase la disciplina y vigilancia de su gente con el ocio del alojamiento. Tenía siempre sus centinelas a lo largo; hacíanse las guardias con todo el rigor militar; quedaban de noche ensillados los caballos con las bridas en el arzón, y el soldado que se aliviaba de las armas, o reposaba en ellas mismas, o no reposaba: puntualidades que solo parecen demasiadas a los negligentes, y que fueron entonces bien necesarias; porque llegando la noche destinada para el asalto que tenían resuelto los de Tlascala, reconocieron los centinelas un grueso del enemigo que venía marchando la vuelta del alojamiento con espacio y silencio fuera de su costumbre. Pasó la noticia sin hacer ruido, y como cayó este accidente sobre la prevención ordinaria de nuestros soldados, se coronó brevemente la muralla, y se dispuso con facilidad todo lo que pareció conveniente a la defensa.

Venía Xicotencal muy embebido en la fe de sus agoreros, creyendo hallar desalentados y sin fuerzas a los españoles, y acabar su guerra sin que lo supiese el Sol, pero traía diez mil guerreros por si no se hubiesen acabado de marchitar. Dejáronle acercar los nuestros sin hacer movimiento, y él dispuso que se atacase por tres partes el cuartel, cuya orden ejecutaron los indios con presteza y resolución, pero hallaron sobre sí tan poderosa y no esperada resistencia, que murieron muchos en la demanda, y quedaron todos asombrados con otro género de temor, hecho de la misma seguridad con que venían. Conoció Xicotencal, aunque tarde, la ilusión de sus agoreros, y conoció también la dificultad de su empresa, pero no se supo entender con su ira y con su corazón, y así ordenó que se embistiese de nuevo por todas partes, y se volvió al asalto, cargando todo el grueso de su ejército sobre nuestras defensas. No se puede negar a los indios el valor con que intentaron este género de pelear, nuevo en su milicia, por la noche y por la fortificación. Ayudábanse unos a otros con el hombro y con los brazos para ganar la muralla, y recibían las heridas haciéndolas mayores con su mismo impulso, o cayendo los primeros, sin escarmiento de los que venían detrás. Duró largo rato el combate, peleando contra ellos tanto como nuestras armas su mismo desorden, hasta que desengañado Xicotencal de que no era posible a sus fuerzas lo que intentaba, mandó que se hiciese la seña de recoger, y trató de retirarse. Pero Hernán Cortés, que velaba sobre todo, luego que reconoció su flaqueza y vio que se apartaban atropelladamente de la muralla, echó fuera parte de su infantería y todos los caballos que tenía ya prevenidos con pretales de cascabeles, para que abultasen más con el ruido y la novedad, cuyo repentino asalto puso en tanto pavor a los indios, que solo trataron de escapar sin hacer resistencia. Dejaron considerable número de muertos en la campaña, con algunos heridos que no pudieron retirar, y de los españoles quedaron solo heridos dos o tres soldados, y muerto uno de los zempoales: suceso que pareció también milagroso considerada la multitud innumerable de flechas, dardos y piedras que se hallaron dentro del recinto; y victoria, que por su facilidad y poca costa, se celebró con particular demostración de alegría entre los soldados: aunque no sabían entonces cuánto les importaba el haber sido valientes de noche, ni la obligación en que estaban a los magos de Tlascala; cuyo desvarío sirvió también en esta obra, porque levantó a lo sumo el crédito de los españoles y les facilitó la paz, que es el mejor fruto de la guerra.

**Capítulo XX. Manda el senado a su general que suspenda la guerra, y él no quiere obedecer; antes trata de dar nuevo asalto al cuartel de los españoles: conócense, y castíganse sus espías, y dase principio a las pláticas de la paz**

Desvanecidas en la ciudad aquellas grandes esperanzas que se habían concebido, sin otra causa que fiar el suceso de sus armas al favor de la noche, volvió a clamar el pueblo por la paz: inquietáronse los nobles, hechos ya populares con menos ruido; pero con el mismo sentir, quedaron sin aliento y sin discurso los senadores, y su primera demostración fue castigar en los agoreros su propia liviandad, no tanto porque fuese novedad en ellos el engaño, como porque se corrieron de haberlos creído. Dos o tres de los más principales fueron sacrificados en uno de sus templos, y los demás tendrían su reprensión, y quedarían obligados a mentir con menos libertad en aquel auditorio.

Juntóse después el senado para tratar el negocio principal, y todos se inclinaron a la paz sin controversia, concediendo al entendimiento de Magiscatzin la ventaja de haber conocido antes la verdad; y confesando los más incrédulos que aquellos extranjeros eran sin duda los hombres celestiales de sus profecías. Decretóse por primera resolución que se despachase luego expresa orden de Xicotencal para que suspendiese la guerra y estuviese a la mira, teniendo entendido que se trataba de la paz, y que por parte del senado quedaba ya resuelta, y se nombrarían luego embajadores que la propusiesen y ajustasen con los mejores partidos que se pudiesen conseguir a favor de su república.

Pero Xicotencal estaba tan obstinado contra los españoles, y tan ciego en el empeño de sus armas, que se negó totalmente a la obediencia de esta orden, y respondió con arrogancia y desabrimiento que él y sus soldados eran el verdadero senado, y mirarían por el crédito de su nación, ya que la desamparaban los padres de la patria. Tenía dispuesto el asaltar por segunda vez a los españoles de noche, y dentro de su cuartel; no porque hiciese caso de las adivinaciones pasadas, sino porque le pareció mejor tenerlos encerrados, para que viniesen vivos a sus manos; pero trataban de ir a esta facción con más gente y con mejores noticias; y sabiendo que algunos paisanos de los lugares circunvecinos acudían al cuartel con bastimentos por la codicia de los rescates, se sirvió de este medio para facilitar su empresa, y nombró cuarenta soldados de su satisfacción, que vestidos en traje de villanos, y cargados de frutas, gallinas y pan de maíz, entrasen dentro de la plaza, y procurasen observar la calidad y fuerza de su fortificación, y por qué parte se podría dar el asalto con menos dificultad. Algunos dicen que fueron estos indios como embajadores del mismo Xicotencal, con pláticas fingidas de paz; en cuyo caso sería más culpable la inadvertencia de los nuestros; pero bien fuese con este o con aquel pretexto, ellos entraron en el cuartel, y estuvieron entre los españoles mucha parte de la mañana sin que se hiciese reparo en su detención, hasta que uno de los soldados zempoales advirtió que andaban reconociendo cautelosamente la muralla, y asomándose a ella por diferentes partes con recatada curiosidad, de que avisé luego a Cortés, y como en este género de sospechas no hay indicio leve, ni sombra que no tenga cuerpo, mandó que los prendiesen al instante, lo cual se ejecutó con facilidad, y examinados separadamente, dijeron con poca resistencia la verdad, unos en el tormento, y otros en el temor de recibirle, concordando todos en que aquella misma noche se había de dar un segundo asalto al cuartel, a cuya facción vendría ya marchando su general con veinte mil hombres, y los había de esperar a distancia de una legua para disponer sus ataques, según la noticia que le llevasen de las flaquezas que hubiesen observado en la muralla.

Sintió mucho Hernán Cortés este accidente, porque se hallaba con poca salud, y le costaba el disimular su enfermedad mayor trabajo que padecerla, pero nunca se rindió a la cama, y solo cuidaba de curarse cuando no había de qué cuidar. Refiérese de él (no lo pasemos en silencio) que una de las ocasiones que se ofrecieron sobre Tlascala le halló recién purgado, y que montó a caballo, y anduvo en la disposición de la batalla, y en los peligros de ella, sin acordarse del achaque ni sentir el remedio, que hizo el día siguiente su operación, cobrando con la quietud del sujeto su eficacia y su actividad. Don fray Prudencio de Sandoval en su Historia del Emperador lo califica por milagro que Dios obró con él, dictamen que impugnarán los filósofos, a cuya profesión toca el discurrir cómo pudo en este caso arrebatarse la facultad natural en seguimiento de la imaginación ocupada en mayor negocio, o cómo se recogieron los espíritus al corazón y a la cabeza, llevándose tras sí el calor natural con que se había de actuar el medicamento. Pero el historiador no debe omitir la sencilla narración de un suceso en que se conoce cuánto se entregaba este capitán al cuidado vigilante de lo que debía mandar y disponer en la batalla: ocupación verdaderamente que necesita de todo el hombre por grande que sea; y ponderaciones que alguna vez son permitidas en la historia, por lo que sirven al ejemplo y animan la imitación.

Averiguados ya los designios de Xicotencal por la confesión de sus espías, trató Hernán Cortés de prevenir todo lo necesario para la defensa de su cuartel, y pasó luego a discurrir en el castigo que merecían aquellos delincuentes condenados a muerte según las leyes de la guerra; pero le pareció que el hacerlos matar sin noticia de los enemigos, sería justicia sin escarmiento, y como necesitaba menos de su satisfacción que del terror ajeno, ordenó que a los que estuvieron más negativos, que serían catorce o quince, se les cortasen las manos a unos, y a otros los dedos pulgares, y los envió de esta suerte a su ejército; mandándoles que dijesen de su parte a Xicotencal que ya le quedaban esperando, y que se los enviaba con la vida porque no se le malograsen las noticias que llevaban de sus fortificaciones.

Hizo grande horror en el ejército de los indios que venía ya marchando a su facción este sangriento espectáculo; quedaron todos atónitos, notando la novedad y el rigor del castigo, y Xicotencal más que todos, cuidadoso de que hubiesen descubierto sus designios, siendo éste el primer golpe que le tocó en el ánimo, y empezó a quebrantar su resolución, porque se persuadió a que no podían, sin alguna divinidad, aquellos hombres haber conocido sus espías, y penetrado su pensamiento; con cuya imaginación empezó a congojarse, y a dudar en el partido que debía tomar; pero cuando ya estaba inclinado a resolver su retirada, la halló necesaria por otro accidente, y se hizo sin su voluntad lo mismo que resistía su obstinación. Llegaron a este tiempo diferentes ministros del senado, que autorizados con su representación, le intimaron que arrimase el bastón de general, porque vista su inobediencia, y el atrevimiento de su respuesta, se había revocado el nombramiento, en cuya virtud gobernaba las armas de la república. Mandaron también a los capitanes que no le obedeciesen, pena de ser declarados por traidores a la patria, y como cayó esta novedad sobre la turbación que causó en todos el destrozo de sus espías, y en Xicotencal la penetración de su secreto, ninguno se atrevió a replicar, antes inclinaron las cervices al precepto de la república, deshaciéndose con extraordinaria prontitud todo aquel aparato de guerra. Marcharon los caciques a sus tierras, la gente de Tlascala tomó el camino sin esperar otra orden, y Xicotencal, que estaba ya menos animoso, tuvo a felicidad que le quitasen las armas de la mano, y se recogió a la ciudad, acompañado solamente de sus amigos y parientes, donde se presentó al senado, mal escondido su despecho en esta demostración de su obediencia.

Los españoles pasaron aquella noche con cuidado, y sosegaron el día siguiente sin descuido porque no se acababan de asegurar de la intención del enemigo, aunque los indios de la contribución afirmaban que se había deshecho el ejército, y esforzado la plática de la paz. Duró esta suspensión hasta que otro día por la mañana descubrieron los centinelas una tropa de indios, que venían al parecer con algunas cargas sobre los hombros, por el camino de Tlascala; Hernán Cortés mandó que se retirasen a la plaza y los dejasen llegar. Guiaban esta tropa cuatro personajes de respeto, bien adornados, cuyo traje y plumas blancas denotaban la paz; detrás de ellos venían sus criados y después veinte o treinta indios tamenes cargados de vituallas. Deteníanse de cuando en cuando, como recelosos de acercarse, y hacían grandes humillaciones hacia el cuartel, entreteniendo el miedo con la cortesía; inclinaban el pecho hasta tocar la tierra con las manos, levantándose después para ponerlas en los labios: reverencia que solo usaban con sus príncipes, y en estando más cerca, subieron de punto el rendimiento con el humo de sus incensarios. Dejóse ver entonces sobre la muralla doña Marina, y en su lengua les preguntó de parte de quién y a qué venían. Respondieron, que de parte del senado y república de Tlascala, y a tratar de la paz, con que se les concedió la entrada.

Recibiólos Hernán Cortés con aparato y severidad conveniente; y ellos repitiendo sus reverencias y sus perfumes, dieron su embajada, que se redujo a diferentes disculpas de lo pasado; frívolas, pero de bastante sustancia, para colegir de ellas su arrepentimiento. Decían: «que los otomíes y chontales, naciones bárbaras de su confederación, habían juntado sus gentes, y hecho la guerra contra el parecer del senado, cuya autoridad no había podido reprimir los primeros ímpetus de su ferocidad; pero que ya quedaban desarmados, y la república muy deseosa de la paz; que no solo traían la voz del senado sino de la nobleza y del pueblo para pedirle que marchase luego con todos sus soldados a la ciudad, donde podrían detenerse lo que gustasen, con seguridad de que serían asistidos y venerados como hijos del Sol y hermanos de sus dioses» y últimamente concluyeron su razonamiento, dejando mal encubierto el artificio en todo lo que hablaron de la guerra pasada, pero no sin algunos visos de sinceridad en lo que proponían de la paz.

Hernán Cortés, afectando segunda vez la severidad, y negando al semblante la interior complacencia, les respondió solamente: «que llevasen entendido, y dijesen de su parte al senado que no era pequeña demostración de su benignidad el admitirlos y escucharlos, cuando podían temer su indignación como delincuentes, y debían recibir la ley como vencidos: que la paz que proponían era conforme a su inclinación, pero que la buscaban después de una, guerra muy injusta y muy porfiada, para que se dejase hallar fácilmente o no la encontrasen detenida y recatada: que se vería cómo perseveraban en desearla, y cómo procedían para merecerla, y entretanto procuraría reprimir el enojo de sus capitanes, y engañar la razón de sus armas, suspendiendo el castigo con el brazo levantado, para que pudiesen lograr con la enmienda el tiempo que hay entre la amenaza y el golpe».

Así les respondió Cortés, tomando por este medio algún tiempo para convalecer de su enfermedad, y para examinar mejor la verdad de aquella proposición; a cuyo fin tuvo por conveniente que volviesen cuidadosos y poco asegurados estos mensajeros, porque no se ensoberbeciesen o entibiasen los del senado, hallándole muy fácil o muy deseoso de la paz: que en este género de negocios suelen ser atajos los que parecen rodeos, y servir como diligencias las dificultades.

**Capítulo XXI. Vienen al cuartel nuevos embajadores de Motezuma para embarazar la paz de Tlascala: persevera el senado en pedirla, y toma el mismo Xicotencal a su cuenta esta negociación**

Creció con estas victorias la fama de los españoles; y Motezuma que tenía frecuentes noticias de lo que pasaba en Tlascala, mediante la observación de sus ministros y la diligencia de sus correos, entró en mayor aprensión de su peligro cuando vio sojuzgada y vencida por tan pocos hombres aquella nación belicosa que tantas veces había resistido a sus ejércitos. Hacíanle grande admiración las hazañas que le referían de los extranjeros, y temía que una vez reducidos a su obediencia los tlascaltecas se sirviesen de su rebeldía y de sus armas, y pasasen a mayores intentos en daño de su imperio. Pero es muy de reparar que en medio de tantas perplejidades y recelos no se acordase de su poder, ni pasase a formar ejército para su defensa y seguridad; antes sin tratar (por no sé qué genio superior a su espíritu) de convocar sus gentes, ni atreverse a romper la guerra, se dejaba todo a las artes de la política, y andaba fluctuando entre los medios suaves. Puso entonces la mira en deshacer esta unión de españoles y tlascaltecas; y no lo pensaba mal, que cuando falta la resolución, suele andar muy despierta y muy solícita la prudencia. Resolvió para este fin hacer nueva embajada y regalo a Cortés, cuyo pretexto fue complacerse de los buenos sucesos de sus armas, y de que le ayudase a castigar la insolencia de sus enemigos los tlascaltecas; pero el fin principal de esta diligencia fue pedirle con nuevo encarecimiento que no tratase de pasar a su corte con mayor ponderación de las dificultades que le obligaban a no conceder esta permisión. Llevaron los embajadores instrucción secreta para reconocer el estado en que se hallaba la guerra de Tlascala, y procurar (en caso que se hablase de la paz, y los españoles se inclinasen a ella) divertir y embarazar su conclusión, sin manifestar el recelo de su príncipe, ni apartarse de la negociación hasta darle cuenta, y esperar su orden.

    Vinieron con esta embajada cinco mexicanos de la primera suposición entre sus nobles, y pisando con algún recato los términos de Tlascala, llegaron al cuartel poco después que partieron los ministros de la república. Recibiólos Hernán Cortés con grande agasajo y cortesía, porque ya le tenía con algún cuidado el silencio de Motezuma. Oyó su embajada gratamente, recibió también y agradeció el presente, cuyo valor sería de hasta mil pesos en piezas diferentes de oro ligero, sin otras curiosidades de pluma y algodón, y no les dio por entonces su respuesta, porque deseaba que viesen antes de partir a los de Tlascala rendidos y pretendientes de la paz; ni ellos solicitaron su despacho, porque también deseaban detenerse; pero tardaron poco en descubrir todo el secreto de su instrucción, porque decían lo que habían de callar, preguntando con poca industria lo que venían a inquirir, y a breve tiempo se conoció todo el temor de Motezuma, y lo que importaba la paz de Tlascala para que viniese a la razón.

La república entretanto, deseosa de poner a buena fe a los españoles, envió sus órdenes a los lugares del contorno para que acudiesen al cuartel con bastimentos, mandando que no llevasen por ellos precio ni rescate, lo cual se ejecutó puntualmente y creció la provisión sin que se atreviesen los paisanos a recibir la menor recompensa. Dos días después se descubrió por el camino de la ciudad una considerable tropa de indios que se venía acercando con insignias de paz; y avisado Cortés, mandó que se les franquease la entrada, y para recibirlos mezcló entre su acompañamiento a los embajadores mexicanos, dándoles a entender que les confiaba lo que deseaba poner en su noticia. Venía por cabo de los tlaxcaltecas el mismo Xicotencal, que tomó la comisión de tratar o concluir este gran negocio, bien fuese por satisfacer al senado, enmendando con esta acción su pasada rebeldía, o porque se persuadió a que convenía la paz, y como ambicioso de gloria, no quiso que se debiese a otro el bien de su república. Acompañábanle cincuenta caballeros de su facción y parentela, bien adornados a su modo. Era de más que mediana estatura, de buen talle, más robusto que corpulento; el traje, un manto blanco airosamente manejado, muchas plumas, y algunas joyas puestas en su lugar; el rostro de poco agradable proporción, pero que no dejaba de infundir respeto, haciéndose más reparable por el denuedo que por la fealdad. Llegó con desembarazo de soldado a la presencia de Cortés, y hechas sus reverencias tomó asiento, dijo quién era, y empezó su oración: «confesando que tenía toda la culpa de la guerra pasada, porque se persuadió a que los españoles eran parciales de Motezuma, cuyo nombre aborrecía, pero que ya como primer testigo de sus hazañas, venía con los méritos de rendido a ponerse en las manos de su vencedor, deseando merecer con esta sumisión y reconocimiento el perdón de su república, cuyo nombre y autoridad traía, no para proponer sino pedir rendidamente la paz, y admitirla como se la quisiesen conceder, que la demanda una y dos y tres veces en nombre del senado, nobleza y pueblo de Tlascala: suplicándole con todo encarecimiento que honrase luego aquella ciudad con su asistencia, donde hallaría prevenido alojamiento para toda su gente, y aquella veneración y servidumbre que se podía fiar de los que siendo valientes se rendían a rogar y obedecer; pero que solamente pedía, sin que pareciese condición de la paz sino dádiva de su piedad, que se hiciese buen pasaje a los vecinos y se reservasen de la licencia militar sus dioses y sus mujeres.»

Agradó tanto a Cortés el razonamiento y desahogo de Xicotencal, que no pudo dejar de manifestarlo en el semblante a los que le asistían, dejándose llevar del afecto que le merecían siempre los hombres de valor; pero mandó a doña Marina que se lo dijese así, porque no pensase que se alegraba de su proposición, y volvió a cobrar su entereza para ponderarle no sin alguna vehemencia «la poca razón que había tenido su república en mover una guerra tan injusta, y él en fomentar esta injusticia con tanta obstinación»; en que se alargó sin prolijidad a todo lo que pedía la razón, y después de acriminar el delito para encarecer el perdón, concluyó «concediendo la paz que le pedían, y que no les haría violencia ni extorsión alguna en el paso de su ejército»; a que añadió: «que cuando llegase el caso de ir a su ciudad, se les avisaría con tiempo, y se dispondría lo que fuese necesario para su entrada y alojamiento».

Sintió mucho Xicotencal esta dilación, mirándola como pretexto para examinar mejor la sinceridad del tratado; y con los ojos en el auditorio, dijo: «razón tenéis o Teules grandes (así llamaban a sus dioses), para castigar nuestra verdad con vuestra desconfianza, pero si no basta para que me creáis el hablaros en mí toda la república de Tlascala, yo que soy el capitán general de sus ejércitos, y estos caballeros de mi séquito, que son los primeros nobles y mayores capitanes de mi nación, nos quedaremos en rehenes de vuestra seguridad y estaremos en vuestro poder prisioneros o aprisionados todo el tiempo que os detuviereis en nuestra ciudad». No dejó de asegurarse mucho Hernán Cortés con este ofrecimiento, pero como deseaba siempre quedar superior, le respondió: «que no era menester aquella demostración para que se creyese que deseaban lo que tanto les convenía, ni su gente necesitaba de rehenes para entrar segura en su ciudad, y mantenerse en ella sin recelo, como se había mantenido en medio de sus ejércitos armados; pero que la paz quedaba firme y asegurada en su palabra, y su jornada sería lo más presto que se pudiese disponer». Con que disolvió la plática y los salió acompañando hasta la puerta de su alojamiento, donde agasajó de nuevo con los brazos a Xicotencal; y dándole después la mano, le dijo al despedirse: «que solo tardaría en pagarle aquella visita el breve tiempo que había menester para despachar unos embajadores de Motezuma»; palabras que dieron bastante calor a la negociación, aunque las dejó caer como cosa en que no reparaba.

Quedóse después con los mexicanos, y ellos hicieron grande irrisión de la paz y de los que la proponían, pasando a culpa, no sin alguna enfadosa presunción, la facilidad con que se dejaron persuadir los españoles; y volviendo el rostro a Cortés le dijeron como que le daban doctrina: «que se admiraban mucho de que un hombre tan sabio no conociese a los de Tlascala, gente bárbara que se mantenía de sus ardides más que de sus fuerzas; y que mirase lo que hacía, porque solo trataban de asegurarle para servirse de su descuido y acabar con él y con los suyos». Pero cuando vieron que se afirmaba en mantener su palabra, y en que no podía negar la paz a quien se la pedía, ni faltar al primer instituto de sus armas, quedaron un rato pensativos; de que resultó el pedirle, convertida en ruego la persuasión, que dilatase por seis días el marchar a Tlascala: en cuyo tiempo irían los dos más principales a poner en la noticia de su príncipe todo lo que pasaba, y quedarían los demás a esperar su resolución. Concedióselo Hernán Cortés, porque no le pareció conveniente romper con el respeto de Motezuma, ni dejar de esperar lo que diese de sí esta diligencia, siendo posible que se allanasen con ella las dificultades que ponía en dejarse ver. Así se aprovechaba de los afectos que reconocía en los tlascaltecas y en los mexicanos; y así daba estimación a la paz, haciéndosela desear a los unos y temer a los otros.

# Libro III

## Capítulo I. Dase noticia del viaje que hicieron a España los enviados de Cortés, y de las contradicciones y embarazos que retardaron su despacho

Razón es ya que volvamos a los capitanes Alonso Hernández Portocarrero y Francisco de Montejo, que partieron de la Veracruz con el presente y cartas para el rey: primera noticia y primer tributo de la Nueva España. Hicieron su viaje con felicidad, aunque pudieron aventurarla por no guardar literalmente las órdenes que llevaban; cuyas interpretaciones suelen destruir los negocios, y aciertan pocas veces con el dictamen del superior. Tenía Francisco de Montejo en la isla de Cuba, cerca de La Habana, una de las estancias de su repartimiento; y cuando llegaron a vista del cabo de San Antón, propuso a su compañero, y al piloto Antón de Alaminos, que sería bien acercarse a ella, y proveerse de algunos bastimentos de regalo para el viaje, pues estando aquella población tan distante de la ciudad de Santiago, donde residía Diego Velázquez, se contravenía poco a la sustancia del precepto que les puso Cortés, para que se apartasen de su distrito. Consiguió su intento, logrando con este color el deseo que tenía de ver su hacienda, y arriesgó no solo el bajel, sino el presente, y todo el negocio de su cargo; porque Diego Velázquez, a quien desvelaban continuamente los celos de Cortés, tenía distribuidas por todas las poblaciones vecinas a la costa diferentes espías que le avisasen de cualquier novedad, temiendo que enviase alguno de sus navíos a la isla de Santo Domingo para dar cuenta de su descubrimiento, y pedir socorro a los religiosos gobernadores, cuya instancia deseaba prevenir y embarazar. Supo luego por este medio lo que pasaba en la estancia de Montejo, y despachó en breves horas dos bajeles muy veleros, bien artillados y guarnecidos, para que procurasen aprehender a todo riesgo el navío de Cortés; disponiendo la facción con tanta celeridad, que fue necesaria toda la ciencia y toda la fortuna del piloto Alaminos para escapar de este peligro que puso en contingencia todos los progresos de Nueva España.

Bernal Díaz del Castillo mancha con poca razón la fama de Francisco de Montejo, digno por su calidad y valor de mejores ausencias: cúlpale de que faltó a la obligación en que le puso la confianza de Cortés; dice que salió a su estancia con ánimo de suspender la navegación, para que tuviese tiempo Diego Velázquez de aprehender el navío; que le escribió una carta con el aviso, que la llevó un marinero, arrojándose al agua, y otras circunstancias de poco fundamento, en que se contradice después, haciendo particular memoria de la resolución y actividad con que se opuso Francisco de Montejo en la corte a los agentes y valedores de Diego Velázquez; pero también escribe que no hallaron estos enviados de Cortés al emperador en España, y afirma otras cosas, de que se conoce la facilidad con que daba los oídos, y que se deben leer con recelo sus noticias en todo aquello que no le informaron sus ojos. Continuaron su viaje por el canal de Bahama, siendo Antón de Alaminos el primer piloto que se arrojó al peligro de sus corrientes; y fue menester entonces toda la violencia con que se precipitan por aquella parte las aguas entre las islas Lucayas y la Florida, para salir a lo ancho con brevedad, y dejar frustradas las asechanzas de Diego Velázquez.

Favoreciólos el tiempo, y arribaron a Sevilla por octubre de este año, en menos favorable ocasión, porque se hallaba en aquella ciudad el capellán Benito Martín, que vino a la corte, como dijimos, a solicitar las conveniencias de Diego Velázquez; y habiéndole remitido los títulos de su adelantamiento, aguardaba embarcación para volverse a la isla de Cuba. Hízole gran novedad este accidente, y valiéndose de su introducción y solicitud, se querelló de Hernán Cortés, y de los que venían en su nombre, ante los ministros de la contratación, que ya se llamaba de las Indias, refiriendo: «que aquel navío era de su amo Diego Velázquez, y todo lo que venía en él perteneciente a sus conquistas; que la entrada en las provincias de Tierra Firme se había ejecutado furtivamente y sin autoridad, alzándose Cortés y los que le acompañaban con la armada que Diego Velázquez tenía prevenida para la misma empresa; que los capitanes Portocarrero y Montejo eran dignos de grave castigo, y por lo menos se debía embargar el bajel y su carga mientras no legitimasen los títulos, de cuya virtud emanaba su comisión». Tenía Diego Velázquez muchos defensores en Sevilla, porque regalaba con liberalidad; y esto era lo mismo que tener razón, por lo menos en los casos dudosos, que se interpretan las más veces con la voluntad. Admitióse la instancia, y últimamente se hizo el embargo, permitiendo a los enviados de Cortés, por gran equivalencia, que acudiesen al rey.

Partieron con esta permisión a Barcelona los dos capitanes y el piloto Alaminos, creyendo hallar la corte en aquella ciudad; pero llegaron a tiempo que acababa de partir el rey a La Coruña, donde tenía convocadas las cortes de Castilla, y prevenida su armada para pasar a Flandes, instado ya prolijamente de los clamores de Alemania, que le llamaban a la corona del imperio. No se resolvieron a seguir la corte, por no hablar de paso en negocio tan grave, que mezclado entre las inquietudes del camino, perdería la novedad sin hallar la consideración; por cuyo reparo se encaminaron a Medellín con ánimo de visitar a Martín Cortés, y ver si podían conseguir que viniese con ellos a la presencia del rey, para que autorizase con sus canas y con su representación la instancia y la persona de su hijo. Recibiólos aquel venerable anciano con la ternura que se deja considerar en un padre cuidadoso y desconsolado, que ya le lloraba muerto, y halló con las nuevas de su vida tanto que admirar en sus acciones y tanto que celebrar en su fortuna.

Determinóse luego a seguirlos, y tomando noticia del paraje donde se hallaba el emperador (así le llamaremos ya), supieron que había de hacer mansión en Tordesillas para despedirse de la reina doña Juana su madre, y despachar algunas dependencias de su jornada. Aquí le esperaron, y aquí tuvieron la primera audiencia, favorecidos de una casualidad oportuna; porque los ministros de Sevilla no se atrevieron a detener en el embargo lo que venía para el emperador, y llegaron a la misma sazón el presente de Cortés, y los indios de la nueva conquista: con cuyo accidente fueron mejor escuchadas las novedades que referían; facilitándose por los ojos la extrañeza de los oídos, porque aquellas alhajas de oro, preciosas por la materia y por el arte, aquellas curiosidades y primores de pluma y algodón, y aquellos racionales de tan rara fisonomía, que parecían hombres de segunda especie, fueron otros tantos testigos, que hicieron creíble, dejando admirable su narración.

Oyólos el emperador con mucha gratitud; y el primer movimiento de aquel ánimo real fue volverse a Dios, y darle rendidas gracias de que en su tiempo se hallasen nuevas regiones donde introducir su nombre y dilatar su evangelio. Tuvo con ellos diferentes conferencias; informóse cuidadosamente de las cosas de aquel nuevo mundo; del dominio y fuerza de Motezuma; de la calidad y talento de Cortés; hizo algunas preguntas al piloto Alaminos concernientes a la navegación; mandó que los indios se llevasen a Sevilla, para que se conservasen mejor en temple más benigno; y según lo que se pudo colegir entonces del afecto con que deseaba fomentar aquella empresa, fuera breve y favorable su resolución, si no le embarazaran otras dependencias de gravísimo peso.

Llegaban cada día nuevas cartas de las ciudades con proposiciones poco reverentes; lamentábase Castilla de que se sacasen sus cortes a Galicia; estaba celoso el reino de que pesase más el imperio; andaba mezclada con protestas la obediencia; y finalmente se iba derramando poco a poco en los ánimos la semilla de las comunidades. Todos amaban al rey, y todos le perdían el respeto; sentían su ausencia; lloraban su falta; y este amor natural, convertido en pasión o mal administrado, se hizo brevemente amenaza de su dominio. Resolvió apresurar su jornada por apartarse de las quejas, y la ejecutó creyendo volver con brevedad, y que no le sería dificultoso corregir después aquellos malos humores que dejaba movidos. Así lo consiguió; pero respetando los altos motivos que le obligaron a este viaje, no podemos dejar de conocer que se aventuró a gran pérdida, y que a la verdad hace poco por la salud quien se fía del exceso, en suposición de que habrá remedios cuando llegue la necesidad.

Quedó remitida por estos embarazos la instancia de Cortés al cardenal Adriano, y a la junta de prelados y ministros que le habían de aconsejar en el gobierno durante la ausencia del emperador, con orden para que oyendo al consejo de Indias, se tomase medio en las pretensiones de Diego Velázquez, y se diese calor al descubrimiento y conquista espiritual de aquella tierra, que ya se iba dejando conocer por el nombre de Nueva España.

Presidía en este consejo, formado pocos días antes, Juan Rodríguez de Fonseca, obispo de Burgos, y concurrían en él Hernando de Vega, señor de Grajal, don Francisco Zapata y don Antonio de Padilla, del consejo real, y Pedro Mártir de Anglería, proto-notario de Aragón. Tenía el presidente gran suposición en las materias de las Indias, porque las había manejado muchos días, y todos cedían a su autoridad y a su experiencia. Favorecía con descubierta voluntad a Diego Velázquez, y pudo ser que le hiciese fuerza su razón, o el concepto en que le tenía; que Bernal Díaz del Castillo refiere las causas de su pasión con indecencia y prolijidad; pero también dice lo que oyó, y sería mucho menos, o no sería. Lo que no se puede negar es que perdió mucho en sus informes la causa de Cortés, y que dio mal nombre a su conquista, tratándola como delito de mala consecuencia. Representaba que Diego Velázquez, según el título que tenía del emperador, era dueño de la empresa; y según justicia de los mismos medios con que se había conseguido, ponderaba lo poco que se podía fiar de un hombre rebelde a su mismo superior, y lo que se debían temer en provincias tan remotas estos principios de sedición; protestaba los daños, y últimamente cargó tanto la mano en sus representaciones, que puso en cuidado al cardenal y a los de la junta. No dejaban de conocer que se afectaba con sobrado fervor la razón de Diego Velázquez; pero no se atrevían a resolver negocio tan grave contra el parecer de un ministro tan graduado; ni tenían por conveniente desconfiar a Cortés, cuando estaba tan arrestado, y en la verdad se le debía un descubrimiento tanto mayor que los pasados. Cuyas dudas y contradicciones fueron retardando la resolución de modo que volvió el emperador de su jornada, y llegaron segundos comisarios de Cortés primero que se tomase acuerdo en sus pretensiones. Lo más que pudieron conseguir Martín Cortés y sus compañeros fue que se les mandasen librar algunas cantidades para su gasto, sobre los mismos efectos que tenían embargados en Sevilla, con cuya moderada subvención estuvieron dos años en la corte siguiendo los tribunales como pretendientes desvalidos: hecho esta vez negocio particular el interés de la monarquía, de cuantas suelen hacerse causa pública los intereses particulares.

**Capítulo II. Procura Motezuma desviar la paz de Tlascala: vienen los de aquella república a continuar su instancia, y Hernán Cortés ejecuta su marcha y hace su entrada en la ciudad**

En el discurso de los seis días que se detuvo Hernán Cortés en su alojamiento para cumplir con los mexicanos, se conoció con nuevas experiencias el afecto con que deseaban la paz los de Tlascala, y cuánto se recelaban de los oficios y diligencias de Motezuma; llegaron dentro del plazo señalado los embajadores que se esperaban, y fueron recibidos con la urbanidad acostumbrada. Venían seis caballeros de la familia real con lucido acompañamiento, y otro presente de la misma calidad y poco más valor que el pasado. Habló el uno de ellos, y no sin aparato de palabras y exageraciones ponderó «cuánto deseaba el supremo emperador (y al decir su nombre hicieron todos una profunda humillación) ser amigo y confederado del príncipe grande a quien obedecían los españoles, cuya majestad resplandecía tanto en el valor de sus vasallos, que se hallaba inclinado a pagarle todos los años algún tributo, partiendo con él las riquezas de que abundaba; porque le tenía en gran veneración, considerándole hijo del Sol, o por lo menos, señor de las regiones felicísimas donde nace la luz; pero que habían de preceder a este ajustamiento dos condiciones. La primera, que se abstuviesen Hernán Cortés y los suyos de confederarse con los de Tlascala, pues no era bien que hallándose tan obligados de sus dádivas, se hiciesen parciales de sus enemigos; y la segunda, que acabasen de persuadirse a que no era posible ni puesto en razón el intento de pasar a México; porque según las leyes de su imperio, ni él podía dejarse ver de gentes extranjeras, ni sus vasallos lo permitirían; que considerasen bien los peligros de ambas temeridades, porque los tlascaltecas eran tan inclinados a la traición y al latrocinio, que solo tratarían de asegurarlos para vengarse de ellos, y aprovecharse del oro con que los había enriquecido; y los mexicanos tan celosos de sus leyes y tan mal acondicionados, que no podría reprimirlos su autoridad, ni los españoles quejarse de lo que padeciesen, tantas veces amonestados de lo que aventuraban».

De este género fue la oración del mexicano, y todas las embajadas y diligencias de Motezuma paraban en procurar que no se le acercasen los españoles. Mirábalos con el horror de sus presagios, y fingiéndose la obediencia de sus dioses, hacía religión de su mismo desaliento. Suspendió Cortés por entonces su respuesta, y solo dijo: «que sería razón que descansasen de su jornada, y que los despacharía brevemente». Deseaba que fuesen testigos de la paz de Tlascala, y miró también a lo que importaba detenerlos, porque no se despechase Motezuma con la noticia de su resolución, y tratase de ponerse en defensa; que ya se sabía su desprevención, y no se ignoraba la facilidad con que podía convocar sus ejércitos.

Dieron tanto cuidado en Tlascala estas embajadas, a que atribuían la detención de Cortés, que resolvieron los del gobierno, por última demostración de su afecto, venir al cuartel en forma de senado, para conducirle a su ciudad, o no volver a ella sin dejar enteramente acreditada la sinceridad de su trato y desvanecidas las negociaciones de Motezuma.

Era solemne y numeroso el acompañamiento, y pacífico el color de los adornos y las plumas. Venían los senadores en andas o sillas portátiles, sobre los hombros de ministros inferiores; y en el mejor lugar Magiscatzin, que favoreció siempre la causa de los españoles, y el padre de Xicotencal, anciano, venerable, a quien había quitado los ojos la vejez; pero sin ofender la cabeza, pues se conservaba todavía con opinión de sabio entre los consejeros. Apeáronse poco antes de llegar a la casa donde los esperaba Cortés, y el ciego se adelantó a los demás, pidiendo a los que le conducían que le acercasen al capitán de los orientales. Abrazóle con extraordinario contento, y después le aplicaba por diferentes partes el tacto, como quien deseaba conocerle, supliendo con las manos el defecto de los ojos. Sentáronse todos, y a ruego de Magiscatzin habló el ciego en esta sustancia:

«Ya, valeroso capitán, seas o no del género mortal, tienes en tu poder al senado de Tlascala, última señal de nuestro rendimiento. No venimos a disculpar el yerro de nuestra nación, sino a tomarle sobre nosotros, fiando a nuestra verdad tu desenojo. Nuestra fue la resolución de la guerra, pero también ha sido nuestra la determinación de la paz. Apresurada fue la primera, y tarda es la segunda; pero no suelen ser de peor calidad las resoluciones más consideradas, antes se borra con trabajo lo que se imprime con dificultad; y puedo asegurar que la misma detención nos dio mayor conocimiento de tu valor, y profundó los cimientos de nuestra constancia. No ignoramos que Motezuma intenta disuadirte de nuestra confederación: escúchale como a nuestro enemigo, si no le considerares como tirano; que ya lo parece quien te busca para la sinrazón. Nosotros no queremos que nos ayudes contra él, que para todo lo que no eres tú nos bastan nuestras fuerzas; solo sentiremos que fíes tu seguridad de sus ofertas, porque conocemos sus artificios y maquinaciones; y acá en mi ceguedad se me ofrecen algunas luces, que me descubren desde lejos tu peligro. Puede ser que Tlascala se haga famosa en el mundo por la defensa de tu razón; pero dejemos al tiempo tu desengaño, que no es vaticinio lo que se colige fácilmente de su tiranía y de nuestra fidelidad. Ya nos ofreciste la paz: si no te detiene Motezuma, ¿qué te detiene? ¿Por qué te niegas a nuestras instancias? ¿Por qué dejas de honrar nuestra ciudad con tu presencia? Resueltos venimos a conquistar de una vez tu voluntad y tu confianza, o poner en tus manos nuestra libertad: elige, pues, de estos dos partidos el que más te agradare, que para nosotros nada es tercero entre las dos fortunas de tus amigos o tus prisioneros.»

Así concluyó su oración el ciego venerable, porque no faltase algún Apio Claudio en este consistorio, como el otro que oró en el senado contra los epirotas; y no se puede negar que los tlascaltecas eran hombres de más que ordinario discurso, como se ha visto en su gobierno, acciones y razonamientos. Algunos escritores poco afectos a la nación española, tratan a los indios como brutos, incapaces de razón, para dar menos estimación a su conquista. Es verdad que se admiraban con simplicidad de ver hombres de otro género, color y traje; que tenían por monstruosidad las barbas (accidente que negó a sus rostros la naturaleza); que daban el oro por el vidrio; que tenían por rayos las armas de fuego, y por fieras los caballos; pero todos eran efectos de la novedad, que ofenden poco al entendimiento, porque la admiración aunque suponga ignorancia, no supone incapacidad, ni propiamente se puede llamar ignorancia la falta de noticia. Dios los hizo racionales, y no porque permitió su ceguedad, dejó de poner en ellos toda la capacidad y dote naturales, que fueron necesarios a la conservación de la especie, y debidos a la perfección de sus obras. Volvamos empero a nuestra narración, y no autoricemos la calumnia sobrando en la defensa.

No pudo resistir Hernán Cortés a esta demostración del senado, ni tenía ya que esperar, habiéndose cumplido el término que ofreció a los mexicanos, y así respondió con toda estimación a los senadores, y los hizo regalar con algunos presentes, deseando acreditar con ellos su agrado y su confianza. Fue necesario persuadirlos con resolución para que se volviesen y lo consiguió, dándoles palabra de mudar luego su alojamiento a la ciudad, sin más detención que la necesaria para juntar alguna gente de los lugares vecinos, que condujese la artillería y el bagaje. Aceptaron ellos la palabra, haciéndosela repetir con más afecto que desconfianza, y partieron contentos y asegurados, tomando a su cuenta la diligencia de juntar y remitir los indios de carga que fuesen menester; y apenas rayó la primera luz del día siguiente, cuando se hallaron a la puerta del cuartel quinientos tamenes tan bien industriados, que competían sobre la carga, haciendo pretensión de su mismo trabajo.

Tratóse luego de la marcha, púsose la gente en escuadrón y dando su lugar a la artillería y al bagaje, se fue siguiendo el camino de Tlascala, con toda la buena ordenanza, prevención y cuidado que observaba siempre aquel pequeño ejército, a cuya rigurosa disciplina se debió mucha parte de sus operaciones. Estaba la campaña por ambos lados poblada de innumerables indios que salían de sus pueblos a la novedad, y eran tantos sus gritos y ademanes, que pudieran pasar por clamores o amenazas de las que usaban en la guerra, sino dijera doña Marina que usaban también de aquellos alaridos en sus mayores fiestas, y que celebrando a su modo la dicha que habían conseguido, vitoreaban y bendecían a los nuevos amigos, con cuya noticia se llevó mejor la molestia de las voces, siendo necesaria entonces la paciencia para el aplauso.

Salieron los senadores largo trecho de la ciudad a recibir el ejército con toda la ostentación y pompa de sus funciones públicas, asistidos de los nobles, que hacían vanidad en semejantes casos de autorizar a los ministros de su república. Hicieron al llegar sus reverencias, y sin detenerse caminaron delante, dando a entender con este apresurado rendimiento lo que deseaban adelantar la marcha, o no detener a los que acompañaban.

Al entrar en la ciudad resonaron los víctores y aclamaciones con mayor estruendo, porque se mezclaba con el grito popular la música disonante de sus flautas, ataballillos y bocinas. Era tanto el concurso de la gente, que trabajaron mucho los ministros del senado en concertar la muchedumbre, para desembarazar las calles. Arrojaban las mujeres diferentes flores sobre los españoles, y las más atrevidas o menos recatadas, se acercaban hasta ponerlas en sus manos. Los sacerdotes, arrastrando las ropas talares de sus sacrificios, salieron al paso con sus braserillos de copal; y sin saber que acertaban, significaron el aplauso con el humo. Dejábase conocer en los semblantes de todos la sinceridad del ánimo; pero con varios afectos, porque andaban la admiración mezclada con el contento, y el alborozo templado con la veneración. El alojamiento que tenían prevenido, con todo lo necesario para la comodidad y el regalo, era la mejor casa de la ciudad, donde había tres o cuatro patios muy espaciosos, con tantos y tan capaces aposentos, que consiguió Cortés sin dificultad la conveniencia de tener unida su gente. Llevó consigo a los embajadores de Motezuma por más que lo resistieron, y los alojó cerca de sí, porque iban asegurados en su respeto, y estaban temerosos de que se les hiciese alguna violencia. Fue la entrada y última reducción de Tlascala en 23 de septiembre del mismo año de 1519, día en que los españoles consiguieron una paz con circunstancias de triunfo, tan durable y de tanta consecuencia para la conquista de Nueva España, que se conservan hoy en aquella provincia diferentes prerrogativas y exenciones, obtenidas en remuneración de aquella primera constancia: honrado monumento de su antigua fidelidad.

**Capítulo III. Descríbese la ciudad de Tlascala: quéjanse los senadores de que anduviesen armados los españoles sintiendo su desconfianza; y Cortés los satisface y procura reducir a que dejen la idolatría**

Era entonces Tlascala una ciudad muy populosa, fundada sobre cuatro eminencias poco distantes, que se prolongaban de Oriente a Poniente con desigual magnitud; y fiadas en la natural fortaleza de sus peñascos contenían en sí los edificios, formando cuatro cabeceras o barros distintos, cuya división se unía y comunicaba por diferentes calles de paredes gruesas que servían de muralla. Gobernaban estas poblaciones con señoría de vasallaje cuatro caciques descendientes de sus primeros fundadores, que pendían del senado, y ordinariamente concurrían en él; pero con sujeción a sus órdenes en todo lo político y segundas instancias de sus vasallos. Las casas se levantaban moderadamente de la tierra, porque no usaban segundo techo: su fábrica de piedra y ladrillo, y en vez de tejados azoteas y corredores; las calles angostas y torcidas según conservaba su dificultad la aspereza de la montaña: extraordinaria situación y arquitectura, menos a la comodidad que a la defensa.

Tenía toda la provincia cincuenta leguas de circunferencia, diez su longitud de Oriente a Poniente, y cuatro su latitud de Norte a Sur: país montuoso y quebrado; pero muy fértil y bien cultivado en todos los parajes donde la frecuencia de los riscos daba lugar al beneficio de la tierra. Confinaba por todas partes con provincias de la facción de Motezuma: solo por la del Norte cerraba más que dividía sus límites la gran cordillera, por cuyas montañas inaccesibles se comunicaban con los otomíes, totonaques y otras naciones bárbaras de su confederación. Las poblaciones eran muchas y de numerosa vecindad. La gente inclinada desde la niñez a la superstición y al ejercicio de las armas, en cuyo manejo se imponían y habilitaban con emulación, hiciéselos montaraces el clima, o valientes la necesidad. Abundaban de maíz, y esta semilla respondía tan bien al sudor de los villanos, que dio a la provincia el nombre de Tlascala; voz que en su lengua es lo mismo que tierra de pan. Había frutas de gran variedad y regalo, cazas de todo género, y era una de sus fertilidades la cochinilla, cuyo uso no conocían hasta que le aprendieron de los españoles. Debióse de llamar así del grano coccíneo, que dio entre nosotros nombre a la grana: pero en aquellas partes es un género de insecto como gusanillo pequeño, que nace y adquiere la última sazón sobre las hojas de un árbol rústico y espinoso, que llamaban entonces tuna silvestre, y ya le benefician como fructífero: debiendo su mayor comercio y utilidad al precioso tinte de sus gusanos, nada inferior al que hallaron los antiguos en la sangre del múrice y la púrpura, tan celebrado en los mantos de sus reyes.

Tenía también sus pensiones la felicidad natural de aquella provincia, sujeta por la vecindad de las montañas a grandes tempestades, horribles huracanes y frecuentes inundaciones del río Zahual, que no contento algunos años con destruir las mieses y arrancar los árboles, solía buscar los edificios en lo más alto de las eminencias. Dicen que Zahual en su idioma significa río de sarna, porque se cubrían de ella los que usaban de sus aguas en la bebida o en el baño: segunda malignidad de su corriente. Y no era la menor entre las calamidades que padecía Tlascala el carecer de sal, cuya falta desazonaba todas sus abundancias; y aunque pudiera traerla fácilmente de las tierras de Motezuma con el precio de sus granos, tenían a menor inconveniente sufrir el sinsabor de sus manjares que abrir el comercio a sus enemigos.

Estas y otras observaciones de su gobierno, reparables a la verdad en la rudeza de aquella gente, hacían admiración y ponían en cuidado a los españoles. Cortés escondía su recelo, pero continuaba las guardias en su alojamiento, y cuando salía con los indios a la ciudad, llevaba consigo parte de su gente, sin olvidar las armas de fuego. Andaban también en tropas los soldados y con la misma prevención, procurando todos acreditar la confianza, de manera que no pareciese descuido. Pero los indios que deseaban sin artificio ni afectación la amistad de los españoles, se desconsolaban pundonorosamente de que no se arrimasen las armas, y se acabase de creer su fidelidad; punto que se discutió en el senado: por cuyo decreto vino Magiscatzin a significar este sentimiento a Cortés, y ponderó mucho «cuanto disonaban aquellas prevenciones de guerra donde todos estaban sujetos, obedientes y deseosos de agradar; que la vigilancia con que se vivía en el cuartel denotaba poca seguridad; y los soldados que salían a la ciudad con sus rayos al hombro, puesto que no hiciesen mal, ofendieran más con la desconfianza que ofendieran con el agravio; dijo, que las armas se debían tratar como peso inútil donde no eran necesarias, y parecían mal entre amigos de buena ley y desarmados»; y concluyó suplicando encarecidamente a Cortés, de parte del senado y toda la ciudad, «que mandase cesar en aquellas demostraciones y aparatos, que al parecer conservaban señales de guerra mal fenecida, o por lo menos eran indicios de amistad escrupulosa».

Cortés le respondió: «que tenía conocida la buena correspondencia de sus ciudadanos, y estaba sin recelo de que pudiesen contravenir a la paz que tanto habían deseado: que las guardias que se hacían y el cuidado que reparaban en su alojamiento, era conforme a la usanza de su tierra, donde vivían siempre militarmente los soldados, y se habilitaban en el tiempo de la paz a los trabajos de la guerra; por cuyo medio se aprendía la obediencia y se hacía costumbre la vigilancia: que las armas también eran adorno y circunstancia de su traje, y las traían como gala de su profesión, por cuya causa les pedía que se asegurasen de su amistad, y no extrañasen aquellas demostraciones propias de su milicia y compatibles con la paz entre los de su nación». Halló camino de satisfacer a sus amigos sin faltar a la razón de su cautela; y Magiscatzin, hombre de espíritu guerrero, que había gobernado en su mocedad las armas de su república se agradó tanto de aquel estilo militar y loable costumbre, que no solo volvió sin queja, pero fue deseoso de introducir en sus ejércitos este género de vigilancia y ejercicios, que distinguían y habilitaban los soldados.

Quietáronse con esta noticia los paisanos, y asistían todos con diligente servidumbre al obsequio de los españoles. Conocíase más cada día su voluntad: los regalos fueron muchos, cazas de todos géneros y frutas extraordinarias, con algunas ropas y curiosidades de poco precio; pero lo mejor que daba de sí la penuria de aquellos montes cerrados al comercio de las regiones que producían el oro y la plata. La mejor sala del alojamiento se reservó para capilla, donde se levantó sobre gradas el altar, y se colocaron algunas imágenes con la mayor decencia que fue posible. Celebrábase todos los días el santo sacrificio de la misa con asistencia de los indios principales, que callaban admirados o respectivos; y aunque no estuviesen devotos cuidaban de no estorbar la devoción. Todo lo reparaban, y todo les hacía novedad y mayor estimación de los españoles, cuyas virtudes conocían y veneraban, más por lo que se hacen ellas amar, que porque las supiesen el nombre ni las ejercitasen.

Un día preguntó Magiscatzin a Cortés: «si era mortal; porque sus obras y las de su gente parecían más que naturales, y contenía en sí aquel género de bondad y grandeza que consideraban ellas en sus dioses; pero que no entendían aquellas ceremonias con que al parecer reconocían otra deidad superior, porque los aparatos eran de sacrificio, y no hallaban en él la víctima o la ofrenda con que se aplacaban los dioses, ni sabían que pudiese haber sacrificio sin que muriese alguno por la salud de los demás».

Con esta ocasión tomó la mano Cortés, y satisfaciendo a sus preguntas confesó su ingenuidad: «que su naturaleza y la de todos sus soldados era mortal: porque no se atrevió a contemporizar con el engaño de aquella gente cuando trataba de volver por la verdad infalible de su religión»; pero añadió: «que como hijos de mejor clima, tenían más espíritu y mayores fuerzas que los otros hombres»; y sin admitir el atributo de inmortal se quedó con la reputación de invencible. Díjoles también: «que no solo reconocían superior en el cielo, donde adoraban al único Señor de todo el universo; pero también eran súbditos y vasallos del mayor príncipe de la tierra, en cuyo dominio estaban ya los de Tlascala, pues siendo hermanos de los españoles, no podían dejar de obedecer a quien ellos obedecían». Pasó luego a discurrir en lo más esencial, y aunque oró fervorosamente contra la idolatría, hallando con su buena razón bastantes fundamentos para impugnar y destruir la multiplicidad de los dioses, y el horror abominable de sus sacrificios: cuando llegó a tocar en los misterios de la fe le parecieron dignos de mejor aplicación, y dio lugar (discreto hasta en callar a tiempo) para que hablase el padre fray Bartolomé de Olmedo. Procuró este religioso introducirlos poco a poco en el conocimiento de la verdad, explicando como docto y como prudente los puntos principales de la religión cristiana, de modo que pudiese abrazarlos la voluntad sin fatiga del entendimiento; porque nunca es bien dar con toda la luz en los ojos que habitan en la oscuridad. Pero Magiscatzin y los demás que le asistían dieron por entonces poca esperanza de reducirse. Decían «que aquel Dios a quien adoraban los españoles era muy grande, y sería mayor que los suyos, pero que cada uno tenía poder en su tierra, y allí necesitaban de un Dios contra los rayos y tempestades: de otro para las avenidas y las mieses; de otro para la guerra, y así de las demás necesidades, porque no era posible que uno solo cuidase de todo». Mejor admitieron la proposición del señor temporal, porque se allanaron desde luego a ser sus vasallos, y preguntaban si los defendería de Motezuma, poniendo en esto la razón de su obediencia; pero al mismo tiempo pedían con humildad y encogimiento: «que no saliese de allí la plática de mudar religión, porque si lo llegaban a entender sus dioses llamarían a sus tempestades, y echarían mano de sus avenidas para que los aniquilasen»; así los tenía poseídos el error y atemorizados el demonio. Lo más que se pudo conseguir entonces fue que dejasen los sacrificios de sangre humana, porque les hizo fuerza lo que se oponía a la ley natural; y con efecto fueron puestos en libertad los miserables cautivos que habían de morir en sus festividades, y se rompieron diferentes cárceles y jaulas donde los tenían y preparaban con el buen tratamiento, no tanto porque llegasen decentes al sacrificio, como porque no viniesen deslucidos al plato.

No quedó satisfecho Hernán Cortés con esta demostración, antes proponía entre los suyos que se derribasen los ídolos, trayendo en consecuencia la facción y el suceso de Zempoala, como si fuera lo mismo intentar semejante novedad en lugar de tanto mayor población: engañábale su celo y no le desengañaba su ánimo. Pero el padre fray Bartolomé de Olmedo le puso en razón, diciéndole con entereza religiosa: «que no estaba sin escrúpulo de la fuerza que se hizo a los de Zempoala, porque se compadecían mal la violencia y el Evangelio, y aquello en la substancia era derribar los altares y dejar los ídolos en el corazón». A que añadió «que la empresa de reducir aquellos gentiles pedía más tiempo y más suavidad, porque no era buen camino para darles a conocer su engaño malquistar con torcedores la verdad, y antes de introducir a Dios, se debía desterrar al demonio: guerra de otra milicia y de otras armas». A cuya persuasión y autoridad rindió Hernán Cortés su dictamen, reprimiendo los ímpetus de su piedad, y de allí adelante se trató solamente de ganar y disponer las voluntades de aquellos indios, haciendo amable con las obras la religión, para que a vista de ellas conociesen la disonancia y abominación de sus costumbres, y por éstas la deformidad y torpeza de sus dioses.

**Capítulo IV. Despacha Hernán Cortés los embajadores de Motezuma: reconoce Diego de Ordaz el volcán de Popocatepec, y se resuelve la jornada por Cholula**

Pasados tres o cuatro días que se gastaron en estas primeras funciones de Tlascala, volvió el ánimo Cortés al despacho de los embajadores mexicanos. Detúvolos para que viesen totalmente rendidos a los que tenían por indómitos, y la respuesta que les dio fue breve y artificiosa: «que dijesen a Motezuma lo que llevaban entendido y había pasado en su presencia: las instancias y demostraciones con que solicitaron y merecieron la paz los de Tlascala; el afecto y buena correspondencia con que la mantenían: que ya estaban a su disposición, y era tan dueño de sus voluntades, que esperaba reducirlos a la obediencia de su príncipe, siendo ésta una de las conveniencias que resultarían de su embajada, entre otras de mayor importancia que le obligaban a continuar el viaje y a solicitar entonces su benignidad para merecer después su agradecimiento». Con cuyo despacho y la escolta que pareció necesaria, partieron luego los embajadores, más enterados de la verdad que satisfechos de la respuesta. Y Hernán Cortés se halló empeñado en detenerse algunos días en Tlascala, porque iban llegando a dar la obediencia los pueblos principales de la república, y las naciones de su confederación, cuyo acto se revalidaba con instrumento público, y se autorizaba con el nombre del rey don Carlos, conocido ya y venerado entre aquellos indios, con un género de verdad en la sujeción que se dejaba colegir del respeto que tenían a sus vasallos.

Sucedió por este tiempo un accidente que hizo novedad a los españoles y puso en confusión a los indios. Descúbrese desde lo alto del sitio donde estaba entonces la ciudad de Tlascala el volcán de Popocatepec, en la cumbre de una sierra, que a distancia de ocho leguas se descuella considerablemente sobre los otros montes. Empezó en aquella sazón a turbar el día con grandes y espantosas avenidas de humo, tan rápido y violento, que subía derecho largo espacio del aire sin ceder a los ímpetus del viento, hasta que perdiendo la fuerza en lo alto se dejaba espaciar y dilatar a todas partes, y formaba una nube más o menos oscura, según la porción de ceniza que llevaba consigo. Salían de cuando en cuando mezcladas con el humo, algunas llamaradas o globos de fuego que al parecer se dividían en centellas, y serían las piedras encendidas que arrojaba el volcán, o algunos pedazos de materia combustible que duraban según su alimento.

No se espantaban los indios de ver el humo por ser frecuente y casi ordinario en este volcán, pero el fuego, que se manifestaba pocas veces, los entristecía y atemorizaba como presagio de venideros males, porque tenían aprendido que las centellas cuando se derramaban por el aire y no volvían a caer en el volcán, eran las almas de los tiranos que salían a castigar la tierra, y que sus dioses cuando estaban indignados se valían dellos como instrumentos adecuados a la calamidad de los pueblos.

En este delirio de su imaginación estaban discurriendo con Hernán Cortés, Magiscatzin y algunos de aquellos magnates que ordinariamente le asistían; y él reparando en aquel rudo conocimiento que mostraban de la inmortalidad, premio y castigo de las almas, procuraba darles a entender los errores con que tenían desfigurada esta verdad, cuando entró Diego de Ordaz a pedirle licencia para reconocer desde más cerca el volcán, ofreciendo subir a lo alto de la sierra y observar todo el secreto de aquella novedad. Espantáronse los indios de oír semejante proposición, y procurando informarle del peligro y desviarle del intento, decían: «que los más valientes de su tierra solo se atrevían a visitar alguna vez unas ermitas de sus dioses que estaban a la mitad de la eminencia, pero que de allí adelante no se hallaría huella de humano pie, ni eran sufribles los temblores y bramidos con que se defendía la montaña». Diego de Ordaz se encendió más en su deseo con la misma dificultad que le ponderaban; y Hernán Cortés, aunque lo tuvo por temeridad, le dio licencia para intentarlo, porque viesen aquellos indios que no estaban negados sus imposibles al valor de los españoles, celoso a todas horas de su reputación y la de su gente.

Acompañaron a Diego de Ordaz en esta facción dos soldados de su compañía, y algunos indios principales que ofrecieron llegar con él hasta las ermitas, lastimándose mucho de que iban a ser testigos de su muerte. Es el monte muy delicioso en su principio, hermoseándole por todas partes frondosas arboledas, que subiendo largo trecho con la cuesta, suavizan el camino con su amenidad, y al parecer con engañoso divertimiento llevan al peligro por el deleite. Vase después esterilizando la tierra, parte con la nieve, que dura todo el año en los parajes que desampara el Sol o perdona el fuego, y parte con la ceniza, que blanquea también desde lejos con la oposición del humo. Quedáronse los indios en la estancia de las ermitas, y partió Diego de Ordaz con sus dos soldados, trepando animosamente por los riscos y poniendo muchas veces los pies donde estuvieron las manos, pero cuando llegaron a poca distancia de la cumbre, sintieron que se movía la tierra con violentos y repetidos vaivenes, y percibieron los bramidos horribles del volcán, que a breve rato disparó con mayor estruendo gran cantidad de fuego envuelto en humo y ceniza, y aunque subió derecho sin calentar lo transversal del aire, se dilató después en lo alto, y volvió sobre los tres una lluvia de ceniza tan espesa y tan encendida, que necesitaron de buscar su defensa en el cóncavo de una peña, donde faltó el aliento a los españoles, y quisieron volverse, pero Diego de Ordaz viendo que cesaba el terremoto, que se mitigaba el estruendo y salía menos denso el humo, los animó a adelantarse, y llegó intrépidamente a la boca del volcán, en cuyo fondo observó una gran masa de fuego, que al parecer hervía como materia líquida y resplandeciente, y reparó en el tamaño de la boca, que ocupaba casi toda la cumbre y tendría como un cuarto de legua su circunferencia. Volvieron con esta noticia, y recibieron norabuena de su hazaña, con grande asombro de los indios que redundó en mayor estimación de los españoles. Esta bizarría de Diego de Ordaz no pasó entonces de una curiosidad temeraria, pero el tiempo la hizo de consecuencia, y todo servía en esta obra, pues hallándose después el ejército con falta de pólvora para la segunda entrada que se hizo por fuerza de armas en México, se acordó Cortés de los hervores de fuego líquido que se vieron en este volcán, y halló en él toda la cantidad que hubo menester de finísimo azufre para fabricar esta munición; con que se hizo recomendable y necesario el arrojamiento de Diego de Ordaz, y fue su noticia de tanto provecho en la conquista, que se la premió después el emperador con algunas mercedes, y ennobleció la misma facción dándole por armas el volcán.

Veinte días se detuvieron los españoles en Tlascala, parte por las visitas que ocurrieron de las naciones vecinas, y parte por el consuelo de los mismos naturales, tan bien hallados ya con los españoles, que procuraban dilatar el plazo de su ausencia con varios festejos y regocijos públicos, bailes a su modo, y ejercicios de sus agilidades. Señalado el día para la jornada, se movió disputa, sobre la elección del camino: inclinábase Cortés a ir por Cholula, ciudad, como dijimos, de gran población, en cuyo distrito solían alojarse las tropas veteranas de Motezuma.

Contradecían esta resolución los tlascaltecas, aconsejando que se guiase la marcha por Guajocingo, país abundante y seguro; porque los de Cholula, sobre ser naturalmente sagaces y traidores, obedecían con miedo servil a Motezuma siendo los vasallos de su mayor confianza y satisfacción; a que añadían: «que aquella ciudad estaba reputada en todos sus contornos por tierra sagrada y religiosa, por tener dentro de sus muros más de cuatrocientos templos, con unos dioses tan mal acondicionados, que asombraban el mundo con sus prodigios; por cuya razón no era seguro penetrar sus términos sin tener primero algunas señales de su beneplácito». Los zempoales, menos supersticiosos ya con el trato de los españoles, despreciaban estos prodigios, pero seguían la misma opinión, acordando y repitiendo los motivos que dieron en Zocothlan para desviar el ejército de aquella ciudad.

Pero antes que se tomase acuerdo en este punto, llegaron nuevos embajadores de Motezuma con otro presente, y noticia de que ya estaba su emperador reducido a dejarse visitar de los españoles, dignándose de recibir gratamente la embajada que le traían: y entre otras cosas que discurrieron concernientes al viaje, dieron a entender que dejaban prevenido el alojamiento en Cholula: con que se hizo necesario el empeño de ir por aquella ciudad, no porque se fiase mucho de esta inopinada y repentina mudanza de Motezuma, ni dejase de parecer intempestiva y sospechosa tanta facilidad sobre tanta resistencia; pero Hernán Cortés ponía gran cuidado en que no le viesen aquellos mexicanos receloso, de cuyo temer se componía su mayor seguridad. Los tlascaltecas del gobierno, cuando supieron la proposición de Motezuma, dieron por hecho el trato doble de Cholula, y volvieron a su instancia, temiendo con buena voluntad el peligro de sus amigos; y Magiscatzin, que tenía mayor afecto a los españoles, y amaba particularmente a Cortés con inclinación apasionada, le apretó mucho en que no fuese por aquella ciudad, pero él, que deseaba darle satisfacción de lo que agradecía su cuidado y estimaba su consejo, convocó luego a sus capitanes, y en su presencia se propuso la duda y se pesaron las razones que por una y otra parte ocurrían, cuya resolución fue: «que ya no era posible dejar de admitir el alojamiento que proponían los mexicanos sin que pareciese recelo anticipado; ni cuando fuese cierta la sospecha, convenía pasar a mayor empeño, dejando la traición a las espaldas; antes se debía ir a Cholula para descubrir el ánimo de Motezuma, y dar nueva reputación al ejército con el castigo de sus asechanzas». Redújose Magiscatzin al mismo dictamen, venerando con docilidad el superior juicio de los españoles. Pero sin apartarse del recelo que le obligó a sentir lo contrario, pidió licencia para juntar las tropas de la república, y asistir a la defensa de sus amigos en un peligro tan evidente, que no era razón que por ser ellos invencibles quitasen a los tlascaltecas la gloria de cumplir con su obligación. Pero Hernán Cortés, aunque no dejaba de conocer el riesgo, ni le sonó mal este ofrecimiento, se detuvo en admitirle porque le hacía disonancia el empezar tan presto a disfrutar los socorros de aquella gente recién pacificada, y así le respondió agradeciendo mucho su atención; y últimamente le dijo: «que no era necesaria por entonces aquella prevención», pero se lo dijo con flojedad, como quien deseaba que se hiciese y no quería darlo a entender: especie de rehusar que suele ser poco menos que pedir.

## Capítulo V. Hállanse nuevos indicios del trato doble de Cholula: marcha el ejército la vuelta de aquella ciudad, reforzado con algunas capitanías de Tlascala

Era cierto que Motezuma, sin resolverse a tomar las armas contra los españoles, trataba de acabar con ellos, sirviéndose del ardid primero que de la fuerza. Teníanle de nuevo atemorizado las respuestas de sus oráculos; y el demonio, a quien embarazaba mucho la vecindad de los cristianos, le apretaba con horribles amenazas en que los apartase de sí: unas veces enfurecía los sacerdotes y agoreros para que le irritasen y enfureciesen; otras se le aparecía tomando la figura de sus ídolos y le hablaba para introducir desde más cerca el espíritu de la ira en su corazón, pero siempre le dejaba inclinado a la traición y al engaño, sin proponerle que usase de su poder y de sus fuerzas, o no tendría permisión para mayor violencia, o como nunca sabe aconsejar lo mejor, le retiraba los medios generosos para envilecerse con lo mismo que le animaba. Por una parte le faltaba el valor para dejarse ver de aquella gente prodigiosa; y por otra le parecía despreciable y de corto número su ejército para empeñar descubiertamente sus armas; y hallando pundonor en los engaños, trataba solo de apartarlos de Tlascala, donde no podía introducir las asechanzas, y llevarlos a Cholula, donde las tenía ya dispuestas y prevenidas.

Reparó Hernán Cortés en que no venían los de aquel gobierno a visitarle, y comunicó su reparo a los embajadores mexicanos, extrañando mucho la desatención de los caciques a cuyo cargo estaba su alojamiento, pues no podían ignorar que le habían visitado con menos obligación todas las poblaciones del contorno. Procuraron ellos disculpar a los de Cholula, sin dejar de confesar su inadvertencia, y al parecer solicitaron la enmienda con algún aviso en diligencia, porque tardaron poco en venir de parte de la ciudad cuatro indios mal ataviados, gente de poca suposición para embajadores, según el uso de aquellas naciones: desacato que acriminaron los de Tlascala como nuevo indicio de su mala intención; y Hernán Cortés no los quiso admitir, antes mandó que se volviesen luego, diciendo en presencia de los mexicanos: «que sabían poco de urbanidad los caciques de Cholula, pues querían enmendar un descuido con una descortesía».

Llegó el día de la marcha, y por más que los españoles tomaron la mañana para formar su escuadrón y el de los zempoales, hallaron ya en el campo un ejército de tlascaltecas, prevenido por el senado a instancia de Magiscatzin, cuyos cabos dijeron a Cortés: «que tenían orden de la república para servir debajo de su mano y seguir sus banderas en aquella jornada, no solo hasta Cholula, sino hasta México, donde consideraban el mayor peligro de su empresa». Estaba la gente puesta en orden, y aunque unida y apretada, según el estilo de su milicia, ocupaba largo espacio de tierra, porque habían convocado todas las naciones de su confederación, y hecho un esfuerzo extraordinario para la defensa de sus amigos; suponiendo que llegaría el caso de afrontarse con las huestes de Motezuma. Distinguíanse las capitanías por el color de los penachos, y por la diferencia de las insignias, águilas, leones y otros animales feroces levantados en alto, que no sin presunción de jeroglíficos o empresas, contenían significación, y acordaban a los soldados la gloria militar de su nación. Algunos de nuestros escritores se alargan a decir que constaba todo el grueso de cien mil hombres armados: otros andan más detenidos en lo verosímil, pero con el número menor, queda grande la acción de los tlascaltecas, digna verdaderamente de ponderación por la sustancia y por el modo. Agradeció Cortés con palabras de todo encarecimiento esta demostración, y necesitó de alguna porfía para reducirlos a que no convenía que le siguiese tanta gente cuando iba de paz; pero lo consiguió finalmente, dejándolos satisfechos con permitir que le siguiesen algunas capitanías con sus cabos, y quedase reservado el grueso para marchar en su socorro si lo pidiese la necesidad. Nuestro Bernal Díaz escribe que llevó consigo dos mil tlascaltecas; Antonio de Herrera dice tres mil; pero el mismo Hernán Cortés confiesa en sus relaciones que llevó seis mil; y no cuidaba tan poco de su gloria, que supondría mayor número de gente para dejar menos admirable su resolución.

Puesta en orden la marcha...; pero no pasemos en silencio una novedad que merece reflexión, y pertenece a este lugar. Quedó en Tlascala cuando salieron los españoles de aquella ciudad, una cruz de madera fija en lugar eminente y descubierto, que se colocó de común consentimiento el día de la entrada; y Hernán Cortés no quiso que se deshiciese, por más que se notasen como culpas los excesos de piedad; antes encargó a los caciques su veneración: pero debía ser necesaria mayor recomendación, para que durase con seguridad entre aquellos infieles, porque apenas se apartaron de la ciudad los cristianos, cuando a vista de los indios bajó del cielo una prodigiosa nube a cuidar de su defensa. Era de agradable y exquisita blancura; y fue descendiendo por la región del aire, hasta que dilatada en forma de columna, se detuvo perpendicularmente sobre la misma cruz, donde perseveró más o menos distinta (¡maravillosa providencia!) tres o cuatro años que se dilató por varios accidentes la conversión de aquella provincia. Salía de la nube un género de resplandor mitigado que infundía veneración, y no se dejaba mezclar entre las tinieblas de la noche. Los indios se atemorizaban al principio conociendo el prodigio, sin discurrir en el misterio, pero después consideraron mejor aquella novedad, y perdieron el miedo sin menoscabo de la admiración. Decían públicamente que aquella santa señal encerraba dentro de sí alguna deidad, y que no en vano la veneraban tanto sus amigos los españoles; procuraban imitarlos doblando la rodilla en su presencia, y acudían a ella en sus necesidades, sin acordarse de los ídolos, o frecuentando menos sus adoratorios; cuya devoción (si así se puede llamar aquel género de afecto que sentían como influencia de causa no conocida) fue creciendo con tanto fervor de nobles y plebeyos, que los sacerdotes y agoreros entraron en celos de su religión, y procuraron diversas veces arrancar y hacer pedazos la cruz; pero siempre volvían escarmentados, sin atreverse a decir lo que les sucedía por no desautorizarse con el pueblo. Así lo refieren autores fidedignos, y así cuidaba el cielo de ir disponiendo aquellos ánimos para que recibiesen después con menos resistencia el Evangelio; como el labrador que antes de repetir la semilla, facilita su producción con el primer beneficio de la tierra.

No se ofreció novedad en la primera marcha, porque ya no lo era el concurso innumerable de los indios que salían a los caminos, ni aquellos alaridos que pasaban por aclamaciones. Camináronse cuatro leguas de las cinco que distaba entonces Cholula de la antigua Tlascala, y pareció hacer alto cerca de un río de apacible ribera, por no entrar con la noche a los ojos en lugar de tanta población. Poco después que se asentó el cuartel y distribuyeron las órdenes convenientes a su defensa y seguridad, llegaron segundos embajadores de aquella ciudad, gente de más porte y mejor adornada. Traían un regalo de vituallas diferentes, y dieron su embajada con grande aparato de reverencias, que se redujo a disculpar la tardanza de sus caciques, con pretexto de que no podían entrar en Tlascala, siendo sus enemigos los de aquella nación: ofrecer el alojamiento que tenía prevenida su ciudad; y ponderar el regocijo con que celebraban sus ciudadanos la dicha de merecer unos huéspedes tan aplaudidos por sus hazañas, y tan amables por su benignidad; dicho uno y otro con palabras al parecer sencillas, o que traían bien desfigurado el artificio. Hernán Cortés admitió gratamente la disculpa y el regalo, cuidando también de que no se conociese afectación en su seguridad, y el día siguiente, poco después de amanecer, se continuó la marcha con la misma orden, y no sin algún cuidado, que obligó a mayor vigilancia, porque tardaba el recibimiento de la ciudad, y no dejaba de hacer ruido este reparo entre los demás indicios. Pero al llegar el ejército cerca de la población, prevenidas ya las armas para el combate, se dejaron ver los caciques y sacerdotes con numeroso acompañamiento de gente desarmada. Mandó Cortés que se hiciese alto para recibirlos, y ellos cumplieron con su función tan reverentes y regocijados, que no dejaron que recelar por entonces al cuidado con que observaban sus acciones y movimientos; pero al reconocer el grueso de los tlascaltecas que venían en la retaguardia torcieron el semblante, y se levantó entre los más principales del recibimiento un rumor desagradable, que volvió a despertar el recelo de los españoles. Diose orden a doña Marina para que averiguase la causa de aquella novedad, y por su medio respondieron «que los de Tlascala no podían entrar con armas en su ciudad, siendo enemigos de su nación, y rebeldes a su rey». Instaban en que se detuviesen y retirasen luego a su tierra, como estorbos de la paz que se venía publicando; y representaban sus inconvenientes, sin alterarse ni descomponerse: firmes en que no era posible, pero contenida la determinación en los límites del ruego.

Hallóse Cortés algo embarazado con esta demanda, que parecía justificada y podía ser poco segura: procuró sosegarlos con esperanzas de algún temperamento que mediase aquella diferencia; y comunicando brevemente la materia con sus capitanes, pareció que sería bien proponer a los tlascaltecas que se alojasen fuera de la ciudad hasta que se penetrase la intención de aquellos caciques, o se volviese a la marcha. Fueron con esta proposición, que al parecer tenía su dureza, los capitanes Pedro de Alvarado y Cristóbal de Olid; y la hicieron, valiéndose igualmente de la persuasión y de la autoridad, como quien llevaba la orden y obligaba con dar la razón. Pero ellos anduvieron tan atentos, que atajaron la instancia diciendo: «que no venían a disputar, sino a obedecer; y que tratarían luego de abarracarse fuera de la población, en paraje donde pudiesen acudir prontamente a la defensa de sus amigos, ya que se querían aventurar contra toda razón, fiándose de aquellos traidores». Comunicóse luego este partido con los de Cholula, y le abrazaron también con facilidad, quedando ambas naciones no solo satisfechas, sino con algún género de vanidad hecha de su misma oposición: los unos porque se persuadieron a que vencían, dejando poco airosos y desacomodados a sus enemigos; y los otros porque se dieron a entender que el no admitirlos en su ciudad era lo mismo que temerlos: así equivoca la imaginación de los hombres la esencia y el color de las cosas, que ordinariamente se estiman como se aprenden, y se aprenden como se desean.

**Capítulo VI. Entran los españoles en Cholula, donde procuran engañarlos con hacerles en lo exterior buena acogida: descúbrese la traición que tenían prevenida, y se dispone su castigo**

La entrada que los españoles hicieron en Cholula fue semejante a la de Tlascala: innumerable concurso de gente que se dejaba romper con dificultad; aclamaciones de bullicio; mujeres que arrojaban y repartían ramilletes de flores; caciques y sacerdotes que frecuentaban reverencias y perfumes; variedad de instrumentos, que hacían más estruendo que música; repartidos por las calles; y tan bien imitado en todos el regocijo, que llegaron a tenerle por verdadero los mismos que venían recelosos. Era la ciudad de tan hermosa vista, que la comparaban a nuestra Valladolid, situada en un llano desahogado por todas partes del horizonte, y de grande amenidad: dicen que tendría veinte mil vecinos dentro de sus muros, y que pasaría de este número la población de sus arrabales.

Frecuentábanla ordinariamente muchos forasteros, parte como santuario de sus dioses, y parte como emporio de su mercancía. Las calles eran anchas y bien distribuidas; los edificios mayores y de mejor arquitectura que los de Tlascala, cuya opulencia se hacía más suntuosa con las torres, que daban a conocer la multitud de sus templos; la gente menos belicosa que sagaz; hombres de trato y oficiales; poca distinción, y mucho pueblo.

El alojamiento que tenían prevenido se componía de dos o tres casas grandes y contiguas, donde cupieron españoles y zempoales, y pudieron fortificarse unos y otros como lo aconsejaba la ocasión y no lo extrañaba la costumbre. Los tlascaltecas eligieron sitio para su cuartel poco distante de la población, y cerrándole con algunos reparos, hacían sus guardias, y ponían sus centinelas, mejorada ya su milicia con la imitación de sus amigos. Los primeros tres o cuatro días fue todo quietud y buen pasaje.

Los caciques acudían con puntualidad al obsequio de Cortés, y procuraban familiarizarse con sus capitanes. La provisión de las vituallas corría con abundancia y liberalidad, y todas las demostraciones eran favorables, y convidaban a la seguridad; tanto que se llegaron a tener por falsos y ligeramente creídos los rumores antecedentes (fácil a todas horas en fabricar o fingir sus alivios el cuidado), pero no tardó mucho en manifestar la verdad, ni aquella gente acertó a durar en su artificio hasta lograr sus intentos: astuta por naturaleza y profesión, pero no tan despierta y avisada que se supiesen entender su habilidad y su malicia.

Fueron poco a poco retirando los víveres: cesó de una vez el agasajo y asistencia de los caciques. Los embajadores de Motezuma tenían sus conferencias recatadas con los sacerdotes: conocíase algún género de irrisión y falsedad en los semblantes, y todas las señales inducían novedad, y despertaban el recelo mal adormecido. Trató Cortés de aplicar algunos medios para inquirir y averiguar el ánimo de aquella gente, y al mismo tiempo se descubrió de sí misma la verdad; adelantándose a las diligencias humanas la providencia del cielo, tantas veces experimentada en esta conquista.

Estrechó amistad con doña Marina una india anciana, mujer principal y emparentada en Cholula. Visitábala muchas veces con familiaridad, y ella no se lo desmerecía con el atractivo natural de su agrado y discreción. Vino aquel día más temprano, y al parecer asustada o cuidadosa, retiróla misteriosamente de los españoles, y encargando el secreto con lo mismo que recataba la voz, empezó a condolerse de su esclavitud, y a persuadirla «que se apartase de aquellos extranjeros aborrecibles, y se fuese a su casa, cuyo albergue la ofrecía como refugio de su libertad». Doña Marina, que tenía bastante sagacidad, confirió esta prevención con los demás indios; y fingiendo que venía oprimida y contra su voluntad entre aquella gente, facilitó la fuga y aceptó el hospedaje con tantas ponderaciones de su agradecimiento, que la india se dio por segura, y descubrió todo el corazón. Díjola: «que convenía en todo caso que se fuese luego, porque se acercaba el plazo señalado entre los suyos para destruir a los españoles, y no era razón que una mujer de sus prendas pereciese con ellos; que Motezuma tenía prevenidos a poca distancia veinte mil hombres de guerra para dar calor a la facción: que de este grueso habían entrado ya en la ciudad a la deshilada seis mil soldados escogidos; que se habían repartido cantidad de armas entre los paisanos; que tenían de repuesto muchas piedras sobre los terrados, y abiertas en las calles profundas zanjas, en cuyo fondo habían fijado estacas puntiagudas, fingiendo el plano con una cubierta de la misma tierra fundada sobre apoyos frágiles para que cayesen y se mancasen los caballos; que Motezuma trataba de acabar con todos los españoles; pero encargaba que le llevasen algunos vivos para satisfacer su curiosidad y al obsequio de sus dioses, y que había presentado a la ciudad una caja de guerra hecha de oro cóncavo primorosamente vaciado, para excitar los ánimos con este favor militar». Y últimamente doña Marina, dando a entender que se alegraba de lo bien que tenía dispuesta su empresa, y dejando caer algunas preguntas, como quien celebraba lo que inquiría, se halló con noticias cabal de toda la conjuración. Fingió que se quería ir luego en su compañía, y con pretexto de recoger sus joyas y algunas preseas de su peculio, hizo lugar para desviarse de ella sin desconfiarla; dio cuenta de todo a Cortés, y él mandó prender a la india que a pocas amenazas confesó la verdad, entre turbada y convencida.

 Poco después vinieron unos soldados tlascaltecas recatados en traje de paisanos, y dijeron a Cortés de parte de sus cabos: «que no se descuidase, porque habían visto desde su cuartel que los de Cholula retiraban a los lugares del contorno su ropa y sus mujeres»; señal evidente de que maquinaban alguna traición. Súpose también que aquella mañana se había celebrado en el templo mayor de la ciudad un sacrificio de diez niños de ambos sexos; ceremonia de que usaban cuando querían emprender algún hecho militar, y al mismo tiempo llegaron dos o tres zempoales que saliendo casualmente a la ciudad, habían descubierto el engaño de las zanjas, y visto en las calles de los lados algunos reparos y estacadas que tenían hechos para guiar los caballos al precipicio.

No se necesitaba de mayor comprobación para verificar el intento de aquella gente, pero Hernán Cortés quiso apurar más la noticia, y poner su razón en estado que no se la pudiesen negar, teniendo algunos testigos principales de la misma nación que hubiesen confesado el delito, para cuyo efecto mandó llamar al primer sacerdote, de cuya obediencia pendían los demás, y que le trajesen otros dos o tres de la misma profesión, gente que tenía grande autoridad con los caciques, y mayor con el pueblo. Fuelos examinando separadamente, no como quien dudaba de su intención, sino como quien se lamentaba de su alevosía, y dándoles todas las señas de lo que sabía, callaba el modo para cebar su admiración con el misterio, y dejarlos desvariar en el concepto de su ciencia. Ellos se persuadieron a que hablaban con alguna deidad que penetraba lo más oculto de los corazones, y no se atrevieron a proseguir su engaño; antes confesaron luego la traición con todas sus circunstancias, culpando a Motezuma, de cuya orden estaba dispuesta y prevenida. Mandólos aprisionar secretamente por que no moviesen algún ruido en la ciudad. Dispuso también que se tuviese cuidado con los embajadores de Motezuma, sin dejarlos salir, ni comunicar con los de la tierra; y convocando a sus capitanes, les refirió todo el caso, y les dio a entender cuanto convenía no dejar sin castigo aquel atentado; facilitando la facción, y ponderando sus consecuencias con tanta energía y resolución, que todos se redujeron a obedecerle, dejando a su prudencia la dirección y el acierto.

Hecha esta diligencia, llamó a los caciques gobernadores de la ciudad, y publicó su jornada para otro día; no porque la tuviese dispuesta ni fuese posible, sino por estrechar el término a sus prevenciones. Pidióles bastimentos para la marcha, indios de carga para el bagaje, y hasta dos mil hombres de guerra que le acompañasen, como lo habían hecho los tlascaltecas y zempoales. Ellos ofrecieron con alguna tibieza y falsedad los bastimentos y tamemes, y con mayor prontitud la gente armada que se les pedía, en que andaban encontrados los designios. Pedíala Cortés para desunir sus fuerzas, y tener en su poder parte de los traidores que había de castigar; y los caciques la ofrecían para introducir en el ejército contrario aquellos enemigos encubiertos, y servirse de ellos cuando llegase la ocasión: ardides ambos que tenían su razón militar, si puede llamarse razón este género de engaños que hizo lícitos la guerra y nobles el ejemplo.

Diose noticia de todo a los tlascaltecas, y orden para que estuviesen alerta, y al rayar el día se fuesen acercando a la población como que se movían para seguir su marcha, y en oyendo el primer golpe de los arcabuces, entrasen a viva fuerza en la ciudad, y viniesen a incorporarse con el ejército, llevándose tras sí toda la gente que hallasen armada. Cuidóse también de que los españoles y zempoales tuviesen prevenidas sus armas, y entendida la facción en que las habían de emplear. Y luego que llegó la noche, cerrado ya el cuartel con las guardias y centinelas a que obligaba la ocurrencia presente, llamó Cortés a los embajadores de Motezuma, y con señas de intimidad, como quien les fiaba lo que no sabían, les dijo: «que había descubierto y averiguado una gran conjuración que le tenían armada los caciques y ciudadanos de Cholula: dioles señas de todo lo que ordenaban y disponían contra su persona y ejército: ponderó cuánto faltaban a las leyes de la hospitalidad, al establecimiento de la paz, y al seguro de su príncipe». Y añadió: «que no solamente lo sabía por su propia especulación y vigilancia: pero se lo habían confesado ya los principales conjurados; disculpándose del trato doble con otra mayor culpa, pues se atrevían a decir que tenían orden y asistencias de Motezuma para deshacer alevosamente su ejército: lo cual ni era verosímil, ni se podía creer semejante indignidad de un príncipe tan grande. Por cuya causa estaba resuelto a tomar satisfacción de su ofensa con todo el rigor de sus armas, y se lo comunicaba para que tuviesen comprendida su razón, y entendido que no le irritaba tanto el delito principal, como la circunstancia de querer aquellos sediciosos autorizar su traición con el nombre de su rey».

Los embajadores procuraron fingir como pudieron que no sabían la conjuración, y trataron de salvar el crédito de su príncipe, siguiendo el camino en que los puso Cortés con bajar el punto de su queja. No convenía entonces desconfiar a Motezuma, ni hacer de un poderoso resuelto a disimular, un enemigo poderoso descubierto: por cuya consideración se determinó a desbaratar sus designios sin darle a entender que los conocía; tratando solamente de castigar la obra en sus instrumentos, y contentándose con reparar el golpe sin atender al brazo. Miraba como empresa de poca dificultad el deshacer aquel trozo de gente armada que tenían prevenida para socorrer la sedición, hecho a mayores hazañas con menores fuerzas; y estaba tan lejos de poner duda en el suceso, que tuvo a felicidad (o por lo menos así lo ponderaba entre los suyos) que se le ofreciese aquella ocasión de adelantar con los mexicanos la reputación de sus armas: y a la verdad no le pesó de ver tan embarazado en los ardides el ánimo de Motezuma; pareciéndole que no discurriría en mayores intentos quien le buscaba por las espaldas y descubría entre sus mismos engaños la flaqueza de su resolución.

**Capítulo VII. Castígase la traición de Cholula: vuélvese a reducir y pacificar la ciudad, y se hacen amigos los de esta nación con los tlascaltecas**

Fueron llegando con el día los indios de carga que se habían pedido, y algunos bastimentos, prevenido uno y otro con engañosa puntualidad. Vinieron después en tropas deshiladas los indios armados que, con pretexto de acompañar la marcha, traían su contraseña para embestir por la retaguardia cuando llegase la ocasión, en cuyo número no anduvieron escasos los caciques, antes dieron otro indicio de su intención enviando más gente de la que se les pedía, pero Hernán Cortés los hizo dividir en los patios del alojamiento, donde los aseguró mañosamente, dándoles a entender que necesitaba de aquella separación para ir formando los escuadrones a su modo. Puso luego en orden sus soldados bien instruidos en lo que debían ejecutar, y montando a caballo con los que le habían de seguir en la facción, hizo llamar a los caciques para justificar con ellos su determinación; de los cuales vinieron algunos, y otros se excusaron. Díjoles en voz alta, y doña Marina se lo interpretó con igual vehemencia «que ya estaba descubierta su traición, y resuelto su castigo, de cuyo rigor conocerían cuánto les convenía la paz que trataban de romper alevosamente». Y apenas empezó a protestarles el daño que recibiesen, cuando ellos se retiraron a incorporarse con sus tropas, huyendo en más que ordinaria diligencia, y rompiendo la guerra con algunas injurias y amenazas que se dejaron oír desde lejos. Mandó entonces Hernán Cortés que cerrase la infantería con los indios naturales que tenía dividido en los patios, y aunque fueron hallados con las armas prevenidas para ejecutar su traición, y trataron de unirse para defenderse, quedaron rotos y deshechos con poca dificultad, escapando solamente con vida los que pudieron esconderse o se arrojaron por las paredes, sirviéndose de su ligereza y de sus mismas lanzas para saltar de la otra parte.

Aseguradas las espaldas con el estrago de aquellos enemigos encubiertos, se hizo la seña para que se moviesen los tlascaltecas; avanzó poco a poco el ejército por la calle principal, dejando en el cuartel la guardia que pareció necesaria. Echáronse delante algunos de los zempoales que fuesen descubriendo las zanjas porque no peligrasen los caballos. No estaban descuidados entonces los de Cholula, que hallándose ya empeñados en la guerra descubierta, convocaron el resto de los mexicanos, y unidos en una gran plaza donde había tres o cuatro adoratorios, pusieron en lo alto de sus atrios y torres parte de su gente, y los demás se dividieron en diferentes escuadrones para cerrar con los españoles. Pero al mismo tiempo que desembocó en la plaza el ejército de Cortés, y se dio de una parte y otra la primera carga, cerró por la retaguardia con los enemigos el trozo de Tlascala, cuyo inopinado accidente los puso en tanto pavor y desconcierto, que ni pudieron huir, ni supieron defenderse, y solo se hallaba más embarazo que oposición en algunas tropas descaminadas que andaban de un peligro en otro con poca o ninguna elección; gente sin consejo que acometía para escapar, y las más veces daban el pecho sin acordarse de las manos. Murieron muchos en este género de combates repetidos, pero el mayor número escapó a los adoratorios, en cuyas gradas y terrados se descubrió una multitud de hombres armados que ocupaban más que guarnecían las eminencias de aquellos grandes edificios. Encargáronse de su defensa los mexicanos, pero se hallaban ya tan embarazados y oprimidos, que apenas pudieron revolverse para darles algunas flechas al viento.

Acercóse con su ejército Hernán Cortés al mayor de los adoratorios, y mandó a sus intérpretes que levantando la voz ofreciesen buen pasaje a los que voluntariamente bajasen a rendirse; cuya diligencia se repitió con segundo y tercer requerimiento, y viendo que ninguno se movía ordenó que se pusiese fuego a los torreones del mismo adoratorio, lo cual asientan que llegó a ejecutarse, y que perecieron muchos al rigor del incendio y la ruina. No parece fácil que se pudiese introducir la llama en aquellos altos edificios sin abrir primero el paso de las gradas, si ya no lo consiguió Hernán Cortés, valiéndose de las flechas encendidas con que arrojaban los indios a larga distancia sus fuegos artificiales. Pero nada bastó para desalojar al enemigo hasta que se abrevió el asalto por el camino que abrió la artillería, y se observó dignamente que solo uno de tantos como fueron deshechos en este adoratorio se rindió voluntariamente a la merced de los españoles, ¡notable seña de su obstinación!

Hízose la misma diligencia en los demás adoratorios, y después se corrió la ciudad que a breve rato quedó enteramente despoblada, y cesó por falta de enemigos. Los tlascaltecas se desmandaron con algún exceso en el pillaje, y costó su dificultad el recogerlos; hicieron muchos prisioneros; cargaron de ropas y mercaderías de valor, y particularmente se cebaron en los almacenes de la sal, de cuya provisión remitieron luego algunas cargas a su ciudad, atendiendo la necesidad de su patria en el mismo calor de su codicia. Quedaron muertos en las calles, templos y casas fuertes más de seis mil hombres entre naturales y mexicanos. Facción bien ordenada y conseguida sin alguna pérdida de los nuestros, que en la verdad tuvo más de castigo que de victoria.

Retiróse luego Hernán Cortés a su alojamiento con los españoles y zempoales, y señalando cuartel dentro de la ciudad a los tlascaltecas, trató de que fuesen puestos en libertad todos los prisioneros de ambas naciones, cuyo número se componía de la gente más principal que se iba reservando como presa de más estimación. Llamólos primero a su presencia, y mandando que saliesen también de su retiro los sacerdotes, la india que descubrió el trato y los embajadores de Motezuma, hizo a todos un breve razonamiento, doliéndose de que le hubiesen obligado los vecinos de aquella ciudad a tan severa demostración, y después de ponderar el delito y de asegurar a todos que ya estaba desenojado y satisfecho, mandó pregonar el perdón general de lo pasado sin excepción de personas, y pidió con agradable resolución a los caciques que tratasen de que se volviese a poblar su ciudad, recogiendo los fugitivos y asegurando a los temerosos.

No acababan ellos de creer su libertad, enseñados al rigor con que solían tratar a sus prisioneros, y besando la tierra en demostración de su agradecimiento, se ofrecieron con humilde solicitud a la ejecución de esta orden. Los embajadores procuraron disimular su confusión, aplaudiendo el suceso de aquel día, y Hernán Cortés se congratuló con ellos, dejándose llevar de su disimulación para mantenerlos en buena fe y afirmarse con nuevas exterioridades en la política de interesar a Motezuma en el castigo de sus mismas estratagemas. Volvióse a poblar brevemente la ciudad, porque la demostración de poner en libertad a los caciques y sacerdotes con tanta prontitud, y lo que ponderaron ellos esta clemencia de los españoles sobre tan injusta provocación, bastó para que se asegurase la gente que andaba derramada por los lugares del contorno. Restituyéronse luego a sus casas los vecinos con sus familias, abriéronse las tiendas, manifestáronse las mercaderías, y el tumulto se convirtió de una vez en obediencia y seguridad, acción en que no se conoció tanto la natural facilidad con que se movían aquellos indios de un extremo a otro, como el gran concepto en que tenían a los españoles, pues hallaron en la misma justificación de su castigo, toda la razón que hubieron menester para fiarse de su enmienda.

El día siguiente a la facción llegó Xicotencal con un ejército de veinte mil hombres, que al primer aviso de los suyos remitió la república de Tlascala para el socorro de los españoles. Tenían prevenidas sus tropas recelando el suceso, y en todo se iban experimentando las atenciones de aquella nación. Hicieron alto fuera de la ciudad, y Hernán Cortés los visitó y regaló con toda estimación de su fineza, pero los redujo a que se volviesen, diciendo a Xicotencal y a sus capitanes: «que ya no era necesaria su asistencia para la reducción de Cholula, y que hallándose con resolución de marchar brevemente la vuelta de México, no le convenía despertar la resistencia de Motezuma, o provocarle a que rompiese la guerra, introduciendo en su dominio un grueso tan numeroso de tlascaltecas, enemigos descubiertos de los mexicanos». A cuya razón no tuvieron que replicar, antes la conocieron y confesaron con ingenuidad, ofreciendo tener prevenidas sus tropas y acudir al socorro siempre que lo pidiese la necesidad.

Trató Cortés, primero que se retirasen, de hacer amigas aquellas dos naciones de Tlascala y Cholula: introdujo la plática, desvió las dificultades, y como tenía ya tan asentada su autoridad con ambas parcialidades, lo consiguió en breves días, y se celebró acto de confederación y alianza entre las dos ciudades y sus distritos, con asistencia de sus magistrados y con las solemnidades y ceremonias de su costumbre; cuerda mediación a que le obligaría la conveniencia de abrir el paso a los de Tlascala para que pudiesen suministrar con mayor facilidad los socorros de que necesitase, o no dejar aquel estorbo en su retirada, si el suceso no respondiese favorablemente a su esperanza.

Así pasó el castigo de Cholula, tan ponderado en los libros extranjeros y en alguno de los naturales, que consiguió por este medio el aplauso miserable de verse citado contra su nación. Ponen esta facción entre las atrocidades que refieren de los españoles en las Indias, de cuyo encarecimiento se valen para desaprobar o satirizar la conquista. Quieren dar al impulso de la codicia y a la sed del oro toda la gloria de lo que obraron nuestras armas, sin acordarse de que abrieron el paso a la religión, concurriendo en sus operaciones con especial asistencia el brazo de Dios. Lastímanse mucho de los indios, tratándolos como gente indefensa y sencilla para que sobresalga lo que padecieron: maligna compasión, hija del odio y de la envidia. No necesita el caso de Cholula de más defensa que su misma narración. En él se conoce la malicia de aquellos bárbaros, cómo se sabían aprovechar de la fuerza y del engaño, y cuán justamente fue castigada su alevosía; y de él se puede colegir cuán apasionadamente se refieren otros casos de horrible inhumanidad, ponderados con la misma afectación. No dejamos de conocer que se vieron en algunas partes de las Indias acciones dignas de represión, obradas con queja de la piedad y de la razón, ¿pero en cuál empresa justa o santa se dejaron de perdonar algunos inconvenientes? ¿De cuál ejército bien disciplinado se pudieron desterrar enteramente los abusos y desórdenes que llama el mundo licencias militares? ¿Y qué tienen que ver estos inconvenientes menores con el acierto principal de la conquista? No pueden negar los émulos de la nación española que resultó de este principio, y se consiguió con estos instrumentos, la conversión de aquella gentilidad, y el verse hoy restituida tanta parte del mundo a su Criador. Querer que no fuese del agrado de Dios y de su altísima ordenación la conquista de las Indias, por este o aquel delito de los conquistadores, es equivocar la sustancia con los accidentes: que hasta en la obra inefable de nuestra redención se propuso como necesaria para la salud universal, la malicia de aquellos pecadores permitidos, que ayudaron a labrar el mayor remedio con la mayor iniquidad. Puédense conocer los fines de Dios en algunas disposiciones que traen consigo las señales de su providencia, pero la proporción o congruencia de los medios por donde se encaminan, es punto reservado a su eterna sabiduría, y tan escondido a la prudencia humana, que se deben oír con desprecio estos juicios apasionados, cuyas sutilezas quieren parecer valentías del entendimiento, siendo en la verdad atrevimientos de la ignorancia.

**Capítulo VIII. Parten los españoles de Cholula: ofréceseles nueva dificultad en la montaña de Chalco, y Motezuma procura detenerlos por medio de sus nigrománticos**

Íbase acercando el plazo de la jornada, y algunos zempoales de los que militaban en el ejército (temiesen el empeño de pasar a la corte de Motezuma, o pudiese más que su reputación el amor de la patria) pidieron licencia para retirarse a sus casas. Concediósela Cortés sin dificultad, agradeciéndoles mucho lo bien que le habían asistido; y con esta ocasión envió algunas alhajas de presente al cacique de Zempoala, encargándole de nuevo los españoles que dejó en su distrito sobre la fe de su amistad y confederación.

Escribió también a Juan de Escalante, ordenándole con particular instancia que procurase remitirle alguna cantidad de harina para las hostias y vino para las misas, cuya provisión se iba estrechando, y cuya falta sería de gran desconsuelo suyo y de toda su gente. Diole noticia por menor de los progresos de su jornada, para que estuviese de buen ánimo y asistiese con mayor cuidado a la fortaleza de la Veracruz, tratando de ponerla en defensa, no menos por su propia seguridad, que por lo que se debía recelar de Diego Velázquez, cuya natural inquietud y desconfianza no dejaba de hacer algún ruido entre los demás cuidados.

Llegaron a esta sazón nuevos embajadores de Motezuma, que con noticia ya de todo el suceso de Cholula trató de sincerarse con los españoles, dando las gracias a Cortés de que hubiese castigado aquella sedición. Ponderaron frívolamente la indignación y el sentimiento de su rey, cuyo artificio se redujo a infamar con el nombre de traidores a los mismos que le habían obedecido en la traición. Vino dorada esta noticia con otro presente de igual riqueza y ostentación, y según lo que sucedió después, no dejó de tener mayor designio la embajada, porque miró también al intento de poner en nueva seguridad a Cortés para que marchase menos receloso, y se dejase llevar a otra celada que le tenían prevenida en el camino.

Ejecutóse finalmente la marcha después de catorce días que ocuparon los accidentes referidos, y la primera noche se acuarteló el ejército en un villaje de la jurisdicción de Guajocingo, donde acudieron luego los principales de aquel gobierno y de otras poblaciones vecinas con bastante provisión de bastimentos, y algunos presentes de poco valor, bastantes para conocer el afecto con que aguardaban a los españoles. Halló Cortés entre aquella gente las mismas quejas de Motezuma que se oyeron en las provincias más distantes, y no le pesó de que durasen aquellos humores tan cerca del corazón, pareciéndole que no podía ser muy poderoso un príncipe con tantas señas de tirano, a quien faltaba en el amor de sus vasallos el mayor prestigio de los reyes.

El día siguiente se prosiguió la marcha por una sierra muy áspera que se comunicaba, más o menos eminente, con la montaña del volcán. Iba cuidadoso Cortés, porque uno de los caciques de Guajocingo le dijo al partir que no se fiase de los mexicanos, porque tenían emboscada mucha gente de la otra parte de la cumbre y habían cegado con grandes piedras y árboles cortados, el camino real que baja desde lo alto a la provincia de Chalco, abriendo el paso y facilitando el principio de la cuesta por el paraje menos penetrable, donde habían aumentado los precipicios naturales con algunas cortaduras hechas a la mano para dejar que se fuese poco a poco empeñando su ejército en la dificultad, y cargarle de improviso cuando no se pudiesen revolver los caballos, ni afirmar el pie los soldados. Fuese venciendo la cumbre no sin alguna fatiga de la gente, porque nevaba con viento destemplado, y en lo más alto se hallaron poco distantes los dos caminos con las mismas señas que se traían, el uno encubierto y embarazado, y el otro fácil a la vista y recién aderezado. Reconociólos Hernán Cortés, y aunque se irritó de hallar verificada la noticia de aquella nueva traición, estuvo tan en sí, que sin hacer ruido ni mostrar sentimiento preguntó a los embajadores de Motezuma, que marchaban cerca de su persona: «¿por qué razón estaban así aquellos dos caminos?» Respondieron: «que habían hecho allanar el mejor para que pasase su ejército, cegando el otro por ser el más áspero y dificultoso»; y él con la misma igualdad en la voz y el semblante: «mal conocéis —dijo— a los de mi nación. Ese camino que habéis embarazado se ha de seguir, sin otra razón que su misma dificultad, porque los españoles siempre que tenemos elección nos inclinamos a lo más dificultoso»; y sin detenerse mandó a los indios amigos que pasasen a desembarazar el camino, desviando a un lado y otro aquellos estorbos mal disimulados que procuraban esconderle, lo cual se ejecutó prontamente con grande asombro de los embajadores, que sin discurrir en que se había descubierto el ardid de su príncipe, tuvieron a especie de adivinación aquel acierto casual: hallando que admirar y que temer en la misma bizarría de la resolución. Sirvióse Cortés primorosamente de la noticia que llevaba, y consiguió el apartarse del peligro sin perder reputación, cuidando también de no desconfiar a Motezuma, diestro ya en el arte de quebrantar insidias con no quererlas entender.

Los indios emboscados, luego que reconocieron desde sus puestos que los españoles se apartaban de la celada y seguían el camino real, se dieron por descubiertos, y trataron de retirarse tan amedrentados y en tanto desorden como si volvieran vencidos; conque pudo bajar el ejército a lo llano sin oposición, y aquella noche se alojó en unas caserías de bastante capacidad que se hallaron en la misma falda de la sierra, fundadas allí para hospedaje de los mercaderes mexicanos que frecuentaban las ferias de Cholula, donde se dispuso el cuartel con todos los resguardos y prevenciones que aconsejaba la poca seguridad con que se iba pisando aquella tierra.

Motezuma entretanto dudaba en su irresolución, desanimado con el malogro de sus ardides y sin aliento para usar de sus fuerzas. Hízose devoción esta falta de espíritu; estrechóse con sus dioses; frecuentaba los templos y los sacrificios; manchó de sangre humana todos los altares, más cruel cuando más afligido, y siempre crecía su confusión y se hallaba en mayor desconsuelo, porque andaban encontradas las respuestas de sus ídolos, y discordes en el dictamen los espíritus inmundos que le hablaban en ellos.

Unos le decían que franquease las puertas de la ciudad a los españoles, y así conseguiría sacrificarlos sin que se pudiesen escapar ni defenderse; otros que los apartase de sí y tratase de acabar con ellos, sin dejarse ver, y él se inclinaba más a esta opinión, haciéndole disonancia el atrevimiento de querer entrar en su corte contra su voluntad, y teniendo a desaire de su poder aquella porfía contra sus órdenes, o sirviéndose de la autoridad para mejorar el nombre a la soberbia. Pero cuando supo que se hallaban ya en la provincia de Chalco, frustrada la última estratagema de la montaña, fue mayor su inquietud y su impaciencia: andaba como fuera de sí, no sabía qué partido tomar; sus consejeros le dejaban en la misma incertidumbre que sus oráculos. Convocó finalmente una junta de magos y agoreros, profesión muy estimada en aquella tierra, donde había muchos que se entendían con el demonio, y la falta de ciencias daba opinión de sabios a los más engañados. Propúsoles que necesitaba de su habilidad para detener aquellos extranjeros, de cuyos designios estaba receloso. Mandóles que saliesen al camino y los ahuyentasen o entorpeciesen con sus encantos, a la manera que solían obrar otros efectos extraordinarios en ocasiones de menor importancia. Ofrecióles grandes premios si lo consiguiesen y los amenazó con pena de la vida si volviesen a su presencia sin haberlo conseguido.

Esta orden se puso en ejecución, y con tantas veras, que se juntaron brevemente numerosas cuadrillas de nigrománticos y salieron contra los españoles, fiados en la eficacia de sus conjuros y en el imperio que a su parecer tenían sobre la naturaleza. Refieren el padre José de Acosta y otros autores fidedignos, que cuando llegaron al camino de Chalco, por donde venía marchando el ejército, y al empezar sus invocaciones y sus círculos se les apareció el demonio en figura de uno de sus ídolos, a quien llamaban Tezcatlepuca, dios infausto y formidable, por cuya mano pasaban, a su entender, las pestes, las esterilidades y otros castigos del cielo. Venía como despechado y enfurecido, afeando con el ceño de la ira la misma fiereza del ídolo inclemente, y traía sobre sus adornos ceñida una soga de esparto que le apretaba con diferentes vueltas el pecho, para mayor significación de su congoja, o para dar a entender que le arrastraba mano invisible. Postráronse todos para darle adoración, y él sin dejarse obligar de su rendimiento, y fingiendo la voz con la misma ilusión que imitó la figura, los habló en esta sustancia: «Ya mexicanos infelices, perdieron la fuerza vuestros conjuros: ya se desató enteramente la trabazón de nuestros pactos. Decid a Motezuma, que por sus crueldades y tiranías tiene decretada el cielo su ruina; y para que le representéis más vivamente la desolación de su imperio, volved a mirar esa ciudad miserable, desamparada ya de vuestros dioses.» Dicho esto desapareció, y ellos vieron arder la ciudad en horribles llamas, que se desvanecieron poco a poco, desocupando el aire y dejando sin alguna lesión los edificios. Volvieron a Motezuma con esta noticia temerosos de su rigor, librando en ella su disculpa; pero le hicieron tanto asombro las amenazas de aquel dios infortunado y calamitoso, que se detuvo un rato sin responder, como quien recogía las fuerzas interiores, o se acordaba de sí para no descaecer, y depuesta desde aquel instante su natural ferocidad, dijo, volviendo a mirar a los magos y a los demás que le asistían: «¿qué podemos hacer si nos desamparan nuestros dioses? Vengan los extranjeros, y caiga sobre nosotros el cielo, que no nos hemos de esconder, ni es razón que nos halle fugitivos la calamidad». Y prosiguió poco después: «solo me lastiman los viejos, niños y mujeres, a quien faltan las manos para cuidar de su defensa». En cuya consideración se hizo alguna fuerza para detener las lágrimas. No se puede negar que tuvo algo de príncipe la primera proposición, pues ofreció el pecho descubierto a la calamidad que tenía por inevitable, y no desdijo de la majestad la ternura con que llegó a considerar la opresión de sus vasallos: afectos ambos de ánimo real, entre cuyas virtudes o propiedades no es menos heroica la piedad que la constancia.

    Empezóse luego a tratar del hospedaje que se había de hacer a los españoles, de la solemnidad y aparatos del recibimiento; y con esta ocasión se volvió a discurrir en sus hazañas, en los prodigios con que había prevenido el cielo su venida, en las señas que traían de aquellos hombres orientales prometidos a sus mayores, y en la turbación y desaliento de sus dioses, que a su parecer se daban por vencidos y cedían el dominio de aquella tierra, como deidades de inferior jerarquía, y todo fue menester para que llegase a poner en términos posibles aquella gran dificultad de penetrar sobre tan porfiada resistencia, y con tan poca gente, hasta la misma corte de un príncipe tan poderoso, absoluto en sus determinaciones, obedecido con adoración, y enseñado al temor de sus vasallos.

**Capítulo IX. Viene al cuartel a visitar a Cortés de parte de Motezuma el señor de Tezcuco, su sobrino: continúase la marcha y se hace alto en Quitlavaca, dentro ya de la laguna de México**

De aquellas caserías donde se alojó el ejército de la otra parte de la montaña, pasó el día siguiente a un pequeño lugar, jurisdicción de Chalco, situado en el camino real, a poco más de dos leguas, donde acudieron luego el cacique principal de la misma provincia y otros de la comarca. Traían sus presentes con algunos bastimentos, y Cortés los agasajó con mucha humanidad y con algunas dádivas; pero se reconoció luego en su conversación que se recataban de los embajadores mexicanos, porque se detenían y embarazaban fuera de tiempo y daban a entender lo que callaban en lo mismo que decían. Apartóse con ellos Hernán Cortés, y a poca diligencia de los intérpretes dieron todo el veneno del corazón. Quejáronse destempladamente de las crueldades y tiranías de Motezuma: ponderaron lo intolerable de sus tributos, que pasaban ya de las haciendas a las personas, pues los hacía trabajar sin estipendio en sus jardines y en otras obras de su vanidad; decían con lágrimas: «que hasta las mujeres se habían hecho contribución de su torpeza y la de sus ministros, puesto que las elegían y desechaban a su antojo, sin que pudiesen defender los brazos de la madre a la doncella, ni la presencia del marido a la casada». Representando uno y otro a Hernán Cortés como a quien lo podía remediar, y mirándole como a deidad que bajaba del cielo con jurisdicción sobre los tiranos. Él los escuchó compadecido, y procuró mantenerlos en la esperanza del remedio, dejándose llevar por entonces del concepto en que le tenían, o resistiendo a su engaño con alguna falsedad. No pasaba en estas permisiones de su política los términos de la modestia: pero tampoco gustaba de oscurecer su fama, donde se miraba como parte de razón el desvarío de aquella gente.

Volvióse a la marcha el día siguiente, y se caminaron cuatro leguas por tierra de mejor temple y mayor amenidad, donde se conocía el favor de la naturaleza en las arboledas, y el beneficio del arte en los jardines. Hízose alto en Amecameca, donde se alojó el ejército, lugar de mediana población, fundado en una ensenada de la gran laguna, la mitad en el agua y la otra mitad en tierra firme, al pie de una montañuela estéril y fragosa. Concurrieron aquí muchos mexicanos con sus armas y adornos militares; y aunque al principio se creyó que los traía la curiosidad, creció tanto el número, que dieron cuidado y no faltaron indicios que persuadiesen al recelo. Valióse Cortés de algunas exterioridades para detenerlos y atemorizarlos: hízose ruido con las bocas de fuego, disparándose al aire algunas piezas de artillería, ponderóse y aun se provocó la ferocidad de los caballos, cuidando los intérpretes de dar significación al estruendo y engrandecer el peligro, por cuyo medio se consiguió el apartarlos del alojamiento antes que cerrase la noche. No se verificó que viniesen con ánimo de ofender, ni parece verosímil que se intentase nueva traición cuando estaba Motezuma reducido a dejarse ver; aunque después mataron las centinelas algunos indios, sobre acercarse demasiado con apariencias de reconocer el cuartel, y pudo ser que alguno de los caudillos mexicanos condujese aquella gente con ánimo de asaltar cautelosamente a los españoles, creyendo no sería desagradable a su rey por considerarle rendido a la paz con repugnancia de su natural y de su conveniencia; pero esto se quedó en presunción, porque a la mañana solo se descubrieron en el camino que se había de seguir, algunas tropas de gente desarmada que tomaban lugar para ver a los extranjeros.

   Tratábase ya de poner en marcha el ejército, cuando llegaron al cuartel cuatro caballeros mexicanos, con aviso de que venia el príncipe Cacumatzin, sobrino de Motezuma, y señor de Tezcuco, a visitar a Cortés de parte de su tío, y tardó poco en llegar. Acompañábanle muchos nobles con insignias de paz, y ricamente adornados. Traíanle sobre sus hombros otros indios de su familia en unas andas cubiertas de varias plumas, cuya diversidad de colores se correspondía con proporción; era mozo de hasta veinticinco años, de recomendable presencia; y luego que se apeó, pasaron delante algunos de sus criados a barrer el suelo que habla de pisar, y a desviar con grandes ademanes y contenencias la gente de los lados; ceremonias que siendo ridículas daban autoridad. Salió Cortés a recibirle hasta la puerta de su alojamiento con todo aquel aparato de que adornaba su persona en semejantes funciones. Hízole al llegar una cumplida reverencia, y él correspondió tocando la tierra, y después los labios con la mano derecha. Tomó su lugar despejadamente, y habló con sosiego de hombre que sabía estar sin admiración a la vista de la novedad. La sustancia de su razonamiento fue: «dar la bienvenida, con palabras puestas en su lugar, a Cortés y a todos los cabos de su ejército: ponderar la gratitud con que los esperaba el gran Motezuma, y cuánto deseaba la correspondencia y amistad de aquel príncipe del Oriente que los enviaba, cuya grandeza debía reconocer por algunas razones que entenderían de su boca»; y por vía de discurso propio volvió a dificultar, como los demás embajadores, la entrada en México, fingiendo «que se padecía esterilidad en todos los pueblos de su contribución»; y proponiendo, como punto que sentía su rey, «lo mal asistidos que se hallarían los españoles donde faltaba el sustento para los vecinos». Cortés respondió, sin apartarse del misterio con que iba cebando las aprensiones de aquella gente, «que su rey, siendo un monarca, sin igual en otro mundo, cercano del nacimiento del Sol, tenía también algunas razones de alta consideración para ofrecer su amistad a Motezuma, y comunicarle diferentes noticias que miraban a su persona y esencial conveniencia; cuya proposición no desmerecía su gratitud, ni él podía dejar de admitir con singular estimación la licencia que se le concedía para dar su embajada, sin que le hiciese algún embarazo la esterilidad que se padecía en aquella corte; porque sus españoles necesitaban de poco alimento para conservar sus fuerzas, y venían enseñados a padecer y despreciar las incomodidades y trabajos de que se afligían los hombres de inferior naturaleza». No tuvo Cacumatzin que replicar a esta resolución, antes recibió con estimación y rendimiento algunas joyuelas de vidrio extraordinario que le dio Cortés, y acompañó el ejército hasta Tezcuco, ciudad capital de su dominio, donde se adelantó con la respuesta de su embajada.

Era entonces Tezcuco una de las mayores ciudades de aquel imperio: refieren algunos que sería como dos veces Sevilla, y otros que podía competir con la corte de Motezuma en la grandeza; y presumía no sin fundamento de grande amenidad, donde tomaba principio la calzada oriental de México. Siguióse por ella la marcha sin detención, porque se llevaba intento de pasar a Iztacpalapa, tres leguas más adelante, sitio proporcionado para entrar en México el día siguiente a buena hora. Tendría por esta parte la calzada veinte pies de ancho, y era de piedra y cal, con algunas labores en la superficie.

Había en la mitad del camino sobre la misma calzada otro lugar de hasta dos mil casas, que se llamaba Quitlavaca; y por estar fundado en el agua, le llamaron entonces Venezuela. Salió el cacique muy acompañado y lucido al recibimiento de Cortés, y le pidió que honrase por aquella noche su ciudad, con tanto afecto, y tan repetidas instancias, que fue preciso condescender a sus ruegos por no desconfiarle. Y no dejó de hallarse alguna conveniencia en hacer aquella mansión para tomar noticias; porque viendo desde más cerca la dificultad, entró Cortés en algún recelo de que le rompiesen la calzada, o levantasen los puentes para embarazar el paso a su gente.

Registrábase desde allí mucha parte de la laguna, en cuyo espacio se descubrían varias poblaciones y calzadas, que la interrumpían y la hermoseaban; torres y capiteles, que al parecer nadaban sobre las aguas, árboles y jardines fuera de su elemento; y una inmensidad de indios, que navegando en sus canoas, procuraban acercarse a ver los españoles, siendo mayor la muchedumbre que se dejaba reparar en los terrados y azoteas más distantes: hermosa vista y maravillosa novedad, de que se llevaba noticia, y fue mayor en los ojos que en la imaginación.

Tuvo el ejército bastante comodidad en este alojamiento, y los paisanos asistieron con agrado y urbanidad al regalo de sus huéspedes; gente de cuya policía se dejaba conocer la vecindad de la corte. Manifestó el cacique, sin poderse contener, poco afecto a Motezuma, y el mismo deseo que los demás de sacudir el yugo intolerable de aquel gobierno, porque alentaba los soldados y facilitaba la empresa, diciendo a los intérpretes como quien deseaba que lo entendiesen todos, «que la calzada que se había de seguir hasta México era más capaz y de mejor calidad que la pasada, sin que hubiese que recelar en ella ni en las poblaciones de su margen: que la ciudad de Iztacpalapa, donde se había de hacer tránsito, estaba de paz, y tenía orden para recibir y alojar amigablemente a los españoles: que el señor desta ciudad era pariente de Motezuma; pero que ya no había que temer en los de su facción, porque le tenían rendido y sin espíritu los prodigios del cielo, las respuestas de sus oráculos y las hazañas que le referían de aquel ejército; por cuya razón le hallarían deseosos de la paz, y con el ánimo dispuesto antes a sufrir que a provocar». Decía la verdad este cacique, pero con alguna mezcla de pasión y de lisonja, y Hernán Cortés, aunque no dejaba de conocer este defecto en sus noticias, procuraba divulgarlas y encarecerlas entre sus soldados. Y no se puede negar que llegaron a buen tiempo, para que no se desanimase la gente de menos obligaciones con aquella variedad de objetos admirables que se tenían a la vista, de que se pudiera colegir la grandeza de aquella corte y el poder formidable de aquel príncipe; pero los informes del cacique, y las ponderaciones que se hacían de su turbación y desaliento, pudieron tanto en esta concurrencia de novedades, que alegrándose todos de lo que se habían de asombrar, se aprovecharon de su admiración para mejorar las esperanzas de su fortuna.

**Capítulo X. Pasa el ejército a Iztacpalapa, donde se dispone la entrada de México: refiérese la grandeza con que salió Motezuma a recibir a los españoles**

La mañana siguiente, poco después de amanecer, se puso en orden la gente sobre la misma calzada, según su capacidad, bastante por aquella parte para que pudiesen ir ocho caballos en hilera. Constaba entonces el ejército de cuatrocientos y cincuenta españoles no cabales, y hasta seis mil indios tlascaltecas, zempoales y de otras naciones amigas. Siguióse la marcha, sin nuevo accidente que diese cuidado, hasta la misma ciudad de Iztacpalapa, donde se había de hacer alto: lugar que sobresalía entre los demás por la grandeza de sus torres, y por el bulto de sus edificios; sería de hasta diez mil casas de segundo y tercer alto, que ocupaban mucha parte de la laguna, y se dilataban algo más sobre la ribera; en sitio delicioso y abundante. El señor de esta ciudad salió muy autorizado a recibir el ejército; y le asistieron para esta función los príncipes de Magicalcingo y Cuyoacan, dominios de la misma laguna. Traían todos tres su presente separado de varias frutas, cazas y otros bastimentos, con algunas piezas de oro, que valdrían hasta dos mil pesos. Llegaron juntos, y se dieron a conocer, diciendo cada uno su nombre y dignidad; y remitiendo a la discreción de la ofrenda todo lo que faltaba en el razonamiento.

Hízose la entrada en esta ciudad con aquel aplauso, que consistía en el bullicio y gritería de la gente, cuya inquietud alegre daba seguridad a los más recelosos. Estaba prevenido el alojamiento en el mismo palacio del cacique, donde cupieron todos los españoles debajo de cubierto, quedando los demás en los patios y zaguanes con bastante comodidad para una noche que había de pasar sin descuido. Era el palacio grande y bien fabricado, con separación de cuartos alto y bajo, muchas salas con techumbre de cedro, y no sin adorno; porque algunas de ellas tenían sus colgaduras de algodón, tejido a colores, con dibujo y proporción. Había en Utacpalapa diversas fuentes de agua dulce y saludable, traída por diferentes conductos de las sierras vecinas, y muchos jardines cultivados con prolijidad entre los cuales se hacía reparar una huerta de admirable grandeza y hermosura, que tenía el cacique para su recreación; donde llevó aquella tarde a Cortés con algunos de sus capitanes y soldados, como quien deseaba cumplir a un tiempo con el agasajo de los huéspedes y con su propia jactancia y vanidad. Había en ella diversos géneros de árboles fructíferos, que formaban calles muy dilatadas, dejando su lugar a las plantas menores, y un espacioso jardín, que tenía sus divisiones y paredes hechas de cañas entretejidas y cubiertas de yerbas olorosas, con diferentes cuadros de agricultura cuidadosa, donde hacían labor las flores con ordenada variedad. Estaba en medio un estanque de agua dulce, de forma cuadrangular: fábrica de piedra y argamasa, con gradas por todas partes hasta el fondo, tan grande, que tenía cada uno de sus lados cuatrocientos pasos, donde se alimentaba la pesca de mayor regalo y acudían varias especies de aves palustres, algunas conocidas en Europa, y otras de figura exquisita y pluma extraordinaria: obra digna de príncipe, y que hallada en un súbdito de Motezuma, se miraba como argumento de mayores opulencias.

Pasóse bien la noche, y la gente acudió con agrado y sencillez al agasajo de los españoles; solo se reparó en que hablaban ya en este lugar con otro estilo de las cosas de Motezuma: porque alababan todos su gobierno; y encarecían su grandeza; o contuviese a los de aquella opinión el parentesco del cacique, o les hiciese menos atrevidos la cercanía del tirano. Había dos leguas de calzada que pasar hasta México, y se tomó la mañana, porque deseaba Cortés hacer su entrada, y cumplir con la primera función de visitar a Motezuma, quedando con alguna parte del día para reconocer y fortificar su cuartel. Siguióse la marcha con la misma orden; y dejando a los lados la ciudad de Magicalcingo en el agua, y la de Cuyoacan en la ribera, sin otras grandes poblaciones que se descubrían en la misma laguna, se dio vista desde más cerca y no sin admiración, a la gran ciudad de México, que se levantaba con exceso entre las demás, y al parecer se le conocía el predominio hasta en la soberbia de sus edificios. Salieron a poco menos que la mitad del camino más de cuatro mil nobles y ministros de la ciudad a recibir el ejército, cuyos cumplimientos detuvieron largo rato la marcha aunque solo hacían reverencias, y pasaban delante para volver acompañando. Estaba poco antes de la ciudad un baluarte de piedra, con dos castillejos a los lados, que ocupaban todo el plano de la calzada, cuyas puertas desembocaban sobre otro pedazo de calzada, y ésta terminaba en una puente levadiza, que defendía la entrada con segunda fortificación. Luego que pasaron desviando a los lados, para franquear el paso al ejército, y se descubrió una calle muy larga y espaciosa, de grandes casas, edificadas con igualdad y correspondencia, cubiertos de gente los miradores y terrados; pero la calle totalmente desocupada; y dijeron a Cortés, que se había despejado cuidadosamente, porque Motezuma estaba en ánimo de salir a recibirle, para mayor demostración de su benevolencia.

Poco después se fue dejando ver la primera comitiva real, que serían hasta doscientos nobles de su familia, vestidos de librea, con grandes penachos, conformes en la hechura y el color. Venían en dos hileras con notable silencio y compostura, descalzos todos, y sin levantar los ojos de la tierra; acompañamiento con apariencias de procesión. Luego que llegaron cerca del ejército, se fueron arrimando a las paredes en la misma orden, y se vio a lo lejos una gran tropa de gente mejor adornada, y de mayor dignidad, en cuyo medio venía Motezuma sobre los hombros de sus favorecidos, en unas andas de oro bruñido, que brillaba con proporción entre diferentes labores de pluma sobrepuesta, cuya primorosa distribución procuraba oscurecer la riqueza con el artificio. Seguían el paso de las andas cuatro personajes de gran suposición, que le llevaban debajo de un palio, hecho de plumas verdes, entretejidas y dispuestas de manera que formaban tela, con algunos adornos de argentería; y poco delante iban tres magistrados con unas varas de oro en las manos, que levantaban en alto sucesivamente, como avisando que se acercaba el rey, para que se humillasen todos, y no se atreviesen a mirarle: desacato que se castigaba como sacrilegio. Cortés se arrojó del caballo poco antes que llegase, y al mismo tiempo se apeó Motezuma de sus andas, y se adelantaron algunos indios, que alfombraron el camino, para que no pusiese los pies sobre la tierra, que a su parecer era indigna de sus huellas.

Prevínose a la función con espacio y gravedad, y puestas las dos manos sobre los brazos del señor de Iztacpalapa y el de Tezcuco, sus sobrinos, dio algunos pasos para recibir a Cortés. Era de buena presencia, su edad hasta cuarenta años, de mediana estatura, más delgado que robusto; el rostro aguileño, de color menos oscuro que el natural de aquellos indios, el cabello largo hasta el extremo de la oreja, los ojos vivos, y el semblante majestuoso, con algo de intención; su traje un manto de sutilísimo algodón, anudado sin desaire sobre los hombros, de manera que cubría la mayor parte del cuerpo, dejando arrastrar la falda. Traía sobre sí diferentes joyas de oro, perlas y piedras preciosas, en tanto número, que servían más al peso que al adorno. La corona una mitra de oro ligero, que por delante remataba en punta, y la mitad posterior algo más obtusa se inclinaba sobre la cerviz; y el calzado unas suelas de oro macizo, cuyas correas tachonadas de lo mismo, ceñían el pie, y abrazaban parte de la pierna, semejante a las cáligas militares de los romanos.

Llegó Cortés apresurando el paso sin desautorizarse, y le hizo una profunda sumisión; a que respondió poniendo la mano cerca de la tierra, y llevándola después a los labios: cortesía de inaudita novedad en aquellos príncipes, y más desproporcionada en Motezuma, que apenas doblaba la cerviz a sus dioses, y afectaba la soberbia, o no la sabía distinguir de la majestad; cuya demostración, y la de salir personalmente al recibimiento se reparó mucho entre los indios, y cedió en mayor estimación de los españoles; porque no se persuadían a que fuese inadvertencia de su rey, cuyas determinaciones veneraban, sujetando el entendimiento. Habíase puesto Cortés sobre las armas una banda o cadena de vidrio, compuesta vistosamente de varias piedras que imitaban los diamantes y las esmeraldas, reservada para el presente de la primera audiencia; y hallándose cerca en estos cumplimientos, se la echó sobre los hombros a Motezuma. Detuviéronle, no sin alguna destemplanza, los dos braceros, dándole a entender que no era lícito el acercarse tanto a la persona del rey; pero él los reprendió, quedando tan gustoso del presente, que le miraba y celebraba entre los suyos como presea de inestimable valor; y para desempeñar su agradecimiento con alguna liberalidad, hizo traer entretanto que llegaban a darse a conocer los demás capitanes, un collar que tenía la primera estimación entre sus joyas. Era de unas conchas carmesíes de gran precio en aquella tierra, dispuestas y engarzadas con tal arte, que de cada una de ellas pendían cuatro gambaros o cangrejos de oro, imitados prolijamente del natural. Y él mismo con sus manos se le puso en el cuello a Cortés: humanidad y agasajo, que hizo segundo ruido entre los mexicanos. El razonamiento de Cortés fue breve y rendido como lo pedía la ocasión, y su respuesta de pocas palabras, que cumplieron con la discreción sin faltar a la decencia. Mandó luego al uno de aquellos dos príncipes sus colaterales, que se quedase para conducir y acompañar a Hernán Cortés hasta su alojamiento; y arrimado al otro, volvió a tomar sus andas, y se retiró a su palacio con la misma pompa y gravedad.

Fue la entrada en esta ciudad a 8 de noviembre del mismo año de 1519, día de los santos cuatro coronados mártires; y el alojamiento que tenían prevenido, una de las casas reales que fabricó Axayaca, padre de Motezuma. Competía en la grandeza con el palacio principal de los reyes, y tenía sus presunciones de fortaleza; paredes gruesas de piedra, con algunos torreones, que servían de traveses y daban facilidad a la defensa. Cupo en ella todo el ejército y la primera diligencia de Cortés fue reconocerla por todas partes para distribuir sus guardias, alojar su artillería y cerrar su cuartel. Algunas salas, que tenían destinadas para la gente de más cuenta, estaban adornadas con sus tapicerías de varios colores hechas de aquel algodón, a que se reducían todas sus telas, más o menos delicadas: las sillas de madera, labradas de una pieza, las camas entoldadas con sus colgaduras en forma de pabellones; pero el lecho se componía de aquellas sus esteras de palma, donde servía de cabecera una de las mismas esteras arrollada; no alcanzaban allí mejor cama los príncipes más regalados, ni cuidaba mucho aquella gente de su comodidad, porque vivían a la naturaleza, contentándose con los remedios de la necesidad; y no sabemos si se debe llamar felicidad en aquellos bárbaros esta ignorancia de las superfluidades.

**Capítulo XI. Viene Motezuma el mismo día por la tarde a visitar a Cortés en su alojamiento: refiérese la oración que hizo antes de oír la embajada, y la respuesta de Cortés**

Era poco más de medio día cuando entraron los españoles en su alojamiento, y hallaron prevenido un banquete regalado y espléndido para Cortés y los cabos de su ejército, con grande abundancia de bastimentos menos delicados para el resto de la gente, y muchos indios de servicio, que ministraban los manjares y las bebidas con igual silencio y puntualidad. Por la tarde vino Motezuma con la misma pompa y acompañamiento a visitar a Cortés, que avisado poco antes, salió a recibirle hasta el patio principal, con todo el obsequio debido a semejante favor. Acompañóle hasta la puerta de su cuarto, donde le hizo una profunda reverencia, y él pasó a tomar su asiento con despejo y gravedad. Mandó luego que acercasen otro a Cortés: hizo seña para que se apartasen a la pared los caballeros que andaban cerca de su persona, y Cortés advirtió lo mismo a los capitanes que le asistían. Llegaron los intérpretes, y cuando se prevenía Hernán Cortés para dar principio a su oración, le detuvo Motezuma, dando a entender que tenía que hablar antes de oír; y se refiere que discurrió en esta sustancia:

«Antes que me deis la embajada, ilustre capitán y valerosos extranjeros, del príncipe grande que os envía, debéis vosotros, y debo yo desestimar y poner en olvido lo que ha divulgado la fama de nuestras personas y costumbres, introduciendo en nuestros oídos aquellos vanos rumores que van delante de la verdad, y suelen oscurecerla declinando en lisonja o vituperio. En algunas partes os habrán dicho de mí que soy uno de los dioses inmortales, levantando hasta los cielos mi poder y mi naturaleza: en otras que se desvela en mis opulencias la fortuna, que son de oro las paredes y los ladrillos de mis palacios, y que no caben en la tierra mis tesoros; y en otras que soy tirano, cruel y soberbio; que aborrezco la justicia, y que no conozco la piedad. Pero los unos y los otros os han engañado con igual encarecimiento; y para que no imaginéis que soy alguno de los dioses, o conozcáis el desvarío de los que así me imaginan, esta porción de mi cuerpo (y desnudó parte del brazo) desengañará vuestros ojos de que habláis con un hombre mortal de la misma especie; pero más noble y más poderoso que los otros hombres. Mis riquezas no niego que son grandes; pero las hacen mayores la exageración de mis vasallos. Esta casa que habitáis es uno de mis palacios. Mirad esas paredes hechas de piedra y cal, materia vil, que debe al arte su estimación; y colegid de uno y otro el mismo engaño, y el mismo encarecimiento en lo que os hubieren dicho de mis tiranías; suspendiendo el juicio hasta que os enteréis de mi razón, y despreciando ese lenguaje de mis rebeldes, hasta que veáis si es castigo lo que llaman infelicidad, y si pueden acusarle sin dejar de merecerle. No de otra suerte han llegado a nuestros oídos varios informes de vuestra naturaleza y operaciones. Algunos han dicho que sois deidades, que os obedecen las fieras, que manejáis los rayos, y que mandáis en los elementos; y otros que sois facinerosos, iracundos y soberbios, que os dejáis dominar de los vicios, y que venís con una sed insaciable del oro que produce nuestra tierra. Pero ya veo que sois hombres de la misma composición y masa que los demás, aunque os diferencia de nosotros algunos accidentes de los que suele influir el temperamento de la tierra en los mortales. Esos brutos que os obedecen ya conozco que son unos venados grandes, que traéis domesticados e instruidos en aquella doctrina imperfecta, que puede comprender el instinto de los animales. Esas armas que se asemejan a los rayos, también alcanzo que son unos cañones de metal no conocido, cuyo efecto es como el de nuestras cerbatanas, aire oprimido, que busca salida, y arroja el impedimento. Ese fuego que despiden con mayor estruendo, será cuando mucho algún secreto más que natural de la misma ciencia que alcanzan nuestros magos. Y en lo demás que han dicho de vuestro proceder, hallo también, según la observación que han hecho de vuestras costumbres mis embajadores y confidentes, que sois benignos y religiosos, que os enojáis con razón, que sufrís con alegría los trabajos, y que no falta entre vuestras virtudes la liberalidad, que se acompaña pocas veces con la codicia. De suerte que unos y otros debemos olvidar las noticias pasadas, y agradecer a nuestros ojos el desengaño de nuestra imaginación; con cuyo presupuesto quiero que sepáis antes de hablarme, que no se ignora entre nosotros, ni necesitamos de vuestra persuasión, para creer que el príncipe grande a quien obedecéis, es descendiente de nuestro antiguo Quezalcoal, señor de las siete cuevas de los Navatlacas, y rey legítimo de aquellas siete naciones que dieron principio al imperio mexicano. Por una profecía suya, que veneramos como verdad infalible, y por la tradición de los siglos que se conserva en nuestros anales, sabemos que salió de estas regiones a conquistar nuevas tierras hacia la parte del Oriente, y dejó prometido, que andando el tiempo vendrían sus descendientes a moderar nuestras leyes, o poner en razón nuestro gobierno. Y porque las señas que traéis conforman con este vaticinio, y el príncipe del Oriente que os envía, manifiesta en vuestras mismas hazañas la grandeza de tan ilustre progenitor, tenemos ya determinado que se haga en obsequio suyo todo lo que alcanzaren nuestras fuerzas; de que me ha parecido advertiros, para que habléis sin embarazo en sus proposiciones, y atribuyáis a tan alto principio estos excesos de mi humanidad.»

Acabó Motezuma su oración, previniendo el oído con entereza y majestad, cuya sustancia dio bastante disposición a Cortés para que sin apartarse del engaño que hallaba introducido en el concepto de aquellos hombres, pudiese responderle, según lo que hallamos escrito, estas o semejantes razones:

«Después, señor, de rendiros las gracias por la suma benignidad con que permitís vuestros oídos a nuestra embajada, y por el superior conocimiento con que nos habéis favorecido, menospreciando en nuestro abono los siniestros informes de la opinión, debo deciros que también acerca de nosotros se ha tratado la vuestra con aquel respeto y veneración que corresponde a vuestra grandeza. Mucho nos han dicho de vos en esas tierras de vuestro dominio: unos afeando vuestras obras, y otros poniendo entre sus dioses vuestra persona; pero los encarecimientos crecen ordinariamente con injuria de la verdad, que como es la voz de los hombres el instrumento de la fama, suele participar de sus pasiones; y éstas, o no entienden las cosas como son, o no las dicen como las entienden. Los españoles, señor, tenemos otra vista, con que pasamos a discernir el color de las palabras, y por ellas el semblante del corazón: ni hemos creído a vuestros rebeldes ni a vuestros lisonjeros. Con certidumbre de que sois príncipe grande, y amigo de la razón, venimos a vuestra presencia, sin necesitar de los sentidos para conocer que sois príncipe mortal. Mortales somos también los españoles, aunque más valerosos, y de mayor entendimiento que vuestros vasallos, por haber nacido en otro clima de más robustas influencias. Los animales que nos obedecen, no son como vuestros venados, porque tienen mayor nobleza y ferocidad: brutos inclinados a la guerra, que saben aspirar con alguna especie de ambición a la gloria de su dueño. El fuego de nuestras armas es obra natural de la industria humana, sin que tenga parte alguna en su producción esa facultad que profesan vuestros magos; ciencia entre nosotros abominable, y digna de mayor desprecio que la misma ignorancia: con cuya suposición, que me ha parecido necesaria para satisfacer a vuestras advertencias, os hago saber con todo el acatamiento debido a vuestra majestad, que vengo a visitaros como embajador del más poderoso monarca que registra el Sol desde su nacimiento; en cuyo nombre os propongo que desea ser vuestro amigo y confederado, sin acordarse de los derechos antiguos que habéis referido para otro fin que abrir el comercio entre ambas monarquías, y conseguir por este medio vuestra comunicación y vuestro desengaño. Y aunque pudiera, según la tradición de vuestras mismas historias, aspirar a mayor reconocimiento en estos dominios, solo quiere usar de su autoridad para que le creáis en lo mismo que os conviene: y daros a entender que vos, señor, y vosotros mexicanos que me oís (volviendo el rostro a los circunstantes), vivís engañados en la religión que profesáis, adorando unos leños insensibles, obra de vuestras manos y de vuestra fantasía; porque solo hay un Dios verdadero, principio eterno, sin principio ni fin, de todas las cosas; cuya omnipotencia infinita crió de nada esa fábrica maravillosa de los cielos, el Sol que nos alumbra, la tierra que nos sustenta, y el primer hombre de quien procedemos todos, con igual obligación de reconocer y adorar a nuestra primera causa. Esta misma obligación tenéis vosotros impresa en el alma, y conociendo su inmortalidad, la desestimáis y destruís, dando adoración a los demonios, que son unos espíritus inmundos, criaturas del mismo Dios, que por su ingratitud y rebeldía fueron lanzados en ese fuego subterráneo, de que tenéis alguna imperfecta noticia en el horror de vuestros volcanes. Éstos, que por su envidia y malignidad son enemigos mortales del género humano, solicitan vuestra perdición, haciéndose adorar en estos ídolos abominables: suya es la voz que alguna vez escucháis en las respuestas de vuestros oráculos, y suyas las ilusiones con que suele introducir en vuestro entendimiento los errores de la imaginación. Ya conozco, señor, que no son de este lugar los misterios de tan alta enseñanza; pero solamente os amonesta ese mismo rey a quien reconocéis tan antigua superioridad, que nos oigáis en este punto con ánimo indiferente, para que veáis cómo descansa vuestro espíritu en la verdad que os anunciamos, y cuántas veces habéis resistido a la razón natural, que os daba luz suficiente para conocer vuestra ceguedad. Esto es lo primero que desea de vuestra majestad el rey mi señor, y esto lo principal que os propone, como el medio más eficaz para que pueda estrecharse con durable amistad la confederación de ambas coronas, y no falten a su firmeza los fundamentos de la religión, que sin dejar alguna discordia en los dictámenes, introduzcan en el ánimo los vínculos de la voluntad.»

Así procuró Hernán Cortés mantener entre aquella gente la estimación de sus fuerzas, sin apartarse de la verdad, y servirse del origen que buscaban a su rey, o no contradecir lo que tenían aprendido, para dar mayor autoridad a su embajada. Pero Motezuma oyó con señas de poca docilidad el punto de la religión, obstinado con hipocresía en los errores de su gentilidad; y levantándose de la silla, «yo acepto, dijo, con toda gratitud la confederación y amistad que me proponéis del gran descendiente de Quezalcoal; pero todos los dioses son buenos, y el vuestro puede ser todo lo que decís, sin ofensa de los míos. Descansad, ahora, que en vuestra casa estáis, donde seréis asistido con todo el cuidado que se debe a vuestro valor y al príncipe que os envía». Mandó luego que entrasen algunos indios de carga que traía prevenidos; y antes de partir presentó a Hernán Cortés diferentes piezas de oro, cantidad de ropas de algodón, y varias curiosidades de pluma, dádiva considerable por el valor y por el modo; y repartió algunas joyas y preseas del mismo género entre los españoles que estaban presentes, dando uno y otro con alegre generosidad, sin hacer mucho caso del beneficio; pero mirando a Cortes y a los suyos con un género de satisfacción, en que se conocía el cuidado antecedente como los que manifiestan su temor en lo mismo que se complacen de haberle perdido.

**Capítulo XII. Visita Cortés a Motezuma en su palacio, cuya grandeza y aparato se describe; y se da noticia de lo que**

## pasó en esta conferencia, y en otras que se tuvieron después sobre la religión

Pidió Hernán Cortés audiencia el día siguiente, y la consiguió con tanta prontitud, que vinieron con la respuesta los mismos que le habían de acompañar en esta visita: cierto género de ministros, que solían asistir a los embajadores, y tenían a su cargo el magisterio de las ceremonias y estilos de su nación. Vistióse de gala sin dejar las armas, que se habían de introducir a traje militar; y llevó consigo a los capitanes Pedro de Alvarado, Gonzalo de Sandóval, Juan Velázquez de León y Diego de Ordaz, con seis o siete soldados particulares de su satisfacción, entre los cuales fue Bernal Díaz del Castillo, que ya trataba de observar para escribir.

Las calles estaban pobladas por todas partes de innumerable concurso, que trabajaba en su misma muchedumbre para ver a los españoles sin embarazarles el paso, entre cuyas reverencias y sumisiones, se oía muchas veces la palabra Teules, que en su lengua significa dioses: voz que ya se entendía, y que no sonaba mal a los que fundaban parte de su valor en el respeto ajeno.

Dejóse ver a la larga distancia el palacio de Motezuma, que manifestaba no sin encarecimiento, la magnificencia de aquellos reyes; edificio tan desmesurado, que se mandaba por treinta puertas a diferentes calles. La fachada principal, que ocupaba toda la frente de una plaza muy espaciosa, era de varios jaspes negros, rojos y blancos, de no mal entendida colocación y pulimento. Sobre la portada se hacían reparar en un escudo grande las armas de los Motezumas: un grifo, medio águila y medio león, en ademán de volar, con un tigre feroz entre las garras. Algunos quieren que fuese águila, y se ponen de propósito a impugnar el grifo con la razón de que no los hay en aquella tierra, como si no se pudiese dudar si los hay en el mundo, según los autores que los pusieron entre las aves fabulosas. Diríamos antes que pudo inventar acá y allá este género de monstruos el desvarío artificioso, que llaman licencia los poetas, y valentía los pintores.

Al llegar cerca de la puerta principal, se encaminaron hacia el uno de sus lados los ministros del acompañamiento, y retirándose atrás con pasos de gran misterio, formaron un semicírculo para llegar a la puerta de dos en dos: ceremonia de su costumbre, porque tenían a falta de respeto el entrar en tropel en la casa real, y reconocían con este desvío la dificultad de pisar aquellos umbrales. Pasados tres patios de la misma fábrica y materia que la fachada, llegaron al cuarto donde residía Motezuma, en cuyos salones era de igual admiración la grandeza y el adorno: los pavimentos con esteras de varias labores, las paredes con diferentes colgaduras de algodón, pelo de conejo, y en lo más interior de pluma; unas y otras hermoseadas con la viveza de los colores, y con la diferencia de las figuras; los techos de ciprés, cedro y otras maderas olorosas, con diversos follajes y relieves; en cuya contextura se reparó, que sin haber hallado el uso de los clavos, formaban grandes artesones, afirmando el maderamen y las tablas en su misma trabazón.

Había en cada una de estas salas numerosas y diferentes jerarquías de criados, que tenían la entrada según su calidad y ministerio; y en la puerta de la antecámara esperaban los próceres y magistrados que recibieron a Cortés con grande urbanidad pero le hicieron esperar para quitarse las sandalias, y dejar los mantos ricos de que venían adornados, tomando en su lugar otros de menos gala: era entre aquella gente irreverencia el atreverse a lucir delante del rey. Todo lo reparaban los españoles, todo hacía novedad, y todo infundía respeto; la grandeza del palacio, las ceremonias, el aparato, y hasta el silencio de la familia.

Estaba Motezuma en pie, con todas sus insignias reales, y dio algunos pasos para recibir a Cortés, poniéndole al llegar los brazos sobre los hombros: agasajó después con el semblante a los españoles que le acompañaban, y tomando su asiento, mandó sentar a Cortés y a todos los demás, sin dejarles acción para que replicasen. La visita fue larga y de conversación familiar; hizo varias preguntas a Cortés sobre lo natural y político de las regiones orientales, aprobando a tiempo lo que le pareció bien; y mostrando que sabía discurrir en lo que sabía dudar. Volvió a referir la dependencia y obligación que tenían los mexicanos al descendiente de su primero rey, y se congratuló muy particularmente de que se hubiese cumplido en su tiempo la profecía de los extranjeros, que tantos siglos antes habían sido prometidos a su mayores: si fue con afectación, supo esconder lo que sentía; y siendo ésta una credulidad vana y despreciable por su origen y circunstancias, importó mucho en aquella ocasión, para que los españoles hallasen hecho el camino a su introducción: así bajan muchas veces encadenadas y dependientes de ligeros principios las cosas mayores. Hernán Cortés le puso con destreza en la plática de la religión, tocando entre las demás noticias que le daba de su nación, los ritos y costumbres de los cristianos, para que le hiciesen disonancia los vicios y abominaciones de su idolatría; con cuya ocasión exclamó contra los sacrificios de sangre humana, y contra el horror aborrecible a la naturaleza, con que se comían los hombres que sacrificaban: bestialidad muy introducida en aquella corte, por ser mayor el número de los sacrificados, y más culpable por esta razón el exceso de los banquetes.

No fue del todo inútil esta sesión porque Motezuma sintiendo en algo la fuerza de la razón, desterró de su mesa los platos de carne humana; pero no se atrevió a prohibir de una vez este manjar a sus vasallos, ni se dio por vencido en el punto de los sacrificios; antes decía que no era crueldad ofrecer a sus dioses unos prisioneros de guerra, que venían ya condenados a muerte; no hallando razón que le hiciese capaz de que fuesen prójimos los enemigos.

Dio pocas esperanzas de reducirse, aunque procuraron varias veces Hernán Cortés y el padre fray Bartolomé de Olmedo traerle al camino de la verdad; tenía entendimiento para conocer algunas ventajas en la religión católica y para no desconocer en todo los abusos de la suya; pero se volvía luego al tema de que sus dioses eran buenos en aquella tierra, como el de los cristianos en su distrito; y se hacía fuerza para no enojarse cuando le apretaban los argumentos, padeciendo mucho consigo en estas conferencias, porque deseaba complacer a los españoles con un género de cuidado que parecía sujeción; y por otra parte le tiraban las afectaciones de religioso, que le adquirieron, y a su parecer le mantenían la corona, obligándole a temer con mayor abatimiento la desestimación de sus vasallos, si le viesen menos atento al culto de sus dioses: política miserable, propia del tirano, dominar con soberbia y contemplar con servidumbre.

Hacía tanta ostentación de su resistencia, que llevando consigo, uno de aquellos primeros días, a Hernán Cortés y al padre fray Bartolomé, con algunos de los capitanes y soldados particulares, para que viesen a su lado las grandezas de su corte, deseó, no sin alguna vanidad, enseñarles el mayor de sus templos. Mandólos que se detuviesen poco antes de la entrada, y se adelantó para conferir con los sacerdotes, si sería lícito que llegase a la presencia de sus dioses una gente que no los adoraba. Resolvióse que podrían entrar, amonestándolos primero que no se descomidiesen; y salieron dos o tres de los más ancianos con la permisión y el requerimiento. Franqueáronse luego todas las puertas de aquel espantoso edificio; y Motezuma tomó a su cargo el explicar los secretos, oficinas y simulacros del adoratorio, tan reverente y ceremonioso, que los españoles no pudieron contenerse de hacer alguna irrisión, de que no se dio por entendido; pero volvió a mirarlos, como quien deseaba reprimirlos. A cuyo tiempo Hernán Cortés, dejándose llevar del celo que ardía en su corazón, le dijo: «permitidme, señor, fijar una cruz de Cristo delante de esas imágenes del demonio, y veréis si merecen adoración o menosprecio». Enfureciéronse los sacerdotes al oír esta proposición; y Motezuma quedó confuso y mortificado, faltándole a un tiempo la paciencia para sufrirlo y la resolución para enojarse; pero tomando partido con su primera turbación, y procurando que no quedase mal su hipocresía: «pudierais, dijo a los españoles, conceder a este lugar las atenciones, por lo menos, que debéis a mi persona»: y salió del adoratorio para que le siguiesen; pero se detuvo en el atrio, y prosiguió diciendo algo más reportado: «bien podéis, amigos, volveros a vuestro alojamiento, que yo me quedo a pedir perdón a mis dioses de lo mucho que os he sufrido»: notable salida del empeño en que se hallaba, y pocas palabras dignas de reparo, que dieron a entender su resolución, y lo que se reprimía para no destemplarse.

Con esta experiencia, y otras que se hicieron del mismo género, resolvió Cortés, siguiendo el parecer del padre fray Bartolomé de Olmedo, y del licenciado Juan Díaz, que no se le hablase más por entonces en la religión, porque solo servía de irritarle y endurecerle. Pero al mismo tiempo se consiguió fácilmente su licencia para que los cristianos diesen culto público a su Dios; y él mismo envió sus alarifes para que se le fabricase templo a su costa, como le pidiese Cortés: tanto deseaba que le dejasen descansar en su error. Desembarazóse luego uno de los salones principales de aquel palacio donde habitaban los españoles, y blanqueándole de nuevo, se levantó el altar, y en su frontispicio se colocó una imagen de nuestra Señora sobre algunas gradas, que se adornaron vistosamente, y fijando una cruz grande cerca de la puerta, quedó formada una capilla muy decente, donde se celebraba misa todos los días, se rezaba el rosario, y hacían otros actos de piedad y devoción, asistiendo algunas veces Motezuma con los príncipes y ministros que andaban a su lado; entre los cuales se alababa mucho la mansedumbre de aquellos sacrificios, sin conocer la inhumanidad y malicia de los suyos: gente ciega y supersticiosa que palpaba las tinieblas y se defendía de la razón con la costumbre

Pero antes de referir los sucesos de aquella corte, nos llama su descripción la grandeza de sus edificios, su forma de gobierno y policía, con otras noticias que son convenientes para la inteligencia o concepto de los mismos sucesos: desvíos de la narración necesarios en la historia, como no sean peregrinos del argumento y carezcan de otros lunares que hacen viciosa la digresión.

**Capítulo XIII. Descríbese la ciudad de México, su temperamento y situación, el mercado de Tlatelulco y el mayor de sus templos, dedicado al dios de la guerra**

La gran ciudad de México, que fue conocida en su antigüedad por el nombre de Tenuchtitlan o por otros de poco diferente sonido, sobre cuya denominación se cansan voluntariamente los autores, tendría en aquel tiempo sesenta mil familias de vecindad, repartida en dos barrios, de los cuales se llamaba el uno Tlatelulco, habitación de gente popular; y el otro México, que por residir en él la corte y la nobleza, dio su nombre a toda la población.

Estaba fundada en un plano muy espacioso, coronado por todas partes de altísimas sierras y montañas, de cuyos ríos y vertientes, rebalsadas en el valle se formaban diferentes lagunas, y en lo más profundo los dos lagos mayores, que ocupaba con más de cincuenta poblaciones la nación mexicana. Tendría este pequeño mar treinta leguas de circunferencia; y los dos lagos que le formaban, se unían y comunicaban entre sí por un dique de piedra que los dividía, reservando algunas aberturas con puentes de madera, en cuyos lados tenían sus compuertas levadizas para cebar el lago inferior siempre que necesitaban de socorrer la mengua del uno con la redundancia del otro. Era el más alto de agua dulce y clara, donde se hallaban algunos pescados de agradable mantenimiento; y el otro de agua salobre y oscura, semejante a la marítima; no porque fuesen de otra calidad las vertientes de que se alimentaba, sino por vicio natural de la misma tierra, donde se detenían: gruesa y salitrosa por aquel paraje, pero de grande utilidad para la fábrica de la sal, que beneficiaban cerca de sus orillas, purificando al Sol, y adelgazando con el fuego las espumas y superfluidades que despedía la resaca.

En el medio casi de esta laguna salobre tenía su asiento la ciudad, cuya situación se apartaba de la línea equinoccial hacia el Norte diecinueve grados y trece minutos dentro aún de la Tórrida Zona, que imaginaron de fuego habitable los filósofos antiguos, para que aprendiese nuestra experiencia cuán poco se puede fiar de la humana sabiduría en todos aquellas noticias que no entran por los sentidos a desengañar el entendimiento. Era su clima benigno y saludable, donde se dejaban conocer a su tiempo el frío y el calor, ambos con moderada intensión; y la humedad, que por la naturaleza del sitio pudiera ofender a la salud, estaba corregida con el favor de los vientos, o morigerada con el beneficio del Sol.

Tenían hermosísimos lejos en medio de las aguas esta gran población, y se daba la mano con la tierra por sus diques o calzadas principales: fábrica suntuosa que servía tanto al ornamento como a la necesidad: la una de dos leguas hacia la parte del Mediodía, por donde hicieron su entrada los españoles; la otra de una legua mirando al Septentrión; y la otra poco menor por la parte occidental. Eran las calles bien niveladas y espaciosas: unas de agua con sus puentes para la comunicación de los vecinos; otras de tierra sola hechas a la mano; y otras de agua y tierra, los lados para el paso de la gente, y el medio para el uso de las canoas o barcas de tamaños diferentes que navegaban por la ciudad o servían al comercio, cuyo número toca en increíble, pues dicen que tendría México entonces más de cincuenta mil, sin otras embarcaciones pequeñas que allí se llamaban acales, hechas de un tronco, y capaces de un hombre que remaba para sí.

Los edificios públicos y casas de los nobles, de que se componía la mayor parte de la ciudad, eran de piedra y bien fabricadas; las que ocupaba la gente popular humildes y desiguales; pero unas y otras en tal disposición, que hacían lugar a diferentes plazas de terraplén donde tenían sus mercados.

Era entre todas la de Tlatelulco de admirable capacidad y concurso, a cuyas ferias acudían ciertos días en el año todos los mercaderes y comerciantes del reino con lo más precioso de sus frutos y manufacturas; y solían concurrir tantos, que siendo esta plaza, según dice Antonio Herrera, una de las mayores del mundo, se llenaba de tiendas puestas en hileras, y tan apretadas que apenas dejaban calle a los compradores. Conocían todos su puesto, y armaban su oficina de bastidores portátiles cubiertos de algodón basto, capaz de resistir al agua y al Sol. No acababan de ponderar nuestros escritores el orden, la variedad y la riqueza de estos mercados. Había hileras de plateros, donde se vendían joyas y cadenas extraordinarias, diversas hechuras de animales, y vasos de oro y plata, labrados con tanto primor, que algunos de ellos dieron que discurrir a nuestros artífices, particularmente unas calderillas de asas movibles que salían así de la fundición, y otras piezas del mismo género, donde se hallaban molduras y relieves, sin que se conociese impulso de martillo ni golpe de cincel. Había también hileras de pintores, con raras ideas y países de aquella interposición de plumas que daba el colorido y animaba la figura; en cuyo género se hallaron raros aciertos de la paciencia y la prolijidad. Venían también a este mercado cuantos géneros de telas se fabricaban en todo el reino para diferentes usos, hechas de algodón y pelo de conejo, que hilaban delicadamente las mujeres, enemigas en aquella tierra de la ociosidad, y aplicadas al ingenio de las manos. Eran muy de reparar los búcaros y hechuras exquisitas de finísimo barro que traían a vender, diverso en el color y en la fragancia de que labraban con primor extraordinario cuantas piezas y vasijas son necesarias para el servicio y el adorno de una casa, porque no usaban de oro ni de plata en sus vajillas: profusión que solo era permitida en la mesa real, y esto en días muy señalados. Hallábanse con la misma distribución y abundancia los mantenimientos, las frutas, los pescados, y finalmente cuantas cosas hizo venales el deleite y la necesidad.

Hacíanse las compras y ventas por vía de permutación, con que daba cada uno lo que le sobraba por lo que había menester; y el maíz o el cacao servía de moneda para las cosas menores. No se gobernaban por el peso ni le conocieron; pero tenían diferentes medidas con que distinguir las cantidades, y sus números o caracteres con que ajustar los precios según sus tasaciones.

Había casa diputada para los jueces del comercio, en cuyo tribunal se decidían las diferencias de los comerciantes, y otros ministros inferiores que andaban entre la gente cuidando de la igualdad de los contratos, y llevaban al tribunal las causas de fraude o exceso que necesitaban de castigo. Admiraron justamente nuestros españoles la primera vista de este mercado por su abundancia, por su variedad, y por el orden y concierto con que estaba puesta en razón aquella muchedumbre: aparador verdaderamente maravilloso, en que se venían de una vez a los ojos la grandeza y el gobierno de aquella corte.

Los templos (si es lícito darles este nombre) se levantaban suntuosamente sobre los demás edificios; y el mayor, donde residía la suma dignidad de aquellos sacerdotes, estaba dedicado al ídolo Viztcilipuztli, que en su lengua significaba dios de la guerra, y le tenían por el supremo de sus dioses: primacía de que se infiere cuanto se preciaba de militar aquella nación. El vulgo de los soldados españoles le llamaba Huchilobos, tropezando en la pronunciación; y así le nombra Bernal Díaz del Castillo, hallando en la pluma la misma dificultad. Notablemente discuerdan los autores en la descripción de este soberbio edificio. Antonio de Herrera se conforma demasiado con Francisco López de Gómara: los que le vieron entonces tenían otras cosas en el cuidado, y los demás tiraron las líneas a la voluntad de su consideración: seguimos al padre José de Acosta, y a otros autores de los mejor informados.

Su primera mansión era una gran plaza en cuadro con su muralla de sillería, labrada por la parte de afuera con diferentes lazos de culebras encadenadas que daban horror al pórtico, y estaban allí con alguna propiedad. Poco antes de llegar a la puerta principal estaba un humilladero no menos horroroso: era de piedra, con treinta gradas de lo mismo que subían a lo alto, donde había un género de azotea prolongada, y fijos en ella muchos troncos de crecidos árboles puestos en hilera; tenían estos sus taladros iguales a poca distancia, y por ellos pasaban de un árbol a otro diferentes varas ensartando cada una por las sienes algunas calaveras de hombres sacrificados, cuyo número (que no se puede referir sin escándalo) tenían siempre cabal los ministros del templo, renovando las que padecían algún destrozo con el tiempo; lastimoso trofeo en que manifestaba su rencor el enemigo del hombre, y aquellos bárbaros le tenían a la vista sin algún remordimiento de la naturaleza, hecha devoción la inhumanidad, y desaprovechada en la costumbre de los ojos la memoria de la muerte.

Tenía la plaza cuatro puertas correspondientes en sus cuatro lienzos, que miraban a los cuatro vientos principales. En lo alto de las portadas había cuatro estatuas de piedra que señalaban el camino, como despidiendo a los que se acercaban mal dispuestos; y tenían su presunción de dioses liminares, porque recibían algunas reverencias a la entrada. Por la parte interior de la muralla estaban las habitaciones de los sacerdotes y dependientes de su ministerio, con algunas oficinas que corrían todo el ámbito de la plaza sin ofender el cuadro, dejándola tan capaz que solían bailar en ella ocho y diez mil personas cuando se juntaban a celebrar sus festividades.

Ocupaba el centro de esta plaza una gran máquina de piedra, que a cielo descubierto se levantaba sobre las torres de la ciudad, creciendo en disminución hasta formar una media pirámide los tres lados pendientes, y en el otro labrada la escalera: edificio suntuoso y de buenas medidas, tan alto que tenía ciento y veinte gradas de escalera, y tan corpulento que terminaba en un plano de cuarenta pies en cuadro; cuyo pavimento, enlosado primorosamente de varios jaspes, guarnecía por todas partes un pretil con sus almenas retorcidas a manera de caracoles, formando por ambas haces de unas piedras negras semejantes al azabache, puestas con orden, y unidas con betunes blancos y rojos que adornaban mucho el edificio.

Sobre la división del pretil, donde terminaba la escalera, estaban dos estatuas de mármol, que sustentaban (imitando bien la fuerza de los brazos) unos grandes candeleros de hechura extraordinaria; más adelante una losa verde que se levantaba cinco palmos del suelo y remataba en esquina, donde afirmaban por las espaldas al miserable que habían de sacrificar, para sacarle por los pechos el corazón; y en la frente una capilla de mejor fábrica y materia, cubierta por lo alto con su techumbre de maderas preciosas, donde tenían el ídolo sobre un altar muy alto y detrás de cortinas. Era de figura humana, y estaba sentado en una silla con apariencias de trono, fundada sobre un globo azul que llamaban cielo, de cuyos lados salían cuatro varas con cabezas de sierpes, a que aplicaban los hombros para conducirle cuando le manifestaban al pueblo. Tenía sobre la cabeza un penacho de plumas varias en forma de pájaro, con el pico y la cresta de oro bruñido, el rostro de horrible severidad, y más afeado con dos fajas azules, una sobre la frente y otra sobre la nariz; en la mano derecha una culebra hondeada que le servía de bastón, y en la izquierda cuatro saetas que veneraban como traídas del cielo, y una rodela con cinco plumajes blancos puestos en cruz, sobre cuyos adornos, y la significación de aquellas insignias y colores, decían notables desvaríos con lastimosa ponderación.

Al lado siniestro de esta capilla estaba otra de la misma hechura y tamaño, con un ídolo que llamaban Tlaloch, en todo semejante a su compañero. Teníanlos por hermanos, y tan amigos que dividían entre sí los patrocinios de la guerra, iguales en el poder y uniformes en la voluntad; por cuya razón acudían a entrambos con una víctima y un ruego, y les daban las gracias de los sucesos, teniendo en equilibrio la devoción.

El ornato de ambas capillas era de inestimable valor, colgadas las paredes y cubiertos los altares de joyas y piedras preciosas puestas sobre plumas de colores; y había de este género y opulencia ocho templos en aquella ciudad, siendo los menores más de dos mil, donde se adoraban otros tantos ídolos, diferentes en el nombre, figura y advocación. Apenas había calle sin su dios tutelar; ni se conocía calamidad entre las pensiones de la naturaleza, que no tuviese altar donde acudir por el remedio. Ellos se fingían y fabricaban sus dioses de su mismo temor, sin conocer que enflaquecían el poder de los unos con lo que fiaban de los otros; y el demonio ensanchaba su dominio por instantes: violentísimo tirano de aquellos racionales, y en pacífica posesión de tantos siglos. ¡O permisiones inescrutables del Altísimo!

**Capítulo XIV. Descríbense diferentes casas que tenía Motezuma para su divertimiento, sus armerías, sus jardines y sus quintas, con otros edificios notables que había dentro y fuera de la ciudad**

Además del palacio principal que dejamos referido, y el que habitaban los españoles, tenía Motezuma diferentes casas de recreación que adornaban la ciudad y engrandecían su persona. En una de ellas, edificio real, donde se vieron grandes corredores sobre columnas de jaspe, había cuantos géneros de aves se crían en la Nueva España, dignas de alguna estimación por la pluma o por el canto, entre cuya diversidad se hallaron muchas extraordinarias, y no conocidas hasta entonces en Europa. Las marítimas se conservaban en estanques de agua salobre, y en otros de agua dulce las que se traían de ríos o lagunas. Dicen que había pájaros de cinco y seis colores, y los pelaban a su tiempo dejándolos vivos, para que repitiesen a su dueño la utilidad de la pluma: género de mucho valor entre los mexicanos, porque se aprovechaban de ella en sus telas, en sus pinturas y en todos sus adornos. Era tanto el número de aves, y se ponía tanto cuidado en su conservación, que se ocupaban en este ministerio más de trescientos hombres diestros en el conocimiento de sus enfermedades, y obligados a suministrarles el cebo de que se alimentaban en su libertad.

Poco distante de esta casa tenía otra Motezuma de mayor grandeza y variedad, con habitación capaz de su persona y familia, donde residían sus cazadores y se criaban las aves de rapiña, unas en jaulas de igual aliño y limpieza que solo servían a la observación de los ojos, y otras en alcándaras obedientes al lazo de pihuela, y domesticadas para el ejercicio de la cetrería; cuyos primores alcanzaron sirviéndose de algunos pájaros de razas excelentes que se hallan en aquella tierra parecidos a los nuestros, y nada inferiores en la docilidad con que reconocen a su dueño, y en la resolución con que se arrojan a la presa. Había entre las aves que tenían encerradas muchas de rara fiereza y tamaño, que parecían entonces monstruosas, y algunas águilas reales de grandeza exquisita y prodigiosa voracidad: no falta quien diga que una de ellas gastaba un carnero en cada comida: débanos el autor que no apoyemos con su nombre lo que a nuestro parecer creyó con facilidad.

En el segundo patio de la misma casa, estaban las fieras que presentaban a Motezuma o prendían sus cazadores: en fuertes jaulas de madera, puestas con buena distribución y debajo de cubierto, leones, tigres, osos, y cuantos géneros de brutos silvestres produce la Nueva España; entre los cuales hizo mayor novedad el toro mexicano, rarísimo compuesto de varios animales, gibada y corva la espalda como el camello, enjuto el ijar, larga la cola, y guedejudo el cuello como el león, hendido el pie y armada la frente como el toro, cuya ferocidad imita con igual destreza y ejecución: anfiteatro que pareció a los españoles digno de príncipe grande, por ser tan antiguo en el mundo esto de significarse por las fieras la grandeza de los hombres.

En otra separación de este palacio, dicen algunos de nuestros escritores, que se criaba con cebo cuotidiano una multitud horrible de animales ponzoñosos; y que anidaban en diferentes vasijas y cavernas las víboras, las culebras de cascabel, los escorpiones; y crece la ponderación hasta encontrar con los cocodrilos; pero también afirman que no alcanzaron esta venenosa grandeza nuestros españoles, y que solo vieron el paraje donde se criaban, cuya limitación nos basta para tocarlo como inverosímil; creyendo antes que lo entenderían así los indios, de cuya relación se tomó la noticia; y que sería éste uno de aquellos horrores que suele inventar el vulgo contra la fiereza de los tiranos, particularmente cuando sirve afligido y discurre atemorizado.

Sobre la mansión que ocupaban las fieras, había un cuarto muy capaz donde habitaban los bufones, y otras sabandijas de palacio que servían al entretenimiento del rey: en cuyo número se contaban los monstruos, los enanos, los corcobados, y otros errores de la naturaleza: cada género tenía su habitación separada, y cada separación sus maestros de habilidades, y sus personas diputadas para cuidar de su regalo; donde los servían con tanta puntualidad, que algunos padres, entre la gente pobre, desfiguraban a sus hijos para que lograsen esta conveniencia y enmendar su fortuna, dándoles el mérito en la deformidad.

No se conocía menos la grandeza de Motezuma en otras dos casas que ocupaban su armería. Era la una para la fábrica, y la otra para el depósito de las armas. En la primera vivían y trabajaban todos los maestros de esta facultad, distribuidos en diferentes oficinas según sus ministerios: en una parte se adelgazaban las varas para las flechas; en otra se labraban los pedernales para las puntas; y cada género de armas ofensivas y defensivas tenían su obrador y sus oficiales distintos, con algunos superintendentes que llevaban a su modo la cuenta y razón de lo que se trabajaba. La otra casa, cuyo edificio tenía mayor representación, servía de almacén, donde se recogían las armas después de acabadas, cada género en pieza distinta, y de allí se repartían a los ejércitos y fronteras, según la ocurrencia de las ocasiones. En lo alto se guardaban las armas de la persona real colgadas por las paredes con buena colocación: en una pieza los arcos, flechas y aljabas con varios embutidos y labores de oro y pedrería; en otras las espadas y montantes de madera extraordinaria con sus filos de pedernal, y la misma riqueza en las empuñaduras; en otras los dardos, y así los demás géneros, tan adornados y resplandecientes, que daban que reparar hasta las hondas y las piedras. Había diferentes hechuras de petos y celadas con láminas de follajes de oro; muchas casacas de aquellos colchados que resistían a las flechas; hermosas invenciones de rodelas o escudos, y un género de paveses o adargas de pieles impenetrables que cubrían todo el cuerpo; y hasta la ocasión de pelear andaban arrolladas al hombro izquierdo: fue de admiración a los españoles esta grande armería, que pareció también alhaja de príncipe, y príncipe guerrero, en que se acreditaban igualmente su opulencia y su inclinación.

En todas estas casas tenían grandes jardines prolijamente cultivados. No gustaba de árboles fructíferos ni plantas comestibles en sus recreaciones; antes solía decir que las huertas eran posesiones de gente ordinaria; pareciéndole más propio en los príncipes el deleite sin mezcla de utilidad. Todo era flores de rara diversidad y fragancia, y yerbas medicinales que servían a los cuadros y cenadores, de cuyo beneficio cuidaba mucho, haciendo traer a sus jardines cuantos géneros produce la benignidad de aquella tierra, donde no aprendían los físicos, otra facultad que la noticia de sus nombres y el reconocimiento de sus virtudes. Tenían yerbas para todas las enfermedades y dolores, de cuyos zumos y aplicaciones componían sus remedios y lograban admirables efectos, hijos de la experiencia, que sin distinguir la causa de la enfermedad, acertaban con la salud del enfermo. Repartíanse francamente de los jardines del rey todas las yerbas que recetaban los médicos o pedían los dolientes, y solían preguntar si aprovechaban, hallando vanidad en sus medicinas, o persuadido a que cumplía con la obligación del gobierno, cuidando así de la salud de sus vasallos.

En todos estos jardines y casas de recreación había muchas fuentes de agua dulce y saludable que traían de los montes vecinos, guiada por diferentes canales, hasta encontrar con las calzadas, donde se ocultaban los encañados que la introducían en la ciudad; para cuya provisión se dejaban algunas fuentes públicas, y se permitía, no sin tributo considerable, que los indios vendiesen por las calles la que podían conducir de otros manantiales.

Creció mucho en tiempo de Motezuma el beneficio de las fuentes, porque fue suya la obra del gran conducto por donde vienen a México las aguas vivas que se descubrieron en la sierra de Chapultepec, distante una legua de la ciudad. Hízose primero de su orden y traza un estanque de piedra donde recogerlas, midiendo su altura con la declinación que pedía la corriente; y después un paredón grueso con dos canales descubiertas de fuerte argamasa, de las cuales servía la una mientras que se limpiaba la otra: fábrica de grande utilidad, cuya invención le dejó tan vanaglorioso, que mandó poner su efigie y la de su padre, con cierta semejanza, esculpidas en dos medallas de piedra, con ambición de hacerse memorable, por aquel beneficio, de su ciudad.

Uno de los edificios que hizo mayor novedad entre las obras de Motezuma, fue la casa que llamaban de la tristeza, donde solía retirarse cuando se morían sus parientes, y en otras ocasiones de calamidad o mal suceso que pidiese pública demostración. Era de horrible arquitectura, negras las paredes, los techos y los adornos; y tenía un género de claraboyas o ventanas pequeñas que daban penada la luz, o permitían solamente la que bastaba para que se viese la oscuridad: formidable habitación donde se le aparecía con más facilidad el demonio; fuese por lo que ama los horrores el príncipe de las tinieblas, o por la congruencia que tienen entre sí el espíritu maligno y el humor melancólico.

Fuera de la ciudad tenía grandes quintas y casas de recreación, con muchas y copiosas fuentes que daban agua para los baños y estanques para la pesca; en cuya vecindad había diferentes bosques para diferentes géneros de caza: ejercicio que frecuentaba y entendía, manejando con primor el arco y la flecha. Era la montería su principal divertimiento: solía muchas veces salir con sus nobles a un parque muy espacioso y ameno, cuyo distrito estaba cercado por todas partes con un foso de agua, donde le traían y encerraban las reses de los montes vecinos, entre las cuales solían venir algunos tigres y leones. Había gente señalada en México y en otros lugares del contorno, que se adelantaba para estrechar y conducir las fieras al sitio destinado, siguiendo casi en estas batidas el estilo de nuestros monteros. Tenían aquellos indios mexicanos grande osadía y agilidad en perseguir y sujetar los animales más feroces; y Motezuma gustaba mucho de mirar el combate de sus cazadores, y lograr algunos tiros que se aplaudían como aciertos de mayor importancia. Nunca se apeaba de sus andas sino es cuando se ponía en algún lugar eminente, y siempre con bastante circunvalación de chuzos y flechas que asegurasen su persona; no porque le faltase valor ni dejase de aventajar a todos en la destreza, sino porque miraba como indigno de su majestad aquellos riesgos voluntarios; pareciéndole, y no sin conocimiento de su dignidad, que solo eran decentes para el rey los peligros de la guerra.

**Capítulo XV. Dase noticia de la ostentación y puntualidad con que se hacía servir Motezuma en su palacio; del gasto de su mesa, de sus audiencias, y otras particularidades de su economía y divertimientos**

Era correspondiente a la suntuosidad y soberbia de sus edificios el fausto de su casa, y los aparatos de que adornaba su persona para mantener la reverencia y el temor de sus vasallos; a cuyo fin inventó nuevas ceremonias y superfluidades, enmendando como defecto la humanidad con que se trataron hasta él los reyes mexicanos. Aumentó como dijimos, en los principios de su reinado el número, la calidad y el lucimiento de la familia real, componiéndola de gente noble, más o menos ilustre, según los ministerios de su ocupación: punto que resistieron entonces sus consejeros, representándole que no convenía desconsolar al pueblo con excluirle totalmente de su servicio; pero él ejecutó lo que le aconsejaba su vanidad, y era una de sus máximas que los príncipes debían favorecer desde lejos a la gente sin obligaciones, y considerar que no se hicieron los beneficios de la confianza para los ánimos plebeyos.

Tenía dos géneros de guardias: una de gente militar y tan numerosa, que ocupaba los patios y repartía diferentes escuadrones a las puertas principales; y otra de caballeros cuya introducción fue también de su tiempo: constaba de hasta doscientos hombres de calidad conocida; y éstos entraban todos los días en palacio con el mismo fin de guardar a la persona real y asistir a su cortejo. Estaba repartido por turnos con tiempo señalado este servicio de los nobles, y se iban mudando con tal disposición, que comprendía toda la nobleza, no solo de la ciudad, sino del reino; y venían a cumplir con esta obligación cuando les tocaba el turno desde las ciudades más remotas. Era su asistencia en las antecámaras, donde comían de lo que sobraba en la mesa del rey. Solía permitir que entrasen algunos en su cámara, mandándolos llamar: no tanto por favorecerlos, como para saber si asistían, y tenerlos a todos en cuidado. Jactábase de haber introducido este género de guardia, y no sin alguna política más que vulgar; porque solía decir a sus ministros, que le servía de tener en algún ejercicio la obediencia de los nobles para enseñarlos a vivir dependientes, y de conocer los sujetos de su reino para emplearlos según su capacidad.

Casaban los reyes mexicanos con hijas de otros reyes tributarios suyos, y Motezuma tenía dos mujeres de esta calidad, con título de reinas, en cuartos separados de igual pompa y ostentación. El número de sus concubinas era exorbitante y escandaloso, pues hallamos escrito, que habitaban dentro de su palacio más de tres mil mujeres entre amas y criadas, y que venían al examen de su antojo cuantas nacían con alguna hermosura en sus dominios; porque sus ministros y ejecutores las recogían a manera de tributo y vasallaje, tratándose como importancia del reino la torpeza del rey.

Deshacíase de este género de mujeres con facilidad, poniéndolas en estado para que ocupasen otras su lugar; y hallaban maridos entre la gente de mayor calidad, porque salían ricas, y a su parecer condecoradas; tan lejos estaba de tener estimación de virtud la honestidad en una religión donde no solo se permitían, pero se mandaban las violencias de la razón natural. Afectaba mucho el recogimiento de su casa, y tenía mujeres ancianas que atendiesen al decoro de sus concubinas sin permitir el menor desacierto en su proceder, no tanto porque le disonasen las indecencias, como porque le predominaban los celos; y este cuidado con que procuraba mantener el recato de su familia, que tiene por sí tanto de loable y puesto en razón, era en él segunda liviandad, y pundonor poco generoso que se formaba en la flaqueza de otra pasión.

Sus audiencias no eran fáciles ni frecuentes; pero duraban mucho, y se adornaba esta función de grande aparato y solemnidad. Asistían a ella los próceres que tenían entrada en su cuarto: seis o siete consejeros cerca de la silla, por si ocurriese alguna materia digna de consulta; y diferentes secretarios que iban notando con aquellos símbolos que le servían de letras las resoluciones y decretos, cada uno según su negociación. Entraba descalzo el pretendiente y hacía tres reverencias sin levantar los ojos de la tierra, diciendo en la primera Señor, en la segunda mi Señor, y en la tercera gran Señor. Hablaba en acto de mayor humillación, y se volvía después a retirar por los mismos pasos, repitiendo sus reverencias sin volver las espaldas, y cuidando mucho de los ojos, porque había ciertos ministros que castigaban luego los menores descuidos; y Motezuma era observantísimo en estas ceremonias: cuidado que no se debe culpar en los príncipes, por consistir en ellas una de las prerrogativas que los diferencian de los otros hombres; y tener algo de sustancia en el respeto de los súbditos estas delicadezas de la majestad. Escuchaba con atención, y respondía con severidad, midiendo al parecer la voz con el semblante. Si alguno se turbaba en el razonamiento, le procuraba cobrar, o le señalaba uno de los ministros que le asistían para que le hablase con menos embarazo; y solía despacharle mejor, hallando en aquel miedo respectivo, lisonja y discreción. Preciábase mucho del agrado y humanidad con que sufría las impertinencias de los pretendientes, y la desproporción de las pretensiones; y a la verdad procuraba por aquel rato corregir los ímpetus de su condición; pero no todas veces lo podía conseguir, porque cedía lo violento a lo natural, y la soberbia reprimida se parece poco a la benignidad.

    Comía solo, y muchas veces en público; pero siempre con igual aparato. Cubríanse los aparadores ordinariamente con más de doscientos platos de varios manjares a la condición de su paladar; y algunos de ellos también sazonados, que no solo agradaron entonces a los españoles, pero se han procurado imitar en España: que no hay tierra tan bárbara donde no se precie de ingenioso en sus desórdenes el apetito.

    Antes de sentarse a comer registraba los platos, saliendo a reconocer las diferencias de regalos que contenían; y satisfecha la gula de los ojos, elegía los que más le agradaban, y se repartían los demás entre los caballeros de su guardia: siendo esta profusión cuotidiana una pequeña parte del gasto que se hacía de ordinario en sus cocinas, porque comían a su costa cuantos habitaban en palacio, y cuantos acudían a él por obligación de su oficio. La mesa era grande, pero baja de pies, y el asiento un taburete proporcionado. Los manteles de blanco y sutil algodón, y las servilletas de lo mismo, algo prolongadas. Atajábase la pieza por la mitad con una baranda o biombo, que sin impedir la vista, señalaba término al concurso y apartaba la familia. Quedaban dentro cerca de la mesa tres o cuatro ministros ancianos de los más favorecidos, y cerca de la baranda uno de los criados mayores que alcanzaba los platos. Salían luego hasta veinte mujeres vistosamente ataviadas que servían la vianda, y ministraban la copa con el mismo género de reverencias que usaban en sus templos. Los platos eran de barro muy fino y solo servían una vez, como los manteles y servilletas que se repartían luego entre los criados. Los vasos de oro sobre salvas de lo mismo; y algunas veces solía beber en cocos o conchas naturales costosamente guarnecidas. Tenían siempre a la mano diferentes géneros de bebidas, y él señalaba las que apetecía; unas con olor, otras de yerbas saludables, y algunas confecciones de menos honesta calidad. Usaba con moderación de los vinos, o mejor diríamos cervezas que hacían aquellos indios, liquidando los granos del maíz por infusión y cocimiento: bebida que turbaba la cabeza como el vino más robusto. Al acabar de comer tomaba ordinariamente un género de chocolate a su modo, en que iba la sustancia del cacao, batida con el molinillo, hasta llenar la jícara de más espuma que licor; y después el humo del tabaco suavizado con liquidámbar; vicio que llamaban medicina, y en ellos tuvo algo de superstición, por ser el zumo de esta yerba uno de los ingredientes con que se dementaban y enfurecían los sacerdotes siempre que necesitaban de perder el entendimiento para entender al demonio.

 Asistían ordinariamente a la comida tres o cuatro juglares de los que más sobresalían en el número de sus sabandijas; y éstos procuraban entretenerle, poniendo como suelen su felicidad, en la risa de los otros, y vistiendo las más veces en traje de gracia la falta de respeto. Solía decir Motezuma que los permitía cerca de su persona porque le decían algunas verdades: poco las apetecería quien las buscaba en ellos, o tendría por verdades las lisonjas: sentencia que se pondera entre sus discreciones; pero más reparamos en que llegase a conocer, hasta un príncipe bárbaro, la culpa de admitirlos, pues buscaba colores con que honestarlo.

 Después del rato del sosiego solían entrar sus músicos a divertirle; y al son de flautas y caracoles, cuya desigualdad de sonidos concertaban con algún género de consonancia, le cantaban diferentes composiciones en varios metros que tenían su número y cadencia, variando los tonos con alguna modulación buscada en la voluntad de su oído. El ordinario asunto de sus canciones eran los acaecimientos de sus mayores, y los hechos memorables de sus reyes; y éstas se cantaban en los templos, y enseñaban a los niños para que no se olvidasen las hazañas de su nación: haciendo el oficio de la historia con todos aquellos que no entendían las pinturas y jeroglíficos de sus anales. Tenían también sus cantinelas alegres, de que usaban en sus bailes con estribillos y repeticiones de música más bulliciosa; y eran tan inclinados a este género de regocijos, y a otros espectáculos en que mostraban sus habilidades, que casi todas las tardes había fiestas públicas en alguno de los barrios, unas veces de la nobleza, y otras de la gente popular: y en aquella sazón fueron más frecuentes y de mayor solemnidad por el agasajo de los españoles; fomentándolas y asistiéndolas Motezuma contra el estilo de su austeridad, como quien deseaba con algún género de ambición que se contasen los ejercicios de la ociosidad entre las grandezas de su corte.

La más señalada entre sus fiestas era un género de danzas que llaman mitotes: componíanse de innumerable muchedumbre; unos vistosamente adornados, y otros en trajes y figuras extraordinarias. Entraban en ellas los nobles, mezclándose con los plebeyos en honor de la festividad; y tenían ejemplar de haber entrado sus reyes. Hacían el son dos atabales de madera cóncava, desiguales en el tamaño y en el sonido; bajo y tiple, unidos y templados no sin alguna conformidad. Entraban de dos en dos haciendo mudanzas, y después formaban corro, hiriendo todos a un tiempo la tierra y el aire con los pies sin perder el compás. Cansado un corro, sucedía otro con diferentes saltos y movimientos, imitando los tripudios y coreas que celebró la antigüedad; y algunas veces se mezclaban todos en alegre inquietud, hasta que mediando los brindis, y venciendo la embriaguez, de que se hacía gala en estos días, cesaba la fiesta, o se convertía en otra locura menos ordenada.

Juntábase otras veces el pueblo en las plazas o en los atrios de sus templos a diferentes espectáculos y juegos. Había desafíos de tirar al blanco y hacer otras destrezas admirables con el arco y la flecha. Usaban de la carrera y la lucha con sus apuestas particulares y premios públicos para el vencedor. Tenían hombres agilísimos que bailaban sin equilibrio en la maroma; y otros que hacían mudanzas y vueltas, con segundo bailarín sobre los hombros. Jugaban también a la pelota igual número de competidores, con un género de goma que levantaba muchos botes, y la traían largo rato en el aire, hasta que ganaban la raya los que daban con ella en el término contrapuesto: victoria que se disputaba con tanta solemnidad, que venían los sacerdotes con el dios de la pelota (¡ridícula superstición!), y colocándole a la vista, conjuraban el trinquete con ciertas ceremonias, que a su parecer dejaban corregidos los azares del juego, igualando la fortuna de los jugadores.

Raros eran los días en que no hubiese alguna fiesta que alegrase la ciudad; y Motezuma gustaba de que se frecuentasen los bailes y los regocijos, no porque fuesen de su genio, ni dejase de conocer los inconvenientes que se perdonan o se disimulan en estos bullicios de la plebe, sino porque hallaba conveniencia en traer divertidos aquellos ánimos inquietos, de cuya fidelidad vivía receloso: propia cavilación de príncipe tirano, dejar al pueblo estos incitamientos de los vicios para que no discurra en lo que padece; y mayor servidumbre de la tiranía, necesitar de indignas permisiones para introducir la servidumbre con especie de libertad.

**Capítulo XVI. Dase noticia de las grandes riquezas de Motezuma, del estilo con que se administraba la hacienda y se cuidaba de la justicia, con otras particularidades del gobierno político y militar de los mexicanos**

Era príncipe tan rico Motezuma, que no solo podía sustentar los gastos y delicias de su corte; pero mantenía continuamente dos o tres ejércitos en campaña para sujetar sus rebeldes o cubrir sus fronteras; y sobraba caudal opulento de que se formaban sus tesoros. Daban grande utilidad a la corona las minas de oro y plata, las salinas y otros derechos de antigua introducción; pero el mayor capital de las rentas reales se componía de las contribuciones de los vasallos; cuya imposición creció con exhorbitancia en tiempo de Motezuma. Todos los hombres llanos de aquel vasto y populoso dominio pagaban de tres uno al rey de sus labranzas y grangerías: los oficiales debían el tercio de las manufacturas; los pobres conducían sin estipendio los géneros que se remitían a la corte, o reconocían el vasallaje con otro servicio personal.

Andaban por el reino diferentes audiencias que con el auxilio de las justicias ordinarias iban cobrando y remitiendo los tributos. Dependían estos ministros del tribunal de hacienda que residía en la corte; obligados a dar cuenta por menor de lo que producían sus distritos, y se castigaban con pena de la vida sus fraudes o sus descuidos, de que resultaba mayor violencia en las cobranzas, porque se miraban como igual delito en el ejecutor la piedad y el latrocinio.

Eran grandes los clamores de los pueblos, y no los ignoraba Motezuma; pero solía poner entre los primores de su gobierno la opresión de sus vasallos: diciendo muchas veces que conocía su mala inclinación, y que necesitaban de aquella carga para su misma quietud, porque no los pudiera sujetar si los dejara enriquecer: grande hambre de buscar pretextos y colores que hiciesen el oficio de la razón. Los lugares vecinos a la ciudad daban gente para las obras reales, proveían de leña al palacio y pagaban otras pensiones a costa de sus comunidades.

Los nobles contribuían con asistir a las guardias, acudían con sus vasallos a los ejércitos, y hacían continuos presentes al rey, que se recibían como dádivas, sin perder el nombre de obligación. Había diferentes depositarios y tesoreros donde paraban los géneros que procedían de las contribuciones, y el tribunal de hacienda libraba en ellos todo lo necesario para el gasto de las casas reales y provisiones de la guerra; y cuidaba de que se fuese beneficiando lo que sobraba para guardarlo en el tesoro principal, reducido a géneros durables, y particularmente a piezas de oro, cuyo valor conocían y estimaban sin que la copia llegase a envilecerle, antes le apetecían y guardaban los poderosos, o bien fuese por la nobleza y hermosura del metal, o porque nació destinado a la codicia más que a la necesidad de los hombres.

Tenían los mexicanos dispuestos y organizado su gobierno con notable concierto y armonía. Demás del consejo de hacienda que corría, como hemos dicho, con las dependencias del patrimonio real, había consejo de justicia, donde venían las apelaciones de los tribunales inferiores: consejo de guerra, donde se cuidaba de la información y asistencia de los ejércitos; y consejo de estado, que se hacía las más veces en presencia del rey, donde se trataban los negocios de mayor peso. Había también jueces del comercio y del abasto, y otro género de ministros, como alcaldes de corte, que rondaban la ciudad y perseguían los delincuentes. Traían sus varas ellos y sus alguaciles para ser conocidos por la insignia del oficio, y tenían su tribunal donde se juntaban a oír las partes, y determinar los pleitos en primera instancia. Los juicios eran sumarios y verbales: el actor y el reo comparecían con su razón y sus testigos, y el pleito se acababa de una vez, durando poco más si era materia de recurso a tribunal superior. No tenían leyes escritas, pero se gobernaban por el estilo de sus mayores, supliendo la costumbre por la ley, siempre que la voluntad del príncipe no alteraba la costumbre. Todos estos consejos se componían de personas experimentadas en los cargos de la paz y de la guerra; y el de estado, superior a todos los demás, se formaba de los electores del imperio, a cuya dignidad ascendían los príncipes ancianos de la sangre real, y cuando se ofrecía materia de mucha consideración, eran llamados al consejo los reyes de Tezcuco y Tacuba, principales electores, a quien tocaba por sucesión esta prerrogativa. Los cuatro primeros vivían en palacio, y andaban siempre cerca del rey para darle su parecer en lo que se ofrecía y autorizar con el pueblo sus resoluciones.

    Cuidaban del premio y del castigo con igual atención. Eran delitos capitales el homicidio, el hurto, el adulterio y cualquier leve desacato contra el rey o contra la religión. Las demás culpas se perdonaban con facilidad, porque la misma religión desarmaba la justicia permitiendo las iniquidades. Castigábase también con pena de la vida la falta de integridad en los ministros, sin que se diese culpa venial en los que servían oficio público; y Motezuma puso en mayor observancia esta costumbre haciendo exquisitas diligencias para saber cómo procedían, hasta examinar su desinterés con algunos regalos ofrecidos por mano de sus confidentes: y el que faltaba en algo a su obligación, moría por ello irremisiblemente: severidad que merecía príncipe menos bárbaro, y república mejor acostumbrada; pero no se puede negar a los mexicanos que tuvieron algunas virtudes morales, y particularmente la de procurar que se administrase con rectitud aquel género de justicia que llegaron a conocer, bastante a deshacer los agravios, y a mantener la sociedad entre los suyos, porque no dejaban de conservar entre sus abusos y bestialidades, algunas luces de aquella primitiva equidad que dio a los hombres la naturaleza cuando faltaban las leyes, porque se ignoraban los delitos.

Una de las atenciones más notables de su gobierno era el cuidado con que se trataba la educación de los muchachos, y el desvelo con que iban formando y reconociendo sus inclinaciones. Tenían escuelas públicas para la enseñanza de la gente popular, y otros colegios o seminarios de mayor providencia y aparato, donde se criaban los hijos de los nobles, perseverando en ellos desde la tierna edad hasta que salían capaces de hacer su fortuna o seguir su inclinación. Había maestros de niñez, adolescencia y juventud que tenían autoridad y estimación de ministros, y no sin fundamento, pues cuidaban de aquellos rudimientos y ejercicios que aprovechaban después a la república. Allí los enseñaban a descifrar los caracteres y figuras de que se componían sus escritos, y los hacían tomar de memoria las canciones historiales, en que se contenían los hechos de sus mayores y las alabanzas de sus dioses. Pasaban después a otra clase donde se aprendía la modestia y la cortesía, y dicen que hasta la compostura en el andar. Eran de mayor suposición estos segundos preceptores, porque tenían a su cargo las costumbres de aquella edad en que se dejan corregir los defectos y quebrantar las pasiones.

Despiertos ya y crecidos en este género de sujeción y enseñanza, pasaban a la tercera clase, donde se habilitaban en ejercicios más robustos, probaban las fuerzas en el peso y la lucha, competían unos con otros en el salto y la carrera, y se enseñaban a manejar las armas, esgrimir el montaje, despedir el dardo, y dar impulso y certidumbre a la flecha: hacíanlos sufrir la hambre y la sed; y tenían sus ratos de resistir a las inclemencias del tiempo hasta que volvían hábiles y endurecidos a la casa de sus padres, para ser aplicados, según la noticia que daban los maestros de sus inclinaciones, al gobierno político, al ejercicio militar o al sacerdocio: tres caminos en que podía elegir la gente noble, poco diferentes en la estimación, aunque precedía el de la guerra por ser mayores sus ascensos.

Había también otros colegios de matronas dedicadas al culto de los templos, donde se criaban las doncellas de calidad, guardando clausura, y entregadas a sus maestras desde la niñez hasta que salían a tomar estado con aprobación de sus padres y licencia del rey, diestras ya en aquellas habilidades y labores que daban opinión a las mujeres.

Los hijos de la gente noble que al salir de los seminarios se inclinaban a la guerra, pasaban por otro examen digno de consideración, porque sus padres los enviaban a los ejércitos para que viesen lo que se padecía en la campaña, o supiesen lo que intentaban antes de alistarse por soldados; y solían enviarlos entre los tamemes vulgares, con su carga de bastimentos al hombro para que perdiesen la vanidad y fuesen enseñados al trabajo.

No se admitían a la profesión los que mudaban el semblante al horror de las batallas, o no daban alguna experiencia de su valor; de que resultaba el ser de mucho servicio estos bisoños en el tiempo de su aprobación, porque todos procuraban señalarse con algún hecho particular, arrojándose a los mayores peligros, y conociendo al parecer que para entrar en el número de los valientes era necesario dar algo de temeridad a los principios de la fama.

En nada pusieron tanto su felicidad los mexicanos como en las cosas de la guerra: profesión que miraban los reyes como principal instituto de su poder, y los súbditos como propia de su nación. Subían por ella los plebeyos a nobles, y los nobles a las mayores ocupaciones de la monarquía, con que se animaban todos a servir, o por lo menos aspiraban a la virtud militar cuantos nacían con ambición, o tenían espíritu para salir de su esfera. No había lugar sin milicia determinada, con preeminencias que diferenciaban al soldado entre los demás vecinos. Formábanse los ejércitos con facilidad, porque los príncipes del reino y los caciques de las provincias tenían obligación de acudir a la plaza de armas que se les señalaba, con el número de gente que se les repartía; y se pondera entre las grandezas de aquel imperio, que llegó a tener Motezuma treinta vasallos tan poderosos, que podía cada uno poner en campaña cien mil hombres armados. Gobernaban éstos la gente de su cargo en la ocasión, dependientes del capitán general a quien obedecían, reconociendo en él la representación de su rey cuando faltaba su persona del ejército, que sucedía pocas veces; porque aquellos príncipes tenían a desaire de su autoridad el apartarse de sus armas, hallando alguna monstruosidad política en aquella disonancia, que hacen fuerzas propias en ajeno brazo.

Su modo de pelear era el mismo que dejamos referido en la batalla de Tabasco: mejor disciplinados los ejércitos, menos confusa la obediencia de los soldados, más nobleza y mayores esperanzas. Deshacíanse brevemente de las armas arrojadizas para llegar a las espadas, y muchas veces a los brazos, por ser entre aquella gente mayor hazaña el cautiverio que la muerte del enemigo, y más valeroso el que daba más prisioneros para los sacrificios. Tenían estimación y conveniencia los cargos militares, y Motezuma premiaba con liberalidad a los que sobresalían en las batallas: tan inclinado a la milicia, y tan atento a la reputación de sus armas, que inventó premios honoríficos para los nobles que servían en la guerra, instituyendo cierto género de órdenes militares, con sus hábitos o insignias, que daban honra y distinción. Había unos caballeros que llamaban de las águilas, otros de los tigres, y otros de los leones, que llevaban pendiente o pintada en los mantos la empresa de su religión. Fundó también otra caballería superior, a que solo eran admitidos los príncipes o nobles de alcuña real; y para darla mayor estimación tomó el hábito y se hizo alistar en ella. Traían éstos atada parte del cabello con una cinta roja, y entre las plumas de que adornaban la cabeza, unas borlas del mismo color que pendían sobre las espaldas, más o menos, según las hazañas del caballero, las cuales se contaban por el número de las borlas, y se aumentaban con nueva solemnidad como iban creciendo los hechos memorables de la guerra: con que había dentro de la misma dignidad algo más que merecer.

Debemos alabar a los mexicanos la generosidad con que anhelaban a semejantes pundonores, y en Motezuma el haber inventado en su república estos premios honoríficos; que siendo la moneda más fácil de batir, tienen el primer lugar en los tesoros del rey.

**Capítulo XVII. Dase noticia del estilo con que se medían y computaban en aquella tierra los meses y los años; de sus festividades, matrimonios, y otros ritos y costumbres dignas de consideración**

Tenían los mexicanos dispuesto y regulado su calendario con notable observación. Gobernábanse por el movimiento del Sol, y midiendo sus alturas y declinaciones para entenderse con el tiempo, daban al año trescientos sesenta y cinco días como nosotros; pero le dividían en dieciocho meses, señalando a cada mes veinte días, de cuyo número se componían los trescientos sesenta, y los cinco restantes eran como días intercalares, que se añadían al fin del año para igualar el curso del Sol. Mientras duraban estos cinco días, que a su parecer dejaron advertidamente sus mayores como vacíos y fuera de cuenta, se daban a la ociosidad, y trataban solo de perder como podían aquellas sobras del tiempo. Dejaban los trabajos los oficiales, cerrábanse las tiendas, cesaba el despacho de los tribunales, y hasta los sacrificios en los templos. Visitábanse unos a otros, y procuraban todos divertirse con varios entretenimientos, dando a entender que se prevenían con el descanso para entrar en los afanes y tareas del año siguiente, cuyo ingreso ponían en el principio de la primavera, discrepando del año solar, según el cómputo de los astrólogos, en solos tres días que venían a tomar de nuestro mes de febrero.

Tenían también sus semanas de a trece días con nombres diferentes, que se notaban por imágenes en el calendario, y sus siglos que constaban de cuatro semanas de años, cuyo método y dibujo era de notable artificio, y se guardaba cuidadosamente para memoria de los sucesos. Formaban un círculo grande y le dividían en cincuenta y dos grados, dando un año a cada grado. En el centro pintaban una efigie del Sol, y de sus rayos salían cuatro fajas de colores diferentes, que partían igualmente la circunferencia, dejando trece grados a cada semidiámetro, cuyas divisiones eran como signos de su zodiaco, donde tenía el siglo sus revoluciones, y el Sol sus aspectos prósperos o adversos, según el color de la faja. Por defuera iban notando en otro círculo mayor, con sus figuras y caracteres, los acaecimientos del siglo, y cuantas novedades se ofrecían dignas de memoria; y estos mapas seculares eran como instrumentos públicos que servían a la comprobación de sus historias. Puédese contar entre las providencias de aquel gobierno el tener historiadores que mandasen a la posteridad los hechos de su nación.

Había su mezcla de superstición en este cómputo de los siglos, porque tenían aprendido que peligraba la duración del mundo siempre que terminaba el Sol aquella carrera de las cuatro semanas mayores; y cuando llegaba el último día de los cincuenta y dos años, se prevenían todos para la última calamidad. Despedíanse de la luz con lágrimas: disponíanse para morir sin enfermedad: rompían las vasijas de su menaje como trastos inútiles; apagaban los fuegos, y andaban toda la noche como frenéticos, sin atreverse a descansar hasta saber si estaban de asiento en la región de las tinieblas. Pero al primer crepúsculo de la mañana empezaban a respirar con la vista en el Oriente, y en saliendo el Sol se saludaban con todos sus instrumentos, cantándole diferentes himnos y canciones de alegría desconcertada: congratulábanse después unos con otros, de que ya tenía segura la duración del mundo por otro siglo; y acudían luego a los templos a congratularse con sus dioses y a recibir la nueva lumbre de los sacerdotes, que se encendía delante de los altares con vehemente agitación, de leños combustibles. Preveníanse después de todo lo necesario para empezar a vivir, y este día se celebraba con públicos regocijos, llenándose la ciudad de bailes y otros ejercicios de agilidad, dedicados a la renovación del tiempo, no de otra suerte que celebró Roma sus juegos seculares.

La coronación de sus reyes tenía extraordinarios requisitos. Hecha la elección, como se ha dicho, quedaba el nuevo rey obligado a salir en campaña con las armas del imperio, y conseguir alguna victoria de sus enemigos, o sujetar alguna provincia de las confinantes o rebeldes, antes de coronarse ni ascender al trono real: costumbre digna de observación, por cuyo medio creció tanto en pocos años aquella monarquía. Luego que se hallaba capaz del dominio con la recomendación de victorioso, volvía triunfante a la ciudad, y se le hacía público recibimiento de grande ostentación. Acompañábanle todos los nobles, ministros y sacerdotes hasta el templo del dios de la guerra, donde se apeaba de sus andas, y hechos los sacrificios de aquella función, le ponían los príncipes electores la vestidura y manto real, le armaban la mano diestra con un estoque de oro y pedernal, insignia de la justicia; la siniestra con el arco y flechas, que significaban la potestad o el arbitrio de la guerra, y el rey de Tezcuco le ponía la corona, prerrogativa de primer elector.

Oraba después largo rato uno de los magistrados más elocuentes, dándole por todo el imperio la enhorabuena de aquella dignidad, y algunos documentos en que le representaba los cuidados y desvelos que traía consigo la corona: lo que debía mirar por el bien público de sus reinos; y le ponía delante la imitación de sus antecesores. Acabada esta oración, se acercaba con gran reverencia el mayor de los sacerdotes, y en sus manos hacía un juramento de reparables circunstancias. Juraba primero que mantendría la religión de sus mayores, que observaría las leyes y fueros del imperio, que trataría con benignidad a sus vasallos, y que mientras él reinase andarían concertadas las lluvias, que no habría inundaciones en los ríos, esterilidad en los campos, ni malignas influencias en el Sol: notable pacto entre rey y vasallos, de que se ríe Justo Lipsio: y pudiéramos decir que le querían obligar con este juramento a que reinase con tal moderación que no mereciese por su parte las iras del cielo; no sin algún conocimiento de que suelen caer sobre los súbditos estos castigos y calamidades por los pecados y exorbitancias de los reyes.

En los demás ritos y costumbres de aquella nación tocaremos solamente lo que fuere digno de historia, dejando las supersticiones, indecencias y obscenidades que manchan la narración por más que se digan sin ofensa de la verdad. Siendo tanta, como se ha referido, la muchedumbre de sus dioses, y tan oscura la ceguedad de su idolatría, no dejaban de conocer una deidad superior, a quien atribuían la creación del cielo y de la tierra; y este principio de las cosas era entre los mexicanos un dios sin nombre, porque no tenían en su lengua voz con que significarle; solo daban a entender que le conocían mirando al cielo con veneración, y dándole a su modo el atributo de inefable con aquel género de religiosa incertidumbre que veneraron los atenienses al dios no conocido. Pero esta noticia de la primera causa, que al parecer había de facilitar su desengaño, sirvió poco en aquella ocasión, porque no se hallaba camino de reducirlos a que pudiese gobernar todo el mundo sin necesitar de otras manos aquella misma deidad, que según su inteligencia tuvo poder para criarle; y estaban persuadidos a que no hubo dioses de esotra parte del cielo hasta que multiplicándose los hombres empezaron sus calamidades; considerando los dioses como unos genios favorables que se producían cuando era necesaria su operación, sin hacerles disonancia que adquiriesen el ser y la divinidad en las miserias de la naturaleza.

Creían en la inmortalidad del alma, y daban premio y castigo en la eternidad: mal entendido el mérito y la culpa, y oscurecida esta verdad con otros errores, sobre cuyo presupuesto enterraban con los difuntos cantidad de oro y plata para los gastos del viaje que consideraban largo y trabajoso. Mataban algunos de sus criados para que los acompañasen, y era fineza ordinaria en las mujeres propias celebrar con su muerte las exequias del marido. Los príncipes necesitaban de gran sepultura, porque se llevaban tras sí la mayor parte de sus riquezas y familia; uno y otro correspondiente a su grandeza, llenos los oficios de la casa, y algunos lisonjeros que padecían el engaño de su misma profesión. Los cuerpos se llevaban a los templos con solemnidad y acompañamiento, donde los salían a recibir aquellos que llamaban sacerdotes, con sus braserillos de copal, cantando al son de flautas roncas y destempladas, diferentes himnos y versos fúnebres en tono melancólico. Levantaban repetidas veces en alto el ataúd mientras duraba el sacrificio voluntario de aquellos miserables, que introducían en el alma la servidumbre: función de notable variedad compuesta de abusiones ridículas y atrocidades lastimosas.

Sus matrimonios tenían su forma de contrato, y sus ceremonias de religión. Hechos los tratados, comparecían ambos contrayentes en el templo, y uno de los sacerdotes examinaba su voluntad con preguntas rituales, y después tomaba con una mano el velo de la mujer y con otra el manto del marido, y los añudaba por los extremos, significando el vínculo interior de las dos voluntades. Con este género de yugo nupcial volvían a su casa en compañía del mismo sacerdote, donde (imitando la superstición de los dioses Lares) entraban a visitar el fuego doméstico, que a su parecer mediaba en la paz de los casados, y daban siete vueltas a él siguiendo al sacerdote; con cuya diligencia y la de sentarse después a recibir el calor de conformidad, quedaba perfecto el matrimonio. Hacíase memoria, con instrumento público, de los bienes dotales que llevaba la mujer; y el marido quedaba obligado a restituirlos en caso de apartarse: lo cual sucedía muchas veces, y se tenía por bastante causa para el divorcio que se conformasen los dos: pleito en que no entraban las leyes, porque se juzgaban los que se conocían. Quedábase con las hijas la mujer, llevándose los hijos el marido, y una vez disuelto el matrimonio tenían pena de la vida irremisible si se volvían a juntar; siendo en su natural inconstancia la única dificultad de los repudios el peligro de la reincidencia. Celaban como punto de honra la honestidad y el recato de las mujeres propias, y entre aquella desordenada licencia con que se daban al vicio de la sensualidad, se aborrecía y castigaba con rigor el adulterio, no tanto por su deformidad como por sus inconvenientes.

Llevábanse a los templos con solemnidad los niños recién nacidos, los sacerdotes los recibían con ciertas amonestaciones, en que les notificaban los trabajos a que nacían. Aplicábanles, si eran nobles, a la mano derecha una espada y al brazo izquierdo un escudo que tenían para este ministerio. Si eran plebeyos hacían la misma diligencia con algunos instrumentos de los oficios mecánicos; y las hembras de una y otra calidad empuñaban la rueca y el huso: manifestando a cada uno el género de fatiga con que le aguardaba su destino. Hecha esta primera ceremonia los llevaban cerca del altar, y con espinas de maguey o con lancetas de pedernal les sacaban alguna sangre de las partes de la generación; y después les echaban agua, o los bañaban con otras imprecaciones, en que parece quiso el demonio, inventor de aquellos ritos, imitar el bautismo y la circuncisión, con la misma soberbia que intentó contrahacer otras ceremonias, y hasta los mismos sacramentos de la religión católica; pues introdujo entre aquellos bárbaros la confesión de los pecados, dándoles a entender que se ponían con ella en gracia de sus dioses, y un género de comunión ridícula que ministraban los sacerdotes ciertos días del año, repartiendo en pequeños bocados un ídolo de harina masada con miel, que llamaban dios de la penitencia. Ordenó también sus jubileos, instituyó las procesiones, los incensarios y otros remedos del verdadero culto, hasta disponer que se llamasen papas en aquella lengua los sumos sacerdotes, en que se conoce que le costaba particular estudio esta imitación, fuese por abusar de las ceremonias sacrosantas, mezclándolas con sus abominaciones, o porque no sabe arrepentirse de aspirar con este género de afectaciones a la semejanza del Altísimo.

    Los demás ritos y ceremonias de aquella miserable gentilidad eran horribles a la razón y a la naturaleza: bestialidades, absurdos y locuras que parecieran incompatibles con las demás atenciones que se han notado en su gobierno, si no estuvieran llenas las historias de semejantes engaños de la humana capacidad en otras naciones que vivían más dentro del mundo, igualmente ciegas en menor oscuridad. Los sacrificios de sangre humana empezaron casi con la idolatría, y siglos antes los introdujo el demonio entre aquellas gentes, de quien vino hasta los israelitas el sacrificar sus hijos a las esculturas de Canam. El horror de comerse los hombres a los hombres se vio primero en otros bárbaros de nuestro hemisferio, como lo confiesa entre sus antigüedades la Galacia, y en sus antropófagos la Scitia. Los leños adorados como dioses, las supersticiones, los agüeros, los furores de los sacerdotes, la comunicación con el demonio en sus oráculos, y otros absurdos de igual abominación, se hallan admitidos y venerados por otros gentiles que supieron discurrir y obrar con acierto en lo moral y político. Grecia y Roma desatinaron en la religión, y en lo demás dieron leyes al mundo y ejemplos a la posteridad: de que se conoce la corta jurisdicción del entendimiento humano, que vuela poco sobre las noticias que recibe de los sentidos y de las experiencias, cuando falta en él aquella luz participada con que se descubre la esencia de la verdad. Era la religión de los mexicanos un compuesto abominable de todos los errores y atrocidades que recibió en diferentes partes la gentilidad; dejamos de referir por menor las circunstancias de sus festividades y sacrificios, sus ceremonias, hechicerías y supersticiones, porque se hallan a cada paso y con prolija repetición en las historias de las Indias, y porque, a nuestro parecer, sobre ser materia en que se puede confesar el recelo de la pluma, es lección poco necesaria, en que falta la dulzura y está lejos la utilidad.

**Capítulo XVIII. Continúa Motezuma sus agasajos y dádivas a los españoles: llegan cartas de la Veracruz con noticia de la batalla en que murió Juan de Escalante, y con este motivo se resuelve la prisión de Motezuma**

Observaban los españoles todas estas novedades, no sin grande admiración, aunque procuraban reprimirla y disimularla: costándoles cuidado el apartarla del semblante por mantener la superioridad que afectaban entre aquellos indios. Los primeros días se ocuparon en varios entretenimientos. Hicieron los mexicanos vistosa ostentación de todas sus habilidades, con deseo de festejar a los forasteros, y no sin ambición de parecer diestros en el manejo de sus armas y ágiles en los demás ejercicios. Motezuma fomentaba los espectáculos y regocijos, depuesta la majestad contra el estilo de su elevación. Llevaba siempre consigo a Cortés, asistido de sus capitanes: tratábale con un género de humanidad respetiva que parecía monstruosa en su natural, y daba nueva estimación a los españoles entre los que le conocían. Frecuentábanse las visitas, unas veces Cortés en el palacio, y otras Motezuma en el alojamiento. No acababa de admirar las cosas de España considerándola como parte del cielo; y hacía tanto concepto de su rey, que no pensaba tanto de sus dioses. Procuraba siempre ganar las voluntades repartiendo alhajas y joyas entre los capitanes y soldados, no sin discreción y conocimiento de los sujetos, porque hacía mayor agasajo a los de mayor suposición, y sabía proporcionar la dádiva con la importancia del agradecimiento. Los nobles a imitación de su príncipe, deseaban obligar a todos con un género de obsequio que tocaba en obediencia. El pueblo doblaba las rodillas al menor de los soldados. Gozábase de un sosiego divertido, mucho que ver y nada que recelar. Pero tardó poco en volver a su ejercicio el cuidado, porque llegaron a este tiempo dos soldados tlascaltecas que vinieron a la ciudad por caminos desusados, desmentida su nación con el traje de los mexicanos, y buscando recatadamente a Cortés, le dieron una carta de la Veracruz, que mudó el semblante de las cosas y obligó a discursos menos sosegados.

Juan de Escalante, que como dijimos quedó con el gobierno de aquella nueva población, trataba de continuar sus fortificaciones, conservando los amigos que le dejó Cortés, y duró en esta quietud sin accidente de cuidado, hasta que recibió noticias de que andaba por aquellos parajes un capitán general de Motezuma con ejército considerable, castigando algunos lugares de su confederación porque habían retirado los tributos con el abrigo de los españoles. Llamábase Qualpopoca, y gobernaba la gente de guerra que residía en las fronteras de Zempoala; y habiendo convocado las milicias de su cargo hacía grandes extorsiones y violencias en aquellos pueblos, acompañando el rigor de los ejecutores con la licencia de los soldados: gente una y otra de insaciable codicia, que tratan el robo como negocio del rey.

Viniéronse a quejar los totonaques de la serranía, cuyas poblaciones andaba destruyendo entonces aquel ejército. Pidieron a Juan de Escalante que los amparase, tomando las armas en defensa de sus aliados, y ofrecieron asistir a la facción con todo el resto de su gente. Procuró consolarlos tomando por suyo el agravio que padecían; y antes de llegar a los términos de la fuerza, resolvió enviar sus mensajeros al capitán general, pidiéndole amigablemente: «que suspendiese aquellas hostilidades hasta recibir nueva orden de su rey; pues no era posible que se la hubiese dado para semejante novedad, cuando había permitido que pasasen a su corte los embajadores del monarca oriental a introducir pláticas de paz y confederación entre las dos coronas». Ejecutaron este mensaje dos zempoales de los más ladinos que residían en la Veracruz; y la respuesta fue atrevida y descortés: «que él sabía entender y ejecutar las órdenes de su rey; y si alguno intentase poner embarazo en el castigo de aquellos rebeldes, sabría también defender en la campaña su resolución».

No pudo Juan de Escalante disimular su enojo, ni debió negarse a este desafío hallándose a la vista de aquellos indios interesados en el suceso de los totonaques, iguales en el riesgo y asegurados en la misma protección; y habiéndose informado de que no pasaría de cuatro mil hombres el grueso del enemigo, juntó brevemente un ejército de hasta dos mil indios, la mayor parte de la serranía, que fugitivos o irritados vinieron a ponerse a su sombra, con los cuales bien armados a su modo y con cuarenta españoles; dos arcabuces, tres ballestas y dos tiros de artillería que pudo sacar de la plaza, dejándola con bien moderada guarnición, caminó la vuelta de aquellas poblaciones que le llamaban a su defensa. Tuvo Qualpopoca noticia de su marcha, y salió a recibirle con toda su gente puesta en orden cerca de un lugar pequeño que se llamó después Almería. Diéronse vista los dos ejércitos poco después de amanecer, y se acometieron ambos con igual resolución; pero a breve rato cedieron los mexicanos, y empezaron a retirarse puestos en desorden. Sucedió al mismo tiempo que los totonaques de nuestra facción, o por no ser soldados, o por la costumbre que tenían de temer a los mexicanos, se cayeron de ánimo y se fueron quedando atrás, hasta que últimamente se pusieron en fuga, sin que la fuerza ni el ejemplo bastase a detenerlos: raro accidente, que se debe notar entre las monstruosidades de la guerra huir los vencedores de los vencidos. Iba el enemigo tan atemorizado y tan cuidadoso de la propia salud, que no reparó en la disminución de nuestra gente, y solo trató de retirarse desordenadamente a la población vecina, donde se acercó Juan de Escalante con poco más que sus cuarenta españoles; y mandando poner fuego al lugar por diferentes partes, acometió al mismo tiempo que tomó cuerpo la llama, con tanta resolución, que sin dejarles lugar para que pudiesen discurrir en su flaqueza, los rompió y desalojó enteramente, obligándolos a que volviesen las espaldas y se derramasen a los bosques. Dijeron después aquellos indios haber visto en el aire una señora como la que adoraban los forasteros por madre de su Dios, que los deslumbraba y entorpecía para que no pudiesen pelear. No se manifestó a los españoles este milagro; pero el suceso le hizo creíble y ya estaban todos enseñados a partir con el cielo sus hazañas.

Fue muy señalada esta victoria, pero igualmente costosa; porque Juan de Escalante quedó herido mortalmente con otros siete soldados, de los cuales se llevaron los indios a Juan de Argüello, natural de León, hombre muy corpulento y de grandes fuerzas, que cayó peleando valerosamente a tiempo que no pudo ser socorrido, y los demás murieron de las heridas en la Veracruz dentro de tres días.

De cuya pérdida, con todas sus circunstancias, daba cuenta el ayuntamiento en aquella carta para que se nombrase sucesor a Juan de Escalante, y se tuviese noticia del estado en que se hallaban. Leyóla Cortés con el desconsuelo que pedía semejante novedad. Comunicó el caso a sus capitanes; y sin ponderar entonces sus consecuencias ni manifestarles todo su cuidado, les pidió que discurriesen la materia y se la dejasen discurrir, encomendando a Dios la resolución que se hubiese de tomar, lo cual encargó muy particularmente al padre fray Bartolomé de Olmedo y a todos el secreto, porque no corriese la voz entre los soldados, y en negocio de tanta importancia se diese lugar a dictámenes vulgares.

Retiróse después a su aposento, y dejó correr la consideración por todos los inconvenientes que podían resultar de aquella desgracia. Entraba y salía con dudosa elección en los caminos que le ofrecía su discurso; cuya viveza misma le fatigaba, dándole a un tiempo los remedios y las dificultades. Dicen que se anduvo paseando gran parte de la noche, y que descubrió entonces una pieza recién tabicada, en que tenía Motezuma las riquezas de su padre, y aquí las refieren por menor; y que habiéndolas reconocido mandó cerrar el tabique, sin permitir que se tocase a ellas. No nos detenemos en esta digresión de su cuidado, que no debió ser larga, pues hizo lugar a otras diligencias para tomar punto fijo en la resolución que andaba madurando.

Mandó llamar reservadamente a los indios más capaces y confidentes de su ejército: preguntóles «si habían reconocido alguna novedad en los ánimos de los mexicanos, y cómo corría entre aquella gente la estimación de los españoles». Respondieron: «que lo común del pueblo estaba divertido con sus fiestas, y los veneraba por verlos aplaudidos de su rey; pero que los nobles andaban ya pensativos y misteriosos, que se hablaban en secreto, y se dejaba conocer el recato en sus corrillos». Tenían observadas algunas medias palabras de sospechosa interpretación, y una de ellas fue: «que sería fácil romper los puentes», con otras de este género, que juntas decían lo bastante para el recelo. Dos o tres de aquellos indios habían oído decir que pocos días antes trajeron de presente a Motezuma la cabeza de un español, y la mandó esconder y retirar después de haberla mirado con asombro, por ser muy fiera y desmesurada: señas que convenían con la de Juan de Argüello, y novedad que puso a Cortés en mayor cuidado por el indicio de que hubiese cooperado Motezuma en la facción de su general.

Con estas noticias, y lo que llevaba discurrido en ellas, se encerró al amanecer con sus capitanes y con algunos de los soldados principales que solían concurrir a las juntas por su calidad o entendimiento. Propúsoles el caso con todas sus circunstancias; refirió lo que le habían advertido aquella noche los indios confidentes; ponderó sin desaliento las contingencias de que se hallaban amenazados; tocó con espíritu las dificultades que podrían ocurrir; y sin manifestar la inclinación de su dictamen, calló para que hablasen los demás. Hubo diversos pareceres: unos querían que se pidiese pasaporte a Motezuma, y se acudiese luego al riesgo de la Veracruz: otros dificultaban la retirada, y se inclinaban a salir ocultamente sin dejarse olvidadas las riquezas que habían adquirido; los más fueron de sentir que convenía perseverar sin darse por entendidos del suceso de la Veracruz hasta sacar algunos partidos para retirarse. Pero Hernán Cortés, recogiendo lo que venía discurrido, y alabando el celo con que deseaban todos el acierto, dijo: «que no se conformaba con el medio propuesto de pedir pasaporte a Motezuma, porque habiéndose abierto el camino con las armas para entrar en su corte a pesar de su repugnancia, caerían mucho del concepto en que los tenía, si llegase a entender que necesitaban de su favor para retirarse: que si estaba de mal ánimo podía concederles el pasaporte para deshacerlos en la retirada; y si le negase quedaban obligados a salir contra su voluntad, entrando en el peligro descubierta la flaqueza. Que le agradaba menos la resolución de salir ocultamente, porque sería ponerse de una vez en términos de fugitivos, y Motezuma podría con gran facilidad cortarles el paso adelantando por sus correos la noticia de su marcha. Que a su parecer no era conveniente por entonces la retirada, porque de cualquiera suerte que la intentasen volverían sin reputación; y perdiendo los amigos y confederados que se mantenían con ella, se hallarían después sin un palmo de tierra donde poner los pies con seguridad. Por cuyas consideraciones, dijo, soy de sentir que se apartan menos de la razón los que se inclinan a que perseveremos sin hacer novedad hasta salir con honra, y ver lo que dan de sí nuestras esperanzas. Ambas resoluciones son igualmente aventuradas, pero no igualmente pundonorosas; y sería infelicidad indigna de españoles morir por elección en el peligro más desairado. Yo no pongo duda en que nos debemos mantener: el modo con que se ha de conseguir, es en lo que más se detiene mi cuidado. Viénense a los ojos estos principios de rumor que se han reconocido entre los mexicanos: el suceso de la Veracruz, ejecutado con las armas de su nación, pide nuevas consideraciones al discurso; la cabeza de Argüello presentada en lisonja de Motezuma, es indicio de que supo antes la facción de su general; y su mismo silencio nos está diciendo lo que debemos recelar de su intención. Pero a vista de todo me parece que para mantenernos en esta ciudad menos aventurados, es necesario que pensemos en algún hecho grande que asombre de nuevo a sus moradores, resarciendo lo que se hubiere perdido en su estimación con estos accidentes; para cuyo efecto, después de haber discurrido en otras hazañas de más ruido que substancia, tengo por conveniente que nos apoderemos de Motezuma trayéndole preso a nuestro cuartel: resolución que a mi entender los ha de atemorizar y reprimir, dándonos disposición para que podamos capitular después con rey y vasallos lo que más conviniere a nuestro príncipe y a nuestra seguridad. El pretexto de la prisión, si yo no discurro mal, ha de ser la muerte de Argüello que ha llegado a su noticia, y el rompimiento de la paz cometido por su general; de cuyas dos ofensas debemos darnos por entendidos y pedir satisfacción; porque no conviene suponer una ignorancia de lo que saben ellos, cuando están creyendo que lo alcanzamos todo; y éste y los demás engaños de su imaginación, se deben por lo menos tolerar como parciales de nuestra osadía. Bien reconozco las dificultades y contingencias de tan ardua resolución; pero las grandes hazañas son hijas de los grandes peligros; y Dios nos ha de favorecer, que son muchas las maravillas, y pudiera decir milagros evidentes, con que se ha declarado por nosotros en esta jornada, para que no miremos ahora como inspiración suya nuestra perseverancia. Su causa es la primera razón de nuestros intentos, y yo no he de creer que nos ha traído en hombros de su providencia extraordinaria para introducirnos en el empeño y dejarnos con nuestra flaqueza en la mayor necesidad». Dilatóse con tanta energía en esta piadosa consideración, que comunicó a los corazones de todos el vigor de su ánimo, y se redujeron al mismo dictamen, primero los capitanes Juan Velázquez de León, Diego de Ordaz, Gonzalo de Sandoval, y después alabaron todos el discurso de su capitán; hallando al parecer lo eficaz del remedio en lo heroico de la resolución: con que se disolvió la junta, quedando entonces determinada la prisión de Motezuma, y remitida la disposición de todo a la prudencia de Cortés.

Bernal Díaz del Castillo, que no pierde ocasión de introducirse a inventor de las resoluciones grandes, dice que le aconsejaron esta prisión él y otros soldados algunos días antes que llegase la nueva de la Veracruz: no conviene con él las demás relaciones, ni entonces había causa para discurrir con tanto arrojamiento: pudiera detenerse un poco, y quedara su consejo sin la nota de inverosímil, o sin la excepción de intempestivo.

**Capítulo XIX. Ejecútase la prisión de Motezuma: dase noticia del modo como se dispuso y como se recibió entre sus vasallos**

No se puede negar que fue atrevimiento sin ejemplar esta resolución que tomaron aquellos pocos españoles, de prender a un rey tan poderoso dentro de su corte: acción que siendo verdad parece incompatible con la sencillez de la historia; y pareciera sin proporción cuando se hallara entre las demasías o licencias de la fábula. Pudiérase llamar temeridad si se hubiera entrado en ella voluntariamente o con más elección; pero no es temerario propiamente quien se ciega porque no puede más. Viose Cortés igualmente perdido si se retiraba sin reputación, que aventurado si se mantenía sin volver por ella con algún hecho memorable; y el ánimo cuando se halla ceñido por todas partes de la dificultad se arroja violentamente a los peligros mayores: pensó en lo más difícil por asegurarse de una vez, o porque no se acomodaba su discurso a las medianías. Pudiéramos decir que fue magnanimidad suya el poner tan alta la mira, o que la prudencia militar no es tan amiga de los extremos como la prudencia política; pero mejor es que se quede sin nombre su resolución, o que mirando al suceso la pongamos entre aquellos medios imperceptibles de que se valió Dios en esta conquista, excluyendo al parecer los impulsos naturales.

Eligióse finalmente la hora en que solían hacer su visita los españoles, porque no se extrañase la novedad. Ordenó Cortés que se tomasen las armas en su cuartel; que se pusiesen las sillas a los caballos, y estuviesen todos alerta sin hacer ruido, ni moverse hasta nueva orden. Ocupó con algunas cuadrillas a la deshilada las bocas de las calles, y partió al palacio con los capitanes Pedro de Alvarado, Gonzalo de Sandoval, Juan Velázquez de León, Francisco de Lugo y Alonso Dávila, y mandó que le siguiesen disimuladamente hasta treinta españoles de su satisfacción.

No hizo novedad el verlos con todas sus armas, porque las traían ordinariamente introducidas ya como traje militar. Salió Motezuma, según su costumbre, a recibir la visita, ocuparon todos sus asientos, retirándose a otra pieza sus criados, como ya lo estilaban, de su orden, y poniendo a doña Marina y Jerónimo de Aguilar en el lugar que solía, empezó Hernán Cortés a dar su queja, dejando al enojo todo el semblante. Refirió primero el hecho de su general, y ponderó después «el atrevimiento de haber formado ejército y acometido a sus compañeros, rompiendo la paz y la salvaguardia real en que vivían asegurados: acriminó como delito de que se debían dar satisfacción a Dios y al mundo, el haber muerto los mexicanos a un español que hicieron prisionero, vengando en él a sangre fría la propia ignominia con que volvieron vencidos; y últimamente se detuvo en afear, como punto de mayor consideración, la disculpa de que se valían Qualpopoca y sus capitanes dando a entender que se hacía de su orden aquella guerra tan fuera de razón: y añadió que le debía su majestad el no haberlo creído, por ser acción indigna de su grandeza el estarlos favoreciendo en una parte para destruirlos en otra».

Perdió Motezuma el color al oír este cargo suyo y con señales de ánimo convencido interrumpió a Cortés para negar como pudo, el haber dado semejante orden; pero él socorrió su turbación volviéndole a decir: «que así lo tenía por indubitable; pero que sus soldados no se darían por satisfechos, ni sus mismos vasallos dejarían de creer lo que afirmaba su general, si no le viese hacer alguna demostración extraordinaria que borrase totalmente la impresión de semejante calumnia; y así venía resuelto a suplicarle que sin hacer ruido, y como que nacía de su propia elección, se fuese luego al alojamiento de los españoles, determinándose a no salir de él hasta que constase a todos que no había cooperado en aquella maldad: a cuyo efecto le ponía en consideración que con esta generosa confianza, digna de ánimo real, no solo se quietaría el enojo de su príncipe y el recelo de sus compañeros; pero él volvería por su mismo decoro y pundonor, ofendido entonces de mayor indecencia; y que le daba su palabra como caballero y como ministro del mayor rey de la tierra, de que sería tratado entre los españoles con todo el acatamiento debido a su persona: porque solo deseaban asegurarse de su voluntad para servirle y obedecerle con mayor reverencia». Calló Cortés, y calló también Motezuma como extrañando el atrevimiento de la proposición; pero él, deseando reducirle con suavidad antes que se determinase a contrario dictamen, prosiguió diciendo: «que aquel alojamiento que les había señalado era otro palacio suyo donde solía residir algunas veces; y que no se podría extrañar entre sus vasallos que se mudase a él para deshacerse de una culpa que puesta en su cabeza sería pleito de rey a rey; y quedando en la de su general, se podría enmendar con el castigo sin pasar a los inconvenientes y violencias con que suele decidirse la justicia de los reyes».

No pudo sufrir Motezuma que se alargasen más los motivos de una persuasión impracticable a su parecer; y dándose por entendido de lo que llevaba dentro de sí aquella demanda, respondió con alguna impaciencia: «que los príncipes como él no se daban a prisión ni sus vasallos lo permitirían, cuando él se olvidase de su dignidad o se dejase humillar a semejante bajeza». Replicóle Cortés: «que como él fuese voluntariamente sin dar lugar a que le perdiesen el respeto, importaría poco la resistencia de sus vasallos, contra los cuales podría usar de sus fuerzas sin queja de su atención». Duró largo rato la porfía, resistiendo siempre Motezuma el dejar su palacio; y procurando Hernán Cortés reducirle y asegurarle sin llegar a lo estrecho, salió a diferentes partidos, cuidadoso ya del aprieto en que se hallaba: ofreció enviar luego por Qualpopoca y por los demás cabos de su ejército, y entregárselos a Cortés para que los castigase: daba en rehenes dos hijos suyos para que los tuviese presos en su cuartel hasta que cumpliese su palabra; y repetía con alguna pusilanimidad, que no era hombre que se podía esconder, ni se había de huir a los montes. A nada salía Cortés ni él se daba por vencido; pero los capitanes que se hallaban presentes, viendo lo que se aventuraba en la dilación, empezaron a desabrirse deseando que se remitiese a las manos aquella disputa; y Juan Velázquez de León dijo en voz alta: «dejémonos de palabras y tratemos de prenderle o matarle». Reparó en ello Motezuma, preguntando a doña Marina qué decía tan descompuesto aquel español. Y ella con este motivo y con aquella discreción natural que le daba hechas las razones y hallada la oportunidad le dijo, como quien se recataba de ser entendida: «mucho aventuráis, señor, si no cedéis a las instancias de esta gente: ya conocéis su resolución y la fuerza superior que los asiste. Yo soy una vasalla vuestra que desea naturalmente vuestra felicidad; y soy una confidente suya que sabe todo el secreto de su intención. Si vais con ellos seréis tratado con el respeto que se debe a vuestra persona; y si hacéis mayor resistencia peligra vuestra vida».

Esta breve oración, dicha con buen modo y en buena ocasión, le acabó de reducir; y sin dar lugar a nuevas réplicas, se levantó de la silla diciendo a los españoles: «yo me fío de vosotros, vamos a vuestro alojamiento, que así lo quieren los dioses, pues vosotros lo conseguís y yo lo determino». Llamó luego a sus criados, mandó prevenir sus andas y su acompañamiento, y dijo a sus ministros: «que por ciertas consideraciones de estado que tenía comunicadas con sus dioses, había resuelto mudar su habitación por unos días al cuartel de los españoles: que lo tuviesen entendido y lo publicasen así, diciendo a todos que iba por su voluntad y conveniencia». Ordenó después a uno de los capitanes de sus guardias que le trajese preso a Qualpopoca, y a los demás cabos que hubiesen cooperado en la invasión de Zempoala, para cuyo efecto le dio el sello real que traía siempre atado al brazo derecho; y le advirtió que llevase gente armada para no aventurar la prisión. Todas estas órdenes se daban en público, y doña Marina se las iba interpretando a Cortés y a los demás capitanes, porque no se recelasen de verle hablar con los suyos, y quisiesen pasar a la violencia fuera de tiempo.

Salió sin más dilación de su palacio, llevando consigo todo el acompañamiento que solía: los españoles iban a pie junto a las andas, y le cercaban con pretexto de acompañarle. Corrió luego la voz de que se llevaban a su rey los extranjeros, y se llenaron de gente las calles, no sin algunos indicios de tumulto, porque daban grandes voces y se arrojaban en tierra, unos despechados y otros enternecidos; pero Motezuma, con exterior alegría y seguridad, los iba sosegando y satisfaciendo. Mandábales primero que callasen, y al movimiento de su mano sucedía repentino silencio. Decíales después que aquella no era prisión, sino ir por su gusto a vivir unos días con sus amigos los extranjeros: satisfacciones adelantadas, o respuestas sin pregunta que niegan lo que afirman. En llegando al cuartel, que como dijimos era la casa real que fabricó su padre, mandó a su guardia que despejase la gente popular, y a sus ministros que impusiesen pena de la vida contra los que se moviesen a la menor inquietud. Agasajó mucho a los soldados españoles que le salieron a recibir con reverente alborozo. Eligió después el cuarto donde quería residir, y la casa era capaz de separación decente. Adornáse luego por sus mismos criados con las mejores alhajas de su guarda-ropa: púsose a la entrada suficiente guardia de soldados españoles; dobláronse las que solían asistir a la seguridad ordinaria del cuartel: alargáronse a las calles vecinas algunas centinelas, y no se perdonó diligencia de las que correspondían a la novedad del empeño. Diose orden a todos para que dejasen entrar a los que fuesen de la familia real, que ya eran conocidos, y a los nobles y ministros que viniesen a verle: cuidando de que entrasen unos y saliesen otros con pretexto de que no embarazasen. Cortés entró a visitarle aquella misma tarde, pidiendo licencia y observando las puntualidades y ceremonias que cuando le visitaba en su palacio. Hicieron la misma diligencia los capitanes y soldados de cuenta: diéronle rendidas gracias de que honrase aquella casa como si le hubiera traído a ella su elección; y él estuvo tan alegre y agradable con todos, como si no se hallaran presentes los que fueron testigos de su resistencia. Repartió por su mano algunas joyas que hizo traer advertidamente para ostentar su desenojo; y por más que se observaban sus acciones y palabras, no se conocía flaqueza en su seguridad, ni dejaba de parecer rey en la constancia con que procuraba juntar los dos extremos de la dependencia y de la majestad. A ninguno de sus criados y ministros, cuya comunicación se le permitió desde luego, descubrió el secreto de su opresión, o porque se avergonzase de confesarla, o porque temió perder la vida si ellos se inquietasen. Todos miraron por entonces como resolución suya este retiro, con que no pasaron a discurrir en la osadía de los españoles, que de muy grande se les pudo esconder entre los imposibles a que no está obligada la imaginación.

Así se dispuso y consiguió la prisión de Motezuma: y él estuvo dentro de pocos días tan bien hallado en ella, que apenas tuvo espíritu para desear otra fortuna. Pero sus vasallos vinieron a conocer con el tiempo que le tenían preso los españoles por más que le dorasen con el respeto la sujeción. No se lo dejaron dudar las guardias que asistían a su cuarto, y el nuevo cuidado con que se tomaban las armas en el cuartel. Pero ninguno se movió a tratar de su libertad, ni se sabe qué razón tuviesen él para dejarse estar sin repugnancia: en aquella opresión, y ellos para vivir en la misma insensibilidad sin extrañar la indecencia de su rey. Digno fue de grande admiración el ardimiento de los españoles; pero no se debe admirar menos este apocamiento de ánimo en Motezuma, príncipe tan poderoso y de tan soberbio natural, y esta falta de resolución en los mexicanos, gente belicosa y de suma vigilancia en la defensa de sus reyes. Podríamos decir que anduvo también la mano de Dios en estos corazones, y no parecería sobrada credulidad, ni sería nuevo en su providencia, que ya le vio el mundo facilitar las empresas de su pueblo quitando el espíritu a sus enemigos.

**Capítulo XX. Cómo se portaba en la prisión Motezuma con los suyos y con los españoles: traen preso a Qualpopoca, y Cortés le hace castigar con pena de muerte, mandando echar unos grillos a Motezuma mientras se ejecutaba la sentencia**

Vieron los españoles dentro de breves días convertido en palacio su alojamiento, sin dejar de guardarle como cárcel de tal prisionero. Perdió la novedad entre los mexicanos aquella gran resolución. Algunos, sintiendo mal de la guerra que movió Qualpopoca en la Veracruz, alababan la demostración de Motezuma, y ponderaban como grandeza suya el haber dado su libertad en rehenes de su inocencia. Otros creían que los dioses, con quien tenía familiar comunicación, le habrían aconsejado lo más conveniente a su persona; y otros, que iban mejor, veneraban su determinación sin atreverse a examinarla; que la razón de los reyes no habla con el entendimiento, sino con la obligación de los vasallos. Él hacía sus funciones de rey con la misma distribución de horas que solía: daba sus audiencias: escuchaba las consultas o representaciones de sus ministros, y cuidaba del gobierno político y militar de sus reinos poniendo particular estudio en que no se conociese la falta de su libertad.

La comida se le traía de palacio con numeroso acompañamiento de criados, y con mayor abundancia que otras veces; repartíanse las sobras entre los soldados españoles; y él enviaba los platos más regalados a Cortés y a sus capitanes: conocíalos a todos por sus nombres, y tenía observados hasta los genios y las condiciones, de cuya noticia usaba en la conversación, dando al buen gusto y a la discreción algunos ratos sin ofender a la majestad ni a la decencia. Estaba con los españoles todo el tiempo que le dejaban los negocios; y solía decir que no se hallaba sin ellos. Procuraban todos agradarle, y era su mayor lisonja el respeto con que le trataban; desagradábase de las llanezas; y si alguno se descuidaba en ellas, procuraba reprimir el exceso, dando a entender que le conocía: tan celoso de su dignidad, que sucedió el ofenderse con grande irritación de una indecencia que le pareció advertida en cierto soldado español, y pidió al cabo de la guardia que le ocupase otra vez lejos de su persona, o le mandaría castigar si se le pusiese delante.

Algunas tardes jugaba con Hernán Cortés al totoloque, juego que se componía de unas bolas pequeñas de oro, con que tiraban a herir o derribar ciertos bolillos o señales del mismo metal a distancia proporcionada. Jugábanse diferentes joyas y otras alhajas que se perdían o ganaban a cinco rayas. Motezuma repartía sus ganancias con los españoles, y Cortés hacía lo mismo con sus criados. Solía tantear Pedro de Alvarado; y porque algunas veces se descuidaba en añadir algunas rayas a Cortés, le montejaba con galantería de mal contador; pero no por eso dejaba de pedirle otras veces que tantease, y que tuviese cuenta de que no se le olvidase la verdad. Parecía señor hasta en el juego, sintiendo el perder como desaire de la fortuna y estimando la ganancia como premio de la victoria.

No se dejaba de introducir en estas conversaciones privadas el punto de la religión: Hernán Cortés le habló diferentes veces, procurando reducirle con suavidad a que conociese su engaño; fray Bartolomé de Olmedo repetía sus argumentos con la misma piedad y con mayor fundamento; doña Marina interpretaba estos razonamientos con particular afecto; y añadía sus razones caseras, como persona recién desengañada, que tenía presentes los motivos que la redujeron: pero el demonio le tenía tan ocupado el ánimo, que se dejaba conquistar su entendimiento, y se quedaba inexpugnable su corazón; no se sabe que le hablase o se le apareciese como solía desde que los españoles entraron en México, antes se tiene por cierto, que al dejarse ver la cruz de Cristo en aquella ciudad, perdieron la fuerza los conjuros, y enmudecieron los oráculos; pero estaba tan ciego y tan dejado a sus errores, que no tuvo actividad para desviarlos, ni supo aprovecharse de la luz que se le puso delante; pudo ser esta dureza de su ánimo, fruto miserable de los otros vicios y atrocidades con que tenía desobligado a Dios, o castigo de aquella misma negligencia con que daba los oídos y negaba la inclinación a la verdad.

A veinte días, o poco más, llegó el capitán de la guardia, que partió a la frontera de la Veracruz, y trajo preso a Qualpopoca, con otros cabos de su ejército, que se dieron al sello real sin resistencia. Entró con ellos a la presencia de Motezuma: y él los habló reservadamente, permitiéndolo Cortés, porque deseaba que los redujese a callar la orden que tuvieron suya, y dejarse engañar de aquella exterior confianza en que le mantenía. Pasó después con ellos el mismo capitán al cuarto de Cortés, y se los entregó, diciéndole de parte de su amo: «que se los enviaba para que averiguase la verdad y los castigase por su mano con el rigor que merecían». Encerróse con ellos, y confesaron luego los cargos «de haber roto la paz de su autoridad: haber provocado con las armas a los españoles de la Veracruz, y ocasionado la muerte de Argüello, hecha de su orden a sangre fría en un prisionero de guerra», sin tomar en la boca la orden que tuvieron de su rey; hasta que reconociendo que iba de veras su castigo, tentaron el camino de hacerle cómplice para escapar las vidas: pero Hernán Cortés negó los oídos a este descargo, tratándose como invención de los delincuentes. Juzgóse militarmente la causa, y se les dio sentencia de muerte, con la circunstancia de que fuesen quemados públicamente sus cuerpos delante del palacio real; como reos que habían incurrido en caso de lesa majestad. Discurrióse luego en la ejecución, y pareció no dilatarla; pero temiendo Hernán Cortés que se inquietase Motezuma, o quisiese defender a los que morían por haber ejecutado sus órdenes, resolvió atemorizarle con alguna bizarría que tuviese apariencias de amenaza, y le acordase la sujeción en que se hallaba. Ocurrióle otro arrojamiento notable, a que le debió de inducir la facilidad con que se consiguió el de su prisión, o el ver tan rendida su paciencia. Mandó buscar unos grillos de los que se traían prevenidos para los delincuentes, y con ellos descubiertos en las manos de un soldado, se puso en su presencia, llevando consigo a doña Marina y tres o cuatro de sus capitanes. No perdonó las reverencias con que solía respetarle; pero dando a la voz y al semblante mayor entereza, le dijo: «que ya quedaban condenados a muerte Qualpopoca y los demás delincuentes por haber confesado su delito, y ser digno de semejante demostración; pero que le habían culpado en él, diciendo afirmativamente que le cometieron de su orden; y así era necesario que purgase aquellos indicios vehementes con alguna mortificación personal, porque los reyes, aunque no están obligados a las penas ordinarias, eran súbditos de otra ley superior que mandaba en las coronas; y debían imitar en algo a los reos; cuando se hallaban culpados y trataban de satisfacer a la justicia del cielo». Dicho esto, mandó con imperio y resolución que le pusiesen las prisiones, sin dar lugar a que le replicase; y en dejándole con ellas, le volvió las espaldas, y se retiró a su cuarto, dando nueva orden a las guardias para que no se le permitiese por entonces la comunicación de sus ministros.

Fue tanto el asombro de Motezuma cuando se vio tratar con aquella ignominia, que le faltó al principio la acción para resistir, y después la voz para quejarse. Estuvo mucho rato como fuera de sí: los criados que le asistían acompañaban su dolor con el llanto, sin atreverse a las palabras, arrojándose a sus pies para recibir el peso de los grillos: y él volvió de su confusión con principios de impaciencia; pero se reprimió brevemente, y atribuyendo su infelicidad a la disposición de sus dioses, esperó el suceso, no sin cuidado al parecer de que peligraba su vida; pero acordándose de quién era para temer sin falta de valor.

No perdió tiempo Cortés en lo que llevaba resuelto: salieron los reos al suplicio, hechas las prevenciones necesarias para que no se aventurase la ejecución. Consiguióse a vista de innumerable pueblo, sin que se oyese una voz descompuesta, ni hubiese que recelar. Cayó sobre aquella gente un terror que tenía parte de admiración, y parte de respeto. Extrañaban aquellos actos de jurisdicción en unos extranjeros, que cuando mucho se debían portar como embajadores de otro príncipe; y no se atrevieron a poner duda en su potestad, viéndola establecida con la tolerancia de su rey; de que resultó el concurrir todos al espectáculo con un género de quietud amortiguada, que sin saber en qué consistía, dejó su lugar al escarmiento. Ayudó mucho en esta ocasión el estar mal recibida entre los mexicanos la invasión de Qualpopoca, y se hizo su delito más aborrecible con la circunstancia de culpar a su rey: descargo que pasó por increíble, y aun siendo verdadero se culpara como atrevido y sedicioso. Débese mirar este castigo como tercer atrevimiento de Cortés, que se logró como se había discurrido, y se discurrió sobre principios irregulares. Él lo resolvió, y lo tuvo por conveniente y posible: conocía la gente con quien trataba, y lo que suponía en cualquier acontecimiento la gran prenda que tenía en su poder. Dejémonos cegar de su razón, o no la traigamos al juicio de la historia, contentándonos con referir el hecho como pasó, y que una vez ejecutado fue de gran consecuencia para dar seguridad a los españoles de la Veracruz y reprimir por entonces los principios de rumor que andaban entre los nobles de la ciudad.

Volvió luego Cortés al cuarto de Motezuma, y con alegre urbanidad le dijo: «que ya quedaban castigados los traidores que se atrevieron a manchar su fama, y él había cumplido ventajosamente con su obligación, sujetándose a la justicia de Dios con aquella breve intermisión de su libertad». Y sin más dilación le mandó quitar los grillos, o como escriben algunos, se puso de rodillas para quitárselos él mismo por sus manos; y se puede creer de su advertencia, que procuraría dar con semejante cortesanía mayor recomendación al desagravio. Recibió Motezuma con grande alborozo este alivio de su libertad, abrazó dos o tres veces a Cortés, y no acababa de cumplir con su agradecimiento. Sentáronse luego en conversación amigable, y Cortés usó con él de otro primor, como los que andaba siempre meditando, porque mandó que se retirasen las guardas, diciéndole que se podría volver a su palacio cuando quisiese, por haber cesado ya la causa de su detención. Y le ofreció este partido sobre seguro de que no le aceptaría, por haberle oído decir muchas veces con firme resolución, que ya no le convenía volverse a su palacio, ni apartarse de los españoles hasta que se retirasen de su corte; porque perdería mucho de su estimación, si llegasen a entender sus vasallos que recibía de ajena mano su libertad: dictamen que se hizo suyo con el tiempo, siendo en la verdad influido; porque doña Marina, y algunos de los capitanes le habían puesto en él a instancia de Cortés, que se valía de su misma razón de estado para tenerle más seguro en la prisión; pero entonces, conociendo lo que traía dentro de sí la oferta de Cortés, dejó este motivo, tratándose como ajeno de aquella ocasión, y se valió de otro más artificioso, porque le respondió: «que agradecía mucho la voluntad con que deseaba restituírle a su casa; pero que tenía resuelto no hacer novedad, atendiendo a la conveniencia de los españoles: porque una vez en su palacio le apretarían sus nobles y ministros en que tomase las armas contra ellos para satisfacerse del agravio que había recibido». Por cuyo medio quiso dar a entender, que se dejaba estar en la prisión para encubrirlos y ampararlos con su autoridad. Alabó Cortés el pensamiento agradeciendo su atención, como si la creyera, y quedaron los dos satisfechos de su destreza: creyendo entrambos que se entendían, y se dejaban engañar por su conveniencia con aquel género de astucia o disimulación que ponen los políticos entre los misterios de la prudencia, dando el nombre de esta virtud a los artificios de la sagacidad.

Libro IV

Capítulo I. Permítese a Motezuma que se deje ver en público saliendo a sus templos y recreaciones: trata Cortés de algunas prevenciones que tuvo por necesarias, y se duda que intentasen los españoles por esta sazón derribar los ídolos de México

Quedó Motezuma desde aquel día prisionero voluntario de los españoles: hízose amable a todos con su agrado y liberalidad. Sus mismos criados desconocían su mansedumbre y moderación, como virtudes adquiridas en el trato de los extranjeros y o extranjeras de su natural. Acreditó diversas veces con palabras y acciones la sinceridad de su ánimo; y cuando le pareció que tenía segura y merecida la confianza de Cortés, se resolvió a experimentarla, pidiéndole licencia para salir alguna vez a sus templos: diole palabra de que se volvería puntualmente a la prisión, que así la solía llamar cuando no estaba presente alguno de los suyos: díjole «que ya deseaba por su conveniencia y la de los mismos españoles dejarse ver de su pueblo, porque se iba creyendo que le tenían oprimido, como había cesado la causa de su detención con el castigo de Qualpopoca; y se podría temer alguna turbación más que popular, si no se ocurría brevemente al remedio con aquella demostración de su libertad». Hernán Cortés conociendo su razón, y deseando también complacer a los mexicanos, le respondió liberal y cortésmente: «que podría salir cuando gustase, atribuyendo a exceso de su benignidad el pedir semejante permisión cuando él y todos los suyos estaban a su obediencia». Pero aceptó la palabra que le daba de no hacer novedad en su habitación, como quien deseaba no perder la honra que recibía.

Hízole alguna interior disonancia el motivo de acudir a sus templos, y para cumplir consigo en la forma que podía, capituló con él, que habían de cesar desde aquel día los sacrificios de sangre humana, contentándose con esta parte de remedio, porque no era tiempo de aspirar a la enmienda total de los demás errores; y siempre que no se puede lo mejor, es prudencia dividir la dificultad para vencer uno a uno los inconvenientes. Ofreciólo así Motezuma, prohibiendo con efecto en todos sus adoratorios este género de sacrificios;

273

y aunque se duda si lo cumplió, es cierto que cesó la publicidad, y que si los hicieron alguna vez, fue a puerta cerrada, y tratándolos como delito.

Su primera salida fue al templo mayor de la ciudad, con la misma grandeza y acompañamiento que acostumbraba; llevó consigo algunos españoles, y se previno llamándolos él mismo antes que se los pusiesen al lado como guardas o testigos. Celebró con grandes regocijos el pueblo esta primera vista de su rey: procuraron todos manifestar su alegría con aquellas demostraciones de que se componían sus aplausos; no porque le amasen o tuviesen olvidada la opresión en que vivían, sino porque hacía la natural obligación el oficio de la voluntad; y tiene sus influencias hasta en la frente del tirano la corona. Él iba recibiendo las aclamaciones con gratitud majestuosa, y anduvo aquel día muy liberal, porque hizo diferentes mercedes a sus nobles, y repartió algunas dádivas entre la gente popular. Subió después al templo descansando sobre los brazos de los sacerdotes; y en cumpliendo con los ritos menos escandalosos de su adoración, se volvió al cuartel, donde se congratuló nuevamente con los españoles; dando a entender que le traían con igual fuerza el desempeño de su palabra y el gusto de vivir entre sus amigos.

Continuáronse después sus salidas sin hacer novedad, unas veces al palacio donde tenía sus mujeres, y otras a sus adoratorios o casas de recreación; usando siempre con Hernán Cortés la ceremonia de tomar su licencia, o llevándole consigo cuando era decente la función: pero nunca hizo noche fuera del alojamiento, ni discurrió en mudar habitación; antes se llegó a mirar entre los mexicanos aquella perseverancia suya como favor de los españoles; tanto, que ya visitaban a Cortés los ministros y los nobles de la ciudad, valiéndose de su intercesión para encaminar sus pretensiones, y todos los españoles que tenían algún lugar en su gracia, se hallaron asistidos y contemporizados: achaque ordinario de las cortes, adorar a los favorecidos, fabricando con el ruego estos ídolos humanos.

Entretanto que duraba este género de tranquilidad no se descuidaba Hernán Cortés en las prevenciones que podrían conducir a su seguridad, y adelantar los altos designios que perseveraban en su corazón sin objeto determinado, ni saber hasta entonces hacia dónde le llamaba la oscuridad lisonjera de sus esperanzas. Luego que vacó el gobierno de la Veracruz por muerte de Juan de Escalante, y se aseguraron los caminos con el castigo de los culpados, nombró en aquella ocupación al capitán Gonzalo de Sandoval; y porque no faltase de su lado en esta ocurrencia un cabo de tanta satisfacción, envió con título de teniente suyo a un soldado particular que llamaban Alonso de Grado, sujeto de habilidad y talento, pero de ánimo inquieto, y uno de los que se hicieron conocer en las turbaciones pasadas. Creyóse que le ocupaba por satisfacerle y desviarle; pero no fue buena política poner hombre poco seguro en una plaza que se mantenía para la retirada, y contra las avenidas que se podían temer de la isla de Cuba. Pudiera ser de grave inconveniente su asistencia en aquel puerto, si llegaran poco antes los bajeles que fletó Diego Velázquez en prosecución de su antigua demanda; pero al mismo Alonso de Grado enmendó con su proceder el yerro de su elección; porque vinieron dentro de pocos días tantas quejas de los vecinos y lugares del contorno, que fue necesario traerle preso y enviar al propietario.

Con la ocasión de estos viajes dispuso Hernán Cortés que se condujesen de la Veracruz algunas jarcias, velas, clavazón y otros despojos de los navíos que se barrenaron, con ánimo de fabricar dos bergantines para tener a su disposición el paso de la laguna; porque no podía echar de sí las medias palabras que oyeron los tlascaltecas sobre cortar los puentes o romper las calzadas. Introdujo primero esta novedad, haciéndosela desear a Motezuma, con pretexto de que viese las grandes embarcaciones que se usaban en España, y la facilidad con que se movían, haciendo trabajar al viento en alivio de los remos: primor de que no se hacía capaz sin la demostración, porque ignoraban los mexicanos el uso de las velas, y ya miraba como punto de conveniencia suya, que aprendiesen aquel arte de navegar sus marineros. Llegaron brevemente de la Veracruz los géneros que se habían pedido, y se dio principio a la fábrica por mano de algunos maestros de esta profesión, que vinieron en el ejército con plaza de soldados, asistiendo a cortar y conducir la madera de orden de Motezuma los carpinteros de la ciudad; con que se acabaron los dos bergantines dentro de breves días, y él mismo determinó entrenarlos, embarcándose con los españoles para conocer desde más cerca las maestrías de aquella navegación.

Previno no para este fin una de sus monterías más solemnes en paraje de larga travesía porque no faltase tiempo a su observación; y el día señalado amanecieron sobre la laguna todas las canoas del séquito real, con su familia y cazadores, reforzada en ella la boga, no sin presunción de acreditar su ligereza, con descrédito de las embarcaciones extranjeras, que a su parecer eran pesadas, y serían dificultosas de manejar; pero tardaron poco en desengañarse, porque los bergantines partieron a vela y remo, favorecidos oportunamente del viento, y se dejaron atrás las canoas con largo espacio y no menor admiración de los indios. Fue un día muy festivo y de gran divertimiento para los españoles, tanto por la novedad y circunstancias de la montería, como por la opulencia del banquete: y Motezuma estuvo muy entretenido con sus marineros, burlándose de lo que forcejeaban en el alcance de los bergantines, y celebrando como suya la victoria de los españoles.

Concurrió después toda la ciudad a ver aquellas que en su lengua llamaban casas portátiles: hizo sus ordinarios efectos la novedad, y sobre todo admiraron el manejo del timón, y el oficio de las velas, que a su entender mandaban al agua y al viento; invención que celebraron los más avisados como invención del arte, superior a su ingenio; y el vulgo como sutileza más que natural, o predominio sobre los elementos. Consiguióse finalmente que fuesen bien recibidos aquellos bergantines que se fabricaron a mayor intento, y tuvo su parte de felicidad esta providencia de Cortés, pues se hizo lo que convenía, y se ganó reputación.

Al mismo tiempo iba caminando en otras diligencias que le dictaban su vigilancia y actividad. Introducía con Motezuma y con los nobles que le visitaban la estimación de su rey: ponderaba su clemencia y engrandecía su poder, trayendo a su dictamen los ánimos con tanta suavidad y destreza, que llegó a desearse generalmente la confederación que proponía, y el comercio de los españoles, como noticias importantes por vía de conversación y sencilla interés de aquella monarquía. Tomaba también alguna curiosidad. Informóse muy particularmente de la magnitud y límites del imperio mexicano, de sus provincias y confines, de los montes, ríos y minas principales; de las distancias de ambos mares, su calidad y surgideros: tan lejos de mostrar cuidado en sus observaciones, que Motezuma para informarle mejor y complacerle, hizo que sus pintores delineasen, con asistencia de hombres noticiosos, un lienzo semejante a nuestros mapas, en que se contenía la demarcación de sus dominios, a cuya vista la hizo capaz de todas las particularidades que merecían reflexión; y permitió después que fuesen algunos españoles a reconocer las minas de mayor nombre, y los puertos o ensenadas que parecían capaces de bajeles: propúsolo Hernán Cortés, con pretexto de llevar a su príncipe distinta relación de lo más noble; y él concedió, no solamente su beneplácito, pero señaló gente militar que los acompañase, y despachó sus órdenes para que les franqueasen el paso y las noticias: bastante seña de que vivía sin recelo y andaban conformes su intención y sus palabras.

Pero en esta razón, y cuando más se debían temer las novedades como peligro de la quietud y de la confianza, refieren nuestros historiadores una resolución de los españoles, tan desproporcionada y fuera de tiempo, que nos inclinamos a dudarla ya que no hallamos razón para omitirla. Dice Bernal Díaz del Castillo, y lo escribió primero Francisco López de Gómara, concordando alguna vez en lo menos tolerable: que se determinaron a derribar los ídolos de México, y convertir en iglesia el adoratorio principal; que salieron a ejecutarlo por más que lo resistió y procuró embarazar Motezuma; que se armaron los sacerdotes, y estuvo conmovida toda la ciudad en defensa de sus dioses; durante la porfía, sin llegar a rompimiento, hasta que por bien de paz se quedaron los ídolos en su lugar, y se limpió una capilla, y levantó un altar dentro del mismo adoratorio, donde se colocó la cruz de Cristo, y la imagen de su Madre Santísima: se celebró misa cantada, y perseveró muchos días el altar, cuidando de su limpieza y adorno los mismos sacerdotes de los ídolos. Así lo refiere también Antonio de Herrera, y se aparta de los dos, añadiendo algunas circunstancias que pasan los límites de la exornación, si ésta puede caber en la retórica del historiador: porque describe una procesión devota y armada, que se ordenó para conducir las santas imágenes al adoratorio: pone a la letra, o supone la oración recta que hizo Cortés delante de un Crucifijo; y pondera un casi milagro de su devoción, animándose a decir, no sabemos de qué origen, que se inquietaron poco después los mexicanos, porque faltó el agua del cielo para el beneficio de sus campos; que acudieron al mismo Cortés con principios de sedición, clamando sobre que no llovían sus dioses, porque se habían introducido en sus templos deidades forasteras; que para conseguir que se quietasen les ofreció de parte de su Dios copiosa lluvia dentro de breves horas, y que respondió el cielo puntualmente a su promesa con grande admiración de Motezuma y de toda la ciudad.

No discurrimos del empeño en que se puso, prometiendo milagros delante de unos infieles en prueba de su religión, que pudo ser ímpetu de su piedad; ni extrañamos la maravilla del suceso, que también pudo tener entonces aquel átomo de fe viva con que se merecen y consiguen los milagros. Pero el mismo hecho disuena tanto a la razón, que parece dificultoso de creer en las advertencias de Cortés, y en el genio y letras de fray Bartolomé de Olmedo. Pero caso que sucediese así el hecho de arruinar los ídolos de México en la forma y en el tiempo que viene supuesto, siendo lícito al historiador el hacer juicio alguna vez de las acciones que refiere, hallamos en ésta diferentes reparos, que nos obligan por lo menos a dudar el acierto de semejante determinación en una ciudad tan populosa, donde se pudo tener por imposible lo que fue dificultoso en Cozumel. Corríase bien con Motezuma: consistía en su benevolencia toda la seguridad que se gozaba: no había dado esperanzas de admitir el evangelio; antes duraba inexorable y obstinado en su idolatría: los mexicanos, sobre la dureza con que adoraban y defendían sus errores, andaban fáciles de inquietar contra los españoles. ¿Pues qué prudencia pudo aconsejar que se intentase contra la voluntad de Motezuma semejante contratiempo? Si miramos el fin que se pretendía, le hallaremos inútil y fuera de toda razón. Empezar por los ídolos el desengaño de los idólatras: tratar una exterioridad infructuosa como triunfo de la religión: colocar las santas imágenes en un lugar inmundo y detestable; dejarlas al arbitrio de los sacerdotes gentiles, aventuradas a la irreverencia y al sacrilegio; celebrar entre los simulacros del demonio el inefable sacrificio de la misa. Y Antonio de Herrera califica estos atentados, con título de facción memorable. Juzguelo quien lo leyere, que nosotros no hallamos razón de congruencia política o cristiana para que se perdonasen tantos inconvenientes; y dejando en duda el acierto, querríamos antes que no hubiera sucedido esta irregularidad como la refieren, o que no tuvieran lugar en la historia las verdades increíbles.

**Capítulo II. Descúbrese una conspiración que se iba disponiendo contra los españoles, ordenada por el rey de**

## Tezcuco; y Motezuma, parte con su industria, y parte por las advertencias de Cortés, la sosiega castigando al que la fomentaba

Tuvo desde sus principios esta empresa de los españoles notable desigualdad de accidentes: alternábanse continuamente la inquietud y los cuidados: unos días reinaba sobre las dificultades la esperanza y otros renacían los peligros de la misma seguridad: propia condición de los sucesos humanos, encadenarse y sucederse con breve intermisión los bienes y los males. Y debemos creer que fue conveniente su instabilidad para corregir la destemplanza de nuestras pasiones.

La ciega gentilidad ponía esta serie de los acaecimientos en una rueda imaginaria que se formaba en la trabazón de lo próspero y lo adverso, a cuyo movimiento daban cierta inteligencia sin elección, que llamaron fortuna, con que dejaban al acaso todo lo que deseaban o temían; siendo en la verdad alta disposición de la divina Providencia que duren poco en un estado las felicidades y los infortunios de la tierra, para que se posean o toleren con moderación, y suba el entendimiento a buscar la realidad de las cosas en la región de las almas.

Hallábanse ya los españoles bastantemente asegurados en la voluntad de Motezuma y en la estimación de los mexicanos; pero al mismo tiempo que se gozaba de aquel sosiego favorable, se levantó nueva tempestad que puso en contingencia todas las prevenciones de Cortés. Moviόla Cacumatzin, sobrino de Motezuma, rey de Tezcuco, y primer elector del imperio. Era mozo inconsiderado y bullicioso, y dejándose aconsejar de su ambición, determinó hacerse memorable a su nación, sacando la cara contra los españoles con pretexto de poner en libertad a su rey: favorecíanle su dignidad y su sangre para esperar en la primera elección el imperio; y le pareció que una vez desnuda la espada podría llegar el caso de acercarse a la corona. Su primera diligencia fue desacreditar a Motezuma, murmurando entre los suyos de la indignidad y falta de espíritu con que se dejaba estar en aquella violenta sujeción. Acusó después a los españoles, culpando como principio de tiranía la opresión en que le tenían, y la mano que se iban tomando en el gobierno, sin perdonar medio alguno de hacerlos odiosos y despreciables.

**279**

Sembró después la misma cizaña entre los demás reyezuelos de la laguna; y hallando bastante disposición en los ánimos, se resolvió a poner en ejecución sus intentos, a cuyo fin convocó una junta de todos sus amigos y parientes, que se hizo de secreto en su palacio, concurriendo en ella los reyes de Cuyoacan, Iztapalapa, Tacuba y Matalcingo, y otros señores o caciques del contorno, personas de séquito y suposición que mandaban gente de guerra y se preciaban de soldados.

Hízoles un razonamiento de grande aparato; y dando colores de celo a sus ocultos designios, ponderó el estado en que se hallaba su rey, olvidado al parecer de su misma libertad, y la obligación que tenían de concurrir todos como buenos vasallos a sacarle de aquella servidumbre. Sinceróse con la proximidad de la sangre que le interesaba en los aciertos de su tío, y volviendo la mira contra los españoles: «¿a qué aguardamos, amigos y parientes, dijo, que no abrimos los ojos al oprobio de nuestra nación, y a la vileza de nuestro sufrimiento? ¿Nosotros que nacimos a las armas, y ponemos nuestra mayor felicidad en el terror de nuestros enemigos, concedemos la cerviz al yugo afrentoso de una gente avenediza? ¿Qué son sus atrevimientos sino acusaciones de nuestra flojedad y desprecios de nuestra paciencia? Consideremos lo que han conseguido en breves días y conoceremos primero nuestro desaire, y después nuestra obligación. Arrojáronse a la corte de México, insolentes de cuatro victorias en que los hizo valientes la falta de resistencia. Entraron en ella triunfantes a despecho de nuestro rey, y contra la voluntad de la nobleza y gobierno. Introdujeron consigo nuestros enemigos o rebeldes, y los mantienen armados a nuestros ojos dando vanidad a los tlascaltecas, y pisando el pundonor de los mexicanos. Quitaron la vida con público y escandaloso castigo a un general del imperio, tomando en ajeno dominio jurisdicción de magistrados, o autoridad de legisladores. Y últimamente, prendieron al gran Motezuma en su alojamiento sacándole violentamente de su palacio; y no contentos con ponerle guardas a nuestra vista, pasaron a ultrajar su persona y dignidad con las prisiones de sus delincuentes. Así pasó: todos lo sabemos; ¿pero quién habrá que lo crea sin desmentir a sus ojos? ¡Oh verdad ignominiosa, digna del silencio y mejor para el olvido! ¿Pues en qué os detenéis, ilustres mexicanos? ¿Preso vuestro rey, y vosotros desarmados? Esa libertad aparente de que le veis gozar estos días, no es libertad, sino un tránsito engañoso, por el cual ha pasado insensiblemente a otro cautiverio de mayor indecencia, pues le han tiranizado el corazón y se han hecho dueños de su voluntad, que es la prisión más indigna de los reyes. Ellos nos gobiernan y nos mandan, pues el que nos había de mandar los obedece. Ya le veis descuidado en la conservación de sus dominios, desatento a la defensa de sus leyes, y convertido el ánimo real en espíritu servil. Nosotros que suponemos tanto en el imperio mexicano, debemos impedir con todo el hombro su ruina. Lo que nos toca es juntar nuestras fuerzas, acabar con estos avenedizos, y poner en libertad a nuestro rey. Si le desagradáremos, dejándole de obedecer en lo que conviene, conocerá el remedio cuando convalezca de la enfermedad; y si no le conociere, hombres tiene México que sabrán llenar con sus sienes la corona; y no será el primero de nuestros reyes, que por no saber reinar, o reinar descuidadamente, se dejó caer el cetro de las manos».

En esta sustancia oró Cacumatzin, y con tanto fervor, que le siguieron todos, prorrumpiendo en grandes amenazas contra los españoles, y ofreciendo servir en la facción personalmente. Solo el señor de Matalcingo, que se hallaba en el mismo grado, pariente de Motezuma, y tenía sus pensamientos de reinar, conoció lo interior de la propuesta, y tiró a desvanecer los designios de su competidor, añadiendo: «que tenía por necesario, y por más conveniente a la obligación de todos, que se previniese a Motezuma de lo que intentaban y se tomase primero su licencia; pues no era razón que se arrojasen armados a la casa donde residía sin poner en salvo su persona, tanto por el peligro de su vida como por la disonancia de que pereciesen aquellos hombres debajo de las alas de su rey». Bajaron los demás esta proposición como impracticable, diciéndole Cacumatzin algunos pesares que sufrió por no descomponer sus esperanzas, y se acabó la junta, quedando señalado el día, discurrido el modo, y encargado el secreto.

Supieron casi a un mismo tiempo Motezuma y Cortés esta conjuración: Motezuma por un aviso reservado que se atribuyó al señor de Matalcingo; y Cortés por la inteligencia de sus espías y confidentes. Buscáronse luego los dos para comunicarse la noticia de semejante novedad, y tuvo Motezuma la dicha de hablar primero, con que dejó saneada su intención. Diole cuenta de lo que pasaba: mostró grande irritación contra su sobrino el de Tezcuco, y contra los demás conjurados, y propuso castigarlos con el rigor que merecían. Pero Hernán Cortés, dándole a entender que sabía todo el caso con algunas circunstancias que no dejasen en duda su comprensión, le respondió: «que sentía mucho haber ocasionado aquella inquietud en sus vasallos, y que por la misma razón se hallaba obligado a tomar por su cuenta el remedio, y venía con ánimo de pedirle licencia para marchar con sus españoles a Tezcuco, y atajar en su origen el daño, trayéndole preso a Cacumatzin, antes que se uniese con los demás coligados, y fuese necesario pasar a mayores remedio». No admitió Motezuma esta proposición, antes procuró desviarla con total repugnancia, conociendo lo que perdería su autoridad y su poder, si se valiese de armas forasteras para castigar atrevimiento de esta calidad en hombres de aquella suposición. Pidióle que disimulase por él su desabrimiento; y le dijo por última resolución: «que no quería ni era conveniente que se moviesen los españoles, porque no se hiciese obstinación el odio con que procuraban apartarlos de su lado, sino que le ayudasen a sujetar aquellos rebeldes, asistiéndole con el consejo, y haciendo si fuese menester el oficio de medianeros».

Parecióle después que sería bien intentar primero los medios suaves, y que su sobrino, como persona más dependiente de su respeto, sería fácil de reducir a la quietud acordándole su obligación, y haciéndole amigo de los españoles. Para cuyo efecto le envió a llamar con uno de sus criados principales, el cual le intimó la orden que llevaba de su rey: y le dijo de parte de Cortés; «que deseaba su amistad, y tenerles más cerca para que la experimentase». Pero él que se hallaba ya lejos de la obediencia, o tenía más cerca su ambición, respondió a Motezuma con desacato de hombre precipitado, y a Cortés con tanta desestimación y arrojamiento, que le obligó a pedir con nueva instancia la empresa de sujetarle, cuya propuesta reprimió segunda vez Motezuma, diciéndole: «que aquel era de los casos en que se debía usar primero del entendimiento que de las manos, y que le dejase obrar según la experiencia y conocimiento que tenía de aquellos humores y de sus causas».

Portóse después con gran reserva entre sus ministros, despreciando el delito para descuidar al delincuente; a cuyo fin les decía: «que aquel atrevimiento de su sobrino se debía tomar como ardor juvenil, o primer movimiento de hombre sin capacidad». Y al mismo tiempo formó una conjuración secreta contra el mismo conjurado, valiéndose de algunos criados suyos que atendieron a su primera obligación, o la conocieron a vista de las dádivas y las promesas: por cuyo medio consiguió que le asaltasen una noche dentro de su casa, y embarcándose con él en una canoa que tenían prevenida, le trajesen preso a México sin que pudiese resistirlo. Descubrió entonces Motezuma todo el enojo que disimulaba, y sin permitir que le viese ni dar lugar a sus disculpas, le mandó poner, con acuerdo y parecer de Cortés, en la cárcel más estrecha de sus nobles, tratándole como a reo de culpa irremisible y de pena capital.

Hallábase a esta sazón en México un hermano de Cacumatzin, que pocos días antes escapó dichosamente de sus manos, porque intentó quitarle insidiosamente la vida sobre algunas desconfianzas domésticas y de poco fundamento. Amparóle Motezuma en su palacio, y le hizo alistar en su familia para darle mayor seguridad. Era mozo de valor y grandes habilidades, bien recibido en la corte y entre los vasallos de su hermano, haciéndole con unos y otros más recomendable la circunstancia de perseguido. Puso Cortés los ojos en él, y deseando ganarle por amigo y traerle a su partido, propuso a Motezuma que le diese la investidura y señorío de Tezcuco, pues ya no era capaz su hermano de volver a reinar, habiendo conspirado contra su príncipe: díjole «que no era seguro castigar por entonces con pena de la vida a un delincuente de tanto séquito cuando estaban conmovidos los ánimos de los nobles; que privándole del reino le daba otro género de muerte menos ruidosa y de bastante severidad para el terror de sus parciales; que aquel mozo tenía mejor natural; y debiéndole ya la vida le debería también la corona, y quedaría más obligado a su obediencia por la oposición de su hermano; y últimamente que con esta demostración daba el reino a quien debía suceder en él, y dejaba en su sangre la dignidad de primer elector que tanto suponía en el imperio».

Agradó tanto a Motezuma este pensamiento de Cortés que le comunicó luego a su consejo, donde se alabó como benigna y justificada la resolución, y autorizando los ministros el decreto real, fue desposeído Cacumatzin, según la costumbre de aquella tierra, de todos sus honores, como rebelde a su príncipe; y nombrado su hermano por sucesor del reino y voz electoral. Llamóle después Motezuma, y en el acto de la investidura que tenía sus ceremonias y solemnidades, le hizo una oración majestuosa en que redujo a pocas palabras todos los motivos que podían acrecentar el empeño de su fidelidad, y le dijo públicamente: «que había tomado aquella determinación por consejo de Hernán Cortés»; dándole a conocer que le debía la corona. Puédese creer que ya lo sabría el interesado, porque no era tiempo de oscurecer los beneficios; pero es de reparar lo que cuidaba Motezuma de hacerle bienquisto, y de ganar los ánimos de los suyos a favor de los españoles.

Partió luego el nuevo rey a su corte, y fue recibido y coronado en ella con grandes aclamaciones y regocijos, celebrando todos su exaltación con diferentes motivos: unos porque le amaban y sentían su persecución; otros por la mala voluntad que tenían a Cacumatzin; y los más por dar a entender que aborrecían su delito. Tuvo notable aplauso en todo el imperio este género de castigo sin sangre que se atribuyó al superior juicio de los españoles, porque no esperaban de Motezuma semejante moderación; y fue de tanta consecuencia la misma novedad para el escarmiento, que los demás conjurados derramaron luego sus tropas, y trataron de recurrir desarmados a la clemencia de su rey. Valiéronse de Cortés, y últimamente consiguieron por su medio el perdón, con que se deshizo aquella tempestad; y habiéndose levantado contra él, salió del peligro mejorado, parte por su industria, y parte porque le favorecieron los mismos accidentes; pues Motezuma le agradeció la quietud de su reino, se declaró por su hechura el mayor príncipe del imperio, y favoreciendo a los demás que intentaban destruirle, se halló con nuevo caudal de amigos y obligados.

**Capítulo III. Resuelve Motezuma despachar a Cortés respondiendo a su embajada: junta sus nobles, y dispone que sea reconocido el rey de España por sucesor de aquel imperio, determinando que se le dé la obediencia y pague tributo como a descendiente de su conquistador**

Sosegados aquellos rumores que llegaron a ocupar todo el cuidado, sintió Motezuma el ruido que deja en la imaginación la memoria del peligro. Empezó a discurrir para consigo el estado en que se hallaba; parecióle que ya se detenían mucho los españoles, y que habiéndose mirado como falta de libertad en él la benevolencia con que los trataba, debía familiarizarse menos, y dar otro color a las exterioridades. Avergonzábase del pretexto que tomó Cacumatzin para su conjuración, atribuyendo a falta de espíritu su benignidad, y alguna vez se acusaba de haber ocasionado aquella murmuración: sentía la flaqueza de su autoridad, cuyos celos andan siempre cerca de la corona, y ocupan el primer lugar entre las pasiones que mandan a los reyes. Temía que se volviesen a inquietar sus vasallos, y que saltasen nuevas centellas de aquel incendio recién apagado. Quisiera decir a Cortés que tratase de abreviar su jornada, y no hallaba camino decente de proponérselo; ni los recelos por ser especie de miedo se confiesan con facilidad. Duró algunos días en esta irresolución, y últimamente determinó que le convenía en todo caso despachar luego a los españoles, y quitar aquel tropiezo a la fidelidad de sus vasallos.

Dispuso la materia con noble sagacidad; porque antes de comunicar su intento a Cortés, llevó prevenidas sus réplicas, saliendo a todos los motivos en que pudiera fundar su detención. Aguardó que le viniese a visitar como solía: recibióle sin hacer novedad en el agrado ni en el cumplimiento; introdujo la plática de su rey al modo que otras veces; ponderó cuánto le veneraba, y dejando traer su propuesta de la misma conversación, le dijo: «que había discurrido en reconocerle de su propia voluntad el vasallaje que se le debía, como sucesor de Quezalcoal y dueño propietario de aquel imperio». Así lo entendía, y en esto solo hablé con afectación; pero no se trataba entonces de restituirle sus dominios, sino de apartar a Cortés y facilitar su despacho; a cuyo fin añadió: «que pensaba convocar la nobleza de sus reinos, y hacer en su presencia este reconocimiento para que todos a su imitación le diesen la obediencia y estableciesen el vasallaje con alguna contribución en que pensaba también darles ejemplo, pues tenía ya prevenidas diferentes joyas y preseas de mucho valor para cumplir por su parte con esta obligación; y no dudaba que sus nobles acudirían a ella con lo mejor de sus riquezas, ni desconfiaba de que se juntaría cantidad tan considerable que pudiese llegar sin desaire a la presencia de aquel príncipe, como primera demostración del imperio mexicano».

Ésta fue su proposición, y en ella concedía de una vez todo lo que a su parecer podían atreverse a desear los españoles, satisfaciendo a su ambición y a su codicia para quitarles enteramente la razón de perseverar en su corte antes de ordenarles que se retirasen. Y encubrió con tanta destreza el fin a que caminaba, que no le conoció entonces Hernán Cortés; antes le rindió las gracias de aquella liberalidad, sin extrañarla ni encarecerla, como quien aceptaba de parte de su rey lo que se le debía, y quedó sumamente gustoso de haber conseguido más de lo que parecía practicable, según el estado presente de las cosas. Celebró después con sus capitanes y soldados el servicio que harían al rey don Carlos si conseguían que se declarase por súbdito y tributarlo suyo un monarca tan poderoso: discurrió en las grandes riquezas con que podrían acompañar esta noticia para que no llegase desnuda la relación y peligrase de increíble. Y a la verdad no pensaba entonces apartarse de su empresa, ni le parecía dificultoso el mantenerse hasta que sabiendo en España el estado en que la tenía, se le ordenase lo que debía ejecutar: seguridad a que le pudo inducir lo que le favorecía Motezuma; los amigos que iba ganando; la facilidad con que se le venían a las manos los sucesos, o alguna causa de origen superior que le dilataba el ánimo para que a vista de cuanto pudiera desear no se acabase de componer con sus esperanzas.

Pero Motezuma que tiraba sus líneas a otro centro, y sabía resolver despacio y ejecutar sin dilación, despachó luego sus convocatorias a los caciques de su reino como se acostumbraba cuando se ofrecía negocio público en que hubiese de intervenir la nobleza, sin alargarse a los más distantes por abreviar el intento principal de aquella diligencia. Vinieron todos a México dentro de pocos días con el séquito que solían asistir en la corte, y tan numeroso, que hiciera ruido en el cuidado si se ignorara la ocasión y la costumbre. Juntólos Motezuma en el cuarto de su habitación, y en presencia de Cortés que fue llamado a esta conferencia, y concurrió en ella con sus intérpretes y algunos de sus capitanes, les hizo un razonamiento en que dio los motivos y facilitó la dureza de aquella notable resolución. Bernal Díaz del Castillo dice que hubo dos juntas, y que no asistió Cortés en la primera: pudo ser alguna de sus equivocaciones, porque no lo callaría el mismo Hernán Cortés en la segunda relación de su jornada; y cuando se trataba de satisfacerle y confiarle no era tiempo de juntas reservadas.

Fue grande aparato y autoridad esta función, porque asistieron también a ella los nobles y ministros que residían en la corte; y Motezuma después de haberlos mirado una y dos veces con agradable majestad, empezó su oración haciéndolos benévolos y atentos con ponerles delante: «cuánto los amaba, y cuánto le debían. Acordóles que tenían de su mano todas las riquezas y dignidades que poseían; y sacó por ilación deste principio, la obligación en que se hallaban de creer que no les propondría materia que no fuese de su mayor conveniencia después de haberla premeditado con madura deliberación, consultando a sus dioses el acierto, y tenido señales evidentes de que hacía su voluntad».

Afectaba muchas veces estas vislumbres de inspiración para dar algo de divinidad a sus resoluciones, y entonces le creyeron, porque no era novedad que le favoreciese con sus respuestas el demonio. Asentada esta reconvención y este misterio, refirió con brevedad «el origen del imperio mexicano, la expedición de los nabatlacas, las hazañas prodigiosas de Quezalcoal, su primer emperador, y lo que dejó profetizado cuando se apartó a las conquistas del Oriente, previniendo con impulso del cielo que habían de volver a reinar en aquella tierra sus descendientes. Tocó después como punto indubitable: que el rey de los españoles que dominaba en aquellas regiones orientales, era legítimo sucesor del mismo Quezalcoal. Y añadió: que siendo el monarca, de quien había de proceder aquel príncipe tan deseado entre los mexicanos, y tan prometido en los oráculos y profecías que veneraban su nación, debían todos reconocer en su persona este derecho hereditario, dando a su sangre lo que a falta de ella se introdujo en elección: que si hubiera venido entonces personalmente, como envió sus embajadores, era tan amigo de la razón, y amaba tanto a sus vasallos, que por su mayor felicidad sería el primero en desnudarse de la dignidad que poseía, rindiendo a sus pies la corona, fuese para dejarla en sus sienes, o para recibirla de su mano. Pero que debiendo a los dioses la buena fortuna de que hubiese llegado en su tiempo noticia tan deseada, quería ser el primero en manifestar la prontitud de su ánimo; y había discurrido en ofrecerle desde luego su obediencia, y hacerle algún servicio considerable. A cuyo fin tenía destinadas las joyas más preciosas de su tesoro, y quería que sus nobles le imitasen, no solo en hacer el mismo reconocimiento, sino en acompañarle con alguna contribución de sus riquezas para que siendo mayor el servicio, llegase más decoroso a los ojos de aquel príncipe».

En esta sustancia concluyó Motezuma su razonamiento, aunque no de una vez; porque a despecho de lo que se procuró esforzar en este acto, cuando llegó a pronunciarse vasallo de otro rey, le hizo tal disonancia esta proposición, que se detuvo un rato sin hallar las palabras con que había de formar la razón; y al acabarla se enterneció tan declaradamente, que se vieron algunas lágrimas discurrir por su rostro, como lloradas contra la voluntad de los ojos. Y los mexicanos, conociendo su turbación, y la causa de que procedía, empezaron también a enternecerse prorrumpiendo en sollozos menos recatados, y deseando al parecer con algo de lisonja que hiciese ruido su fidelidad. Fue necesario que Cortés pidiese licencia de hablar y alentase a Motezuma diciendo: «que no era él ánimo de su rey desposeerle de su dignidad, ni trataba de que se hiciese novedad en sus dominios, porque solo querría que se aclarase por entonces su derecho a favor de sus descendientes, respecto de hallarse tan distante de aquellas regiones, y tan ocupado en otras conquistas, que no podría llegar en muchos años el caso en que hablaban sus tradiciones y profecía», con cuyo desahogo cobró aliento, volvió a serenar el semblante, y acabó su oración como se ha referido.

Quedaron los mexicanos atónitos o confusos de oír semejante resolución, extrañándola como desproporcionada o menos decente a la majestad de un príncipe tan grande y tan celoso de su dominación. Miráronse unos a otros sin atreverse a replicar ni a conceder, dudando en qué se ajustarían más a su intención; y duró este silencio reverente hasta que tomó la mano el primero de sus magistrados; y con mejor conocimiento de su dictamen respondió por los demás: «que todos los nobles que concurrían en aquella junta le respetaban como a su rey y señor natural, y estarían prontos a obedecer lo que proponía por su benignidad y mandaba con su ejemplo, porque no dudaban que lo tendría bien discurrido y consultado con el cielo, ni tenían instrumento más sagrado que el de su voz para entender la voluntad de los dioses»: concurrieron todos en el mismo sentir, y Hernán Cortés cuando llegó el caso de significar su agradecimiento, fue dictando a sus intérpretes otra oración no menos artificiosa, en que dio las gracias a Motezuma y a todos los circunstantes de aquella demostración, aceptando en nombre de su rey el servicio, y midiendo sus ponderaciones con la máxima de no extrañar mucho que asistiesen a su obligación; al modo que se recibe la deuda, y se agradece la puntualidad en el deudor.

Pero no bastaron aquellas lágrimas de Motezuma para que recelase Cortés entonces de su liberalidad, ni conociese que se trataba de su despacho final, en que se dejó llevar del primer sonido con alguna disculpa; porque donde halló introducida como verdad infalible aquella notable aprensión de los descendientes de Quezalcoal, y tenían a su rey indubitablemente por uno de ellos, no le parecería tan irregular esta demostración, que se debiese mirar como afectada o sospechosa. Sobre cuyo presupuesto pudo también atribuir el llanto de Motezuma, y aquella congoja con que llegó a pronunciar las cláusulas del vasallaje, a la misma violencia con que se desprende la corona y se mide la suma distancia que hay entre la soberanía y la sujeción: caso verdaderamente de aquellos en que puede faltar el ánimo con algo de magnanimidad. Pero se debe creer que Motezuma, por más que mirase al rey de España como legítimo sucesor de aquel imperio, no tuvo intento de cumplir lo que ofrecía. Su mira fue deshacerse de los españoles, y tomar tiempo para entenderse después con su ambición, sin hacer mucho caso de su palabra; y no estaría fuera de su centro entre aquellos reyes bárbaros la simulación; cuya indignidad, bastante a manchar el pundonor de un hombre particular, pusieron otros bárbaros estadistas entre las artes necesarias del reinar.

Desde aquel día, como quiera que fuese, quedó reconocido el emperador Carlos V, por señor del imperio mexicano, legítimo hereditario en el sentir de aquella gente; y en la verdad destinado por el cielo a mejor posesión de aquella corona, sobre cuya resolución se formó público instrumento con todas las solemnidades que parecieron necesarias según el estilo de los homenajes que solían prestar a sus reyes, dando este allanamiento de príncipe y vasallos, poco más que el nombre de rey, al emperador; y siendo una como insinuación misteriosa del título que se debió después al derecho de las armas sobre justa provocación, como lo veremos en su lugar, circunstancia particular que concurrió en la conquista de México para mayor justificación de aquel dominio sobre las demás consideraciones generales, que no solo hicieran lícita la guerra en otras partes, sino legítima y razonable, siempre que se puso en términos de medio necesario para la introducción del Evangelio.

**Capítulo IV. Entra en poder de Hernán Cortés el oro y joyas que se juntaron de aquellos presentes: dícele Motezuma con resolución que trate de su jornada, y él procura dilatarla sin replicarle; al mismo tiempo que se tiene aviso de que han llegado navíos españoles a la costa**

No se descuidó Motezuma en acercase como pudo al fin que deseaba, resuelto a ganar las horas en el despacho de los españoles, y ya violento en aquel género de sujeción que se hallaba obligado a conservar porque no dejase de parecer voluntaria. Entregó con este cuidado a Cortés el presente que tenía prevenido, y se componía de varias curiosidades de oro con alguna pedrería; unas de las que usaba en el adorno de su persona, y otras de las que se guardaban por grandeza y servían a la ostentación: diferentes piezas del mismo género y metal en figura de animales, aves y pescados, en que se miraba como segunda riqueza el artificio: cantidad de aquellas piedras que llamaban chalcuis, parecidas en el color a las esmeraldas, y en la vana estimación a nuestros diamantes; y algunas pinturas de pluma, cuyos colores naturales, o imitaban mejor, o tenían menos que fingir en la imitación de la naturaleza: dádiva de ánimo real que se hallaba oprimido y trataba de poner en precio su libertad.

Siguiéronse a esta demostración los presentes de los nobles que venían con título de contribución, y se redujeron a piezas de oro y otras preseas de la misma calidad, en que se compitieron unos a otros con deseo, al parecer, de sobresalir en la obediencia de su rey, y mezclando esta subordinación con algo de propia vanidad. Todo venía dirigido a Motezuma, y pasaba con recado suyo al cuarto de Cortés. Nombráronse contador y tesorero para que se llevase la razón de lo que se iba recibiendo; y se juntó en breves días tanta cantidad de oro, que reservando las joyas y piezas de primor, y habiéndose fundido lo demás, se hallaron seiscientos mil pesos reducidos a barra de buena ley, de cuya suma se apartó el quinto para el rey, y del residuo segundo quinto para Hernán Cortés, con beneplácito de su gente y cargo de acudir a las necesidades públicas del ejército. Separó también la cantidad en que estaba empeñado para satisfacer la deuda de Diego Velázquez, y lo que le prestaron sus amigos en la isla de Cuba; y lo demás se repartió entre los capitanes y soldados, comprendiendo a los que se hallaban en la Veracruz.

Diéronse iguales porciones a los que tenían ocupación; pero entre los de plaza sencilla hubo alguna diferencia, porque fueron mejor remunerados los de mayores servicios; o menos inquietos en los rumores antecedentes: peligrosa equidad en que hace agraviados el premio y quejosos la comparación. Hubo murmuraciones y palabras atrevidas contra Hernán Cortés y contra los capitanes; porque al ver tanta riqueza junta, querían igual recompensa los que merecían menos, y no era posible llenar su codicia, ni conviniera en razón la desigualdad.

Bernal Díaz del Castillo discurre con indecencia en este punto, y gasta demasiado papel en ponderar y encarecer lo que padecieron los pobres soldados en este repartimiento, hasta referir como donaire y discreción lo que dijo éste o aquél en los corrillos.

Habla más como pobre soldado que como historiador; y Antonio de Herrera le sigue con descuidada seguridad, siendo en la historia igual prevaricación decir de paso lo que se debe ponderar y detenerse mucho en lo que se pudiera omitir. Pero uno y otro asientan que se quietó este desabrimiento de los soldados, repartiendo Cortés del oro que le había tocado todo lo que fue necesario para satisfacer a los quejosos, y alaban después su liberalidad y desinterés, deshaciendo en vez de borrar lo que sobra en su narración.

Motezuma, luego que por su parte y la de sus nobles se dio cumplimiento al servicio que se ofreció en la junta, hizo llamar a Cortés, y con alguna severidad fuera de su costumbre, le dijo: «que ya era razón que tratase de su jornada, pues se hallaba enteramente despachado; y que habiendo cesado todos los motivos o pretextos de su detención, y conseguido en obsequio a su rey tan favorable respuesta de su embajada, ni sus vasallos dejarían de presumir intentos mayores si le viesen perseverar en su corte voluntariamente, ni él podría estar de su parte cuando no estaba de su parte la razón». Esta breve insinuación de su ánimo, dicha en términos de amenaza y con señas de resolución premeditada, hizo tanta novedad a Cortés que tardó en socorrerse de su discreción para la respuesta; y conociendo entonces el artificio de aquellas liberalidades y favores de la junta pasada, tuvo primeros movimientos de replicarle con alguna entereza, valiéndose del genio superior con que le dominaba; y fuese con este fin, o porque llegó a recelar viéndole tan sobre sí que traería guardadas las espaldas, ordenó recatadamente a uno de sus capitanes que hiciese tomar las armas a los soldados, y los tuviese prontos para lo que se ofreciese. Pero entrando en mejor consejo se determinó a condescender por entonces con su voluntad; y para dar motivo a la detención de la respuesta, disculpó cortesanamente lo que se había embarazado, viéndole menos agradable cuando eran tan puesto en razón lo que ordenaba. Díjole: «que trataría luego de abreviar su viaje: que ya traía entre las manos las prevenciones de que necesitaba; y que deseando ejecutarle sin dilación, había discurrido en pedirle licencia para que se fabricasen algunos bajeles capaces de tan larga navegación, por haberse perdido, como sabía, los que le condujeron a sus costas». Conque dejó introducida y pendiente su obediencia, satisfaciendo al empeño en que se hallaba, y dando tiempo a la resolución.

Dicen que tuvo Motezuma prevenidos cincuenta mil hombres para este lance; y que vino con determinación de hacerse obedecer, valiéndose de la fuerza si fuese necesario; y es cierto que temió la réplica de Cortés, y que deseaba excusar el rompimiento, porque le abrazó con particular afecto, estimando su respuesta como quien no la esperaba. Obligóse de que le quitase la ocasión de irritarse contra él. Amábale con un género de voluntad que tenía parte de inclinación y parte de respeto; y bien hallado con su mismo desenojo le dijo: «que no era su intento apresurase su jornada sin darle medios para que la ejecutase: que se dispondría luego la fábrica de los bajeles, y entretanto no tenía que hacer novedad ni apartarse de su lado, pues bastaría para la satisfacción de sus dioses y quietud de sus vasallos, aquella prontitud con que se trataba de obedecer a los unos y complacer a los otros». Fatigábale aquellos días el demonio con horribles amenazas, dando voz o semejanza de voz a los ídolos para irritarle contra los españoles. Congojábanle también los nuevos rumores que se iban encendiendo entre los suyos por haberse recibido mal que se hiciese tributario de otro príncipe, mirando aquella desautoridad suya como nuevo gravamen que bajaría con el tiempo a los hombros de sus vasallos. De suerte que se hallaba combatido por una parte de la política, y por otra de la religión; y fue mucho que se determinase a dar esta permisión a Cortés, por ser observantísimo con sus dioses, y no menos supersticioso con el ídolo de su conversación.

Diéronse luego las órdenes para la fábrica de los bajeles. Publicóse la jornada, y Motezuma hizo pregonar que acudiesen a la costa de Ulúa todos los carpinteros del contorno, señalando los parajes donde se podría cortar la madera, y los lugares que habían de contribuir con indios de carga para que la condujesen al astillero. Hernán Cortés por su parte afectó las exterioridades de obediente. Despachó luego a los maestros y oficiales que fabricaron los bergantines, conocidos ya entre los mexicanos. Discurrió públicamente con ellos del porte y calidad de los bajeles, ordenándoles que se aprovechasen del hierro, jarcias y velamen de los que se barrenaron; y todo era tratar del viaje como si le tuviera resuelto; con que adormeció las inquietudes que se iban forjando, y aseguró en la confianza de Motezuma.

Pero al tiempo de partir esta gente a la Veracruz habló reservadamente a Martín López, vizcaíno de nación, que iba por cabo principal; y siendo maestro consumado en este género de fábricas, sabía cumplir mejor con la profesión de soldado. Encargóle «que se fuese poco a poco en la formación de los bajeles, y procurase alargar la obra cuanto pudiese con tal artificio que se consiguiese la tardanza sin que pareciese dilación». Era su fin conservarse con este color en aquella corte, y hacer lugar para que pudiesen volver de España sus comisarios Alonso Hernández Portocarrero y Francisco de Montejo, con esperanza de que le trajesen algún socorro de gente, o por lo menos el despacho y órdenes de que necesitaba para la dirección de su empresa, porque siempre tuvo firme resolución de proseguirla. Y caso que le arrojase de México la última necesidad, pensaba esperarlos en la Veracruz, y mantenerse al abrigo de aquella fortificación, valiéndose de las naciones amigas para resistir a los mexicanos: admirable constancia, que no solo duraba entre las dificultades presentes, pero se prevenía para no descaecer en las contingencias.

Sobrevino dentro de pocos días otro accidente que descompuso estas disposiciones, llamando la prudencia y el valor a nuevo cuidado. Tuvo noticia Motezuma de que andaban en la costa de Ulúa dieciocho navíos extranjeros, y los ministros de aquel paraje se los enviaron pintados en aquellos lienzos que hacían el oficio de cartas, con las señas de la gente que se había dejado ver en ellos, y algunos caracteres en que venía significado lo que se podría recelar de sus intentos, siendo españoles al parecer, y llegando en ocasión que se trataba de aviar a los que residían en su corte. Diésele o no cuidado esta representación de sus gobernadores, lo que resultó de ella fue llamar luego a Cortés, ponerle delante la pintura, y decirle: «que ya no sería necesaria la prevención que se hacía para su jornada, pues habían llegado a la costa bajeles de su nación en que podría ejecutarla». Miró Cortés la pintura con más atención que sobresalto; y aunque no entendió los caracteres que la especificaban, conoció en el traje de la gente, porte y hechura de los navíos, lo bastante para no dudar que fuesen españoles. Su primer movimiento fue alegrarse, teniendo por cierto que habrían llegado sus procuradores, y fingiéndose grandes socorros en tanto número de bajeles. Vase con facilidad la imaginación a lo que se desea, y no se persuadió entonces a que pudiese venir contra él armada tan poderosa; porque discurría noblemente según la llaneza de su proceder; y las sinrazones ocurren tarde a los bien intencionados. Su respuesta fue: «que se partiría luego si aquellos navíos estuviesen de vuelta para los dominios de su rey». Y no extrañando que hubiese llegado primero a su noticia esta novedad, porque sabía la incesable diligencia de sus correos, añadió: «que no podía tardar el aviso de los españoles que asistían en Zempoala, por cuyo medio se sabrían con fundamento la derrota y designios de aquella gente, y se vería si era necesario proseguir en la fábrica de los bajeles, o posible adelantar sin ellos su viaje». Aprobó Motezuma este reparo, agradeciendo la prontitud y conociendo la razón. Pero tardaron poco en llegar las cartas de la Veracruz, en que avisaba Gonzalo de Sandoval: «que aquellos bajeles eran de Diego Velázquez, y venían en ellos ochocientos españoles contra Hernán Cortés y su conquista»; cuyo golpe no esperado recibió en presencia de Motezuma, y necesitó de todo su aliento para encubrir su turbación. Hallóse con el peligro donde aguardaba el socorro. La ocasión era terrible: angustias por todas partes: desconfianzas en México y enemigos en la costa. Pero haciendo lo que pudo para componer el semblante con la respiración, negó su cuidado a Motezuma, endulzó la noticia entre los suyos, y se retiró después a desapasionar el discurso para que se diese con libertad a las diligencias del remedio.

**Capítulo V.** Refiérense las nuevas prevenciones que hizo Diego Velázquez para destruir a Hernán Cortés: el ejército y armada que envió contra él a cargo de Pánfilo de Narváez; su arribo a las costas de Nueva España; y su primer intento de reducir a los españoles de la Veracruz

Dejamos a Diego Velázquez envuelto en sus desconfianzas, impaciente de que se hubiesen malogrado los esfuerzos que hizo para detener a Hernán Cortés, y desacreditando con nombre de traición la fuga que ocasionaron sus violencias para disponer su venganza con título de remedio. Recibió las cartas del licenciado Benito Martín, su capellán, con nombramiento de adelantado por el rey, no solo de aquella isla, sino de las tierras que se descubriesen y conquistasen por su inteligencia. Dábale noticia de la gratitud, o fuese agradecimiento, con que le defendía y patrocinaba el presidente de las Indias, obispo de Burgos, desfavoreciendo por este respeto a los procuradores de Cortés. Pero al mismo tiempo le avisaba de la benignidad con que los oyó el emperador en Tordesillas; del ruido que habían hecho en España las riquezas que llevaron, y del concepto grande con que se habla ya en aquella conquista, dándole el primer lugar entre las antecedentes.

Entró con el nuevo dictado en mayores pensamientos. Diéronle osadía y presunción los favores del presidente, y como crecen con el poder las pasiones humanas, o es propiedad en ellas el mandar más en los más poderosos, miró su ofensa con otro género de irritación más empeñada o con otra especie de superioridad que le desfiguraba la envidia con el traje de justificación. Afligían y precipitaban su paciencia los aplausos de Cortés, y aunque las obligaciones de su sangre dejaban siempre su lugar al servicio del rey, no podía sufrir que se llevase otro las gracias que a su parecer se le debían: tan vanaglorioso en el aprecio de la parte que tuvo en la primera disposición de aquella jornada, que se atribuía, sin otro fundamento, el renombre de conquistador; y tan dueño en su estimación de toda la empresa, que le parecían suyas hasta las hazañas con que se había conseguido.

Con estos motivos y con esta destemplanza de aprensiones trató luego de formar armada y ejército con que destruir a Hernán Cortés y a cuantos le seguían: compró bajeles, alistó soldados, y discurrió personalmente por toda la isla, visitando las estancias de los españoles, y animándolos a la facción. Poníales delante de obligación que tenían de asistir a su desagravio: partía con ellos anticipadamente las grandes riquezas de aquella conquista, usurpadas entonces (así lo decía) por unos rebeldes mal aconsejados que salieron de Cuba fugitivos para no dejar en duda su falta de valor; con cuyas esperanzas y algunos socorros, en que gastó mucha parte de su caudal, juntó en breves días un ejército, que allí se pudo llamar formidable por el número y calidad de la gente. Constaba de ochocientos infantes españoles, ochenta caballos y diez o doce piezas de artillería, con abundante provisión de bastimentos, armas y municiones. Nombró por cabo principal a Pánfilo de Narváez, natural de Valladolid, sujeto capaz, y en aquella isla de la primera estimación, aunque amigo de sus opiniones, y de alguna dureza en los dictámenes. Diole título de teniente suyo, nombrándose gobernador, cuando menos, de la Nueva España.

Diole también instrucción secreta en que le ordenaba: «que procurase prender a Cortés, y se le remitiese con buena guardia para que recibiese de su mano el castigo que merecía: que hiciese lo mismo con la gente principal que le seguía si no se redujesen a dejar su partido, y que tomase posesión en su nombre de todo lo conquistado, adjudicándolo al distrito de su adelantamiento»; sin detenerse mucho a discurrir en los accidentes que se le podían ofrecer, porque a vista de tan ventajosas fuerzas, le parecía fácil de conseguir cuanto le proponía su deseo y la confianza; vicio familiar de ingenios apasionados; o mira desde lejos los peligros, o no conoce, hasta que padece las dificultades.

Tuvieron aviso de este movimiento y prevenciones los religiosos de San Jerónimo que presidían a la real audiencia de Santo Domingo, con suprema jurisdicción sobre las otras islas; y previniendo los inconvenientes que podían resultar de tan ruidosa competencia, enviaron al licenciado Lucas Vázquez de Ayllón, juez de la misma real audiencia, para que procurase poner en razón a Diego Velázquez: y no bastando los medios suaves le intimase las órdenes que llevaba, mandándole con graves penas que desarmase la gente, deshiciese la armada, y no perturbase o pusiese impedimento a la conquista en que estaba entendido Hernán Cortés, so color de pertenecerle por cualquier razón o pretexto que fuese; y que dado que tuviese alguna querella contra su persona, o algún derecho sobre la tierra que andaba pacificando, acudiese a los tribunales del rey, donde tendría segura, por los términos regulares, su justicia.

Llegó este ministro a la isla de Cuba cuando ya estaba prevenida la armada, que se componía de once navíos de alto bordo, y siete poco más que bergantines, unos y otros de buena calidad; y Diego Velázquez andaba muy solícito en adelantar la embarcación de la gente. Procuró reducirle sirviéndose amigablemente de cuantas razones le ocurrieron para detenerle y confiarle. Diole a conocer «lo que aventuraba si se pusiese Cortés en resistencia, interesados ya en defender sus mismas utilidades los soldados que le seguían: el daño que podría resultar de que viesen aquellos indios belicosos y recién conquistados una guerra civil entre los españoles; que si por esta desunión se perdiese una conquista, de que ya se hacía tanta estimación en España, peligraría su crédito en un cargo de mala calidad, sin que le pudiesen defender los que más le favorecían». Púsose de parte de su justicia para persuadirle «a que la pidiese, donde se miraría con diferente atención, si no la desacreditase con aquella violencia». Y últimamente, viéndole incapaz de consejo porque le parecía impracticable todo lo que no fuese destruir a Hernán Cortés, pasó a lo judicial, manifestó las órdenes, y se las hizo notificar por un escribano que llevaba prevenido, acompañándolas con diferentes requerimientos y protestas; pero nada bastó a detener su resolución, porque sonaba tanto en su concepto el título de adelantado, que dio muestras de no reconocer superior en su distrito, y se quedó en su obstinación hecha ya porfía la inobediencia. Disimuló el oidor algunos desacatos, sin atreverse a contradecirle derechamente por no hacer mayor su precipicio; y viendo que trataba de abreviar la embarcación de la gente, fingió deseo de ver aquella tierra tan encarecida, y se ofreció a seguir el viaje con apariencias de curiosidad, a que salió fácilmente Diego Velázquez porque llegase más tarde a la isla de Santo Domingo la noticia de su atrevimiento, y él consiguió el embarcarse con gusto y estimación de todos: resolución que, bien fuese de su dictamen o procediese de su instrucción, pareció bien discurrida y conveniente para estorbar el rompimiento de aquellos españoles. Persuadióse con bastante probabilidad a que sería más fácil de conseguir lejos de

Diego Velázquez la obediencia de las órdenes, o tendría diferente autoridad su mediación con Pánfilo de Narváez, y aunque fue su asistencia de nuevo inconveniente, como lo veremos después, no por eso dejaron de merecer alabanza su celo y su discurso: que los sucesos por el mismo caso que se apartan muchas veces de los medios proporcionados, no pueden quitar el nombre al acierto de las resoluciones. Embarcóse también Andrés de Duero, aquel secretario de Velázquez que favoreció tanto a Cortés en los principios de su fortuna. Dicen unos que se ofreció a esta jornada por disfrutar sus riquezas acordando el beneficio; y otros que fue su intención mediar con Narváez y embarazar en cuanto pudiese la ruina de su amigo; a cuyo sentir nos aplicaremos antes que al primero, por no estar bien con los historiadores que se precian de tener mal inclinadas las conjeturas.

Hiciéronse a la vela, y favoreciéndolos el viento se hallaron en breves días a vista de la tierra que buscaban. Surgió la armada en el puerto de Ulúa, y Pánfilo de Narváez echó algunos soldados en tierra para que tomasen lengua y reconociesen las poblaciones vecinas. Hallaron éstos a poca diligencia dos o tres españoles que andaban desmandados por aquel paraje. Lleváronlos a la presencia de su capitán; y ellos, o temerosos de alguna violencia, o inclinados a la novedad, le informaron de todo lo que pasaba en México y en la Veracruz, buscando su lisonja en el descrédito de Cortés: sobre cuya noticia fue lo primero que resolvió tratar con Gonzalo de Sandoval que le rindiese aquella fortaleza de su cargo, manteniéndola por él, o la desmantelase, pasándose a su ejército con la gente de la guarnición. Encargó esta negociación a un clérigo que llevaba consigo, llamado Juan Ruiz de Guevara, hombre de condición menos reprimida que pedía el sacerdocio. Fueron con él tres soldados que sirviesen de testigos, y un escribano real, por si fuese necesario llegar a términos de notificación. Tenía Gonzalo de Sandoval sus centinelas a trechos para que observasen los movimientos de la armada, y se fuesen unas a otras, por cuyo medio supo que venían mucho antes que llegasen; y con certidumbre de que no los seguía mayor número de gente, mandó abrir las puertas de la villa, y se retiró a esperarlos en su posada. Llegaron ellos, no sin alguna presunción de que serían bien admitidos; y el clérigo, después de las primeras urbanidades, y haber puesto en manos de Sandoval su carta de creencia, le dio noticia de las fuerzas con que venía

Pánfilo de Narváez a tomar satisfacción por Diego Velázquez de la ofensa que le hizo Hernán Cortés en apartarse de su obediencia, siendo suya enteramente la conquista de aquella tierra, por haberse intentado de su orden y a su costa. Hizo su proposición como punto sin dificultad en que sobraban los motivos; y esperó gracias de venirle a buscar con un partido ventajoso, donde se habían juntado la fuerza y la razón. Respondióle Gonzalo de Sandoval con alguna destemplanza, mal escondida en el sosiego exterior: «que Pánfilo de Narváez era su amigo, y tan atento vasallo de su rey, que solo desearía lo que fuese más conveniente a su servicio: que la ocurrencia de las cosas y el mismo estado en que se hallaba la conquista pedían que se uniesen sus fuerzas con las de Cortés, y le ayudasen a perfeccionar lo que tenía tan adelantado, tratándose primero de la primera obligación, pues no se hizo el tribunal de las armas para querellas de particulares; pero que dado caso que anteponiendo el interés o la venganza de su amigo se arrojase a intentar alguna violencia contra Hernán Cortés, tuviese desde luego entendido que así él como todos los soldados de aquella plaza querrían antes morir a su lado, que concurrir a semejante desalumbramiento».

Sintió el clérigo, como golpe, improviso, esta repulsa; y más acostumbrado a dejarse llevar que a reprimir su natural, prorrumpió en injurias y amenazas contra Hernán Cortés, llamándole traidor, y alargándose a decir que lo serían Gonzalo de Sandoval y cuantos le siguiesen. Procuraron unos y otros moderarle y contenerle acordándole su dignidad, para que supiese a lo menos la razón por qué le sufrían; pero él, levantando la voz sin mudar el estilo, mandó al escribano: «que hiciese notorias las órdenes que llevaba para que supiesen todos que habían de obedecer a Narváez, pena de la vida»; y no pudo lograr esta diligencia porque la embarazó Gonzalo de Sandoval, diciendo al escribano que le haría poner en una horca si se atreviese a notificarle órdenes que no fuesen del rey. Crecieron tanto las voces y los desacatos, que los mandó llevar presos no sin alguna impaciencia. Pero considerando poco después el daño que podrían hacer si volviesen irritados a la presencia de Narváez, resolvió enviarlos a México para que se asegurase de ellos Hernán Cortés, o procurase reducirlos; y lo ejecutó sin dilación, haciendo prevenir indios de carga que los llevasen aprisionados sobre sus hombros en aquel género de andas que les servían de literas. Fue con ellos por cabo de la guardia un español de su confianza que se llamaba Pedro de Solís: encargóle que no se les hiciese molestia ni mal tratamiento en el camino; despachó correo adelantando a Cortés era noticia, y trató de prevenir su gente y convocar los indios amigos para la defensa de su plaza, disponiendo cuanto le tocaba, como advertido y cuidadoso capitán.

No se puede negar que obró con algún arrojamiento más que militar en la prisión de aquel sacerdote, dando a su irritación sobrada licencia, si ya no la resolvió políticamente, considerando que no estaría bien cerca de Narváez un hombre de aquella violencia y precipitación, para que se consiguiese la paz que tanto convenía. Puédese creer que se dieron la mano en su resolución el propio sentimiento y la conveniencia principal; y si obró con esta mira, como lo persuade la misma reportación con que le había sufrido y respetado, no se debe culpar todo el hecho por este o aquel motivo menos moderado: que algunas veces acierta el enojo lo que no acertara la modestia, y sirve la ira de dar calor a la prudencia.

**Capítulo VI. Discurso y prevenciones de Hernán Cortés en orden a excusar el rompimiento: introduce tratados de paz; no los admite Narváez; antes publica la guerra, y prende al licenciado Lucas Vázquez de Ayllón**

De todas estas particularidades iba teniendo Hernán Cortés frecuentes avisos que hicieron evidencia su recelo; y poco después supo que había tomado tierra Pánfilo de Narváez, y marchaba con su ejército en orden la vuelta de Zempoala. Padeció mucho aquellos días con su mismo discurso, vario en los medios y perspicaz en los inconvenientes. No hallaba partido en que no quedase mal satisfecho su cuidado. Buscar a Narváez en la campaña con fuerzas tan desiguales era temeridad, particularmente cuando se hallaba obligado a dejar en México parte de su gente para cubrir el cuartel, defender el tesoro adquirido, y conservar aquel género de guardia en que se dejaba estar Motezuma. Esperar a su enemigo en la ciudad era revolver los humores sediciosos de que adolecían ya los mexicanos, darles ocasión para que se armasen con pretexto de la propia defensa, y tener otro peligro a las espaldas: introducir pláticas de paz con Narváez y solicitar la unión de aquellas fuerzas, siendo lo más conveniente, le pareció lo más dificultoso, por conocer la dureza de su condición y no hallar camino de reducirle, aunque se rindiese a rogarle con su amistad; a que no se determinaba por ser el ruego poco feliz con los porfiados, y en proposiciones de paz desairado medianero. Poníasele delante la perdición total de su conquista, el malogro de aquellos grandes principios, la causa de la religión desatendida, el servicio del rey atropellado; y era su mayor congoja el hallarse obligado a fingir seguridad y desahogo, trayendo en el rostro la quietud, y dejando en el pecho la tempestad.

A Motezuma decía que aquellos españoles eran vasallos de su rey que traerían segunda embajada en prosecución de la primera: que venían con ejército por costumbre de su nación, que procuraría disponer que se volviesen, y se volvería con ellos, pues se hallaba ya despachado, sin que hubiese dejado su grandeza que desear a los que venían de nuevo con la misma proposición. A sus soldados animaba con varios presupuestos, cuya falencia conocía. Decíales que Narváez era su amigo, y hombre de tantas obligaciones y de tan buena capacidad, que no dejaría de inclinarse a la razón, anteponiendo el servicio de Dios y del rey a los intereses de un particular; que Diego Velázquez había despoblado la isla de Cuba para disponer su venganza, y a su parecer les enviaba un socorro de gente con que proseguir su conquista: porque no desconfiaba de que se hiciesen compañeros los que venían como enemigos. Con sus capitanes andaba menos recatado; comunicábales parte de sus recelos, discurría como de prevención en los accidentes que se podían ofrecer; ponderaba la poca milicia de Narváez, la mala calidad de su gente, la injusticia de su causa, y otros motivos de consuelo en que trabajaba también su disimulación, dándoles en la verdad más esperanzas que tenía.

Pidióles finalmente su parecer, como lo acostumbraba en casos de semejante consecuencia, y disponiendo que le aconsejasen lo que tenía por mejor, resolvió tentar primero el camino de la paz, y hacer tales partidos a Narváez, que no se pudiese negar a ellos sin cargar sobre sí los inconvenientes del rompimiento. Pero al mismo tiempo hizo algunas prevenciones para cumplir con su actividad. Avisó a sus amigos los de Tlascala que le tuviesen prontos hasta seis mil hombres de guerra para una facción en que sería posible haberlos menester. Ordenó al cabo de tres o cuatro soldados españoles que andaban en la provincia de Chinantla descubriendo las minas de aquel paraje, que procurase disponer con los caciques una leva de otros dos mil hombres, y que los tuviese prevenidos para marchar con ellos al primer aviso. Eran los chinantecas enemigos de los mexicanos, y se habían declarado con grande afecto por los españoles, y enviado secretamente a dar la obediencia; gente valerosa y guerrera, que le pareció también a propósito para reforzar su ejército; y acordándose de haber oído alabar las picas o lanzas de que usaban en sus guerras, por ser de vara consistente y de mayor alcance que las nuestras, dispuso que le trajesen luego trescientas para repartirlas entre sus soldados, y las hizo armar con puntas de cobre templado que suplía bastantemente la falta del hierro: prevención que adelantó a las demás porque le daba cuidado la caballería de Narváez, y porque hubiese tiempo de imponer en el manejo de ellas a los españoles.

Llegó entretanto Pedro de Solís con los presos que remitía Gonzalo de Sandoval: avisó a Cortés, y esperó su orden antes de entrar en la laguna. Pero él que ya los aguardaba por la noticia que vino delante, salió a recibirlos con más que ordinario acompañamiento. Mandó que les quitasen las prisiones: abrazólos con grande humanidad, y al licenciado Guevara primera y segunda vez con mayor agasajo. Díjole: «que castigaría a Gonzalo de Sandoval la desatención de no respetar como debía su persona y dignidad». Llevóle a su cuarto, diole su mesa, y le significó algunas veces con bien adornada exterioridad «cuánto celebraba la dicha de tener a Pánfilo de Narváez en aquella tierra, por lo que se prometía de su amistad y antiguas obligaciones». Cuidó de que anduviesen delante de él alegres y animosos los españoles. Púsole donde viese los favores que le hacía Motezuma, y la veneración con que le trataban los príncipes mexicanos. Diole algunas joyas de valor con que iba quebrantando los ímpetus de su natural. Hizo lo mismo con sus compañeros, y sin darles a entender que necesitaba de sus oficios para suavizar a Narváez, los despachó dentro de cuatro días inclinados a su razón y cautivos de su liberalidad.

Hecha esta primorosa diligencia, y dejando al tiempo lo que podría fructificar, resolvió enviar persona de satisfacción que propusiese a Narváez los medios que parecían practicables y eran convenientes. Eligió para esta negociación al padre fray Bartolomé de Olmedo, en quien concurrían con ventajas conocidas la elocuencia y la autoridad. Abrevió cuanto fue posible su despacho, y le dio cartas para Narváez, para el licenciado Lucas Vázquez de Ayllón, y para el secretario Andrés de Duero con diferentes joyas que repartiese, conforme al dictamen de su prudencia. Era la importancia de la paz el argumento de las cartas, y en la de Narváez le daba la bien venida con palabras de toda estimación; y después de acordarle su amistad y confianza, «le informaba el estado en que tenía su conquista, descubriéndole por mayor las provincias que había sujetado, la sagacidad y valentía de sus naturales, y el poder y grandeza de Motezuma». No tanto para encarecer su hazaña, como para traerle al conocimiento de lo que importaba que se uniesen ambos ejércitos a perfeccionar la empresa. Dábale a entender «cuánto se debía recelar que los mexicanos, gente advertida y belicosa, llegasen a conocer discordia entre los españoles, porque sabrían aprovecharse de la ocasión y destruir ambos partidos para sacudir el yugo forastero». Y últimamente le decía: «que para excusar lances y disputas convendría que sin más dilación le hiciesen notorias las órdenes que llevaba; porque si eran del rey estaba pronto a obedecerlas, dejando en sus manos el bastón y el ejército de su cargo; pero si eran de Diego Velázquez debían ambos considerar con igual atención lo que aventuraban; porque a vista de una dependencia, en que se interponía la causa del rey, hacían poco bulto las pretensiones de un vasallo, que se podrían ajustar a menos costa, siendo su ánimo satisfacerle todo el gasto de su primer avío, y partir con él no solamente las riquezas, sino la misma gloria de la conquista. En este sentir concluyó su carta; y pareciéndole que se había detenido mucho en el deseo de la paz, añadió en el fin algunas cláusulas briosas, dándole a entender que no se valía de la razón porque le faltasen las manos; y que de la misma suerte que sabía ponderarla, sabría defenderla».

Tenía Pánfilo de Narváez asentado su cuartel y alojado su ejército en Zempoala; y el cacique Gordo anduvo muy solícito en el agasajo de aquellos españoles, creyendo que venían de socorro a su amigo Hernán Cortés; pero tardó poco en desengañarse, porque no hallaba en ellos el estilo a que le tenían enseñado los primeros; y aunque no traían lengua para darse a entender, hablaban las demostraciones y los diferenciaba el proceder. Reconoció en Narváez un género de imperiosa desazón que le puso en cuidado, y no le quedó que dudar cuando vio que le quitaba contra su voluntad todas las alhajas y joyas que había dejado en su casa Hernán Cortés. Los soldados, a quien servía de licencia el ejemplo de su capitán, trataban a sus huéspedes como enemigos, y ejecutaba la extorsión lo que mandaba la codicia.

Llegó el licenciado Guevara y refirió los sucesos de su jornada, las grandezas de México, cuán bien recibido estaba Hernán Cortés en aquella corte, lo que le amaba Motezuma y respetaban sus vasallos: encareció la humanidad y cortesía con que le había recibido y hospedado; empezó a discurrir en lo que deseaba, que no se llegase a conocer discordia entre los españoles, inclinándose al ajustamento; y no pudo proseguir porque le atajó Narváez, diciéndole que se volviese a México si le hacían tanta fuerza los artificios de Cortés, y le arrojó de su presencia con desabrimiento. Pero el clérigo y sus compañeros buscaron nuevo auditorio, pasando con aquellas noticias y con aquellas dádivas a los corrillos de los soldados, y se logró en lo que más importaba la diligencia de Cortés: porque algunos se inclinaron a su razón; otros a su liberalidad, quedando todos aficionados a la paz, y llegando los más a tener por sospechosa la dureza de Narváez.

Poco después vino el padre fray Bartolomé de Olmedo, y halló en Pánfilo de Narváez más entereza que agasajo. Puso en sus manos la carta, leyóla por cumplimiento, y con señas de hombre que se reprimía, se dispuso a escucharle, dando a entender que sufría la embajada por el embajador. Fue la oración del religioso elocuente y sustancial. Acordó en el exordio «las obligaciones de su profesión para introducirse a medianero desinteresado en aquellas diferencias». Procuró «sincerar el ánimo de Cortés, como testigo de vista obligado a la verdad». Asentó «que por su parte sería fácil de conseguir cuanto se le propusiese razonable y conveniente»: ponderó «lo que se aventuraba en la desunión de los españoles: cuánto adelantaría Diego Velázquez su derecho si cooperase con aquellas armas a la perfección de la conquista»; y añadió: «que teniéndolas él a su disposición debía medir el uso de ellas con el estado presente de las cosas; punto que vendría presupuesto en su instrucción: pues se dejaba siempre a la prudencia de los capitanes el arbitrio de los medios con que se había de asegurar el pretendido; y ellos estaban obligados a obrar según el tiempo y sus accidentes, para no destruir con la ejecución el intento de las órdenes».

La respuesta de Narváez fue precipitada y descompuesta: «que no era decente a Diego Velázquez el pactar con un súbdito rebelde, cuyo castigo era el primer negocio de aquel ejército; que mandaría luego declarar por traidores a cuantos le siguiesen; y que traía bastantes fuerzas para quitarle de las manos la conquista, sin necesitar de advertencias presumidas o consejos de culpados que se valían para persuadirle de la razón con que se hallaban para temerle». Replicóle fray Bartolomé sin dejar su moderación: «que mirase bien lo que determinaba, porque antes de llegar a México había provincias enteras de indios guerreros amigos de Cortés que tomarían las armas en su defensa; y que no eran tan fácil como pensaba el atropellarle; porque sus españoles estaban arrestados a perderse con él, y que tenía de su parte a Motezuma, príncipe de tantas fuerzas que podría juntar un ejército para cada uno de sus soldados; y últimamente, que una materia de aquella calidad no era para resuelta de la primera vez; que la discurriese con segunda reflexión, y él volvería por la respuesta». Con lo cual se despidió, dejando en sus oídos este género de animosidad, porque le pareció necesaria para mitigar aquella confianza de sus fuerzas en que consistía la mayor vehemencia de su obstinación.

Pasó luego a ejecutar las otras diligencias de su instrucción. Visitó al licenciado Lucas Vázquez de Ayllón y al secretario Andrés de Duero que alabaron su celo, aprobando lo que propuso a Narváez, y ofreciendo asistir a su despacho con todos los medios posibles, para que consiguiese la paz que tanto convenía. Dejáse ver de los capitanes y soldados que conocía; publicó su comisión; procuró acreditar la intención de Cortés; hizo desear el ajustamiento; repartió con buena elección sus joyas y sus ofertas; y pudo esperar que se formase partido a favor de Cortés, o por lo menos a favor de la paz, si Pánfilo de Narváez, que tuvo noticia de estas pláticas, no le hubiera estrechado a que no las prosiguiese. Mandóle venir a su presencia y a grandes voces le atropelló con injurias y amenazas. Llamóle amotinador y sedicioso; calificó por especie de traición el andar sembrando entre su gente las alabanzas de Cortés; y estuvo resuelto a prenderle, como se hubiera ejecutado si no se interpusiera el secretario Andrés de Duero; a cuya instancia corrigió su dictamen ordenando que saliese luego de Zempoala.

Pero el licenciado Lucas Vázquez de Ayllón, que llegó advertidamente a la sazón, fue de sentir que se debía convocar antes una junta en que se hallasen todos los cabos del ejército para que se discurriese con mayor acuerdo la respuesta que se había de dar a Hernán Cortés, puesto que se mostraba inclinado a la paz, y no parecía dificultoso que se llegase a poner en términos proporcionados y decentes; a cuya proporción se inclinaban algunos de los capitanes que se hallaron presentes; pero Narváez la oyó con un género de impaciencia que tocaba en desprecio: y para responder de una vez al oidor y al religioso, mandó publicar a sus oídos con voz de pregonero la guerra contra Hernán Cortés a sangre y fuego, declarándole por traidor al rey, señalando talla para quien le prendiese o matase y dando las órdenes para que se previniese la marcha del ejército.

No pudo ni debió aquel ministro sufrir o tolerar semejante desacato, ni dejar de ocurrir al remedio con su autoridad. Mandó que cesasen los pregones: hízole notificar «que no se moviese de Zempoala pena de la vida, ni usase de aquellas armas sin acuerdo y parecer de todo el ejército»: ordenó a los capitanes y soldados que no le obedeciesen, y duró en sus protestas y requerimientos con tanta resolución, que Narváez, ciego ya de cólera y perdido el respeto a su persona y representación, le hizo prender ignominiosamente, y dispuso que le llevasen luego a la isla de Cuba en uno de sus bajeles: de cuya ejecución volvió escandalizado el padre fray Bartolomé de Olmedo sin otra respuesta; y lo quedaron tanto sus mismos capitanes y soldados, que los de mayor discurso viendo prender a un ministro de aquella suposición, se hallaron obligados a mirar con alguna cautela por el servicio del rey; y los de menos punto con bastante materia para la murmuración y el desafecto a su capitán; mejorándose con este atrevimiento de Narváez la causa de Cortés en la inclinación de los soldados, y sirviéndole como diligencias suyas los mismos desaciertos de su enemigo.

**Capítulo VII. Persevera Motezuma en su buen ánimo para con los españoles de Cortés, y se tiene por improbable la mudanza que atribuyen algunos a diligencias de Narváez;**

## resuelve Cortés su jornada, y la ejecuta dejando en México parte de su gente

Asientan algunos de nuestros escritores, que Pánfilo de Narváez introdujo pláticas de grande intimidad y confidencia con Motezuma; que iban y venían correos de México y Zempúala, por cuyo medio le dio a entender que traía comisión de su rey para castigar los desafueros y exorbitancias de Cortés; que no solo él, sino todos los que seguían sus banderas andaban forajidos y fuera de obediencia; y que habiendo sabido la opresión en que se hallaba su persona, trataría luego de marchar con su ejército para dejarle restituido en su libertad, y en pacífica posesión de sus dominios; con otras imposturas de semejante malignidad. A cuyas esperanzas dicen no solo que asintió Motezuma, pero que llegó a entenderse con él, y le hizo grandes presentes, recatándose de Cortés, y deseando romper su prisión con ocultas diligencias. No sabemos cómo pudieron llegar a sus oídos estas sugestiones; porque Narváez no tuvo intérpretes con que darse a entender a los indios, ni pudo introducir por su medio con el lenguaje de las señas tan concertada negociación. De sus españoles solo vinieron a México el licenciado Guevara con los demás que remitió Sandoval, y éstos no hablaron reservadamente a Motezuma; ni cuando se diera en Cortés semejante descuido, pudieran hacer este razonamiento sin valerse de Aguilar y doña Marina: caso incompatible con lo que se refiere de su fidelidad. Débese creer que los indios zempoales conocieron de los semblantes y señas exteriores la enemistad y oposición de aquellos dos ejércitos, cuya noticia dieron a Motezuma sus confidentes o ministros; porque no es dudable que la tuvo antes que se la participase Cortés; pero de lo mismo que obró en esta ocasión se arguye que tenía el ánimo seguro, y sin alguna preocupación de siniestros informes.

No se niega que hizo algunos presentes de consideración a Narváez; pero tampoco se colige de ellos que hubiese correspondencia entre los dos; porque aquellos príncipes solían usar este género de agasajo con los extranjeros que arribaban a sus costas, como se hizo con el ejército de Cortés, a quien pudo encubrir sin artificio esta demostración, por ser materia sin novedad, o por hacer menos caso de sus dádivas. Pero es de reparar que hasta en ellas mismas, fuesen ocultas o ignoradas, hubo requisitos o circunstancias casuales que aprovecharon al crédito de Cortés; porque al recibirlas descubrió Narváez más complacencia o más aplicación que fuera conveniente. Mandábalas guardar con demasiada cuenta y razón, sin dar alguna seña de su liberalidad a los que más favorecían; y los soldados que no conocen su avaricia cuando culpan la de sus capitanes, empezaron a desanimarse con este desengaño de sus esperanzas; y poniendo el propio interés entre las causas de la guerra, o daban la razón a Cortés, o se la quitaban al menos generoso.

Volvió finalmente de su jornada fray Bartolomé de Olmedo, y Hernán Cortés halló en su relación lo mismo que recelaba de Narváez: sintió el desprecio de sus proposiciones, menos por sí que por su razón, conoció en la prisión del oidor cuán lejos estaba de atender al servicio del rey quien traía tan desenfrenada la osadía: oyó sin enojo, a lo menos exterior, las injurias y denuestos con que maltrataba sus ausencias, y ponderan justamente los autores, que llegando a su noticia por diversas partes el menosprecio con que hablaba de su persona, las indecencias de su estilo, y cuanto le repetía el oprobio de traidor, no se le oyó jamás una palabra descompuesta, ni dejar de llamar a Pánfilo de Narváez por su nombre: ¡rara constancia o predominio sobre sus pasiones, y digno siempre de envidia un corazón donde caben los agravios sin estorbar el sufrimiento!

Consolóle mucho con la noticia que le dio fray Bartolomé de Olmedo de la buena disposición que había reconocido en la gente de Narváez, por la mayor parte deseosa de la paz, o con poco afecto a sus dictámenes; y no desconfió de hacerle la guerra, o traerle al ajustamiento que deseaba, con la fuerza, o con la flojedad de sus mismos soldados. Comunicó uno y otro a sus capitanes, y considerados los inconvenientes que por todas partes ocurrían, se tuvo por el menor o el menos aventurado salir a la campaña con el mayor número de gente que fuese posible, procurar incorporarse con los indios que se habían prevenido en Tlascala y Chinantla, y marchar unidos la vuelta de Zempoala; con presupuesto de hacer alto en algún lugar amigo, para volver a introducir desde más cerca las pláticas de la paz; logrando la ven taja de capitular con las armas en la mano, y la conveniencia de asistir en paraje donde se pudiese recoger la gente de Narváez, que se determinase a dejar su partido. Publicóse luego entre los soldados esta resolución, y se recibió con notable aplauso y alegría. No ignoraban la desigualdad incomparable del ejército contrario; pero estuvieron a vista del peligro tan lejos del temor, que los de menos obligaciones hicieron pretensión de salir a la empresa, y fue necesario que trabajasen el ruego y la autoridad, cuando llegó el caso de nombrar a los que se dejaron en México, tanto se fiaban los unos en la prudencia, los otros en el valor, y los más en la fortuna de su capitán, que así llamaban aquella repetición extraordinaria de sucesos favorables con que solía conseguir cuanto intentaba: propiedad que puede mucho en el ánimo de los soldados; y pudiera más, si supieran retribuir a su autor estos efectos inopinados que se llaman felicidades, porque vienen de causa no entendida.

Pasó luego Hernán Cortés al cuarto de Motezuma, prevenido ya de varios pretextos, para darle cuenta de su viaje, sin descubrirle su cuidado; pero él le obligó a tomar nueva senda en su discurso, dando principio a la conversación. Recibióle diciendo: «que había reparado en que andaba cuidadoso; y sentía que le hubiese recatado la ocasión, cuando por diferentes partes le avisaban que venía de mal ánimo contra él y contra los suyos, aquel capitán de su nación que residía en Zempoala; y que no extrañaba tanto que fuesen enemigos por alguna querella particular, como que siendo vasallos de un rey, acaudillasen dos ejércitos de contraria facción, en los cuales era preciso que por lo menos el uno anduviese fuera de su obediencia». Esta noticia no esperada en Motezuma y esta reconvención que tenía fuerza de argumento, pudieran embarazar a Cortés; y no dejaron de turbarle interiormente: pero con aquella prontitud natural que le sacaba de semejantes aprietos, le respondió sin detenerse: «que los que habían observado la mala voluntad de aquella gente, y las amenazas imprudentes de su caudillo, le avisaban la verdad; y él venía con ánimo de comunicársela, no habiendo podido cumplir antes con esta obligación, porque acababa de llegar el padre fray Bartolomé de Olmedo con el primer aviso de semejante novedad. Que aquel capitán de su nación, aunque tan arrojado en las demostraciones de su enojo, no se debía mirar como inobediente, sino como engañado en el servicio de su rey; porque venía despachado con voces de substituto y lugarteniente de un gobernador poco advertido, que por residir en provincia muy distante no sabía las últimas resoluciones de la corte, y estaba persuadido a que le tocaba por su puesto la función de aquella embajada. Pero que todo el aparato de tan frívola pretensión se desvanecería fácilmente, sin más diligencia que manifestarle sus despachos, en cuya virtud se hallaba con plena jurisdicción para que le obedeciesen todos los capitanes y soldados que se dejasen ver en aquellas costas: y antes que pasase a mayor empeño su ceguedad, había resuelto marchar a Zempoala con parte de su gente, para disponer que se volviesen a embarcar aquellos españoles, y darle a entender que ya debían respetar los pueblos del imperio mexicano, como admitidos a la protección de su rey; lo cual ejecutaría luego: siendo el principal motivo de abreviar su jornada la justa consideración de no permitir que se acercasen a su corte, por componerse aquel ejército de gente menos atenta, y menos corregida que fuera razón, para fiarse de su vecindad, sin riesgo de que pudiesen ocasionar alguna turbación entre sus vasallos».

Así procuró interesarle como pudo en su resolución; y Motezuma, que sabía ya las vejaciones de que se quejaban los zempoales, alabó su intención, teniendo por conveniente que se procurase apartar de su corte aquellos soldados de tan violento proceder; pero le pareció temeridad que habiéndose ya declarado por sus enemigos, y hallándose con fuerzas tan superiores a las suyas, se aventurase a la contingencia de que no le atendiesen o le atropellasen. Ofrecióle formar ejército que le guardase las espaldas, cuyos cabos irían a su orden, y la llevarían de obedecerle y respetarle como a su misma persona: punto que procuró esforzar con diferentes instancias, en que se dejaba conocer el afecto sin alguna mezcla de afectación; pero Hernán Cortés agradeció la oferta, y se defendió de admitirla; porque a la verdad fiaba poco de los mexicanos, y no quiso incurrir en el desacierto de admitir armas auxiliares que le pudiesen dominar: como quien sabía cuánto embaraza en las facciones de la guerra tener a un tiempo empeñada la frente y el lado receloso.

Suavizados en esta forma los motivos de su viaje, dio todo el cuidado a las demás prevenciones, con ánimo de volver a sus inteligencias antes que se moviese Narváez. Resolvió dejar en México hasta ochenta españoles a cargo de Pedro de Alvarado, que pareció a todos más a propósito, porque tenía el afecto de Motezuma; y sobre ser capitán de valor y entendimiento, le ayudaban mucho la cortesanía y el despejo natural, para no ceder a las dificultades y pedir al ingenio lo que faltase a las fuerzas. Encargóle que procurase mantener a Motezuma en aquella especie de libertad que le hacía desconocer su prisión; resistiendo cuanto fuese posible que se estrechase a pláticas secretas con los mexicanos: dejó a su cargo el tesoro del rey y de los particulares; y sobre todo le advirtió «cuánto importaba conservar aquel pie de su ejército en la corte, y aquel príncipe a su devoción»; presupuestos a que debía encaminar sus operaciones con igual vigilancia, por consistir en ellos la común seguridad.

A los soldados ordenó «que obedeciesen a su capitán, que sirviesen y respetasen con mayor solicitud y rendimiento a Motezuma, que corriesen de buena conformidad con su familia y los de su cortejo», exhortándolos por su misma seguridad a la unión entre sí, y a la modestia con los demás.

Despachó correo a Gonzalo de Sandoval, ordenándole que le saliese a recibir, o le esperase con los españoles de su cargo en el paraje donde pensaba detenerse, y que dejase la fortaleza de la Veracruz a la confianza de los confederados, que sería poco menos que abandonarla; porque ya no era tiempo de mantenerse desunidos, ni aquella fortificación que se fabricaba contra los indios, era capaz de resistir a los españoles. Previno los víveres que parecieron necesarios, para no ir a la providencia o a la extorsión de los paisanos: hizo juntar los indios de carga que habían de conducir el bagaje; y tomando la mañana el día de la marcha, dispuso que se dijese una misa del Espíritu Santo, y que la oyesen todos sus soldados, y encomendasen a Dios el buen suceso de aquella jornada: protestando en presencia del altar que solo deseaba su servicio y el de su rey, inseparables en aquella ocurrencia; y que iba sin odio ni ambición, puesta la mira en ambas obligaciones, ya asegurado en lo mismo que abogaba por él la justicia de su causa.

Entró luego a despedirse de Motezuma, y le pidió con encarecimiento «que cuidase de aquellos pocos españoles que dejaba en su compañía, que no los desamparase, o descubriese con apartarse de ellos, porque de cualquiera mudanza o menos gratitud que reconociesen los suyos, podían resultar graves inconvenientes que pidiesen graves remedios; y que sentiría mucho hallarse obligado a volver quejoso, cuando iba tan reconocido: a que añadió: que Pedro de Alvarado quedaba substituyendo su persona; y así, como le tocaban en su ausencia las prerrogativas de embajador, dejaba en él su misma obligación de asistir en todo a su mayor servicio; y que no desconfiaba de volver con mucha brevedad a su presencia, libre de aquel embarazo, para recibir sus órdenes, disponer su viaje, y llevar al emperador con sus presentes la noticia de su amistad y confederación, que sería la joya de su mayor aprecio».

Volvióse a contristar Motezuma de que saliese con fuerzas tan desiguales. Pidióle «que si necesitase de las armas para dar a entender su razón, procurase dilatar el rompimiento hasta que llegasen los socorros de su gente, que tendría prontos en el número que los pidiese. Diole palabra de no desamparar a los españoles que dejaba con Pedro de Alvarado, ni hacer mudanza en su habitación pendiente su ausencia». Y añade Antonio de Herrera que le salió acompañando largo trecho con todo el séquito de su corte; pero atribuye, con malicia voluntaria, esta demostración a lo que deseaba verse libre de los españoles, suponiéndole ya desabrido y de mal ánimo contra Hernán Cortés y contra los suyos. Lo que vemos es que cumplió puntualmente su palabra, perseverando en aquel alojamiento, y en su primera benignidad, por más que se le ofrecieron grandes turbaciones, que pudo remediar con volverse a su palacio; y tanto en lo que obró para defender a los españoles que le asistían, como en lo que dejó de obrar contra los demás en esta desunión de sus fuerzas se conoce que no hubo doblez o novedad en su intención. Es verdad que llegó a desear que se fuesen, porque le instaba la quietud de su república; pero nunca se determinó a romper con ellos, ni dejó de conocer el vínculo de la salvaguardia real en que vivían; y aunque parecen estas atenciones de príncipe menos bárbaro, y poco adecuadas a su condición, fue una de las maravillas que obró Dios para facilitar esta conquista, la mudanza total de aquel hombre interior, porque la rara inclinación y el temor reverencial que tuvo siempre a Cortés, se oponían derechamente a su altivez desenfrenada, y se deben mirar como dos afectos enemigos de su genio, que tuvieron de inspirados todo aquello que les faltaba de naturales.

**Capítulo VIII. Marcha Hernán Cortés la vuelta de Zempoala y, sin conseguir la gente que tenía prevenida en Tlascala, continúa su viaje hasta Matalequita, donde vuelve a las pláticas de paz, y con nueva irritación rompe la guerra**

Diose principio a la marcha, y se fue siguiendo el camino de Cholula con todas las cautelas y resguardos que pedía la seguridad, y abrazaba fácilmente la costumbre de aquellos soldados diestros en las puntualidades que ordena la milicia, y hechos a obedecer sin discurrir. Fueron recibidos en aquella ciudad con agradable prontitud, convertido ya en veneración afectuosa el miedo servil con que vinieron a la obediencia. De allí pasaron a Tlascala, y media legua de aquella ciudad hallaron un lucido acompañamiento, que se componía de la nobleza y el senado. La entrada se celebró con notables demostraciones de alegría, correspondientes al nuevo mérito con que volvían los españoles por haber preso a Motezuma, y quebrantado el orgullo de los mexicanos: circunstancia que multiplicó entonces los aplausos, y mejoró las asistencias. Juntóse luego el senado para tratar de la respuesta que se debía dar a Hernán Cortés sobre la gente de guerra que había pedido a la república. Y aquí hallamos otra de aquellas discordancias de autores, que ocurren con frecuente infelicidad en estas narraciones de las Indias, obligando algunas veces a que se abrace lo más verosímil, y otras a buscar trabajosamente lo posible. Dice Bernal Díaz que pidió cuatro mil hombres, y que se los negaron con pretexto de que no se atrevían sus soldados a tomar las armas contra españoles, porque no se hallaban capaces de resistir a los caballos y armas de fuego: y Antonio de Herrera, que dieron seis mil hombres efectivos, y le ofrecían mayor número; los cuales refiere que se agregaron a las compañías de los españoles, y que a tres leguas de marcha se volvieron, por no estar acostumbrados a pelear lejos de sus confines. Pero como quiera que sucediese (que no todo se debe apurar), es cierto que no se hallaron los tlascaltecas en esta facción: pidiólos Hernán Cortés más por hacer ruido a Narváez, que porque se fiase de sus armas, ni fuese de codiciar su estilo de pelear contra enemigos españoles: pero también es cierto que salió de aquella ciudad sin queja suya ni desconfianza de los tlascaltecas; porque los buscó después, y los halló cuando los hubo menester contra otros indios, en cuyos combates eran valientes y resueltos, como lo asegura el haber conservado su libertad a despecho de los mexicanos, tan cerca de su corte, y en tiempo de un príncipe que tenía su mayor vanidad en el renombre de Conquistador.

Detúvose poco el ejército en Tlascala, y alargando los tránsitos, pasó a Matalequita, lugar de indios amigos, distante doce leguas de Zempoala, donde llegó casi al mismo tiempo Gonzalo de Sandoval con la gente de su cargo, y siete soldados más, que se pasaron a la Veracruz del ejército de Narváez el día siguiente a la prisión del oidor, teniendo por sospechoso aquel partido. Supo en ellos Hernán Cortés cuánto pasaba en el cuartel de su enemigo, y Gonzalo de Sandoval le dio más frescas noticias de todo, porque antes de partir tuvo inteligencia para introducir en Zempoala dos soldados españoles, que imitaban con propiedad los ademanes y movimientos de los indios, y no les desayudaba el color para la semejanza. Éstos se desnudaron con alegre solicitud, y cubriendo parte de su desnudez con los arreos de la tierra, entraron al amanecer en Zempoala con dos banastas de fruta sobre la cabeza; y puestos entre los demás que manejaban este género de granjería, la fueron trocando a cuenta de vidrio, tan diestros en fingir la simplicidad y la codicia de los paisanos, que nadie hizo reparo en ellos; con que pudieron discurrir por la villa, y escapar a su salvo con la noticia que buscaban: pero no contentos con esta diligencia, y deseando también llevar averiguado con qué género de guardias pasaba la noche aquel ejército volvieron a entrar con segunda carga de yerba entre algunos indios que salían a forrajear; y no solo reconocieron la poca vigilancia del cuartel, pero la comprobaron, trayendo a la Veracruz un caballo que pudieron sacar de la misma plaza, sin que hubiese quien se lo embarazase; y acertó a ser del capitán Salvatierra, uno de los que más irritaban a Narváez contra Hernán Cortés: circunstancia que dio estimación a la presa. Hicieron estos exploradores por su fama cuanto pudo en la industria y el valor; y se callaron desgraciadamente sus nombres en una facción tan bien ejecutada, y en una historia donde se hallan a cada paso hazañas menores con dueño encarecido.

Fundaba Cortés parte de sus esperanzas en la corta milicia de aquella gente; y el descuido con que gobernaba su cuartel Pánfilo de Narváez, le traía varios designios a la imaginación: podía nacer de lo mismo que desestimaba sus fuerzas, y así lo conocía; pero no le pesaba de verlas tan desacreditadas que produjesen aquella seguridad en el ejército contrario, la cual favorecía su intento, y a su parecer militaba de su parte, en que discurría sobre buenos principios; siendo evidente que la seguridad es enemiga del cuidado, y ha destruido a muchos capitanes. Débese poner entre los peligros de la guerra, porque ordinariamente cuando llega el caso de medir las fuerzas, queda mejor el enemigo despreciado. Trató de abreviar sus disposiciones, y estrechar a Narváez con las instancias de la paz que por su parte debían preceder al rompimiento.

Hizo reseña de su gente, y se halló con doscientos sesenta y seis españoles, inclusos los oficiales y los soldados que vinieron con Gonzalo de Sandoval, sin los indios de carga que fueron necesarios para el bagaje. Despachó segunda vez al padre fray Bartolomé de Olmedo, para que volviese a porfiar en el ajustamiento, y le avisó brevemente del poco efecto que producían sus diligencias. Pero deseando hacer algo más por la razón, o ganar algún tiempo en que pudiesen llegar los dos mil indios que aguardaba de Cinantla, determinó enviar al capitán Juan Velázquez de León, creyendo que por su autoridad y por el parentesco de Diego Velázquez sería mejor admitida su mediación. Tenía experimentada su fidelidad, y pocos días antes le había repetido las ofertas de morir a su lado, con ocasión de poner en sus manos una carta que le escribió Narváez, llamándole a su partido con grandes conveniencias: demostración a cuyo agradecimiento correspondió Hernán Cortés, fiando entonces de su ingenuidad y entereza tan peligrosa negociación.

Creyeron todos cuando llegó a Zempoala que iba reducido a seguir las banderas de su pariente; y Narváez salió a recibirle con grande alborozo; pero cuando llegó a entender su comisión, y conoció que se iba empeñando en apadrinar la razón de Cortés, atajó el razonamiento, y se apartó de él con alguna desazón, aunque no sin esperanzas de reducirle; porque antes de volver a la plática ordenó que se hiciese un alarde a sus ojos de toda su gente, deseando al parecer atemorizarle, o convencerle con aquella vana ostentación de sus fuerzas. Aconsejáronle algunos que le prendiese, pero no se atrevió, porque tenía muchos amigos en aquel ejército; antes le convidó a comer el día siguiente, y convidó también a los capitanes de su confidencia, para que le ayudasen a persuadirle. Diéronse a la urbanidad y cumplimiento los principios de la conversación; pero a breve rato se introdujo la murmuración de Cortés entre licencias del banquete, y aunque procuró disimular Juan Velázquez por no destruir el negocio de su cargo, pasando a términos indecentes la irrisión y el desacato, no se pudo contener en el desaire de su paciencia, y dijo en voz alta y descompuesta: «que pasasen a otra plática, porque delante de un hombre como él no debían tratar como ausente a su capitán; y que cualquiera dellos que no tuviese a Cortés y a cuantos le seguían por buenos vasallos del rey, se lo dijese con menos testigos, y le desengañaría como quisiese». Callaron todos, y calló Pánfilo de Narváez, como embarazado en la dificultad de la respuesta; pero un capitán mozo, sobrino de Diego Velázquez, y de su mismo nombre, se adelantó a decirle: «que no tenía sangre de Velázquez, o la tenía indignamente quien apadrinaba con tanto empeño la causa de un traidor»: a que respondió Juan Velázquez desmintiéndole, y sacando la espada con tanta resolución de castigar su atrevimiento, que trabajaron todos en reprimirle; y últimamente le instaron en que se volviese al real de Cortés, porque temieron los inconvenientes que podría ocasionar su detención; y él lo ejecutó luego, llevándose consigo al padre fray Bartolomé de Olmedo, y diciendo al partir algunas palabras como advertidas, que hacían a su venganza, o la trataban como decisión del rompimiento.

Quedaron algunos de los capitanes mal satisfechos de que Narváez le dejase volver sin ajustar el duelo de su pariente, para oírle y despacharle bien o mal, según lo que de nuevo representase; a cuyo propósito decían: «que una persona de aquella suposición y autoridad, se debía tratar con otro género de atención: que de su juicio y entereza no se podía creer que hubiese venido con proposiciones descaminadas, o menos razonables; que las puntualidades de la guerra nunca llegaban a impedir la franqueza de los oídos; ni era buena política, o buen camino de poner en cuidado al enemigo, darle a entender que se temía su razón»: discursos que pasaron de los capitanes a los soldados, con tanto conocimiento de la poca justificación con que se procedía en aquella guerra, que Pánfilo de Narváez necesitó para sosegarlos de nombrar persona que fuese a disculpar en su nombre y el de todos aquella falta de urbanidad, y a saber de Cortés a qué punto se reducía la comisión de Juan Velázquez de León; para cuya diligencia eligieron él y los suyos al secretario Andrés de Duero, que por menos apasionado contra Cortés, pareció a propósito para la satisfacción de los mal contentos; y por criado de Diego Velázquez no desmereció la confianza de los que procuraban estorbar el ajustamiento.

Hernán Cortés entretanto, con las noticias que llevaron fray Bartolomé de Olmedo y Juan Velázquez de León, entró en conocimiento de que había cumplido sobradamente con las diligencias de la paz; y teniendo ya por necesario el rompimiento, movió su ejército con ánimo de acercarse más, y ocupar algún puesto ventajoso donde aguardar a los chinantecas, y aconsejarse con el tiempo.

Iba continuando su marcha cuando volvieron los batidores con noticia de que venía de Zempoala el secretario Andrés de Duero; y Hernán Cortés, no sin esperanza de alguna favorable novedad, se adelantó a recibirle. Saludáronse los dos con igual demostración de su afecto: renováronse con los abrazos, o se volvieron a formar los antiguos vínculos de su amistad: concurrieron al aplauso de su venida todos los capitanes, y antes de llegar a lo inmediato de la negociación, le hizo Cortés algunos presentes mezclados con mayores ofertas. Detúvose hasta otro día después de comer, en este tiempo se apartaron los dos a diferentes conferencias de grande intimidad. Discurriéronse algunos medios, en orden a la unión de ambos partidos, con deseo de hallar camino para reducir a Narváez, cuya obstinación era él único impedimento de la paz. Llegó Cortés a ofrecer que le dejaría la empresa de México, y se apartaría con los suyos a otras conquistas: y Andrés de Duero, viéndole tan liberal con su enemigo, le propuso que se viese con él, pareciéndole que podría conseguir de Narváez este abocamiento, y que se vencerían mejor las dificultades con la presencia y viva voz de las partes. Dicen unos que llevaba orden para introducir esta plática; otros que fue pensamiento de Cortés; y concuerdan todos en que se ajustaron las vistas de ambos capitanes luego que volvió Andrés de Duero a Zempoala; por cuya solicitud se hizo capitulación auténtica, señalando la hora y el sitio donde había de ser la conferencia, y asegurando cada uno con su palabra y su firma, que saldrían al puesto con solos diez compañeros, para que fuesen testigos de lo que discurriese y ajustase.

Pero al mismo tiempo que se disponía Hernán Cortés para dar cumplimiento por su parte a lo capitulado, le avisó de secreto Andrés de Duero que se andaba previniendo una emboscada, con ánimo de prenderle o matarle sobre seguro; cuya noticia (que se confirmó también por otros confidentes) le obligó a darse por entendido con Narváez de que había descubierto el doblez de su trato; y con el primer calor de su enojo le escribió una carta rompiendo la capitulación, y remitiendo a la espada su desagravio. Llevábale ciegamente a las manos de su enemigo la misma nobleza de su proceder, y acertaba mal a disculpar con los suyos aquella falta de cautela, o precipitada sinceridad con que se fiaba de Narváez, teniendo conocida su intención y mala voluntad; pero nadie pudo acusarle de poco advertido capitán en esta confianza, siendo el rompimiento de la palabra, en semejantes convenciones una de las malignidades que no se deben recelar del enemigo; porque las supercherías no están en el número de las estratagemas, ni caben estos engaños que manchan el pundonor en toda la malicia de la guerra.

**Capítulo IX. Prosigue su marcha Hernán Cortés hasta una legua de Zempoala; sale con su ejército en campaña Pánfilo de Narváez; sobreviene una tempestad y se retira; con cuya noticia resuelve Cortés acometerle en su alojamiento**

Quedó Hernán Cortés más animoso que irritado con esta última sinrazón de Narváez, pareciéndole indigno de su temor un enemigo de tan humildes pensamientos; y que no fiaba mucho de su ejército ni de sí, quien trataba de asegurar la victoria con detrimento de la reputación. Siguió su marcha en más que ordinaria diligencia, no porque tuviese resuelta la facción, ni discurridos los medios, sino porque llevaba el corazón lleno de esperanzas, madrugando a confortar su resolución aquellas premisas que suelen venir delante de los sucesos. Asentó su cuartel a una legua de Zempoala en paraje defendido por la frente del río que llamaban de Canoas, y abrigado por las espaldas con la vecindad de la Veracruz, donde le dieron unas caserías o habitaciones: bastante comodidad para que se reparase la gente de lo que había padecido con la fuerza del Sol, y prolijidad del camino. Hizo pasar algunos batidores y centinelas a la otra parte del río; y dando el primer lugar al descanso de su ejército, reservó para después el discurrir con sus capitanes lo que se hubiese de intentar, según las noticias que llegasen del ejército contrario, donde tenía ganados algunos confidentes, y estaba creyendo que lo habían de ser en la ocasión cuantos aborrecían aquella guerra; cuyo presupuesto y las cortas experiencias de Narváez, le dieron bastante seguridad para que pudiese acercarse tanto a Zempoala sin falta de precaución o nota de temeridad.

Llegó a Narváez la noticia del paraje donde se hallaba su enemigo; y más apresurado que diligente, o con un género de celeridad embarazada que tocaba en turbación, trató de sacar su ejército en campaña. Hizo pregonar la guerra, como si ya no estuviera pública: señaló dos mil pesos de talla por la cabeza de Cortés; puso en precio menor las de Gonzalo de Sandoval y Juan Velázquez de León; mandaba muchas cosas a un tiempo sin olvidarse de su enojo; mezclábanse las órdenes con las amenazas; y todo era despreciar al enemigo con apariencias de temerle. Puesto en orden el ejército, menos por su disposición que por lo que acertaron sin obedecer sus capitanes, marchó como un cuarto de legua con todo el grueso, y resolvió hacer alto para esperar a Cortés en campo abierto: persuadiéndose a que venía tan deslumbrado que le había de acometer donde pudiese lograr todas sus ventajas el mayor número de gente. Duró en este sitio y en esta credulidad todo el día, gastando el tiempo y engañando la imaginación con varios discursos de alegre confianza: conceder el pillaje a los soldados: enriquecer con el tesoro de México a los capitanes; y hablar más en la victoria que en la batalla. Pero al caer el Sol se levantó un nublado que adelantó la noche, y empezó a despedir tanta cantidad de agua, que aquellos soldados maldijeron la salida, y clamaron por volverse al cuartel: en cuya impaciencia entraron poco después los capitanes, y no se trabajó mucho en reducir a Narváez, que sentía también su incomodidad, faltando en todos la costumbre de resistir a las inclemencias del tiempo, y en muchos la inclinación a un rompimiento de tantos inconvenientes.

Había llegado poco antes aviso de que se mantenía Cortés de la otra parte del río, de que no sin alguna disculpa conjeturaron que no había que recelar por aquella noche; y como nunca se halla con dificultad la razón que busca el deseo, dieron todos por conveniente la retirada, y la pusieron en ejecución desconcertadamente, caminando al cubierto menos como soldados que como fugitivos.

No permitió Narváez que su ejército se desuniese aquella noche; más porque discurrió en salir temprano a la campaña, que porque tuviese algún recelo de Cortés; aunque afectó por lo demás el cuidado a que obligaba la cercanía del enemigo. Alojáronse todos en el adoratorio principal de la villa, que constaba de tres torreones o capillas poco distantes, sitio eminente y capaz; a cuyo plano se subía por unas gradas pendientes y desabridas que daban mayor seguridad a la eminencia.

Guarneció con su artillería el pretil que servía de remate a las gradas. Eligió para su persona el torreón de enmedio, donde se retiró con algunos capitanes, y hasta cien hombres de su confidencia, y repartió en los otros dos el resto de la gente: dispuso que saliesen algunos caballos a correr la campaña; nombró dos centinelas que se alargasen a reconocer las avenidas; y con estos resguardos, que a su parecer no dejaban que desear a la buena disciplina, dio al sosiego lo que restaba de la noche, tan lejos el peligro de su imaginación, que se dejó rendir al sueño con poca o ninguna resistencia del cuidado.

Despachó luego Andrés de Duero a Hernán Cortés un confidente suyo que pudo echar fuera de la plaza con poco riesgo para que a boca le diese cuenta de la retirada y de la forma en que se había dispuesto el alojamiento; más por asegurarle amigablemente que podía pasar la noche sin recelo, que por advertirle o provocarle a nuevos designios. Pero él con esta noticia tardó poco en determinarse a lograr la ocasión que a su parecer le convidaba con el suceso. Tenía premeditados todos los lances que se le podían ofrecer en aquella guerra, y alguna vez se deben cerrar los ojos a las dificultades, porque suelen parecer mayores desde lejos, y hay casos en que daña el discurrir al ejecutar. Convocó su gente sin más dilación, y la puso en orden aunque duraba la tempestad; pero aquellos soldados, endurecidos ya en mayores trabajos, obedecieron sin hacer caso de su incomodidad, ni preguntar la ocasión de aquel movimiento inopinado: tanto se dejaban a la providencia de su capitán. Pasaron el río con el agua sobre la cintura, y vencida esta dificultad, hizo a todos un breve razonamiento en que les comunicó lo que llevaba discurrido, sin poner duda en su resolución, ni cerrar las puertas al consejo. Dioles noticia de la turbación con que se habían retirado los enemigos buscando el abrigo de su cuartel contra el rigor de la noche, y de la separación y desorden con que habían ocupado los torreones del adoratorio: ponderó el descuido y seguridad en que se hallaban, la facilidad con que podían ser asaltados antes que negasen a unirse, o tuviesen lugar para doblarse; y viendo que no solo se aprobaba, pero se aplaudía la proposición: «esta noche —prosiguió diciendo con nuevo fervor— esta noche, amigos, ha puesto el cielo en nuestras manos la mayor ocasión que se pudiera fingir nuestro deseo: veréis ahora lo que fío de vuestro valor, y yo confesaré que vuestro mismo valor hace grandes mis intentos. Poco ha que aguardábamos a nuestros enemigos con esperanzas de vencerlos al reparo de esa ribera: ya los tenemos descuidados y desunidos, militando por nosotros el mismo desprecio con que nos tratan. De la impaciencia vergonzosa con que desampararon la campaña, huyendo esos rigores de la noche, pequeños males de la naturaleza, se colige cómo estarán en el sosiego unos hombres que le buscaron con flojedad y le disfrutan sin recelo. Narváez entiende poco de las puntualidades a que obligan las contingencias de la guerra. Sus soldados por la mayor parte son bisoños, gente de la primera ocasión que no ha menester la noche para moverse con desacierto y ceguedad; muchos se hallan desobligados o quejosos de su capitán; no faltan algunos a quien debe inclinación nuestro partido; ni son pocos los que aborrecen como voluntario este rompimiento; y suelen pesar los brazos cuando se mueven contra el dictamen o contra la voluntad: unos y otros se deben tratar como enemigos hasta que se declaren; porque si ellos nos vencen hemos de ser nosotros los traidores. Verdad es que nos asiste la razón: pero en la guerra es la razón enemiga de los negligentes, y ordinariamente se quedan con ella los que pueden más. A usurparos vienen cuanto habéis adquirido: no aspiran a menos que hacerse dueños de vuestra libertad, de vuestras haciendas y de vuestras esperanzas, suyas se han de llamar nuestras victorias, suya la tierra que habéis conquistado con vuestra sangre, suya la gloria de vuestras hazañas; y lo peor es que con el mismo pie que intentan pisar nuestra cerviz, quieren atropellar el servicio de nuestro rey, y atajar los progresos de nuestra religión: porque se han de perder si nos pierden; y siendo suyo el delito, han de quedar en duda los culpados. A todo se ocurre con que obréis esta noche como acostumbráis: mejor sabréis ejecutarlo que yo discurrirlo; alto a las armas y a la costumbre de vencer: Dios y el rey en el corazón, el pundonor a la vista, y la razón en las manos, que yo seré vuestro compañero en el peligro, y entiendo menos de animar con las palabras que de persuadir con el ejemplo».

Quedaron tan encendidos los ánimos con esta oración de Cortés, que hacían instancia los soldados sobre que no no se dilatase la marcha. Todos le agradecieron el acierto de la resolución, y algunos le protestaron, que si trataba de ajustarse con Narváez le habían de negar la obediencia: palabras de hombres resueltos que no le sonaron mal, porque hacían al brío más que al desacato. Formó sin perder tiempo tres pequeños escuadrones de su gente, los cuales se habían de ir sucediendo en el asalto. Encargó el primero a Gonzalo de Sandoval con setenta hombres, en cuyo número fueron comprendidos los capitanes Jorge y Gonzalo de Alvarado, Alonso Dávila, Juan Velázquez de León, Juan Núñez de Mercado, y nuestro Bernal Díaz del Castillo. Nombró por cabo del segundo al maestre de campo Cristóbal de Olid, con otros sesenta hombres, y asistencia de Andrés de Tapia, Rodrigo Rangel, Juan Xaramillo, y Bernardino Vázquez de Tapia; y él se quedó con el resto de la gente, y con los capitanes Diego de Ordaz, Alonso de Grado, Cristóbal y Martín de Gamboa, Diego Pizarro y Domingo de Alburquerque. La orden fue que Gonzalo de Sandoval con su vanguardia procurase vencer la primera dificultad de las gradas, y embarazar el uso de la artillería; dividiéndose a estorbar la comunicación de los dos torreones de los lados, y poniendo gran cuidado en el silencio de su gente: que Cristóbal de Olid subiese inmediatamente con mayor diligencia y embistiese al torreón de Narváez, apretando el ataque a viva fuerza; y él seguiría con los suyos para dar calor y asistir donde llamase la necesidad, rompiendo entonces las cajas y demás estruendos militares para que su misma novedad diese al asombro y a la confusión el primer movimiento del enemigo.

 Entró luego fray Bartolomé de Olmedo con su exhortación espiritual, y asentado el presupuesto de que iban a pelear por la causa de Dios, los dispuso a que hiciesen de su parte lo que debían para merecer su favor. Había una cruz en el camino que fijaron ellos mismos cuando pasaron a México; y puesto de rodillas delante de ella todo el ejército, les dictó un acto de contrición que iban repitiendo con voz afectuosa: mandóles decir la confesión general, y bendiciéndolos después con la forma de la absolución, dejó en sus corazones otro espíritu de mejor calidad, aunque parecido al primero; porque la quietud de la conciencia quita el horror a los peligros; o mejora el desprecio de la muerte.

Concluida esta piadosa diligencia formó Hernán Cortés sus tres escuadrones: puso en su lugar las picas y las bocas de fuego; repitió las órdenes a los cabos; encargó a todos el silencio; dio por seña y por invocación el nombre del Espíritu Santo, en cuya Pascua sucedió esta interpresa, y empezó a marchar en la misma ordenanza que se había de acometer, caminando muy poco a poco por que llegase descansada la gente, y por dar tiempo a la noche para que se apoderase más del enemigo; de cuya ciega seguridad y culpable descuido pensaba servirse para vencerle a menos costa, sin quedarle algún escrúpulo de que obraba menos valerosamente que solía en este género de insidias generosas, que llamó la antigüedad delitos de emperadores o capitanes generales: siendo los engaños que no se oponen a la buena fe, lícitas permisiones del arte militar, y disputable la preferencia entre la industria y el valor de los soldados.

**Capítulo X. Llega Hernán Cortés a Zempoala, donde halla resistencia; consigue con las armas la victoria; prende a Narváez, cuyo ejército se reduce a servir debajo de su mano**

Habría marchado el ejército de Cortés algo más de media legua cuando volvieron los batidores con una centinela de Narváez que cayó en sus manos, y dieron noticia que se les había escapado entre la maleza otra que venía poco después: accidente que destruía el presupuesto de hallar descuidado al enemigo. Hízose una breve consulta entre los capitanes, y vinieron todos en que no era posible que aquel soldado, caso que hubiese descubierto el ejército, se atreviese por entonces a seguir el camino derecho, siendo más verosímil que tornase algún rodeo por no dar en el peligro: de que resultó, con aplauso común, la resolución de alargar el paso para llegar antes que la espía, o entrar al mismo tiempo en el cuartel de los enemigos, suponiendo que si no se lograse la ventaja de asaltarlos dormidos, se conseguiría por lo menos la de hallarlos mal despiertos, y en el preciso embarazo de la primera turbación. Así lo discurrieron sin detenerse, y empezaron a marchar en mayor diligencia, dejando en un ribazo fuera de camino los caballos, el bagaje y los demás impedimentos. Pero la centinela que debió a su miedo parte de su agilidad, consiguió el llegar antes, y puso en arma el cuartel diciendo a voces que venía el enemigo. Acudieron a las armas los que se hallaron más prontos: lleváronle a la presencia de Narváez, y él después de hacerle algunas preguntas, despreció el aviso, y al que le traía, teniendo por impracticable que se atreviese Cortés a buscarle con tan poca gente dentro de su alojamiento, ni pudiese campear en noche tan oscura y tempestuosa.

Serían poco más de las doce cuando llegó Hernán Cortés a Zempoala, y tuvo dicha en que no le descubriesen los caballos de Narváez, que al parecer perdieron el camino con la oscuridad, si no se apartaron de él para buscar algún abrigo en que defenderse del agua. Pudo entrar en la villa, y llegar con su ejército a vista del adoratorio, sin hallar un cuerpo de guardia, ni una centinela en que detenerse. Duraba entonces la disputa de Narváez con el soldado que se afirmaba de haber reconocido, no solamente los batidores, sino todo el ejército en marcha diligente; pero se buscaban todavía pretextos a la seguridad, y se perdía en el examen de la noticia el tiempo que aun siendo incierta, se debía lograr en la prevención. La gente andaba inquieta y desvelada cruzando por el atrio superior: unos dudosos, y otros en la inteligencia de su capitán; pero todos con las armas en las manos, y poco menos que prevenidos.

Conoció Hernán Cortés que le habían descubierto; y hallándose ya en el segundo caso que llevaba discurrido, trató de asaltarlos antes que se ordenasen. Hizo la seña de acometer, y Gonzalo de Sandoval con su vanguardia empezó a subir las gradas según el orden que llevaba. Sintieron el rumor algunos de los artilleros que estaban de guardia, y dando fuego a dos o tres piezas, tocaron al arma segunda vez, sin dejar duda en la primera. Siguióse el estruendo de la artillería el de las cajas y las voces, y acudiendo luego a la defensa de las gradas los que se hallaron más cerca. Creció brevemente la oposición: estrechóse a las picas y a las espadas el combate; y Gonzalo de Sandoval hizo mucho en mantenerse forcejeando a un tiempo con el mayor número de la gente, y con la diferencia del sitio inferior; pero le socorrió entonces Cristóbal de Olid; y Hernán Cortés dejando formado su retén, se arrojó a lo más ardiente del conflicto, y facilitó el avance de unos y otros, obrando con la espada lo que infundía con la voz, a cuyo esfuerzo no pudieron resistir los enemigos, que tardaron poco en dejar libre la última grada, y poco más en retirarse desordenadamente, desamparando el atrio y la artillería. Huyeron muchos a sus alojamientos, y otros acudieron a cubrir la puerta del torreón principal, donde se volvió a pelear breve rato con igual valor de ambas partes.

Dejóse ver a este tiempo Pánfilo de Narváez, que se detuvo en armarse a persuasión de sus amigos; y después de animar a los que peleaban, y hacer cuanto pudo para ordenarlos, se adelantó con tanto denuedo a lo más recio del combate, que hallándose cerca Pedro Sánchez Farfán, uno de los soldados que asistían a Sandoval, le dio un picazo en el rostro, de cuyo golpe le sacó un ojo y derribó en tierra sin más aliento que el que hubo menester para decir que le habían muerto. Corrió esta voz entre sus soldados, y cayó sobre todos el espanto y la turbación con varios efectos, porque unos le desampararon ignominiosamente; otros se detuvieron por falta de movimiento, y los que más se quisieron esforzar a socorrerle peleaban embarazados y confusos del súbito accidente: conque se hallaron obligados a retroceder, dando lugar a los vencedores para que le retirasen. Bajáronle por las gradas poco menos que arrastrando. Envió Cortés a Gonzalo de Sandoval para que cuidase de asegurar su persona, lo cual se ejecutó entregándole al último escuadrón; y el que poco antes miraba con tanto descuido aquella guerra, se halló al volver en sí, no solo con el dolor de su herida, sino en poder de sus enemigos, y con dos pares de grillos que le ponían más lejos su libertad.

Llegó el caso de cesar la batalla porque cesó la resistencia. Encerráronse todos los de Narváez en sus torreones tan amedrentados, que no se atrevían a disparar, y solo cuidaban de poner estorbos a la entrada. Los de Cortés apellidaron a voces la victoria, unos por Cortés, y otros por el rey, y los más atentos por el Espíritu Santo: gritos de alborozo anticipado que ayudaron entonces al terror de los enemigos, y fue circunstancia que hizo al caso en aquella coyuntura que se persuadiesen los más a que traía Cortés un ejército muy poderoso, el cual a su parecer ocupaba gran parte de la campaña; porque desde las ventanas de su encerramiento descubrían a diferentes distancias algunas luces que interrumpiendo la oscuridad parecían a sus ojos cuerdas encendidas y tropas de arcabuceros, siendo unos gusanos que resplandecen de noche, semejantes a nuestras lucernas o noctículas, aunque de mayor tamaño y resplandor en aquel hemisferio: aprensión que hizo particular materia en el vulgo del ejército, y que dejó dudosos a los que más se animaban: tanto engaña el temor a los afligidos, y tanto se inclinan los adminículos menores de la casualidad a ser parciales de los afortunados.

Mandó Cortés que cesasen las aclamaciones de la victoria; cuya credulidad intempestiva suele dañar en los ejércitos, y se debe atajar, porque descuida y desordena los soldados. Hizo volver la artillería contra los torreones; dispuso que a guisa de pregón se publicase indulto general a favor de los que se rindiesen, ofreciendo partidos razonables y comunicación de interés a los que se determinasen a seguir sus banderas: libertad y pasaje a los que se quisiesen retirar a la isla de Cuba, y a todos salva la ropa y las personas: diligencia que fue bien discurrida, porque importó mucho que se hiciese notoria esta manifestación de su ánimo antes que el día, cuya primera luz no estaba lejos, desengañase aquella gente de las pocas fuerzas que los tenían oprimidos, y les diese resolución para cobrarse de la pusilanimidad mal concebida: que algunas veces el miedo suele hacerse temeridad, avergonzando al que le tuvo con poco fundamento.

Apenas se acabó de intimar el bando a las tres separaciones donde se había retraído la gente, cuando empezaron a venir tropas de oficiales y soldados a rendirse. Iban entregando las armas como llegaban, y Cortés sin faltar a la urbanidad ni al agasajo, hizo también desarmar a sus confidentes, porque no se les conociese la inclinación, o porque diesen ejemplo a los demás. Creció tanto en breve tiempo el número de los rendidos, que fue necesario dividirlos y asegurarlos con guardia suficiente, hasta que saliendo el día se descubriesen las caras y los efectos.

Cuidó en este intermedio Gonzalo de Sandoval de que se curase la herida de Narváez; y Hernán Cortés que acudía incansablemente a todas partes, y tenía en aquella su principal cuidado, se acercó a verle con algún recato por no afligirle con su presencia; pero le descubrió el respeto de sus soldados; y Narváez volviéndose a mirar con semblante de hombre que no acababa de conocer su fortuna, le dijo: «tened en mucho, señor capitán, la dicha que habéis conseguido en hacerme vuestro prisionero». A que le respondió Cortés: «de todo, amigo, se deben las gracias a Dios; pero sin género de vanidad os puedo asegurar que pongo esta victoria y vuestra prisión entre las cosas menores que se han obrado en esta tierra».

Llegó entonces noticia de que se resistía con obstinación uno de los torreones donde se habían hecho fuertes el capitán Salvatierra y Diego de Velázquez el mozo, deteniendo con su autoridad y persuasiones a los soldados que se hallaban con ellos. Volvió Cortés a subir las gradas: hízoles intimar que se rindiesen, o serían tratados con todo el rigor de la guerra; y viéndolos resueltos a defenderse o capitular, dispuso, no sin alguna cólera, que se disparasen al torreón dos piezas de artillería, y poco después ordenó a los artilleros que levantasen la mira y diesen la carga en lo alto del edificio, más para espantar que para ofender. Así lo ejecutaron, y no fue necesaria mayor diligencia para que saliesen muchos a pedir cuartel, dejando libre la entrada de la torre que acabó de allanar Juan Velázquez de León con una escuadra de los suyos: prendieron a los capitanes Salvatierra y Velázquez, enemigos declarados, de quien se podía temer que aspirasen a ocupar el vacío de Narváez, con que se declaró enteramente la victoria por Cortés. Murieron de su parte solo dos soldados, y hubo algunos heridos, de los cuales hay quien diga que murieron otros dos. En el ejército contrario quedaron muertos quince soldados, un alférez y un capitán, y fue mucho mayor el número de los heridos. Narváez y Salvatierra fueron llevados a la Veracruz con la guardia que pareció necesaria. Quedó prisionero de Juan Velázquez de León, Diego Velázquez el mozo; y aunque le tenía justamente irritado con el lance de Zempoala, cuidó con particular asistencia de su cura y regalo: generosidad en que medió como intercesora la igualdad de la sangre, y como superior la nobleza del ánimo. Y todo esto quedó ejecutado antes de amanecer. ¡Notable facción! en que se midieron por instantes los aciertos de Cortés, y los deslumbramientos de Narváez.

Al romper el alba llegaron los dos mil chinantecas que se habían prevenido; y aunque vinieron después de la victoria, celebró Cortés el socorro, teniéndole por oportuno para que viesen los de Narváez que no le faltaban amigos que le asistiesen. Miraban aquellos pobres rendidos con vergüenza y confusión el estado en que se hallaban: dioles el día con su ignominia en los ojos; vieron llegar este socorro, y conocieron las pocas fuerzas con que se había conseguido la victoria: maldecían la confianza de Narváez; acusaban su descuido, y todo cedía en mayor estimación de Cortés, cuya vigilancia y ardimiento ponderaban con igual admiración. Prerrogativa es del valor, en la guerra particularmente, que no le aborrezcan los mismos que le envidian: pueden sentir su fortuna los perdidosos; pero nunca desagradan al vencido las hazañas del vencedor; máxima que se verificó en esta ocasión, porque cada uno sin fiarse de los demás, se iba inclinando a mejorar de capitán, y a seguir las banderas de un ejército donde vencían y medraban los soldados. Había entre los prisioneros algunos amigos de Cortés, muchos aficionados a su valor y muchos a su liberalidad. Rompieron los amigos el velo de la disimulación: dieron principio a sus aclamaciones, con que se declararon luego los aficionados, siguiendo a la mayor parte los demás. Permitióse que fuesen llegando a la presencia del nuevo capitán: arrojáranse muchos a sus pies, si él no los detuviera con los brazos, dieron todos el nombre haciendo pretensión de ganar antigüedad en las listas, no hubo entre tantos uno que se quisiese volver a la isla de Cuba; y logró con esto Hernán Cortés el principal fruto de su empresa, porque no deseaba tanto vencer como conquistar aquellos españoles. Fue reconociendo los ánimos, y halló en todos bastante sinceridad, pues ordenó luego que se les volviesen las armas: acción que resistieron algunos de sus capitanes; pero no faltarían motivos a esta seguridad, siendo amigos los que más suponían entre aquella gente, y estando allí los chinantecas que aseguraban su partido. Conocieron ellos el favor que recibían: aplaudieron esta confianza con nuevas aclamaciones, y él se halló en breves horas con un ejército que pasaba ya de mil españoles; presos los enemigos de quien se podía recelar, con una armada de once navíos y siete bergantines a su disposición; deshecho el último esfuerzo de Velázquez, y con fuerzas proporcionadas para volver a la conquista principal: debiéndose todo a su gran corazón, suma vigilancia y talento militar; y no menos al valor de sus soldados que abrazaron primero con el ánimo una resolución tan peligrosa, y después con la espada y con el brío le dieron, no solamente la victoria, sino el acierto de la misma resolución: porque al voto de los hombres que dan o quitan la fama, el conseguir es crédito del intentar; y las más veces se debe a los sucesos el quedar con opinión de prudentes los consejos aventurados.

**Capítulo XI. Pone Cortés en obediencia la caballería de Narváez que andaba en la campaña; recibe noticia de que**

**habían tomado las armas los mexicanos contra los españoles que dejó en aquella corte; marcha luego con su ejército, y entra en ella sin oposición**

No se dejó ver aquella noche la caballería de Narváez, que pudiera embarazar mucho a Cortés, si hubiera quedado en la disposición que pedía una plaza de armas en tan corta distancia del enemigo; pero allí se olvidaron todas las reglas de la milicia; y dado el yerro de la negligencia de un capitán, se hace menos extraño lo que se dejó de advertir, o pasan por consecuencias los absurdos. Valiéronse de los caballos para escapar los que duraron menos en la ocasión; y a la mañana se tuvo noticia de que andaban incorporados con los batidores que salieron la noche antes, formando un cuerpo de hasta cuarenta caballos, que discurrían por la campaña con señas de resistir. Dio poco recelo esta novedad, y Hernán Cortés, antes de pasar a términos de mayor resolución, nombró al maestre de campo Cristóbal de Olid, y al capitán Diego de Ordaz para que fuesen a procurar reducirlos con suavidad, como lo ejecutaron y consiguieron a la primera insinuación, de que serían admitidos en el ejército con la misma gratitud que sus compañeros: cuyo partido y ejemplar bastó para que viniesen todos a rendirse, y tomar servicio con sus armas y caballos. Tratóse luego de curar los heridos y alojar a la gente, a quien asistieron alegres y oficiosos el cacique y sus zempoales, celebrando la victoria, y disponiendo el hospedaje de sus amigos con un género de regocijo interesado, en que al parecer respiraban de la fatiga y servidumbre antecedente.

No se descuidó Hernán Cortés en asegurarse de la armada: punto esencial en aquella ocurrencia. Despachó sin dilación al capitán Francisco de Lugo para que hiciese poner en tierra y conducir a la Veracruz las velas, jarcias y timones de todos los bajeles. Ordenó que viniesen a Zempoala los pilotos y marineros de Narváez, y envió de los suyos los que parecieron bastantes para la seguridad de los buques, por cuyo cabo fue un maestre que se llamaba Pedro Caballero: bastante ocupación para que le honrase Bernal Díaz con título de almirante de la mar.

Dispuso que se volviesen a su provincia los chinantecas, agradeciendo el socorro como si hubiera servido; y después se dieron algunos días de descanso de la gente, en los cuales vinieron los pueblos vecinos y caciques del contorno a congratularse con los españoles buenos, o teules mansos, que así llamaban a los de Cortés. Volvieron a revalidar su obediencia y a ofrecer su amistad, acompañando esta demostración con varios presentes y regalos, de que no poco se admiraban los de Narváez, empezando a experimentar las mejoras del nuevo partido en el agasajo y seguridad de aquella gente que vieron poco antes escarmentada y desabrida.

En todo este fervor de sucesos favorables traía Hernán Cortés a México en el corazón: no se apartaba un instante su memoria del riesgo en que dejó a Pedro de Alvarado y sus españoles, cuya defensa consistía únicamente en aquello poco que se podía fiar de la palabra que le dio Motezuma de no hacer novedad en su ausencia: vínculo desacreditado en la soberana voluntad de los reyes; porque algunos estadistas le procuran desatar con varias soluciones, defendiendo que no les obliga su observancia como a los particulares; en cuyo dictamen pudo hallar entonces Hernán Cortés bastante razón de temer, sin aprobar con su recelo esta política irreverente, por ser lo mismo hallar falencia en las palabras de los reyes, que apartar de los príncipes la obligación de caballeros.

Hecho el ánimo a volverse luego, y no atreviéndose a llevar tanta gente, por no desconfiar a Motezuma, o remover los humores de su corte, resolvió dividir el ejército, y emplear alguna parte de él en otras conquistas. Nombró a Juan Velázquez de León para que fuese con doscientos hombres a pacificar la provincia de Panuco; y a Diego de Ordaz para que se apartase con otros doscientos a poblar la de Guazacoalco, reservando para sí poco más de seiscientos españoles: número que le pareció proporcionado para entrar en la corte con apariencias de modesto, sin olvidar las señas de vencedor.

Pero al mismo tiempo que se daba ejecución a este designio, se ofreció novedad que le obligó a tomar otra senda en sus disposiciones. Llegó carta de Pedro de Alvarado, en que le avisaba: «que habían tomado las armas contra él los mexicanos; y a pesar de Motezuma, que perseveraba todavía en su alojamiento, le combatían con frecuentes asaltos, y tanto número de gente, que se perdería él y todos los suyos, si no fuesen socorridos con brevedad». Vino con esta noticia un soldado español, y en su escolta un embajador de Motezuma, cuya representación fue: «darle a entender que no había sido en su mano reprimir a sus vasallos; asegurarle que no se apartaría de Pedro de Alvarado y sus españoles; y últimamente, llamarle a su corte para el remedio», fuese de la misma sedición, o fuese del peligro en que se hallaban aquellos españoles, que uno y otro arguye confianza y sinceridad.

No fue necesario poner en consulta la resolución que se debía tomar en este caso, porque se adelantó el voto común de los capitanes y soldados a mirar como empeño inexcusable la jornada, pasando algunos a tener por oportuno y de buen presagio un accidente que les servía de pretexto para excusar la desunión de sus fuerzas, y volver con todo el grueso a la corte: de cuya reducción debían tomar su principio las demás conquistas. Nombró luego Hernán Cortés por gobernador de la Veracruz, como teniente de Gonzalo de Sandoval, a Rodrigo Rangel, persona de cuya inteligencia y cuidado pudo fiar la seguridad de los prisioneros y la conservación de los aliados. Hizo que pasase muestra su ejército, y dejando en aquella plaza la guarnición que pareció necesaria, y bastante seguridad en los bajeles, halló que constaba de mil infantes y cien caballos. Dividióse la marcha en diferentes veredas, por no incomodar los pueblos, o por facilitar la provisión de los víveres: señalóse por plaza de armas un paraje conocido cerca de Tlascala, donde pareció que debían entrar unidos y ordenados. Y aunque fueron delante algunos emisarios a tener bastecidos los tránsitos, no bastó su diligencia para que dejasen de padecer los que iban fuera del camino principal algunos ratos de hambre y sed intolerable: fatiga que sufrieron los de Narváez sin decaecer ni murmurar, siendo aquellos mismos que poco antes rindieron el sufrimiento a menor inclemencia. Púdose atribuir esta novedad al ejemplo de los veteranos, dejando alguna parte a la diferencia del capitán, cuya opinión suele tener sus influencias ocultas en el valor y en la paciencia de los soldados.

Antes de partir respondió Hernán Cortés por escrito a Pedro de Alvarado, y por su embajador a Motezuma, dándoles cuenta de su victoria, de su vuelta y del aumento de su ejército; al uno para que se alentase con esperanza de mayor socorro, y al otro para que no extrañase verle con tantas fuerzas cuando los tumultos de su corte le obligaban a no dividirlas. Procuró medir el tiempo con la necesidad; alargó las marchas cuanto pudo; estrechó las horas al descanso, hallándole su actividad en su mismo trabajo. Hizo alguna mansión en la plaza de armas para recoger la gente que venía extraviada; y últimamente llegó a Tlascala en 17 de junio con todo el ejército puesto en orden, cuya entrada fue lucida y festejada. Magiscatzin hospedó a Cortés en su casa; los demás hallaron comodidad, obsequio y regalo en su alojamiento. Andaba en los tlascaltecas mal encubierto el odio de los mexicanos con el amor de los españoles: referían su conspiración y el aprieto en que se hallaba Pedro de Alvarado, con circunstancias de más afectación que certidumbre; ponderaban el atrevimiento, y la poca fe de aquella nación, provocando los ánimos a la venganza, y mezclando con poco artificio el avisar y el influir: culpas encarecidas con celo sospechoso, y verdades en boca del enemigo, que se introducen como informes para declinar en acusaciones.

Resolvió el senado hacer un esfuerzo grande, y convocar todas las milicias para que asistiesen a Cortés, en esta ocasión, no sin alguna razón de estado, mejor entendida que recatada; porque deseaban arrimar su interés a la causa del amigo, y servirse de sus fuerzas para destruir de una vez la nación dominante que tanto aborrecían. Conocióse fácilmente su intención; y Hernán Cortés, con señas de agradecido y lisonjero, reprimió el orgullo con que se disponían a seguirle, contraponiendo a las instancias del senado algunas razones aparentes, que en la sustancia venían a ser pretextos contra pretextos. Pero admitió hasta dos mil hombres de buena calidad, con sus capitanes o cabos de cuadrillas, los cuales siguieron su marcha, y fueron de servicio en las ocasiones siguientes. Llevó esta gente por dar mayor seguridad a su empresa, o mantener la confianza de los tlascaltecas, acreditados ya de valientes contra los mexicanos; y no llevó mayor número por no escandalizar a Motezuma, o poner en desesperación a los rebeldes. Era su intento entrar en México de paz, y ver si podía reducir aquel pueblo con los remedios moderados, sin acordarse por entonces de su irritación, ni discurrir en el castigo de los culpados, si ya no se quería que fuese primero la quietud; por ser dos cosas que se consiguen mal a un mismo tiempo, el sosiego de la sedición y el escarmiento de los sediciosos.

Llegó a México día de San Juan, sin haber hallado en el camino más embarazo que la variedad y discordancia de las noticias. Pasó el ejército la laguna sin oposición, aunque no faltaron señales que hiciesen novedad en el cuidado. Halláronse deshechos y abrasados los dos bergantines de fábrica española; desiertos los arrabales y el barrio de la entrada; rotos los puentes que servían a la comunicación de las calles, y todo en un silencio que parecía cauteloso: indicios que obligaron a caminar poco a poco, suspendiendo los avances, y ocupando la infantería la que dejaban reconocido los caballos. Duró este recelo hasta que descubriendo el socorro los españoles que asistían a Motezuma, levantaron el grito y aseguraron la marcha. Bajó con ellos Pedro de Alvarado a la puerta del alojamiento, y se celebró la común felicidad con igual regocijo. Victoreábanse unos a otros en vez de saludarse: todos hablaban y todos se interrumpían; dijeron mucho los brazos y las medias razones, elocuencias del contento, en que significan más las voces que las palabras.

Salió Motezuma con algunos de sus criados hasta el primer patio, donde recibió a Cortés, tan copiosa de afectos su alegría, que tocó en exceso, y se llevó tras sí la majestad. Es cierto, y nadie lo niega, que deseaba su venida, porque ya necesitaba de sus fuerzas y consejo para reprimir a los suyos, o por la misma privación en que se hallaba de aquel género de libertad que le permitía Cortés, dejándole salir a sus divertimentos: licencia de que no quiso usar en todo el tiempo de su ausencia; siendo cierto que ya consistía su prisión en la fuerza de su palabra, cuyo desempeño le obligó a no desviarse de los españoles en aquella turbación de su república.

Bernal Díaz del Castillo dice que correspondió Hernán Cortés con desabrimiento a esta demostración de Motezuma: que le torció el rostro, y se retiró a su cuarto sin visitarle ni dejarse visitar: que dijo contra él algunas palabras descompuestas delante de sus mismos criados; y añade, como de propio dictamen, «que por tener consigo tantos españoles, hablaba tan airado y descomedido». Términos son de su historia. Y Antonio de Herrera le desautoriza más en la suya, porque se vale de su misma confesión para comprobar su desacierto con estas palabras: «muchos han dicho haber oído decir a Hernando Cortés, que si en llegando visitara a Motezuma, sus cosas pasaran bien, y que lo dejó estimándole en poco, por hallarse tan poderoso». Y trae a este propósito un lugar de Cornelio Tácito, cuya sustancia es, que los sucesos prósperos hacen insolentes a los grandes capitanes. No lo dice así Francisco López de Gómara, ni el mismo Hernán Cortés en la segunda relación de su jornada, que pudiera tocarlo para dar los motivos que le obligaron a semejante aspereza, tuviese razón, o fuese disculpa. Quede al arbitrio de la sinceridad el crédito que se debe a los autores; y séanos lícito dudar en Cortés una sinrazón tan fuera de propósito. Los mismos Herrera y Castillo asientan que Motezuma resistió esta sedición de sus vasallos: que los detuvo y reprimió siempre que intentaron asaltar el cuartel; y que si no fuera por la sombra de su autoridad, hubieran perecido infaliblemente Pedro de Alvarado y los suyos. Nadie niega que Cortés lo llevó entendido así; ni el hallarle cumpliendo su palabra le dejaba razón de dudar: siendo fuera de toda proporción que aquel príncipe moviese las armas que detenía, y se dejase estar cerca de los que intentaba destruir. Acción parece indigna de Cortés el despreciarle, cuando podía llegar el caso de haberle menester; y no era de su genio la destemplanza que se le atribuye, como efecto de la prosperidad. Puédese creer, o sospechar a lo menos, que Antonio de Herrera entró con poco fundamento en esta noticia, reincidiendo en los manuscritos de Bernal Díaz, apasionado intérprete de Cortés, y pudo ser que se inclinase a seguir su opinión por lograr la sentencia de Tácito: ambición peligrosa en los historiadores, porque suele torcerse o ladearse la narración, para que vengan a propósito las márgenes; y no es de todos entenderse a un tiempo con la verdad y con la erudición.

**Capítulo XII. Dase noticia de los motivos que tuvieron los mexicanos para tomar las armas; sale Diego de Ordaz con algunas compañías a reconocer la ciudad; da en una celada, y Hernán Cortés resuelve la guerra**

Dos o tres días antes que llegase a México el ejército de Cortés, se retiraron los rebeldes a la otra parte de la ciudad, cesando en sus hostilidades cavilosamente, según lo que se pudo inferir del suceso. Hallábanse asegurados en el exceso de sus fuerzas, y orgullosos de haber muerto en los combates pasados tres o cuatro españoles: caso extraordinario en que adquirieron, a costa de mucha gente, nueva osadía o mayor insolencia. Supieron que venía Cortés, y no pudieron ignorar lo que había crecido su ejército; pero estuvieron tan lejos de temerle, que hicieron aquel ademán de retirarse para dejarle franca la entrada, y acabar con todos los españoles después de tenerlos juntos en la ciudad. No se llegó a penetrar entonces este designio aunque se tuvo por ardid la retirada, y pocas veces se engaña quien discurre con malicia en las acciones del enemigo.

Alojóse todo el ejército en el recinto del mismo cuartel, donde cupieron españoles y tlascaltecas con bastante comodidad: distribuyéronse las guardias y las centinelas según el recelo a que obligaba una guerra que había cesado sin ocasión; y Hernán Cortés se apartó con Pedro de Alvarado para inquirir el origen de aquella sedición, y pasar a los remedios con noticia de la causa. Hallamos en este punto la misma variedad en que otras veces ha tropezado el curso de la pluma. Dicen unos, que las inteligencias de Narváez consiguieron esta conjuración del pueblo mexicano; y otros que dispuso el motín, y le fomentó Motezuma con ansia de su libertad, en que no es necesario detenernos, pues se ha visto ya el poco fundamento con que se atribuyeron a Narváez estas negociaciones ocultas; y queda bastantemente defendido Motezuma de semejante inconsecuencia. Dieron algunos el principio de la conspiración a la fidelidad de los mexicanos, refiriendo que tomaron las armas para sacar de opresión a su rey: dictamen que se acerca más a la razón que a la verdad. Otros atribuyeron este rompimiento al gremio de los sacerdotes, y no sin alguna probabilidad, porque anduvieron mezclados en el tumulto, publicando a voces las amenazas de sus dioses, y enfureciendo a los demás con aquel mismo furor que los disponía para recibir sus respuestas. Repetían ellos lo que hablaba el demonio en sus ídolos; y aunque no fue suyo el primer movimiento, tuvieron eficacia y actividad para irritar los ánimos y mantener la sedición.

Los escritores forasteros se apartan más de lo verosímil, poniendo el origen y los motivos de aquella turbación entre las atrocidades con que procuran desacreditar a los españoles en la conquista de las Indias; y lo peor es, que apoyan su malignidad, citando al padre fray Bartolomé de las Casas o Casaus, que fue después obispo de Chiapa, cuyas palabras copian y traducen, dándonos con el argumento de autor nuestro y testigo calificado. Lo que dejó escrito y anda en sus obras es que los mexicanos dispusieron un baile público, de aquellos que llamaban mitotes, para divertir o festejar a Motezuma; y que Pedro de Alvarado, viendo las joyas de que iban adornados, convocó su gente y embistió con ellos, haciéndolos pedazos para quitárselas, en cuyo miserable despojo dice que fueron pasados a cuchillo más de dos mil hombres de la nobleza mexicana; con que deja la conspiración en términos de justa venganza. Notable despropósito de acción, en que hace falta lo congruente y lo posible. Solicitaba entonces este prelado el alivio de los indios, y encareciendo lo que padecían, cuidó menos de la verdad que de la ponderación. Los más de nuestros escritores le convencen de mal informado en esta y otras enormidades que dejó escritas contra los españoles. Dicha es hallarle impugnado para entendernos mejor con el respeto que se debe a su dignidad.

Pero lo cierto fue que Pedro de Alvarado, poco después que se apartó de México Hernán Cortés, reconoció en los nobles de aquella corte menos atención o menos agrado; cuya novedad le obligó a vivir cuidadoso y velar sobre sus acciones. Valióse de algunos confidentes que observasen lo que pasaba en la ciudad. Supo que andaba la gente inquieta y misteriosa, y que se hacían juntas en casas particulares, con un género de recato mal seguro que ocultaba el intento y descubría la intención. Dio calor a sus inteligencias; y consiguió con ellas la noticia evidente de una conjuración que se iba forjando contra los españoles, porque ganó algunos de los mismos conjurados que venían con los avisos afeando la traición, sin olvidar el interés. Íbase acercando una fiesta muy solemne de ídolos, que celebraban con aquellos bailes públicos, mezcla de nobleza y plebe, y conmoción de toda la ciudad. Eligieron este día para su facción, suponiendo que se podría juntar descubiertamente sin que hiciese novedad. Era su intento dar principio al baile para convocar el pueblo y llevárselo tras sí, con la diligencia de apellidar la libertad de su rey y la defensa de sus dioses; reservando para entonces el publicar la conjuración, por no aventurar el secreto, fiándose anticipadamente de la muchedumbre; y a la verdad no lo tenían mal discurrido, que pocas veces falta el ingenio a la maldad.

Vinieron la mañana precedente al día señalado algunos de los promovedores del motín a verse con Pedro de Alvarado, y le pidieron licencia para celebrar su festividad: rendimiento afectado con que procuraron deslumbrarle; y él, mal asegurado todavía en su recelo, se la concedió, con calidad de que no llevasen armas, ni se hiciesen sacrificios de sangre humana; pero aquella misma noche supo que andaban muy solícitos escondiendo las armas en el barrio más vecino al templo: noticia que no le dejó que dudar, y le dio motivo para discurrir en una temeridad, que tuvo sus apariencias de remedio; y lo pudiera ser, si se aplicara con la debida moderación. Resolvió asaltarlos en el principio de su fiesta, sin dejarles lugar para que tomasen las armas, ni levantasen el pueblo; y así lo puso en ejecución, saliendo a la hora señalada con cincuenta de los suyos, y dando a entender, que le llevaba la curiosidad o el divertimiento. Hallólos entregados a la embriaguez, y envueltos en el regocijo cauteloso de que se iba formando la traición. Embistió con ellos, y los atropelló con poca o ninguna resistencia, hiriendo y matando algunos que no pudieron huir, o tardaron más en arrojarse por las cercas y ventanas del adoratorio. Su intento fue castigarlos y desunirlos, lo cual se consiguió sin dificultad pero no sin desorden. porque los españoles despojaron de sus joyas a los heridos y a los muertos: licencia mal reprimida entonces, y siempre dificultosa de reprimir en los soldados cuando se hallan con la espada en la mano y el oro a la vista.

Dispuso esta facción Pedro de Alvarado con más ardor que providencia. Retiróse con desahogos de vencedor, sin dar a entender al concurso popular los motivos de su enojo. Debiera publicar entonces la traición que prevenían contra él aquellos nobles, manifestar las armas que tenían escondidas, o hacer algo de su parte para ganar contra ellos el voto de la plebe, fácil siempre de mover contra la nobleza; pero volvió satisfecho de que había sido justo el castigo y conveniente la resolución, o no conoció lo que importan al acierto los adornos de la razón. Y aquel pueblo, que ignoraba la provocación, y vio el estrago de los suyos y el despojo de las joyas, atribuyó a la codicia todo el hecho, y quedó tan irritado, que tomó luego las armas, y dio cuerpo formidable a la sedición, hallándose dentro del tumulto con poca o ninguna diligencia de los primeros conjurados.

Reprendió Hernán Cortés a Pedro de Alvarado, por el arrojamiento y falta de consideración con que aventuró la mayor parte de sus fuerzas en día de tanta conmoción, dejando el cuartel, y su primer cuidado al arbitrio de los accidentes que podían sobrevenir. Sintió que recatase a Motezuma los primeros lances de aquella inquietud; y debiera comunicarle sus recelos, cuando no para valerse de su autoridad, para sondar su ánimo, y saber si le dejaba seguro con tan poca guarnición; lo cual fue lo mismo que volver las espaldas al enemigo de quien más se debía recelar: culpó la inadvertencia de no justificar a voces con el pueblo, y con los mismos delincuentes una resolución de tan violenta exterioridad: de que se conoce que no hubo en el hecho ni en sus motivos o circunstancias la maldad que le imputaron; porque no se contentaría Hernán Cortés con reprender solamente un delito de semejante atrocidad, ni perdiera la ocasión de castigarle, o prenderle por lo menos, para introducir la paz con este género de satisfacción: antes hallamos que le propuso el mismo Alvarado su prisión, como uno de los medios que podrían facilitar la reducción de aquella gente; y no vino en ello, porque le pareció camino más real servirse de la razón que tuvo el mismo Alvarado contra los primeros amotinados, para desengañar el pueblo y enflaquecer la facción de los nobles.

No se dejaron ver aquella tarde los rebeldes, ni después hubo accidente que turbase la quietud de la noche. Llegó la mañana, y viendo Hernán Cortés que duraba el silencio del enemigo, con señas de cavilación, porque no parecía un hombre por las calles, ni en todo lo que se alcanzaba con la vista, dispuso que saliese Diego de Ordaz a reconocer la ciudad y apurar el fondo a este misterio. Llevó cuatrocientos hombres españoles y tlascaltecas: marchó con buena orden por la calle principal, y a poca distancia descubrió una tropa de gente armada, que le arrojaron al parecer los enemigos para cebarle. Y avanzando entonces, con ánimo de hacer algunos prisioneros para tomar lengua, descubrió un ejército de innumerable muchedumbre, que le buscaba por la frente, y otro a las espaldas, que tenían oculto en las calles de los lados, cerrando el paso a la retirada. Embistiéronle unos y otros con igual ferocidad, al mismo tiempo que se dejó ver en las ventanas y azoteas de las casas tercer ejército de gente popular, que cerraba también el camino de la respiración, llenando el aire de piedras y armas arrojadizas.

Pero Diego de Ordaz, que necesitó de su valor y experiencia para juntar en este conflicto el desahogo con la celeridad, formó y dividió su escuadrón según el terreno, dando segunda frente a la retaguardia, picas y espadas contra las dos avenidas, y bocas de fuego contra las ofensas de arriba. No le fue posible avisar a Cortés del aprieto en que se hallaba; ni él sin esta noticia tuvo por necesario el socorrerle, cuando le suponía con bastantes fuerzas para ejecutar la orden que llevaba. Pero duró poco el calor de la batalla, porque los indios embistieron tumultuariamente, y anegados en su mismo número, se impedían el uso de las armas, perdiendo tantos la vida en el primer acometimiento, que se redujeron los demás a distancia, que ni podían ofender, ni ser ofendidos. Las bocas de fuego despejaron brevemente los terrados; y Diego de Ordaz, que venía solo a reconocer, y no debía pasar a mayor empeño, viendo que los enemigos le sitiaban a lo largo, reducidos a pelear con las voces y las amenazas, se resolvió retirarse, abriendo el camino con la espada; y dada la orden, se movió en la misma formación que se hallaba, cerrando a viva fuerza con los que ocupaban el paso del cuartel, y peleando al mismo tiempo con los que se le acercaban por la parte contrapuesta, o se descubrían en lo alto de las casas. Consiguió con dificultad la retirada, y no dejó de costar alguna sangre, porque volvieron heridos Diego de Ordaz, y los más de los suyos, quedando muertos ocho soldados que no se pudieron retirar. Serían acaso tlascaltecas, porque solo se hace memoria de un español que obró señaladamente aquel día, y murió cumpliendo con su obligación. Bernal Díaz refiere sus hazañas, y dice que se llamaba Lezcano. Los demás no hablan de él. Quedó sin el nombre cabal que merecía; pero no quede sin la recomendación de que se puede honrar su apellido. Conoció Hernán Cortés en este suceso que ya no era tiempo de intentar proposiciones de paz, que disminuyendo la reputación de sus fuerzas aumentasen la insolencia de los sediciosos. Determinó hacérsela desear antes de proponérsela, y salir a la ciudad con la mayor parte de su ejército para llamarlos con el rigor a la quietud. No se hallaba persona entonces por cuyo medio se pudiese introducir el tratado. Motezuma desconfiaba de su autoridad, o temía la inobediencia de sus vasallos. Entre los rebeldes no había quien mandase, ni quien obedeciese, o mandaban todos, y nadie obedecía: vulgo entonces sin distinción ni gobierno, que se componía de nobles y plebeyos. Deseaba Cortés con todo el ánimo seguir el camino de la moderación, y no desconfió de volverle a cobrar; pero tuvo por necesario hacerse atender antes de ponerse a persuadir; en que obró como diestro capitán, porque nunca es seguro fiarse de la razón desarmada para detener los ímpetus de un pueblo sedicioso: ella encogida o balbuciente, cuando no lleva seguras las espaldas; y él un monstruo inexorable, que aun teniendo cabeza le faltan los oídos.

**Capítulo XIII. Intentan los mexicanos asaltar el cuartel y son rechazados; hace dos salidas contra ellos Hernán Cortés; y, aunque ambas veces fueron vencidos y desbaratados, queda con alguna desconfianza de reducirlos**

Persiguieron los mexicanos a Diego de Ordaz tratando como fuga su retirada, y siguiendo con ímpetu desordenado el alcance hasta que los detuvo a su despecho la artillería del cuartel, cuyo estrago los obligó a retroceder, lo que tuvieron por necesario para desviarse del peligro; pero hicieron alto a la vista, y se conoció del silencio y diligencia con que se andaban convocando y disponiendo que trataban de pasar a nuevo designio.

Era su intento asaltar a viva fuerza el cuartel por todas partes; y a breve rato se vieron cubiertas de gentes las calles del contorno. Hicieron poco después la seña de acometer sus atabales y bocinas, avanzaron todos a un tiempo con igual precipitación. Traían de vanguardia tropas de flecheros para que barriendo la muralla pudiesen acercase los demás. Fueron tan cerradas y tan repetidas las cargas que despidieron, haciendo lugar a los que iban señalados para el asalto, que se hallaron los defensores en confusión, acudiendo con dificultad a los dos tiempos de reparar y ofender. Viose casi anegado en flechas el cuartel; y no parezca locución sobradamente animosa, pues se llegó a señalar gente que las apartase, porque ofendían segunda vez cerrando el paso a la defensa. Las piezas de artillería y demás bocas de fuego hacían horrible destrozo en los enemigos; pero venían tan resueltos a morir o vencer, que se adelantaban de tropel a ocupar el vacío de los que iban cayendo, y se volvían a cerrar animosamente pisando los muertos y atropellando los heridos.

Llegaron muchos a ponerse debajo del cañón y a intentar el asalto con increíble determinación: valíanse de sus instrumentos de pedernal para romper las puertas y picar las paredes: unos trepaban sobre sus compañeros para suplir el alcance de sus armas, otros hacían escalas de sus mismas picas para ganar las ventanas o terrados, y todos se arrojaban al hierro y al fuego como fieras irritadas: notable repetición de temeridades que pudieran celebrarse como hazañas si obrara en ellos el valor algo de lo que obraba la ferocidad.

Pero últimamente fueron rechazados, y se retiraron para cubrirse a las travesías de las calles, donde se mantuvieron hasta que los dividió la noche, más por la costumbre que tenían de no pelear en ausencia del Sol, que porque diesen esperanzas de haberse decidido la cuestión; antes se atrevieron poco después a turbar el sosiego de los españoles, poniendo por diferentes partes fuego al cuartel, o ya lo consiguiesen arrimándose a las puertas y ventanas con el amparo de la oscuridad, o ya le arrojasen a mayor distancia con las flechas de fuego artificial; que pareció más verosímil, porque la llama creció súbitamente a tomar posesión del edificio con tanto vigor, que fue necesario atajarla derribando algunas paredes, y trabajar después en cerrar y poner en defensa los portillos que se hicieron para impedir la comunicación del incendio: fatiga que duró la mayor parte de la noche.

Pero apenas se declaró la primera luz de la mañana cuando se dejaron ver los enemigos, escarmentados al parecer de acercarse a la muralla, porque solo provocaban a los españoles para que saliesen de sus reparos: llamábanlos a la batalla con grandes injurias, tratábanlos de cobardes porque se defendían encerrados; y Hernán Cortés, que había resuelto salir contra ellos aquel día, tuvo por oportuna esta provocación para encender los ánimos de los suyos. Dispúsolos con una breve oración al desagravio de su ofensa; y formó sin más dilación tres escuadrones del grueso que pareció conveniente, dando a cada uno más españoles que tlascaltecas: los dos para que fuesen desembarazando las calles vecinas o colaterales; y el tercero, donde iba su persona y la fuerza principal de su ejército, para que acometiese por la calle de Tácuba, donde había cargado el mayor grueso del enemigo. Dispuso las hileras, y distribuyó las armas según la necesidad que había de pelear por la frente y por los lados; acomodándose a lo que observó Diego de Ordaz en su retirada; y teniendo por digno de su imitación lo que poco antes mereció su alabanza, en que mostró la ingenuidad de su ánimo, y que no ignoraba cuánto aventuran los superiores que se dedignan de caminar por las huellas de los que fueron delante, cuando hay tan poca distancia entre el errar y el diferenciarse de los que acertaron.

Embistieron todos a un tiempo; y los enemigos dieron y recibieron las primeras cargas sin perder tierra ni conocer el peligro, esperando unas veces, y otras acometiendo, hasta llegar a lo estrecho de las armas y los brazos. Esgrimían los chuzos y los montantes con desesperada intrepidez. Entrábanse por las picas y las espadas para lograr el golpe a precio de la vida. Las bocas de fuego que iban señaladas al opósito de las azoteas y ventanas, no podían atajar la lluvia de las piedras, porque las arrojaban sin descubrirse, y fue necesario poner fuego en algunas casas para que cesase aquella prolija hostilidad.

Cedieron finalmente al esfuerzo de los españoles; pero iban rompiendo los puentes de las calles, y hacían rostro de la otra parte, obligándolos a que cegasen peleando las acequias para seguir el alcance. Los que partieron a desembarazar las calles de los lados, cargaron la multitud que las ocupaba con tanta resolución, que se consiguió por su medio asegurar la retaguardia y el llevar siempre al enemigo por la frente, hasta que saliendo a lo ancho de una plaza se unieron los tres escuadrones y a su primer ataque desmayaron los indios y volvieron las espaldas atropelladamente, dando a la fuga el mismo ímpetu que dieron a la batalla.

No permitió Hernán Cortés que se pasase a destruir enteramente aquellos vasallos de Motezuma fugitivos ya y desordenados; o no le sufrió su ánimo que se hiciese más sangrienta la victoria, pareciéndole que dejaba castigado con bastante rigor su atrevimiento. Recogióse su gente y se retiró, sin hallar oposición que le obligase a pelear. Faltaron de su ejército diez o doce soldados, y hubo muchos heridos, los más de piedra o flecha, y ninguno de cuidado. En el ejército de los mexicanos murió innumerable gente: los cuerpos que no pudieron retirar, llenaban de horror las calles después de haber teñido en su sangre las cercanías. Duró toda la mañana el combate, y se llegaron a ver en conflicto algunas veces los españoles: pero se debió a su valor el suceso, y le hizo posible su experiencia y buena disciplina. No hubo quien sobresaliese, porque obraron todos con igual bizarría señalándose los soldados como los capitanes, y quitando unas hazañas el nombre de las otras. Hizo la imitación valientes sin principio a los tlascaltecas; y Hernán Cortés gobernó la facción como valeroso y prudente capitán, acudiendo a todas partes, y más diligente a los peligros; siempre la espada en el enemigo; la vista en los suyos, y el consejo en su lugar; dejando en duda si se debió más a su ardimiento que a su pericia militar: virtudes ambas que poseyó en grado eminente, y que se desean sin distinción, o concurren sin preferencia en los grandes capitanes.

Fue necesario dejar algún tiempo al descanso de la gente y a la cura de los heridos, cuya suspensión duró tres días o poco más, en que se entendió solamente a la defensa del cuartel, que tuvo siempre a la vista el ejército de los amotinados, y fue algunas veces combatido con ligeras escaramuzas, en que andaba mezclado el huir y el acometer. En este medio tiempo volvió Cortés a las pláticas de la paz, y fueron saliendo con diferentes partidos algunos mexicanos de los que asistían al servicio de Motezuma; pero no se descuidó mientras duraba la negociación en las demás prevenciones. Hizo fabricar al mismo tiempo cuatro castillos de madera que se movían sobre ruedas con poca dificultad, por si llegase la ocasión de hacer nueva salida. Era capaz cada uno de veinte o treinta hombres, guarnecido el techo de gruesos tablones contra las piedras que venían de lo alto; frente y lados con sus troneras, para dar la carga sin descubrir el pecho: imitación de las mantas que usa la milicia para echar gente a picar las murallas; cuyo reparo tuvo entonces por conveniente para que se pudiesen arrimar sus soldados a poner fuego en las casas, y a romper las trincheras con que se iban atajando las calles; si ya no fue para que al embestir aquellas máquinas portátiles pelease también la novedad asombrando al enemigo.

De los mexicanos que salieron a proponer la paz volvieron unos mal despachados, y otros se quedaron entre los rebeldes, no sin grande irritación de Motezuma que deseaba con empeño la reducción de sus vasallos, y recataba con artificio fácil de penetrar, el recelo de que acabasen de perder el miedo a su autoridad. Hacíanse a este tiempo nuevas prevenciones de guerra en la ciudad. Los señores de vasallos que andaban en la sedición iban llamando la gente de sus lugares: crecía por instantes la fuerza del enemigo, y no cesaba la provocación en el cuartel de los españoles, cansados ya de sufrir la embarazosa repetición de voces y flechas, que aunque se perdían en el viento, no dejaban de ofender en la paciencia.

Con esta buena disposición de su gente, con el parecer de sus capitanes y aprobación de Motezuma, ejecutó Cortés la segunda salida contra los mexicanos: llevó consigo la mayor parte de los españoles y hasta dos mil tlascaltecas, algunas piezas de artillería, y algunos caballos a la mano para usar de ellos cuando lo permitiesen las quiebras del terreno. Estaba entonces el tumulto en un profundo silencio, y apenas se dio principio a la marcha cuando se conoció la primera dificultad de la empresa, en lo que abultaron súbitamente los gritos de la multitud, alternados con el estruendo pavoroso de los atabales y caracoles. No esperaron a ser acometidos, antes se vinieron a los españoles con notable resolución y movimiento menos atropellado que solían. Dieron y recibieron las primeras cargas sin descomponerse ni precipitarse; pero a breve rato conocieron el daño que recibían, y se fueron retirando poco a poco, sin volver las espaldas al primero de los reparos con que tenían atajadas las calles, en cuya defensa volvieron a pelear con tanta obstinación, que fue necesario adelantar algunas piezas de artillería para desalojarlos. Tenían cerca las retiradas, y en algunas levantando los puentes de las acequias con que se repetía importunadamente la dificultad, y no se hallaba la sazón de poderlos combatir en descubierto. Viéronse aquel día en sus operaciones algunas advertencias que parecían de guerra más que popular. Disparaban a tiempo, y baja la puntería para no malograr el tiro en la resistencia de las armas. Los puestos se defendían con desahogo, y se abandonaban sin desorden. Echaron gente a las acequias para que ofendiesen nadando con el bote de las picas. Hicieron subir grandes peñascos a las azoteas para destruir los castillos de madera, y lo consiguieron haciéndolos pedazos. Todas las señas daban a entender que había quien gobernase, porque se animaban y socorrían tempestivamente, y se dejaba conocer alguna obediencia entre los mismos desconciertos de la multitud.

Duró el combate la mayor parte del día, reducidos los españoles y sus aliados a ganar terreno de trinchera en trinchera; hízose gran daño en la ciudad: quemáronse muchas casas; y costó más sangre a los mexicanos esta ocasión que las dos antecedentes, porque anduvieron más cerca de las balas, o porque no pudieron huir como solían con el impedimento de sus mismos reparos.

Íbase acercando la noche, y Hernán Cortés, viéndose obligado, no sin alguna desazón, a la disputa inútil de ganar puestos que no se habían de mantener, se volvió a su alojamiento, dejando en la verdad menos corregida que hostigada la sedición. Perdió hasta cuarenta soldados, los más tlascaltecas: salieron heridos y maltratados más de cincuenta españoles, y él con un flechazo en la mano izquierda; pero más herido interiormente de haber conocido en esta ocasión que no era posible continuar aquella guerra tan desigual sin riesgo de perder el ejército y la reputación: primer desaliento suyo, cuya novedad extrañó su corazón y padeció su constancia. Encerróse con pretexto de la herida y con deseo de alargar las riendas al discurso. Tuvo mucho que hacer consigo la mayor parte de la noche. Sentía el retirarse de México, y no hallaba camino de mantenerse. Procuraba esforzarse contra la dificultad, y se ponía la razón de parte del recelo. No se conformaban su entendimiento y su valor, y todo era batallar sin resolver: impaciente y desabrido con los dictámenes de la prudencia, o mal hallado con lo que duele, antes de aprovechar el desengaño.

**Capítulo XIV. Propone a Cortés Motezuma que se retire, y él le ofrece que se retirará luego que dejen las armas sus vasallos; vuelven éstos a intentar nuevo asalto; habla con ellos Motezuma desde la muralla, y queda herido, perdiendo las esperanzas de reducirlos**

No tuvo mejor noche Motezuma, que vacilaba entre mayores inquietudes, dudoso ya en la fidelidad de sus vasallos, y combatido el ánimo de contrarios afectos que unos seguían y otros violentaban su inclinación: ímpetus de la ira, moderaciones del miedo y repugnancia de la soberbia. Estuvo aquel día en la torre más alta del cuartel observando la batalla, y reconoció entre los rebeldes al señor de Iztapalapa, y otros príncipes de los que podían aspirar al imperio: violos discurrir a todas partes animando la gente y disponiendo la facción; no recelaba de sus nobles semejante alevosía; crecieron a un tiempo su enojo y su cuidado; y sobresalió el enojo dando a la sangre y al cuchillo el primer movimiento de su natural; pero conociendo poco después el cuerpo que había tomado la dificultad, convertido ya el tumulto en conspiración, se dejó caer en el desaliento, quedando sin acción para ponerse de parte del remedio, y rindiendo al asombro y a la flaqueza todo el impulso de la ferocidad: horribles siempre al tirano los riesgos de la corona, y fáciles ordinariamente al temor los que se precian de temidos.

Esforzóse a discurrir en diferentes medios para restablecerse, y ninguno le pareció mejor que despachar luego a los españoles y salir a la ciudad, sirviéndose de la mansedumbre y de la equidad antes de levantar el brazo de la justicia. Llamó a Cortés por la mañana y le comunicó lo que había crecido su cuidado, no sin alguna destreza. Ponderó con afectada seguridad el atrevimiento de sus nobles, dando al empeño de castigarlos algo más que a la razón de temerlos. Prosiguió diciendo: «que ya pedían pronto remedio aquellas turbaciones de su república, y convenía quitar el pretexto a los sediciosos y darles a conocer su engaño antes de castigar su delito; que todos los tumultos se fundaban sobre apariencias de razón; y en las aprensiones de la multitud era prudencia entrar cediendo para salir dominando; que los clamores de sus vasallos tenían de su parte la disculpa del buen sonido, pues se reducían a pedir la libertad de su rey, persuadidos a que no la tenía, y errando el camino de pretenderla; que ya llegaba el caso de ser inexcusable que saliesen de México sin más dilación Cortés y los suyos para que pudiese volver por su autoridad, poner en sujeción a los rebeldes, y atajar el fuego desviando la materia». Repitió lo que había padecido por no faltar a su palabra, y tocó ligeramente los recelos que más le acongojaban; pero fueron rendidas las instancias que hizo Cortés para que no le replicase, que se descubrían las influencias del temor en las eficacias del ruego.

Hallábase ya Hernán Cortés con dictamen de que le convenía retirarse por entonces, aunque no sin esperanzas de volver a la empresa con mayor fundamento; y sirviéndose de lo que llevaba discurrido para extrañar menos esta proposición, le respondió sin detenerse: «que su ánimo y su entendimiento estaban conformes en obedecerle con ciega resignación, porque solo deseaba ejecutar lo que fuese de su mayor agrado, sin discurrir en los motivos de aquella resolución, ni detenerse a representar inconvenientes que tendría previstos y considerados; en cuyo examen debe rendir su juicio el inferior, o suele bastar por razón la voluntad de los príncipes. Que sentiría mucho apartarse de su lado sin dejarle restituido en la obediencia de sus vasallos, particularmente cuando pedía mayor precaución la circunstancia de haberse declarado la nobleza por los populares: novedad que necesitaba de todo su cuidado; porque los nobles, roto una vez el freno de su obligación, se hallan más cerca de los mayores atrevimientos; pero que no le tocaba formar dictámenes que pudiesen retardar su obediencia, cuando le proponía, como remedio necesario, su jornada, conociendo la enfermedad y los humores de que adolecía su república; sobre cuyo presupuesto, y la certidumbre de que marcharía luego con su ejército la vuelta de Zempoala, debía suplicarle que antes de su partida hiciese dejar las armas a sus vasallos, porque no sería de buena consecuencia que atribuyesen a su rebeldía lo que debían a la benignidad de su rey; cuyo reparo hacía más por el decoro de su autoridad, que por que le diese cuidado la obstinación de aquellos rebeldes, pues dejaba el empeño de castigarlos por complacerle, llevando en su espada y en el valor de los suyos todo lo que había menester para retirarse con seguridad».

No esperaba Motezuma tanta prontitud en las respuestas de Cortés: creyó hallar en él mayor resistencia, y temía estrecharle con la porfía o con la desazón en materia que tenía resuelta y deliberada. Diole a entender su agradecimiento con demostraciones de particular gratitud. Salió al semblante y a la voz el desahogo de su respiración. Ofreció mandar luego a sus vasallos que dejasen las armas, y aprobó su advertencia, estimándola como disposición necesaria para que llegasen menos indignos a capitular con su rey: punto en que no había discurrido, aunque sentía interiormente la disonancia de tanto contemporizar con los que merecían su desagrado, y no hallaba camino de componer la soberanía con la disimulación. Al mismo tiempo que duraba esta conferencia se tocó un arma muy viva en el cuartel. Salió Hernán Cortés a reconocer sus defensas, y halló la gente por todas partes empeñada en la resistencia de un asalto general que intentaron los enemigos. Estaba siempre vigilante la guarnición, y fueron recibidos con todo el rigor de las bocas de fuego: pero no fue posible detenerlos, porque cerraron los ojos al peligro y acometieron de golpe, impelidos unos de otros con tanta precipitación, que caminando al parecer su vanguardia sin propio movimiento, logró el primer avance la determinación dé arrimarse a la muralla. Fuéronse quedando los arcos y las hondas en la distancia que habían menester, y empezaron a repetir sus cargas para desviar la posición del asalto, que al mismo tiempo se intentaba y resistía con igual resolución.

Llegó por algunas partes el enemigo a poner el pie dentro de los reparos; y Hernán Cortés, que tenía formado su retén de tlascaltecas y españoles en el patio principal, acudía con nuevos socorros a los puntos más aventurados, siendo necesario toda su actividad y todo el ardimiento de los suyos para que no flaquease la defensa o se llegase a conocer la falta que hacen las fuerzas al valor.

Supo Motezuma el conflicto en que se hallaba Cortés; llamó a doña Marina, y por su medio le propuso: «que según el estado presente de las cosas y lo que tenía discurrido, sería conveniente dejarse ver desde la muralla para mandar que se retirasen los sediciosos populares, y viniesen desarmados los nobles a representar lo que unos y otros pretendían». Admitió Cortés su proposición, teniendo ya por necesaria esta diligencia para que respirase por un rato su gente, cuando no bastante para vencer la obstinación de aquella multitud inexorable. Y Motezuma se dispuso luego a ejecutar esta diligencia con ansia de reconocer el ánimo de sus vasallos en lo tocante a su persona. Hízose adornar de las vestiduras reales; pidió la diadema y el manto imperial; no perdonó las joyas de los actos públicos, ni otros resplandores afectados que publicaban su desconfianza, dando a entender con este cuidado que necesitaba de accidentes su presencia para ganar el respeto de los ojos, o que le convenía socorrerse de la púrpura y el oro para cubrir la flaqueza interior de la majestad. Con todo este aparato, y con los mexicanos principales que duraban en su servicio, subió al terrado contrapuesto a la mayor avenida. Hizo calle la guarnición y asomándose uno de ellos al pretil, dijo en voces altas: que previniesen todos su atención y su reverencia, porque se había dignado el gran Motezuma de salir a escucharlos y favorecerlos. Cesaron los gritos al oír su nombre, y cayendo el terror sobre la ira, quedaron apagadas las voces y amedrentada la respiración. Dejóse ver entonces de la muchedumbre, llevando en el semblante una severidad apacible compuesta de su enojo y su recelo. Doblaron muchos la rodilla cuando le descubrieron, y los más se humillaron hasta poner el rostro con la tierra, mezclándose la razón de temerle con la costumbre de adorarle. Miró primero a todos, y después a los nobles, con ademán de reconocer a los que conocía. Mandó que se acercasen algunos, llamándolos por sus nombres. Honrólos con el título de amigos y parientes, forcejeando con su indignación. Agradeció el afecto con que deseaban su libertad, sin faltar a la decencia de las palabras; y su razonamiento, aunque le hallamos referido con alguna diferencia fue, según dicen los más, en esta conformidad.

«Tan lejos estoy, vasallos míos, de mirar como delito esta conmoción de vuestros corazones, que no puedo negarme inclinado a vuestra disculpa. Exceso fue tomar las armas sin mi licencia, pero exceso de vuestra fidelidad. Creísteis, no sin alguna razón, que yo estaba en este palacio de mis predecesores detenido y violentado: y el sacar de opresión a vuestro rey es empeño grande para intentado sin desorden, que no hay leyes que puedan sujetar el nimio dolor a los términos de la prudencia; y aunque tomasteis con poco fundamento la ocasión de vuestra inquietud (porque yo estoy sin violencia entre los forasteros que tratáis como enemigos) ya veo que no es descrédito de vuestra voluntad el engaño de vuestro discurso. Por mi elección he perseverado con ellos; y he debido toda esta benignidad a su atención, y todo este obsequio al príncipe que los envía. Ya están despachados: ya he resuelto que se retiren: y ellos saldrán luego de mi corte; pero no es bien que me obedezcan primero que vosotros, ni que vaya delante de vuestra obligación su cortesía. Dejad las armas y venid como debéis a mi presencia, para que cesando el rumor y callando el tumulto, quedéis capaces de conocer lo que os favorezco en lo mismo que os perdono.»

Así acabó su oración y nadie se atrevió a responderle. Unos le miraban asombrados y confusos de hallar el ruego donde temían la indignación; y otros lloraban de ver tan humilde a su rey, o lo que disuena más tan humillado. Pero al mismo tiempo que duraba esta suspensión, volvió a remolinar la plebe, y pasó en un instante del miedo a la precipitación, fácil siempre de llevar a los extremos su inconstancia, y no faltaría quien la fomentase cuando tenían elegido nuevo emperador, o estaban resueltos a elegirle, que uno y otro se halla en los historiadores.

Creció el desacato a desprecio, dijéronle a grandes voces que ya no era su rey, que dejase la corona y el cetro por la rueca y el huso, llamándole cobarde, afeminado y prisionero vil de sus enemigos. Perdíanse las injurias en los gritos, y él procuraba, con el sobrecejo y con la mano, hacer lugar a sus palabras, cuando empezó a disparar la multitud, y vio sobre sí el último atrevimiento de sus vasallos. Procuraron cubrirle con las rodelas dos soldados que puso Hernán Cortés a su lado previniendo este peligro; pero no bastó su diligencia para que dejasen de alcanzarle algunas flechas, y más rigurosamente una piedra que le hirió en la cabeza, rompiendo parte de la sien, cuyo golpe le derribó en tierra sin sentido: suceso que sintió Cortés como uno de los mayores contratiempos que se le podían ofrecer. Hízole retirar a su cuarto, y acudió con nueva irritación a la defensa del cuartel; pero se halló sin enemigos en quien tomar satisfacción de su enojo; porque al mismo instante que vieron caer a su rey, o pudieron conocer que iba herido, se asombraron de su misma culpa, y huyendo sin saber de quién, o creyendo que llevaban a las espaldas la ira de sus dioses, corrieron a esconderse del cielo con aquel género de confusión o fealdad espantosa que suelen dejar en el ánimo al acabarse de cometer los enormes delitos.

Pasó luego Hernán Cortés al cuarto de Motezuma, que volvió en sí dentro de breve rato; pero tan impaciente y despechado, que fue necesario detenerle para que no se quitase la vida. No era posible curarle porque desviaba los medicamentos: prorrumpía en amenazas que terminaban en gemidos: esforzábase la ira y declinaba en pusilanimidad: la persuasión le ofendía, y los consuelos le irritaban: cobró el sentido para perder el entendimiento; y pareció conveniente dejarle por un rato y dar algún tiempo a la consideración para que se desembarazase de las primeras disonancias de la ofensa. Quedó encargado a su familia y en miserable congoja, batallando con las violencias de su natural y el abatimiento de su espíritu; sin aliento para intentar el castigo de los traidores, y mirando como hazaña la resolución de morir a sus manos: bárbaro recurso de ánimos cobardes que gimen debajo de la calamidad, y solo tienen valor contra el que puede menos.

**Capítulo XV. Muere Motezuma sin querer reducirse a recibir el bautismo; envia Cortés el cuerpo a la ciudad; celebran sus exequias los mexicanos; y se descubren las cualidades que concurrieron en su persona**

Perseveró en su impaciencia Motezuma, y se agravaron al mismo paso las heridas, conociéndose por instantes lo que influyen las pasiones del ánimo en la corrupción de los humores. El golpe de la cabeza pareció siempre de cuidado, y bastaron sus despechos para que se hiciese mortal, porque no fue posible curarle como era necesario hasta que le faltaron las fuerzas para resistir a los remedios. Padecíase lo mismo para reducirle a que tomase algún alimento, cuya necesidad le iba extenuando: solo duraba en él alentada y vigorosa la determinación de acabar con su vida, creciendo su desesperación con la falta de sus fuerzas. Conocióse a tiempo el peligro; y Hernán Cortés, que faltaba pocas veces de su lado porque se moderaba y componía en su presencia, trató con todas veras de persuadirle a lo que más le importaba. Volvióle a tocar el punto de la religión, llamándole con suavidad a la detestación de sus errores y el conocimiento de la verdad. Había mostrado en diferentes ocasiones alguna inclinación a los ritos y preceptos de la fe católica; desagradando a su entendimiento los absurdos de la idolatría, y llegó a dar esperanzas de convertirse; pero siempre lo dilataba por su diabólica razón de estado, atendiendo a la superstición ajena cuando le dejaba la suya: y dando al temor de sus vasallos más que a la reverencia de sus dioses.

Hizo Cortés de su parte cuanto pedía la obligación de cristiano. Rogábale unas veces fervoroso y otras enternecido que se volviese a Dios y asegurase la eternidad recibiendo el bautismo. El padre fray Bartolomé de Olmedo, le apretaba con razones de mayor eficacia: los capitanes que se preciaban de sus favorecidos querían entenderse con su voluntad; doña Marina pasaba de la interpretación a los motivos y a los ruegos; y diga lo que quisiere la emulación o la malicia, que hasta en este cuidado culpa de omisos a los españoles, no se omitió diligencia humana para reducirle al camino de la verdad. Pero sus respuestas eran despropósitos de hombre preciso: discurrir en su ofensa; prorrumpir en amenazas; dejarse caer en la desesperación, y encargar a Cortés el castigo de los traidores; en cuya batalla, que duró tres días, rindió al demonio la eterna posesión de su espíritu, dando a la venganza y a la ferocidad las últimas cláusulas de su aliento; y dejando al mundo un ejemplo formidable de lo que se deben temer en aquella hora las pasiones, enemigas siempre de la conformidad, y más absolutas en los poderosos; porque falta el vigor para sujetarlas, al mismo tiempo que prevalece la costumbre de obedecerlas.

Fue general entre los españoles el sentimiento de su muerte, porque todos le amaban con igual afecto; unos por sus dádivas, y otros por su gratitud y benevolencia. Pero Hernán Cortés, que le debía más que todos y hacía mayor pérdida, sintió esta desgracia tan vivamente, que llegó a tocar su dolor en congoja y desconsuelo; y aunque procuraba componer el semblante por no desalentar a los suyos, no bastaron sus esfuerzos para que dejase de manifestar el secreto de su corazón con algunas lágrimas que se vinieron a sus ojos tarde o mal detenidas. Tenía fundada en la voluntaria sujeción de aquel príncipe la mayor fábrica de sus designios. Habíasele cerrado con su muerte la puerta principal de sus esperanzas. Necesitaba ya de tirar nuevas líneas para caminar al fin que pretendía, y sobre todo le congojaba que hubiese muerto en su obstinación: último encarecimiento felicidad, y punto esencial que lo dividía el corazón entre la tristeza y el miedo, tropezando en el horror todos los movimientos de la piedad.

Su primera diligencia fue llamar a los criados del difunto, y elegir seis de los más principales para que sacasen el cuerpo a la ciudad, en cuyo número fueron comprendidos algunos prisioneros sacerdotes de los ídolos, unos y otros oculares testigos de sus heridas y de su muerte. Ordenóles que dijesen de su parte a los príncipes que gobernaban el tumulto popular: «que allí les enviaba el cadáver de su rey muerto a sus manos, cuyo enorme delito daba nueva razón a sus armas. Que antes de morir le pidió repetidas veces, como sabían, que tomase por su cuenta la venganza de su agravio y el castigo de tan horrible conspiración. Pero que mirando aquella culpa como brutalidad impetuosa de la ínfima plebe, y como atrevimiento cuya enormidad habrían conocido y castigado los de mayor entendimiento y obligaciones, volvía de nuevo a proponer la paz, y estaba pronto a concedérsela viniendo los diputados que nombrasen a conferir y ajustar los medios que pareciesen convenientes. Pero que al mismo tiempo tuviesen entendido que si no se ponían luego en la razón y en el arrepentimiento, serían tratados como enemigos, con la circunstancia de traidores a su rey, experimentando los últimos rigores de sus armas; porque muerto Motezuma, cuyo respeto le detenía y moderaba, trataría de asolar y destruir enteramente la ciudad, y conocerían con tardo escarmiento lo que iba de una hostilidad poco más que defensiva, en que solo se cuidaba de reducirlos, a una guerra declarada en que se llevaría delante de los ojos la obligación de castigarlos».

Partieron luego con este mensaje los seis mexicanos, llevando en los hombros el cadáver; y a pocos pasos llegaron a reconocerle, no sin alguna reverencia, los sediciosos, como se observó desde la muralla. Siguiéronle todos arrojando las armas y desamparando sus puestos, y en un instante se llenó la ciudad de llantos y gemidos: bastante demostración de que pudo más el espectáculo miserable o la presencia de su culpa, que la dureza de sus corazones. Ya tenían elegido emperador según la noticia que se tuvo después, y sería dolor sin arrepentimiento; pero no disonarían al sucesor aquellas reliquias de fidelidad, mirándolas en el nombre y no en la persona del rey. Duraron toda la noche los alaridos y clamores de la gente, que andaba en tropas repitiendo por las calles el nombre de Motezuma con un género de inquietud lastimosa que publicaba el desconsuelo, sin perder las señas de motín.

Algunos dicen que le arrastraron y le hicieron pedazos, sin perdonar a sus hijos y mujeres. Otros que le tuvieron expuesto a la irrisión y desacato de la plebe; hasta que un criado suyo formando una humilde pira de mal colocados leños, abrasó el cuerpo en lugar retirado y poco decente. Púdose creer uno y otro de un pueblo desbocado; en cuya inhumanidad se acerca más a lo verosímil lo que se aparta más de la razón. Pero lo cierto fue que respetaron el cadáver, afectando en su adorno y en la pompa funeral que sentían su muerte como desgracia en que no tuvo culpa su intención; si ya no aspiraron a conseguir con aquella exterioridad reverente la satisfacción o el engaño de sus dioses. Lleváronle con grande aparato la mañana siguiente a la montaña de Chapultepeque, donde se hacían las exequias y guardaban las cenizas de sus reyes: y al mismo tiempo resonaron con mayor fuerza los clamores y lamentos de la multitud que solía concurrir a semejantes funciones: cuya noticia confirmaron después ellos mismos, refiriendo las honras de su rey como hazaña de su atención, o como enmienda sustancial de su delito.

No faltaron plumas que atribuyesen a Cortés la muerte de Motezuma, o lo intentasen por lo menos, afirmando que le hizo matar para desembarazarse de su persona. Y alguno de los nuestros dice que se dijo; y no le defiende ni lo niega: descuido que sin culpa de la intención, se hizo semejante a la calumnia. Pudo ser que lo afirmasen años después los mexicanos por concitar el odio contra los españoles, o borrar la infamia de su nación; pero no lo dijeron entonces ni lo imaginaron, ni se debía permitir a la pluma sin mayor fundamento un hecho de semejantes inconsecuencias. ¿Cómo era posible que un hombre tan atento y tan avisado como Hernán Cortés, cuando tenía sobre sí todas las armas de aquel imperio, se quisiese deshacer de una prenda en que consistía su mayor seguridad? ¿O qué disposición le daba la muerte de un rey amigo y sujeto para la conquista de un reino levantado y enemigo? Desgracia es de las grandes acciones la variedad con que se refieren, y empresa fácil de la mala intención inventar circunstancias, que cuando no basten a deslucir la verdad, la sujetan por entonces a la opinión o a la ignorancia, empezando muchas veces en la credulidad licenciosa del vulgo, lo que viene a parar en las historias. Notablemente se fatigan los extranjeros para desacreditar los aciertos de Cortés en esta empresa. Defiéndale su entendimiento de semejante absurdo, si no le defendiere la nobleza de su ánimo de tan horrible maldad, y quédese la envidia en su confusión: vicio sin deleite que atormenta cuando se disimula, y desacredita cuando se conoce; siendo en la verdad lustre del envidiado y desaire de su dueño.

Fue Motezuma, como dijimos, príncipe de raros dotes naturales; de agradable y majestuosa presencia; de claro y perspicaz entendimiento; falto de cultura, pero inclinado a la sustancia de las cosas. Su valor le hizo el mejor entre los suyos antes de llegar a la corona, y después le dio entre los extraños la opinión más venerable de los reyes. Tenía el genio y la inclinación militar: entendía las artes de la guerra; y cuando llegaba el caso de tomar las armas, era el ejército su corte. Ganó por su persona y dirección nueve batallas campales: conquistó diferentes provincias, y dilató los límites de su imperio, dejando los resplandores del solio por los aplausos de la campaña, y teniendo por mejor cetro el que se forma del bastón. Fue naturalmente dadivoso y liberal: hacía grandes mercedes sin género de ostentación, tratando las dádivas como deudas, y poniendo la magnificencia entre los oficios de la majestad. Amaba la justicia y celaba su administración en los ministros con rígida severidad. Era contenido en los desórdenes de la gula, y moderado en los incentivos de la sensualidad. Pero estas virtudes tanto de hombre como de rey, se deslucían o apagaban con mayores vicios de hombre y de rey. Su continencia le hacía más vicioso que templado, pues se introdujo en su tiempo el tributo de las concubinas: naciendo la hermosura en todos sus reinos esclava de sus moderaciones: desordenado el antojo sin hallar disculpa en el apetito. Su justicia tocaba en el extremo contrario, y llegó a equivocarse con su crueldad, porque trataba como venganza los castigos, haciendo muchas veces el enojo lo que pudiera la razón. Su liberalidad ocasionó mayores daños que produjo beneficios, porque llegó a cargar sus reinos de imposiciones y tributos intolerables; y se convertía en sus profusiones y desprecios el fruto aborrecible de su iniquidad. No daba medio, ni admitía distinción entre la esclavitud y el vasallaje; y hallando política en la opresión de sus vasallos, se agradaba más de su temor que de su paciencia. Fue la soberbia su vicio capital y predominante: votaba por sus méritos cuando encarecía su fortuna, y pensaba de sí mejor que de sus dioses, aunque fue sumamente dado a la superstición de su idolatría y el demonio llegó a favorecerle con frecuentes visitas, cuya malignidad tiene sus hablas y visiones para los que llegan a cierto grado en el camino de la perdición. Sujetóse a Cortés voluntariamente, rindiéndose a una prisión de tantos días contra todas las reglas naturales de su ambición y su altivez. Púdose dudar entonces la causa de semejante sujeción; pero de sus mismos efectos se conoce ya que tomó Dios las riendas en la mano para domar este monstruo, sirviéndose de su mansedumbre para la primera introducción de los españoles: principio de que resultó después la conversión de aquella gentilidad. Dejó algunos hijos: dos de los que le asistían en su prisión fueron muertos por los mexicanos cuando se retiró Cortés; y otras dos o tres hijas que se convirtieron después y casaron con españoles. Pero el principal de todos fue don Pedro de Motezuma, que se redujo también a la religión católica dentro de pocos días, y tomó este nombre en el bautismo. Concurrió en él la representación de su padre por ser habido en la señora de la provincia de Tula, una de las reinas que residían en el palacio real con igual dignidad; la cual se redujo también a imitación de su hijo, y se llamó en el bautismo doña María de Niagua Suchil, acordando en estos renombres la nobleza de sus antepasados. Favoreció el rey a don Pedro, dándole estado y rentas en Nueva España, con título de conde de Motezuma, cuya sucesión legítima se conserva hoy en los condes de este apellido, vinculada en él dignamente la heroica recordación de tan alto principio.

Reinó este príncipe diecisiete años: undécimo en el número de aquellos emperadores; segundo en el nombre de Motezuma; y últimamente murió en su ceguedad a vista de tantos auxilios que parecían eficaces. ¡Oh siempre inescrutables permisiones de la eterna justicia! Mejores para el corazón que para el entendimiento.

### Capítulo XVI. Vuelven los mexicanos a sitiar el alojamiento de los españoles; hace Cortés nueva salida; gana un adoratorio que habían ocupado y los rompe, haciendo mayor daño en la ciudad, y deseando escarmentarlos para retirarse

No intentaron los indios facción particular que diese cuidado en los tres días que duró Motezuma con sus heridas, aunque siempre hubo tropas a la vista, y algunas ligeras invasiones que se desviaban con facilidad. Púdose dudar si duraba en ellos la turbación de su delito, y el temor de su rey nuevamente irritado. Pero después se conoció que aquella tibia continuación de la guerra nacía de la gente popular que andaba desordenada y sin caudillos, por hallarse ocupados los magnates de la ciudad en la coronación del nuevo emperador que, según lo que se averiguó después, se llamaba Quetlabaca rey de Iztapalapa, y segundo elector del imperio: vivió pocos días, pero bastantes para que su tibieza y falta de aplicación dejase poco menos que borrada entre los suyos la memoria de su nombre. Los mexicanos que salieron con el cuerpo de Motezuma, y con la proposición de la paz, no volvieron con respuesta: y esta rebeldía en los principios del nuevo gobierno, traía malas consecuencias a la imaginación. Deseaba Hernán Cortés retirarse con reputación, empeñado ya con sus capitanes y soldados en que se dispondría brevemente la salida, y hecho el ánimo a que le convenía rehacerse de nuevas fuerzas para volver a México menos aventurado, cuya conquista miró siempre como cosa que había de ser, y miraba entonces como empeño necesario muerto Motezuma, cuyas atenciones contenían su resolución dentro de otros límites menos animosos.

Tardó poco el desengaño de lo que se andaba maquinando en aquella suspensión de los indios; porque la mañana siguiente al día en que se celebraron las exequias de Motezuma, volvieron a la guerra con más fundamento y mayor número de gente. Amanecieron ocupadas todas las calles del contorno, y del cuartel, dominando parte del edificio con el alcance de hondas y flechas: puesto en que se hubiera fortificado Hernán Cortés si se hallara con fuerzas bastantes para divididas; pero no quiso incurrir en el desacierto de los que faltan a la necesidad por acudir a la prevención.

Subíase por cien gradas al atrio superior de este adoratorio, sobre cuyo pavimento se levantaban algunas torres de bastante capacidad. Habíanse alojado en él hasta quinientos soldados escogidos entre la nobleza mexicana, tomando tan de asiento el mantenerle, que se previnieron de armas y bastimentos para muchos días.

Hallóse Cortés empeñado en desalojar al enemigo de aquel padrastro, cuyas ventajas una vez conocidas y puesta en uso, pedían breve remedio; y para conseguirlo sin aventurar la facción, sacó la mayor parte de su gente fuera de la muralla, dividiéndola en escuadrones del grueso que pareció necesario para detener las avenidas y embarazar los socorros. Cometió el ataque del adoratorio el capitán Escobar con su compañía, y hasta cien españoles de buena calidad. Diose principio al combate, ocupando los españoles todas las bocas de las calles; y al mismo tiempo acometió Escobar penetrando el atrio inferior y parte de las gradas sin hallar oposición, porque los indios le dejaron empeñar en ellas advertidamente por ofenderle mejor desde más cerca; y en viendo la ocasión se coronaron de gente los pretiles, y dieron la carga disparando sus flechas y sus dardos con tanto rigor y concierto, que le obligaron a detenerse y a ordenar que peleasen los arcabuces y ballestas contra los que se descubrían; pero no le fue posible resistir a la segunda carga que fue menos tolerable. Tenían de mampuesto grandes piedras y gruesas vigas, que dejadas caer de lo alto, y cobrando fuerza en el pendiente de las gradas, le obligaron a retroceder primera, segunda y tercera vez: algunas de las vigas bajaban medio encendidas para que hiciesen mayor daño: ruda imitación de las armas de fuego, que sería grande arbitrio entre sus ingenieros, pero se descomponía la gente para evitar el golpe; y turbada la unión, se hacía la retirada inevitable.

Reconociólo Hernán Cortés, que discurría con una tropa de caballos por todas las partes donde se peleaba, y desmontando con el primer consejo de su valor, reforzó la compañía de Escobar con algunos tlascaltecas del retén y la gente de su tropa. Hízose atar al brazo herido una rodela, y se arrojó a las gradas con la espada en la mano, y tan segura resolución, que dejó sin conocimiento del peligro a los que le seguían. Venciéronse con presteza y felicidad los impedimentos del asalto: ganóse del primer abordo la última grada, y poco después el pretil del atrio superior, donde se llegó a lo estrecho de las espadas y los chuzos. Eran nobles aquellos mexicanos, y se conoció en su resistencia lo que diferencia los hombres el incentivo de la reputación. Dejábanse hacer pedazos por no rendir las armas: algunos se precipitaban de los pretiles, persuadidos a que mejoraban de muerte si la tomaban por sus manos. Los sacerdotes y ministros del adoratorio, después de apellidar la defensa de sus dioses, murieron peleando con presunción de valientes, y a breve rato quedó por Cortés el puesto con total estrago de aquella nobleza mexicana sin perder un hombre ni ser muchos los heridos.

Fue notable y digno de memoria el discurso que hicieron dos indios valerosos en la misma turbación de la batalla, y el denuedo con que llegaron a intentar la ejecución de su designio. Resolviéronse a dar la vida por su patria, creyendo acabar la guerra con su muerte: y era el concierto de los dos precipitarse a un tiempo del pretil por la parte donde faltaban las gradas, llevándose consigo a Cortés. Anduvieron juntos buscando la ocasión; y apenas le vieron cerca del precipicio, cuando arrojaron las armas para poderse acercar como fugitivos que iban a rendirse. Llegaron a él con la rodilla en tierra, en ademán de pedir misericordia; y sin perder tiempo se dejaron caer del pretil con la presa en las manos, haciendo mayor violencia del impulso con la fuerza natural de su mismo peso. Arrojólos de sí Hernán Cortés, no sin alguna dificultad, y quedó con menos enojo que admiración, reconociendo su peligro en la muerte de los agresores, y sin desagradarse del atrevimiento por la parte que tuvo de hazaña.

Hubo algunas circunstancias en esta facción del adoratorio que la hicieron posible a menos costa. Turbáronse los indios al verse acometer de mayor número, y del mismo capitán a quien tenían por invencible. Anduvieron más acelerados que diligentes en la defensa de las gradas; y las vigas que arrojaban de lo alto atravesadas, en cuyo golpe consistía su mayor defensa, se observó que bajaron de punta, con que pasaban sin ofender: accidente que pareció muy repetido para casual; y algunos le refieren como una de las maravillas que obró en aquella conquista la divina Providencia. Pudo ser culpa de su turbación el arrojarlas menos advertidamente; pero es cierto que facilitó el último asalto esta novedad; y a vista de tanto como hubo que atribuir a Dios en esta guerra, no sería mucho exceso equivocar alguna vez lo admirable con lo milagroso.

Hizo Hernán Cortés que se transportasen luego a su cuarto los víveres que tenían almacenados en las oficinas del adoratorio, cantidad considerable, y socorro necesario en aquella ocasión. Mandó que se pusiese fuego al mismo adoratorio, y que se diesen a la ruina y al incendio las torres, y algunas casas interpuestas que podían embarazar para que su artillería mandase la eminencia. Cometió este cuidado a los tlascaltecas, que lo pusieron luego en ejecución; y volviendo los ojos al empeño en que se hallaba su gente, reconoció que había cargado la mayor fuerza del enemigo a la calle de Tácuba, poniendo en conflicto a los que cuidaban de aquella principal avenida. Cobró luego su caballo, y afianzó la rienda en el brazo herido. Tomó una lanza y partió al socorro haciendo que le siguiesen los demás caballos delante, cuyo choque rompió la multitud enemiga, hiriendo y atropellando a todas partes sin perder golpe, ni olvidar la defensa. Fue sangriento el combate, porque los indios que se iban quedando atrás, por apartarse de los caballos, daban medio vencidos en la infantería, que trabajaba poco en acabarlos de vencer. Pero Hernán Cortés, no sin alguna consideración, se adelantó a todos los de su tropa, dejándose lisonjear más que debiera de sus mismas hazañas, y cuando volvió sobre sí, no se pudo retirar, porque le venía cargando todo el tropel de fugitivos, hecha ya peligro de su vida la victoria de los suyos.

Resolvióse a tomar otra calle, creyendo hallar en ella menos oposición, y a pocos pasos encontró una partida numerosa de indios mal ordenados que llevaban preso a su grande amigo Andrés de Duero, porque dio en sus manos cayendo su caballo; y le valió para que no le hiriesen el ir destinado al sacrificio. Embistió con ellos animosamente, y atropellando la escolta, puso en confusión a los demás, conque pudo el preso desembarazarse de los que le oprimían para servirse de un puñal que le dejaron por descuido cuando le desarmaron. Hízose lugar con muerte de algunos, hasta cobrar su lanza y su caballo; y unidos los dos amigos, pasaron la calle al galope largo, rompiendo por las tropas enemigas hasta llegar a incorporarse con los suyos. Celebró este socorro Hernán Cortés como una de sus mayores felicidades; vínosele a las manos la ocasión cuando se hallaba dudoso de la propia salud; pero le ayudaba tanto la fortuna tomada en su real y católica significación, que hasta sus mismas inadvertencias le producían sucesos oportunos.

Ibase ya retirando por todas partes el enemigo, y no pareció conveniente pasar a mayor empeño, porque no era posible seguir el alcance sin desabrigar el cuartel. Hízose la seña de recoger; y aunque volvió fatigada la gente del largo combate, fue sin otra pérdida que la de algunos heridos: cuya felicidad dio nueva sazón al descanso, enjugando brevemente la victoria el sudar de la batalla. Quemáronse muchas casas este día, y murieron tantos mexicanos, que a vista de su castigo se pudo esperar su escarmiento. Algunos refieren esta salida entre las que se hicieron antes que muriese Motezuma; pero fue después según la relación del mismo Hernán Cortés, a quien seguimos sin mayor examen, por no ser este de los casos en que importa mucho la graduación de los sucesos. Debióse principalmente a su valor el asalto del adoratorio, porque hizo superable con su resolución y con su ejemplo la dificultad en que vacilaban los suyos. Olvidóse dos veces este día de lo que importaba su persona, entrando en los peligros menos considerado que valiente: excesos del corazón, que aun sucediendo bien, merecen admiración sin alabanza.

Hicieron tanto aprecio los mexicanos de este asalto del adoratorio, que le pintaron como acaecimiento memorable, y se hallaron después algunos lienzos que contenían toda la facción, el acometimiento de las gradas, el combate del atrio; y daban últimamente ganado el puesto a sus enemigos, sin perdonar el incendio y la ruina de los torreones, ni atreverse a torcer lo sustancial del suceso por ser estas pinturas sus historias, cuya fe veneraban, teniendo por delito el engaño de la posteridad. Pero se hizo justo reparo en que no les faltase malicia para fingir algunos adminículos que miraban al crédito de su nación. Pintaron muchos españoles muertos, despeñados y heridos; cargando la mano en el destrozo que no hicieron sus armas, y dejando al parecer colorida la pérdida con la circunstancia de costosa: falta de puntualidad en que no pudieron negar la profesión de historiadores, entre los cuales viene a ser vicio como familiar este género de cuidado con que se refieren los sucesos, torciendo sus circunstancias hacia la inclinación que gobierna la pluma; tanto, que son raras las historias en que no se conozca por lo escrito la patria o el afecto del escritor. Plutarco en la gloria de los athenienses halló alguna paridad entre la historia y la pintura. Quiere que sea un país bien delineado que ponga delante de los ojos lo que refiere. Pero nunca se verifica más en la pluma la semejanza del pincel que cuando se aliña el país en que se retratan los sucesos con este género de pinceladas artificiosas, que pasan como adornos de la narración, y son distancias de la pintura que pudieran llamarse lejos de la verdad.

**Capítulo XVII. Proponen los mexicanos la paz con ánimo de sitiar por hambre a los españoles; conócese la intención del tratado; junta Hernán Cortés sus capitanes, y se resuelve salir de México aquella misma noche**

El día siguiente hicieron llamada los mexicanos, y fueron admitidos no sin esperanza de algún acuerdo conveniente. Salió Hernán Cortés a escucharlos desde la muralla; y acercándose algunos de los nobles con poco séquito, le propusieron de parte del nuevo emperador: «que se tratase de marchar luego con su ejército a la marina, donde le aguardaban sus grandes canoas, y cesaría la guerra por el tiempo de que necesitase para disponer su jornada. Pero que no determinase a tomar luego esta resolución, tuviese por cierto que se perderían él y todos los suyos irremediablemente, porque ya tenían experiencia de que no eran inmortales; y cuando les costase veinte mil hombres cada español que muriese, les sobraría mucha gente para cantar la última victoria». Respondióles Hernán Cortés: «que sus españoles nunca presumieron de inmortales, sino de valerosos y esforzados sobre todos los mortales; y tan superiores a los de su nación, que sin más fuerzas ni mayor número de gente le bastaba el ánimo a destruir no solamente la ciudad, sino todo el imperio mexicano. Pero que doliéndose de lo que había padecido por su obstinación, y hallándose ya sin el motivo de su embajada, muerto el gran Motezuma, cuya benignidad y atenciones le detenían, estaba resuelto a retirarse, y lo ejecutaría sin dilación, asentándose de una parte y otra los pactos que fuesen convenientes para la disposición de su viaje». Dieron a entender los mexicanos que volvían satisfechos y bien despachados; y a la verdad llevaron la respuesta que deseaban, aunque tenía su malignidad oculta la proposición.

Habíanse juntado los ministros del nuevo gobierno para discurrir en presencia de su rey sobre los puntos de la guerra. Y después de varias conferencias resolvieron que para evitar el daño grande que recibían de las armas españolas, la mortandad lastimosa de su gente y la ruina de la ciudad, sería conveniente sitiarlos por hambre, no porque diesen el caso de aguardar a que se rindiesen, sino por enflaquecerlos y embestirlos cuando les faltasen las fuerzas, inventando este género de asedio; novedad hasta entonces en su milicia. Fue la resolución que se moviesen pláticas de paz para conseguir la suspensión de armas que deseaban, suponiendo que se podría entretener el tratado con varias proposiciones hasta que se acabasen los pocos bastimentos que hubiese de reserva en el cuartel, a cuyo fin ordenaron que se cuidase mucho de impedir los socorros, de cerrar con tropas a lo largo y otros reparos, las surtidas por donde se podían escapar los sitiados, y de romper el paso de las calzadas que salían al camino de la Veracruz, porque ya no era conveniente dejarlos salir de la ciudad para que alborotasen las provincias mal contenidas o se rehiciesen al abrigo de Tlascala.

Repararon algunos en lo que padecían diferentes mexicanos de gran suposición que se hallaban prisioneros en el mismo cuartel: los cuales era necesario que pereciesen de hambre primero que la llegasen a sentir sus enemigos. Pero anduvieron muy celosos de la causa pública, votando que serían felices, y cumplirían con su obligación, si muriesen por el bien de la patria: y pudo ser que les hiciese daño el hallarse con ellos tres hijos de Motezuma, cuya muerte no sería mal recibida en aquel congreso por ser el mayor mozo capaz de la corona, bienquisto con el pueblo, y el único sujeto de quien se debía recelar el nuevo emperador: flaqueza lastimosa de semejantes ministros dejarse llevar hacia la contemplación por los rodeos del beneficio común.

Solamente les daba cuidado el sumo de aquellos inmundos sacerdotes que se hallaban en la misma prisión, porque le veneraban como a la segunda persona del rey, y tenían por ofensa de sus dioses el dejarle perecer; pero usaron de un ardid notable para conseguir su libertad. Volvieron aquella misma tarde a nueva conferencia los mismos enviados, y propusieron de parte de su príncipe que para excusar demandas y respuestas que retardasen el tratado, sería bien que saliese a la ciudad alguno de los mexicanos que tenían prisioneros con noticia de lo que se hubiese de capitular: medio que no hizo disonancia, ni pareció dificultoso; y luego que le vieron admitido, se dejaron caer como por vía de consejo amigable que ninguno sería tan a propósito como un sacerdote anciano que paraba en su poder, porque sabría dar a entender la razón y vencer las dificultades que se ofreciesen: cuyo especioso y bien ordenado pretexto bastó para que viniesen a conseguir lo que deseaban, no porque se dejase de conocer el descuido artificioso de la proposición, sino porque a vista de lo que importaba sondar el ánimo de aquella gente, suponía poco el deshacerse de un prisionero abominable y embarazoso. Salió poco después el mismo sacerdote bien instruido en algunas demandas fáciles de conceder que miraban a la comodidad y buen pasaje de los tránsitos para llegar, caso que volviese a lo que se debía capitular en orden a la deposición de las armas, rehenes y otros puntos de más consideración. Pero no fue necesario esperarle, porque llegó primero el desengaño de que no volvería. Reconocieron las centinelas que los enemigos tenían sitiado el cuartel a mayor distancia que solían: que andaban recatados y solícitos, levantando algunas trincheras y reparos para defender el paso de las acequias, y que habían echado gente a la laguna que iba rompiendo los puentes de la calzada principal, y embarazando el camino de Tlascala: diligencia que dio a conocer enteramente el artificio de su intención.

Recibió Hernán Cortés con alguna turbación esta noticia; pero enseñado a vencer mayores dificultades cobró el sosiego natural; y con el primer calor de su discurso, que se iba derechamente a los remedios, mandó fabricar un puente de vigas y tablones para ocupar las divisiones de la calzada que fuese capaz de resistir el peso de la artillería, quedando en tal disposición que le pudiesen mover y conducir hasta cuarenta hombres. Y sin detenerse más de lo necesario para dejar esta obra en el astillero, pasó a tomar el parecer de sus capitanes en orden al tiempo en que se debía ejecutar la retirada: punto en cuya proposición se portó con total indiferencia, o porque no llevaba hecho dictamen, o porque le llevaba de no cargar sobre sí la incertidumbre del suceso. Dividiéronse los votos, y paró en disputa la conferencia: unos que se hiciese de noche la retirada; otros que fuese de día; y por ambas partes había razones que proponer y que impugnar.

Los primeros decían: «que no siendo contrarios el valor y la prudencia, se debía elegir el camino más seguro: que los mexicanos, fuese costumbre o superstición, dejaban las armas en llegando la noche, y entonces se debía suponer que los tendría menos desvelados la misma plática de la paz, que juzgaban introducida y abrazada; y que siendo su intención embarazar la salida, como lo daban a entender sus prevenciones, se considerase cuánto se debía temer una batalla en el paso de la misma laguna, donde no era posible doblarse, ni servirse de la caballería, descubiertos los dos costados a las embarcaciones enemigas, y obligados a romper por la frente, y resistir por la retaguardia. Los que llevaban la contraria opinión decían: «que no era practicable intentar de noche una marcha con bagaje y artillería por camino incierto, y levantando sobre las aguas, cuando la estación del tiempo, nublado entonces y lluvioso, daba en los ojos con la ceguedad y el desacierto de semejante resolución. Que la facción de mover un ejército con todos sus impedimentos, y con el embarazo de ir echando puentes para franquear el paso, no era obra para ejecutarla sin ruido y sin detención; ni en la guerra eran seguras las cuentas alegres, sobre los descuidos del enemigo, que alguna vez se pueden lograr, pero nunca se deben presumir: que la costumbre que se daba por cierta en los mexicanos de no tomar las armas en llegando la noche, demás de haberse visto interrumpida en la facción de poner fuego al cuartel, y en la de ocupar el adoratorio, no era bastante prenda para creer que hubiesen abandonado enteramente la única surtida que debían asegurar; y que siempre tendrían por menor inconveniente salir peleando a riesgo descubierto, que hacer una retirada con apariencias de fuga, para llegar sin crédito al abrigo de las naciones confederadas, que acaso desestimarían su amistad, perdido el concepto de su valor, o por lo menos sería mala política necesitar de los amigos y buscarlos sin reputación».

Tuvo más votos la opinión de que se hiciese de noche la retirada; y Hernán Cortés cedió al mayor número dejándose llevar, al parecer, de algún motivo reservado. Convinieron todos en que se apresurase la salida; y últimamente se resolvió que fuese aquella misma noche, porque no se dejase tiempo al enemigo para discurrir en nuevas prevenciones, o para embarazar el camino de la calzada con algunos reparos o trincheras, de las que solían usar en el paso de las acequias. Diose calor a la fábrica del puente; y aunque se puede creer que tuvo intento Hernán Cortés de que se hiciesen otros dos, por ser tres los canales que se habían roto, no cupo en el tiempo esta prevención, ni pareció necesaria, creyendo que se podría mudar el puente de un canal a otro, como fuese pasando el ejército: suposiciones en que ordinariamente se conoce tarde la distancia que hay entre el discurso y la operación.

 No se puede negar que se portó Hernán Cortés en esta controversia de sus capitanes con más neutralidad o menos acción que solía. Túvose por cierto que llegó a la junta inclinado a lo mismo que resolvió, por haber atendido a la vana predicción de un astrólogo, que al entrar en ella, le aconsejó misteriosamente que marchase aquella misma noche, porque se perdería la mayor parte de su ejército, si dejaba pasar cierta constelación favorable, que andaba cerca de terminar en otro aspecto infortunado. Llamábase Botello este adivino, soldado español, de plaza sencilla, y más conocido en el ejército por el renombre de Nigromántico, a que respondía sin embarazarse, teniendo este vocablo por atributo de su habilidad: hombre sin letras ni principios, que se preciaba de penetrar los futuros contingentes; pero no tan ignorante como los que saben con fundamento las artes diabólicas, ni tan sencillo, que dejase de gobernarse por algunos caracteres, números o palabras de las que tienen dentro de sí la estipulación abominable del primer engañado. Reíase ordinariamente Cortés de sus pronósticos, despreciando el sujeto por la profesión, y entonces le oyó con el mismo desprecio; pero incurrió en la culpa de oírle, poco menor que la de consultarle; y cuando necesitaba de su prudencia para elegir lo mejor, se le llevó tras sí el vaticinio despreciado: gente perjudicial, y observaciones peligrosas, que deben aborrecer los más advertidos, y particularmente los que gobiernan; porque al mismo tiempo que se conoce su vanidad, dejan preocupado el corazón con algunas especies, que inclinan al temor o a la seguridad; y cuando llega el caso de resolver, suelen alzarse con el oficio del entendimiento las aprensiones o los desvaríos de la imaginación.

**Capítulo XVIII. Marcha el ejército recatadamente, y al entrar en la calzada le descubren y acometen los indios con todo el grueso por agua y tierra; peléase largo rato, y últimamente se consigue con dificultad y considerable pérdida, hasta salir al paraje de Tácuba**

Envióse aquella misma tarde nuevo embajador mexicano a la ciudad, con pretexto de continuar la proposición que llevó a su cargo el sacerdote: diligencia que pareció conveniente para deslumbrar al enemigo, dándole a entender que se corría de buena inteligencia en el tratado; y que a lo más largo se dispondría la marcha dentro de ocho días. Trató luego Hernán Cortés de apresurar las disposiciones de su jornada, cuyo breve plazo daba estimación a los instantes.

Distribuyó las órdenes: instruyó a los capitanes, previniendo con atenta precaución los accidentes que se podían ofrecer en la marcha. Formó la vanguardia, poniendo en ella doscientos soldados españoles, con los tlaxcaltecas de mayor satisfacción, y hasta veinte caballos, a cargo de los capitanes Gonzalo de Sandoval, Francisco de Acevedo, Diego de Ordaz, Francisco de Lugo y Andrés de Tapia. Encargó la retaguardia, con algo mayor número de gente y caballos, a Pedro de Alvarado, Juan Velázquez de León, y otros dos cabos de los que vinieron con Narváez. En la batalla ordenó que fuesen los prisioneros, artillería y bagaje, con el resto del ejército: reservando para que asistiesen a su persona, y a las ocurrencias, donde llamase la necesidad, hasta cien soldados escogidos, con los capitanes Alonso Dávila, Cristóbal de Olid y Bernardino Vázquez de Tapia. Hizo después una breve oración a los soldados, ponderando aquella vez las dificultades y peligros del intento, porque andaba muy válida en los corrillos la opinión de que no peleaban de noche los mexicanos, y era necesario introducir el recelo para desviar la seguridad, enemiga lisonjera en las facciones militares, porque inclina los ánimos al descuido para entregarlos a la turbación; así como suele prevenirlos el temor prudente contra el miedo vergonzoso.

Mandó luego sacar a una pieza de su cuarto el oro y plata, joyas y preseas del tesoro que tenía en depósito Cristóbal de Guzmán, su camarero; y de él se apartó el quinto del rey en los géneros más preciosos y de menos volumen, de que se hizo entrega formal a los oficiales que llevaban la cuenta y razón del ejército, dando para su conducción una yegua suya, y algunos caballos heridos, para no embarazar los indios que podían servir en la ocasión. Pasaría el residuo, según el cómputo que se pudo hacer, de setecientos mil pesos, cuya riqueza desamparó con poca o ninguna repugnancia, protestando públicamente: «que no era tiempo de retirarla, ni tolerable que se detuviese a ocupar indignamente las manos que debían ir libres para la defensa de la vida y de la reputación». Pero reconociendo en los soldados menos aplaudido el acierto de aquella pérdida inexcusable, añadió al apartarse: «que no se debía mirar entonces la retirada como desamparo del caudal adquirido, ni del intento principal, sino como una disposición necesaria para volver a la empresa con mayor esfuerzo, al modo de que suele servir al impulso del golpe la diligencia de retirar el brazo». Y les dio a entender, que no sería gran delito aprovecharse de lo que buenamente pudiesen: que fue lo mismo en la sustancia, que dejar la moderación al arbitrio de la codicia; y aunque los más, viendo en su poder aquel tesoro abandonado, cuidaron de quedar aligerados y prontos para lo que se ofreciese, hubo algunos, y particularmente los de Narváez, que se dieron al pillaje con sobrada inconsideración, acusando la estrechez de las mochilas, y sirviéndose de los hombros contra la voluntad de las fuerzas: dispensación en que al parecer dormitaron las advertencias militares de Cortés; porque no pudo ignorar que la riqueza en el soldado, no solo es embarazo exterior cuando llega el caso de pelear, sino impedimento que suele hacer estorbo en el ánimo, siendo más fácil en los de pocas obligaciones desprenderse del pundonor que desasirse de la presa.

No le hallamos otra disculpa, que haberse persuadido a que podría ejecutar su marcha sin oposición; y si esta seguridad, que no parece de su genio, tuvo alguna relación al vaticinio del astrólogo, dado el error de haberle atendido, no se debe mirar como nuevo descuido, sino como segundo inconveniente de la primera culpa.

Sería poco menos de media noche cuando salieron del cuartel, sin que las centinelas ni los batidores hallasen que reparar o que advertir; y aunque la lluvia y la oscuridad favorecían el intento de caminar cautamente, y aseguraban el recelo de que pudiese durar el enemigo en sus reparos, se observó con tanta puntualidad el silencio y el recato, que no pudiera obrar el temor lo que pudo en aquellos soldados la obediencia. Pasó el puente levadizo a la vanguardia, y los que le llevaban a su cargo, le acomodaron a la primera canal; pero aferró tanto en las piedras que le sustentaban, con el peso de los caballos y artillería, que no quedó capaz de poderse mudar a los demás canales, como se había presupuesto ni llegó el caso de intentarlo, porque antes que acabase de pasar el ejército el primer tramo de la calzada, fue necesario acudir a las armas, y se hallaron acometidos por todas partes cuando menos lo recelaban.

 Fue digna de admiración en aquellos bárbaros la maestría conque dispusieron su facción, y observaron con vigilante disimulación el movimiento de sus enemigos. Juntaron y distribuyeron sin rumor la multitud inmanejable de sus tropas: sirviéronse de la oscuridad y del silencio para lograr el intento de acercarse sin ser descubiertos. Cubrióse de canoas armadas el ámbito de la laguna, que venían por los dos costados sobre la calzada; entrando al combate con tanto sosiego y desembarazo, que se oyeron sus gritos y el estruendo bélico de sus caracoles, casi al mismo tiempo que se dejaron sentir los golpes de sus flechas.

 Pereciera sin duda todo el ejército de Cortés, si hubieran guardado los indios en el pelear la buena ordenanza que observaron al acometer; pero estaba en ellos violenta la moderación; y al empezar la cólera cesó la obediencia, y prevaleció la costumbre, cargando de tropel sobre la parte donde reconocieron el bulto del ejército, tan oprimidos unos de otros, que se hacían pedazos las canoas, chocando en la calzada; y era segundo peligro de las que se acercaban el impulso de las que procuraban adelantarse. Hicieron sangriento destrozo los españoles en aquella gente desnuda y desordenada, pero no bastaban las fuerzas al continuo ejercicio de las espadas y los chuzos; y a breve rato se hallaron también acometidos por la frente, y llegó el caso de volver las caras a lo más ejecutivo del combate porque los indios se hallaban distantes, o los que no pudieron sufrir la pereza de los remos, se arrojaron al agua, y sirviéndose de su agilidad y de sus armas, treparon sobre la calzada en tanto número, que no quedaron capaces de mover las armas; cuyo nuevo sobresalto tuvo en aquella ocasión circunstancias de socorro, porque fueron fáciles de romper; y muriendo casi todos, bastaron sus cuerpos a cegar el canal, sin que fuese necesario otra diligencia que irlos arrojando en él para que sirviesen de puente al ejército. Así lo refieren algunos escritores, aunque otros dicen que se halló dichosamente una viga de bastante latitud que dejaron sin romper en el segundo puente, por la que pasó desfilada la gente, llevando por el agua los caballos al arbitrio de la rienda. Como quiera que sucediese, que no son fáciles de concordar estas noticias, ni todas merecen reflexión, la dificultad de aquel paso inexcusable se venció mediando la industria o la felicidad: y la vanguardia prosiguió su marcha, sin detenerse mucho en el último canal, porque se debió a la vecindad de la tierra la disminución de las aguas, y se pudo esguazar fácilmente lo que restaba del lago: teniéndose a dicha particular, que los enemigos, de tanta gente como les sobraba, no hubiesen echado alguna de la otra parte; porque fuera entrar en nueva y más peligrosa disputa los que iban saliendo a la ribera, fatigados y heridos, con el agua sobre la cintura; pero no cupo en su advertencia esta prevención, ni al parecer descubrieron la marcha; o sería lo más cierto que no se hizo lugar entre su confusión y desorden el intento de impedirla.

Pasó Hernán Cortés con el primer trozo de su gente; y ordenando sin detenerse a Juan de Xaramillo que cuidase de ponerla en escuadrón como fuese llegando, volvió a la calzada con los capitanes Gonzalo de Sandoval, Cristóbal de Olid, Alonso Dávila, Francisco de Morla y Gonzalo Domínguez. Entró en el combate animando a los que peleaban, no menos con su presencia que con su ejemplo: reforzó su tropa con los soldados que parecieron bastantes para detener al enemigo por las dos avenidas, y entretanto mandó que se retirase lo interior de las hileras, haciendo echar al agua la artillería para desembarazar el paso, y dar corriente a la marcha. Fue mucho lo que obró su valor en este conflicto; pero mucho más lo que padeció su espíritu, porque le traía el aire a los oídos envueltas en el horror de la oscuridad, las voces de los españoles, que llamaban a Dios en el último trance de la vida: cuyos lamentos, confusamente mezclados con los gritos y amenazas de los indios, le traían al corazón otra batalla entre los incentivos de la ira y los afectos de la piedad.

Sonaban estas voces lastimosas a la parte de la ciudad, donde no era posible acudir, porque los enemigos que andaban en la laguna, cuidaron de romper el puente levadizo antes que acabase de pasar la retaguardia, donde fue mayor el fracaso de los españoles, porque cerró con ellos el principal grueso de los mexicanos, obligándolos a que se retirasen a la calzada, y haciendo pedazos a los menos diligentes, que por la mayor parte fueron de los que faltaron a su obligación, y rehusaron entrar en la batalla por guardar el oro que sacaron del cuartel. Murieron éstos ignominiosamente, abrazados con el peso miserable que los hizo cobardes en la ocasión, y tardos en la fuga. Destruyeron su opinión, y dañaron injustamente al crédito de facción, porque se pusieron en el cómputo de los muertos, como si hubieran vendido a mejor precio la vida: y de buena razón no se habían de contar los cobardes en el número de los vencidos.

Retiróse finalmente Cortés con los últimos que pudo recoger de la retaguardia, y al tiempo que iba penetrando, con poca o ninguna oposición, el segundo espacio de la calzada llegó a incorporarse con él Pedro de Alvarado, que debió la vida poco menos que a un milagro de su espíritu y su actividad: porque hallándose combatido por todas partes, muerto el caballo, y con uno de los canales por la frente, fijó su lanza en el fondo de la laguna, y saltó con ella de la otra parte, ganando elevación con el impulso de los pies, y librando el cuerpo sobre la fuerza de los brazos: maravilloso atrevimiento, que se miraba después como novedad monstruosa, o fuera del curso natural; y el mismo Alvarado, considerando la distancia y el suceso, hallaba diferencia entre lo hecho y lo factible. No quiso acomodarse Bernal Díaz del Castillo a que dejase de ser fingido este salto; antes le impugnó en su historia, no sin alguna demasía, porque lo deja y vuelve a repetir con desconfianza de hombre que temió ser engañado entonces, o que alguna vez se arrepintió de haber creído con facilidad. Y en nuestro sentir es menos tolerable que Pedro de Alvarado se pusiese a fingir en aquella coyuntura una hazaña, sin proporción ni probabilidad, que cuando se creyese, dejaba más encarecida su ligereza que acreditado su valor. Referimos lo que afirmaron y creyeron los demás escritores, y lo que autorizó la fama, dando a conocer aquel sitio por el nombre de Salto de Alvarado, sin hallar gran disonancia en confesar que pudieron concurrir en este caso, como en otros lo verdadero y lo inverosímil; y a vista del aprieto en que se halló Pedro de Alvarado, se nos figura menos digno de admiración el suceso, teniéndole no tanto por raro contingente, negado a la humana diligencia, como por un esfuerzo extraordinario de la última necesidad.

**Capítulo XIX. Marcha Hernán Cortés la vuelta de Tlascala; síguenle algunas tropas de los lugares vecinos, hasta que uniéndose con los mexicanos acometen al ejército, y le obligan a tomar el abrigo de un adoratorio**

Acabó de salir el ejército a tierra con la primera luz del día, y se hizo alto cerca de Tácuba, no sin recelos de aquella población numerosa y parcial de los mexicanos; pero se tuvo atención a no desamparar luego la cercanía de la laguna, por algún tiempo a los que pudiesen escapar de la batalla; y fue bien discurrida esta detención, porque se logró recoger algunos españoles y tlascaltecas que mediante su valor o su diligencia, salieron nadando a la ribera o tuvieron suerte de poderse ocultar en los maizales del contorno.

Dieron éstos noticia de que se había perdido totalmente la última porción de la retaguardia, y puesta en escuadrón la gente, se halló que faltaban del ejército casi doscientos españoles, más de mil tlascaltecas, cuarenta y seis caballos, y todos los prisioneros mexicanos, que sin poderse dar a conocer en la turbación de la noche, fueron tratados como enemigos por los mismos de su nación. Estaba la gente quebrantada y recelosa, disminuido el ejército, y sin artillería, pendiente la ocasión, y apartado el término de la retirada; y sobre tantos motivos de sentimiento, se miraba como infelicidad de mayor peso la falta de algunos cabos principales, en cuyo número fueron los más señalados Amador de Lariz, Francisco de Morla y Francisco de Saucedo, que perdieron la vida cumpliendo a toda costa con sus obligaciones. Murió también Juan Velázquez de León, que se retiraba en lo último de la retaguardia, y cedió a la muchedumbre, durante en el valor hasta el último aliento: pérdida que fue de general sentimiento, porque le respetaban todos como a la segunda persona del ejército. Era capitán de grande utilidad, no menos para el consejo que para las ejecuciones; de austera condición y continuas veras, pero sin desagrado ni prolijidad; apasionado siempre de lo mejor, y de ánimo tan ingenuo, que se apartó de su pariente Diego Velázquez, porque le vio descaminado en sus dictámenes, y siguió a Cortés, porque iba en su bando la razón. Murió con opinión de hombre necesario en aquella conquista, y dejó su muerte igual ejercicio a la memoria que al deseo.

Descansaba Hernán Cortés sobre una piedra, entretanto que sus capitanes atendían a la formación de la marcha, tan rendido a la fatiga interior, que necesitó más que nunca de sí, para medir con la ocasión el sentimiento: procuraba socorrerse de su constancia, y pedía treguas a la consideración; pero al mismo tiempo que daba las órdenes y animaba la gente con mayor espíritu y resolución, prorrumpieron sus ojos en lágrimas, que no pudo encubrir a los que le asistían: flaqueza varonil, que por ser en causa común, dejaba sin ofensa la parte irascible del corazón. Sería digno espectáculo de grande admiración, verlo afligido sin faltar a la entereza del aliento, y bañado el rostro en lágrimas sin perder el semblante de vencedor.

Preguntó por el astrólogo, bien fuese para indignarse con él, por la parte que tuvo en apresurar la marcha, o para seguir la disimulación, burlándose de su ciencia; y averiguó que había muerto en el primer asalto de la calzada, sucediendo a este miserable lo que ordinariamente se verifica en los de su profesión. No hablamos de los que saben con fundamento la facultad, proporcionando el uso de ella con los términos de la razón, sino de los que se introducen a judiciarios o adivinos: hombres que por la mayor parte viven y mueren desastradamente, siempre solícitos de ajenas felicidades, y siempre infelices o menos cuidadosos de su fortuna: tanto que alguno de los autores clásicos llegó a presumir que solo el inclinarse a la vana observación de las estrellas se podía tener por argumento de nacer con mala estrella.

Fue de gran consuelo para Hernán Cortés y para todo el ejército, que pudiesen escapar de la batalla y de la confusión de la noche doña Marina y Jerónimo de Aguilar, instrumentos principales de aquella conquista, y tan necesarios entonces como en lo pasado; porque sin ellos fuera imposible incitar o atraer los ánimos de las naciones que se iban a buscar. Y no se tuvo a menor felicidad que se detuviesen los mexicanos en seguir el alcance, porque dieron tiempo a los españoles para que respirasen de su fatiga y pudiesen marchar, llevando en grupa los heridos, y en menos apresurada formación el ejército. Nació esta detención de un accidente inopinado que se pudo atribuir a providencia del cielo: murieron al rigor de las armas enemigas los hijos de Motezuma, que asistían a su padre, y los demás prisioneros que venían asegurados en el convoy del bagaje; porque cebados al amanecer los indios en el despojo de los muertos, reconocieron atravesados en sus mismas flechas a estos príncipes miserables, que veneraban con aquella especie de adoración que dieron a su padre. Quedaron al verlos como absortos y espantados, sin atreverse a pronunciar la causa de su turbación: unos se apartaban para que llegasen otros; y unos y otros enmudecían, dando voces a la curiosidad con el silencio. Corrió finalmente la noticia por sus tropas, y cayó sobre todos el miedo y el asombro, suspendiéndose por un rato el uso de sentidos y potencias, con aquel género de súbita enagenación, que llamaban terror pánico los antiguos. Resolvieron los cabos que se diese cuenta de aquella novedad al emperador; y él, que necesitaba de afectar el sentimiento para cumplir con los que no le fingían, ordenó que hiciese alto el ejército, dando principio a la ceremonia de los llantos y clamores funerales, que debían preceder a las exequias, hasta que llegasen los sacerdotes con el resto de la ciudad a entregarse de aquellos cuerpos reales, para conducirlos al entierro de sus mayores. Debieron los españoles a la muerte de estos príncipes el primer desahogo de su turbación y el primer alivio de su cansancio; pero la sintieron como una de sus mayores pérdidas, y particularmente Cortés que amaba en ellos la memoria de su padre, y llevaban en el derecho del mayor, parte de sus esperanzas.

Marchaba entretanto Cortés la vuelta de Tlascala con guías de aquella nación, puesto el ejército en batalla, y sin dejar de tener por sospechosa la tardanza del enemigo, en cuyas operaciones acierta más veces el temor que la seguridad.

Tardaron poco en dejarse ver algunas tropas de guerreros que seguían la huella sin acercarse, gente de Tácuba, Escapuzalco y Tenecuya, convocada por los mexicanos para que saliesen a entretener la marcha en tanto que se desembarazaban ellos de su función: inotable advertencia en aquellos bárbaros! Fueron de poco impedimento en el camino, porque anduvieron siempre a distancia que solo podían ofender con las voces; pero duraron en este género de hostilidad hasta que llegando la multitud mexicana se unieron todos apresuradamente; y sirviéndose de su ligereza para el avance, acometieron con tanta resolución, que fue necesario hacer alto para detenerlos.

Diose más frente al escuadrón; pasaron a ella los arcabuces y ballestas; y se volvió a la batalla en paraje abierto, sin retirada ni seguridad en las espadas. Morían cuantos indios se acercaban, sin escarmentar a los demás. Salían los caballos a escaramuzar, y hacían grande operación; pero crecía por instantes el número de los enemigos, y ofendían desde lejos los arcos y las hondas. Cansábanse los españoles de tanto resistir, sin esperanza de vencer; y ya empezaba en ellos el valor a quejarse de las fuerzas, cuando Hernán Cortés, que andaba en la batalla como soldado, sin traer embarazadas las atenciones de capitán, descubrió una elevación del terreno, poco distante del camino, que mandaba por todas partes la campaña, sobre cuya eminencia se levantaba un edificio torreado, que parecía fortaleza, o lo fingieron así los ojos de la necesidad. Resolvióse a lograr en aquel paraje las ventajas del sitio; y señalando algunos soldados que se adelantasen a reconocerle, movió el ejército y trató de ocuparle, no sin mayor dificultad, porque fue necesario ganar la cumbre con el rostro en el enemigo, y echar algunas mangas de arcabuceros contra sus avenidas; pero se consiguió el intento con felicidad, porque se halló el edificio sin resistencia, y en él cuanto pudiera entonces fabricar la imaginación.

Era un adoratorio de ídolos silvestres, a cuya invocación encomendaban aquellos bárbaros la fertilidad de sus cosechas. Dejáronle desierto los sacerdotes y ministros que asistían al culto abominable de aquel sitio, huyendo la vecindad de la guerra, como gente de otra profesión. Tenía el atrio bastante capacidad y su género de muralla, que unida con las torres daba conveniente disposición para quedar en defensa. Empezaron a respirar los españoles al abrigo de aquellos reparos, que allí se miraban como fortaleza inexpugnable. Volvieron los ojos y los corazones al cielo, recibiendo todos aquel alivio de su congoja, como socorro de superior providencia, y permaneció fuera del peligro esta devota consideración; pues en memoria de lo que importó la mansión de aquel adoratorio, para salir de un conflicto, en que se tuvo a la vista el último riesgo, fabricaron después en el mismo paraje una ermita de nuestra Señora, con título de los Remedios, que se conserva hoy, durante en la santa imagen el oficio de remediar necesidades, y en la devoción de los fieles comarcanos el reconocimiento de aquel beneficio.

No se atrevieron los enemigos a subir la cuesta, ni dieron indicio de intentar el asalto; pero se acercaron a tiro de piedra, ciñendo por todas partes la eminencia, y hacían algunos avances para disparar sus flechas, hiriendo las más veces al aire, y algunas con rabiosa puntería las paredes, como en castigo de que se oponían a su venganza. Todo era gritos y amenazas que descubrían la flaqueza de su atrevimiento, procurando llenar los vacíos del valor. Costó poca diligencia el detenerlos, hasta que declinado el día se retiraron todos hacia el camino de la ciudad, fuese por cumplir con el Sol, volviéndose a la observancia de su costumbre, o porque se hallaban rendidos de haber estado casi en continua batalla desde la media noche antecedente. Reconocióse desde las torres que hacían alto en la campaña, y procuraban encubrirse, divididos en diferentes ranchos, como si no hubieran dado bastantes evidencias de su intento, y publicando al retirarse que dejaban pendiente la cuestión.

Dispuso Hernán Cortés su alojamiento, con el cuidado a que obligaba una noche mal segura en puesto amenazado. Mandó que se mudasen con breve interpolación las guardias y las centinelas, para que tocase a todos el descanso. Hiciéronse algunos fuegos, tanto porque pedía este socorro la destemplanza del tiempo como por consumir las flechas mexicanas, y quitar al enemigo el uso de aquella munición.

Diose un refresco limitado a la gente, del bastimento que se halló en el adoratorio, y pudieron escapar algunos indios del bagaje. Atendióse con particular aplicación a la cura de los heridos, que tuvo su dificultad en aquella falta de todo; pero se inventaron medicinas manuales que aliviaban acaso los dolores, y sirvieron a la provisión de hilas y vendas las mantas de los caballos.

Cuidaba de todo Hernán Cortés, sin apartar la imaginación del empeño en que se hallaba; y antes de retirarse a reparar las fuerzas con algún rato de sosiego, llamó a sus capitanes para conferir brevemente con ellos lo que se debía ejecutar en aquella ocurrencia. Ya lo llevaba premeditado; pero siempre se recataba de obrar por sí en las resoluciones aventuradas; y era grande artífice de atraer los votos a lo mejor, sin descubrir su dictamen, ni socorrerse de su autoridad. Propuso las operaciones con sus inconvenientes, dejándoles arbitrio entre lo posible y lo dificultoso. Entró suponiendo: «que no era para dos veces la congoja en que se vieron aquella tarde; ni se podía repetir sin temeridad el empeño de marchar peleando con un ejército de número tan desigual, obligados a traer en contrario movimiento las manos y los pies». A que añadió: «que para evitar esta resolución tan peligrosa y de tantos inconvenientes, había discurrido en asaltar al enemigo en su alojamiento con el favor de la noche; pero que le parecía diligencia infructuosa, porque solo se había de conseguir que huyese la multitud para volverse a juntar: costumbre a que se reducía lo más prolijo de aquella guerra: que después había pensado en mantener aquel puesto; esperando en él a que se cansasen los mexicanos de asistir en la campaña; pero que la falta de bastimentos, que ya se padecía, dejaba este recurso en términos de impracticable». Y últimamente dijo: «que también se le había ofrecido, si convendría», y esto era lo que llevaba resuelto, «marchar aquella misma noche, y amanecer dos o tres leguas de aquel paraje: que no moviéndose los enemigos, según su estilo hasta la mañana, tendría la conveniencia de adelantar el camino sin otro cuidado; y cuando se resolviesen a seguir el alcance, llegarían cansados, y sería más fácil continuar la retirada con menos briosa oposición. Pero que viniendo tan quebrantado el ejército y tan fatigada la gente, sería inhumanidad, fuera de toda razón, ponerla, sin nueva causa en el trabajo de una marcha intempestiva, oscura la noche y el camino incierto; aunque la ocasión, o el aprieto en que se hallaban, pedía remedios extraordinarios, breve determinación; y donde nada era seguro, pesar las dificultades, y fiar el acierto de menor inconveniente».

Apenas acabó su razonamiento, cuando se conformaron todos los capitanes en que solo era posible, o menos aventurada la resolución de adelantar la marcha, sin más detención que la que fuese necesaria para dejar algunas horas al descanso de la gente, y quedó resuelta para la media noche, conformándose Cortés con su mismo dictamen, y tratándole como ajeno: primor de que solía valerse para excusar disputas, cuando instaba la resolución, y de que solo pueden usar los que saben el arte de preguntar decidiendo, que se consigue con no dejar que discurrir preguntando.

**Capítulo XX. Continúan su retirada los españoles, padeciendo de ella grandes trabajos y dificultades, hasta que llegando al valle de Otumba, queda vencido y deshecho en batalla campal todo el poder mexicano**

Poco antes de la hora señalada se convocó la gente que dormía cuidadosa, y despertó sin dificultad. Diose a un tiempo la orden y la razón de la orden, con que se dispusieron todos a la marcha, conociendo el acierto y alabando la resolución. Mandó Hernán Cortés que se dejasen cebados los fuegos para deslumbrar al enemigo de aquel movimiento; y encargando a Diego de Ordaz la vanguardia con guías de satisfacción, puso la fuerza principal en la retaguardia, y se quedó en ella por hallarse más cerca del peligro, y afianzar con su cuidado la seguridad de los que iban delante. Partieron con el recato conveniente, y ordenando a las guías que se apartasen del camino real para volverle a cobrar con el día, marcharon poco más de media legua, sin que dejase de perseverar en la vigilancia de los oídos el silencio de la noche.

Pero al entrar en tierra más quebrada y montuosa, dieron los batidores en una celada que no supieron encubrir los mismos que procuraban ocultarse, porque avisaron del riesgo anticipadamente las voces y las piedras. Bajaban de los montes y salían de la maleza diversas tropas de indios que acometían desunidamente por los costados; y aunque no eran de tanto grueso que obligasen a detener la marcha fue necesario caminar desviando los enemigos que se acercaban, romper diferentes emboscadas, y disputar algunos pasos estrechos. Temióse al principio segunda invasión del ejército que se dejaba de la otra parte del adoratorio; y algunos de nuestros escritores refieren esta facción como alcance de aquellos mexicanos; pero no fueron conforme a su estilo de pelear estos acometimientos interpolados y desunidos, ni caben con lo que obraron después: y en nuestro sentir eran las milicias de aquellos lugares cercanos que de orden anterior salían a cortar la marcha ocupando las quiebras del camino; porque si los mexicanos hubieran descubierto la retirada, vinieran de tropel, como solían, entraran al ataque por la retaguardia, y no se hubieran dividido en tropas menores para convertir la guerra en hostilidad.

Con este género de contradicción, de menos peligro que molestia, caminó dos leguas el ejército, y poco antes de amanecer se hizo alto en otro adoratorio menos capaz y menos eminente que el pasado; pero bastante para reconocer la campaña y medir con el número de los enemigos la resolución que pareciese de mayor seguridad. Descubrióse con el día la calidad y desunión de aquellos indios; y hallándose reducido a correrías de paisanos, lo que se llegó a recelar como nueva carga del ejército enemigo, se volvió a la marcha sin más detención, con ánimo de adelantarla cuanto fuese posible para evitar o hacer más dificultoso el alcance de los mexicanos.

Duraron los indios en la importunación de sus gritos, siguiendo desde lejos como perros amedrentados que ponían la cólera en el latido, hasta que dos leguas más adelante se descubrió un lugar en paraje oportuno, y al parecer de considerable población. Eligióle Cortés para su alojamiento, y dio las órdenes para que se ocupase por fuerza si no bastase la suavidad; pero se halló desamparado totalmente de sus habitantes, y con algunos bastimentos que no pudieron retirar, tan necesarios entonces como el descanso para la restauración de las fuerzas.

Aquí se detuvo el ejército un día, y algunos dicen que fueron dos, porque no permitió mayor diligencia el estado en que se hallaban los heridos. Hiciéronse después otras dos marchas, entrando en terreno de mayor aspereza y esterilidad, todavía fuera del camino, y con alguna incertidumbre del acierto en los que guiaban. No se halló cubierto donde pasar la noche, ni cesaba la persecución de aquellos indios, que anduvieron siempre a la vista, si ya no fueron otros que iban saliendo con la primera orden a correr su distrito. Pero sobre todo se dejó sentir en aquellos tránsitos la hambre y la sed, que llegó a términos de congoja y desaliento. Animábanse unos a otros los soldados y los capitanes, y hacía sus esfuerzos la paciencia, como ambiciosa de parecer valor. Llegáronse a comer las yerbas y raíces del campo, sin atender al recelo de que fuesen venenosas; aunque los más advertidos gobernaban su elección por el conocimiento de los tlascaltecas. Murió uno de los caballos heridos, y se olvidó, con alegre facilidad, la falta que hacía en el ejército, porque se repartió como regalo particular entre los más necesitados, y éstos celebraron la fiesta convidando a sus amigos: banquete sazonado entonces, en que cedieron a la necesidad los escrúpulos del apetito.

Terminaron estas dos marchas en un lugar pequeño, cuyos vecinos flanquearon la entrada sin retirarse como los demás, ni dejar de asistir con agrado y solicitud a cuanto se les ordenaba: puntualidad y agasajo que fue nuevo ardid de los mexicanos para que sus enemigos se acercasen menos cuidadosos al lazo que tenían prevenido. Manifestaron sin violencia los víveres de su provisión, y trajeron de otros lugares cercanos lo que bastó para que se olvidase lo padecido. Por la mañana se dispuso el ejército para subir la cuesta que por la otra parte declina en el valle de Otumba, donde se había de caer necesariamente para tomar el camino de Tlascala. Reconocióse novedad en los indios que venían siguiendo la marcha, porque sus gritos y sus irrisiones tenían más de contento que de indignación. Reparó doña Marina en que decían muchas veces: «andad, tiranos, que presto llegaréis donde perezcáis». Y dieron que discurrir estas voces, porque se repetían mucho para no tener motivo particular. Hubo quien llegase a dudar si aquellos indios, confinantes ya con los términos de Tlascala, festejarían el peligro a que iban encaminados los españoles, con noticia de que hubiese alguna mudanza en la fidelidad o en el afecto de aquella nación; pero Hernán Cortés y los de mejor conocimiento, miraron esta novedad como indicio de alguna celada vecina, porque no faltaban experiencias de la sencillez o facilidad con que solían publicar lo mismo que procuraban encubrir.

Íbase continuando la marcha, prevenidos y dispuestos los ánimos para entrar en nueva ocasión, cuando volvieron los batidores con noticia de que tenían ocupado los enemigos todo el valle que se descubría desde la cumbre, cerrando el camino que se buscaba con formidable número de guerreros. Era el ejército mismo de los mexicanos, que se dejó en el paraje del primer adoratorio, reforzado con nuevas tropas y nuevos capitanes. Reconocieron por la mañana, según la presunción que se ajusta más con las circunstancias del suceso, la retirada intempestiva de los españoles, y aunque no desconfiaron de conseguir el alcance, temieron advertidamente, con la experiencia de aquella noche, que no sería posible acabar con ellos antes de salir a tierra de Tlascala, si se iban asegurando en los puestos ventajosos de la montaña; y despacharon a México para que se tomase con mayores veras lo que tanto importaba; cuya proposición fue tan bien admitida en la ciudad, que partió luego toda la nobleza con el resto de las milicias que tenían convocadas a incorporarse con su ejército; y en el breve plazo de tres o cuatro días se dividieron por caminos diferentes, marchando al abrigo de los montes con tanta celeridad, que se adelantaron a los españoles y ocuparon el llano de Otumba: campaña espaciosa donde podían pelear sin embarazarse y esperar encubiertos: notables advertencias en lo discurrido, y rara ejecución de lo resuelto, que uno y otro se pudiera envidiar en cabos de mayor experiencia, y en gente de menos bárbara disciplina.

No se llegó a recelar entonces que fuesen los mexicanos, antes se iba creyendo al subir la cuesta que se habrían juntado aquellas tropas que andaban esparcidas para defender algún paso con la inconstancia y flojedad que solían, pero al vencer la cumbre se descubrió un ejército poderoso de menos confusa ordenanza que los pasados, cuya frente llenaba todo el espacio del valle, pasando el fondo los términos de la vista: último esfuerzo del poder mexicano, que se componía de varias naciones, como lo denotaban la diversidad y separación de insignias y colores. Dejábase conocer en el centro de la multitud el capitán-general del imperio en unas andas vistosamente adornadas, que sobre los hombros de los suyos le mantenían superior a todos, para que se temiese al obedecer sus órdenes la presencia de los ojos. Traía levantado sobre la cuja el estandarte real, que no se fiaba de otra mano, y solamente se podía sacar en las ocasiones de mayor empeño: su forma una red de oro macizo pendiente de una pica, y en el reinate muchas plumas de varios tintes, que uno y otro contendría su misterio de superioridad sobre los otros jeroglíficos de las insignias menores: vistosa confusión de armas y penachos en que tenían su hermosura los horrores.

Reconocida por todo el ejército la nueva dificultad a que debían preparar el ánimo y las fuerzas, volvió Hernán Cortés a examinar los semblantes de los suyos, con aquel brío natural que hablaba sin voz a los corazones; y hallándolos más cerca de la ira que de la turbación, «llegó el caso, dijo, de morir o vencer: la causa de nuestro Dios milita por nosotros». Y no pudo proseguir, porque los mismos soldados le interrumpieron clamando por la orden de acometer, con que solo se detuvo en prevenirlos de algunas advertencias que pedía la ocasión; y apellidando, como solía, unas veces a

Santiago y otras a San Pedro, avanzó prolongada la frente del escuadrón, para que fuese unido el cuerpo del ejército con las alas de la caballería, que iba señalada para defender los costados y asegurar las espaldas. Diose tan a tiempo la primera carga de arcabuces y ballestas, que apenas tuvo lugar el enemigo para servirse de las armas arrojadizas. Hicieron mayor daño las espadas y las picas, cuidando al mismo tiempo los caballos de romper y desbaratar las tropas que se inclinaban a pasar de la otra banda para sitiar por todas partes el ejército. Ganóse alguna tierra de este primer avance. Los españoles no daban golpe sin herida, ni herida que necesitase de segundo golpe. Los tlascaltecas se arrojaban al conflicto con sed rabiosa de la sangre mexicana; y todos tan dueños de su cólera, que mataban con elección buscando primero a los que parecían capitanes; pero los indios peleaban con obstinación, acudiendo menos unidos que apretados, a llenar el puesto de los que morían; y el mismo estrago de los suyos era nueva dificultad para los españoles, porque se iba cebando la batalla con gente de refresco. Retirábase al parecer todo el ejército cuando cerraban los caballos, o salían a la vanguardia las bocas de fuego, y volvía con nuevo impulso a cobrar el terreno perdido, moviéndose a una parte y otra la muchedumbre con tanta velocidad, que parecía un mar proceloso de gente la campaña, y no lo desmentían los flujos y reflujos.

Peleaba Hernán Cortés a caballo socorriendo con su tropa los mayores aprietos, y llevando en su lanza el terror y el estrago del enemigo; pero le traía sumamente cuidadoso la porfiada resistencia de los indios, porque no era posible que se dejasen de apurar las fuerzas de los suyos en aquel género de continua operación; y discurriendo en los partidos que podría tomar para mejorarse o salir al camino, le socorrió en esta congoja una observación de las que solía depositar en su cuidado para servirse de ellas en la ocasión. Acordóse de haber oído referir a los mexicanos que toda la suma de sus batallas consistía en el estandarte real, cuya pérdida o ganancia decidía sus victorias o las de sus enemigos; y fiado en lo que se turbaba y descomponía el enemigo al acometer de los caballos, tomó resolución de hacer un esfuerzo extraordinario para ganar aquella insignia sobresaliente, que ya conocía. Llamó a los capitanes Gonzalo de Sandoval, Pedro de Alvarado, Cristóbal de Olid y Alonso Dávila para que le siguiesen y guardasen las espaldas, con los demás que asistían a su persona; y haciéndoles una breve advertencia de lo que debían obrar para conseguir el intento, embistieron a poco más de media rienda por la parte que parecía más flaca o menos distante del centro. Retiráronse los indios, temiendo como solían, el choque de los caballos; y antes que se cobrasen al segundo movimiento, se arrojaron a la multitud confusa y desordenada con tanto ardimiento y desembarazo, que rompiendo y atropellando escuadrones enteros, pudieron llegar sin detenerse al paraje donde asistía el estandarte del imperio con todos los nobles de su guardia; y entretanto que los capitanes se desembarazaban de aquella numerosa comitiva, dio de los pies a su caballo Hernán Cortés, y cerró con el capitán general de los mexicanos, que al primer bote de su lanza cayó mal herido por la otra parte de las andas. Habíanle ya desamparado los suyos; y hallándose cerca un soldado particular que se llamaba Juan de Salamanca, saltó de su caballo y le acabó de quitar la poca vida que le quedaba con el estandarte que puso luego en manos de Cortés. Era este soldado persona de calidad, y por haberse perfeccionado entonces la hazaña de su capitán, le hizo algunas mercedes el emperador, y quedó por timbre de sus armas el penacho de que se coronaba el estandarte.

Apenas le vieron aquellos bárbaros en poder de los españoles, cuando abatieron las demás insignias, y arrojando las armas, se declaró por todas partes la fuga del ejército. Corrieron despavoridos a guarecerse de los bosques y maizales: cubriéronse de tropas amedrentadas los montes vecinos, y en breve rato quedó por los españoles la campaña. Siguióse la victoria con todo el rigor de la guerra, y se hizo sangriento destrozo en los fugitivos. Importaba deshacerlos para que no se volviesen a juntar; y mandaba la irritación lo que aconsejaba la conveniencia. Hubo algunos heridos entre los de Cortés, de los cuales murieron en Tlascala dos o tres españoles; y el mismo Cortés salió con un golpe de piedra en la cabeza tan violento, que abollando las armas le rompió la primera túnica del cerebro, y fue mayor el daño de la contusión. Dejóse a los soldados el despojo y fue considerable; porque los mexicanos venían prevenidos de galas y joyas para el triunfo. Dice la historia que murieron veinte mil en esta batalla: siempre se habla por mayor en semejantes casos; y quien se persuadiere a que pasaba de doscientos mil hombres el ejército vencido, hallará menos disonancia en la desproporción del primer número.

Todos los escritores nuestros y extraños, refieren esta victoria como una de las mayores que se consiguieron en las dos Américas. Y si fuese cierto que peleó Santiago en el aire por sus españoles, como lo afirman algunos prisioneros, quedará más creíble o menos encarecido el estrago de aquella gente; aunque no era necesario recurrir al milagro visible donde se conoció con tantas evidencias la mano de Dios; a cuyo poder se deben siempre atribuir, con especial consideración, los sucesos de las armas: pues se hizo aclamar señor de los ejércitos para que supiesen los hombres que solo deben esperar y reconocer de su altísima disposición las victorias, sin hacer caso de las mayores fuerzas; porque algunas veces castiga la sinrazón asistiendo a los menos poderosos; ni fiarse de la mejor causa, porque otras veces corrige a los que favorece, fiando el azote de la mano aborrecida.

# Libro V

Capítulo I. Entra el ejército en los términos de Tlascala, y alojado en Gualipar, visitan a Cortés los caciques y senadores; celébrase con fiestas públicas la entrada en la ciudad, y se halla el afecto de aquella gente asegurado con nuevas experiencias

Recogió Hernán Cortés su gente que andaba divertida en el pillaje: volvieron a ocupar su puesto los soldados, y se prosiguió la marcha, no sin algún recelo de que se volviese a juntar el enemigo, porque todavía se dejaban reconocer algunas tropas en lo alto de las montañas; pero no siendo posible salir aquel día de los confines mexicanos, a tiempo que instaba la necesidad de socorrer a los heridos, se ocuparon unas caserías de corta o ninguna población, donde se pasó la noche como en alojamiento poco seguro, y al amanecer se halló el camino sin alguna oposición, despojados ya y libres de asechanzas los llanos convecinos, aunque duraban las señas de que se iba pisando tierra enemiga en aquellos gritos y amenazas distantes que despedían a los que no pudieron detener.

Descubriéronse a breve rato, y se penetraron poco después los términos de Tlascala, conocidos hasta hoy por los fragmentos de aquella insigne muralla que fabrican sus antiguos para defender las fronteras de su dominio, atando las eminencias del contorno por todos los parajes donde se descuidaba lo inaccesible de las sierras. Celebróse la entrada en el distrito de la república con aclamaciones de todo el ejército. Los tlascaltecas se arrojaron a besar la tierra como hijos desalados al regazo de su madre. Los españoles dieron al cielo con voces de piadoso reconocimiento primera la respiración de su fatiga. Y todos se reclinaron a tomar posesión de la seguridad cerca de una fuente, cuyo manantial se acreditó entonces de saludable y delicado, porque se refiere con particularidad, lo que celebraron el agua los españoles, fuese porque dio estimación al refrigerio la necesidad, o porque satisfizo a segunda sed bebida sin tribulación.

Hizo Hernán Cortés en este sitio un breve razonamiento a los suyos dándoles a entender: «cuánto importaba conservar con el agrado y la modestia el afecto de los tlascaltecas, y que mirase cada uno en la ciudad, como peligro de todos, la queja de un paisano». Resolvió después hacer alguna mansión en el camino para tomar lengua y disponer la entrada con noticia y permisión del senado, y a poco más de medio día se hizo alto en Gualipar, villa entonces de considerable población; cuyos vecinos salieron largo trecho a dar señas de su voluntad, ofreciendo sus cosas y cuanto fuese menester, con tales demostraciones de obsequio y veneración, que hasta los que venían recelosos llegaron a conocer que no era capaz de artificio aquel género de sinceridad. Admitió Hernán Cortés el hospedaje, y ordenó su cuartel con todas las puntualidades que parecieron convenientes para quitar los escrúpulos de la seguridad.

Trató luego de participar al senado la noticia de su retirada y sucesos con dos tlascaltecas; y por más que procuró adelantar este aviso, llegó primero la fama con el rumor de la victoria; y casi al mismo tiempo vinieron a visitarle por la república su grande amigo Magiscatzin, el ciego Xicotencal, su hijo y otros ministros del gobierno. Adelantóse a todos Magiscatzin, arrojándose a sus brazos y apartándose de ellos para mirarle y cumplir con su admiración, como quien no se acababa de persuadir a la felicidad de hallarle vivo. Xicotencal se hacía lugar con las manos hacia donde le guiaban los oídos; y manifestó su voluntad aún más afectuosamente, porque se quería informar con el tacto, y prorrumpió en lágrimas el contento, que al parecer, tomaban a su cargo el ejercicio de los ojos. Iban llegando los demás, entretanto que se apartaban los primeros a congratularse con los capitanes y soldados conocidos. Pero no dejó de hacerse algún reparo en Xicotencal el mozo, que anduvo más desagradable o más templado en los cumplimientos; y aunque se atribuyó entonces a entereza de hombre militar, se conoció brevemente que duraban todavía en su intención las desconfianzas de amigo reconciliado, y en su altivez los remordimientos de vencido. Apartóse Cortés con los recién venidos, y halló en su conversación cuantas puntualidades y atenciones pudiera desear en gente de mayor policía. Dijéronle que andaban ya juntando sus tropas con ánimo de socorrerle contra el común enemigo, y que tenían dispuesto salir con treinta mil hombres a romper los impedimentos de su marcha. Doliéronse de sus heridas mirándolas como desmán sacrílego de aquella guerra sediciosa. Sintieron la muerte de los españoles, y particularmente la de Juan Velázquez de León, a quien amaban, no sin algún conocimiento de sus prendas. Acusaron la bárbara correspondencia de los mexicanos; y últimamente le ofrecieron asistir a su desagravio con todo el grueso de sus milicias y con las tropas auxiliares de sus aliados: añadiendo para mayor seguridad, que ya no solo eran amigos de los españoles, sino vasallos de su rey, y debían por ambos motivos estar a sus órdenes y morir a su lado. Así concluyeron su conversación distinguiendo, no sin discreción pundonorosa, las dos obligaciones de amistad y vasallaje, como que mandaba en ellos la fidelidad lo mismo que persuadía la inclinación.

Respondió Hernán Cortés a todas sus ofertas y proposiciones con reconocida urbanidad; y de lo que discurrieron unos y otros pudo colegir, que no solo duraba en su primero vigor la voluntad de aquella gente, pero que había crecido en ellos la parte de la estimación: porque la pérdida que se hizo al salir de México se miró como accidente de la guerra, y quedó totalmente borrada con la victoria de Otumba, que se admiró en Tlascala como prodigio del valor y último crédito de la retirada. Propusiéronle que pasase luego a la ciudad, donde tenían prevenido el alojamiento; pero se ajustaron fácilmente a conceder alguna detención al reparo de la gente, porque deseaban prevenirse para la entrada, y que se hiciese con pública solemnidad al modo que solían festejar los triunfos de sus generales.

Tres días se detuvo el ejército en Gualipar, asistido liberalmente de cuanto hubo menester por cuenta de la república; y luego que se hallaron los heridos en mejor disposición, se dio aviso a la ciudad y se trató de la marcha. Adornáronse los españoles lo mejor que pudieron para la entrada, sirviéndose de las joyas y plumas de los mexicanos vencidos: exterioridad en que iba significada la ponderación de la victoria, que hay casos en que importa la ostentación al crédito de las cosas, o suele pecar de intempestiva la modestia. Salieron a recibir el ejército los caciques y ministros en forma de senado con todo el resto de sus galas y numerosa comitiva de sus parentelas. Cubriéronse de gente los caminos: hervía en aplausos y aclamaciones la turba popular, andaban mezclados los víctores de los españoles con los oprobios de los mexicanos, y al entrar en la ciudad hicieron ruidosa y agradable salva los ataballillos, flautas y caracoles distribuidos en diferentes coros que se alternaban y sucedían, resonando en toques pacíficos los instrumentos militares. Alojado el ejército en forma conveniente, admitió Cortés, después de larga resistencia, el hospedaje de Magiscatzin, cediendo a su porfía por no desconfiarle. Llevóse consigo por esta misma razón el ciego Xicotencal a Pedro de Alvarado; y aunque los demás caciques se querían encargar de otros capitanes, se desvió cortesanamente la instancia, porque no era razón que faltasen los cabos del cuerpo de guardia principal. Fue la entrada que hicieron los españoles en esta ciudad por el mes de julio del año de 1520, aunque también hay en esto alguna variedad entre los escritores; pero reservamos este género de reparos para cuando se discuerda en la sustancia de los sucesos, donde no cabe la extensión del poco más o menos.

Diose principio aquella misma tarde a las fiestas del triunfo, que se continuaron por algunos días dedicando todos sus habilidades al divertimiento de los huéspedes y el aplauso de la victoria, sin excepción de los nobles ni de los mismos que perdieron amigos o parientes en la batalla; fuese por no dejar de concurrir a la común alegría, o por no ser permitido en aquella nación belicosa tener por adversa la fortuna de los que morían en la guerra. Ya se ordenaban desafíos con premios destinados al mayor acierto de las flechas; ya se competía sobre las ventajas del salto y la carrera; ya ocupaban la tarde aquellos funámbulos o volatines que se procuraban exceder en los peligros de la maroma, ejercicio a que tenían particular aplicación, y en que se llevaba el susto parte del entretenimiento; pero se alegraban siempre los fines y las veras del espectáculo con los bailes y danzas de invenciones y disfraces: fiesta de la multitud en que se daba libertad al regocijo, y quedaban por cuenta del ruido bullicioso las últimas demostraciones del aplauso.

Halló Hernán Cortés en aquellos ánimos toda la sinceridad y buena correspondencia que le habían prometido sus esperanzas. Era en los nobles amistad y veneración, lo que amor apasionado y obediencia rendida en el pueblo. Agradecía su voluntad y celebraba sus ejercicios agasajando a los unos y honrando a los otros, con igual confianza y satisfacción. Los capitanes le ayudaban a ganar amigos con el grado y con las dádivas; y hasta los soldados menores cuidaban de hacerse bienquistos, repartiendo generosamente las joyas y preseas que pudieron adquirir en el despojo de la batalla. Pero al mismo tiempo que duraba en su primera sazón esta felicidad, sobrevino un cuidado que puso los semblantes de otro color. Agravóse con accidentes de mala calidad la herida que recibió Hernán Cortés en la cabeza: venía mal curada, y el sobrado ejercicio de aquellos días trajo al cerebro una inflamación vehemente con recias calenturas, que postraron el sujeto y las fuerzas, reduciéndole a términos que llegó a temer el peligro de su vida.

Sintieron los españoles este contratiempo como amenaza de que pendía su conservación y su fortuna; pero fue más reparable por menos debida, la turbación de los indios, que apenas supieron la enfermedad cuando cesaron sus fiestas, y pasaron todos al extremo contrario de la tristeza y desconsuelo. Los nobles andaban asombrados y cuidadosos, preguntando a todas horas por el Teule; nombre como dijimos, que daban a sus semidioses, o poco menos que deidades. Los plebeyos solían venir en tropas a lamentarse de su pérdida, y era menester engañarles con esperanzas de la mejoría para reprimirlos, y apartarlos donde no hiciesen daño sus lástimas a la imaginación del enfermo. Convocó el senado los médicos más insignes de su distrito, cuya ciencia consistía en el conocimiento y elección de las yerbas medicinales, que aplicaban con admirable observación de sus virtudes y facultades, variando el medicamento según el estado y accidentes de la enfermedad, y se les debió enteramente la cura; porque sirviéndose primero de unas yerbas saludables y benignas para corregir la inflamación y mitigar los dolores de que procedía la calentura, pasaron por sus grados a las que disponían y cerraban las heridas con tanto acierto y felicidad, que le restituyeron brevemente a su perfecta salud. Ríase de los empíricos la medicina racional, que a los principios todo fue de la experiencia; y donde faltaba la natural filosofía, que buscó la causa por los efectos, no fue poco hallar tan adelantado el magisterio primitivo de la misma naturaleza. Celebróse con nuevos regocijos esta noticia: conoció Hernán Cortés con otra experiencia más el afecto de los tlascaltecas; y libre ya la cabeza para discurrir, volvió a la fábrica de sus altos designios, tirar nuevas líneas, dirigir inconvenientes y apartar dificultades: batalla interior de argumentos y soluciones, en que trabajaba la prudencia para componerse con la magnanimidad.

## Capítulo II. Llegan noticias de que se había levantado la provincia de Tepeaca; vienen embajadores de México y

## Tlascala; y se descubre una conspiración que intentaba Xicotencal el mozo contra los españoles

Venía Hernán Cortés deseoso de saber el estado en que se hallaban las cosas de la Veracruz, por ser la conservación de aquella retirada una de las bases principales sobre que se había de fundar el nuevo edificio de que se trataba. Escribió luego a Rodrigo Rangel, que como dijimos, quedó nombrado por teniente de Gonzalo de Sandoval en aquel gobierno, y llegó brevemente su respuesta mediante la extraordinaria diligencia de los correos naturales, cuya sustancia fue: «que no se había ofrecido novedad que pudiese dar cuidado en la plaza ni en la costa: que Narváez y Salvatierra quedaban asegurados en su prisión, y que los soldados estaban gustosos y bien asistidos, porque duraba en su primera puntualidad el afecto y buena correspondencia de los zempoales, totonaques y demás naciones confederadas».

Pero al mismo tiempo avisó que no habían vuelto a la plaza ocho soldados con un cabo que fueron a Tlascala por el oro que se dejó repartido a los españoles de aquella guarnición; y que si era cierta la voz que corría entre los indios de que los habían muerto en la provincia de Tepeaca, se podía temer que hubiese caído en el mismo lazo la gente de Narváez que se quedó herida en Zempoala; porque habían marchado en tropas como fueron mejorando, con ansia de llegar a México, donde se consideraban al arbitrio de la codicia las riquezas y las prosperidades.

Puso en gran cuidado a Cortés esta desgracia por la falta que hacían al presupuesto de sus fuerzas aquellos soldados, que según Antonio de Herrera, pasaban de cincuenta; y aunque fuese menor el número, como lo dice Bernal Díaz del Castillo, no por eso dejaría de quedar grande la pérdida en aquella ocasión, y en una tierra donde se contaba por millares de indios lo que suponía cada español. Informóse de los tlascaltecas amigos, y halló en ellos la misma noticia que daba Rangel, y la notable atención de habérsela recatado por no desazonar con nuevos cuidados su convalecencia.

Era cierto que los ocho soldados que vinieron de la Veracruz llegaron a Tlascala y volvieron a partir con el oro de su repartimiento, en ocasión que andaba sospechosa la fidelidad de la provincia de Tepeaca, que fue una de las que dieron la obediencia en el primer viaje de México. Y después se averiguó con evidencia que habían perecido en ella los unos y los otros; en que no dejaba que dudar la circunstancia de haber llamado tropas mexicanas con ánimo de mantener la traición: novedad que hizo necesario el empeño de sujetar aquellos rebeldes, y apartar de sus términos al enemigo, cuya diligencia no sufría dilación, por estar situada esta provincia en paraje que dificultaba la comunicación de México a la Veracruz: paso que debía quedar libre y asegurado antes de aplicar el ánimo a mayores empresas. Pero suspendió Hernán Cortés la negociación que se había de hacer con la república para que asistiese con sus fuerzas a esta facción; porque supo al mismo tiempo que los tepeaqueses habían penetrado pocos días antes los confines de Tlascala, destruyendo y robando algunas poblaciones de la frontera; y tuvo por cierto que le habrían menester para su misma causa, como sucedió con brevedad; porque resolvió el senado que se castigase con las armas el atrevimiento de aquella nación, y se procurase interesar a los españoles en esta guerra, pues estaban igualmente irritados y ofendidos por la muerte de sus compañeros: con que llegó el caso de que le rogasen lo mismo que deseaba, y se puso en términos de conceder lo que había de rogar.

Ofrecióse poco después otra novedad que puso en nuevo cuidado a los españoles. Avisaron de Gualipar que habían llegado a la frontera tres o cuatro embajadores del nuevo emperador mexicano, dirigidos a la república de Tlascala, y quedaban esperando licencia del senado para pasar a la ciudad. Discurrióse la materia en él con grande admiración, y no sin conocimiento de que se debían escuchar como amenazas encubiertas las negociaciones del enemigo: pero aunque se tuvo por cierto que sería la embajada contra los españoles, y estuvieron firmes en que no se les podría ofrecer conveniencia que preponderase a la defensa de sus amigos, se decretó que fuesen admitidos los embajadores, para que se lograse por lo menos aquel acto de igualdad tan desusado en la soberbia de los príncipes mexicanos; y se infiere del mismo suceso que intervino en este decreto el beneplácito de Cortés, porque fueron conducidos públicamente al senado los embajadores, y no hubo recato, disculpa o pretexto de que se pudiese argüir menos sinceridad en la intención de los tlascaltecas.

Hicieron su entrada con grande aparato y gravedad. Iban delante los tamenes bien ordenados con el presente sobre los hombros, que se componía de algunas piezas de oro y plata, ropas finas de la tierra, curiosidades y penachos con muchas cargas de sal, que allí era el contrabando más apetecido. Traían ellos mismos las insignias de la paz en las manos, gran cantidad de joyas, y numeroso acompañamiento de camaradas y criados: superfluidades en que a su parecer venía figurada la grandeza de su príncipe, y que algunas veces suelen servir a la desproporción de la misma embajada, siendo como unas ostentaciones del poder que asombran o divierten los ojos para introducir la sinrazón en los oídos. Esperóles el senado en su tribunal sin faltar a la cortesía ni exceder en el agasajo; pero celoso cuidadosamente de su representación, y mal encubierto el desagrado en la urbanidad.

Su proposición fue, después de nombrar al emperador mexicano con grandes sumisiones y atributos, «ofrecer de su parte la paz y alianza perpetua entre las dos naciones, libertad de comercio y comunicación de intereses; con calidad y condición que tomasen luego las armas contra los españoles, o se aprovechasen de su descuido y seguridad para deshacerse de ellos». Y no pudieron acabar su razonamiento porque se hallaron atajados, primero de un rumor indistinto que ocasionó la disonancia, y después de una irritación mal reprimida que prorrumpió en voces descompuestas, y se llevó tras sí la circunspección.

Pero uno de los senadores ancianos acordó a sus compañeros el desacierto en que se iban empeñando contra el estilo y contra la razón; y dispuso que los embajadores se retirasen a su alojamiento para esperar la resolución de la república. Lo cual ejecutado, se quedaron solos a discurrir sobre la materia; y sin detenerse a votar concurrieron todos en el mismo sentir de los que habían propalado inadvertidamente su voto, aunque se aliñaron los términos de la repulsa y se hizo lugar la cortesía en la segunda instancia de la cólera, resolviendo que se nombrasen tres o cuatro diputados que llevasen la respuesta del senado a los embajadores, cuya sustancia fue: «que se admitiría con toda estimación la paz, como viniese propuesta con partidos razonables, y proporcionados a la conveniencia y pundonor de ambos dominios; pero que los tlascaltecas observaban religiosamente las leyes del hospedaje, y no acostumbraban ofender a nadie sobre seguro; preciándose de tener por imposible lo ilícito, y de irse derechos a la verdad de las cosas, porque no entendían de pretextos ni sabían otro nombre a la traición». Pero no llegó el caso de lograrse la respuesta, porque los embajadores viendo tan mal recibida su proposición, se pusieron luego en camino, llevando tanto miedo como trajeron gravedad; y no pareció conveniente detenerlos porque había corrido la voz en Tlascala de que venían contra los españoles, y se temió algún movimiento popular que atropellase las prerrogativas de su ministerio y destruyese las atenciones del senado.

Esta diligencia de los mexicanos, aunque frustrada con tanta satisfacción de los españoles, no dejó de traer algún inconveniente, de que se empezó a formar otro cuidado. Calló Xicotencal el mozo en la junta de los senadores su dictamen, dejándose llevar del voto común, porque temió la indignación de sus compañeros, o porque le detuvo el respeto de su padre; pero se valió después de la misma embajada para verter entre sus amigos y parciales el veneno de que tenía preocupado el corazón, sirviéndose de la paz que proponían los mexicanos, no porque fuese de su genio ni de su conveniencia, sino por esconder en este motivo especioso la fealdad ignominiosa de su envidia y dañada intención. «El emperador mexicano, decía, cuya potencia formidable nos trae siempre con las armas en las manos, y envueltos en la continua infelicidad de una guerra defensiva, nos ruega con su amistad, sin pedirnos otra recompensa que la muerte de los españoles, en que solo nos propone lo que debíamos ejecutar por nuestra propia conveniencia y conservación: pues cuando perdonemos a estos advenedizos el intento de aniquilar y destruir nuestra religión, no se pueden negar que tratan de alterar nuestras leyes y forma de gobierno, convirtiendo en monarquía la república venerable de los tlascaltecas, y reduciéndonos al dominio aborrecible de los emperadores: yugo tan pesado y tan violento, que aun visto en la cerviz de nuestros enemigos lastima la consideración.» No le faltaba elocuencia para vestir de razones aparentes su dictamen, ni osadía para facilitar la ejecución; y aunque le contradecían y procuraban disuadir algunos de sus confidentes, como estaba en reputación de gran soldado, se pudo temer que tomase cuerpo su parcialidad en una tierra donde bastaba el ser valiente para tener razón. Pero estaba tan arraigado en los ánimos el amor de los españoles, que se hicieron poco lugar las diligencias, y llegaron luego a la noticia de los magistrados. Tratóse la materia en el senado con toda la reserva que pedía un negocio de semejante consideración, y fue llamado a esta conferencia Xicotencal el viejo, sin que bastase la razón de ser hijo suyo el delincuente para que se desconfiase de su entereza y justificación.

Acriminaron todos este atentado como indigna cavilación de hombre sedicioso que intentaba perturbar la quietud pública, desacreditar las resoluciones del senado y destruir el crédito de su nación. Inclináronse algunos votos a que se debía castigar semejante delito con pena de muerte, y fue su padre uno de los que más esforzaron este dictamen, condenando en su hijo la traición, como juez sin afectos, o mejor padre de la patria.

Pudo tanto en los ánimos de aquellos senadores la constancia pundonorosa del anciano, que se mitigó por su contemplación el rigor de la sentencia, reduciéndose los votos a menos sangrienta demostración. Hiciéronle traer preso al senado, y después de reprender su atrevimiento con destemplada severidad, le quitaron el bastón de general, deponiéndole del ejercicio y prerrogativas del cargo, con la ceremonia de arrojarle violentamente por las gradas del tribunal; cuya ignominia le obligó dentro de pocos días a valerse de Cortés con demostraciones de verdadera reconciliación; y a instancia suya fue restituido en sus honores y en la gracia de su padre; aunque después de algunos días volvió a reverdecer la raíz infecta de su mala intención, y reincidió en nueva inquietud que le costó la vida como veremos en su lugar. Pudieron ambos lances producir inconvenientes de grande amenaza y dificultoso remedio; pero el de Xicotencal llegó a noticia de Cortés cuando estaba prevenido el daño y castigado el delito, y el de los embajadores mexicanos dejó satisfecho a los menos confiados, quedando en uno y otro nuevamente acreditada la rara fidelidad de los tlascaltecas; que vista en una gente de tan limitada policía, y en aquel desabrigo de los medios humanos, llegó a parecer milagrosa, o por lo menos se miraba entonces como uno de los efectos en que no se halla razón natural si se busca entre las causas inferiores.

**Capítulo III. Ejecútase la entrada en la provincia de Tepeaca; y vencidos los rebeldes que aguardaron en campaña con la**

**asistencia de los mexicanos, se ocupa la ciudad, donde se levanta una fortaleza con el nombre de Segura de la Frontera**

Entretanto que andaba Xicotencal el mozo convocando las milicias de su república, cebado ya en la guerra de Tepeaca, y deseoso entonces de borrar con los excesos de su diligencia las especies de su infidelidad, procuraba Cortés encaminar los ánimos de los suyos al conocimiento de que no se podía excusar el castigo de aquella nación, poniéndoles delante su rebeldía, la muerte de los españoles, y cuantos motivos podían hacer a la compasión y llamar a la venganza; pero no todos se ajustaban a que fuese conveniente aquella facción, en cuyo dictamen sobresalieron los de Narváez, que a vista de los trabajos padecidos se acordaban con mayor afecto del ocio y de la comodidad, clamando por asistir a las granjerías que dejaron en la isla de Cuba. Tenían por impertinente la guerra de Tepeaca, insistiendo en que se debía retirar el ejército de la Veracruz para solicitar asistencias de Santo Domingo y Jamaica, y volver menos aventurados a la empresa de México, no porque tuviesen ánimo de perseverar en ella, sino por acercarse con algún color a la lengua de agua para clamar o resistir con mayor fuerza. Y llegó a tanto su osadía, que hicieron notificar a Hernán Cortés una protesta legal, adornada con algunos motivos de mayor atrevimiento que sustancia, en que andaba el bien público y el servicio del rey, procurando apretar los argumentos del temor y de la flojedad.

Sintió vivamente Cortés que se hubiesen desmesurado a semejante diligencia en tiempo que tenían los enemigos, que asistían en Tepeaca, ocupado el camino de la Veracruz, y no era posible penetrarle sin hacer la guerra que rehusaban. Hízolos llamar a su presencia, y necesitó de toda su reportación para no destemplarse con ellos; porque la tolerancia o el disimulo de una injuria propia es dificultad que suele caber en ánimos como el suyo; pero sufrir en un despropósito la injuria de la razón, es en los hombres de juicio la mayor hazaña de la paciencia.

Agradeció como pudo los buenos deseos con que solicitaban la conservación del ejército; y sin detenerse a ponderar las razones que ocurrían para no faltar al empeño que estaba hecho con los tlascaltecas, aventurando su amistad, y dejando consentida la traición de los tepeaqueses, se valió de motivos proporcionados al discurso de unos hombres a quien hacía poca fuerza lo mejor; para cuyo efecto les dijo solamente: «que teniendo el enemigo los pasos estrechos de la montaña, precisamente se había de pelear para salir a lo llano; que ir solos a esta facción sería perder voluntariamente, o por lo menos aventurar sin disculpa el ejército; que ni era practicable pedir socorro a los tlascaltecas, ni ellos le darían para una retirada que se hacía contra su voluntad; y que una vez sujeta la provincia rebelde, y asegurado el camino, en lo cual asistiría con todas sus fuerzas la república, les ofrecía sobre la fe de su palabra que podrían retirarse con licencia suya cuantos no se determinasen a seguir sus banderas». Con que los dejó reducidos a servir en aquella guerra, quedando en conocimiento de que no eran a propósito para entrar en mayores empeños; y trató de poner luego en ejecución su jornada con que se quietaron por entonces.

Eligió hasta ocho mil tlascaltecas de buena calidad, divididos en tropas según su costumbre, con algunos capitanes de los que ya tenía experimentados en el viaje de México. Dejó a cargo de su nuevo amigo Xicotencal que siguiese con el resto de sus milicias; y puesta en orden su gente, se halló con cuatrocientos y veinte soldados españoles, incluso los capitanes, y diecisiete caballos, armada la mayor parte de picas, espadas y rodelas, algunas ballestas y pocos arcabuces, porque no sobraba la pólvora, cuya falta obligó a que se dejasen los demás en casa de Magiscatzin.

Marchó el ejército con grandes aclamaciones del concurso popular y grande alegría de los mismos soldados tlascaltecas: pronóstico de la victoria en que tenían su parte los espíritus de la venganza. Hízose alto aquel día en el primer lugar de la tierra enemiga, situado tres leguas de Tlascala y cinco de Tepeaca, ciudad capital que dio su nombre a la provincia. Retiróse la población a la primera vista del ejército y solo dieron alcance los batidores a seis o siete paisanos que aquella noche hallaron agasajo y seguridad entre los españoles, no sin alguna repugnancia de los tlascaltecas, en cuya irritación tuvieron diferente acogida. Llamólos a la mañana Hernán Cortés, y alentándolos con algunas dádivas los puso a todos en libertad, encargándoles que por el bien de su nación dijesen de su parte a los caciques y ministros principales de la ciudad: «que venía con aquel ejército a castigar la muerte de tantos españoles como habían perdido alevosamente la vida en su distrito, y la traición calificada con que se habían negado a la obediencia de su rey; pero que determinándose a tomar las armas contra los mexicanos, para cuyo efecto los asistiría con sus fuerzas y las de Tlascala, quedaría borrada con un perdón general la memoria de ambas culpas, y serían restituidos a su amistad, excusando los daños de una guerra, cuya razón los amenazaba como delicuentes, y los trataría como enemigos».

Partieron con este mensaje, y al parecer bastantemente asegurados, porque doña Marina y Aguilar añadieron a lo que dictaba Cortés, algunos amigables consejos y seguridades en orden a que podían volver sin recelo, aunque fuese mal admitida la proposición de la paz. Y así lo ejecutaron el día siguiente, acompañándolos en esta función dos mexicanos, que al parecer venían como celadores de la embajada para que no se alterasen los términos de la repulsa, cuya sustancia fue insolente y descomedida: «que no querían la paz, ni tardarían mucho en buscar a sus enemigos en campaña para volver con ellos maniatados a las aras de sus dioses». A que añadieron otros desprecios y amenazas de hombres que hacían la cuenta con el número de su ejército. No se dio por satisfecho Hernán Cortés con esta primera diligencia, y los volvió a despachar con nuevo requerimiento que ordenó para su mayor justificación, en que los protestaba: «que no admitiendo la paz con las condiciones propuestas, serían destruidos a fuego y a sangre como traidores a su rey, y quedarían esclavos de los vencedores, perdiendo enteramente la libertad cuantos no perdiesen la vida». Hízose la notificación a los enviados con asistencia de los intérpretes, y dispuso que llevasen por escrito una copia del mismo requerimiento, no porque le hubiesen de leer, sino porque al oír de sus mensajeros aquella intimación de tanta severidad, temiesen algo más de las palabras sin voz que llevaba el papel: que como extrañaban tanto en los españoles el oficio de la pluma, teniendo por sobrenatural que pudiesen hallarse y entenderse desde lejos, quiso darles en los ojos con lo que les hacía ruido en el cuidado: que fue como llamarlos al miedo por el camino de la admiración.

Pero sirvió de poco este primor, porque fue aún más briosa y más descortés la segunda respuesta; con la cual llegó el aviso de que venía marchando en diligencia más que ordinaria el ejército enemigo, y Hernán Cortés, resuelto a buscarle, ordenó luego su gente, y la puso en marcha sin detenerse a instruirla ni animarla, porque los españoles estaban diestros en aquel género de batallas, y los tlascaltecas iban tan deseosos de pelear, que trabajó más la razón en detenerlos.

Aguardaban los enemigos mal emboscados entre unos maizales, aunque los produce tan densos y crecidos la fertilidad de aquella tierra, que pudieran lograr el lazo si fuera mayor su advertencia: pero se reconoció desde lejos el bullicio de su natural inquietud, y la noticia de los batidores llegó a tiempo que dadas las órdenes y prevenidas las armas, se consiguió al acercarse a la celada con un género de sosiego que procuraba imitar el descuido.

Diose principio al combate prolongando los escuadrones, lo que fue necesario para guardar las espaldas; y los mexicanos que traían la vanguardia, se hallaron acometidos por todas partes cuando se andaban disponiendo para ocupar la retirada. Facilitó su turbación el primer avance, y fueron pasados a cuchillo cuantos no se retiraron anticipadamente. Fuese ganando tierra sin perder la formación del ejército, y porque las flechas y demás armas arrojadizas perdían la fuerza y la puntería en las cañas de maíz, lo hicieron las espadas y las picas. Rehiciéronse después los enemigos y esperaron segundo choque, alargando la disputa con el último esfuerzo de la desesperación; pero se detuvo poco en declararse la victoria, porque los mexicanos cedieron, no solamente la campaña, sino todo el país buscando refugio en otros aliados; y a su ejemplo se retiraron los tepeaqueses con el mismo desorden, tan atemorizados, que vinieron aquella misma tarde sus comisarios a rendir la ciudad, pidiendo cuartel, y dejándose a la discreción o a la clemencia de los vencedores.

Perdió el enemigo en esta facción la mayor parte de sus tropas, hiciéronse muchos prisioneros, y el despojo fue considerable. Los tlascaltecas pelearon valerosamente; y lo que más se pudo extrañar, tan atentos a las órdenes, que a fuerza de su mejor disciplina murieron solamente dos o tres de su nación. Murió también un caballo, y de los españoles hubo algunos heridos, aunque tan ligeramente que no fue necesario que se retirasen. El día siguiente se hizo la entrada en la ciudad; y así los magistrados como los militares que salieron al recibimiento, y el concurso popular que los seguía, vinieron desarmados a manera de reos, llevando en el silencio de los semblantes confesada o reconocida la confusión de su delito.

Humilláronse todos al acercarse, hasta poner la frente sobre la tierra; y fue necesario que los alentase Cortés para que se atreviesen a levantar los ojos. Mandó luego que los intérpretes aclamasen, levantando la voz, al rey don Carlos, y publicasen el perdón general en su nombre, cuya noticia rompió las ataduras del miedo, y empezaron las voces y los saltos a celebrar el contento. Señalóse a los tlascaltecas su cuartel fuera de poblado porque se temió que pudiese más en ellos la costumbre de maltratar a sus enemigos que la sujeción a las órdenes en que se iban habituando; y Hernán Cortés se alojó en la ciudad con sus españoles, con la unión y cautela que pedía la ocasión, durando en este género de recelo hasta que se conoció la sencillez de aquellos ánimos, que a la verdad fueron solicitados y asistidos por los mexicanos, así para la primera traición, como para los demás atrevimientos.

Hallábanse ya escarmentados y pesarosos de haber dado segunda vez la cerviz al yugo intolerable de aquella nación; y tan desengañados en el conocimiento de que, aun viniendo como amigos, no sabían abstenerse de mandar en las haciendas, en las honras y en las vidas, que hicieron ellos mismos diferentes instancias a Hernán Cortés para que no desamparase la ciudad; de que se tomó pretexto para levantar allí una fortaleza que se les dio a entender era para defenderlos, siendo para sujetarlos; y sobre todo, para dar seguridad al paso de la Veracruz, a cuyo fin convenía mantener aquel puesto, que siendo fuerte por naturaleza, podía recibir con facilidad los reparos del arte. Cerráronse las avenidas con algunas trincheras de fagina y tierra que diesen recinto a la ciudad, atando las quiebras de la montaña; y en lo más eminente se levantó una fortificación de materia más sólida en forma de castillo, que se tuvo por bastante retirada para cualquier accidente de los que se podían ofrecer en aquel género de guerra. Diose tanto calor a la fábrica, y asistieron a ella los naturales y circunvecinos con tanta solicitud y en tanto número, que se puso en defensa dentro de breves días; y Hernán Cortés señaló algunos españoles que se quedasen a defender aquella plaza que hizo llamar Segura de la Frontera, y fue la segunda población española del imperio mexicano.

Desembarazóse primero para dar cobro a estas disposiciones de los prisioneros mexicanos y tepeaqueses de la victoria pasada; y ordenó que fuesen llevados a Tlascala con particular cuidado, porque ya se apreciaban como alhajas de valor, habiéndose introducido entonces en aquella tierra el herrarlos y venderlos como esclavos: abuso y falta de humanidad que tuvo su principio en las islas donde se practicaba ya este género de terror contra los indios rebeldes; aunque no se refiere como disculpa el ejemplar, que siempre yerra segunda vez quien sigue lo culpable, y por más que fuese ajeno el primer desacierto, quedaría con circunstancias de reincidencia la imitación.

No se detuvo muchos días el remedio y la represión de semejante desorden, aunque llegó a noticia del emperador, fundado en algunos de los motivos que hacen lícita la esclavitud entre los cristianos, y fue punto que ventiló en largas disputas y papeles. Pero aquel ánimo real, verdaderamente religioso y compasivo, se dejó pendientes las controversias de los teólogos, y ordenó de propio dictamen que fuesen restituidos en su libertad cuando lo permitiese la razón de la guerra, y en el ínterin tratados como prisioneros y no como esclavos: heroica resolución en que obró tanto la prudencia como la piedad porque ni en lo político fuera conveniente introducir la servidumbre para mejorar el vasallaje, ni en lo católico desautorizar con la cadena y el azote la fuerza de la razón.

**Capítulo IV. Envía Hernán Cortés diferentes capitanes a reducir o castigar los pueblos inobedientes, y va personalmente a la ciudad de Guacachula contra un ejército mexicano que vino a defender su frontera**

Poco después que se alojó el ejército en Tepeaca, llegó con el resto de sus tropas Xicotencal, y creció, según dicen algunos, a cincuenta mil hombres el ejército auxiliar de los tlascaltecas. Convenía para sosegar a los tepeaqueses, que andaban recelosos de su vecindad, ponerlos en alguna operación, y sabiendo Hernán Cortés que al fomento de los mexicanos se mantenían fuera de la obediencia tres o cuatro lugares de aquel distrito, envió diferentes capitanes, dando a cada uno veinte o treinta españoles, y número considerable de tlascaltecas, para que los procurasen reducir a la paz con términos suaves, o pasasen a castigar con las armas su obstinación. En todos se halló resistencia, y en todos hizo la fuerza lo que no pudo la mansedumbre; pero se consiguió el intento sin perder un hombre, y los capitanes volvieron victoriosos, dejando sujetas aquellas poblaciones rebeldes, y no sin escarmiento a los mexicanos que huyeron rotos y deshechos de la otra parte de los montes. El despojo que se adquirió en el alcance de los enemigos, y en los mismos lugares sediciosos, fue rico y abundante de todos géneros. Los prisioneros excedían el número de los vencedores. Dicen que llegarían a dos mil los que se hicieron solo en Tecamachalco, donde se apretó la mano en el castigo, porque sucedió en este lugar la muerte de los españoles. Y ya no se llamaban prisioneros sino cautivos, hasta que puestos en venta perdían el nombre, y pasaban a la servidumbre personal; dando el rostro a la nota miserable de la esclavitud.

Había muerto en esta sazón, según la noticia que se tuvo poco después, el emperador que sucedió a Motezuma en la corona, que como dijimos se llamaba Quetlabaca, señor de Iztapalapa; y juntándose los electores, dieron su voto y la investidura del imperio a Guatimozin, sobrino y yerno de Motezuma. Era mozo de hasta veinticinco años, y de tanto espíritu y vigilancia, que a diferencia de su antecesor, se dio a los cuidados públicos, deseando que se conociese luego lo que valen, puestas en mejor mano, las riendas del gobierno. Supo lo que iban obrando los españoles en la provincia de Tepeaca; y previniendo los designios a que podrían aspirar con la reunión de los tlascaltecas y demás provincias confinantes, entró en aquel temor razonable de que suele formar sus avisos la prudencia.

Hizo notables prevenciones que dieron grande recomendación a los principios de su reinado. Alentó la milicia con premios y exenciones; ganó el aplauso de los pueblos con levantar enteramente los tributos por el tiempo que durase la guerra; hízose más señor de los nobles con dejarse comunicar, templando aquella especie de adoración a que procuraban elevar el respeto sus antecesores; repartió dádivas y ofertas entre los caciques de la frontera, exhortándolos a la fidelidad y a la propia defensa; y porque no se quejasen de que les dejaba todo el peso de la guerra, envió un ejército de treinta mil hombres que diese calor a las milicias naturales. Y a vista de estas prevenciones, tienen despejo los émulos de nuestra nación para decir que se lidiaba con brutos incapaces, que solo se juntaban para ceder a la industria y al engaño, más que al valor y a la constancia de sus enemigos.

Tuvo noticia Hernán Cortés de que se prevenía ejército en la frontera, y no le dejaron que dudar tres o cuatro mensajeros nobles que le despachó el cacique de Guacachula, ciudad populosa y guerrera, situada en el paso de México, y una de las que miraba el nuevo emperador como antemural de sus estados. Venían a pedir socorro contra los mexicanos; quejábanse de sus violencias y desprecios; ofrecían tomar las armas contra ellos luego que se dejase ver de sus murallas el ejército de los españoles. Facilitaban la empresa y la querían justificar, diciendo que su cacique debía ser asistido como vasallo de nuestro rey, por ser uno de los que dieron la obediencia en la junta de nobles que se hizo a convocación de Motezuma. Preguntóles Hernán Cortés qué grueso tendría el enemigo en aquel paraje; y respondieron que hasta veinte mil hombres en el distrito de la ciudad, y en otra que se llamaba Izucan, distante cuatro leguas, otros diez mil; pero que de Guacachula y algunos lugares de su contribución se juntarían número muy considerable de gente irritada y valerosa que sabría gozar de la ocasión, y servirse de las manos. Examinólos cuidadosamente haciéndoles diferentes instancias, a fin de penetrar el ánimo de su cacique; y dieron tan buena razón de sí, que le dejaron persuadido a que venia sin doblez la proposición: y cuando le quedase algún recelo procuraría disimularle, porque aun en caso de salir incierto el tratado, era ya necesario echar de allí al enemigo, y sujetar aquellas ciudades fronterizas antes que se pusiese mayor cuidado en defenderlas.

Tomó tan de veras el empeño, que formó aquel mismo día un ejército de hasta trescientos españoles, con doce o trece caballos, y más de treinta mil tlascaltecas, encargando la facción al maestre de campo Cristóbal de Olid; y andaba tan cerca entonces el disponer del ejecutar, que marchó a la mañana siguiente, llevando consigo a los mensajeros, y orden para que se procurase adelantar con recato hasta ponerse cerca de la ciudad; y caso que hubiese algún recelo de trato doble, se abstuviese de atacar la población, y procurase romper antes a los mexicanos, llamándolos a la batalla en algún puesto ventajoso.

Iban todos alegres y de buen ánimo; pero a seis leguas de Tepeaca, y casi a la misma distancia de Guacachula, donde hizo alto el ejército, corrió la voz de que venía en persona el emperador mexicano a socorrer aquellas ciudades con todo el resto de sus fuerzas. Decíanlo así los paisanos sin dar fundamento en el origen de esta noticia; pero los españoles de Narváez la creyeron y, la multiplicaron sin oír razón ni atender a las órdenes. Contradecían a rostro descubierto la jornada, protestando que se quedarían, con tanta irreverencia que llegó a enojarse con ellos Cristóbal de Olid, y a despedirlos con desabrimiento, amenazándolos con el enojo de Cortés, porque no les hacía fuerza el deshonor de la retirada. Y al mismo tiempo que trataba de proseguir sin ellos su marcha, se ofreció nuevo accidente, que si no llegó a turbar su constancia, puso en compromiso la resolución y el acierto de la misma jornada.

Viéronse descender tropas de gente armada por lo alto de las montañas vecinas, que se iban acercando en más que ordinaria diligencia; y le obligaron a poner en orden su gente, creyendo que le buscaban ya los mexicanos; en que obró lo que debía, que nunca daña a la salud de los ejércitos los excesos del cuidado. Pero algunos caballos que adelantó a tomar lengua, volvieron con aviso de que venía por capitán de aquellas tropas el cacique de Guajocingo, a quien acompañaban otros caciques sus confederados con ánimo de asistir a los españoles en aquella guerra contra los mexicanos, que tenían ocupada la frontera y amenazados sus dominios. Mandó con esta noticia que hiciesen alto las tropas, y viniesen los caciques a verse con él, como lo ejecutaron luego. Pero de lo mismo que al parecer debían alegrarse todos, se levantó segunda voz en el ejército que tomó su principio en los tlascaltecas, y comprendió brevemente a los españoles. Decían unos y otros que no era seguro fiarse de aquella gente: que su amistad era fingida, y que la enviaban los mexicanos para que se declarase por enemiga cuando llegase la ocasión de la batalla. Oyólos Cristóbal de Olid, y dejándose llevar con poco examen a la misma sospecha, prendió luego a los caciques, y los envió a Tepeaca para que determinase Cortés lo que se debía ejecutar: acción atropellada en que aventuró que sucediese alguna turbación entre los suyos, y los que verdaderamente venían como amigos, pero éstos perseveraron a vista de aquella desconfianza sin moverse del paraje donde se hallaban, dándose por satisfechos de que se remitiese a Cortés el conocimiento de su verdad; y los demás no se atrevieron a inquietarlos, porque dieron cuenta y quedaron obligados a esperar la orden.

Llegaron los presos en breve a la presencia de Cortés, y se quejaron de Cristóbal de Olid en términos razonables, dando a entender que no sentían la mortificación de sus personas, sino el desaire de su fidelidad. Oyólos benignamente, y haciéndoles quitar las prisiones, procuró satisfacerlos y confiarlos, porque halló en ellos todas las señas que suele traer consigo la verdad para diferenciarse del engaño. Pero entró en dictamen de que ya necesitaba de su asistencia la facción, porque la desconfianza de aquellas naciones amigas, y las voces que habían corrido en el ejército, eran amenazas del intento principal. Dispuso luego su jornada, y encargando a los ministros de justicia el gobierno y dependencias de la nueva población, partió con los caciques y una pequeña escolta de los suyos, tan diligente y deseoso de facilitar la empresa, que llegó en breves horas al ejército. Alentáronse todos con su presencia; pusiéronse las cosas de otro color; serenóse la tempestad que iba oscureciendo los ánimos; reprendió a Cristóbal de Olid, no el haberle dado noticia de aquella novedad, hallándose tan cerca, sino el haber manifestado sus recelos con la prisión de los caciques. Y unidas las fuerzas, marchó sin más detención la vuelta a Guacachula, ordenando que se adelantasen los mensajeros de aquella ciudad, y diesen aviso a su cacique del paraje donde se hallaba, y de las fuerzas con que venía; no porque necesitase ya de sus ofertas, sino por excusar el empeño de tratar como enemigos a los que deseaba reducir y conservar.

Tenían su alojamiento los mexicanos de la otra parte de la ciudad; pero al primer aviso de sus centinelas se movieron con tanta celeridad, que al tiempo que llegaron los españoles a tiro de arcabuz, habían formado su ejército y ocupado el camino con ánimo de medir las fuerzas al abrigo de la plaza. Trabóse con rigurosa determinación la batalla, y los enemigos empezaron a resistir y ofender con señas de alargar la disputa, cuando el cacique logró la ocasión y desempeñó su fidelidad, cerrando con ellos por las espaldas, y ofendiéndolos al mismo tiempo desde la muralla con tan buena orden y tanta resolución, que facilitó mucho la victoria, y en poco más de media hora fueron totalmente deshechos los mexicanos, siendo pocos los que pudieron escapar de muertos o heridos.

Alojóse dentro de la ciudad Hernán Cortés con españoles, señalando su cuartel fuera de los muros a los tlascaltecas y demás aliados, cuyo número fue creciendo por instantes; porque a la fama de que se movía su persona, salieron otros caciques de la tierra obediente con sus milicias a servir debajo de su mano; y creció tanto su ejército, que según su misma relación, llegó a Guacachula con más de ciento y veinte mil hombres. Dio las gracias al cacique y a los soldados naturales, atribuyéndoles enteramente la gloria del suceso; y ellos se ofrecieron para la empresa de Izucan, no sin presunción de necesarios por la noticia con que se hallaban de la tierra, y por que ya se podía fiar de su valor. Tenía el enemigo en aquella ciudad, como lo avisó el cacique, más de diez mil hombres de guarnición, sin los que se le arrimarían de la rota pasada. Los paisanos de su población y distrito se hallaban empeñados a todo riesgo en la enemistad de los españoles. La plaza era fuerte por naturaleza, y por algunas murallas con sus rebellines que cerraban el paso entre las montañas: bañábala un río, que necesariamente se había de penetrar, y llegó noticia de que habían roto el puente para disputar la ribera: circunstancias bastantes para que no se despreciase la facción, ni se dejase de mover todo el ejército.

Iba Cristóbal de Olid en la vanguardia con la gente señalada para el esguazo, en cuya oposición halló la mayor parte del ejército enemigo; pero se arrojó al agua peleando y ganó la otra ribera con tanta determinación y tan arrestado en los avances, que le mataron el caballo y le hirieron en un muslo. Huyeron los enemigos a la ciudad, donde pensaron mantenerse, porque habían echado fuera la gente inútil, niños y mujeres, quedándose con más de tres mil paisanos hábiles, y bastimentos de reserva para muchos días. El aparato de las murallas y el número de los defensores daban con la dificultad en los ojos, y premisas de que sería coloso el asalto; pero apenas acabó de pasar el ejército y se dieron las órdenes de acometer, cuando cesaron los gritos y desapareció por todas partes la guarnición. Púdose temer algún estratagema de los que alcanzaba su milicia, si al mismo tiempo no se descubriera la fuga de los mexicanos, que puestos en desorden iban escapando a la montaña. Envió Cortés en su alcance algunas compañías de españoles con la mayor parte de los tlascaltecas; y aunque militaba por los enemigos lo agrio de la cuesta, se consiguió el romperlos tan ejecutivamente, que apenas se les dio lugar para que volviesen el rostro.

La ciudad estaba tan desamparada, que solo se pudieron hallar entre los prisioneros tres o cuatro de los naturales; por cuyo medio trató Hernán Cortés de recoger a los demás, enviándolos a los bosques donde tenían retiradas sus familias, para que de su parte, y en nombre del rey, ofreciesen perdón y buen pasaje a cuantos se volviesen luego a sus casas; cuya diligencia bastó para que se poblase aquel mismo día la ciudad, volviéndose casi todos a gozar del indulto. Detúvose Cortés en ella dos o tres días para que perdiesen el miedo y abrazasen la obediencia con el ejemplo de Guacachula. Despidió al mismo tiempo las tropas de los caciques amigos, partiendo con ellos el despojo de ambas facciones; y se volvió a Tepeaca con sus españoles y tlascaltecas, dejando libre de mexicanos la frontera, obedientes aquellas ciudades que tanto suponían, asegurado con la experiencia el afecto de las naciones amigas, y frustradas las primeras disposiciones del nuevo emperador mexicano.

No quiere Bernal Díaz del Castillo que se hallase Cortés en esta expedición. Puédese dudar si fue por autorizar la disculpa de haberse quedado en Segura de la Frontera, como lo confiesa pocos renglones antes, o si le llevó inadvertidamente, la pasión de contradecir en esto, como en todo, a Francisco López de Gómara; porque los demás escritores afirman lo que dejamos referido, y el mismo Hernán Cortés en la carta para el emperador, escrita en 30 de octubre de 1520, da los motivos que le obligaron a seguir entonces el ejército. Sentimos que se ofrezcan estas ocasiones de impugnar al autor que vamos siguiendo: pero en este caso fuera culpa de Cortés, indigna en su cuidado, no haber asistido personalmente donde le llamaban desde tan cerca desconfianzas de los suyos, quejas de los confederados, voces de poco respeto entre los de Narváez, Cristóbal de Olid, que gobernaba el ejército, parcial de los recelosos, y una empresa de tanta consideración aventurada. Perdone Bernal Díaz, que cuando lo dijese como lo entendió, pudo antes caber un descuido en su memoria, que una falta en la verdad; y un desacierto en la vigilancia de Cortés.

**Capítulo V. Procura Hernán Cortés adelantar algunas prevenciones de que necesitaba para la empresa de México;**

## hállase casualmente con un socorro de españoles; vuelve a Tlascalteca y halla muerto a Magiscatzin

Apenas llegó Hernán Cortés a Tepeaca y a Segura de la Frontera, cuando le avisaron de Tlascala que su grande amigo Magiscatzin quedaba en los últimos plazos de la vida: noticia de gran sentimiento suyo; porque le debía una voluntad apasionada, que se había hecho recíproca y de igual correspondencia con el trato y la obligación. Pero deseando socorrerle con la mejor prueba de su amistad, despachó luego al padre fray Bartolomé de Olmedo para que atendiese el socorro de su alma, procurando reducirle al gremio de la iglesia. Estaba cuando llegó este religioso poco menos que rendido a la fuerza de la enfermedad; pero con el juicio libre y el ánimo dispuesto a recibir impresión, porque le desagradaban los ritos y la multiplicidad de sus dioses; y hallaba menos disonancia en la religión de los españoles, inclinado a las congruencias que le dictaba la razón natural, y ciego, al parecer, más por falta de luz, que por defecto de los ojos. Trabajó poco en persuadirle fray Bartolomé porque halló conocido el error y deseado el acierto; conque solo necesitó de instruirle y amonestarle para excitar la voluntad y quitar el entendimiento. Pidió a breve rato con grandes ansias el bautismo, y le recibió con entera deliberación, gastando el poco tiempo que le duró la vida en fervorosas ponderaciones de su felicidad, y en exhortar a sus hijos que dejasen la idolatría y obedeciesen a su amigo Hernán Cortés, procurando con todas veras, y como punto de conveniencia propia, la conservación de los españoles; porque según lo que le decía en aquella hora el corazón, estaba creyendo que había de caer en sus manos el dominio de aquella tierra. Pudo inspirárselo Dios; pero también pudo colegirlo de los antecedentes, y ser dictamen suyo este que se refiere como profecía. Lo que no se debe dudar es que le premió Dios con aquella última docilidad y extraordinaria vocación, lo que obró en favor de los cristianos, así como le tomó por instrumento principal del abrigo que tantas veces debieron a la república de Tlascala. Fue hombre de virtudes morales, y de tan ventajosa capacidad, que llegó a ser el primero en el senado, y casi a mandar en sus resoluciones, porque cedían todos a su autoridad y a su talento; y él sabía disponer como absoluto, sin exceder los límites de aconsejar como república. Sintió Hernán Cortés su muerte como pérdida incapaz de consuelo, aunque le hacía más falta como amigo, que como director de sus intentos, por hallarse ya introducido en la voluntad y en el respeto de toda la república. Pero el cielo, que al parecer cuidaba animarle para que no desistiese, le socorrió entonces con un suceso favorable que mitigó su tristeza, y puso de mejor condición sus esperanzas.

Llegó al surgidero de San Juan de Ulúa un bajel de mediano porte, en que venían trece soldados españoles y dos caballos, con algunos bastimentos y municiones que remitía Diego Velázquez de socorro a Pánfilo de Narváez, creyendo que tendría ya por suyas las conquistas de aquella tierra, y a su devoción el ejército de Cortés. Venía por cabo de esta gente Pedro de Barba, el que se hallaba gobernador de La Habana cuando salió Hernán Cortés de la isla de Cuba, debiendo a su amistad el último escape de las asechanzas con que se procuró embarazar su viaje. Apenas descubrió el bajel Pedro Caballero, a cuyo cargo estaba el gobierno de la costa, cuando salió en un esquife a reconocerle. Saludó con grande afecto a los recién venidos; y en la cortesía o sumisión con que le preguntó Pedro de Barba por la salud de Pánfilo de Narváez, conoció a lo que venía. Respondióle sin detenerse: «que no solo se hallaba con salud, sino en grandes prosperidades, porque todas aquellas regiones le habían dado la obediencia; y Hernán Cortés andaba fugitivo por los montes con pocos de los suyos»: cautela o falta de verdad en que se pudo alabar la prontitud y el desembarazo, pues fue bastante para sacarlos a tierra sin recelo, y para dar con ellos en la Veracruz, donde se descubrió el engaño y se hallaron presos por Hernán Cortés, aplaudiendo Pedro de Barba el ardid y la disimulación de Pedro Caballero: porque a la verdad no le pesó de hallar a su amigo en mejor fortuna.

Fueron llevados a Segura de la Frontera, y Hernán Cortés celebró con particular gusto la dicha de hallarse con más españoles, y la notable circunstancia de recibir por mano de su enemigo este socorro. Agasajó mucho a Pedro de Barba, y le dio luego una compañía de ballesteros, en fe de que tenía presente su amistad. Repartió algunas dádivas entre los soldados, con que se ajustaron a servir debajo de su mano. Leyóse después reservadamente la carta que traía Pedro de Barba para Narváez, en que le ordenaba Diego Velázquez, suponiéndole vencedor y dueño de aquellas conquistas: «que se mantuviese a toda costa en ellas, para cuyo efecto le ofrecía grandes socorros». Y últimamente le decía: «que si no hubiese muerto a Cortés se le remitiese luego con bastante seguridad, porque tenía orden expresa del obispo de Burgos para enviarle, preso a la corte»: y sería justificada la orden, si se atendió a no dejar su causa en manos de su enemigo; aunque del empeño con que favorecía este ministro a Diego Velázquez, se puede temer que solo se trataba de que fuese más ruidoso y más ejemplar el castigo, dando a la venganza particular algo de la vindicta pública.

Dentro de ocho días llegó a la costa segundo bajel con nuevo socorro, dirigido a Pánfilo de Narváez, y le aprendió con la misma industria Pedro Caballero. Traía ocho soldados, una yegua y cantidad considerable de armas y municiones a cargo del capitán Rodrigo Morejón de Lobera, y todos pasaron luego a Segura, donde se incorporaron voluntariamente con el ejército, siguiendo el ejemplar de los que vinieron delante. Llegaban estos socorros por camino tan fuera de la esperanza, que los miraba Hernán Cortés como sucesos de buen auspicio, pareciéndole que traían dentro de sí algunas especies, como intencionales de la felicidad venidera.

Pero al mismo tiempo le desvelaban las prevenciones de su empresa. Tenía en su imaginación resuelta la conquista de México; y la grande asistencia de gente con que se halló en aquella jornada, le confirmó en este dictamen; pero siempre le daba cuidado el paso de la laguna, cuya dificultad era inevitable; porque una vez hallada por los enemigos la defensa de romper los puentes de las calzadas, no se debía fiar de los pontones levadizos: invención que solo pudieron disculpar las angustias del tiempo; a cuyo fin discurrió en fabricar doce o trece bergantines que pudiesen resistir a las canoas de los indios, y transportar su ejército a la ciudad. Los cuales pensaba llevar desarmados sobre hombros de indios tamemes a la ribera más cercana del lago, desde los montes de Tlascala, catorce o quince leguas por lo menos de áspero camino. Tenía raras ideas su imaginativa, y naturalmente aborrecía los ingenios apagados, a quien parece imposible lo muy dificultoso.

Comunicó su discurso a Martín López, de cuyo ingenio y grande habilidad fiaba el desempeño de aquel notable designio; y hallando en él, no solamente aprobado el intento, sino facilitada la ejecución que tomó luego por su cuenta, le mandó que se adelantase a Tlascala, llevando consigo los soldados españoles que sabían algo de este ministerio, y diese principio a la obra, sirviéndose también de los indios que hubiese menester para el corte de la madera, y lo demás que se pudiese fiar de su industria. Ordenó al mismo tiempo que se trujese de la Veracruz la clavazón, jarcias y demás adherentes que se reservaron de aquellos bajeles que hizo echar a pique. Y porque tenía observado que producían aquellos montes un género de árboles que daban resina, los hizo beneficiar, y sacó de ellos toda la brea que hubo menester para la carena de los buques.

Hallábase también falto de pólvora, y consiguió poco después el fabricarla de ventajosa calidad, haciendo buscar el azufre, cuyo uso ignoraban los indios, en el volcán que reconoció Diego de Ordaz, donde le pareció que no podía faltar este ingrediente; y hubo algunos soldados españoles, entre los cuales nombra Juan de Laet a Montano y a Mesa el artillero, que se ofrecieron a vencer segunda vez dificultad, y volvieron finalmente con el azufre que fue necesario para la fábrica. En todo estaba y a todo atendía Hernán Cortés, tan lejos de fatigarse, que al parecer descansaba en su misma diligencia.

Hechas todas estas prevenciones que se fueron perfeccionando en breves días, trató de volverse a Tlascala para estrechar cuanto pudiese los términos de su conquista; y antes de partir dejó sus instrucciones al nuevo ayuntamiento de Segura, y por cabo militar al capitán Francisco de Orozco, dándole hasta veinte soldados españoles, y quedando a su obediencia la milicia del país.

Resolvió entrar de luto en la ciudad por la muerte de Magiscatzin: prevínose de ropas negras que vistieron sobre las armas él y sus capitanes, a cuyo efecto mandó teñir algunas mantas de la tierra. Hízose la entrada sin más aparato que la buena ordenanza, y un silencio artificioso en los soldados que iba publicando el duelo de su general. Tuvo esta demostración grande aplauso entre los nobles y plebeyos de la ciudad, porque amaban todos al difunto como padre de la patria; y aunque no se pone duda en el sentimiento de Cortés, que se lamentaba muchas veces de su pérdida, y tenía razón para sentirla, se puede creer que vistió el luto con ánimo de ganar voluntades; y que fue una exterioridad a dos luces, en que hizo cuanto pudo por su dolor, sin olvidarse de hacer algo por el aura popular.

Tenían los senadores sin proveer el cargo de Magiscatzin, que gobernaba como cacique por la república el barrio principal de la ciudad, para que hiciese Cortés la elección, o seguir en ella su dictamen; y él, ponderando las atenciones que se debían a la buena memoria del difunto, nombró y dispuso que nombrasen los demás a su hijo mayor, mozo bien acreditado en el juicio y el valor, y de tanto espíritu, que subió al tribunal sin extrañar la silla ni hallar novedad en las materias del gobierno; y últimamente, dio tan buena cuenta de su capacidad en lo más importante, que poco después pidió con grandes veras el bautismo, y le recibió con pública solemnidad, llamándose don Lorenzo de Magiscatzin: efecto maravilloso de las razones que oyó a fray Bartolomé de Olmedo en la conversión de su padre, cuya fuerza meditada y dirigida en la consideración, le fue llamando poco a poco al conocimiento de su ceguedad. Bautizóse también por este tiempo el cacique de Izucan, mancebo de poca edad, que vino a Tlascala con la investidura y representación del nuevo señorío, para dar las gracias a Cortés de que hubiese determinado en su favor un pleito que le ponían sus parientes sobre la herencia de su padre: que todo se lo consultaban, comprometiendo en él sus diferencias los caciques y particulares de los pueblos comarcanos, y recibiendo sus decisiones como leyes inviolables: tanto le veneraban, y tan seguros del acierto le obedecían.

 El ruido que hicieron en la ciudad estas conversiones, despertó al anciano Xicotencal, que andaba mal hallado con las disonancias de la gentilidad, y se dejaba estar en el error envejecido con una disposición negligente, que se divertía con facilidad o con falta de resolución: vicio casi natural en la vejez. Pero el ejemplar de Magiscatzin, hombre de igual autoridad a la suya, y al verle reducido a la religión católica en el artículo de la muerte, le hizo tanta fuerza, que dio los oídos a la enseñanza, y poco después el corazón al desengaño, recibiendo el bautismo con pública detestación de sus errores. No parece a la verdad que pudieron negar a mejor estado los principios del Evangelio en aquella tierra, convertidos los magnates y los sabios de la república, por cuyo dictamen se gobernaban los demás; pero no dieron lugar a este cuidado las ocurrencias de aquel tiempo: Hernán Cortés embebido en las disposiciones de aquella conquista: fray Bartolomé de Olmedo con falta de obreros que le ayudasen; y uno y otro en inteligencia de que no se podía tratar con fundamento de la religión, hasta que impuesto el yugo a los mexicanos se consiguiese la paz, que miraban como disposición necesaria para traer aquellos ánimos belicosos de los tlascaltecas al sosiego de que necesitaba la enseñanza y nueva introducción de la doctrina evangélica. Dejóse para después lo más esencial: enfriáronse los ejemplares y duró la idolatría. Púdose lograr en los días que se detuvo el ejército el primer fruto, por lo menos, de aquella oportunidad favorable; pero no sabemos que se intentase o consiguiese otra conversión: tiempo erizado, bullicio de armas y rumores de guerra, enseñados a llevarse tras sí las demás atenciones, y algunas veces a que se oigan mejor las máximas de la violencia con el silencio de la razón.

**Capítulo VI. Llegan al ejército nuevos socorros de soldados españoles; retíranse a Cuba los de Narváez que instaron por su licencia; forma Hernán Cortés segunda relación de su jornada, y despacha nuevos comisarios al emperador**

Quejábase con alguna destemplanza Hernán Cortés de Francisco de Garay, porque no ignorando su entrada y progresos en aquella tierra, porfiaba en el intento de introducir conquista y población por la parte de Panuco; pero tenía tan rara fortuna sobre sus émulos, que así como le iba socorriendo Diego Velázquez con los medios que juntaba para destruirle y mantener a Pánfilo de Narváez, le sirvió Garay con todas las prevenciones que hacía para usurparle su jurisdicción. Volvieron, como dijimos en su lugar, rechazadas sus embarcaciones de aquella provincia cuando estaba nuestro ejército en Zempoala, y durando en la resolución de sujetarla, previno armada, juntó mayor número de gente, y envió sus mejores capitanes a la empresa. Pero esta segunda invasión tuvo el mismo suceso que la primera, porque apenas saltaron en tierra los españoles, cuando hallaron tan valerosa resistencia de los indios naturales, que volvieron rotos y desordenados a buscar sus naves como pudieron; y atendiendo solo a desviarse del peligro, se hicieron a la mar por diferentes rumbos. Anduvieron perdidos algunos días, y sin saber unos de otros, fueron llegando con poca intermisión de tiempo a la costa de la Veracruz, donde se ajustaron a tomar servicio en el ejército de Cortés, sin otra persuasión que la de su fama.

Túvose por cuidado y disposición del cielo este socorro; y aunque es verdad que pudo espaciar aquellas naves la turbación de los soldados o la impericia de los marineros, y arrojarlas el viento a la parte donde más eran menester, el haber llegado tan a propósito de la necesidad, y por tantos accidentes y rodeos, fue un suceso digno de reflexión particular; porque no suele caber, o cabe pocas veces tanta repetición de oportunidades en los términos imaginarios de la casualidad.

Llegó primero un navío que gobernaba el capitán Camargo con sesenta soldados españoles: poco después otro con más de cincuenta de mejor calidad, y siete caballos, a cargo del capitán Miguel Díaz de Auz, caballero aragonés, y tan señalado en aquellas conquistas, que fue su persona socorro particular; y últimamente, la nave del capitán Ramírez que tardó algo más y llegó con más de cuarenta soldados y diez caballos con abundante provisión de víveres y pertrechos. Desembarcaron unos y otros, y sin detenerse los primeros a recoger el resto de su armada, marcharon la vuelta de Tlascala, dejando ejemplo a los demás para que siguiesen el mismo viaje, como lo ejecutaron todos voluntariamente; porque hacían ya tanto ruido en las islas cercanas los progresos de la Nueva España, que tenían ganada la inclinación de los soldados, fáciles siempre de llevar adonde llama la prosperidad o la conveniencia.

Creció considerablemente con este socorro el número de españoles: llenáronse los ánimos de nuevas esperanzas: redujéronse a gritos de alegría los cumplimientos de los soldados: abrazábanse como amigos los que solo se conocían como españoles; y el mismo Hernán Cortés, no cabiendo en los límites de su autoridad, se dejó llevar a los excesos del contento, sin olvidarse de levantar al cielo el corazón, atribuyendo a Dios y a la justificación de la causa que defendía, todo lo maravilloso, y todo lo favorable del suceso.

Pero no bastó esta felicidad para que se aquietasen los de Narváez, que volvieron a instar a Cortés sobre que les diese licencia para retirarse a la isla de Cuba, en que le reconvenían con su misma palabra; y no podía negar que los llevó con este presupuesto a la expedición de Tepeaca, ni quiso entrar con ellos en nueva negociación, porque se hallaba con españoles de mejor calidad, y no era tiempo ya de sufrir involuntarios y quejosos que hablasen con desconsuelo en los trabajos que allí se padecían, culpando a todas horas la empresa de que se trataba: gente perjudicial en el cuartel, inútil en la ocasión y engañosa en el número; porque se cuentan como soldados, faltando en el ejército algo más que los ausentes.

Mandó publicar en el cuerpo de guardia y en los alojamientos: «que todos los que se quisiesen retirar desde luego a sus casas lo podrían ejecutar libremente, y se les daría embarcación con todo lo necesario para el viaje»; de cuya permisión usaron los más, quedándose algunos a instancia de su reputación. Deja de nombrar Bernal Díaz a los que se quedaron, y nombra prolijamente a casi todos los que se fueron, defraudando a los primeros, y gastando el papel en deslucir a los segundos; cuando fuera más conforme a razón que perdiesen el nombre los que hicieron tan poco por su fama. Pero no se debe pasar en silencio que fue uno de los que se retiraron entonces Andrés de Duero, a quien hemos visto en varios lances amigo y confidente de Cortes, y aunque no se dice la causa de esta separación, se puede creer que hubo poca sinceridad en los pretextos de que se valió para honestar su retirada, porque le hallamos poco después en la corte del emperador haciendo ruido entre los ministros con la voz y con la causa de Diego Velázquez. Si hubo alguna queja entre los dos que diese motivo al rompimiento, sería la razón de Cortés; porque no parece creíble que la tuviese quien hizo tan poco por ella y por sí, que halló salida para dejar a su amigo en el empeño, y para tomar contra él una comisión en que se hallaba indignamente obligado a informar contra lo que sentía, o cautivar su entendimiento en obsequio de la sinrazón.

Desembarazado Hernán Cortés de aquella gente mal segura y descontenta, cuya embarcación y despacho se cometió al capitán Pedro de Alvarado, tomó sus medidas con el tiempo que podría durar la fábrica de los bergantines: despachó nuevas órdenes a los confederados, previniéndoles para el primer aviso; encargó a cada uno la provisión de víveres y armas que debían hacer, según el número de sus tropas; y en los ratos que le dejaba libre esta ocupación, trató de acabar una relación en que iba recapitulando por menor todos los sucesos de aquella conquista para dar cuenta de sí al emperador, con ánimo de fletar bajel para España, y enviar nuevos comisarios que adelantasen el despacho de los primeros, o le avisasen del estado que tenían sus cosas en aquella corte, cuya dilación era ya reparable, y se hacía lugar entre sus mayores cuidados.

Puso esta relación en forma de carta, y resumiendo en ella lo más sustancial de los despachos que remitió el año antecedente con Alonso Hernández Portocarrero y Francisco de Montejo, refirió con puntualidad todo lo que después le había sucedido, próspero y adverso, desde que salió de Zempoala; y consiguió a fuerza de hazañas y trabajos el entrar victorioso en la corte de aquel imperio, hasta que se retiró quebrantado y con pérdida considerable a Tlascala. Daba noticia de la seguridad con que se podía mantener en aquella provincia, de los soldados españoles con que se iba reforzando su ejército, y de las grandes confederaciones de indios que tenía movidas para volver sobre los mexicanos. Hablaba con alientos generosos en las esperanzas de reducir a la obediencia de su majestad todo aquél nuevo mundo; cuyos términos por la parte Septentrional ignoraban los mismos naturales. Ponderaba la fertilidad y abundancia de la tierra, la riqueza de sus minas y las opulencias de aquellos príncipes. Encareció el valor y la constancia de sus españoles, la fidelidad y el afecto de los tlascaltecas; y en lo concerniente a su persona dejaba que hablasen por él sus operaciones, aunque algunas veces se componía con la modestia, dando estimación a la conquista, sin oscurecer al conquistador. Pedía breve remedio contra las sinrazones de Diego Velázquez y Francisco de Garay, y con mayor encarecimiento, que se le remitiesen luego soldados españoles, con el mayor número que fuese posible de caballos, armas y municiones, haciendo particular instancia en lo que importaba enviar religiosos y sacerdotes de aprobada virtud, que ayudasen al padre fray Bartolomé de Olmedo en la conversión de aquellos indios: punto en que hacía mayor fuerza; refiriendo que se habían reducido y bautizado, algunos de los que más suponían, y dejado en los demás un género de inclinación a la verdad, que daba esperanzas de mayor fruto. En esta sustancia escribió entonces al emperador, poniendo en su real noticia los sucesos cómo pasaron, sin perdonar las menores circunstancias dignas de memoria. Dijo en todo sencillamente la verdad, dándose a entender con palabras de igual decoro y propiedad, como las permitía o las dictaba la elocuencia de aquel tiempo: no sabemos si bastante o mejor para la claridad significativa del estilo familiar, aunque no podemos negar que padeció alguna equivocación en los nombres de provincias y lugares, que como eran nuevos en el oído, llegaban mal pronunciados o mal entendidos a la pluma.

Cometió esta legacía, según Bernal Díaz del Castillo, a los capitanes Alonso de Mendoza y Diego de Ordaz; y aunque Antonio de Herrera nombra solo al primero, no parece verosímil que dejase de llevar compañero para una diligencia de esta calidad, en que se debían prevenir las contingencias de tan largo viaje; y en la instrucción que recibieron de su mano, les ordenaba que antes de manifestar su comisión en España, ni darse a conocer por enviados suyos, se viesen con Martín Cortés su padre, y con los comisarios del año antecedente para seguir o adelantar la negociación de su cargo, según el estado en que se hallase la primera instancia. Remitió con ellos nuevo presente al rey, que se compuso del oro y otras curiosidades que había de reserva en Tlascala, y de lo que dieron para el mismo efecto los soldados, liberales entonces de sus pobres riquezas, a que se agregó también lo que se pudo adquirir en las expediciones de Tepeaca y Guacachula, menos cuantioso que el pasado, pero más recomendable por haberse juntado en el tiempo de la calamidad, y deberse considerar como resulta de las pérdidas que iban confesadas en la relación.

Pareció le también que debían escribir al rey en esta ocasión los dos ayuntamientos de la Veracruz y Segura de la Frontera, que tenían voz de república en aquella tierra; y ellos formaron sus cartas, solicitando las mismas asistencias, y representando a su majestad, como punto de su obligación, lo que importaba mantener a Hernán Cortés en aquel gobierno; porque así como se debían a su valor y prudencia los principios de aquella grande obra, no sería fácil hallar otra cabeza ni otras manos que bastasen a ponerla en perfección. En que dijeron con ingenuidad lo que sentían, y lo que verdaderamente convenía en aquella razón. Dice Bernal Díaz que vio las cartas Hernán Cortés; dando a entender que fue solicitada esta diligencia, y es muy creíble que las viese: pero también es cierto que hallaría en ellas una verdad, en que pudo añadir poco la lisonja o la contemplación; y después se queja de que no se permitiese a los soldados su representación aparte, no porque dejase de sentir lo mismo que los dos ayuntamientos, que así lo confiesa y lo repite, sino porque tratándose de la conservación de su capitán, quisiera decir su parecer con los demás, y suponer en esto lo que verdaderamente suponía en las ocasiones de la guerra. Pase por ambición de gloria: vicio que se debe perdonar a los que saben merecer, y está cerca de parecer virtud en los soldados.

Partieron luego Diego de Ordaz y Alonso de Mendoza en uno de los bajeles que arribaron a la Veracruz, con toda la prevención que pareció necesaria para el viaje. Y poco después resolvió Hernán Cortés que se fletase otro, para que pasasen los capitanes Alonso Dávila y Francisco Álvarez Chico con despachos de la misma sustancia para los religiosos de San Jerónimo, que presidían a la real audiencia de Santo Domingo, única entonces en aquellos parajes, y suprema como dijimos para las dependencias de las otras islas, y de la tierra firme que se iba descubriendo. Participóles todas las noticias que había dado al emperador, solicitando más breves asistencias para el empeño en que se hallaba, y más pronto remedio contra los desórdenes de Velázquez y Garay. Y aunque reconocieron aquellos ministros su razón, y admiraron su valor y constancia, no se hallaba entonces la isla de Santo Domingo en estado que pudiese partir con él sus cortas prevenciones. Aprobaron y ofrecieron apoyar con el emperador todo lo que se había obrado, y solicitar por su parte los socorros de que necesitaba empresa tan grande y tan adelantada, encargándose de reprimir a sus dos émulos con órdenes apretadas y repetidas, en cuya conformidad respondieron a sus cartas, y volvieron brevemente aquellos comisarios más aplaudidos que bien despachados en el punto de los socorros que se pedían. Pero antes que pasemos a la narración de nuestra conquista, y entretanto que se da calor a la fábrica de los bergantines, y a las demás prevenciones de la nueva entrada, será bien que volvamos al viaje de los otros dos comisarios, y al estado en que se hallaban las cosas de la Nueva España en la corte del Emperador, noticia que ya se hace desear, y de aquellas que sirven al intento principal y se permiten al historiador como digresiones necesarias; que importan a la integridad, y no disuenan a la proporción de la historia.

**Capítulo VII. Llegan a España los precursores de Hernán Cortés y pasan a Medellín, donde estuvieron retirados, hasta que mejorando las cosas de Castilla volvieron a la corte, y consiguieron la recusación del obispo de Burgos**

Dejamos a Martín Cortés con los dos primeros comisarios de su hijo, Alonso Hernández Portocarrero y Francisco de Montejo en la miserable tarea de seguir la corte, donde residían los gobernadores del reino, y frecuentar los zaguanes de los ministros, tan lejos de ser admitidos, que sin atreverse a molestar con sus instancias, se ponían al paso para dejarse ver, reducidos a contentarse con el reparo casual de los ojos: desconsolado memorial de los que tienen razón y temen destruirla con adelantarla. Oyólos el emperador benignamente, como se dijo en su lugar, y aunque le tenían desabrido las porfías y descomedimientos de algunas ciudades que intentaban oponerse al viaje de Alemania, con protestas irreverentes, o poco menos que amenazas, hizo lugar para informarse con particular atención de lo sucedido en aquellas empresas de la Nueva España, y tomar punto fijo en lo que se podía prometer de su continuación. Hízose capaz de todo sin desdeñarse de preguntar algunas cosas; que no desdice a la majestad el informarse del vasallo hasta entender el negocio, ni siempre debían ir a los consejos las dudas de los reyes. Conoció luego las grandes consecuencias que se podían colegir de tan admirables principios, y ayudó mucho entonces a ganar su favor el concepto que hizo de Cortés, inclinado naturalmente a los hombres de valor.

No permitieron las dependencias del reino, junto en cortes, ni lo que instaba el viaje de Cortés, que se pudiese concluir en La Coruña la resolución de una materia que tenía sus contradicciones; tanto por las diligencias que interponían los agentes de Diego Velázquez, como por la siniestra inteligencia con que los apoyaban algunos ministros; pero cuando llegó el caso de la embarcación, que fue a los 20 de mayo de este año de 1520, dejó su majestad cometidas con particular recomendación las proposiciones de Cortés al cardenal Adriano, gobernador del reino en su ausencia. Y él deseó con todas veras favorecer esta causa; pero como los informes por donde se había de gobernar en ellas salían del consejo de Indias, cuyos votos tenía cautivos de su autoridad y de su pasión el presidente obispo de Burgos, se halló embarazado en la resolución; y no era fácil asegurar el acierto en su dictamen, cuando llegaban a su oído cubiertas con el manto de la justicia las representaciones de Velázquez y desacreditadas con el título de rebeldías las hazañas de Cortés.

Faltó después el tiempo cuando era más necesario para que se descubriese o examinase la verdad, dejándose ocupar de otros cuidados y congojas de primera magnitud. Inquietáronse algunas ciudades, con pretexto de corregir los que llamaban desórdenes del gobierno, y hallaron otras que las siguiesen al precipicio, sin averiguar los achaques del ejemplo. Sintieron todas como última calamidad la ausencia del rey, y algunas creyendo que le servían o que no le negaban la obediencia, padecían como atenciones de la obligación los engaños de la fidelidad.

Armóse la plebe para defender los primeros delitos, y no faltaron algunos nobles, a quien hizo plebeyos la corta capacidad: defecto que suele destruir todos los consejos de la buena sangre. Los señores y los ministros defendían la razón a costa de peligros y desacatos. Púsose todo en turbación: y últimamente llegaron casi a reinar las turbulencias del reino, que llamó la historia comunidades, aunque no sabemos con qué propiedad; porque nos fue común la dolencia, donde tuvieron la parte del rey muchas ciudades y casi toda la nobleza. Dieron este nombre a su atrevimiento los delincuentes, y quedó vinculado a la posteridad el vocablo de que se valían para desconocer la sedición.

No es de nuestro argumento la descripción de estas inquietudes; pero hemos debido tocarlas de paso; y decir algo del estado en que se hallaba Castilla, como una de las causas porque se detuvo la resolución del cardenal, y se arrastraron las dependencias de Cortés: poco favorable sazón para tratar de nuevas empresas, cuando andaban los ministros y el gobernador tan embebidos en los daños internos, que sonaban a despropósitos los cuidados de afuera: por cuya razón, viendo Martín Cortés y sus dos compañeros el poco fruto de sus instancias, y el total desconcierto de las cosas, se retiraron a Medellín con ánimo de aguardar a que pasase la borrasca, o volviese de su jornada el emperador que tenía comprendida su razón, y los dejó con esperanzas de favorecerla, suponiendo ya que sería necesaria su autoridad para vencer la oposición del obispo, y los demás embarazos del tiempo.

Llegaron poco después a Sevilla Diego de Ordaz y Alonso de Mendoza, habiendo acabado prósperamente su viaje; y sin descubrirse ni dar cuenta de su comisión, procuraron tomar noticia del estado en que se hallaban las dependencias de Cortés: diligencia que les importó la libertad, porque supieron con grande admiración suya que los jueces de la contratación tenían orden expresa del obispo de Burgos para que cuidasen de cerrar el paso y poner en segura prisión a cualesquiera procuradores que viniesen de Nueva España, embargando el oro y demás géneros que trujesen de propio caudal o por vía de encomienda, con que trataron solamente de poner en salvo sus personas, y no hicieron poco en escapar los despachos y cartas que traían, dejando el presente del rey con todo lo demás en manos de aquellos ministros, y al arbitrio de aquellas órdenes.

Salieron de Sevilla, no sin recelo de ser conocidos, con determinación de buscar en la corte a Martín Cortés o a los dos comisarios que tenían la voz de su hijo, para tomar, según su instrucción, luz de lo que debían obrar; pero sabiendo en el camino que se habían retirado a Medellín, pasaron a verse con ellos en aquella villa, donde fue celebrada su venida con la demostración que merecían nuevas tan deseadas y tan admirables. Confirióse después entre los cinco si convendría llevar los despachos de Cortés al cardenal gobernador, porque no se retardasen noticias de tanta consideración; pero respecto del estado en que se hallaban las turbaciones del reino, pareció diligencia infructuosa tratar de que se atendiese por entonces a conveniencias distantes que miraban al aumento y no al remedio de la monarquía; y así resolvieron conservar aquel retiro hasta que tomasen algún desahogo las inquietudes presentes, y cupiese otro cuidado en la obligación de los ministros.

Iban cada día pasando a mayor rompimiento las turbulencias de Castilla, porque no se contentaban los sediciosos con mantener la rebelión, y salían a infestar la tierra y a sitiar las villas leales; corriéndose ya de parecer tolerados, y entrando ambición de ser agresores. Tratóse primero de traerlos al conocimiento de su error con la blandura y la paciencia; pero no estaba la enfermedad para la tarda operación de los remedios suaves, particularmente cuando a su parecer tenían la fuerza y la razón de su parte. Y no faltaban algunos eclesiásticos desatentos que abusaban del púlpito para mantenerlos en esta opinión, dándoles a entender que hacían el servicio de Dios y del rey en corregir los desórdenes de la república. Llegó el caso finalmente de armarse los señores y toda la nobleza para restituir en su autoridad a la justicia, y dar calor a las ciudades que se mantenían por el emperador; y aunque los rebeldes tuvieron osadía para formar ejércitos y medir las armas con los que llamaban enemigos, a dos malos sucesos en que perdieron gente y reputación, y a cuatro castigos que se hicieron en los caudillos de la sedición, quedó su orgullo quebrantado, y se fueron disminuyendo en todas partes sus fuerzas, porque se retiraron al bando más seguro los advertidos y los temerosos: redujéronse las ciudades, calló el tumulto, y volvió a su oficio la consideración: movimiento en fin poco más que popular, que se detiene con la misma facilidad que se desboca.

Importó mucho para que la quietud se acabase de restablecer el aviso que llegó entonces de que se acercaba la vuelta del emperador, resuelto ya, como lo aseguraban sus cartas, a dejarlo todo por asistir a lo que necesitaban de su presencia estos reinos: a cuya noticia se debió que se acabasen de poner las cosas en su lugar. Y hallándose Martín Cortés en el tiempo que deseaba para volver a la continuación de sus instancias, partió luego a la corte con los cuatro procuradores de su hijo, donde solicitaron y consiguieron, no sin alguna dilación, audiencia particular del cardenal gobernador. Informáronle por mayor del estado en que se hallaba la conquista de México remitiéndose a las cartas de Cortés, que pusieron en sus manos Diego de Ordaz y Alonso de Mendoza. Diéronle cuenta de las órdenes que hallaron en Sevilla para su prisión, y la de cualesquiera procuradores que viniesen de aquella tierra. Hicieron memoria del embargo en que se habían puesto las joyas y preseas que traían de presente para el rey. Representaron con esta ocasión los motivos que tenían para desconfiar del obispo de Burgos, y últimamente le pidieron licencia para recusarle por términos jurídicos, ofreciendo probar las causas, o quedar expuestos al castigo de su irreverencia. Oyólos el cardenal con señas de atento y compadecido, alentándolos y ofreciendo cuidar de su despacho. Hiciéronle particular disonancia las órdenes de Sevilla y el embargo del presente, porque uno y otro se había resuelto sin su noticia; y así les respondió en lo tocante al obispo, que podrían seguir su justicia como les conviniese, y quedaría por su cuenta el defenderlos de cualquiera extorsión que por esta causa pudiesen recelar; en que les dijo lo bastante para que se animasen a entrar en el peligro casi evidente de litigar contra un poderoso: empresa en que se habla desde abajo, y suele perderse de tímida la razón.

Con estas premisas de mejor fortuna, intentaron luego en el consejo de Indias la recusación de su mismo presidente, dando las causas por escrito, con toda la templanza y moderación que pareció necesaria, para que no quedase ofendido el respeto: pero ellas eran de calidad, y tan conocidas entre los mismos jueces, que no se atrevieron a repeler la instancia, negando al recurso de la justicia en negocio de tanta consideración; particularmente cuando se acercaba la vuelta del emperador, cuya voz se divulgaba con aplauso de todos los que no le temían: y así como importó para la quietud del reino, tendría también sus influencias en la circunspección de los ministros. Bernal Díaz del Castillo y otros que lo tomaron de su historia, refieren destempladamente las causas de esta recusación. Él dice lo que oyó, y ellos lo que trasladaron; porque no todas parecen creíbles de un varón tan venerable y tan graduado, pero es cierto que se probaron algunas: como es el estar actualmente tratando de casar una sobrina suya con Diego Velázquez; el haber hablado con aspereza en diferentes ocasiones a los procuradores de Hernán Cortés, llamándoles rebeldes y traidores alguna vez que se olvidaba de su prudencia: y éste con las órdenes que tenía dadas en Sevilla para cerrar el paso a sus instancias, cargos innegables que constaban de su misma publicidad, bastó para que vista la causa conforme a los términos del derecho, y precediendo consulta del consejo y resolución del cardenal, se diese por legítima la recusación; quedando resuelto que se abstuviese de todos los negocios que tocasen a Hernán Cortés y a Diego Velázquez. Revocáronse las órdenes y los embargos de Sevilla; convaleciéron las importancias de aquella empresa; volviéronse a celebrar las hazañas de Cortés, que ya estaban poco menos que oscurecidas con el descrédito de su fidelidad; y el cardenal empezó a recomendar con varios decretos el despacho de sus procuradores, y a manifestar con tantas veras el deseo de adelantarle, que habiendo recibido en este tiempo la noticia de su exaltación a la silla de San Pedro, y partido poco después a embarcarse, despachó en el camino algunas órdenes favorables a este negocio; fuese por la fuerza que le hacía la razón de Cortés, o por que llevando ya el ánimo embebido en los cuidados de la suprema dignidad, tuvo por de su obligación desviar los impedimentos de aquella conquista, que había de allanar el paso al Evangelio, y facilitar la reducción de aquella gentilidad: intereses de la iglesia que ocuparían dignamente las primeras atenciones del sumo Pontificado.

## Capítulo VIII. Prosíguese hasta su conclusión la materia del capítulo precedente

Hallábase a la sazón el ya nuevo Pontífice Adriano VI en la ciudad de Vitoria, donde le llevaron las asistencias de Navarra y Guipúzcoa, cuyas fronteras invadieron los franceses para dar calor a las turbulencias de Castilla; pero las cosas de Italia y las instancias de Roma le obligaron a ponerse luego en camino, dejando el mejor cobro que pudo en las materias de su cargo. Llegó poco después el emperador a las costas de Cantabria; y tomando tierra en el puerto de Santander, halló sus reinos todavía convalecientes de los males internos que habían padecido. Cesó la borrasca, pero duraba la mareta sorda que suele dejarse conocer entre la tempestad y la bonanza; siendo necesario el castigo de los sediciosos, exceptuados en el perdón general, para que acabasen de volver a su centro la quietud y la justicia. Halló también no del todo aplacadas las resultas de otra calamidad que padeció España en el tiempo de su ausencia; porque los franceses que ocuparon con ejército improviso el reino de Navarra, aunque fueron rechazados, perdiendo en una batalla la reputación y la prenda mal adquirida, conservaban Fuenterrabía, y era preciso tratar luego de recuperar esta plaza, porque se disponía para socorrerla el enemigo; pero a vista de estos cuidados y de lo que instaban al mismo tiempo dependencias de Italia, Flandes y Alemania, hizo lugar para los negocios de Nueva España; que siempre le debieron particular atención. Oyó de nuevo a los procuradores de Cortés; y aunque le hablaron también los de Diego Velázquez, como se hallaba con noticia especial de ambas instancias por los informes del Pontífice, confirmó con nuevo despacho la recusación del obispo de Burgos, y mandó formar una junta de ministros para la determinación de este negocio, en la cual concurrieron el gran canciller de Aragón Mercurio de Cantinara; Hernando de Vega, señor de Grajal y comendador mayor de Castilla; el doctor Lorenzo Galíndez de Carvajal y el licenciado Francisco de Vargas, del consejo y cámara del rey; y monsieur de la Rosa, ministro flamenco: y no entró en esta junta monsieur de Laxao, que añadieron a los referidos Bernal Díaz y Antonio Herrera, porque había muerto años antes en Zaragoza, y ocupado Mercurio de Cantinara el puesto de gran canciller que vacó por su muerte; pero se conoció en la elección de personas tan calificadas, lo que deseaba el acierto de la sentencia; porque no tenía entonces el reino ministros de mayor satisfacción, ni pudo formarse concurrencia en que se hallasen mejor aseguradas las letras, la rectitud y la prudencia.

Viéronse primero en esta junta los memoriales ajustados, según las cartas y relaciones que se habían presentado en el proceso; y se halló tanta discordancia en el hecho, y tanta mezcla de noticias encontradas, que se tuvo por necesario mandar a los procuradores de ambas partes que compareciesen a dar razón de sí en la primera junta, porque deseaban todos abreviar el negocio y examinar a cara descubierta, cómo disculpaban o cómo entendían sus proposiciones, para sacar en limpio la verdad sin atarse a los términos del campo judicial, cuyas disputas o cavilaciones legales son por la mayor parte difugios de la sustancia, y se debieron llamar estorbos de la justicia.

Vinieron el día siguiente a la junta unos y otros procuradores con sus abogados, y entre los de Diego Velázquez se dejó ver Andrés de Duero que llegó en esta ocasión: y con haber faltado primero a su amo, hizo menos extraño el faltar entonces a su amigo. Fuéronse leyendo los memoriales y preguntando al mismo tiempo a las partes lo que parecía conveniente para ver cómo satisfacían a los cargos que resultaban de la relación, y cómo se verificaban las quejas o las disculpas; de cuyas respuestas iban observando los jueces lo que bastaba para formar dictamen. Y a pocos días que se repitió este juicio, poco más que verbal, convinieron todos en que no había razón para que Diego Velázquez pretendiese apropiarse y tratar como suya la conquista de Nueva España; sin más título que haber gastado alguna cantidad en la prevención de esta jornada, y nombrado a Cortés por capitán de la empresa; porque solo podría tener acción a cobrar lo que hubiese gastado, haciendo constar que fue de caudal propio, y no de lo que producían los efectos del rey en su distrito; sin que le pudiese adquirir derecho alguno para llamarse dueño de la empresa el nombramiento que hizo en la persona de Cortés; porque demás de haberse dado este instrumento con falta de autoridad y sin noticia de los gobernadores a cuya orden estaba, perdió esta prerrogativa el día que le revocó; y en cuanto fue de su parte quedó sin acción para decir que se hacía de su orden la conquista, dejando libre a Cortés para que pudiese obrar lo que juzgó más conveniente al servicio del rey con aquella gente, cuya mayor parte fue conducida por él y con aquellos bajeles, en cuyo apresto había gastado su caudal y el de sus amigos.

Y aunque se consideró también que hubo alguna destemplanza o menos obediencia de parte de Cortés en los primeros pasos de esta jornada, fueron de parecer que se podía condenar algo a su justa irritación, y mucho más a los grandes efectos que resultaron de este principio, cuando se le debía una conquista de tanta importancia y admiración, en cuyas dificultades se había conocido su valor incomparable; y sobre todo su fidelidad y honrados pensamientos; por cuya razón le tuvieron por digno de que fuese mantenido por entonces en el gobierno de lo que había conquistado, alentándole y asistiéndole para que no desistiese de una empresa que tenía tan adelantada; y últimamente culparon como ambición desordenada en Diego Velázquez el aspirar con tan débiles fundamentos al fruto y a la gloria de trabajos y hazañas ajenas; y como atrevimiento digno de severa represión, el haber pasado a formar y enviar ejército contra Hernán Cortés, atropellando los inconvenientes que podían resultar de semejante violencia, y menospreciando las órdenes que tuvo en contrario de los gobernadores y real audiencia de Santo Domingo.

Este parecer de la junta se consultó al emperador, y con su noticia se pronunció la sentencia, cuya sustancia fue declarar por buen ministro y fiel vasallo de su majestad a Hernán Cortés, honrar con la misma estimación a sus capitanes y soldados, imponer perpetuo silencio a Diego Velázquez en la pretensión de la conquista, mandarle con graves penas que no la embarazase por sí ni por sus dependientes, y dejarle su derecho a salvo en cuanto a los maravedís, para que pudiese verificar su relación, y pedirlos donde conviniese a su derecho: con que se concluyó este negocio, reservando las gracias de Cortés, la represión de Diego Velázquez, y las demás órdenes que resultaban de la consulta para los despachos que se habían de autorizar con el nombre del rey.

Dicen algunos que se gobernó este juicio más por razón de estado que por el rigor de la justicia: no es de nuestro instituto examinar el derecho de las partes. Hemos tocado los motivos y consideraciones de los jueces, y no dejamos de conocer que hubo que perdonar en la primera determinación de Cortés; pero tampoco se puede negar que fue suya la conquista, y del rey lo conquistado; sobre cuya verdad y conocimiento pudieron aquellos ministros usar de alguna equidad, sacando este negocio de las reglas comunes, y moderando con la gracia los extremos de la justicia: temperamento a que ayudaría mucho la flaca razón de Diego Velázquez, y lo que se debía reparar en sus violencias y desatenciones. Dicen que vivió pocos días después que recibió la represión del emperador: antiguo privilegio de los reyes tener el premio y el castigo en sus palabras. Confesámosle su calidad, su talento y su valor, que de uno y otro dio bastantes experiencias en la conquista de Cuba; pero en este caso erró miserablemente los principios, y se dejó precipitar en los medios: conque perdió los fines y vino a morir de su misma impaciencia. Su primera ceguedad consistió en la desconfianza, vicio que tiene sus temeridades como el miedo; la segunda fue de la ira que hace los hombres algo más que irracionales, pues los deja enemigos de la razón; y la tercera de la envidia, que viene a ser la ira de los pusilánimes.

Tratóse luego de las asistencias de Hernán Cortés, corriendo su disposición por los ministros de la junta: oyó el emperador a sus comisarios con alegre semblante, pagado al parecer de que tuviesen la justicia de su parte; favoreció mucho a Martín Cortés, honrando en él los méritos de su hijo y ofreciendo remunerarlos con liberalidad correspondiente a sus grandes servicios. Nombráronse algunos religiosos que pasasen a entender en la conversión de los indios: primer desvelo del emperador, porque siempre hicieron más fuerza en su piedad los aumentos de la religión, que ruido en su cuidado los intereses de la monarquía. Mandóse hacer prevención de gente, armas y caballos que se pudiesen remitir con la primera flota; y considerando importaba que no se detuviesen los despachos cuando estaba Hernán Cortés con las armas en las manos y tan receloso de sus émulos, se formaron luego las órdenes reducidas a diferentes cartas del emperador.

Una para los gobernadores y real audiencia de Santo Domingo, dándoles noticia de su resolución, y orden para que asistiesen a Cortés con todos los medios posibles, y cuidasen de apartar los impedimentos de su conquista; otra para Diego Velázquez, mandándole con toda resolución que alzase la mano de ella, y reprendiendo sus excesos con alguna severidad; otra para Francisco de Garay, culpando y prohibiendo sus entradas en el distrito de la Nueva España; y otra para Hernán Cortés, llena de honras y favores de los que saben hacer los reyes cuando se hallan bien servidos, y no se dedignan de quedar obligados. Aprobaba en ella no solamente sus operaciones pasadas, sino sus intentos actuales, y lo que disponía para la recuperación de México. Dábale a entender que conocía los quilates de su valor y constancia, sin olvidar lo bien que se había portado con su gente y con sus aliados. Hacía breve mención de las órdenes que se despachaban concernientes a su conversación y seguridad, y del título que se le remitía de gobernador y capitán general de aquella tierra. Ofrecíale mayores demostraciones de su gratitud, haciendo particular memoria de los capitanes y soldados que le asistían. Encargábale con todo aprieto el buen pasaje de los indios, y que fuesen instruidos en la religión y mirados como semilla posible del Evangelio. Y finalmente le daba esperanzas de breves socorros y asistencias, fiando a su capacidad y obligaciones la última perfección de obra tan grande: carta de singular estimación para su ilustre posteridad, y de aquellas que, así como hacen linaje donde falta la nobleza, dejan esclarecidos a los que hallaron nobles.

Firmó el emperador estos despachos en Valladolid a 22 de octubre de 1522; y mandó que partiesen luego con ellos los dos procuradores de Hernán Cortés, quedando los otros dos a la solicitud de las asistencias, y a esperar una instrucción que se quedaba formando sobre las advertencias y disposiciones que se debían observar en el gobierno militar y político de aquella tierra. Y aunque dejamos algo atrasada la empresa de Cortés, ha parecido conveniente seguir hasta su conclusión esta noticia por no dejarla pendiente y destroncada con peligro de otra digresión: licencia de que no solo son capaces las historias, sino alguna vez los anales, que se ciñen al tiempo con leyes más estrechas, como lo practicó en los suyos Cornelio Tácito, cuando en el imperio de Claudio introdujo y siguió hasta el fin las guerras británicas de los dos vicepretores Ostorio y Didio; teniendo por menor inconveniente faltar a la serie de los años, que incurrir en la desunión de los sucesos.

**Capítulo IX. Recibe Cortés nuevo socorro de gente y municiones; pasa muestra el ejército de los españoles, y a su imitación el de los confederados; publícanse algunas ordenanzas militares, y se da principio a la marcha con ánimo de ocupar a Tezcuco**

Corrían ya los fines del año 1520, cuando Hernán Cortés trató de introducir sus armas en el país enemigo, y esperar en alguna operación las últimas disposiciones de su empresa. Recibió pocos días antes un socorro de aquellos que se le venían a las manos; porque le avisó el gobernador de la Veracruz que había dado fondo en aquel paraje un navío mercantil de las Canarias, que traía cantidad considerable de arcabuces, pólvora y municiones de guerra, con tres caballos y algunos pasajeros; cuya intención era vender estos géneros a los españoles que andaban en aquellas conquistas.

Pagábanse ya las mercaderías en los puertos de las Indias a precio excesivo; y el interés había quitado el horror a este género de comercio distante y peligroso: cuya noticia puso a Hernán Cortés en deseo de mejorar sus prevenciones, y envió luego un comisario a la Veracruz con barras de oro y plata y la escolta que pareció suficiente, ordenando al gobernador que comprase las armas y las municiones en la mejor forma que pudiese; y él lo ejecutó con tanta destreza y con tanto crédito de la empresa en que se hallaba su general, que no solamente le dieron a precio acomodado lo que traían, pero se fueron con el mismo comisario a militar en el ejército de Cortés el capitán y maestre del navío con trece soldados españoles, que venían a buscar su fortuna en las Indias: asunto que andaba entonces muy válido, y que dura todavía en algunos que anhelan a enriquecer por este camino, sin que baste la perdición de los engañados para documento de los codiciosos.

Con este socorro, y los demás que había recibido Hernán Cortés fuera de toda esperanza, entró en deseo de adelantar la marcha de su ejército; y ya no era posible dilatarla ni esperar a que se acabasen los bergantines, porque iban llegando las tropas de la república y de los aliados vecinos, en cuya detención se debían temer los inconvenientes de la ociosidad.

Juntó sus capitanes para discurrir sobre lo que se podría intentar con aquellas fuerzas, que mirase al intento principal, entretanto que se juntaban las que se habían movido para emprender la recuperación de México; y aunque hubo diversos pareceres, prevaleció la resolución de marchar derechamente a Tezcuco, y ocupar en todo caso aquella ciudad, que por estar situada en el camino de Tlascala, y casi en la ribera del lago, pareció a propósito para la plaza de armas, y puesto que se podría fortificar y mantener, así para recibir menos dificultosamente los socorros que se aguardaban, como para infestar con algunas correrías la tierra del enemigo, y tener retirada poco distante de México, donde reparase contra los accidentes de la guerra. Consideróse que la gente que había llegado hasta entonces sería bastante para este género de facciones; y aunque los canales por donde se comunicaban con aquella ciudad las aguas de la laguna, parecían estrechos para la introducción de los bergantines, se reservó para después la solución de esta dificultad, y quedó resuelto que se abreviase por instantes el plazo de la marcha.

El día siguiente a esta determinación pasó muestra el ejército de los españoles, y se hallaron quinientos y cuarenta infantes, cuarenta caballos y nueve piezas de artillería que se hicieron traer de los bajeles. Ejecutóse a vista de innumerable concurso esta función, y tuvo circunstancias de alarde, porque se atendió menos a registrar el número de la gente que a la ostentación del espectáculo, sirviendo al intento de hacerle más recomendable y lucido la gala de los soldados, el tremolar de las banderas, el manejo de los caballos y el uso de las armas con que se prevenía la reverencia del general; ejecutado uno y otro con tanto brío y puntualidad, que se conoció repetidas veces el aplauso de la muchedumbre, y llevó que aprender la milicia forastera. Quiso después Xicotencal el mozo, que iba por general de la república, pasar la muestra de su gente, no porque usasen los de su nación este género de aparato para contar sus ejércitos, sino por lisonjear a Hernán Cortés con la imitación de sus españoles. Pasaron delante los timbales y bocinas con los demás instrumentos de su milicia; después los capitanes en hileras vistosamente ataviados con grandes penachos de varios colores, y algunas joyas pendientes de las orejas y los labios; las macanas o montantes con la guarnición sobre el brazo izquierdo y con las puntas en alto: llevaban todos sus pajes de gineta, con los escudos o rodelas, en que iban reducidos a varias figuras los desprecios de sus enemigos o las jactancias de su valor. Cumplieron a su modo con la reverencia de los dos generales, y pasaron después las compañías en tropas diferentes, que se distinguían por el color de las plumas, y por las insignias también de varias figuras de animales, que sobresaliendo a las picas hacían oficio de banderas. Constaría todo el ejército de hasta diez mil hombres de buena calidad; aunque la prevención de la república era mucho mayor; pero quedó aplicado el resto de sus levas para que asistiese a la conducción de los bergantines; cuya seguridad era de tanta consecuencia, que recibió el senado como favor lo que pudiera sentir como desvío.

Quiere Antonio de Herrera que fuese de ochenta mil hombres la muestra de los tlascaltecas, en que se aparta de Bernal Díaz y de otros autores: si ya no le pareció que importaba poco incluir en ella la gente de Cholula y Guajocingo, cuyos dos ejércitos estaban acampados fuera de la ciudad; porque no se duda que salió de Tlascala Hernán Cortés con más de sesenta mil hombres, y esto sin los que remitieron después al camino y a la plaza de armas las demás naciones confederadas; cuyo movimiento fue tan numeroso, que durante la expugnación de México llegó a tener debajo de su mano más de doscientos mil hombres. ¡Notable concurrencia de circunstancias admirables!, porque no se dice que hubiese falta de provisión ni discordia entre naciones tan diferentes, ni embarazo en la distribución de las órdenes, ni menos puntualidad en la obediencia. Mucho se debió a la gran capacidad y singular providencia de Cortés; pero esta obra no pudo ser toda suya; quiso Dios que se redujese aquel imperio; y sirviéndose de su talento le facilitó los medios que conducían al fin determinado, mandando en los ánimos lo que pudiera mandar en los sucesos.

Publicáronse luego, a fuer de bando militar, unas ordenanzas que había formado en los ratos de su ociosidad para ocurrir a los inconvenientes en que suele peligrar la guerra, o perder el atributo de justa. Mandó, pena de la vida, «que ninguno fuese osado a sacar la espada contra otro en los cuarteles ni en la marcha; que ninguno de los españoles tratase mal con las obras o con las palabras a los indios confederados; que no se hiciese fuerza o desacato a las mujeres aunque fuesen del bando enemigo; que ninguno se apartase del ejército ni saliese a saquear los lugares del contorno sin llevar licencia y gente con que asegurar la facción; que no se jugasen los caballos ni las armas en que se había tolerado alguna relajación»; y prohibió, con penas particulares de afrenta o privación de honores, «los juramentos y blasfemias», con los demás abusos que suelen introducirse a permitidos con título de licencias militares.

Intimáronse después estas mismas ordenanzas a los cabos de las tropas extranjeras, asistiendo Cortés a la interpretación de Aguilar y doña Marina, para darles a entender que las penas hablaban con todos, y que los menores excesos de su gente serían culpas graves militando entre los españoles; con que pasó la voz a los tlascaltecas y a las demás naciones; y fue tan útil esta diligencia, que se conoció desde luego algún cuidado en el proceder menos licencioso de aquellos indios; aunque durante la jornada se desentendieron o se toleraron algunas demasías en que fue necesario dar algo a la rusticidad o a su costumbre; pero bastaron dos o tres castigos que vieron ejecutar, para reducirlos a mejor disciplina, siendo en ellos como enmienda o parte de satisfacción, el temor de la pena o el recato en el delito.

Llegó el día en que se celebraba la fiesta de los Inocentes, señalado para la marcha; y después que dijo misa fray Bartolomé de Olmedo, con asistencia de todos los españoles, y se hizo particular rogativa por el suceso de la jornada, mandó Hernán Cortés, que se formasen los escuadrones de los indios en la campaña; y puestos en orden según el estilo, salió con su ejército en hileras, para que viesen cómo se doblaba, y tomasen algo del sosiego que habían menester; siendo uno de sus defectos militares el ímpetu de sus ejecuciones siempre aceleradas y sujetas al desorden.

Llamó luego al general y cabos principales de aquellas naciones, y con sus intérpretes les hizo una breve exhortación pidiéndoles: «que animasen a su gente con la esperanza del común interés, pues iban a pelear por su libertad y la de su patria; que se deshiciesen de todos los que no fuesen voluntarios; que castigasen con particular cuidado los excesos que se cometiesen contra las ordenanzas»; y sobre todo, «que les pusiesen delante la obligación en que se hallaban de imitar a sus amigos los españoles, no solo en las hazañas del valor, sino en la moderación de las costumbres».

Partieron ellos a obedecerle; y vuelto a los suyos que ya callaban, dando a entender que atendían: «no trato, amigos y compañeros», dijo, «de acordaros ni engrandeceros el empeño en que os halláis de obrar como españoles en esta empresa, porque tengo conocido el esfuerzo de vuestros corazones, y no solo debo confesar la experiencia, sino la envidia de vuestras hazañas. Lo que os propongo, menos como superior que como uno de vosotros, es que pongamos todos con igual diligencia la vista y la consideración en esa multitud de indios que nos sigue, tomando por suya nuestra causa; demostración que nos ha puesto en dos obligaciones, dignas ambas de nuestro cuidado: la primera de tratarlos como amigos, sufriéndolos, si fuere necesario, como a menos capaces de razón; y la otra de advertirlos con nuestro proceder lo que deben observar en el suyo. Ya lleváis entendidas las ordenanzas que se han intimado a todos; cualquiera delito contra ellas tendrá en vosotros su propia malicia y la malicia del ejemplo. Cada uno debe reparar en lo que podrán influir sus transgresiones, o será fuerza que reparemos los demás en la que importan las influencias del castigo. Sentiré mucho hallarme obligado a proceder contra el menor de mis soldados; pero será este sentimiento como dolor inexcusable, y andarán juntas en mi resolución la justicia y la paciencia. Ya sabéis la facción grande a que nos disponemos: obra será digna de historia conquistar un imperio a nuestro rey; las fuerzas que veis y las que se irán juntando, serán proporcionadas al heroico intento. Y Dios, cuya causa defendemos, ya con nosotros, que nos ha mantenido a fuerza de milagros, y no es posible que desampare una empresa en que se ha declarado tantas veces por nuestro capitán. Sigámosle, pues, y no le desobliguemos». Y volviendo a decir: «sigámosle y no le desobliguemos», acabó su oración, o porque no halló más que decir, o porque lo dijo todo, y dio principio a la marcha, llevando en el oído las aclamaciones de su gente, y teniendo a buen pronóstico aquel contento con que le seguían, aquella casualidad extraordinaria con que se habían multiplicado sus españoles, y aquel fervor oficioso con que asistían aquellas naciones. Todo lo consideraba como señal oportuna o como feliz auspicio del suceso; no porque hiciese mucho caso de semejantes observaciones; pero algunas veces se descuida el entendimiento para que se divierta la esperanza con lo que sueña la imaginación.

**Capítulo X. Marcha el ejército no sin vencer algunas dificultades; previénese de una embajada cautelosa el rey de Tezcuco, de cuya respuesta, por los mismos términos, resulta el conseguirse la entrada en aquella ciudad sin resistencia**

Caminó aquel día el ejército seis leguas, y se alojó al caer del Sol en el lugar de Tezmeluca; nombre que significa en su lengua el Encinar. Era población considerable, situada en los confines mexicanos y en la jurisdicción de Guajocingo, cuyo cacique tuvo suficiente provisión para toda la gente, y algunos regalos particulares para los españoles. El día siguiente se continuó la marcha por tierra enemiga, con todas las advertencias que parecieron necesarias. Tuviéronse algunos avisos de que había junta de mexicanos en la parte contrapuesta de una montaña, cuyos peñascos y malezas dificultaban por aquella parte la entrada en el camino de Tezcuco; y porque se llegó a este paraje algunas horas después de mediodía, y era de temer la vecindad de la noche para entrar en disputas de tierra quebrada y montuosa, hizo alto el ejército, y se alojó lo mejor que pudo al pie de la misma sierra; donde se previnieron los ranchos de grandes fuegos, que apenas bastaron para que se pudiese resistir sin alguna incomodidad la destemplanza del frío.

Pero al amanecer empezó la gente a subir la cuesta y a penetrar la maleza del monte al paso de la artillería; pero a poco más de una legua vinieron los batidores con noticia de que tenían los enemigos cerrado el camino con árboles cortados y estacas puntiagudas embebidas en tierra movediza para mancar los caballos, y Hernán Cortés, que no sabía perder las ocasiones de animar a los suyos, dijo en alta voz hacia los españoles: «no parece que desean mucho estos valientes verse con nosotros, puesto que nos embarazan el uso de los pies para que tardemos algo más en venir a las manos». Y sin detenerse mandó que pasasen a la vanguardia dos mil tlascaltecas a desviar los impedimentos del camino. Lo cual ejecutaron con tanta celeridad, que apenas se pudo conocer la detención en la retaguardia. Pasaron delante algunas compañías a reconocer los parajes donde se podían temer emboscadas, y con el resguardo que pedían aquellos indicios de vecina oposición, se caminaron dos leguas que faltaban hasta la cumbre.

Descubríase desde lo más alto la gran laguna de México, y Hernán Cortés acordó a los suyos con esta ocasión lo que allí se había padecido sin olvidar las felicidades y riquezas que se poseyeron en aquella ciudad, mezclando entonces los bienes y los males para dar calor a la venganza con los incentivos del interés. Descubríanse también algunos humos en las poblaciones distantes que se iban sucediendo con poca intermisión; y aunque no se dudó que serían avisos de haberse descubierto el ejército, se continuó la marcha con poco menor dificultad y con el mismo recelo, porque duraban las asperezas del camino y franqueaba poca tierra la espesura del bosque.

Pero vencido este impedimento, se descubrió a largo trecho el ejército enemigo que ocupaba el llano, sin moverse, con señas de aguardar en algún puesto de fácil retirada. Alegráronse los españoles, celebrando como felicidad la prontitud de la ocasión, y sucedió lo mismo a los tlascaltecas, aunque a breve rato se hizo en ellos furor el contento, y fueron necesarias voces de Cortés y diligencias de sus capitanes para que no se desordenasen con el ansia de pelear. Estaban los mexicanos a la otra parte de un barranco grande o quiebra del terreno que necesariamente se había de pasar, por donde iba profundando su camino un arroyo que recogía las corrientes de la sierra, y llevaba entonces agua considerable. Tenía por aquella parte una puentecilla de madera para el uso de los pasajeros, la cual pudieran haber cortado con facilidad; pero según lo que se presumió después, la dejaron de intento para ir deshaciendo a sus enemigos en el paso estrecho; teniendo por imposible que se pudiesen doblar de la otra parte con tanta oposición. Así lo discurrieron cuando hacían la cuenta lejos del peligro; pero al reconocer el ejército de Cortés, que no habían considerado tan numeroso, cayeron otras especies menos fantásticas sobre su imaginación. Faltóles el ánimo para mantener aquel puesto, y deseando afectar el valor o no descubrir el miedo, tomaron resolución de irse retirando poco a poco sin volver las espaldas, reconociendo al parecer la diferencia que hay entre fuga y retirada.

Dio Hernán Cortés calor a la marcha, y al reconocer el barranco tuvo a gran fortuna que se hubiese desviado el enemigo; porque aun hallado sin resistencia se pasó con dificultad. Dispuso que se adelantasen veinte caballos con algunas compañías de tlascaltecas a entretener la marcha sin entrar en mayor empeño, hasta que pasando el resto de la gente se asegurase la facción. Pero apenas reconocieron los mexicanos que se iba doblando el ejército a la otra parte de la zanja, cuando perdieron toda su política y se declararon por fugitivos, desuniéndose a buscar atropelladamente las sendas menos holladas o el refugio de los montes.

No quiso Hernán Cortés detenerse a seguir el alcance, porque le importaba ocupar brevemente a Tezcuco; y cualquiera dilación se debía mirar como desvío del intento principal; pero se hizo de paso algún daño en los mexicanos que se hallaban escondidos entre la maleza del bosque. Y aquella noche se alojó el ejército en un lugar recién despoblado, tres leguas de Tezcuco, donde se tomó por cuarteles el descanso, dobladas las centinelas y con las armas casi en las manos. Pero el día siguiente, a poca distancia de este lugar, se reconoció en el camino una tropa de hasta diez indios, al parecer desarmados, que venían a paso largo con señas de mensajeros o fugitivos, y traían levantada en alto una lámina de oro en forma de bandera que se tuvo por insignia de paz. Era el principal de ellos un embajador, por cuyo medio rogaba el rey de Tezcuco a Cortés que no hiciese daño en los pueblos de su dominio, dando a entender que deseaba entrar en su confederación, a cuyo fin tenía prevenido en su ciudad alojamiento decente para todos los españoles de su ejército, y serían asistidos fuera de los muros con lo que hubiesen menester las naciones que le acompañaban. Examinóle con algunas preguntas Hernán Cortés, y él que no venía mal instruido, respondió a todas sin embarazarse, añadiendo: que su amo estaba ofendido y quejoso del emperador que reinaba entonces en México, porque no habiéndose ajustado a votar por él en su elección, trataba de vengarse con algunas extorsiones indignas de su paciencia, para cuya satisfacción estaba en ánimos de unirse con los españoles, como uno de los interesados en la ruina de aquel tirano.

No dicen nuestros historiadores, o lo dicen con variedad, si reinaba entonces en Tezcuco el hermano de Cacumatzina quien dejamos preso en México por haber conspirado contra Motezuma y contra los españoles. Queda referido cómo se le dio la corona a su hermano, y el voto electoral a instancia de Cortés; y según el suceso parece que ya reinaba el desposeído, siendo muy creíble que lo dispusiese así el nuevo emperador, mediando en su restitución la circunstancia de ser enemigo capital de los españoles, a cuya opinión hace algún viso la desconfianza de Cortés, porque apenas recibió la embajada cuando se apartó del embajador para conferir con sus capitanes la respuesta. Pareció a todos poco segura la proposición, y que no se debía esperar tanto de un príncipe ofendido; pero que supuesta la resolución que llevaba de ocupar aquella ciudad por fuerza de armas, se podía tener a buena fortuna que les franqueasen la entrada, cuya primera dificultad excusarían admitiendo la oferta; y una vez dentro de los muros, en lo cual se debía llevar la misma cautela que si se acabara de ganar por asalto, se obraría lo que pidiese la ocasión. Así lo determinaron; y Hernán Cortés despachó al enviado, respondiendo a su príncipe que admitía la paz y aceptaba el alojamiento que le ofrecía, deseando corresponder enteramente a la buena inteligencia con que solicitaba su amistad.

Volvió a marchar el ejército, y aquella tarde se alojó en uno de los arrabales de la ciudad, o villaje muy cercano a ella, dilatando la entrada para la mañana siguiente, por lograr el día entero en una facción que, según los indios, no podía caber en pocas horas, siendo uno de ellos el hallarse desamparado aquel pueblo; y otro de no menor consideración, el no haberse dejado ver el cacique, ni enviado persona que visitase a Cortés; pero no se oyó rumor de armas, ni se ofreció novedad hasta que al salir del Sol se dieron las órdenes y se dispuso el ejército para el asalto, que ya se tenía por inexcusable, aunque se conoció poco después que no era necesario, porque se halló abierta y desarmada la ciudad. Avanzaron algunas tropas a ocupar las puertas, y se hizo la entrada sin resistencia. Pero Hernán Cortés, dispuesto a pelear, fue penetrando las calles sin perder de vista las apariencias de la paz entre los recelos de la guerra, y caminó en la mejor ordenanza que pudo, hasta que saliendo a una gran plaza se dobló con la mayor parte de su gente; y ocupó con el resto las calles del contorno. Los paisanos, cuya muchedumbre se dejó ver algunas veces en el paso, andaban como asombrados, trayendo en el rostro mal encubiertos los achaques del ánimo, y se reparó en que faltaban las mujeres: circunstancias que se daban la mano con los primeros indicios.

Pareció conveniente ocupar el oratorio principal, cuya eminencia dominaba la ciudad, descubriendo la mayor parte de la laguna; y nombró Hernán

Cortés para esta facción a Pedro de Alvarado, Cristóbal de Olid y Bernal Díaz del Castillo, con algunas bocas de fuego y bastante número de tlascaltecas. Pero hallando aquel puesto sin guarnición, avisaron desde lo alto que se iba escapando mucha gente de la ciudad; unos por tierra en busca de los montes, y otros en canoas la vuelta de México, cuya noticia no dejó que dudar en el engaño del cacique. Mandó Hernán Cortés que le buscasen para traerle a su presencia, y por este medio averiguó que se había retirado poco antes al ejército de los mexicanos, llevando consigo la poca gente que se quiso ajustar a seguirle, que según lo que decían aquellos paisanos, era de cortas obligaciones, porque la nobleza y el resto de sus vasallos aborrecían su dominio, y se quedaron con pretexto de buscarle después. Averiguóse también que tenía resuelto agasajar a los españoles hasta merecer su confianza, y conseguir su descuido para introducir después las tropas mexicanas que acabasen con todos ellos en una noche; pero cuando supo de su embajador las grandes fuerzas con que le buscaba Hernán Cortés, le faltó el ánimo para mantener su estratagema: y tuvo por mejor consejo el de la fuga, dejando su ciudad y sus vasallos a la discreción de sus enemigos.

    Dio la felicidad en este suceso cuanto pudieran la industria y el valor. Deseaba Hernán Cortés ocupar a Tezcuco, puesto ventajoso para su plaza de armas y necesario para su empresa; y el ardid intentado por el cacique le franqueó sin disputa las puertas de aquella ciudad: su fuga le desvió un embarazo en que había de tropezar cada instante la desconfianza o el recelo, y el descontento de sus vasallos le facilitó el camino de traerlos a su devoción, que cuando se ha de acertar todo es oportuno; y quizá por esta consideración se puso lo afortunado entre los atributos de los capitanes, en cuyas disposiciones obra el valor lo que ordenó la prudencia, y se hallan la prudencia y el valor, sucedido lo que facilitó la felicidad o la fortuna. Entendió mal o no entendió la gentilidad este vocablo de la fortuna; dábale su adoración como a deidad, aunque achacosa, y deslucida con sus ceguedades y mudanzas; pero nosotros conocemos por este mismo nombre las dádivas gratuitas de la divina beneficencia: con que vino a quedar mejor entendida la felicidad, mejor colocada la fortuna, y mejor favorecido el afortunado.

**Capítulo XI. Alojado el ejército en Tezcuco, vienen los nobles a tomar servicio en él; restituye Cortés aquel reino al legítimo sucesor, dejando al tirano sin esperanza de restablecerse**

Puso Hernán Cortés su principal cuidado en que perdiesen el miedo los paisanos. Mandó a los suyos que les hiciesen todo buen pasaje, tratando solo de ganar aquellos ánimos que ya se debían mirar como rendidos; y pasó esta orden con mayor aprieto a las naciones confederadas por medio de sus cabos, cuya obediencia fue más reparable, porque se hallaban en tierra enemiga, enseñados a las violencias de su milicia, y no sin alguna presunción de vencedores. Pero respetaban tanto a Cortés, que no contentos con reprimir su ferocidad y su costumbre, trataban de familiarizarse con todos, publicando la paz con la voz y con las demostraciones. Quedó aquella noche el ejército en los palacios del rey fugitivo; y eran tan capaces que hallaron bastante alojamiento en ellos los españoles con alguna parte de los tlascaltecas; y los demás se acomodaron en las calles cercanas, fuera de cubierto, por evitar la extorsión de los vecinos.

Por la mañana vinieron algunos ministros de los ídolos a solicitar el buen pasaje de sus feligreses, agradeciendo el que hasta entonces habían experimentado; y propusieron a Cortés, que la nobleza de aquella ciudad esperaba su permisión para venir a ofrecerle su obediencia y su amistad: a cuya demanda satisfizo, concediendo en uno y otro cuanto le pedían, sin necesitar mucho de afectar el agrado, porque deseaba lo que concedía. Y poco después llegaron aquellos nobles, en el traje de que solían usar para sus actos públicos, y acaudillados al parecer por un mozo de poca edad y gentil disposición que habló por todos, presentando a Cortés aquella tropa de soldados que venían a servir en su ejército, deseando merecer con sus hazañas la sombra de sus banderas. A que añadió pocas palabras, dichas con cierta energía y gravedad, que solicitaba la atención sin desazonar el rendimiento. Escuchóle no sin admiración Hernán Cortés, y se pagó tanto de su elocuencia y despejo, sobre lo bien que le sonaba la misma oferta, que se arrojó a sus brazos sin poderse reprimir; pero atribuyendo a su discreción los excesos del gusto, volvió a componer el semblante para responder menos alborozado a su proposición.

Fueron llegando los demás, y después de cumplir con las ceremonias del primer obsequio, se quedó Hernán Cortés con el que vino por su adalid, y con algunos de los que parecían más principales; y llamando a sus intérpretes averiguó a pocas instancias de su cuidado, todo lo que tenía dispuesto el cacique, por complacer a los mexicanos; el artificio con que ofreció el alojamiento de aquella ciudad a los españoles; la falta de valor con que volvió las espaldas al primer rumor de su peligro; y últimamente, dieron a entender que haría poca falta donde se aborrecía su persona, y se celebraba su ausencia como felicidad de sus vasallos: punto en que los apuró Hernán Cortés, porque le importaba servirse de aquella mala voluntad para establecer su plaza de armas; y halló en la respuesta cuanto pudiera fingir su deseo, porque no sin algún conocimiento del fin a que se iban encaminando sus preguntas, le refirió el más anciano de aquellos nobles: «que Cacumatzin, señor de Tezcuco, no era dueño propietario de aquella tierra, sino un tirano, el más horrible que llegó a producir entre sus monstruos la naturaleza; porque había muerto violentamente y por sus manos a Nezabal, su hermano mayor, para echarle de la silla, y arrancar de sus sienes la corona: que aquel príncipe, a quien había tocado el hablar por todos, como el primero de los nobles, era hijo legítimo del rey difunto; pero que su corta edad negoció el perdón, o mereció el desprecio del tirano: y él, conociendo el peligro que le amenazaba, supo esconder su queja con tanta sagacidad, que ya pasaba por falta de espíritu su disimulación: que toda esta maldad se había fraguado y dispuesto con noticia y asistencias del emperador mexicano que antecedió a Motezuma, y de nuevo le favorecía el emperador que reinaba entonces, procurando servirse de su alevosía para destruir a los españoles. Pero que la nobleza de Tezcuco aborrecía mortalmente las violencias de Cacumatzin, y todos sus pueblos tenían por insufrible su dominio, porque solo trataba de oprimirlos, errando el camino de sujetarlos».

En este sentir se hizo entender aquel anciano, y apenas lo acabó de percibir Hernán Cortés cuando le ocurrió en un instante lo que debía ejecutar. Acercóse al príncipe desposeído con algo de mayor reverencia, y poniéndole a su lado convocó los demás nobles que aguardaban su resolución, y les dijo mandando levantar la voz a sus intérpretes: «aquí tenéis, amigos, al hijo legítimo de vuestro legítimo rey. Ese injusto dueño que tiene mal usurpada vuestra obediencia, empuñó el cetro de Tezcuco, recién teñido en la sangre de su hermano mayor; y como no es dada la ciencia de conservar a los tiranos, reinó como se hizo rey, despreciando el aborrecimiento por conseguir el temor de sus vasallos, y tratando como esclavos a los que habían de tolerar su delito; y últimamente con la vileza de abandonaros en el riesgo, desestimando vuestra defensa, os ha descubierto su falta de valor, y puesto en las manos el remedio de vuestra infelicidad. Pudiera yo, si no fueran otras mis obligaciones, servirme de vuestro desamparo, y recurrir al derecho de la guerra, sujetando esta ciudad que tengo, como veis, al arbitrio de mis armas; pero los españoles nos inclinamos dificultosamente a la sinrazón; y no siendo en la sustancia vuestro rey el que nos hizo la ofensa, ni vosotros debéis padecer como vasallos suyos, ni este príncipe quedar sin el reino que le dio la naturaleza; recibidle de mi mano, como lo recibisteis del cielo: dadle por mí la obediencia que le debéis por la sucesión de su padre; suba en vuestros hombros a la silla de sus mayores: que yo, menos atento a mi conveniencia que a la equidad y a la justicia, quiero más su amistad que su reino, y más vuestro agradecimiento que vuestra sujeción».

Tuvo grande aplauso esta proposición de Cortés entre aquellos nobles. Oyeron lo que deseaban, o se hallaron sin lo que temían; porque unos se arrojaron a sus pies, agradeciendo su benignidad, y otros acudiendo primero a la obligación natural, se adelantaron a besar la mano a su príncipe. Divulgóse luego esta noticia en la ciudad; y empezaron las voces a manifestar el alborozo del pueblo, que tardó poco en significar su aceptación con los gritos, bailes y juegos de que usaban en sus fiestas, sin perdonar demostración alguna de aquellas con que suele adornar sus locuras el contento popular.

Reservóse para el día siguiente la coronación del nuevo rey, que se celebró con toda la solemnidad y ceremonia que ordenaban sus leyes municipales, asistiendo al acto Hernán Cortés, como dispensador o donatario de la corona; con que tuvo su participación del aura popular, y quedó más dueño de aquella gente que si la hubiera conquistado: siendo éste uno de los primores que le dieron nombre de advertido capitán; porque le importaba en todo caso tener por suya esta ciudad para la empresa de México, y halló camino de obligar al nuevo rey con el mayor de los beneficios temporales; de interesar a la nobleza en su restitución, dejándola irreconciliable con el tirano, de ganar al pueblo con su desinterés y justificación; y últimamente de conseguir la seguridad de su cuartel, que por otro medio fuera dudosa o más aventurada: quedando sobre todo con mayor satisfacción de haber hecho en el desagravio de aquel príncipe lo que pedía la razón; porque a vista de lo que importaban las demás conveniencias, daba el primer lugar a esta resolución por ser más de su genio, y porque siempre suponían algo menos en su estimación las operaciones de la prudencia, que los aciertos de la generosidad.

**Capítulo XII. Bautízase con pública solemnidad el nuevo rey de Tezcuco; y sale con parte de su ejército Hernán Cortés a ocupar la ciudad de Iztapalapa, donde necesitó de toda su advertencia para no caer en una celada que le tenían prevenida los mexicanos**

Quedó Hernán Cortés aplaudido y venerado entre aquella gente; la nobleza se declaró su parcial, y enemiga de los mexicanos; volvióse a poblar la ciudad, restituyéndose a sus casas las familias que se habían retirado a los montes; y aquel príncipe vivía tan dependiente y tan rendido a Cortés, que no solamente le ofreció sus milicias, y servir a su lado en la empresa de México, pero le consultaba cuanto disponía; y aunque mandaba entre los suyos como rey, en llegando a su presencia, tomaba la persona de súbdito, y le respetaba como a superior. Sería de hasta diecinueve o veinte años, y tenía capacidad de hombre nacido en tierra menos bárbara, de cuya buena disposición se sirvió Hernán Cortés para introducirle algunas veces en la plática de la religión, y halló en su modo de atender y discurrir un género de propensión a lo más seguro, que le puso en esperanzas de reducirle; porque se desagradaba de los sacrificios violentos de su nación, tenía por vicio la crueldad, y confesaba que no podían ser amigos del género humano los dioses que se aplacaban con la sangre del hombre. Entró en estas conversaciones fray Bartolomé de Olmedo, y hallándole tan dudoso en el error como inclinado a la verdad, le tuvo en pocos días capaz de recibir el bautismo, cuya función se hizo públicamente, y con gran solemnidad, tomando por su elección el nombre de don Hernando Cortés en obsequio de su padrino.

Trabajábase ya en la obra de los canales, por donde se comunicaba la laguna con las acequias de la ciudad, y este príncipe dio seis o siete mil indios, vasallos suyos, para que los hiciesen de mayor latitud y profundidad, según las medidas que se habían dado a los bergantines. Y porque deseaba Hernán Cortés caminar al mismo tiempo en algunas operaciones que parecían necesarias para facilitar la empresa de México, determinó pasar con parte de sus fuerzas a la ciudad de Iztapalapa, puesto avanzado seis leguas adelante, para quitar aquel abrigo a las canoas mexicanas que se acercaban algunas veces a impedir el trabajo de los gastadores; a cuya resolución le obligó también la conveniencia de traer en algún ejercicio a los indios confederados, que se mantenían quietos en la ociosidad a fuerza del respeto, y no sin alguna fatiga del cuidado.

Estaba situada, como dijimos, la ciudad de Iztapalapa en la misma calzada por donde hicieron su primera entrada los españoles, y en tal disposición que ocupando alguna parte de la tierra quedaba el mayor número de sus edificios, que pasarían de diez mil casas, dentro de la misma laguna, cuyas vertientes se introducían por acequias en la población terrestre al arbitrio de unas compuertas que dispensaban el agua según la necesidad. Tomó Hernán Cortés a su cargo esta facción, y llevó consigo a los capitanes Pedro de Alvarado y Cristóbal de Olid con trescientos españoles, y hasta diez mil tlascaltecas; y aunque intentó seguirle con sus milicias el nuevo rey de Tezcuco, no se lo permitió, dándole a entender que sería más útil su persona en la ciudad; cuyo gobierno militar dejó encargado a Gonzalo de Sandoval, y a los dos, con todas las instrucciones que parecieron necesarias para la seguridad del cuartel, y los demás accidentes que se podían ofrecer en su ausencia.

Ejecutóse la marcha por el camino de la tierra, con intento de ocupar la ciudad por aquella parte, y desalojar después a los vecinos de la otra banda con la artillería y bocas de fuego, según lo dictase la ocasión. Pero no faltaron noticias de este movimiento al enemigo; porque apenas dio vista el ejército a la plaza cuando se reconoció a poca distancia de sus muros un grueso de hasta ocho mil hombres que habían salido a intentar su defensa en la campaña con tanta resolución, que hallándose inferiores en número, aguardaron hasta medir las armas, y pelearon valerosamente; lo que bastó al parecer para retirarse con alguna reputación, porque a breve rato se fueron recogiendo a la ciudad, y sin guarnecer la entrada ni cerrar las puertas desaparecieron arrojándose al lado desordenadamente; pero conservando en la misma fuga los bríos y las amenazas del combate.

Conoció Hernán Cortés que aquel género de retirada tenía señas de llamarle a mayor riesgo, y trató de introducir su ejército en la ciudad con todo el cuidado que pedían aquellos indicios; pero se hallaron totalmente abandonados los edificios de la tierra; y aunque duraba el rumor de los enemigos en la parte del agua, resolvió, con el parecer de sus cabos, mantener aquel puesto y alojarse dentro de los muros sin pasar a mayor empeño, porque iba faltando el día para entrar en nueva operación. Pero apenas tomaron cuerpo las primeras sombras de la noche, cuando se reparó en que rebosaban por todas partes las acequias, corriendo el agua impetuosamente a lo más bajo; y Hernán Cortés conoció a la primera vista que los enemigos trataban de inundar aquella parte de la ciudad, y que levantando las compuertas del lago mayor lo podrían conseguir sin dificultad: riesgo inevitable que le obligó a dar apresuradamente las órdenes para la retirada, en cuya ejecución se ganaron los instantes, y todavía escapó la gente con el agua sobre las rodillas.

Salió Hernán Cortés asaz mortificado, y mal satisfecho de no haber prevenido aquel engaño de los indios, como si cupiera todo en su vigilancia, o no tuviera sus límites la humana providencia. Sacó su ejército a la campaña por el camino de Tezcuco, donde pensaba retirarse, dejando para mejor ocasión la empresa de Iztapalapa que ya no era posible sin aplicar mayores fuerzas por la parte de la laguna, y traer embarcaciones con qué desviar de aquel paraje a los mexicanos. Alojóse como pudo en una montañuela segura de la inundación, donde se padeció grande incomodidad, mojada la gente y sin defensa contra el frío de la noche; pero tan animosa que no se oyó una desazón entre los soldados; y Hernán Cortés que andaba por los ranchos infundiendo paciencia con su ejemplo, hacía sus esfuerzos para esconder en las amenazas del enemigo el desaire de su engaño, o el escrúpulo de su inadvertencia.

Prosiguióse la retirada como estaba resuelta con los primeros indicios de la mañana, y se alargó el paso, más porque necesitaba la gente del ejercicio para entrar en calor, que porque se recelase nueva invasión; pero declarado el día, se descubrió un grueso de innumerables enemigos que venían siguiendo la huella del ejército. No se dejó la marcha por este accidente; pero se caminó a paso lento para cansar el enemigo con la dilatación del alcance, aunque los soldados se movían con dificultad, clamando por detenerse a tomar satisfacción unos de la ofensa, y otros de la incomodidad padecida, cada cual según el dolor que mandaba en el ánimo, y todos con la venganza en el corazón.

Hizo alto el ejército y se volvieron las caras cuando pareció conveniente, y los enemigos acometieron con la misma precipitación que seguían; pero las ballestas de los españoles, que por venir mojada la pólvora no sirvieron las bocas de fuego, y los arcos de los tlascaltecas detuvieron el primer ímpetu de su ferocidad, y al mismo tiempo cerraron los caballos haciendo lugar a las demás tropas amigas que rompieron a todas partes por aquella muchedumbre desordenada, y la obligaron brevemente a ceder la campaña con pérdida considerable.

Volvió Hernán Cortés a su marcha sin detenerse a deshacer enteramente a los fugitivos, porque necesitaba de todo el día para llegar a su cuartel antes de la noche. Pero los enemigos, tan diligentes en retirarse como en rehacerse, le volvieron a embestir segunda y tercera vez, sin escarmentar con el estrago que padecían, hasta que temiendo el peligro de acercarse a Tezcuco, donde tenían su fuerza principal los españoles, se volvieron a Iztapalapa, quedando con bastante castigo de su atrevimiento, pues murieron en esta repetición de combates más de seis mil indios; y aunque hubo en el ejército de Cortés algunos heridos, faltaron solo dos tlascaltecas y un caballo, que cubierto de flechas y cuchilladas conservó su respiración hasta retirar a su dueño.

Celebró Hernán Cortés y todo su ejército este principio de venganza, como enmienda o satisfacción de lo que se había padecido; y poco antes de anochecer se hizo la entrada en la ciudad, con tres o cuatro victorias de paso que dieron garbo a la facción, o quitaron el horror a la retirada.

Pero no se puede negar que los mexicanos tenían bien dispuesto su estratagema: hicieron salida para llamar al enemigo; dejáronse cargar para empeñarle; fingieron que se retiraban para introducirle dentro del riesgo; dejaron abandonadas las habitaciones que intentaban inundar; y tenían mayor ejército prevenido para no aventurar el suceso. Vean los que desacreditan esta guerra de los indios, si eran, como dicen, rebaños de bestias sus ejércitos; y si tenían cabeza para disponer, puesto que les dejaban la ferocidad para las ejecuciones. Necesitó Hernán Cortés de toda su diligencia para escapar de sus asechanzas, y quedó con admiración, o poco menos que envidia, de lo bien que habían dispuesto su estratagema, por ser estos ardides o engaños que se hacen al enemigo uno de los primores militares de que se precian mucho los soldados, teniéndolos no solo por razonables, sino por justos, particularmente cuando es justa la guerra en que se practican; pero en nuestro sentir les basta el atributo de lícitos, aunque alguna vez puedan llamarse justos, por la parte que tienen de castigar inadvertencias y descuidos, que son las mayores culpas de la guerra.

## Capítulo XIII. Piden socorro a Cortés las provincias de Chalco y Otumba contra los mexicanos: encarga esta facción a Gonzalo de Sandoval y a Francisco de Lugo, los cuales rompen al enemigo, trayendo algunos prisioneros de cuenta, por cuyo medio requiere con la paz al emperador mexicano

Tenía Hernán Cortés en Tezcuco frecuentes visitas de los caciques y pueblos comarcanos que venían a dar la obediencia y ofrecer sus milicias: súbditos mal tratados y quejosos del emperador mexicano, cuya gente de guerra los oprimía y disfrutaba con igual desprecio que inhumanidad. Entre los cuales llegaron a esta sazón unos mensajeros en diligencia de las provincias de Chalco y Otumba, con noticia de que se hallaba cerca de sus términos un ejército poderoso del enemigo que traía comisión de castigarlos y destruirlos, porque se habían ajustado con los españoles. Mostraban determinación de oponerse a sus intentos, y pedían socorro de gente con que asegurar su defensa: instancia que pareció, no solo puesta en razón, sino de propia conveniencia, porque importaba mucho que no hiciesen pie los mexicanos en aquel paraje, cortando la comunicación de Tlascala, que se debía mantener en todo caso. Partieron luego a este socorro los capitanes Gonzalo de Sandoval y Francisco de Lugo con doscientos españoles, quince caballos y bastante número de tlascaltecas, entre los cuales fueron con tolerancia de Cortés, algunos de esta nación que porfiaban sobre retirar a su tierra los despojos que habían adquirido: permisión en que se consideró, que aguardándose nuevas tropas de la república, importaría llamar aquella gente con el cebo del interés, y con esta especie de libertad.

Iban estos miserables, trocado el nombre de soldados en el de indios de carga, con el bagaje del ejército; y como reguló el peso la codicia, sin atender a la paciencia de los hombros, no podían seguir continuamente la marcha, y se detenían algunas veces para tomar aliento, de lo cual advertidos los mexicanos, que tenían emboscado en los maizales el ejército de la laguna, les acometieron en una de estas mansiones, no solo, al parecer, para despojarlos, porque hicieron el asalto con grandes voces, y trataron al mismo tiempo de formar sus escuadrones, con señas de provocar a la batalla. Volvieron al socorro Sandoval y Lugo, y acelerando el paso, dieron con todo el grueso de su gente sobre las tropas enemigas, tan oportuna y esforzadamente, que apenas hubo tiempo entre recibir el choque y volver las espaldas.

Dejaron muertos seis o siete tlascaltecas de los que hallaron impedidos y desarmados, pero se cobró la presa, mejorada con algunos despojos del enemigo; y se volvió a la marcha, poniendo mayor cuidado en que no se quedasen atrás aquellos inútiles, cuyo desabrimiento duró hasta que penetrando el ejército los términos de Chalco, reconocieron poco distantes los de Tlascala, y se apartaron a poner en salvo lo que llevaban, dejando a Sandoval sin el embarazo de asistir a su defensa.

Habían convocado los enemigos todas las milicias de aquellos contornos para castigar la rebeldía de Chalco y Otumba; y sabiendo que venían los españoles al socorro de ambas naciones, se reforzaron con parte de las tropas que andaban cerca de la laguna; y formando un ejército de bulto formidable, tenían ocupado el camino con ánimo de medir las fuerzas en campaña. Avisado a tiempo Lugo y Sandoval, y dadas las órdenes que parecieron necesarias, se fueron acercando, puesta en batalla la gente, sin alterar el paso de la marcha. Pero se detuvieron a vista del enemigo los españoles con sosegada resolución, y los tlascaltecas con mal reprimida inquietud, para examinar desde más cerca el intento de aquella gente. Hallábanse los mexicanos superiores en el número; y con ambición de ser los primeros en acometer, se adelantaron atropelladamente como solían, dando sin alcance la primera carga de sus armas arrojadizas. Pero mejorándose al mismo tiempo los dos capitanes después de lograr con mayor efecto el golpe de los arcabuces y ballestas, echaron delante los caballos, cuyo choque horrible siempre a los indios, abrió camino para que los españoles y los tlascaltecas entrasen rompiendo aquella multitud desordenada, primero con la turbación, y después con el estrago. Tardó poco en declararse por todas partes la fuga del enemigo; y llegando a esté tiempo las tropas de Chalco y Otumba que salieron de la vecina ciudad al rumor de la batalla, fue tan sangriento el alcance, que a breve rato quedó totalmente deshecho el ejercito de los mexicanos, y socorridas aquellas dos provincias aliadas con poca o ninguna pérdida.

Reserváronse para tomar noticias ocho prisioneros que parecían hombres de cuenta; y aquella noche pasó el ejército a la ciudad, cuyo cacique después de haber cumplido con su obligación en el obsequio de los españoles, se adelantó a prevenir el alojamiento, y tuvo abundante provisión de víveres y regalos para toda la gente, sin olvidar el aplauso de la victoria, reducido según su costumbre al ordinario desconcierto de los regocijos populares. Eran los chalqueses enemigos de los tlascaltecas, como súbditos del emperador mexicano, y con particular oposición sobre dependencias de confines; pero aquella noche quedaron reconciliadas estas dos naciones, a instancia y solicitud de los chalqueses, que se hallaron obligados a los tlascaltecas, por lo que habían cooperado en su defensa; conociendo al mismo tiempo que para durar en la confederación de Cortés, necesitaban de ser amigos de sus aliados. Mediaron los españoles en el tratado, y juntos los cabos y personas principales de ambas naciones, se ajustó la paz con aquellas solemnidades y requisitos que se usaban en este género de contratos: obligándose Gonzalo de Sandoval y Francisco de Lugo a recabar el beneplácito de Cortés, y los tlascaltecas a traer la ratificación de su república.

Hecho este socorro con tanta reputación y brevedad, se volvieron Sandoval y Lugo con su ejército a Tezcuco, llevando consigo al cacique de Chalco, y algunos de los indios principales que quisieron rendir personalmente a

Cortés las gracias de aquel beneficio, poniendo a su disposición las tropas militares de ambas provincias. Tuvo grande aplauso en Tezcuco esta facción; y Hernán Cortés honró a Gonzalo de Sandoval y a Francisco de Lugo con particulares demostraciones, sin olvidar a los cabos de Tlascala; y recibió con el mismo agasajo a los chalqueses, admitiendo sus ofertas, y reservando el cumplimiento de ellas para su primer aviso. Mandó luego traer a su presencia los ocho prisioneros mexicanos, y los esperó en medio de sus capitanes, previniéndose para recibirlos de alguna severidad. Llegaron ellos confusos y temerosos, con señas de ánimo abatido, y mal dispuesto a recibir el castigo, que tenían por irremisible. Mandólos desatar; y deseando lograr aquella ocasión de justificar entre los suyos la guerra que intentaba con otra diligencia de la paz, y hacerse más considerable al enemigo con su generosidad, los habló por medio de sus intérpretes en esta sustancia.

«Pudiera, según el estilo de vuestra nación, y según aquella especie de justicia en que se hallan su razón las leyes de la guerra, tomar satisfacción de vuestra iniquidad, sirviéndome del cuchillo y el fuego para usar con vosotros de la misma inhumanidad que usáis con vuestros prisioneros; pero los españoles no hallamos culpa digna de castigo en los que se pierden sirviendo a su rey, porque sabemos diferenciar a los infelices de los delincuentes: y para que veáis lo que va de vuestra crueldad a nuestra clemencia, os hago donación a un tiempo de la vida y de la libertad. Partid luego a buscar las banderas de vuestro príncipe, y decidle de mi parte, pues sois nobles y debéis observar la ley con que recibís el beneficio, que vengo a tomar satisfacción de la mala guerra que se me hizo en mi retirada, rompiendo alevosamente los pactos con que me dispuse a ejecutarla; y sobre todo, a vengar la muerte del gran Motezuma, principal motivo de mi enojo. Que me hallo con un ejército en que no solo viene multiplicado el número de los españoles invencibles, sino alistadas cuantas naciones aborrecen el nombre mexicano; y que brevemente le pienso buscar en su corte con todos los rigores de una guerra que tiene al cielo de su parte, resuelto a no desistir de tan justa indignación, hasta dejar reducidos a polvo y ceniza todos sus dominios, y anegada en la sangre de sus vasallos la memoria de su nombre. Pero si todavía por excusar la propia ruina y la desolación de sus pueblos, se inclinare a la paz, estoy pronto a concedérsela con aquellos partidos que fueren razonables; porque las armas de mi rey, imitando hasta en esto los rayos celestiales, hieren solo donde hallan resistencia, más obligados siempre a los dictámenes de la piedad, que a los impulsos de la venganza.»

Dio fin a su razonamiento, y señalando escolta de soldados españoles a los ocho prisioneros, ordenó que se les diese luego embarcación para que se retirasen por la laguna; y ellos arrojándose a sus pies mal persuadidos a la diferencia de su fortuna, ofrecieron poner esta proposición en la noticia de su príncipe, facilitando la paz con oficiosa prontitud; pero no volvieron con la respuesta, ni Hernán Cortés hizo esta diligencia, porque le pareciese posible reducir entonces a los mexicanos, sino por dar otro paso en la justificación de sus armas, y acreditar con aquellos bárbaros su clemencia: virtud que suele aprovechar a los conquistadores, porque dispone los ánimos de los que se han de sujetar, y amable siempre hasta en los enemigos, o parece bien a los que tienen uso de razón, o se hace por lo menos respetar de los que no la conocen.

**Capítulo XIV. Conduce los bergantines a Tezcuco Gonzalo de Sandoval; y entre tanto que se dispone su apresto y última formación, sale Cortés a reconocer con parte del ejército las riberas de la laguna**

Llegó en esta sazón la noticia de que se habían acabado los bergantines, y Martín López avisó a Cortés que trataría luego de su construcción; porque la república de Tlascala tenía prontos diez mil tamemes o indios de carga, los ocho mil que parecían necesarios para llevar la tablazón, jarcias, herraje y demás adherentes, y los dos mil que irían de repuesto para que se fueren alternando y sucediendo en el trabajo, sin comprender en este número a los que se habían de ocupar en el transporte de los víveres para el sustento de esta gente, y de quince a veinte mil hombres de guerra, con sus cabos que aguardaban esta ocasión para marchar al ejército, con los cuales partiría de aquella ciudad el día siguiente, resuelto a esperar en la última población de Tlascala el convoy de los españoles que había de salir al camino; porque no se atrevería sin mayores fuerzas a intentar el tránsito peligroso de la tierra mexicana. Eran aquellos bergantines la única prevención que faltaba para estrechar el sitio de México, y Hernán Cortés celebró esta noticia con tal demostración, que la hizo plausible a todo el ejército. Encargó luego el convoy a Gonzalo de Sandoval con doscientos españoles, quince caballos y algunas compañías de tlascaltecas, para que unidos con el socorro de la república, pudiesen resistir a cualquiera invasión de los mexicanos.

Antonio de Herrera dice que salieron de Tlascala con el maderamen de los bergantines ciento y ochenta mil hombres de guerra: número que de muy inverosímil se pudiera buscar entre las erratas de la impresión. Quince mil dice Bernal Díaz del Castillo: más fácil es de creer, sobre los que asistían al ejército. Encargó la república el gobierno de esta gente a uno de los señores o caciques de los barrios, que se llamaba Chechimecal, mozo de veintitrés años; pero de tan elevado espíritu, que se tenía por uno de los primeros capitanes de su nación. Salió Martín López, de Tlascala, con ánimo de aguardar el socorro de los españoles en Gualipar, población poco distante de los confines mexicanos. Disonó mucho a Chechimecal esta detención, persuadido a que bastaba su valor y el de su gente para defender aquella conducta de todo el poder mexicano; pero últimamente se redujo a observar las órdenes de Cortés, ponderando como hazaña la obediencia. Dispuso Martín López la marcha, empezando a llevar cuidadosa y ordenada la gente desde que salió de la ciudad. Iban delante los arcos y las hondas, con algunas lanzas de guarnición, en cuyo seguimiento marchaban los tamemes y el bagaje, y después el resto de la gente cubriendo la retaguardia: con que llegó el caso de verse puesta en ejecución la rara novedad de conducir bajeles por tierra; los cuales, si nos fuera lícito incurrir en alguna de las metáforas, que tal vez se hallan en la historia, se pudiera decir que iban como empezando a navegar sobre hombros humanos, entre aquellas hondas que al parecer se formaban de los peñascos y eminencias del camino: admirable invención de Cortés, que se vio entonces practicada, y al referirse cómo sucedió, parece soñada la verdad, o que toman los ojos el oficio de la fantasía.

Caminaba entretanto Gonzalo de Sandoval la vuelta de Tlascala, y se detuvo un día en Zulepeque, lugar poco distante del camino, que andaba fuera de la obediencia, sobre ser el mismo donde sucedió la muerte insidiosa de aquellos pobres españoles de la Veracruz que pasaban a México. Llevaba orden para castigar o reducir de paso esta población; pero apenas volvió el ejército la frente para torcer la marcha, cuando los vecinos desampararon el lugar huyendo a los montes. Envió Gonzalo de Sandoval tres o cuatro compañías de tlascaltecas, con algunos españoles en alcance de los fugitivos, y entrando en el pueblo, creció su irritación y su impaciencia con algunas señas lastimosas de la pasada iniquidad. Hallóse un rótulo escrito en la pared con letras de carbón que decía: «en esta casa estuvo preso el sin ventura Juan Yuste con otros muchos de su compañía». Y se vieron poco después en el adoratorio mayor las cabezas de los mismos españoles maceradas al fuego para defenderlas de la corrupción: pavoroso espectáculo que conservando los horrores de la muerte, daba nueva fealdad a los horribles simulacros del demonio. Excitó entonces la piedad los espíritus de la ira; y Gonzalo de Sandoval resolvió salir con toda su gente a castigar aquella execrable atrocidad con el último rigor; pero apenas se dispuso a ejecutarlo, cuando volvieron las compañías que avanzaron de su orden, con grande número de prisioneros, hombres, mujeres y niños, dejando muertos en el monte a cuantos quisieron escapar o tardaron en rendirse. Venían maniatados y temerosos, significando con lágrimas y alaridos su arrepentimiento. Arrojáronse todos a los pies de los españoles, y tardaron poco en merecer su compasión. Hízose rogar de los suyos Gonzalo de Sandoval para encarecer el perdón; y últimamente los mandó desatar, y los dejó en la obediencia del rey, a que se obligaron con el cacique los más principales por toda la población, como lo cumplieron después, hiciéselo el temor o el agradecimiento.

Mandó luego recoger aquellos despojos miserables de los españoles muertos para darles sepultura, y pasó adelante con su ejército, llegando a los términos de Tlascala, sin accidente de consideración. Salieron a recibirle Martín López, y Chechimecal, con sus tlascaltecas puestos en escuadrón. Saludáronse los dos ejércitos, primero con el regocijo de la salva y de las voces, y después con los brazos y cortesías particulares. Diéronse al descanso de los recién venidos las horas que parecieron necesarias, y cuando llegó el tiempo de caminar, dispuso la marcha Gonzalo de Sandoval, dando a los españoles y tlascaltecas de su cargo la vanguardia, y el cuerpo del ejército a los tamemes con alguna guarnición por los costados, dejando a Chechimecal con la gente de su cargo en la retaguardia. Pero él se agravió de no ir en el puesto más avanzado, con tanta destemplanza que se temió su retirada,

y fue necesario que pasase Gonzalo de Sandoval a sosegarle. Quiso darle a entender que aquel lugar que le había señalado era el mejor del ejército, por ser el más aventurado, respecto de lo que se debía recelar, que los mexicanos acometiesen por las espaldas; pero él no se dio por convencido, antes le respondió que así como en el asalto de México había de ser el primero que pusiese los pies dentro de sus muros, quería ir siempre delante para dar ejemplo a los demás; y se halló Sandoval obligado a quedarse con él para dar estimación a la retaguardia: notable punto de vanidad, y uno de aquellos que suelen producir graves inconvenientes en los ejércitos; porque la primera obligación del soldado es la obediencia; y bien entendido, el valor tiene sus límites razonables, que inducen siempre a dejarse hallar de la ocasión, pero nunca obligan a pretender el peligro.

Marchó el ejército en su primera ordenanza por la tierra enemiga; y aunque los mexicanos se dejaron ver algunas veces en las eminencias distantes, no se atrevieron a intentar facción, o tuvieron por bastante hazaña el ofender con las voces.

Hízose alto poco antes de llegar a Tezcuco por complacer a Chechimecal, que pidió algún tiempo a Gonzalo de Sandoval para componerse y adornarse de plumas y joyas; y ordenó lo mismo a sus cabos, diciendo que aquel acto de acercarse a la ocasión, se debía tratar como fiesta entre los soldados: exterioridad o hazañería propia de aquel orgullo y de aquellos años. Esperó Hernán Cortés fuera de la ciudad con el rey de Tezcuco, y todos sus capitanes, este socorro tan deseado; y después de cumplir con los primeros agasajos, y dar algún tiempo a las aclamaciones de los soldados, se hizo la entrada con toda solemnidad, marchando en hileras los tamemes como los soldados. Íbanse acomodando la tablazón, el herraje y demás géneros, con distinción, en un grande astillero que se había prevenido cerca de los canales.

Alegróse todo el ejército de ver puesta en salvamento aquella prevención, tan necesaria para tomar de veras la empresa de México, que igualmente se deseaba: y Hernán Cortés volvió su corazón al cielo, que premiaba su piedad y su intención, con esperanzas o poco menos que certidumbre de la victoria.

Trató luego Martín López de la segunda formación de los bergantines, y se le dieron nuevos oficiales para las fraguas, ligazón de las maderas y demás oficios de la marinería. Pero reconociendo Hernán Cortés, que según el informe de los maestros, serían menester más de veinte días para que pudiesen estar en servicio estas embarcaciones, tomó resolución de gastar aquel tiempo en reconocer personalmente las poblaciones de la ribera, observando los puestos que debía ocupar para impedir los socorros de México, y hacer de paso el daño que pudiese a los enemigos. Comunicólo a sus capitanes; y pareciendo a todos digna de su cuidado esta diligencia, se dispuso a ejecutarla, encargando a Gonzalo de Sandoval el gobierno de Tezcuco, y particularmente la obra de los bergantines. Hallábale siempre su elección a propósito para todo, y en lo mucho que le ocupaba se conoce la estimación que hacía de su valor y capacidad.

Pero al tiempo que discurría en nombrar los capitanes y en señalar la gente que le había de seguir en esta jornada, le pidió audiencia Chechimecal, y sin haber sabido que se trataba de salir en campaña, le propuso: «que los hombres como él, nacidos para la guerra, se hallaban mal en el ocio de los cuarteles, particularmente cuando se habían pasado cinco días sin ocasión de sacar la espada; y que su gente venía de refresco, y deseaba dejarse ver de los enemigos; a cuya instancia y la de su propio ardimiento, le suplicaba encarecidamente, que le señalase luego alguna facción en que pudiese manifestar sus bríos y entretenerse con los mexicanos, mientras llegaba el caso de acabar con ellos en el asalto de su ciudad». Pensaba Hernán Cortés llevarle consigo, pero no le agradó aquella jactancia intempestiva; y poco satisfecho de los reparos que hizo en el camino, cuya noticia le dio Sandoval, le respondió con algún género de ironía: «que no solamente le tenía prevenida facción de importancia, en que pudiese dar algún alivio a su bizarría, pero estaba en ánimo de acompañarle para ser testigo de sus hazañas». Cansábase naturalmente de los hombres arrogantes, porque se halla pocas veces el valor donde falta la modestia; pero no dejó de conocer que aquellos arrojamientos del espíritu eran ardores juveniles, propios de su edad, y vicio frecuente de soldados bisoños, que salieron bien de las primeras ocasiones, y a pocas experiencias de su ánimo quieren tratar el valor como valentía, y a la valentía como profesión.

## Capítulo XV. Marcha Hernán Cortés a Yaltocan, donde halla resistencia; y vencida esta dificultad, pasa con su ejército a Tácuba; y después de romper a los mexicanos en diferentes combates, resuelve y ejecuta su retirada

    Pareció conveniente dar principio a esta jornada por Yaltocan, lugar situado a cinco leguas de Tezcuco, en una de las lagunas menores que desaguaban en el lago mayor. Era importante castigar a sus moradores; porque habiéndoles ofrecido la paz, llamándolos a la obediencia pocos días antes, respondieron con grande desacato hiriendo y maltratando a los mensajeros: escarmiento en que iba considerada la consecuencia para las demás poblaciones de la ribera. Partió Hernán Cortés a esta expedición, después de oír misa con todos los españoles, dando su particular instrucción a Gonzalo de Sandoval, y sus amigables advertencias al rey de Tezcuco, a Xicotencal y a los demás cabos de las naciones que dejaba en la ciudad. Llevó consigo a los capitanes Pedro de Alvarado y Cristóbal de Olid con doscientos cincuenta españoles y veinte caballos; una compañía que se formó lucida y numerosa de los nobles de Tezcuco; y a Chechimecal con sus quince mil tlascaltecas, a que se agregaron otros cinco mil de los que gobernaba Xicotencal; y habiendo caminado poco más de cuatro leguas, se descubrió un ejército de mexicanos, puesto en batalla, y dividido en grandes escuadrones, con resolución al parecer de intentar en campaña la defensa del lugar amenazado. Pero a la primera carga de las bocas de fuego y ballestas, a que sucedió el choque de los caballos, se consiguió su desorden, y se dio lugar para que cerrando el ejército, fuesen rotos y deshechos los enemigos con tanta brevedad, que apenas se pudo conocer su resistencia. Escaparon los más a la montaña, otros a la laguna, y algunos al mismo pueblo de Yaltocan, dejando considerable número de muertos y heridos en la campaña, con algunos prisioneros que se remitieron luego a Tezcuco.

    Reservóse para otro día el asalto de aquel pueblo, y marchó el ejército a ocupar unas caserías cercanas, donde se pasó la noche sin novedad; y a la mañana se halló mayor que se creía la dificultad de la empresa. Estaba este lugar dentro de la misma laguna, y se comunicaba con la tierra por una calzada o puente de piedra, quedando el agua por aquella parte fácil para el esguazo; pero los mexicanos que asistían a la defensa de aquel puesto, rompieron la calzada, y profundando la tierra para dar corriente a las aguas, formaron un foso tan caudaloso, que vino a quedar el paso poco menos que imposible, o posible solo a los nadadores. Avanzaba Hernán Cortés con ánimo de llevarse aquella población del primer abordo; y cuando tropezó con este nuevo embarazo, quedó por un rato entre confuso y pesaroso; pero las irrisiones con que celebraban los enemigos su seguridad, le redujeron a que no era posible dejar el empeño sin desaire conocido.

Trataba ya de facilitar el paso con tierra y fajina, cuando uno de los indios que vinieron de Tezcuco le dijo, que poco más adelante había una eminencia, donde apenas alcanzaría el agua del foso a cubrir la superficie de la tierra. Mandóle que guiase, y movió su gente hasta el paraje señalado. Hízose luego la experiencia, y se halló más agua que suponía el aviso; pero no tanta que pudiese impedir el esguazo. Cometió esta facción a dos compañías de hasta cincuenta o sesenta españoles, con el número de indios amigos que pareció necesario según la oposición que se había descubierto, y se quedó a la lengua del agua con el ejército puesto en batalla, para ir enviando los socorros que le pidiesen, y asegurar la campaña contra las invasiones de los mexicanos.

Reconocieron los enemigos que se iba penetrando el camino que habían procurado encubrir; y se acercaron a defender el paso con el repetido manejo de los arcos y las hondas, hiriendo algunos y dando que hacer y que resistir a los que peleaban dentro del agua, que por algunas partes pasaba de la cintura. Había cerca del pueblo un llano de bastante capacidad que dejó descubierto la inundación; y apenas salieron a tierra las bocas de fuego que iban delante, cuando se retiraron los enemigos al lugar; y en el breve tiempo que tardó en afirmar los pies el resto de la gente, le desampararon, arrojándose al lado en sus canoas tan apresuradamente, que se consiguió la entrada sin género de resistencia. Fue corto el pillaje, aunque se permitió como parte del castigo, porque solo se halló en las casas lo que no pudieron retirar; pero todavía se transportaron al ejército algunas cargas de maíz y de sal, cantidad de mantas y algunas joyuelas de oro, que no merecieron la memoria, o merecerían el desprecio de sus dueños. No llevaban los capitanes orden para ocupar el pueblo, sino para castigar a sus moradores; y así esperando lo que pareció bastante para mantener la facción, repasaron el foso por el mismo paraje, dejando entregados al fuego los adoratorios, con algunos edificios de los más principales: resolución que aprobó Hernán Cortés, suponiendo que las llamas de aquel pueblo servirían al temor de los fugitivos, y alumbrarían de su peligro a los demás lugares.

Prosiguióse la marcha, y aquella noche se alojó el ejército cerca de Colbatitlan, villa considerable que se halló el día siguiente despoblada, en cuyo término se dejaron ver los mexicanos; pero en parte que no trataban de ofender, ni podían ser ofendidos. Sucedió lo mismo en Tenayuca, y después en Escapuzalco, lugares de la ribera y de gran población, que se hallaron también desamparados. En ambos se hizo noche, y Hernán Cortés iba tanteando las distancias, y tomando las medidas para su empresa, sin permitir que se hiciese daño en los edificios, para dar a entender que solo era riguroso donde hallaba oposición. Distaba de allí poco más de media legua la ciudad de Tácuba, émula de Tezcuco en la grandeza y en la vecindad, situada en los extremos de la calzada principal, donde padecieron tanto los españoles; y puesto de mucha consideración, por ser el más vecino a México entre los lugares de la laguna, y llave del camino que necesariamente se había de penetrar para el sitio de aquella corte. Pero no se iba entonces con ánimo de ocuparle, por quedar algo distante para recibir los socorros de Tezcuco, sino a reconocerle y considerar desde más cerca lo que se debía prevenir o recelar, castigando en el cacique la ofensa pasada, cuyo escarmiento sería también de consecuencia para quebrantar su osadía, y facilitar después la sujeción de aquella ciudad.

Fuese acercando el ejército prevenido con las órdenes para empresa de mayor dificultad; y poco antes de llegar se descubrió en la campaña un grueso de innumerables tropas, compuesto de los mexicanos que andaban observando la marcha, y de los que asistían a la guarnición de la misma ciudad: los cuales no cabiendo en ella, querían reducir a una batalla la defensa de sus muros. Adelantáronse los enemigos, moviéndose a un tiempo sus escuadrones, y acometieron con tanta ferocidad y tantos alaridos, que pudieran ocasionar algún cuidado, si no estuviera ya tan conocida la falencia de sus primeros ímpetus; pero tropezando en la carga de los arcabuces, que siempre los espantaban más que los ofendían, y después en el segundo terror de los caballos, se descompusieron con facilidad, dando lugar al resto del ejército para que rota la vanguardia penetrase a lo interior de la multitud, obligándolos a resistir como podían, desunidos y turbados, cuya obstinación dilató considerable tiempo la victoria; pero últimamente volvieron por todas partes las espaldas, retirándose los más a la misma ciudad; y otros por diferentes sendas a buscar sin elección la distancia del peligro.

Quedó libre la campaña, y se gastó lo que restaba del día en elegir puesto con algunas ventajas donde pasar la noche; pero al declararse la mañana se dejó ver el ejército enemigo en el mismo paraje, con ánimo de volver a las armas para enmendar el desaire padecido; y Hernán Cortés, dando las mismas órdenes, y siguiendo la misma dirección de la tarde antecedente, los volvió a romper con mayor facilidad, porque los halló con la fuga en la imaginación, y con el escarmiento en la memoria.

Encerrólos a cuchilladas en la ciudad, y entrando en su alcance con los españoles, y alguna parte de los indios amigos, se mantuvo peleando en lo interior de la ciudad, hasta que acercándose la noche retiró su gente al mismo paraje donde tuvo antes su alojamiento; concediendo a los soldados que llevó consigo, el saco de las casas que se habían ocupado, y dejándolas entregadas al fuego, parte por mostrar en algo su indignación, y parte por ocupar al enemigo, y ejecutar su retirada sin oposición.

Cinco días se detuvo Hernán Cortés a vista de Tácuba, manteniendo aquel puesto donde le buscaba el enemigo todos los días, volviendo siempre rechazado a la ciudad. Era el intento de Cortés ir gastando en estas salidas la guarnición de la plaza; y conociendo ya en su flojedad la falta de gente, llegó el caso de mover el ejército para el asalto. Pero al tomar los puestos y repartir las órdenes para los ataques, se reconoció que venía marchando por la calzada un grueso considerable de mexicanos: y siendo necesario romper este socorro para volver a la empresa de Tácuba, resolvió Hernán Cortés aguardarle algo distante de la misma calzada, para cerrar con ellos cuando acabasen de salir a tierra y hacerles mayor daño en el camino estrecho de la fuga. Pero aquellos mexicanos traían orden, y dicen que fue arbitrio de su mismo emperador Guatimozin, para echar delante alguna gente, que dejándose cargar, cebase a los españoles en el alcance, y los procurase introducir en la calzada; lo cual ejecutaron con notable destreza, saliendo algunos perezosamente a la tierra, y doblándose con tanta negligencia, que se persuadió Hernán Cortés a que nacía del temor lo que afectaba la industria. Dejó parte de su ejército para que le guardase las espaldas contra la gente de Tácuba, y marchó a la calzada, suponiendo que podría fácilmente desembarazarse de aquellos enemigos para volver sobre la ciudad. Pero los que habían salido a tierra sin aguardar la carga, huyeron a incorporarse con los demás, y todos se fueron retirando, al parecer temerosos, y cediendo poco a poco la calzada para que la ocupasen los españoles. Siguiólos Hernán Cortés, dejándose llevar de las apariencias favorables, no sin alguna falta de consideración, porque no estaba lejos el suceso de Iztapalapa, ni podía ignorar que aquellos indios tenían sus fugas artificiosas, con que solían llamar a sus celadas; pero la repetición de sus victorias, peligro algunas veces de los vencedores, no le dejó distinguir entonces aquellas circunstancias, en que suelen diferenciarse los medios fingidos y los verdaderos.

Reparáronse los enemigos, y empezaron a pelear cuando tuvieron a Cortés y a los que le seguían dentro de la calzada; y entretanto que los procuraban divertir con su resistencia, salieron de México innumerables canoas que ciñeron por ambas partes la calzada, con que se hallaron brevemente los españoles combatidos por la vanguardia y por los dos costados; y conociendo aunque tarde su inadvertencia, fue necesario que se retirasen, deteniendo a los que peleaban en lo estrecho, y haciendo frente a las canoas de una y otra banda. Traían los enemigos unas picas de grande alcance, y en algunas de ellas formada la punta de las espadas españolas, que adquirieron la noche de la primera retirada. Hubo muchos heridos entre los nuestros, y estuvo cerca de perderse una bandera, porque al tiempo que duraba más encendido el combate, cayó en el lago de un bote de pica el alférez Juan Volante, y abatiéndose a la presa los indios que se hallaron más cerca, le recogieron en una de las canoas, para llevarle de presente a su rey. Dejóse conducir fingiéndose rendido; y al verse algo distante de las otras embarcaciones, cobró sus armas, y desembarazándose de los que le guardaban, con muerte de algunos, se arrojó al agua, y escapó a nado con su bandera con igual dicha que valor.

Hernán Cortés anduvo en los mayores peligros con la espada en la mano, y sacó a tierra su gente con poca pérdida, dejando bastantemente vengado el ardid con que le llamaron a la calzada, porque murieron en ella y en el lago tantos enemigos, que se pudo tener a facción deliberada el engaño padecido. Pero hallándose ya en conocimiento de que sería temeridad volver al empeño de Tácuba con aquella nueva oposición de los mexicanos, que todavía se conservaban a la vista, trató de retirarse a Tezcuco, y con parecer de sus capitanes, lo puso luego en ejecución, sin que los enemigos se atreviesen a salir de la calzada, ni a desamparar sus canoas, hasta que la distancia del ejército los animó a seguir desde lejos, contentándose con dar al viento grandes alaridos; a cuya inútil fatiga se redujo toda su venganza. Importó mucho esta salida, tanto por el daño que se hizo a los mexicanos, como por las noticias que se adquirieron de aquel paraje que después se había de ocupar. Y por más que la procure deslucir nuestro historiador, fue de tanta consecuencia para el intento principal, que apenas llegó Hernán Cortés a Tezcuco, cuando vinieron rendidos a dar la obediencia y ofrecer sus tropas militares, los caciques de Tucapan, Mascalzingo, Autlan y otros pueblos de la ribera Septentrional: bastante seña de que se volvió con reputación; ganancia de grande utilidad en la guerra, que suele conseguir sin las manos lo que se concediera dificultosamente a las fuerzas.

**Capítulo XVI. Viene a Tezcuco nuevo socorro de españoles; sale Gonzalo de Sandoval al socorro de Chalco; rompe dos veces a los mexicanos en campaña, y gana por fuerza de armas a Guastepeque y a Capistlan**

La prosperidad de tantos sucesos repetidos era una señal casi evidente de que corría por cuenta del cielo esta conquista; pero algunos que se lograron sin humana diligencia, no parece posible que viniesen de otra mano, tan medidos con la necesidad y tan fuera de la esperanza. Llegó por este tiempo a la Veracruz un navío de más que mediano porte que venía dirigido a Hernán Cortés, y en él Julián de Alderete, natural de Tordesillas, con el cargo de tesorero por el rey; fray Pedro Melgarejo de Urrea, religioso de la orden de San Francisco, natural de Sevilla; Antonio de Caravajal; Jerónimo Ruiz de la Mota; Alonso Díaz de la Reguera y otros soldados, gente de cuenta, con un socorro muy considerable de armas y pertrechos. Pasaron luego a Tlascala con las municiones sobre hombros de indios zempoales, y allí se les dio convoy que los encaminase a Tezcuco, donde se recibió a un tiempo el socorro y la noticia de su arribada.

    Bernal Díaz del Castillo dice, que vino de Castilla este bajel; y Antonio de Herrera, que hace mención de él, no dice quién le remitió, quizá por huir la incertidumbre con la omisión. Parece impracticable que viniese de Castilla, encaminado a Cortés, sin traer cartas de su padre y de sus procuradores, particularmente cuando podían avisarle de los buenos efectos que iban produciendo sus diligencias; cuya noticia, según estos autores, recibió mucho después. Con menos repugnancia nos inclinamos a creer que vino de la isla de Santo Domingo; a cuyos gobernadores, como se dijo en su lugar, se dio noticia del empeño en que se hallaba Cortés; y no es argumento de que se induce lo contrario, el venir tesorero del rey: pues era de su jurisdicción el nombrar personas que recogiesen los quintos de su majestad, y tenían a su cargo todas las dependencias de aquellas conquistas. Como quiera que sucediese no pudo el socorro llegar a mejor tiempo, ni Hernán Cortés dejó de acertar con el origen de aquellas asistencias, atribuyendo a Dios, no solamente la felicidad con que se aumentaban sus fuerzas, sino el mismo vigor de su ánimo, y aquella maravillosa constancia, que no siendo impropia en su valor natural, la extrañaba como efecto de influencia superior.

    Llegaron a esta sazón unos mensajeros en diligencia, despachados a Cortés por los caciques de Chalco y Tamanalco, pidiéndole socorro contra un ejército del enemigo, que se quedaba previniendo en México para sujetar los lugares de su distrito, que se conservaban en la devoción de los españoles. Tenía Guatimozin ingenio militar, y como se ha visto en otras acciones suyas, notable aplicación a las artes de la guerra. Desvelábase continuamente su cuidado en los medios por donde podría conseguir la victoria de sus enemigos; y había discurrido en ocupar aquella frontera, para cerrar la comunicación de Tlascala, y cortar los socorros de la Veracruz: punto de tanta consecuencia, que puso a Hernán Cortés en obligación precisa de socorrer aquellos aliados, sobre cuya fe se mantenía libre de mexicanos el paso de que más necesitaba. Despachó luego con este socorro a Gonzalo de Sandoval con trescientos españoles, veinte caballos, y algunas compañías de Tlascala y Tezcuco, en el número que pareció suficiente, respecto de hallarse aquellas provincias con las armas en las manos.

Ejecutóse la salida sin dilación, y la marcha con particular diligencia, con que llegó a tiempo el socorro; y los caciques amenazados tenían prevenida su gente, que incorporada con la que llevó Sandoval, formaba un grueso muy considerable. Hallábase cerca el enemigo que se alojó la noche antes en Guastepeque, y se tomó resolución de salir a buscarle primero que llegase a penetrar los términos de Chalco. Pero los mexicanos con bastante satisfacción de sus fuerzas, y con noticia de que habían llegado españoles en defensa de los chalqueses, ocuparon anticipadamente unas barrancas o quiebras del camino para esperar en paraje donde no los pudiesen ofender los caballos. Reconocióse la dificultad al tiempo casi de acometer, y fue necesaria toda la resolución de Gonzalo de Sandoval y todo el valor de su gente para desalojarlos de aquellos pasos dificultosos: facción que se consiguió a fuerza de brazos, y no sin alguna pérdida, porque murió peleando valerosamente un soldado español que se llamaba Juan Domínguez, sujeto que merecía la estimación del ejército por su particular aplicación al manejo y enseñanza de los caballos. Perdieron gente los mexicanos en esta disputa; pero quedaron con bastante pujanza para volverse a formar en lo llano; y Gonzalo de Sandoval, vencido con poca detención el impedimento del camino, volvió a cerrar con ellos tan ejecutivamente, que los tuvo rotos y deshechos antes que acabasen de rehacerse. Peleó un rato la vanguardia del enemigo con desesperación; y pudiera llamarse batalla este combate si durara un poco más su resistencia; pero desvaneció brevemente aquella multitud desconcertada, perdiendo en el alcance, que se mandó seguir con toda ejecución, la mayor parte de sus tropas. Quedó Gonzalo de Sandoval señor de la campaña, y eligió puesto donde hacer alto para dar algún tiempo al descanso del ejército, con ánimo de pasar antes de la noche a Guastepeque, donde se había retirado la mayor parte de los fugitivos.

Pero apenas se pudieron lograr la quietud y el refresco de la gente, de que ya necesitaba para restaurar las fuerzas, cuando los batidores que se habían adelantado a reconocer las avenidas, volvieron tocando arma tan vivamente, que fue necesario apresurar la formación del ejército. Venía marchando en batalla un grueso de hasta catorce o quince mil mexicanos, y tan cerca que tardaron poco en dejarse percibir sus timbales y bocinas. Tuviéronse por tropas que venían de socorro a los que salieron delante, porque no era posible que se hubiese ordenado con tanta brevedad los que se acabaron de romper; ni cabía el venir tan orgullosos con el escarmiento a las espaldas. Pero los españoles se adelantaron a recibirlos, y dieron su carga tan a tiempo, que desconcertadas las primeras tropas pudieron cerrar sin riesgo los caballos y acometer los demás como solían, ejecutando a los enemigos con tanto rigor, que se hallaron brevemente reducidos a volver las espaldas recogiéndose de tropel a Guastepeque, donde se daban por seguros. Pero avanzando al mismo tiempo los españoles, siguieron y ensangrentaron el alcance con tanta resolución, que cebados en él se hallaron dentro de la población, cuya entrada mantuvieron, hasta que llegando el ejército se repartió la gente por las calles, y se ganó a cuchilladas el lugar, echando a los enemigos por la parte contrapuesta. Murieron muchos porque fue porfiada su resistencia, y salieron tan atemorizados que se halló a breve rato despejada toda la tierra del contorno.

Era tan capaz este pueblo, que resolviendo Gonzalo de Sandoval pasar en él la noche, tuvieron cubierto los españoles y mucha parte de los aliados: hízose más festiva la victoria con la permisión del pillaje, concedida solamente para las cosas de precio que no fuesen carga ni embarazasen el manejo de las armas. Llegó poco después el cacique y algunos de los vecinos más principales que dieron la obediencia, disculpándose con la opresión de los mexicanos, y trayendo en abono de su intención la misma sinceridad con que venían a entregarse desarmados y rendidos. Hallaron agasajo y seguridad en los españoles; y poco después de amanecer, reconocida la campaña, que se halló sin rumor de guerra por todas partes, estuvo resuelta por Sandoval, con acuerdo de sus capitanes, la retirada. Pero los chalqueses, que tenían más adelantada la diligencia de sus espías, recibieron aviso de que se iban juntando en Capistlan todos los mexicanos de las rotas antecedentes, y le protestaron que sería el retirarse lo mismo que dejar pendiente su peligro. Sobre cuya noticia pareció conveniente deshacer esta junta de fugitivos antes que se rehiciesen con nuevas tropas.

Distaba Capistlan dos leguas de Guastepeque hacia la parte de México, y era lugar fuerte por naturaleza, fundado en lo más eminente de una sierra difícil de penetrar, con un río de la otra banda que, bajando rápidamente de los montes vecinos bañaba los mayores precipicios de la misma eminencia. Hallóse cuando llegó el ejército puesto en defensa; porque los mexicanos que le habían ocupado tenían coronada la cumbre; y celebrando con los gritos la seguridad en que se consideraban, dispararon algunas flechas, menos para herir que para irritar. Iba resuelto Gonzalo de Sandoval a echarlos de aquel puesto, para dejar sin recelo de nueva invasión a las provincias de la vecindad; y viendo que solo se descubrían otros caminos igualmente dificultosos para el ataque, ordenó a los de Chalco y Tlascala que pasasen a la vanguardia y empezasen a subir la cuesta, como gente más habituada en semejantes asperezas. Pero no le obedecieron con la prontitud que solían, confesando, con lo mal que se disponían, que recelaban la dificultad como superior a sus fuerzas, tanto que Gonzalo de Sandoval, no sin alguna impaciencia de su detención, se arrojó al peligro con sus españoles, cuya resolución dio tanto aliento a los tlascaltecas y chalqueses que, conociendo a vista del ejemplo la disonancia de su temor, cerraron por lo más agrio de la cuesta, subiendo mejor que los españoles y peleando como ellos. Era tan pendiente por algunas partes el camino, que no se podían servir de las manos sin peligro de los pies; y las piedras que dejaban caer de lo alto herían más que los dardos y las flechas, pero las bocas de fuego y las ballestas iban haciendo lugar a las picas y a las espadas; y durando en los agresores el valor a despecho de la oposición y del cansancio, llegaron a la cumbre casi al mismo tiempo que los enemigos se acabaron de retraer a la población, tan descaecidos que apenas se dispusieron a defenderla, o la defendieron con tanta flojedad, que fueron cargados hasta los precipicios de la sierra, donde murieron pasados a cuchillo todos los que no se despeñaron; y fue tanto el estrago de los enemigos en esta ocasión, que según lo hallamos referido afirmativamente, corrieron al río por un rato arroyos de sangre mexicana tan abundantes, que bajando sedientos los españoles a buscar su corriente, fue necesario que aguardase la sed, o se compusiesen con el horror del refrigerio.

Salió Gonzalo de Sandoval con dos golpes de piedra que llegaron a falsear la resistencia de las armas, y heridos considerablemente algunos españoles: entre los cuales fueron de más nombre, o merecieron ser nombrados Andrés de Tapia y Hernando de Osma. Las naciones amigas padecieron más, porque tuvo gran dificultad el asalto de la sierra, y entraron con mayor precipitación en el peligro.

Pero hallándose ya Gonzalo de Sandoval con tres o cuatro victorias conseguidas en tan breve tiempo, deshechos los mexicanos que infestaban aquella tierra, y aseguradas las provincias que necesitaban de sus armas, se puso en marcha al día siguiente la vuelta de Tezcuco, donde llegó por los mismos tránsitos sin contradicción que le obligase a desnudar la espada.

Apenas se tuvo en México noticia de su retirada, cuando aquel emperador, envió nuevo ejército contra la provincia de Chalco; bastante seña de la resolución con que deseaba ocupar el paso de Tlascala. Supieron los chalqueses la nueva invasión de los mexicanos en tiempo que no podían esperar otro socorro que el de sus armas; y juntando apresuradamente las tropas con que se hallaban y las que pudieron adquirir de su confederación, salieron a campaña, mejorados en el sosiego del ánimo y en la disposición de la gente. Buscáronse los dos ejércitos, y acometiéndose con igual resolución, fue reñida y sangrienta la batalla; pero la ganaron con grandes ventajas los de Chalco, y aunque perdieron mucha gente hicieron mayor daño al enemigo, y quedó por ellos la campaña, cuya noticia tuvo grande aplauso en Tezcuco, y en Hernán Cortés particular complacencia de que sus aliados supiesen obrar por sí entrando en presunción de que bastaban para su defensa. Debióse principalmente a su valor el suceso, y obró mucho en él la mejor disciplina con que pelearon, siendo en aquellos ánimos de gran consecuencia el haberse hallado en otras victorias, perdido el miedo a la nación dominante, y descubierto por los españoles el secreto de que sabían huir los mexicanos.

## Capítulo XVII. Hace nueva salida Hernán Cortés para reconocer la laguna por la parte de Suchimilco; y en el

**camino tiene dos combates peligrosos con los enemigos que halló fortificados en las sierras de Guastepeque**

Quisiera Hernán Cortés que Gonzalo de Sandoval no se hubiera retirado sin penetrar por la parte de Suchimilco, a la laguna, que distaba pocas leguas de Guastepeque; porque importaba mucho reconocer aquella ciudad, respecto de haber en ella una calzada bastantemente capaz que se daba la mano con las principales de México. Y como el estado en que se hallaban los bergantines daba lugar para que se hiciese una nueva salida, se tuvo por conveniente aprovechar aquel tiempo en adquirir esta noticia: resolución en que se consideró también la conveniencia de cubrir el paso de Tlascala dando calor a los chalqueses, que al parecer no estaban seguros de nuevas invasiones. Ejecutóse luego esta jornada, y la tomó Hernán Cortés a su cargo, teniéndola por digna de su cuidado. Llevó consigo a Cristóbal de Olid, Pedro de Alvarado, Andrés de Tapia y Julián de Alderete con trescientos españoles, a cuyo número se agregaron las tropas de Tezcuco y Tlascala que parecieron bastantes, con el presupuesto de que hallaban con las armas en las manos al cacique de Chalco y a las demás naciones amigas de aquel paraje.

Dejó el gobierno militar de la plaza de armas a Gonzalo de Sandoval, y el político al cacique don Hernando, en quien duraban sin menoscabo el afecto y la dependencia; y aunque le llamaban siempre su edad y su espíritu a más briosa ocupación, tenía entendimiento para conocer que merecía más obedeciendo.

Eran los 5 de abril de 1521 cuando salió Hernán Cortés de Tezcuco, y hallando el camino sin rumor de mexicanos, marchó en tanta diligencia que se alojó en Chalco la noche siguiente. Halló juntos y sobresaltados en aquella ciudad a los caciques amigos, porque no esperaban el socorro de los españoles, y se había descubierto a la parte de Suchimilco nuevo ejército de los mexicanos, que venían con mayores fuerzas a destruir y ocupar aquella tierra. Fueron las demostraciones de su contento iguales al conflicto en que se hallaban: arrojarse a los pies de los españoles y volver los ojos al cielo, atribuyendo a su disposición, como la entendían, aquella súbita mudanza de su fortuna. Pensaba Hernán Cortés servirse de sus armas, y dejándolos en la inteligencia de que venía solo a socorrerlos, hizo lo que pudo para que se cobrasen del temor que habían concebido; y pasó después a empeñarlos en la presunción de valientes con los aplausos de su victoria.

Tenían estos caciques adelantadas sus centinelas, y dentro del país enemigo algunas espías, que pasando la palabra de unas a otras, daban por instantes las noticias del ejército enemigo; y por este medio se averiguó que los mexicanos, con noticia ya de que iban españoles al socorro de Chalco, habían hecho alto en las montañas del camino dividiendo sus tropas en las guarniciones de unos lugares fuertes que ocupaban las cumbres de mayor aspereza. Podía mirar a dos fines esta detención: o tener su gente oculta y desunida en aquellas eminencias hasta que se retirase Cortés para lograr el golpe contra sus aliados, o lo que parecía más probable, aguardar el ejército donde militaban de su parte las ventajas del sitio; y en uno y otro caso pareció conveniente buscarlos en sus fortificaciones por no perder tiempo en el viaje de Suchimilco.

Marchó con esta resolución el ejército aquella misma tarde a un lugar despoblado cerca de la montaña, donde se acabaron de juntar las milicias de Chalco y su contorno: gente numerosa y de buena calidad que dio cuerpo al ejército y aliento a las demás naciones, que se acercaban al paso, estrecho algo imaginativas. Empezóse a penetrar la sierra con la primera luz de la mañana, entrando en una senda que se dejaba seguir con alguna dificultad entre dos cordilleras de montes que comunicaban al camino parte de su aspereza. Dejáronse ver en una y otra cumbre algunos mexicanos que venían a provocar desde lejos; y se prosiguió a paso lento la marcha, desfilada la gente según el terreno, hasta desembocar en un llano de bastante capacidad, que se formaba en el desvío de las sierras para volverse a estrechar poco después, donde se dobló el ejército lo mejor que pudo, por haberse descubierto en lo más eminente una gran fortaleza, cuyo paraje tenían ocupado los enemigos con tanto número de gente, que pudiera dar cuidado en puesto menos ventajoso. Era su intento irritar a los españoles para traerlos al asalto de aquellos precipicios, donde necesariamente habían de peligrar en su resistencia y en la resistencia del camino.

Hirieron dentro del ánimo a Cortés las voces con que se burlaban de su detención; o no pudo componerse con la paciencia de sus oídos para sufrir las injurias con que acusaban de cobardes a los españoles; y dejándose llevar de la cólera que pocas veces aconseja lo mejor, acercó el ejército al pie de la sierra, y sin detenerse a elegir la senda menos dificultosa, mandó que avanzasen al ataque dos compañías de arcabuces y ballestas a cargo del capitán Pedro de Barba, en cuya compañía subieron algunos soldados particulares que se ofrecieron a la facción; y nuestro Bernal Díaz del Castillo que teniendo asentado el crédito de su valor, era continuo pretendiente de las dificultades.

Retiráronse los mexicanos cuando empezaron a subir los españoles, fingiendo alguna turbación para dejarlos empeñar en lo más agrio de la cuesta; y cuando llegó el caso volvieron a salir con mayores gritos, dejando caer de lo alto una lluvia espantosa de grandes piedras y peñascos enteros que barrían el camino, llevándose tras sí cuanto encontraban. Hizo gran daño esta primera carga; y fuera mayor si el alférez Cristóbal del Corral y Bernal Díaz del Castillo, que se habían adelantado a todos, recogiéndose al cóncavo de una peña, no avisaran a los demás que hiciesen alto y se apartasen de la senda, porque ya no era posible pasar adelante sin tropezar en mayores asperezas. Conoció al mismo tiempo Hernán Cortés que no era posible caminar por aquella parte al asalto; y no sin temor de que hubiesen perecido todos, envió la orden para que se retirasen, como lo ejecutaron con el mismo riesgo. Quedaron muertos en esta facción cuatro españoles: bajó maltratado el capitán Pedro de Barba, y fueron muchos los heridos, cuya desgracia sintió Hernán Cortés en lo interior como inadvertencia suya: y para los otros como accidente de la guerra, escondiendo en las amenazas contra el enemigo la tibieza de sus disculpas.

Trató luego de adelantarse con algunos de sus capitanes a buscar senda menos dificultosa para subir a la cumbre: resolución en que le tiraban con igual fuerza el deseo de vengar su pérdida y la conveniencia de no proseguir su viaje dejando aquellos enemigos a las espaldas. Pero no se puso en ejecución esta diligencia porque se descubrió al mismo tiempo una emboscada que le puso más cerca la ocasión de venir a las manos. Bajaron los enemigos que andaban por la sierra de la otra banda, y ocupando un bosque poco distante del camino, esperaban la ocasión de acometer por la retaguardia cuando viesen el ejército más empeñado en lo pendiente de la cuesta, y tenían avisados a los de arriba para que saliesen al mismo tiempo a pelear con la vanguardia: notable advertencia en aquellos bárbaros, de que se conoce cuánto enseña la malicia y el odio con estos magisterios de la guerra.

Movió su ejército Hernán Cortés con apariencias de seguir su marcha, y dando el costado a la emboscada, volvió sobre los enemigos cuando a su parecer los tuvo asegurados; pero escaparon con tanta celeridad al favor de la maleza, que fue poco el daño que recibieron; y reconociéndose al mismo tiempo que algo más adelante salían huyendo al camino de Guastepeque, avanzó la caballería en su alcance y caminó algunos pasos la infantería: de cuyo movimiento resultó el conocerse que los mexicanos de la cumbre habían abandonado su fortaleza y venían siguiendo la marcha por lo alto de la sierra; con que cesó el inconveniente que se había considerado en dejarlos a las espaldas, y se prosiguió el camino sin más ofensa que la importunación de las voces, hasta que se halló, cosa de legua y media más adelante, otra fortaleza como la pasada, que tenían ya guarnecida los enemigos, habiéndose adelantado para ocuparla; y aunque sus gritos y amenazas irritaron bastantemente a Cortés, estaba cerca la noche y cerca el escarmiento para entrar en nuevas disputas sin mayor examen.

Alojó su ejército cerca de un lugarcillo algo eminente que se halló despoblado y descubría las sierras del contorno, donde se padeció grande incomodidad porque faltó el agua, y era otro enemigo la sed bastante a sobresaltar las horas del sosiego. Remedióse por la mañana esta necesidad en unos manantiales que se hallaron a poca distancia; y Hernán Cortés ordenando que le siguiese puesto en orden el ejército, se adelantó a reconocer aquella fortaleza que ocupaban los mexicanos, y la halló más inaccesible que la pasada, porque la subida era en forma de caracol descubierto a las ofensas de la cumbre; pero reparando en que a tiro de arcabuz se levantaba otra eminencia que tenían sin guarnición, mandó a los capitanes Francisco Verdugo y Pedro de Barba y al tesorero Julián de Alderete, que subiesen a ocuparla con las bocas de fuego para embarazar las defensas de la otra cumbre: lo cual se puso luego en ejecución por camino encubierto a los enemigos, que a las primeras cargas se atemorizaron de ver la gente que perdían, y trataron solo de retirarse apresuradamente a un lugar de considerable población que se daba la mano con la misma fortaleza; cuya novedad se conoció abajo en la intermisión de las voces: y al mismo tiempo que se daban las órdenes para el ataque, avisaron de la montaña vecina que los mexicanos abandonaban su fortaleza y, se iban desviando a lo interior de la tierra; con que se tuvo por ocioso reconocer aquel puesto que no se había de conservar, ni era de consecuencia faltando el enemigo que le defendía.

Pero antes de volver a la marcha se descubrieron en lo alto algunas mujeres que clamaron por la paz, tremolando y abatiendo unos paños blancos, y acompañando esta demostración con otras señales de rendimiento que obligaron a que se hiciese llamada: en cuya respuesta bajó luego el cacique de aquella población, y dio la obediencia no solamente por la fortaleza en que residía, sino por la otra que se dejaba en camino, la cual era también de su jurisdicción. Hizo su razonamiento con despejo de hombre que tenía de su parte la verdad, atribuyendo la resistencia de aquellos montes al predominio de los mexicanos, y Hernán Cortés admitió sus disculpas, porque no era tiempo de apurar los escrúpulos de la razón. Sentía el cacique como disfavor que pasase por su distrito el ejército sin admitir el obsequio de sus vasallos; y por complacerle fue necesario que subiesen con él dos compañías de españoles a tomar por el rey aquel género de posesión que se practicaba entonces.

Hecha con poca detención esta diligencia, pasó el ejército a Guastepeque; lugar populoso que dejó pacificado Gonzalo de Sandoval; y se halló tan poblado y bastecido, como si estuviera en tiempo de paz, o no hubiera padecido la opresión de los mexicanos.

Salió el cacique al camino con los principales de su pueblo a convidar con su obediencia y con el alojamiento que tenía prevenido en su palacio para los españoles, y dentro de la población para los cabos de la gente confederada, ofreciendo asistir a los demás con los víveres que hubiesen menester, y de todo se desempeñó con igual providencia y liberalidad.

Era el palacio un edificio tan suntuoso que pudiera competir con los de Motezuma; y de tanta capacidad, que se alojaron dentro de él todos los españoles con bastante desahogo. Por la mañana los llevó a ver una huerta que tenía para su divertimiento, nada inferior a la que se halló en Iztapalapa, cuya grandeza y fertilidad mereció la admiración entonces, porque no esperaban tanto los ojos; y después se halla referida entre las maravillas de aquel nuevo mundo. Corría su longitud más de media legua; y poco menos su latitud, cuyo plano, igual por todas partes, llenaba con regular distribución cuantos géneros de frutales y plantas produce aquella tierra, con varios estanques donde se recogían las aguas de los montes vecinos; y algunos espacios a manera de jardines que ocupaban las flores y yerbas medicinales puestas en diferentes cuadros de mejor cultura y proporción obra de hombre poderoso con genio de agricultor, que ponía todo su estudio en aliñar, con los adornos del arte la hermosura de la naturaleza.

Procuró Hernán Cortés empeñarle con algunas dádivas en su amistad; y porque recibió al entrar en la huerta aviso de que le aguardaban los enemigos en Quatlabaca, lugar del camino que se iba siguiendo, estuvo mal hallado en aquella recreación, y se puso luego en marcha, no sin alguna desazón de haberse detenido más que debiera: prometiendo volver con mayor fuerza si alguna vez se divierte.

**Capítulo XVIII. Pasa el ejército a Quatlabaca, donde se rompió de nuevo a los mexicanos; y después a Suchimilco, donde se venció mayor dificultad, y se vio Hernán Cortés en contingencia de perderse**

Era Quatlabaca lugar populoso y fuerte por naturaleza, situado entre unas barrancas o quiebras del terreno, cuya profundidad pasaría de ocho estados, y servía de foso a la población y de tránsito a los arroyos que bajaban de la sierra. Llegó el ejército a este paraje, sujetando con poca dificultad las poblaciones intermedias; y ya tenían los mexicanos cortados los puentes de la entrada y guarnecida su ribera con tanto número de gente, que parecía imposible pasar de la otra banda. Pero Hernán Cortés formó su ejército en distancia conveniente y entretanto que los españoles, con sus bocas de fuego, y los confederados con sus flechas, procuraban entretener al enemigo con frecuentes escaramuzas, se apartó a reconocer la quiebra; y hallándola poco más abajo considerablemente estrechada discurrió y dispuso, casi a un mismo tiempo, que se formasen dos o tres puentes de árboles enteros cortados por el pie, los cuales se dejaron caer a la otra orilla, y unidos lo mejor que fue posible, dieron bastante, aunque peligroso camino, a la infantería.

Pasaron luego los españoles de la vanguardia, quedando los tlascaltecas a continuar la diversión del foso adentro que se iba engrosando por instantes con la gente de las otras naciones. Pero tardaron poco los mexicanos en conocer su descuido, y cargaron de tropel sobre los que habían entrado, con tanta determinación, que no se hizo poco en conservar lo adquirido; y se pudiera dudar el suceso de aquella resistencia desigual, si no llegaran al mismo tiempo Hernán Cortés, Cristóbal de Olid, Pedro de Alvarado y Andrés de Tapia, que habiéndose alargado mientras pasaba el ejército a buscar entrada para los caballos, la encontraron poco segura y dificultosa, pero de grande oportunidad para el conflicto en que se hallaban los españoles.

Tomaron la vuelta con ánimo de acometer por las espaldas y lo consiguieron asistidos ya de alguna infantería, cuyo socorro se debió a Bernal Díaz del Castillo, que aconsejándose con su valor, penetró el foso por dos o tres árboles, que pendientes de sus raíces descansaban de su mismo peso en la orilla contrapuesta. Siguiéronle algunos españoles de los que asistían a la diversión, y número considerable de indios, llegando unos y otros a incorporarse con los caballos al mismo tiempo que se disponían para embestir.

Pero los mexicanos, reconociendo el golpe que les amenazaba por la parte interior de sus fortificaciones, se dieron por perdidos; y derramándose a varias partes, trataron solo de buscar las sendas que sabían para escapar a la montaña. Perdieron alguna gente, así en la defensa del foso como en la turbación de la fuga, y los demás se pusieron en salvo sin recibir mayor daño, porque los precipicios y asperezas del terreno frustraron la ejecución del alcance. Hallóse la villa totalmente despoblada, pero con bastante provisión de bastimentos y algún despojo, en cuya ocupación se permitió lo manual a los soldados. Y poco después llamaron desde la campaña al cacique, y los principales de la población que venían a rendirse, pidiendo, con el foso delante, seguridad y salvaguardia para entrar a disponer el alojamiento; cuya permisión se les dio por medio de los intérpretes: y fueron de servicio, más para tomar noticia del enemigo y de la tierra, que porque se necesitase ya de sus ofertas ni se hiciese mucho caso de sus disculpas; porque la cercanía de México los tenía en necesaria sujeción.

El día siguiente por la mañana marchó el ejército la vuelta de Suchimilco; población de aquellas que merecían nombre de ciudad, sobre la ribera de una laguna dulce que se comunicaba con el lago mayor, cuyos edificios ocupaban parte de la tierra, dilatándose algo más adentro del agua donde servían las canoas a la continuación de las calles. Importaba mucho reconocer aquel puesto por estar cuatro leguas de México; pero fue trabajosa la marcha, porque después de pasar un puerto de tres leguas, se caminó por tierra estéril y seca, donde llegó a fatigar la sed, fomentada con el ejercicio y con el calor del Sol, cuya fuerza creció al entrar en unos pinares que duraron largo trecho; y al sentir de aquella gente desalentada, echaban a perder la sombra que hacían.

Halláronse cerca del camino algunas estancias o caserías ya en la jurisdicción de Suchimilco, edificadas a la granjería o a la recreación de sus vecinos, donde se alojó el ejército, logrando en ellas por aquella noche la quietud y el refrigerio de que tanto necesitaba. Dejólas el enemigo abandonadas para esperar a los españoles en puesto de mayor seguridad; y Hernán Cortés marchó al amanecer puesta en orden su gente, llevando entendido que no sería fácil la empresa de aquel día, ni creíble que los mexicanos dejasen de tener cuidadosa guarnición en Suchilmilco, lugar de tanta consecuencia y tan avanzado; particularmente cuando iban cargados hacia el mismo paraje todos los fugitivos de los reencuentros pasados: lo cual se verificó brevemente, porque los enemigos, cuyo número pudo ser verdadero, pero se omite por inverosímil, tenían formados sus escuadrones en un llano algo distante de la ciudad, y a la frente un río caudaloso que bajaba rápidamente a descansar en la laguna; cuya ribera estaba guarnecida con duplicadas tropas, y el grueso principal aplicado a la defensa de una puente de madera que dejaron de cortar, porque la tenían atajada con reparos sucesivos de tabla y fajina, suponiendo que si la perdiesen quedarían con el paso estrecho de su parte, para ir deshaciendo poco a poco a sus enemigos.

Reconoció Hernán Cortés la dificultad, y esforzándose a desentender su cuidado, tendió las naciones por la ribera, y entretanto que se peleaba, con poco efecto de una parte y otra, mandó que avanzasen los españoles a ganar el puente, donde hallaron tan porfiada resistencia, que fueron rechazados primera y segunda vez; pero acometiendo la tercera con mayor esfuerzo, y usando contra ellos de sus mismas trincheras como se iban ganando, se detuvieron poco en tener el paso a su disposición, cuya pérdida desalentó a los enemigos, y se declaró por todas partes la fuga solicitada ya por los capitanes con los toques de la retirada, o porque no pareciese desorden o porque iban con ánimo de volverse a formar.

Pasó nuestra gente con toda la diligencia posible a ocupar la tierra que desamparaban, y al mismo tiempo, deseando lograr el desabrigo de la otra ribera, se arrojaron al agua diferentes compañías de Tlascala y Tezcuco, y rompiendo a nado la corriente, se anticiparon a unirse con el ejército. Esperaban ya los enemigos, puestos en orden, cerca de la muralla; pero al primer avance de los españoles empezaron a retroceder, provocando siempre con las voces y con algunas flechas sin alcance, para dar a entender que se retiraban con elección. Pero Hernán Cortés los acometió tan ejecutivamente, que al primer choque se reconoció cuán cerca estaban del miedo las afectaciones de valor. Fuéronse retirando a la ciudad, en cuya entrada perdieron mucha gente; y amparándose de los reparos con que tenían atajadas las calles, volvieron a las armas y a las provocaciones.

Dejó Hernán Cortés parte de su ejército en la campaña para cubrir la retirada y embarazar las invasiones de afuera, y entró con el resto a proseguir el alcance, para cuyo efecto, señalando algunas compañías que apartasen la oposición de las calles inmediatas, acometió por la principal, donde tenían los enemigos su mayor fuerza. Rompió con alguna dificultad la trinchera que defendían, y reincidió en la culpa de olvidar su persona en sacando la espada, porque se arrojó entre la muchedumbre con más ardimiento que advertencia, y se halló solo con el enemigo por todas partes cuando quiso volver al socorro de los suyos. Mantúvose peleando valerosamente hasta que se le rindió el caballo, y dejándose caer en tierra le puso en evidente peligro de perderse, porque se abalanzaron a él los que se hallaron más cerca: y antes que se pudiese desembarazar para servirse de sus armas, le tuvieron poco menos que rendido, siendo entonces su mayor defensa lo que interesaba aquellos mexicanos en llevarle vivo a su príncipe. Hallábase a la sazón poco distante un soldado conocido por su valor que se llamaba Cristóbal de Olea, natural de Medina del Campo, y haciendo reparo en el conflicto de su general, convocó algunos tlascaltecas de los que peleaban a su lado, y embistió por aquella parte con tanto denuedo y tan bien asistido de los que le seguían, que dando la muerte por sus mismas manos a los que más inmediatamente oprimían a Cortés, tuvo la fortuna de restituirle a su libertad: con que se volvió a seguir el alcance; y escapando los enemigos a la parte del agua quedaron por los españoles todas las calles de la tierra.

Salió Hernán Cortés de este combate con dos heridas leves, y Cristóbal de Olea con tres cuchilladas considerables, cuyas cicatrices decoraron después la memoria de su hazaña. Dice Antonio de Herrera que se debió el socorro de Cortés a un tlascalteca, de quien ni antes se tenía conocimiento, ni después se tuvo noticia, y deja el suceso en reputación de milagro; pero Bernal Díaz del Castillo, que llegó de los primeros al mismo socorro, le atribuye a Cristóbal de Olea; y los de su linaje, dejando a Dios lo que le toca, tendrán alguna disculpa si dieren más crédito a lo que fue que a lo que se presumió.

No estuvo, entretanto que se peleaba en la ciudad, sin ejercicio el trozo que se dejó en la campaña, cuyo gobierno quedó encargado a Cristóbal de Olid, Pedro de Alvarado y Andrés de Tapia; porque los nobles de México hicieron un esfuerzo extraordinario para reforzar la guarnición de Suchimilco, cuya defensa tenía cuidadoso a su príncipe Guatimozin; y embarcándose con hasta diez mil hombres de buena calidad, salieron a tierra por diferente paraje con noticia de que los españoles andaban ocupados en la disputa de las calles, y con intento de acometer por las espaldas: pero fueron descubiertos y cargados con toda resolución, hasta que últimamente volvieron a buscar sus embarcaciones, dejando en la campaña parte de sus fuerzas, aunque se conoció en su resistencia que traían capitanes de reputación; y fue tan estrecho el combate, que salieron heridos los tres cabos, y número considerable de soldados españoles y tlascaltecas.

Quedó con este suceso Hernán Cortés dueño de la campaña, y de todas las calles y edificios que salían a la tierra, y poniendo suficiente guardia en los surgideros por donde se comunicaban los barrios, trató de alojar su ejército en unos grandes patios, cercanos al adoratorio principal, que por tener algún género de muralla bastante a resistir las armas de los mexicanos, pareció sitio a propósito para ocurrir con mayor seguridad al descanso de la gente y a la cura de los heridos. Ordenó al mismo tiempo que subiesen algunas compañías a reconocer lo alto del adoratorio, y hallándole totalmente desamparado, mandó que se alojasen veinte o treinta españoles en el atrio superior para registrar las avenidas, así del agua como de la tierra, con un cabo que atendiese a mudar las centinelas y cuidase de su vigilancia: prevención necesaria, cuya utilidad se conoció brevemente; porque al caer de la tarde bajó la noticia de que se habían descubierto a la parte de México más de dos mil canoas reforzadas que se venían acercando a todo remo, con que hubo lugar de prevenir los riesgos de la noche, doblando las guarniciones de los surgideros, y a la mañana se reconoció también el desembarco de los enemigos, que fue a largo trecho de la ciudad, cuyo grueso pareció de hasta catorce o quince mil hombres.

Salió Hernán Cortés a recibirlos fuera de los muros, eligiendo sitio donde pudiesen obrar los caballos y dejando buena parte de su ejército a la defensa del alojamiento. Diéronse vista los dos ejércitos, y fue de los mexicanos el primer acometimiento; pero recibidos con las bocas de fuego, retrocedieron lo bastante para que cerrasen los demás con la espada en la mano, y se fuesen abreviando los términos de su resistencia con tanto rigor, que tardaron poco en descubrir las espaldas, y toda la facción tuvo más de alcance que de victoria.

Cuatro días se detuvo Hernán Cortés en Suchimilco para dar algún tiempo a la mejoría de los heridos, siempre con las armas en las manos, porque la vecindad facilitaba los socorros de México; y el rato que faltaban las invasiones, bastaba el recelo para fatigar la gente.

Llegó el caso de la retirada, que se puso en ejecución como estaba resuelta, sin que cesase la persecución de los enemigos, porque se adelantaron algunas veces a ocupar los pasos dificultosos para inquietar la marcha; cuya molestia se venció con poca dificultad, y no sin considerable ganancia, volviendo Hernán Cortés a su plaza con bastante satisfacción de haber conseguido los dos intentos que le obligaron a esta salida, reconocer a Suchimilco, puesto de consecuencia para su entrada, y quebrantar al enemigo para enflaquecer las defensas de México. Pero en lo interior venía desazonado y melancólico de haber perdido en esta jornada nueve o diez españoles: porque sobre los que murieron en el primer asalto de la montaña, le llevaron tres o cuatro en Suchimilco que se alargaron a saquear una casa de las que tenía esta población dentro del agua, y dos criados suyos que dieron en una emboscada por haberse apartado inadvertidamente del ejército: creciendo su dolor en la circunstancia de haberlos llevado vivos para sacrificarlos a sus ídolos; cuya infelicidad le acordaba la contingencia en que se vio, cuando le tuvieron los enemigos en su poder, de morir en semejante abominación, pero siempre conocía tarde lo que importaba su vida, y en llegando la ocasión trataba solo de prevenir las quejas del valor, dejando para después los remordimientos de la prudencia.

**Capítulo XIX. Remédiase con el castigo de un soldado español la conjuración de algunos españoles que intentaron matar a Hernán Cortés; y con la muerte de Xicotencal un movimiento sedicioso de algunos tlascaltecas**

Estaban ya los bergantines en total disposición para que se pudiese tratar de botarlos al agua, y el canal con el fondo y capacidad que había menester para recibirlos. Íbanse adelantando las demás prevenciones que parecían necesarias. Hízose abundante provisión de armas para los indios; registráronse los almacenes de las municiones; requirióse la artillería; diose aviso a los caciques amigos, señalándolos el día en que se debían presentar con sus tropas; y se puso particular cuidado en los víveres que se conducían continuamente a la plaza de armas, parte por el interés de los rescates, y parte por obligación de los mismos confederados. Asistía Hernán Cortés personalmente a los menores ápices de que se compone aquel todo que debe ir a la mano en las facciones militares, cuyo peligro procede muchas veces de faltas ligeras, y pide prolijidades a la providencia.

Pero al mismo tiempo que traía la imaginación ocupada en estas dependencias, se le ofreció nuevo accidente de mayor cuidado, que puso en ejercicio su valor, y dejó desagraviada su cordura. Díjole un español de los antiguos en el ejército, con turbada ponderación de lo que importaba el secreto que necesitaba de hablarle reservadamente; y conseguida su audiencia como lo pedía, le descubrió una conjuración que se había dispuesto, en el tiempo de su ausencia, contra su vida y la de todos sus amigos. Movió esta plática, según su relación, un soldado particular que debía de suponer poco en esta profesión, pues su nombre se oye la primera vez en el delito. Llamábase Antonio de Villafañe, y fue su primer intento retirarse de aquella empresa, cuya dificultad le parecía insuperable. Empezó la inquietud en murmuración, y pasó brevemente a resoluciones de grande amenaza. Culpaban él y los de su opinión a Hernán Cortés de obstinado en aquella conquista, repitiendo que no querían perderse por su temeridad; y hablando en escapar a la isla de Cuba, como en negocio de fácil ejecución según el dictamen de sus cortas obligaciones. Juntáronse a discurrir en este punto con mayor recato; y aunque no hallaban mucha dificultad en el desamparo de la plaza de armas, ni en facilitar el paso de Tlascala con alguna orden supuesta de su general, tropezaban luego en el inconveniente de tocar en la Veracruz, como era preciso para fletar alguna embarcación, donde no podían fingir comisión o licencia de Cortés, sin llevar pasaporte suyo; ni excusar el riesgo de caer en una prisión digna de severo castigo. Hallábanse atajados, y volvían al tema de su retirada sin elegir el camino de conseguirla, firmes en la resolución y poco atentos al desabrigo de los medios.

Pero Antonio de Villafañe, en cuyo alojamiento eran las juntas, propuso finalmente que se podría ocurrir a todo, matando a Cortés y a sus principales consejeros para elegir otro general a su modo menos empeñado en la empresa de México, y más fácil de reducir: a cuya sombra se podrían retirar sin la nota de fugitivos y alegar este servicio a Diego Velázquez, de cuyos informes se podía esperar que se recibiese también el delito en España como servicio del rey. Aprobaron todos el arbitrio, y abrazando a Villafañe, empezó el tumulto en el aplauso de la sedición. Formóse luego un papel en que firmaron los que se hallaban presentes, obligándose a seguir su partido en este horrible atentado; y se manejó el negocio con tanta destreza, que fueron creciendo las firmas a número considerable; y se pudo temer que llegase a tomar cuerpo de mal irremediable aquella oculta y maliciosa contagión de los ánimos.

Tenían dispuesto fingir un pliego de la Veracruz, con cartas de Castilla, y dársele a Cortés cuando estuviese a la mesa con sus camaradas, entrando todos con pretexto de la novedad, y cuando se pusiese a leer la primera carta, servirse del natural divertimiento de su atención para matarle a puñaladas, y ejecutar lo mismo en los que se hallasen con él, juntándose después para salir a correr las calles apellidando libertad: movimiento a su parecer bastante para que se declarase por ellos todo el ejército, y para que se pudiese hacer el mismo estrago en los demás que tenían por sospechosos. Habían de morir, según la cuenta que hacían con su misma ceguedad, Cristóbal de Olid, Gonzalo de Sandoval, Pedro de Alvarado y sus hermanos, y Andrés de Tapia, los dos alcaldes ordinarios, Luis Marín y Pedro de Ircio, Bernal Díaz del Castillo y otros soldados confidentes de Cortés. Pensaban elegir por capitán general del ejército a Francisco Verdugo, que por estar casado con hermana de Diego Velázquez, les parecía el más fácil de reducir, y el mejor para mantener y autorizar su partido; pero temiendo su condición pundonorosa y enemiga de la sinrazón, no se atrevieron a comunicarle sus intentos, hasta que una vez ejecutado el delito, se hallase necesitado a mirar como remedio la nueva ocupación.

De esta sustancia fueron las noticias que dio el soldado, pidiendo la vida en recompensa de su fidelidad por hallarse comprendido en la sedición; y Hernán Cortés resolvió asistir personalmente a la prisión de Villafañe, y a las primeras diligencias que se debían hacer para convencerle de su culpa, en cuya dirección suele consistir el aclararse o el oscurecerse la verdad. No pedía menos cuidado la importancia del negocio, ni era tiempo de aguardar la madura inquisición de los términos judiciales. Partió luego a ejecutar la prisión de Villafañe, llevando consigo a los alcaldes ordinarios con algunos de sus capitanes, y le halló en su posada con tres o cuatro de sus parciales. Adelantóse a deponer contra él su misma turbación, y después de mandarle aprisionar, hizo seña para que se retirasen todos con pretexto de hacer algún examen secreto, y sirviéndose de las noticias que llevaba, le sacó del pecho el papel del tratado con las firmas de los conjurados. Leyóle, y halló en él algunas personas, cuya infidelidad le puso en mayor cuidado; pero recatándole de los suyos, mandó poner en otra prisión a los que se hallaron con el reo, y se retiró dejando su instrucción a los ministros de justicia para que se fulminase la causa con toda la brevedad que fuese posible sin hacer diligencia que tocase a los cómplices, en que hubo pocos lances, porque Villafañe, convencido con la aprehensión del papel, y creyendo que le habían entregado sus amigos, confesó luego el delito; con que se fueron estrechando los términos según el estilo militar, y se pronunció contra él sentencia de muerte, la cual se ejecutó aquella misma noche, dándole lugar para que cumpliese las obligaciones de cristiano; y el día siguiente amaneció colgado en una ventana de su mismo alojamiento, con que se vio el castigo al mismo tiempo que se publicó la causa; y se logró en los culpados el temor, y en los demás el aborrecimiento de la culpa.

Quedó Hernán Cortés igualmente irritado y cuidadoso de lo que había crecido el número de las firmas; pero no se hallaba en tiempo de satisfacer a la justicia, perdiendo tantos soldados españoles en el principio de su empresa, y para excusar el castigo de los culpados sin desaire del sufrimiento, echó voz de que se había tragado Antonio de Villafañe un papel hecho pedazos, en que a su parecer, tendría los nombres o las firmas de los conjurados. Y poco después llamó a sus capitanes y soldados, y les dio noticia por mayor de las horribles novedades que traía en el pensamiento Antonio de Villafañe, y de la conjuración que iba forjando contra su vida, y contra otros muchos de los que se hallaban presentes, y añadió: «que tenía por felicidad suya el ignorar si había tomado cuerpo el delito con la inclusión de algunos cómplices; aunque la diligencia que logró Villafañe para ocultar un papel que traía en el pecho, no le dejaba dudar que los había: pero que no quería conocerlos; y solo pedía encarecidamente a sus amigos que procurasen inquirir si corría entre los españoles alguna queja de su proceder que necesitase de su enmienda, porque deseaba en todo la mayor satisfacción de los soldados, y estaba pronto a corregir, sus defectos, así como sabría volver al rigor y a la justicia, si la moderación del castigo se hiciese tibieza del escarmiento».

Mandó luego que fuesen puestos en libertad los soldados que asistían a Villafañe; y con esta declaración de su ánimo, revalidada con no torcer el semblante a los que le habían ofendido, se dieron por seguros de que se ignoraba su delito: y sirvieron después con mayor cuidado, porque necesitaban de la puntualidad para desmentir los indicios de la culpa.

Fue importante advertencia la de ocultar el papel de las firmas para no perder aquellos españoles de que tanto necesitaba; y mayor hazaña la de ocultar su irritación para no desconfiarlos: ¡primoroso desempeño de su razón, y notable predominio sobre sus pasiones! Pero teniendo a menos cordura el exceder en la confianza que suele adormecer el cuidado a fin de provocar el peligro, nombró entonces compañía de su guardia para que asistiesen doce soldados con un cabo cerca de su persona; si ya no se valió de esta ocasión como de pretexto para introducir sin extrañeza lo que ya echaba menos su autoridad.

Ofreciósele poco después embarazo nuevo, que aunque de otro género, tuvo sus circunstancias de motín; porque Xicotencal, a cuyo cargo estaban las primeras tropas que vinieron de Tlascala, o por alguna desazón, fácil de presumir en su altivez natural, o porque duraban todavía en su corazón algunas reliquias de la pasada enemistad, se determinó a desamparar el ejército, convocando algunas compañías que a fuerza de sus instancias ofrecieron asistirle. Valióse de la noche para ejecutar su retirada; y Hernán Cortés que la supo luego de los mismos tlascaltecas, sintió vivamente una demostración de tan dañosas consecuencias en cabo tan principal de aquellas naciones, cuando se estaba ya con las armas casi en las manos para dar principio a la empresa. Despachó en su alcance algunos indios nobles de Tezcuco para que le procurasen reducir a que por lo menos se detuviese hasta proponer su razón; pero la respuesta de este mensaje, que fue no solamente resuelta, sino descortés con algo de menosprecio, le puso en mayor irritación, y envió luego en su alcance dos o tres compañías de españoles con suficiente número de indios tezcucanos y chalqueses para que le prendiesen; y en caso de no reducirse le matasen. Ejecutóse lo segundo, porque se halló en él porfiada resistencia, y alguna flojedad en los que le seguían contra su dictamen; los cuales se volvieron luego al ejército quedando el cadáver pendiente de un árbol.

Así lo refiere Bernal Díaz del Castillo; aunque Antonio de Herrera dice que le llevaron a Tezcuco, y que usando Hernán Cortés de una permisión que le había dado la república, le hizo ahorcar públicamente dentro de la misma ciudad: lectura que parece menos semejante a la verdad, porque aventuraba mucho en resolverse a tan violenta ejecución con tanto número de tlascaltecas a la vista, que precisamente habían de sentir aquel afrentoso castigo en uno de los primeros hombres de su nación.

Algunos dicen que le mataron con orden secreta de Cortés los mismos españoles que salieron al camino, en que hallamos algo menos aventurada la resolución. Y como quiera que fuese, no se puede negar que andaba su providencia tan adelantada y tan sobre lo posible de los sucesos que tenía prevenido este lance de suerte, que ni los tlascaltecas del ejército, ni la república de Tlascala, ni su mismo padre hicieron queja de su muerte; porque sabiendo algunos días antes que se desmandaba este mozo en hablar mal de sus acciones, y en desacreditar la empresa de México entre los de su nación, participó a Tlascala esta noticia para que le llamasen a su tierra con pretexto de otra facción, o se valiesen de su autoridad para corregir semejante desorden; y el senado, en que asistió su padre, le respondió: que aquel delito de amotinar los ejércitos era digno de muerte según los estatutos de la república; y que así podría, siendo necesario, proceder contra él hasta el último castigo, como ellos lo ejecutarían si volviese a Tlascala, no solo con él, sino con todos los que le acompañasen: cuya permisión, facilitaría mucho entonces la resolución de su muerte, aunque sufrió algunos días sus atrevimientos, sirviéndose de los medios suaves para reducirle. Pero siempre nos inclinamos a que se hizo la ejecución fuera de Tezcuco, según lo refiere Bernal Díaz, porque no dejaría Hernán Cortés de tener presente la diferencia que se debía considerar entre ponerlos delante un espectáculo de tanta severidad, o referirles el hecho después de sucedido: siendo máxima evidente que abultan más en el ánimo las noticias que se reciben por los ojos, así como pueden menos con el corazón las que se mandan por los oídos.

**Capítulo XX. Échanse al agua los bergantines; y dividido el ejército de tierra en tres partes, para que al mismo tiempo se acometiese por Tácuba, Iztapalapa y Cuyoacan, avanza Hernán Cortés por la laguna, y rompe una gran flota de canoas mexicanas**

No se dejaban de tener a la vista las prevenciones de la jornada, por más que se llevasen parte del cuidado estos accidentes. Íbanse al mismo tiempo echando al agua los bergantines: obra que se consiguió con felicidad, debiéndose también a la industria de Martín López, como última perfección de su fábrica. Díjose antes una misa de Espíritu Santo, y en ella comulgó Hernán Cortés con todos sus españoles. Bendijo el sacerdote los buques: diose a cada uno su nombre según el estilo náutico, y entretanto que se introducían los adherentes que dan espíritu al leño, y se afinaba el uso de las jarcias y velas, pasaron muestra en escuadrón los españoles, cuyo ejército constaba entonces de novecientos hombres; los ciento y noventa y cuatro entre arcabuces y ballestas; los demás de espada, rodela y lanza, ochenta y seis caballos, y dieciocho piezas de artillería, las tres de hierro gruesas, y las quince falconetes de bronce con suficiente provisión de pólvora y balas.

Aplicó Hernán Cortés a cada bergantín veinticinco españoles con un capitán, doce remeros, a seis por banda, y una pieza de artillería. Los capitanes fueron Pedro de Barba, natural de Sevilla; García de Holguín, de Cáceres; Juan Portillo de Portillo, Juan Rodríguez de Villa-fuerte, de Medellín; Juan Jaramillo, de Salvatierra, en Extremadura; Miguel Díaz de Auz, aragonés; Francisco Rodríguez Magarino, de Mérida; Cristóbal Flores, de Valencia de don Juan; Antonio de Carabajal, de Zamora; Jerónimo Ruiz de la Mota, de Burgos; Pedro Briones, de Salamanca; Rodrigo Morejón de Lobera, de Medina del Campo; y Antonio Sotelo, de Zamora; los cuales se embarcaron luego cada uno a la defensa de su bajel y al socorro de los otros.

Dispuesta en esta forma la entrada que se había de hacer por el lago, determinó con parecer de sus capitanes, ocupar al mismo tiempo las tres calzadas principales de Tácuba, Iztapalapa y Cuyoacan, sin alargarse a la de Suchimilco, por excusar la desunión de su gente, y tenerla en paraje que pudiesen recibir menos dificultosamente sus órdenes: para cuyo efecto dividió el ejército en tres partes, y encargó a Pedro de Alvarado la expedición de Tácuba, con nombramiento de gobernador y cabo principal de aquella entrada, llevando a su orden ciento y cincuenta españoles y treinta caballos en tres compañías a cargo de los capitanes Jorge de Alvarado, Gutierre de Badajoz y Andrés de Monjaraz, dos piezas de artillería y treinta mil tlascaltecas. El ataque de Cuyoacan encargó al maestre de campo Cristóbal de Olid, con ciento sesenta españoles en las tres compañías de Francisco Verdugo, Andrés de Tapia y Francisco de Lugo, treinta caballos, dos piezas de artillería y cerca de treinta mil indios confederados; y últimamente cometió a Gonzalo de Sandoval la entrada que se había de hacer por Iztapalapa con otros ciento cincuenta españoles a cargo de los capitanes Luis Marín y Pedro de Ircio, dos piezas de artillería, veinticuatro caballos, y toda la gente de Chalco, Guajocingo y Cholula, que serían más de cuarenta mil hombres. Seguimos en el número de los aliados que sirvieron en estas entradas la opinión de Antonio de Herrera, porque Bernal Díaz del Castillo da solamente ocho mil tlascaltecas a cada uno de los tres capitanes, y repite algunas veces que fueron de más embarazo que servicio, sin decir dónde quedaron tantos millares de hombres como vinieron al sitio de aquella ciudad: ambición descubierta de que lo hiciesen todo los españoles, y poco advertida en nuestro sentir; porque deja increíble lo que procura encarecer, cuando bastaba para encarecimiento la verdad.

Partieron juntos Cristóbal de Olid y Gonzalo de Sandoval que se habían de apartar en Tácuba, y se alojaron en aquella ciudad sin contradicción, despoblada ya, como lo estaban los demás lugares contiguos a la laguna; porque los vecinos que se hallaban capaces de tomar las armas, acudieron a la defensa de México, y los demás se ampararon en los montes con todo lo que pudieron retirar de sus haciendas. Aquí se tuvo aviso de que había una junta considerable de tropas mexicanas, a poco más de media legua que venían a cubrir los conductos del agua que bajaban de las sierras de Chapultepeque: prevención cuidadosa de Guatimozin, que sabiendo el movimiento de los españoles, trató de poner en defensa los manantiales de que se proveían todas las fuentes de agua dulce que se gastaba en la ciudad.

Descubríanse por aquella parte dos o tres canales de madera cóncava sobre paredones de argamasa, y los enemigos tenían hechos algunos reparos contra las avenidas que miraban al camino. Pero los dos capitanes salieron de Tácuba con la mayor parte de su gente; y aunque hallaron porfiada resistencia, se consiguió finalmente que desamparasen el puesto, y se rompieron por dos o tres partes los conductos y los paredones con que bajó la corriente, dividida en varios arroyos, a buscar su centro en la laguna; debiéndose a Cristóbal de Olid y a Pedro de Alvarado esta primera hostilidad de agotar las fuentes de México, y dejar a los sitiados en la penosa tarea de buscar el agua en los ríos que bajaban de los montes, y en precisa necesidad de ocupar su gente y sus canoas en la conducción y en los convoyes.

Conseguida esta facción partió Cristóbal de Olid con su trozo a tomar el puesto de Cuyoacan, y Hernán Cortés, dejando a Gonzalo de Sandoval el tiempo que pareció necesario para que llegase a Iztapalapa, tomó a su cargo la entrada que se había de hacer por la laguna para estar sobre todo, y acudir con los socorros donde llamase la necesidad. Llevó consigo a don Fernando, señor de Tezcuco, y a un hermano suyo, mozo de espíritu, llamado

Suchel, que se bautizó poco después, tomando el nombre de Carlos, como súbdito del emperador. Dejó en aquella ciudad bastante número de gente para cubrir la plaza de armas, y hacer algunas correrías que asegurasen la comunicación de los cuarteles, y dio principio a su navegación, puestos en ala sus trece bergantines, disponiendo lo mejor que pudo el adorno de las banderas, flámulas y gallardetes: exterioridad de que se valió para dar bulto a sus fuerzas, y asustar la consideración del enemigo con la novedad.

Iba con propósito de acercarse a México para dejarse ver como señor de la laguna, y volver luego sobre Iztapalapa, donde le daba cuidado Gonzalo de Sandoval, por no haber llevado embarcaciones para desembarazar las calles de aquella población, que por estar dentro del agua, eran continuo receptáculo de las canoas mexicanas. Pero al tomar la vuelta descubrió a poca distancia de la ciudad una isleta o montecillo de peñascos que se levantaba considerablemente sobre las aguas, cuya eminencia coronaba un castillo de bastante capacidad que tenían ocupados los enemigos, sin otro fin que desafiar a los españoles, provocándolos con injurias y amenazas desde aquel puesto, donde a su parecer estaban seguros de los bergantines. No tuvo por conveniente dejar consentido este atrevimiento a vista de la ciudad, cuyos miradores y terrados estaban cubiertos de gente, observando las primeras operaciones de la armada; y hallando en el mismo sentir a sus capitanes, se acercó a los surgideros de la isla, y saltó en tierra con ciento cincuenta españoles, repartidos por dos o tres sendas que guiaban a la cumbre, y subieron peleando, no sin alguna dificultad, porque los enemigos eran muchos y se defendían valerosamente, hasta que perdida la esperanza de mantener la eminencia, se retiraron al castillo, donde no podían mover las armas de apretados, y perecieron muchos, aunque fueron más los que se perdonaron por no ensangrentar la espada en los rendidos, cuando se despreciaba como embarazosa la carga de los prisioneros.

Logrado en esta breve interpresa el castigo de aquellos mexicanos, volvieron los españoles a cobrar sus bergantines, y cuando se disponían para tomar rumbo de Iztapalapa, fue preciso discurrir en nuevo accidente, porque se dejaron ver a la parte de México algunas canoas que iban saliendo a la laguna, cuyo número crecía por instantes. Serían hasta quinientas las que se adelantaron a boga lenta para que saliesen las demás; y a breve rato fueron tantas las que arrojó de sí la ciudad, y las que se juntaron de las poblaciones vecinas, que haciendo la cuenta por el espacio que ocupaban, se juzgó que pasarían de cuatro mil; cuya multitud con lo que abultaban los penachos y las armas, formaba un cuerpo hermosamente formidable, que al juicio de los ojos venía como anegando la laguna.

Dispuso Hernán Cortés sus bergantines, formando una espaciosa media Luna para dilatar la frente y pelear con desahogo. Iba fiado en el valor de los suyos, y en la superioridad de las mismas embarcaciones, bastando cada una de ellas a entenderse con mucha parte de la flota enemiga. Movióse con esta seguridad la vuelta de los mexicanos para darles a entender que admitía la batalla; y después hizo alto para entrar en ella con toda la respiración de sus remeros, porque la calma de aquel día dejaba todo el movimiento en la fuerza de sus brazos. Detúvose también el enemigo y pudo ser que con el mismo cuidado. Pero aquella inefable providencia, que no se descuidaba en declararse por los españoles, dispuso entonces que se levantase de la tierra un viento favorable, que hiriendo por la popa en los bergantines, les dio todo el impulso de que necesitaban para dejarse caer sobre las embarcaciones mexicanas. Dieron principio al ataque las piezas de artillería, disparadas a conveniente distancia, y cerraron después los bergantines a vela y remo, llevándose tras sí cuanto se les puso delante. Peleaban los arcabuces y ballestas sin perder tiro: peleaba también el viento, dándoles con el humo en los ojos, y obligándolos a proejar para defenderse; y peleaban hasta los mismos bergantines, cuyas proas hacían pedazos a los buques menores, sirviéndose de su flaqueza para echarlos a pique sin recelar el choque. Hicieron alguna resistencia los nobles que ocupaban las quinientas embarcaciones de la vanguardia: lo demás fue todo confusión y zozobrar las unas al impulso de las otras. Perdieron los enemigos la mayor parte de su gente: quedó rota y deshecha su armada, cuyas reliquias miserables siguieron los bergantines hasta encerrarlas a balazos en las acequias de la ciudad.

Fue de grande consecuencia esta victoria, por lo que influyó en las ocasiones siguientes el crédito de incontrastables que adquirieron este día los bergantines, y por lo que desanimó a los mexicanos el hallarse ya sin aquella parte de sus fuerzas, que consistía en la destreza y agilidad de sus canoas, no por las que perdieron entonces, número limitado, respecto de las que tenían de reserva, sino porque se desengañaron de que no eran de servicio, ni podían resistir a tan poderosa oposición. Quedó por los españoles el dominio de la laguna, y Hernán Cortés tomó la vuelta cerca de la ciudad, despidiendo algunas balas, más a la pompa del suceso que al daño de los enemigos. Y no le pesó de ver la multitud de mexicanos que coronaban sus torres y azoteas a la expectación de la batalla, tan gustoso de haberles dado en los ojos con su pérdida, que aunque a la verdad eran muchos para enemigos, le parecieron pocos para testigos de su hazaña: complacencias de vencedores que suelen comprender a los más advertidos, como adornos de la victoria o como accidentes de la felicidad.

**Capítulo XXI. Pasa Hernán Cortés a reconocer los trozos de su ejército en las tres calzadas de Cuyoacan, Iztapalapa y Tácuba, y en todas fue necesario el socorro de los bergantines; deja cuatro a Gonzalo de Sandoval, cuatro a Pedro de Alvarado, y él se recoge a Cuyoacan con los cinco restantes**

Eligió paraje cerca de Tezcuco donde pasar la noche y atender al descanso de la gente con alguna seguridad; pero al amanecer, cuando se disponían los bergantines para tomar el rumbo de Iztapalapa, se descubrió un grueso considerable de canoas que navegaban aceleradamente la vuelta de Cuyoacan, porque pareció conveniente ir primero con el socorro a la parte amenazada. No fue posible dar alcance a la flota enemiga, pero se llegó poco después, y a tiempo que se hallaba Cristóbal de Olid empeñado en la calzada, y reducido a pelear por la frente con los enemigos que la defendían, y por los costados con las canoas que llegaron de refresco, en términos de retirarse, perdiendo la tierra que se había ganado.

Enseñó la necesidad a los mexicanos cuanto pudiera el arte de la guerra para defender el paso de las calzadas. Tenían levantados hacia la parte de la ciudad los puentes de aquellos ojos o cortaduras donde perdían su fuerza las avenidas o crecientes de la laguna, y aplicando algunas vigas y tablones por la espalda para subir en hileras sucesivas a dar la carga por lo alto, dejaban a trechos formadas unas trincheras con foso de agua, que impedían y dificultaban los avances. Este género de fortificación habían hecho en las tres calzadas por donde amenazó la invasión de los españoles, y en todas se discurrió casi lo mismo para vencer esta dificultad. Peleaban los arcabuces y ballestas contra los que se descubrían por lo alto de la trinchera, entretanto que pasaban de mano en mano las faginas para cegar el foso; y después se acercaba una pieza de artillería, que a pocos golpes desembarazaba el paso, barriendo el trozo siguiente de la calzada con los mismos fragmentos de su fortificación.

Tenía ganado Cristóbal de Olid el primer foso cuando llegaron las canoas enemigas; pero al descubrir los bergantines, huyeron a toda fuerza de remos las de aquella banda, peligrando solamente las que pudo encontrar el alcance de la artillería; y porque no dejaban de pelear las que a su parecer estaban seguras de la otra parte, mandó Hernán Cortés ensanchar el foso de la retaguardia para dar paso a tres o cuatro bergantines, de cuya primera vista resultó la fuga total de las canoas; y los enemigos que defendían el puente inmediato, viéndose descubiertos a las baterías de agua y tierra, se recogieron desordenadamente al último reparo vecino a la ciudad.

Descansó la gente aquella noche, sin desamparar el avance de la calzada; y al amanecer se prosiguió la marcha con poca o ninguna oposición, hasta que llegando a la última puente que desembocaba en la ciudad, se halló fortificada con mayores reparos, y atrincheradas las calles que se descubrían, con tanto número de gente a su defensa, que llegó a parecer aventurada la facción; pero se conoció la dificultad después del empeño, y no era conveniente retroceder sin algún escarmiento de los enemigos. Jugaron su artillería los bergantines, haciendo miserable destrozo en las bocas de las calles, entretanto que trabajaba Cristóbal de Olid en cegar el foso y romper las fortificaciones de la calzada. Lo cual ejecutado, se arrojó a los enemigos que las defendían, haciendo lugar con su vanguardia para que saliesen a tierra las naciones a su cargo. Acercáronse al mismo tiempo las tropas de la ciudad al socorro de los suyos, y fue valerosa por todas partes su resistencia; pero a breve rato perdieron alguna tierra, y Hernán Cortés, que no pudo sufrir aquella lentitud con que se retiraban, saltó en la ribera con treinta españoles, y dio tanto calor al avance, que tardaron poco los enemigos en volver las espaldas, y se ganó la calle principal de México, huyendo por aquella parte hasta la gente que ocupaba los terrados.

Tropezóse luego con otra dificultad, porque los mexicanos que iban huyendo habían ocupado un adoratorio, poco distante de la entrada, en cuyas torres, gradas y cerca exterior se descubría tanto número de gente, que parecía un monte de armas y plumas todo el edificio. Desafiaban a los españoles con la voz tan entera como si acabaran, de vencer: y Hernán Cortés, no sin alguna indignación de ver en ellos el orgullo tan cerca de la cobardía, mandó traer de los bergantines tres o cuatro piezas de artillería, cuyo primer estrago les dio a conocer su peligro, y brevemente fue necesario bajar la puntería contra los que iban huyendo a lo interior de la ciudad. Quedó sin enemigos todo aquel paraje, porque los que peleaban desde las azoteas y ventanas, se movieron al paso que los demás; conque avanzó el ejército, y se ganó el adoratorio sin contradicción.

Fue grande la pérdida de gente que hicieron este día los mexicanos. Entregáronse al fuego los ídolos, cuyos horribles simulacros sirvieron de luminarias al suceso. Y Hernán Cortés quedó satisfecho de haber puesto los pies dentro de la ciudad. Y hallando el adoratorio capaz de más que ordinaria defensa, no solo determinó alojar su ejército en él aquella noche, pero tuvo sus impulsos de mantener aquel puesto para estrechar el sitio, y tener adelantado el cuartel de Cuyoacan: pensamiento que participó a sus capitanes, con los motivos que le dictaba entonces la primera inclinación de su discurso; pero todos a una voz le representaron: «que no sabiendo el estado en que tenían sus entradas Gonzalo de Sandoval y Pedro de Alvarado, sería temeridad exponer a perder el paso de la calzada, y con él la esperanza de los víveres y municiones, de que necesitaban para conservarse. Que su conducción no se debía fiar de los bergantines, porque no cabiendo en las acequias de aquel paraje, necesitaron de hacer su desembarco con bastante distancia para que no fuese posible recibirlos ni transportarlos, sin disponerse a una batalla para cada socorro. Que los trozos del ejército debían caminar a un mismo paso en sus ataques para dividir las fuerzas del enemigo, y darse la mano hasta en el tiempo de acuartelarse dentro de la ciudad. Y finalmente, que las disposiciones resueltas, con parecer de todos los cabos, sobre la forma de gobernar el sitio de México, no se debían alterar, sin madura consideración, ni entrar en aquel empeño voluntario, sin más causa que dar sobrado crédito a la victoria de aquel día; no siendo totalmente seguras las consecuencias de los buenos sucesos, que a manera de lisonjas solían muchas veces engañar la cordura, deleitando la imaginación». Conoció Hernán Cortés que le aconsejaban lo más conveniente, por ser una de sus mejores prendas la facilidad con que solía desenamorarse de sus dictámenes para enamorarse de la razón, y se retiró la mañana siguiente a Cuyoacan, llevando a sus dos lados la escolta de los bergantines; conque no se atrevieron los enemigos a inquietar la marcha.

Pasó el mismo día a Iztapalapa, donde halló a Gonzalo de Sandoval en términos de perderse. Había ocupado los edificios de la tierra y alojado su ejército, poniéndose lo mejor que pudo en defensa; pero los enemigos, que se recogieron a la parte del agua, procuraban ofenderle desde sus canoas. Hizo considerable daño en las que se acercaban; arruinó algunas casas; rompió dos o tres socorros de México, que intentaron atacarle por tierra; y aquel día porque los enemigos habían desamparado una casa grande, que distaba poco de la tierra, se resolvió a ocuparla para mejorarse, y desviar las ofensas de su cuartel. Facilitó el paso con algunas faginas arrojadas al agua, y entró a ejecutarlo con parte de su gente; pero apenas lo consiguió, cuando avanzaron las canoas que tenían puestas en celada, llevando consigo tropas de nadadores que deshicieron el camino de la retirada, por cuyo medio consiguieron el sitiarle por todas partes, ofendiéndole al mismo tiempo desde los terrados y ventanas de las casas vecinas.

En este conflicto se hallaba cuando llegó Hernán Cortés, y descubriendo aquella multitud de canoas en las calles de agua, que miraban a la parte de México, dio calor a la boga, y empezó a jugar su artillería con tanto efecto, que así por el daño que hicieron las balas, como por el miedo que tenían a los bergantines, huyeron todas a un tiempo, con ansia de salir a la laguna por las calles más retiradas, y con tanto desorden, que cargando en ellas la gente de los terrados, se fueron muchas a pique, y las demás vinieron a caer en el lazo de los bergantines, buscando con la fuga el peligro que procuraban evitar. Hicieron este día los mexicanos una pérdida que pudo suponer algo en el menoscabo de sus fuerzas; y reconociéndose después aquella parte de la ciudad que tenían ocupada, se hallaron algunos prisioneros y bastante despojo, no tanto para la riqueza, como para la recreación de los soldados. Conoció Hernán Cortés, a vista de las dificultades que había experimentado Gonzalo de Sandoval en Iztapalapa, que no era posible poner en operación el trozo de su cargo, ni usar de la calzada, sin deshacer enteramente aquel abrigo de las canoas mexicanas, arruinando la media ciudad: detención que sería dañosa para el estado que tenían las demás entradas, y determinó que se desamparase por entonces aquel puesto, y pasase Gonzalo de Sandoval con su gente a ocupar el de Tepeaquilla, donde había otra calzada más estrecha para los ataques; pero de mayor utilidad para impedir los socorros del enemigo, que según los avisos antecedentes, introducía por aquel paraje los víveres de que ya necesitaba. Ejecutóse luego esta resolución, y marchó la gente por tierra, siguiendo la misma costa los bergantines, hasta que se ocupó el nuevo cuartel; y hecho el alojamiento con poco embarazo, porque se halló despoblado el lugar, navegó Hernán Cortés la vuelta de Tácuba.

Halló desamparada esta ciudad Pedro de Alvarado, conque tuvo menos que vencer para dar principio a sus entradas. Ejecutó algunas con varios sucesos, batiendo reparos y cegando fosos, de la misma forma que se gobernaba en las suyas Cristóbal de Olid; y aunque hizo muy considerable daño a los enemigos, y alguna vez se adelantó hasta poner fuego en las primeras casas de México, le habían muerto, cuando llegó Hernán Cortés, ocho españoles: pérdida en que se mezcló el sentimiento con los aplausos de su valor.

Consideró Hernán Cortés que no le salía bien la cuenta de sus disposiciones, porque se iba reduciendo el sitio de México a este género de acometimientos y retiradas: guerra en que se gastaban los días, y se aventuraba la gente sin ganancia que pasase de hostilidad, ni mereciese nombre de progreso: el camino de las calzadas tenía suma dificultad con aquellos fosos y reparos que volvían los mexicanos a fortificar todos los días, y con aquella persecución de las canoas, cuyo número excesivo cargaba siempre a la parte que desabrigaban los bergantines; y uno y otro perdía nuevos medios que facilitasen la empresa.

Mandó entonces que cesasen las entradas hasta otra orden, y puso la mira en prevenirse de canoas que le asegurasen el dominio de la laguna; para cuyo efecto envió personas de satisfacción a conducir las que hubiese de reserva en las poblaciones amigas, con las cuales, y con las que vinieron de Tezcuco y Chalco, se juntó un grueso que puso en nuevo cuidado al enemigo. Dividiólas en tres cuerpos; y formando su guarnición de aquellos indios que sabían manejarlas, nombró capitanes de su nación que las gobernasen por escuadras; y con este refuerzo, repartido entre los bergantines, envió cuatro a Gonzalo de Sandoval, cuatro a Pedro de Alvarado, y él pasó con los cinco restantes a incorporarse con el maestre de campo Cristóbal de Olid.

Repitiéronse desde aquel día las entradas con mayor facilidad, porque faltaron totalmente las ofensas que más embarazaban; y Hernán Cortés ordenó al mismo tiempo, que los bergantines y canoas rondasen la laguna y corriesen el distrito de las tres calzadas para impedir los socorros de la ciudad; por cuyo medio se hicieron repetidas presas de las embarcaciones que intentaban pasar con bastimento y barriles de agua, y se tuvo noticia del aprieto en que se hallaban los sitiados. Cristóbal de Olid llegó algunas veces a poner en ruina los burgos o primeras casas de la ciudad; Pedro de Alvarado y Gonzalo de Sandoval hacían el mismo daño en sus ataques; con lo cual, y con los buenos sucesos de aquellos días, mudaron de semblante las cosas. Concibió el ejército nuevas esperanzas, y hasta los soldados menores facilitaban la empresa, entrando en las ocasiones con aquel género de alegre solicitud semejante al valor, que suele hacer atrevidos a los que llevan la victoria de la imaginación, porque tuvieron la suerte de hallarse alguna vez entre los vencedores.

**Capítulo XXII. Sírvense de varios ardides los mexicanos para su defensa: emboscan sus canoas contra los bergantines; y Hernán Cortés padece una rota de consideración, volviendo cargado a Cuyoacan**

Fue notable y en algunas circunstancias digna de admiración, la diligencia con que defendieron su ciudad los mexicanos. Obraba como natural en ellos el valor, criados en la malicia, y sin otro camino de ascender a las mayores dignidades; pero en esta ocasión pasaron de valientes a discursivos, porque necesitaron de inventar novedades contra un género de invasión cuya gente, cuyas armas y cuyas disposiciones eran fuera del uso en aquella tierra, y lograron algunos golpes, en que se acreditó su ingenio de más que ordinariamente advertido. Queda referida la industria con que hallaron camino de fortificar sus calzadas, y no fue menor la que practicaron después, enviando por diferentes rodeos canoas de gastadores a limpiar los fosos que iban cegando los españoles, para cargarlos al tiempo de la retirada con todas sus fuerzas: ardid que ocasionó algunas pérdidas en las primeras entradas. Dieron con el tiempo en otro arbitrio más reparable, porque supieron obrar contra su costumbre cuando lo pedía la ocasión; y hacían de noche algunas salidas, solo a fin de inquietar los cuarteles, fatigando a sus enemigos con la falta de sueño, para esperarlos después con tropas de refresco.

Pero en nada se conoció tanto su vigilancia y habilidad como en lo que discurrieron contra los bergantines, cuya fuerza desigual intentaron deshacer buscándolos desunidos; a cuyo efecto fabricaron treinta grandes embarcaciones de aquellas que llamaban piraguas; pero de mayores medidas, y empavesadas con gruesos tablones para recibir la carga, y pelear menos descubiertos. Con este género de armada salieron de noche a ocupar unos carrizales o bosques de cañas palustres, que producía por algunas partes la laguna, tan densas y elevadas que venían a formar diferentes malezas, impenetrables a la vista. Era su intención provocar a los bergantines que salían de dos en dos a impedir los socorros de la ciudad; y para llamarlos al bosque, llevaron prevenidas tres o cuatro canoas de bastimentos que sirviesen de cebo a la emboscada, y bastante número de gruesas estacas, las cuales fijaron debajo del agua, para que chocando con ellas los bergantines, se hiciesen pedazos, o fuesen más fáciles de vencer: prevenciones y cautelas, de que se conoce que sabían discurrir en su defensa, y en la ofensa de sus enemigos, tocando en las sutilezas que hicieron ingenioso al hombre contra el hombre; y son como enseñanzas del arte militar, o sinrazones de que se compone la razón de la guerra.

Salieron el día siguiente a correr aquel paraje dos bergantines de los cuatro que asistían a Gonzalo de Sandoval en su cuartel, a cargo de los capitanes Pedro de Barba y Juan Portillo; y apenas los descubrió el enemigo, cuando echó por otra parte sus canoas, para que dejándose ver a lo largo fingiesen la fuga y se retirasen al bosque; lo cual ejecutaron tan a tiempo, que los dos bergantines se arrojaron a la presa con todo el ímpetu de los remos; y a breve rato dieron en el lazo de la estacada oculta, quedando totalmente impedidos y en estado que ni podían retroceder ni pasar adelante.

Salieron al mismo tiempo las piraguas enemigas, y los cargaron por todas partes con desesperada resolución. Llegaron a verse los españoles en contingencia de perderse; pero llamando al corazón los últimos esfuerzos de su espíritu, mantuvieron el combate para divertir al enemigo, entretanto que algunos nadadores saltaron al agua, y a fuerza de brazos y de instrumentos rompieron o apartaron aquellos estorbos, en que zabordaban los buques, cuya diligencia bastó para que pudiesen tomar la vuelta y jugar su artillería, dando al través con la mayor parte de las piraguas, y siguiendo las balas el alcance de las que procuraban escapar. Quedó con bastante castigo la estratagema de los mexicanos; pero salieron de la ocasión maltratados los bergantines, heridos y fatigados los españoles. Murió peleando el capitán Juan Portillo, a cuyo valor y actividad se debió la mayor parte del suceso; y el capitán Pedro de Barba salió con algunas heridas penetrantes, de que murió también dentro de tres días: pérdidas ambas que sintió Hernán Cortés con notables demostraciones, y particularmente la de Pedro de Barba, porque le faltó en él un amigo igualmente seguro en todas las fortunas, y un soldado valeroso sin achaques de valiente, y cuerdo sin tibiezas de reportado.

Tardó poco en venirse a las manos la venganza de este suceso, porque los mexicanos volvieron a reparar sus piraguas, y con nuevas embarcaciones de iguales medidas se ocultaron otra vez en el mismo bosque, fortificándole con nueva estacada, y creyendo menos advertidamente lograr segundo golpe sin dar otro color al engaño. Llegó dichosamente a noticia de Hernán Cortés este movimiento del enemigo, y procurando adelantar cuanto pudo la satisfacción de su pérdida, ordenó que fuesen de noche a la deshilada seis bergantines a emboscarse dentro de otro cañaveral, que se descubría no muy distante de la celada enemiga, y que usando de su misma estratagema saliese al amanecer uno de ellos, dando a entender con diferentes puntas que buscaba las canoas de la provisión, y acercándose después a las piraguas ocultas, lo que fuese necesario para fingir que las había descubierto, y para tomar entonces la vuelta, llamándolas con fuga diligente hacia el paraje de la contraemboscada prevenida. Sucedió todo como se había dispuesto: salieron los mexicanos con sus piraguas a seguir el alcance del bergantín fugitivo, abalanzándose a la presa, que ya daban por suya, con grandes alaridos y mayor velocidad, hasta que llegando a distancia conveniente, les salieron al encuentro los otros bergantines, recibiéndolos antes que se pudiesen detener con la artillería, cuyo rigor se llevó de la primera carga buena parte de las piraguas, dejando a las demás en estado, que ni el temor encontraba con la fuga; ni la turbación las apartaba del peligro. Perecieron casi todas a la reputación de los tiros, y murió la mayor parte de la gente que las defendía; con que no solo se vengó la muerte de Pedro de Barba y Juan Portillo, pero se rompió enteramente su armada, quedando Hernán Cortés no sin conocimiento de que aprendió de los mexicanos el ardid o la invención de hacer emboscadas en el agua; pero con particular satisfacción de haber sabido imitarlos para deshacerlos.

Llegaban por entonces frecuentes avisos de lo que pasaba en la ciudad, por ser muchos los prisioneros que venían de las entradas; y sabiendo Hernán Cortés que se hacían ya sentir entre los sitiados el hambre y la sed, ocasionando rumores en el pueblo, y varias opiniones entre los soldados, puso mayor diligencia en cerrar el paso a las vituallas; y para dar nueva razón a sus armas, envió dos o tres nobles de los mismos prisioneros a Guatimozin: «convidándole con la paz, y ofreciéndole partidos ventajosos, en orden a dejarle con el reino, y en toda su grandeza, quedando solamente obligado a reconocer el supremo dominio en el rey de los españoles; cuyo derecho apoyaba entre los mexicanos la tradición de sus mayores, y el consentimiento de los siglos». En esta sustancia fue su proposición, y repitió algunas veces la misma diligencia, porque a la verdad, sentía destruir una ciudad tan opulenta y deliciosa que ya miraba como alhaja de su rey.

Oyó entonces Guatimozin, con menos altivez que solía, el mensaje de Cortés; y según lo que refirieron poco después otros prisioneros, llamó a su presencia el consejo de militares y ministros, convocando a los sacerdotes de los ídolos que tenían voto de primera calidad en las materias públicas. Ponderó en la propuesta: «el estado miserable a que se hallaba reducida la ciudad; la gente de guerra que se perdía; lo que se acongojaba el pueblo con los principios de la necesidad; la ruina de los edificios; y últimamente pidió consejo, inclinándose a la paz lo bastante para que le siguiese la lisonja o el respeto», como sucedió entonces, porque todos los cabos y ministros votaron que se admitiese la proposición de la paz, y se oyesen los partidos con que se ofrecía, reservando para después el discurrir sobre su proposición o su disonancia.

Pero los sacerdotes se opusieron con el rostro firme a las pláticas de la paz, fingiendo algunas respuestas de sus ídolos, que aseguraban de nuevo la victoria, o sería verdad en estos ministros la mentira de sus dioses, porque andaba muy solícito aquellos días el demonio, esforzando en los oídos lo que no podía en los corazones. Y tuvo tanta fuerza este dictamen, armado con el celo de la religión, o libre con el pretexto de piadoso, que se redujeron a él todos los votos, y Guatimozin, no sin particular desabrimiento, porque ya sentía en su corazón algunos presagios de su ruina, resolvió que continuase la guerra; intimando a sus ministros, que perdería la cabeza cualquiera que se atreviese a proponerle otra vez la paz, por aprietos en que se llegase a ver la ciudad, sin exceptuar de este castigo a los mismos sacerdotes, que debían mantener con mayor constancia, la opinión de sus oráculos.

Determinó Hernán Cortés con esta noticia que se hiciese una entrada general por las tres calzadas, para introducir a un mismo tiempo el incendio y la ruina en lo más interior de la ciudad, y enviando las órdenes a los capitanes de Tácuba y Tepeaquilla, entró a la hora señalada con el trozo de Cristóbal de Olid por Cuyoacan. Tenían los enemigos abiertos los fosos y fabricados sus reparos en la forma que solían; pero los cinco bergantines de aquel distrito rompieron con facilidad las fortificaciones, al mismo tiempo que se iban cegando los fosos, y pasó el ejército sin detención considerable, hasta que llegando a la última puente que desembocaba en la ribera, se halló de otro género la dificultad. Habían derribado parte de la calzada para ensanchar aquel foso, dejándole con sesenta pasos de longitud, y cargando el agua de las acequias para darle mayor profundidad. Tenían a la margen contrapuesta una gran fortificación de maderos unidos y entablados, con dos o tres órdenes de troneras, y no sin algún género de traveses, y era innumerable muchedumbre de gente la que habían prevenido para la defensa de aquel paso. Pero a los primeros golpes de la batería cayó en tierra esta máquina; y los enemigos después de padecer el daño que hicieron sus ruinas, viéndose descubiertos al rigor de las balas, se recogieron a la ciudad, sin volver el rostro, ni cesar en sus amenazas. Dejaron con esto libre la ribera, y Hernán

Cortés, por ganar el tiempo, dispuso que la ocupasen luego los españoles, sirviéndose para salir a tierra de los bergantines y de las canoas amigas que los acompañaban, por cuyo medio pasaron después las naciones, los caballos y tres piezas de artillería, que parecieron bastantes para la facción de aquel día.

Pero antes de cerrar con el enemigo, que todavía perseveraba en las trincheras, con que tenían atajadas las calles, encargó al tesorero Julián de Alderete, que se quedase a cegar y mantener aquel foso, y a los bergantines que procurasen hacer la hostilidad que pudiesen, acercándose a la batalla por las acequias mayores. Trabóse luego la primera escaramuza, y Julián de Alderete, con el oído en el rumor de las armas, y con la vista en el avance de los españoles, aprendió que no era decente a su persona la ocupación, a su parecer mecánica, de cegar un foso, cuando estaban peleando sus compañeros; y se dejó llevar inconsideradamente a la ocasión, cometiendo este cuidado a otro de su compañía, el cual, o no supo ejecutarlo, o no quiso encargarse de operación desacreditada por el mismo que la subdelegaba, con que le siguió toda la gente de su cargo, y quedó abandonado aquel foso, que se tuvo por impenetrable al tiempo de la entrada.

Fue valerosa en los primeros ataques la resistencia de los mexicanos.Ganáronse con dificultad y a costa de algunas heridas sus fortificaciones, y fue mayor el conflicto cuando se dejaron atrás los edificios arruinados, y llegó el caso de pelear con los terrados y ventanas; pero en lo más ardiente del furor con que peleaban, se conoció en ellos una flojedad repentina que pareció ejecución de nueva orden; porque iban perdiendo apresuradamente la tierra que ocupaban: y según lo que se presumió entonces y se averiguó después, nació esta novedad de que llegó a noticia de Guatimozin el desamparo del foso grande, y ordenó a sus cabos que tratasen de guardarse y conservar la gente para la retirada. Tuvo Hernán Cortés por sospechoso este movimiento del enemigo, y porque se iba limitando el tiempo, de que necesitaba para llegar antes de la noche a su cuartel, trató de retirarse, mandando primero que se derribasen y diesen al fuego algunos edificios para quitar los padrastros de la entrada siguiente.

Pero apenas se dio principio a la marcha, cuando asustó los oídos un instrumento formidable y melancólico, que llamaban ellos la Bocina Sagrada, porque solamente la podían tocar los sacerdotes cuando intimaban la guerra y concitaban los ánimos de parte de sus dioses. Era el sonido vehemente, y el toque una canción compuesta de bramidos que infundía en aquellos bárbaros nueva ferocidad, dando impulsos de religión al desprecio de su vida. Empezó después el rumor insufrible de sus gritos; y al salir el ejército de la ciudad cayó sobre la retaguardia que llevaban a su cargo los españoles, una multitud innumerable de gente resuelta y escogida para la facción que traían premeditada.

Hicieron frente los arcabuces y ballestas; y Hernán Cortés con los caballos que le seguían, procuró detener al enemigo; pero sabiendo entonces el embarazo del foso que impedía la retirada, quiso doblarse y no lo pudo conseguir, porque las naciones amigas, como traían orden para retirarse, y tropezaron primero con la dificultad, cerraron con ella precipitadamente, y no se oyeron las órdenes, o no se obedecieron.

Pasaban muchos a la calzada en los bergantines y canoas, siendo más los que se arrojaron al agua, donde hallaron tropas de indios nadadores que los herían o anegaban. Quedó solo Hernán Cortés con algunos de los suyos a sustentar el combate. Mataron a flechazos el caballo en que peleaba; y apeándose a socorrerle, con el suyo el capitán Francisco de Guzmán, le hicieron prisionero, sin que fuese posible conseguir su libertad. Retiróse finalmente a los bergantines, y volvió a su cuartel herido, y poco menos que derrotado, sin hallar recompensa en el destrozo que recibieron los mexicanos. Pasaron de cuarenta los españoles que llevaron vivos para sacrificarlos a sus ídolos; perdióse una pieza de artillería; murieron más de mil tlascaltecas; y apenas hubo español que no saliese maltratado: pérdida verdaderamente grande, cuyas consecuencias meditaba y conocía Hernán Cortés, negando al semblante lo que sentía el corazón por no descubrir entonces la malicia del suceso. ¡Dura, pero inexcusable pensión de los que gobiernan ejércitos!, obligados a traer en las adversidades el dolor en el fondo, y el desahogo en la superficie del ánimo.

**Capítulo XXIII. Celebran los mexicanos su victoria con el sacrificio de los españoles: atemoriza Guatimozin a los confederados, y consigue que desamparen muchos a Cortés;**

## pero vuelven al ejército en mayor número, y se resuelve a tomar puestos dentro de la ciudad

Hicieron sus entradas al mismo tiempo Gonzalo de Sandoval y Pedro de Alvarado, hallando en ellas igual oposición, y con poca diferencia en los progresos de ambos ataques: ganar los puentes, cegar los fosos, penetrar las calles, destruir los edificios y sufrir en la retirada los últimos esfuerzos del enemigo. Pero faltó el contratiempo del foso grande, y fue la pérdida menor, aunque llegarían a veinte los españoles que faltaron de ambas entradas, sobre los cuales hacen la cuenta los que dicen que perdió Hernán Cortés más de sesenta en la de Cuyoacan.

El tesorero Julián de Alderete, a vista de los daños que había ocasionado su inobediencia, conoció su culpa, y vino desalentado y pesaroso a la presencia de Cortés, ofreciendo su cabeza en satisfacción de su delito; y él le reprendió con severidad, dejándole sin otro castigo, porque no se hallaba en tiempo de contristar la gente con la demostración que merecía. Fue preciso alzar por entonces la mano de la guerra ofensiva, y se trató solo de ceñir el asedio y estrechar el paso a las vitualles, entretanto que se atendía con particular cuidado a la cura de los heridos, que fueron muchos, y más fáciles de numerar los que no lo estaban.

Pero se descubrió entonces la gracia de un soldado particular, llamado Juan Cathalan, que sin otra medicina que un poco de aceite y algunas bendiciones, curaba en tan breve tiempo las heridas que no parecía obra natural. Llama el vulgo a este género de cirugía curar por ensalmo, sin otro fundamento que haber oído entre las bendiciones algunos versos de los salmos, habilidad o profesión no todas veces segura en lo moral, y algunas permitida con riguroso examen. Pero en este caso no sería temeridad que se tuviese por obra del cielo semejante maravilla, siendo la gracia de sanidad uno de los dones gratuitos que suele Dios comunicar a los hombres; y no parece creíble que se diese concurso del demonio en los medios con que se conseguía la salud de los españoles, al mismo tiempo que procuraba destruirlos con la sugestión de sus oráculos. Antonio de Herrera dice, que fue una mujer española, que se llamaba Isabel Rodríguez, la que obró estas curas admirables; pero seguimos a Bernal Díaz del Castillo que se halló más cerca; y aunque tenemos por infelicidad de la pluma el tropezar con estas discordancias de los autores, no todas se deben apurar; porque siendo cierta la obra, importa poco a la verdad la diferencia del instrumento.

Volvamos empero a los mexicanos, que aplaudieron su victoria con grandes regocijos. Viéronse aquella noche desde los cuarteles coronados los adoratorios de hogueras y perfumes; y en el mayor, dedicado al dios de la guerra, se percibían sus instrumentos militares en diferentes coros de menos importuna disonancia. Solemnizaban con este aparato el miserable sacrificio de los españoles que prendieron vivos, cuyos corazones palpitantes, llamando al Dios de la verdad mientras les duraba el espíritu, dieron el último calor de la sangre a la infeliz aspersión de aquel horrible simulacro. Presumióse la causa de semejante celebridad, y las hogueras daban tanta luz, que se distinguía el bullicio de la gente; pero se alargaban algunos de los soldados a decir, que percibían las voces y conocían los sujetos. ¡Lastimoso espectáculo!, y a la verdad no tanto de los ojos, como de la consideración; pero en ella tan funesto y tan sensible, que ni Hernán Cortés pudo reprimir sus lágrimas, ni dejar de acompañarle con la misma demostración todos los que le asistían.

Quedaron los enemigos nuevamente orgullosos de este suceso, y con tanta satisfacción de haber aplacado el ídolo de la guerra con el sacrificio de los españoles, que aquella misma noche, pocas horas antes de amanecer, se acercaron por las tres calzadas a inquietar los cuarteles, con ánimo de poner fuego a los bergantines, y proseguir la rota de aquella gente, que no sin particular advertencia, consideraban herida y fatigada; pero no supieron recatar su movimiento, porque avisó de él aquella trompeta infernal que los irritaba, tratando a manera de culto la desesperación; y se previno la defensa con tanta oportunidad, que volvieron rechazados, con la diligencia sola de asestar a las calzadas la artillería de los bergantines y de los mismos alojamientos, que disparando al bulto de la gente, dejó bastantemente castigado su atrevimiento.

El día siguiente dio Guatimozin, por su propio discurso, en diferentes arbitrios de aquellos que suelen agradecerse a la pericia militar. Echó voz de que había muerto Hernán Cortés en el paso de la calzada, para entretener al pueblo con esperanzas de breve desahogo. Hizo llevar las cabezas de los españoles sacrificados a las poblaciones comarcanas, para que acabándose de creer su victoria, tratasen de reducirse los que andaban fuera de su obediencia; y últimamente divulgó, que aquella deidad suprema entre sus ídolos, cuyo instituto era presidir a los ejércitos, mitigada ya con la sangre de los corazones enemigos, le había dicho en voz inteligible: que dentro de ocho días se acabaría la guerra, muriendo en ella cuantos despreciasen este aviso. Fingiólo así, porque se persuadió a que tardaría poco en acabar con los españoles, y tuvo inteligencia para introducir en los cuarteles enemigos personas desconocidas que derramasen estas amenazas de su dios, entre las naciones de indios que militaban contra él: notable ardid para melancolizar aquella gente, desanimada ya con la muerte de los españoles, con el estrago de los suyos, con la multitud de los heridos y con la tristeza de los cabos.

Tenían tan asentado el crédito las respuestas de aquel ídolo, y era tan conocido por sus oráculos en las regiones más distantes, que se persuadieron fácilmente a que no podían faltar sus amenazas, haciendo tanta batería en su imaginación el plazo de los ocho días, señalado por el término fatal de su vida, que se determinaron a desamparar el ejército; y en las dos o tres primeras noches faltó de los cuarteles la mayor parte de los confederados, siendo tan poderosa en aquellas naciones esta despreciable aprensión, que hasta los mismos tlascaltecas y tezcucanos se deshicieron con igual desorden, o porque temieron el oráculo como los demás, o porque se los llevó tras sí el ejemplo de los que le temían. Quedaron solamente los capitanes y la gente de cuenta, puede ser que con el mismo temor; pero si le tuvieron, fue menos poderosa en ellos la defensa de la vida que la ofensa de la reputación.

Entró Hernán Cortés en nueva congoja con este inopinado accidente, que le obligaba poco menos que a desconfiar de su empresa; pero luego que llegó a su noticia el origen de aquella novedad, envió en seguimiento de las tropas fugitivas a sus mismos cabos para que las detuviesen, contemporizando con el miedo que llevaban, hasta que pasados los ocho días, señalados por el oráculo, llegasen a conocer la incertidumbre de aquellos vaticinios, y fuesen más fáciles de reducir al ejército: diligencia de notable acierto en el discurso de Hernán Cortés; porque pasados los ocho días llegó a tiempo la persuasión, y volvieron a sus cuarteles con aquel género de nueva osadía que suele formarse del temor desengañado.

Don Hernando, el príncipe de Tezcuco, envió a su hermano por los de aquella nación, y volvió con ellos y con nuevas tropas que halló formadas para socorrer el ejército. Los tlascaltecas desertores, que fueron de la gente más ordinaria, no se atrevieron a proseguir su viaje, temiendo el castigo a que iban expuestos; y estuvieron a la mira del suceso, creyendo que podrían unirse con los fugitivos de la rota imaginada; pero al mismo tiempo que se desengañaron de su vana credulidad, tuvieron la dicha de incorporarse con un socorro que venía de Tlascala, y fueron mejor recibidos en el ejército.

De este aumento de fuerza con que se hallaba Cortés, y del ruido que hacía en la comarca el aprieto de la ciudad, resultó el declararse por los españoles algunos pueblos que se conservaban neutrales o enemigos: entre los cuales vino a rendirse y a tomar servicio en el ejército la nación de los otomíes, gente, como dijimos, indómita y feroz, que a guisa de fieras se conservaba en aquellos montes, que daban sus vertientes a la laguna: rebeldes hasta entonces al imperio mexicano, sin otra defensa que vivir en paraje poco apetecible por estéril y despreciado por inhabitable; con que llegó segunda vez el caso de hallarse Cortés con más de doscientos mil aliados a su disposición; pasando en breves días de la tempestad a la bonanza, y atribuyendo, como solía, este poco menos que súbito remedio al brazo de Dios, cuya inefable providencia suele muchas veces permitir las adversidades para despertar el conocimiento de los beneficios.

No estuvieron ociosos los mexicanos el tiempo que duró esta suspensión de armas, a que se hallaron reducidos los españoles. Hacían frecuentes salidas, dejándose ver de día y de noche sobre los cuarteles; pero siempre volvieron rechazados, perdiendo mucha gente, sin ofender ni escarmentar. Súpose de los últimos prisioneros que se hallaba en grande aprieto la ciudad; por que la hambre y la sed tenía congojada la plebe y mal satisfecha la milicia. Enfermaba y moría mucha gente de beber las aguas salitrosas de los pozos. Los pocos bastimentos que podían escapar de los bergantines o entraban por los montes, se repartían por tasa entre los magnates, dando nueva razón a la impaciencia del pueblo, cuyos clamores tocaban ya en riesgos de la fidelidad. Llamó Hernán Cortés a sus capitanes para discurrir con esta noticia lo que se debía obrar, según el estado presente de la ciudad y del ejército.

Hizo su proposición, con poca esperanza de que se rindiesen los sitiados a instancia de la necesidad, por el odio implacable que tenían a los españoles, y por aquellas respuestas de sus ídolos con que le fomentaba el demonio; y se inclinó a que sería conveniente volver luego a las armas por esta probable conjetura, y porque no se deshiciesen otra vez aquellos aliados: gente de fáciles movimientos, y que así como era de servicio en los combates, peligraba en el ocio de los alojamientos, porque siempre deseaban la ocasión de llegar a las manos; y no se hacían capaces de que fuese guerra el asedio que se practicaba entonces, ni ofensas del enemigo aquellas suspensiones de la cólera militar.

Vinieron todos en que se continuara la guerra sin desamparar el asedio; y Hernán Cortés, que acabó de conocer en el suceso antecedente lo que padecía en aquellas retiradas, expuestas siempre a los últimos esfuerzos de los mexicanos, resolvió que reforzando la guarnición de los cuarteles y de la plaza de armas, se acometiese de una vez por las tres calzadas para tomar puestos dentro de la ciudad: los cuales se habían de mantener a todo riesgo, procurando avanzar cada trozo por su parte hasta llegar a la gran plaza de los mercados que llamaban el Tlateluco, donde se unirían las fuerzas para obrar lo que dictase la ocasión. Estuviera más adelantada la empresa, o conseguida enteramente si se hubiera tomado en el principio esta resolución; pero es tan limitada la humana providencia, que no hace poco el mayor entendimiento en lograr la enseñanza de los malos sucesos, y muchas veces necesita de fabricar los aciertos sobre la corrección de los errores.

**Capítulo XXIV. Hácense las tres entradas a un tiempo, y en pocos días se incorpora todo el ejército en el Tlateluco; retírase Guatimozin al barrio más distante de la ciudad, y los mexicanos se valen de algunos esfuerzos y cautelas para divertir a los españoles**

Prevenidos los víveres, el agua y lo demás que pareció necesario para mantener la gente dentro de una ciudad donde faltaba todo, salieron los tres capitanes de sus cuarteles el día señalado al amanecer; Pedro de Alvarado por el camino de Tácuba; Gonzalo de Sandoval por el de Tepeaquilla; y Hernán Cortés con el trozo de Cristóbal de Olid por el de Cuyoacan; llevando cada uno sus bergantines y canoas por los costados. Halláronse las tres calzadas en defensa, levantadas las puentes, abiertos los fosos, y con tanta sobra de gente como si fuera este día el primero de la guerra; pero se venció aquella dificultad con la misma industria que otras veces, y a costa de alguna detención llegaron los trozos a la ciudad con poca diferencia de tiempo. Ganáronse brevemente las calles arruinadas, porque los enemigos las defendían con flojedad, para retirarse a las que tenían guarnecidos los terrados. Pero los españoles trataron el primer día de formar sus alojamientos, fortificándose cada trozo en su cuartel lo mejor que fue posible, con las ruinas de los edificios, y fundando su mayor seguridad en la vigilancia de sus centinelas.

    Causó esta novedad grande turbación y desconsuelo entre los mexicanos, desarmóse la prevención que tenían hecha para cargar la retirada; corrió la voz engrandeciendo el peligro y apresurando los remedios; acudieron los nobles y ministros al palacio de Guatimozin, y a instancia de todos se retiró aquella misma noche a lo más distante de la ciudad. Continuáronse las juntas, y hubo diversos pareceres desalentados o animosos, según obedecía el entendimiento a los dictámenes del corazón. Unos querían que se tratase desde luego de poner en salvo la persona del rey sacándole a paraje más seguro; otros que se fortificase aquella parte de la ciudad que ocupaba la corte, y otros que se intentase primero desalojar los españoles, obligándolos a ceder la tierra que habían ocupado. Inclinóse Guatimozin al consejo de los más valerosos; y excluyendo el desamparar la ciudad, con resolución de morir entre los suyos, ordenó que al amanecer se acometiese con todo el resto a los cuarteles enemigos. Para cuyo efecto juntaron y distribuyeron sus tropas con ánimo de aplicar todas sus fuerzas al exterminio de los españoles. Y poco después que se declaró la mañana se dejaron ver de los tres alojamientos, donde llegó primero el aviso de sus prevenciones; y la artillería que mandaba las calles hizo tan riguroso estrago en su vanguardia, que no se atrevieron a ejecutar la orden que traían, antes se desengañaron brevemente de que no era posible su empresa; y sin llegar a lo estrecho del ataque dieron principio a la fuga con apariencias de retirada: cuyo movimiento, espacioso y remiso por la frente, dio lugar a los españoles para que avanzasen hasta medir las armas, y sin más diligencia que la que hubieron menester para seguir el alcance, quedó roto el enemigo, y mejorado el alojamiento de la noche siguiente.

Entróse después en mayor dificultad, porque fue necesario caminar arruinando los edificios, batiendo los reparos, y cegando las aberturas de las calles; pero en uno y otro se procuró ganar el tiempo, y en menos de cuatro días se hallaron los tres capitanes a vista del Tlateluco, a cuyo centro caminaban por líneas diferentes.

Fue Pedro de Alvarado el primero que llegó a poner los pies dentro de aquella gran plaza, donde intentaron doblarse los enemigos que llevaba cargados; pero no se les dio lugar para que lo consiguiesen, ni era fácil pasar a la operación desde la fuga; y al primer combate desampararon el puesto, retirándose confusamente a las calles de la otra banda. Reconoció entonces Pedro de Alvarado que tenía cerca de sí un grande oratorio, cuyas gradas y torres ocupaba el enemigo; y con deseo de asegurar las espaldas, envió algunas compañías para que le asaltasen y mantuviesen; lo cual se consiguió sin dificultad, porque los defensores trataban ya de retirarse con el ejemplo de los suyos. Redujo luego a un escuadrón toda su gente para disponer su alojamiento, y mandó hacer en lo alto del adoratorio algunas ahumadas para dar aviso a los demás capitanes del paraje donde se hallaba, o para solicitar con aquella demostración el aplauso de su diligencia.

Llegó poco después el trozo que gobernaba Cristóbal de Olid y mandaba Hernán Cortés; y la multitud que desembocó en la plaza huyendo el avance de su gente, dio en el escuadrón que formó con otro intento Pedro de Alvarado, donde perecieron casi todos combatidos por ambas partes; y sucedió lo mismo a los que rechazaba en su distrito Gonzalo de Sandoval, que tardó poco en arribar al mismo paraje.

Los que se habían retraído a las calles que miraban al resto de la ciudad, viendo unidas las fuerzas de los españoles, huyeron desalentados a guardar la persona de su rey, creyendo que se hallaban ya en el último conflicto, con que se pudo tratar del alojamiento sin oposición; y Hernán Cortés aplicó alguna gente a la defensa de las calles que se dejaban atrás para tener seguras las espaldas; y dispuso que los bergantines con sus canoas cuidasen de correr el distrito de las tres calzadas, avisando en diligencia de cualquier novedad que mereciese reparo.

Fue menester al mismo tiempo desembarazar la plaza de los cadáveres mexicanos, para cuyo efecto señaló algunas tropas de indios confederados que los fuesen echando en las calles de agua más profundas, con cabos españoles que no los dejasen escapar con la carga miserable para celebrar aquellos banquetes de carne humana que daban la última solemnidad a sus victorias; y con todo este cuidado no fue posible atajar por la raíz el inconveniente, pero se redimió el exceso y se pudo componer la tolerancia con la disimulación.

Vinieron aquella noche diferentes cuadrillas de paisanos, poco menos que difuntos, a dar su libertad por el sustento; y aunque se llegó a sospechar que venían arrojados como gente inútil que no podían sustentar, hicieron compasión a todos: y Hernán Cortés, que ya no esperaba del asedio lo que se prometía de sus manos, ordenó que se les diese algún refresco para que saliesen a buscar su vida fuera de la ciudad.

Por la mañana se vieron llenas de mexicanos las calles de su distrito; pero viniendo solamente a cubrir el trabajo de otras fortificaciones en que habían discurrido para defender la última retirada; y Hernán Cortés, viendo que no acometían ni provocaban, suspendió la entrada que tenía resuelta; porque deseaba repetir la instancia de la paz, teniendo entonces por verosímil que se rindiesen a capitular, o conociesen por lo menos que no era su intento destruirlos, pues ofrecía partidos unida su gente, y teniendo a su disposición la mayor parte de la ciudad. Llevaron esta embajada tres o cuatro prisioneros de los más principales, y se aguardó la respuesta, no sin otra esperanza de que hacía fuerza la proposición, porque se retiró enteramente la multitud que solía concurrir a la defensa de las calles.

Era el distrito que ocupaba Guatimozin con sus nobles, ministros y militares, un ángulo muy espacioso de la ciudad, cuya mayor parte aseguraba la vecindad de la laguna; y por la otra, que distaba poco de Tlateluco, tenían cerradas todas las avenidas, con una circunvalación de paredes o murallas de tablazón y fagina que se daban la mano con los edificios, y tenían delante un foso de agua profunda que abrieron casi a la mano, haciendo cortaduras en las calles de tierra para dar corriente a las acequias. Entró Hernán Cortés el día siguiente con la mayor parte de los españoles a reconocer el paraje que desamparó el enemigo, y llegó a vista de sus fortificaciones, cuya línea se halló coronada por todas partes de innumerable gente; pero con señas de paz que se reducían a callar el toque de sus instrumentos y la irritación de sus voces. Repitióse otras veces esta diligencia de acercarse los españoles sin ofender ni provocar; y se conoció que tenían ellos la misma orden; porque bajaban siempre las armas, dando a entender con el silencio y la quietud, que no les eran desagradables los tratados que ocasionaban aquel género de tregua.

Pero al mismo tiempo se hizo reparo en los esfuerzos con que procuraban esconder la necesidad que padecían, y ostentar que no deseaban la paz con falta de valor. Poníanse a comer en público sobre los terrados, y arrojaban tortillas de maíz al pueblo para que se creyese que les sobraba el bastimento; y salían de cuando en cuando algunos capitanes a pedir batalla singular con el más valiente de los españoles; pero duraban poco en la instancia, y se volvían a recoger, tan ufanos del atrevimiento como pudieran de la victoria.

Uno de éstos se acercó al paraje donde se hallaba Hernán Cortés, que parecía hombre de cuenta en los adornos de su desnudez, y eran sus armas espada y rodela, de las que perdieron los españoles sacrificados. Insistía con grande arrogancia en su desafío; y cansado Hernán Cortés de sufrir sus voces y sus ademanes le hizo decir por su intérprete: «que trujese otros diez como él, y permitiría que pasase a batallar con todos juntos aquel español», señalando a su paje de rodela. Conoció el indio su desprecio; pero sin darse por entendido, volvió a la porfía con mayor insolencia; y el paje, que se llamaba Juan Núñez de Mercado, y sería de hasta dieciséis o diecisiete años, persuadido a que le tocaba el duelo como señalado para él, se apartó del concurso disimuladamente, lo que hubo menester para lograr su hazaña sin que le detuviesen; y pasando como pudo el foso, cerró con el mexicano, que ya le aguardaba prevenido; pero recibiendo en la rodela su primer golpe, le dio al mismo tiempo una estocada con tan briosa resolución, que sin necesitar de segunda herida, cayó muerto a sus pies: acción que tuvo grande aplauso entre los españoles, y mereció a los enemigos igual admiración. Volvió luego a los pies de su amo con la espada y la rodela del vencido;

y él, que se pagó enteramente de su temprano valor, le abrazó repetidas veces, y ciñéndole de su mano la espada que ganó por sus puños, le dejó confirmado en la opinión de valiente, y admitido a las veras de otra edad en las conversaciones del ejército.

En los tres o cuatro días que duró esta suspensión de armas, hubo frecuentes conferencias entre los mexicanos sobre la proposición de la paz. La mayor parte de los votos quería que se admitiesen los tratados, conociendo el estado miserable a que se hallaban reducidos; y algunos clamaban por la continuación de la guerra, fundado interiormente su parecer en el semblante de su rey; pero aquellos sacerdotes inmundos que votaban, mandando como intérpretes de sus dioses, fortalecieron el bando menor, mezclando las ofertas de la victoria con misteriosas amenazas, dichas a manera de oráculos; por cuyo medio encendieron los ánimos haciéndolos partícipes de su furor: con que votaron todos a una voz que se volviese a las armas; y Guatimozin lo resolvió en la misma conformidad, calificando su obstinación con la obediencia de los dioses. Pero mandó al mismo tiempo, que antes de romper la tregua saliesen todas las piraguas y canoas en una ensenada que hacía la laguna por aquella parte de la ciudad, para tener prevenida la retirada caso que se llegasen a ver en el último aprieto.

Ejecutóse luego esta orden, y fueron saliendo a la ensenada innumerables embarcaciones, sin otra gente que la necesaria para los remos: de cuya novedad avisaron a Hernán Cortés los españoles de la laguna, y él conoció luego que hacían aquella prevención los mexicanos para escapar con la persona de su rey, dejando pendiente la guerra, y litigiosa la posesión de la ciudad. Nombró con este cuidado por general de todos los bergantines a Gonzalo de Sandoval, para que sitiase a lo largo la ensenada, tomando por su cuenta los accidentes de aquella surtida; y poco después movió su ejército con ánimo de acercarse a las fortificaciones, y adelantar la resolución de la paz con las amenazas de la guerra. Pero los enemigos tenían ya la orden para defenderse; y antes que llegase la vanguardia, publicaron sus gritos el rompimiento del tratado. Dispusiéronse al combate con grande osadía, y a breve rato se conoció que iba desmayando su orgullo, porque al experimentar el destrozo que hicieron las primeras baterías en aquella frágil muralla que tenían por impenetrable, se desengañaron de su peligro; y según parece avisaron de él a Guatimozin, porque tardaron poco en hacer llamada con lienzos blancos, repitiendo a voces el nombre de la paz.

Dióseles a entender por los intérpretes que podrían acercarse los que tuviesen que proponer de parte de su príncipe; y con esta permisión se presentaron a la otra parte del foso cuatro mexicanos en traje de ministros, los cuales, hechas con afectada gravedad las humillaciones de su costumbre, dijeron a Cortés: «que la majestad suprema del poderoso Guatimozin, su señor, los había nombrado por tratadores de la paz, y los enviaba para que, oyendo al capitán de los españoles, volviesen a informarle de lo que se debía capitular en ella». Respondió Hernán Cortés: «que la paz era el único fin de sus armas; y aunque pudieran ellas dar entonces la ley a los que tardaban tanto en conocer la razón, venía desde luego en abrir la plática para que se volviese al tratado; pero que materias de semejante calidad se ajustaban dificultosamente por terceras personas; y así era necesario que su príncipe se dejase ver, o por lo menos se acercase con sus ministros y consejeros, por si hubiese alguna dificultad que necesitase de consulta; puesto que se hallaba con ánimo de venir en cuantos partidos no fuesen repugnantes a la superior autoridad de su rey: a cuyo fin le ofrecía con empeño de su palabra», y añadió la fuerza del juramento: «que por su parte no solo cesaría la guerra, pero se procurarían lograr en su obsequio todas las atenciones que mirasen a la seguridad y al respeto de su persona».

Retiráronse con este mensaje los enviados, satisfechos al parecer de su despacho, y volvieron aquella misma tarde a decir: «que su príncipe vendría el día siguiente con sus criados y ministros a escuchar desde más cerca los capítulos de la paz». Era su intento entretener la conferencia con varios pretextos hasta que se acabasen de juntar sus embarcaciones para ejecutar la retirada que ya tenían resuelta: y así volvieron a la hora señalada los mismos enviados, suponiendo que no podía venir Guatimozin hasta otro día por un accidente que le había sobrevenido: alargóse después el plazo con pretexto de ajustar algunas condiciones en orden al sitio y a la formalidad de las vistas; y últimamente se pasaron cuatro días en estas interlocuciones, y se conoció más tarde que debiera el engaño. Pero Hernán Cortés creyó que deseaban la paz, gobernándose por el estado en que se hallaban, tanto que tuvo hechas algunas prevenciones de aparato y ostentación para el recibimiento de Guatimozin; y cuando supo lo que pasaba en la laguna, quedó avergonzado interiormente de haber mantenido su buena fe sobre tantas dilaciones, y prorrumpió en amenazas contra el enemigo, sirviéndose de la cólera para ocultar su desaire; y hallando, al parecer, alguna diferencia entre las dos confesiones de ofendido y engañado.

**Capítulo XXV. Intentan los mexicanos retirarse por la laguna: pelean sus canoas con los bergantines para facilitar el escape de Guatimozin; y finalmente se consigue su prisión y se rinde la ciudad**

Llegó el día que señaló Hernán Cortés por último plazo a los ministros de Guatimozin, y al amanecer reconoció Gonzalo de Sandoval que se iban embarcando con grande aceleración los mexicanos en las canoas de la ensenada. Puso luego esta novedad en la noticia de Cortés; y juntando los bergantines que tenía distribuidos en diferentes puestos, se fue acercando poco a poco para dar alcance a su artillería. Moviéronse al mismo tiempo las canoas enemigas en que venían los nobles y casi todos los cabos principales de la plaza; porque traían discurrido hacer un esfuerzo grande contra los bergantines, y mantener a todo riesgo el combate, hasta que retirada la persona de su rey, entretanto que duraba esta diversión de sus enemigos, pudiesen apartarse después a seguirle por diferentes rumbos. Así lo ejecutaron acometiendo a los bergantines con tanto ardimiento, que sin detenerse al estrago que hicieron las balas en lo distante, se acercaron muchos a recibir los golpes de las picas y las espadas. Pero al mismo tiempo que duraba el fervor de la batalla, reparó Gonzalo de Sandoval en que iban escapando a toda fuerza de remo, seis o siete piraguas por lo más distante de la ensenada; y ordenó al capitán García de Holguin que partiese a darles caza con el bergantín de su cargo, y procurase rendirlas con la menor ofensa que fuese posible.

Nombró entre los demás capitanes a García de Holguin, tanto por lo que fiaba de su valor y actividad, como por la gran ligereza de su bergantín: diferencia que consistiría en el vigor de los remeros, o en haber salido el buque más obediente a los remos: circunstancias que suele dar el caso en este género de fábricas. Y él, sin detenerse más que a tomar la vuelta y alentar la boga, puso tanto calor en su diligencia, que a breve rato ganó alguna ventaja para volver la proa, y dejarse caer sobre la piragua que iba delante, y parecía superior a las demás. Pararon todas a un tiempo, soltando los remos al verse acometidas; y los mexicanos de la primera dijeron a grandes voces que no se disparase, porque venía en aquella embarcación la persona de su rey; según lo interpretaron algunos soldados españoles que ya sabían algo de su lengua, y para darse a entender mejor, bajaron las armas, adornando el ruego con varias demostraciones de rendidos. Abordó con esto el bergantín, y saltando en la piragua, se arrojaron a la presa García de Holguin y algunos de sus españoles. Adelantóse a los suyos Guatimozin; y conociendo al capitán en el semblante de los otros, le dijo: «yo soy tu prisionero, y quiero ir donde me puedas llevar: solo te pido que atiendas al decoro de la emperatriz y de sus criadas». Pasó luego al bergantín, y dio la mano a su mujer para que subiese a él, tan lejos de la turbación, que reconociendo a García de Holguin cuidadoso de las otras piraguas, añadió: «no tienes que discurrir en esa gente de mi séquito, porque todos se vendrán a morir donde muriese su príncipe»: y a su primer seña dejaron caer las armas, y siguieron el bergantín como prisioneros de su obligación.

Peleaba entretanto Gonzalo de Sandoval con las canoas enemigas; y se conoció en su resistencia la calidad de la gente que las ocupaba, y el grande asunto de aquella nobleza que tomó a su cargo la resolución de facilitar a costa de su sangre la libertad de su rey. Pero duraron poco en la batalla, porque tuvieron brevemente la noticia de su prisión; y pasando en un instante de la turbación al desaliento, se convirtieron los alaridos militares en clamores y lamentos de más apagado rumor. No solo se rendían con poca o ninguna resistencia; pero hubo muchos de los nobles que hicieron pretensión de pasar a los bergantines para seguir la fortuna de su príncipe.

Llegó entonces García de Holguin, despachando primero una canoa en diligencia con el aviso a Cortés, y sin acercarse demasiado al bergantín de Sandoval, le dio como de paso cuenta del suceso; y viéndole inclinado a encargarse del gran prisionero, continuó su viaje, temiendo que pasase a ser orden la primera insinuación, y se hiciese delito de su obediencia la razón de su repugnancia.

Continuábanse al mismo tiempo los ataques de la muralla dentro de la ciudad; y los mexicanos, que se ofrecieron a defenderla para divertir por aquella parte a los españoles, pelearon con admirable constancia y arrojamiento, hasta que sabiendo por sus centinelas el fracaso de las piraguas en que iba Guatimozin, se retiraron atropelladamente, volviendo las espaldas con más señas de asombrados que temerosos.

Conocióse luego la causa de aquella novedad, porque llegó entonces el aviso que adelantó García de Holguin, y Hernán Cortés levantando los ojos al cielo, como quien reconocía el origen de su felicidad, mandó luego a los cabos de su ejército que se mantuviesen a vista de las fortificaciones sin pasar a mayor empeño hasta otra orden; y enviando al mismo tiempo dos compañías de españoles al surgidero para que asegurasen la persona de Guatimozin, salió a recibirle cerca de su alojamiento, cuya función ejecutó con grande urbanidad y reverencia, en que obraron más que las palabras las señas exteriores; y Guatimozin correspondió en la misma lengua, procurando esforzar el agrado para encubrir el despecho.

Cuando llegaron a la puerta se detuvo el acompañamiento, y Guatimozin entró delante con la emperatriz, afectando que no rehusaba la prisión. Sentáronse luego los dos, y él se volvió a levantar para que tomase Cortés su asiento, tan dueño de sí en estos principios de su adversidad, que reconociendo a los intérpretes por el puesto que ocupaban, rompió la plática diciendo: «¿qué aguardas, valeroso capitán, que no me quitas la vida con ese puñal que traes al lado? Prisioneros como yo siempre son embarazosos al vencedor. Acaba conmigo de una vez, y tenga yo la dicha de morir a tus manos, ya que me ha faltado la de morir por mi patria».

Quisiera proseguir, pero se dio por vencida su constancia, y dijo lo demás el llanto, llevándose tras sí las cláusulas de la voz y la resistencia de los ojos: siguióle con menos reserva la emperatriz, y Hernán Cortés, necesitó negarse a las instancias de su piedad para no enternecerse. Pero dejando algún tiempo al desahogo de ambos príncipes, respondió a Guatimozin: «que no era su prisionero, ni había caído en semejante indignidad su grandeza; sino prisionero de un príncipe tan poderoso que no tenía superior en todo el orbe de la tierra, y tan benigno que de su real clemencia podía esperar, no solamente la libertad que había perdido, sino el imperio de sus mayores, mejorando con el título de su amistad: que por el tiempo que tardase la noticia de sus órdenes, sería respetado y servido entre los españoles, de manera que no le hiciese falta la obediencia de sus mexicanos». Y quiso pasar a consolarle con algunos ejemplos de coronas infelices; pero estaba muy tierno el dolor para sufrir los remedios, y temió la empresa de reducirle, sin mortificarle, porque no se hicieron los consuelos para reyes desposeídos, ni era fácil buscar la conformidad en el ánimo cuando faltaba Dios en el entendimiento.

Era Guatimozin mozo de veintitrés a veinticuatro años, tan valeroso entre los suyos, que de esta edad se halló graduado con las hazañas y victorias campales que habilitaban a los nobles para subir al imperio. El talle de bien ordenada proporción: alto, sin descaecimiento, y robusto sin deformidad. El color tan inclinado a la blancura, o tan lejos de la oscuridad, que parecía extranjero entre los de su nación. El rostro, sin facción que hiciese disonancia entre las demás, daba señas de la fiereza interior, tan enseñado a la estimación ajena, que aun estando afligido no acababa de perder la majestad. La emperatriz, que sería de la misma edad, se hacía reparar por el garbo y el espíritu con que mandaba el movimiento y las acciones; pero su hermosura, más varonil que delicada, pareciendo bien a la primera vista, duraba menos en el agrado que en el respeto de los ojos. Era sobrina del gran Motezuma, o según otros, su hija; y cuando lo supo Hernán Cortés repitió sus ofrecimientos, dándose por nuevamente obligado a reconocer en su persona lo que veneraba la memoria de aquel príncipe, pero le tenía cuidadoso la necesidad de volver a su ejército para que se acabase de rendir aquella parte de la ciudad que ocupaban los enemigos, y cortando la conversación se despidió cortesanamente de sus dos prisioneros. Dejólos a cargo de Gonzalo de Sandoval con la guardia que pareció suficiente; y antes de partir le avisaron que le llamaba Guatimozin, cuyo intento fue interceder por sus vasallos. Pidióle con todo encarecimiento: «que no los maltratase ni ofendiese, pues bastaría para reducirlos la noticia de su prisión». Y estaba tan en sí, que conoció a lo que se apartaba Hernán Cortés, cabiendo entre sus congojas este noble cuidado verdaderamente digno de ánimo real. Y aunque le ofreció cuidar de que se les hiciese todo buen pasaje, dispuso también que le acompañase uno de sus ministros, mandando por este medio a la gente de guerra y al resto de sus vasallos, que obedeciesen al capitán de los españoles; pues no era justo provocar a quien le tenía en su poder, ni dejar de conformarse con el decreto de sus dioses.

Estaba el ejército en la misma disposición que le dejó Cortés, sin que se hubiese ofrecido novedad; porque los enemigos, que se retiraron al primer asombro en que les puso la prisión de su rey, se hallaban sin aliento para defenderse, y sin espíritu para capitular en la forma de rendirse. Entró delante a verse con ellos el ministro de Guatimozin; y apenas les intimó la orden que llevaba, cuando se acomodaron a lo que deseaban, haciendo que obedecían.

Ajustóse, por la misma interposición de aquel ministro, que saliesen desarmados y sin llevar indios de carga: lo cual ejecutaron tan apresuradamente, que ocuparon poco tiempo en la salida. Hizo admiración el número de la gente militar que tenían después de tantas pérdidas. Cuidóse mucho de que no se les hiciese molestia ni mal pasaje; y eran tan respetadas las órdenes de Cortés, que no se oyó una voz descompuesta entre aquellos confederados que tanto los aborrecían.

Entró después el ejército a reconocer por aquella parte lo último de la ciudad, y solo se hallaron lástimas y miserias que hacían horror a la vista y miedo a la consideración, impedidos y enfermos que no pudieron seguir a los demás, y algunos heridos que pretendían la muerte, acusando la piedad de sus enemigos. Pero nada fue de mayor espanto a los españoles que unos patios y casas yermas, donde iban amontonando los cuerpos de la gente principal que moría peleando, para celebrar después sus exequias, de que resultaba un olor intolerable que atemorizaba la respiración; y a la verdad tenía poco menos que inficionado el aire, cuyo recelo apresuró la retirada. Y Hernán Cortés, señalando sus cuarteles a Gonzalo de Sandoval y a Pedro de Alvarado fuera de aquel paraje sospechoso, y dadas las órdenes que parecieron conveniente, se retiró con sus prisioneros a Cuyoacan, llevando consigo el trozo de Cristóbal de Olid, entretanto que se limpiaba de aquellos horrores la ciudad, donde volvió dentro de pocos días para tratar de lo que parecía necesario en orden a mantener lo conquistado, y atender a las demás prevenciones y cuidados, que ya se venían al discurso, como consecuencias de aquella felicidad.

Sucedió la prisión de Guatimozin, y la total ocupación de México, a 13 de agosto en el año de 1521, día de San Hipólito, en cuya memoria celebra hoy aquella ciudad la fiesta de este insigne mártir con título de patrón. Duró el sitio noventa y tres días, en cuyos varios accidentes prósperos y adversos, se deben igualmente admirar el juicio, la constancia y el valor de Cortés; el esfuerzo infatigable de los españoles; la conformidad y la obediencia de las naciones amigas, concediendo a los mexicanos la gloria de haber asistido a su defensa y a la de su rey hasta la última obligación del espíritu y la paciencia.

Preso Guatimozin y rendida la ciudad, cabeza de aquel vasto dominio, vinieron a la obediencia, primero los príncipes tributarios, y después los confinantes: unos a la opinión y otros a la diligencia de las armas; y se formó en breve tiempo aquella gran monarquía, que mereció el nombre de Nueva España, debiendo el Máximo Emperador Carlos V a Fernando Cortés no menos que otra corona digna de sus reales sienes. ¡Admirable conquista!, ¡y muchas veces ilustre capitán! de aquellos que producen tarde los siglos y tienen raros ejemplos en la historia.

**Libros a la carta**

A la carta es un servicio especializado para
empresas,
librerías,
bibliotecas,
editoriales
y centros de enseñanza;
y permite confeccionar libros que, por su formato y concepción, sirven a los propósitos más específicos de estas instituciones.

Las empresas nos encargan ediciones personalizadas para marketing editorial o para regalos institucionales. Y los interesados solicitan, a título personal, ediciones antiguas, o no disponibles en el mercado; y las acompañan con notas y comentarios críticos.

Las ediciones tienen como apoyo un libro de estilo con todo tipo de referencias sobre los criterios de tratamiento tipográfico aplicados a nuestros libros que puede ser consultado en Linkgua-ediciones.com.

Linkgua edita por encargo diferentes versiones de una misma obra con distintos tratamientos ortotipográficos (actualizaciones de carácter divulgativo de un clásico, o versiones estrictamente fieles a la edición original de referencia).

Este servicio de ediciones a la carta le permitirá, si usted se dedica a la enseñanza, tener una forma de hacer pública su interpretación de un texto y, sobre una versión digitalizada «base», usted podrá introducir interpretaciones del texto fuente. Es un tópico que los profesores denuncien en clase los desmanes de una edición, o vayan comentando errores de interpretación de un texto y esta es una solución útil a esa necesidad del mundo académico.

Asimismo publicamos de manera sistemática, en un mismo catálogo, tesis doctorales y actas de congresos académicos, que son distribuidas a través de nuestra Web.

El servicio de «libros a la carta» funciona de dos formas.

1. Tenemos un fondo de libros digitalizados que usted puede personalizar en tiradas de al menos cinco ejemplares. Estas personalizaciones pueden ser de todo tipo: añadir notas de clase para uso de un grupo de estudiantes,

introducir logos corporativos para uso con fines de marketing empresarial, etc. etc.

2. Buscamos libros descatalogados de otras editoriales y los reeditamos en tiradas cortas a petición de un cliente.

www.ingramcontent.com/pod-product-compliance
Lightning Source LLC
Chambersburg PA
CBHW031408230426
43668CB00007B/242